本书获得中央高校建设世界一流大学（学科）和特色发展引导专项资金资助

本书获得中央高校基本科研业务费资助

本书获得上海国际金融与经济研究院资助

本书获得上海国际金融中心研究院资助

人民币汇率形成机制深度研究

丁剑平 等 ◎著

图书在版编目(CIP)数据

人民币汇率形成机制深度研究/丁剑平等著.—北京:北京大学出版社,2022.08
ISBN 978-7-301-32488-2

Ⅰ.①人… Ⅱ.①丁… Ⅲ.①人民币汇率—汇率机制—研究 Ⅳ.①F832.63

中国版本图书馆 CIP 数据核字(2021)第 182459 号

书　　　名	人民币汇率形成机制深度研究 RENMINBI HUILÜ XINGCHENG JIZHI SHENDU YANJIU
著作责任者	丁剑平　等著
责 任 编 辑	张俊仪　李　娟
标 准 书 号	ISBN 978-7-301-32488-2
出 版 发 行	北京大学出版社
地　　　址	北京市海淀区成府路 205 号　100871
网　　　址	http://www.pup.cn
微信公众号	北京大学经管书苑(pupembook)
电 子 信 箱	em@pup.cn
电　　　话	邮购部 010-62752015　发行部 010-62750672　编辑部 010-62752926
印 刷 者	北京中科印刷有限公司
经 销 者	新华书店
	787 毫米×1092 毫米　16 开本　34.5 印张　803 千字 2022 年 8 月第 1 版　2022 年 8 月第 1 次印刷
定　　　价	138.00 元

未经许可,不得以任何方式复制或抄袭本书之部分或全部内容。
版权所有,侵权必究
举报电话:010-62752024　电子信箱:fd@pup.pku.edu.cn
图书如有印装质量问题,请与出版部联系,电话:010-62756370

序 PREFACE

20世纪80年代,尽管我国的汇率体制改革不断取得进展,但汇率问题并未成为经济学界关注的焦点。90年代,学界辩论的主要问题是我国是否应该进一步积累外汇储备,以及是否应该坚持"双顺差"。在汇率制度和汇率水平问题上,经济学家似乎并没有什么分歧。相反,我国政府在1994年让人民币大幅度贬值和在1998年金融危机期间实行事实上盯住美元的政策得到学界的一致支持和称赞。在国际上,人民币汇率问题也不是一个重要话题。

2003年年初,情况发生了变化。人民币是否应该同美元脱钩、升值,成为中国学界乃至世界政治舞台上的一个焦点问题。西方国家开始抱怨中国输出"通货紧缩",要求我国政府让人民币同美元脱钩、升值。国内大部分学者认为,人民币汇率并未被低估,担心一旦让人民币升值,刚刚走出通货紧缩的经济会因出口减少而受到打击。

2001年,我国加入世界贸易组织(World Trade Organization,WTO),在维持大量资本项目顺差的同时,我国的贸易顺差急剧增加,"双顺差"成为我国国际收支的最重要特征。由于国内资产价格持续上升的同时人民币始终维持稳定,热钱大量流入,"双顺差"现象愈演愈烈。2006年2月,我国外汇储备达到8 536亿美元,超过日本成为全球外汇储备第一大国。2006年10月,我国外汇储备一举跨过万亿美元大关。

从2005年人民币同美元脱钩到2014年前后,我国经济学界在汇率问题上的分歧主要为:是否让人民币进一步升值?是让人民币缓慢升值,还是一步到位?大部分学者反对让人民币进一步升值,认为这将鼓励升值预期,而升值预期会导致热钱流入,并进一步增加人民币升值压力。他们认为,人民币盯住美元会最终打掉人民币升值的非理性预期。

另一些反对升值的学者则借用罗纳德·麦金农(Ronald Mckinnon)的主张,试图证明人民币升值不会影响中国的贸易顺差,因为我国的贸易顺差源于国内储蓄对投资的剩余,除非储蓄剩余消失,否则贸易顺差不会消失。

在这个时期,主张人民币升值的一方则认为,人民币汇率确实存在一定程度的低估,人民币升值预期是理性预期,是打不掉的。不让人民币升值只能鼓励热钱流入。他们认为"双顺差"是资源跨境、跨期错配的结果,停止干预外汇市场、让人民币升值是纠正这种错配的最简单、最有效的办法。不仅如此,升值有助于抑制经济过热,有助于央行维持货币政策独立性。

尽管存在分歧,但这个时期很少有人主张完全放弃对外汇市场的干预,让人民币一次性升值到位。大家担心人民币汇率超调将对我国的出口产生严重的冲击。因而,在这个时期,对于人民币汇率问题,国内学者基本上可以分成"反升值"派和"缓升值"派。"反升值"实质上是主张一次性升值后重新盯住美元或且战且走,尽量不让人民币升值以便打掉市场的升值预期。对于缓慢升值会导致热钱因升值预期而源源不断流入国内的现象,"缓升值"派则主张通过加强对跨境资本流动的管理来解决。

在这个时期,外国学者的关注点则是人民币汇率到底被低估了多少,人民币是否真与美元脱了钩,以及人民币在多大程度上是盯住美元的。

2008年,全球金融危机爆发。由于贸易顺差急剧减少,2008年第三季度人民币汇率重新盯住美元。盯住美元的过程持续到2010年第三季度。在这个阶段,学界对汇率问题讨论不多。大家关注的焦点先是集中在国际货币体系改革,而后又转到人民币国际化问题。

2002年之后美元指数持续下跌,在2008年年中更是跌到历史最低点。考虑到我国美元资产的安全,2009年3月,时任中国人民银行(以下称"央行")行长周小川提出用特别提款权(special drawing right,SDR)取代美元作为国际储备货币的倡议。这个倡议在国际经济界得到热烈反响,但由于美国的抵制,国际货币体系改革的努力并未取得明显进展。

2009年4月8日,国务院常务会议正式决定,在上海、广州、深圳、珠海和东莞等城市开展跨境贸易人民币结算试点,从而正式开启了人民币国际化的进程。由于市场存在强烈的人民币升值预期,通过人民币结算为外国居民持有人民币提供便利的尝试迅速取得进展。在香港离岸人民币市场上非居民人民币的持有量迅速增加,以至于当时不少市场人士预计2011年年底在港人民币存款总量有望达到万亿。

在全球金融危机期间,虽然学界对国际货币体系改革和人民币国际化路线图展开了辩论,但对人民币汇率本身没有更多讨论。2008年第三季度人民币重新盯住美元和2010年第二季度重启的美元升值进程并未引起学界的更多关注。

由于种种原因,人民币国际化进程随后开始放缓。2012年,香港人民币存款总额连续4个月下跌,跨境贸易人民币结算额在4月份也突然转身向下。显然,在维持资本管制的情况下,人民币国际化进程不尽如人意是意料之中的事情。央行似乎对缓慢的资本项目自由化进展失去了耐心。于是,资本项目自由化突然被摆到十分突出的位置。2012年年初,央行提出,目前我国的资本兑换管制难以为继,而资本账户开放的条件已经成熟,应与利率汇率改革协调推进。央行的观点得到经济学界主流的支持。少数派则坚持,资本账户开放应该遵循国际上公认的时序,即先完成汇率制度改革,让汇率浮动,再谈资本账户开放。

2010年人民币重启升值之后,虽然我国依然维持相当大的贸易顺差,但顺差增速已经放缓,其结果是净出口与GDP比值由2008年的11%左右下降到2013年的3%以下。

经过近10年的缓慢升值,2013年年底人民币已经累计升值27%,岁末年初人民币汇率几乎升破人民币6元兑换1美元的关口。但此后人民币中间价跌多涨少,维持震荡向下的格局。事后来看,2014年年初人民币汇率的波动实际上标志着人民币汇率持续升值的时期已经结束,但在当时并没有多少人做出人民币汇率波动已经发生趋势性变化的判断。同年6月,我国持有的外汇储备达到4万亿美元的峰值。2014年的学界对两个问题比较关注:一是为什么2014年人民币汇率一改以往一路升值的模式,而出现双向波动的迹象?二是是否还要继续积累外汇储备?

为了增强人民币汇率形成机制中市场供求的作用,2015年8月11日,央行宣布对人民币中间价报价机制进行改革。做市商在每日银行间外汇市场开盘前,参考上一日银行间外汇市场收盘汇率,综合考虑外汇供求情况以及国际主要货币汇率变化向中国外汇交易中心提供中间价报价。

"8·11汇改"之前,多数人预期年内人民币汇率可能贬值2%或3%。汇改本身刺激了贬值预期,8月11日,人民币汇率开盘后迅速贬值,很快逼近2%的日下限。汇改之后,市场对人民币贬值预期普遍飙升。贬值预期导致资本外流急剧增加,资本外流本身反过来又加剧了贬值压力。

"8·11汇改"的大方向是完全正确的,但启动汇改的时间没有选择好。没人知道为什么央行选择在2015年股灾刚刚过去、经济增速持续下降、国内金融市场风声鹤唳的情况下推出汇改。但是,既然推出就应该敢于坚持。或许,央行如果能沉住气,再坚持一两个星期,汇率就可能会稳定下来。

8月13日以后,央行基本上执行了类似"爬行盯住"的汇率政策。通过大力干预外汇市场,力图把汇率贬值预期按回"潘多拉的盒子"。在此期间,学界的分歧主要是要不要通过干预外汇市场维持汇率稳定来打破贬值预期,从而实现人民币汇率稳定。8月13日以后,由于央行的持续干预,我国的外汇储备急剧下降,至2016年年底外汇储备减少了近1万亿美元。

这一时期,支持干预的学者强调外汇储备的减少是"藏汇于民",并不存在什么损失问题;反对者则认为这不是"藏汇于民",因为在官方外汇储备减少的同时,民间持有的海外资产并未相应参加。因而,外汇储备的减少是资本外逃,不贬值政策则降低了资本外逃的成本。因而,这派学者主张扩大人民币汇率的波动幅度,或者让人民币自由浮动,不要在干预外汇市场的过程中损失大量外汇储备。

央行并不想无休止地干预外汇市场,但一旦央行停止或减少干预,汇率就迅速下跌。为了扭转这种局面,2015年12月央行公布了确定汇率中间价时所参考的三个货币篮子:中国外汇交易中心(China Foreign Exchange Trade System, CFETS)指数、国际清算银行(Bank for International Settlements, BIS)货币篮子和SDR货币篮子。2016年2月,央行进一步明确,做市商的报价要参考前日的收盘价加上24小时篮子汇率的变化。央行的"收盘价+24小时篮子货币"定价机制得到了广泛的好评。但是,这种汇率制度是如何工作的?它同浮动汇率制度和盯住一篮子货币汇率制度有何不同?同原有的汇率制度安排相比,新的汇率定价机制对汇率稳定有何作用?在新汇率安排下,在美元指数变动的情况下,人民币对美元的汇率会如何变化?尽管公布了汇率中间价的定价规则,但央行是否真正按照规则行事了?所有的这些问题都引起了学界的高度兴趣。大家都希望破解央行汇率定价机制的"黑箱"。

自"8·11汇改"之后,为了维持汇率稳定,一年多时间里我国用掉近1万亿美元外汇储备,这在世界上是从来没有过的事情。不过对于许多学者和官员来说,为了维持人民币汇率稳定,这并不是一个问题。进入2017年,人民币汇率终于企稳,我国外汇储备重新站稳3万亿美元。汇率的企稳是央行执行汇率维稳政策,以及推出"收盘价+24小时篮子货币"定价机制的结果吗?在这个问题上学界存在分歧。一部分学者对问题的回答是肯定的。另一部分学者则认为,在汇率定价规则中加入"篮子货币"成分,使汇率变动变得更难以预测,有助于抑制对人民币的投机活动。但使人民币汇率得以稳定的真正原因是后来强化的资本管制和我国经济基本面在2016年后逐步改善以及美元指数由升转降。事实上,在2016年年底到2017年年初,由于美元指数的贬值,几乎所有发展中国家的汇率都实现了企稳回升。

2017年5月,央行在汇率定价机制中引入"逆周期因子"。如果说此前市场可以事后验证央行是否确实按照公开宣布的汇率定价机制来确定汇率中间价的话,引入"逆周期因子"后,情况就变得相当模糊、难以事后核查了。"逆周期因子"给央行根据需要决定汇率提供了空间。随着人民币汇率日趋稳定,2018年1月,"逆周期因子"被调整至"中性"。同年6月人民币汇率又出现一波贬值行情。8月24日,中国外汇交易中心就人民币对美元中间价报价行重启"逆周期因子"。

2018年年底,人民币对美元汇率又开始由6.3一路下跌,第三季度一度徘徊在6.83—6.82。学界关于是否应该允许人民币"破7"的争论又开始白热化。相当多的学者认为,必须守住7的底线,绝不能让人民币汇率跌破7,否则人民币汇率会发生自由落体式的下跌,甚至引发金融危机。另一部分学者认为,如果市场压力决定人民币汇率会破7,央行无须、也不应该干预,不应该继续浪费外汇储备来人为维持汇率稳定。中国的经济基本面不支持人民币汇率的大幅度贬值。2019年8月5日,人民币对美元离岸和在岸汇率双破7。然而,破7之后,外汇市场好像并未发生什么重大动荡,事实上,连"茶杯里的风波"都没发生。就这样,事实为破7的争论画上了句号。

自2018年特朗普政府发起中美贸易和金融摩擦之后,汇率问题的讨论已经变得越来越具有地缘政治色彩。汇率问题的讨论出现了新维度,中国的汇率学者面临着新的挑战。

丁剑平教授是我国著名经济学家,他关于汇率的研究在国内学界得到了广泛关注。丁剑平教授在日本著名的一桥大学取得博士学位。他的导师之一是日本汇率研究权威——小川英治教授。我同小川教授自20世纪90年代后期相识以来一直保持学术联系,对小川教授的学术水平和治学态度一直十分敬佩。名师出高徒,我十分相信丁剑平教授汇率研究的水平和治学态度。他和团队的专著《人民币汇率形成机制深度研究》(以下简称《研究》)充分显示了他们的学术水平和严谨的治学态度。

关于这本书,我的第一印象是内容十分丰富,从历史到现实、从理论到政策,其涵盖面之广在国内有关汇率理论的专著中是少见的。《研究》为自己设定的目标是"为政府就人民币当前汇率走势、未来改革和人民币国际化提供政策建议"。《研究》为自己提出了很高的学术要求,除了注重文献跟踪、数学推导、计量经济学检验,也十分注意理论联系实际,力图回答在汇率领域出现的一系列政策问题。据我所知,丁剑平教授一直积极参加有关汇率政策的讨论,他的许多观点事后也被证明是正确的。

《研究》中的一些论断和结论应该是有商榷余地或需要作者进一步说明的。例如,《研究》认为,"考虑到'8·11汇改'之后人民币货币篮子中美元所占比重下降,而英镑占比上升这一事实,中间价管理依旧是央行干预汇率的重要手段,只是管理的对象由美元逐步转移到英镑上来"(第58页),这一判断似乎同我们的直觉不符。"人民币事实货币篮子中仅仅包含美元、欧元、英镑和日元4种货币。虽然名义上CFETS包含与人民币进行直接交易的24种货币,但除以上4种货币外,其他货币均盯住美元、欧元及由美元、欧元、英镑和日元组成的货币篮子"(第60页),这一判断似乎同IMF的说法不相符。"CFETS中美元的实际权重为0.517,远高于其名义权重0.224"(第60页),对于这个判断,我怀疑作者在估算时没有充分考虑"前日收盘价"在汇率中间价决定公式中的作用。

必须承认,《研究》中的一些结论我并没有看懂。由于水平、时间和精力所限,我只好放弃追根究底。

丁剑平教授专著的一个显著特点是大量运用数学工具和计量经济方法。在经济研究中,数学方法的运用是十分必要的。正如马克思所说,一种科学只有在成功地运用数学时,才算达到了真正完善的地步。但是,把一个语言模型转换为一个数学模型,必须要通过一系列假设,对现实加以高度简化。这种简化不可避免地会对现实造成某种扭曲。也可以说,现有的数学工具本身还远未达到可以有效研究经济问题、社会问题的水平。所以,令人遗憾的是,对于许多经济问题,包括某些汇率问题,我们还只能依靠语言模型进行分析。在能够使用数学工具的情况下,我们仍需关注纳入特定数学框架的命题是否准确。例如,为了研究核心通货膨胀在央行货币政策反应规则中的影响和作用,《研究》借助开放经济新凯恩斯模型,将国际收支余额纳入央行福利损失函数,通过一阶条件得到最优利率规则,考察核心通货膨胀在最优利率规则中的作用。并通过GMM法比较分析盯住核心通货膨胀与通货膨胀蕴含的不同信息,得出以下结论:(1)与通货膨胀相比,盯住核心通货膨胀能减少央行福利损失,避免利率过度调整;(2)将核心通货膨胀纳入货币政策反应规则,能降低美国联邦基准利率对央行利率的影响;(3)央行外汇市场干预与实际汇率系数在货币政策反应规则中呈现不同的特征。《研究》的结论是:央行最优利率如果盯住通货膨胀而不是核心通货膨胀,会造成利率的过度调整,导致央行的福利损失无法最小化。

我本人也倾向于认为央行应该把核心通货膨胀率作为最终货币政策目标。但是,利用复杂的数学模型推出的结论就可靠吗?例如,模型的隐含假设包括如下内容:我国经济是一个完全的市场经济;汇率是由国际收支平衡状态决定的;经济不受供给约束;资本跨境流动不受限制。《研究》假定央行的目标函数是福利损失最小化,即国际收支余额偏离程度、实际产出缺口、通货膨胀率目标背离度最小化。我们知道,在过去十几年中,汇率维稳是央行的重要货币政策目标,但是模型的目标函数中并未直接包含这一目标。当然,我这里不是在批评《研究》中的数学模型,我想说的只是数学应用在经济研究中的巨大局限性。表面上看,数学推导具有无可置疑的严格性,但为了运用数学工具,我们必须做出一系列假设,而这些假设的提出往往不得不以牺牲真实性为代价。既然是抽象,真实性的某种牺牲就是不可避免的,但是必须达成某种平衡。

丁剑平教授和他的团队对计量经济学的大量运用给我留下深刻印象。我本人虽受过一些计量经济学训练,在英国教书期间也教过计量经济学课。但必须承认,我的知识和训练已经落后,无力对丁剑平教授专著中的大量计量经济研究成果作出判断。我想说的仅是,从方法论的角度来看,计量经济学并不能用于判定某个命题的对错,只能显示某个命题是否可以接受,在多大程度上可能是正确的。在我国,统计数字缺乏可靠性和可获得性也是应用计量经济学的一个严重障碍。总之,我的感想是,计量经济学不可不用,但也不必过分倚重。

《研究》对中国的汇率研究做出了很有益的贡献。对丁剑平教授和他的团队,我衷心祝贺《人民币汇率形成机制深度研究》一书的出版!

余永定

2020 年 7 月 16 日于北京

目录 CONTENTS

引　言 ··· 001

第一篇　百年中国货币汇率简史

第一章　近现代中国货币汇率制度史 ··· 011
第一节　从辛亥革命到 1949 年前货币史概述 ································· 011
第二节　从 1949 年到改革开放前人民币汇率史 ································· 023
第三节　改革开放四十年人民币汇率回顾 ··· 027
第四节　从人民币汇率形成机制看中国事实汇率制度 ··················· 039

第二篇　汇率宏微观决定理论

第二章　传统汇率锚理论的新应用 ··· 065
第一节　工资生产率背离与实际汇率 ·· 065
第二节　中国金融开放进程中利率平价检验 ·· 089
第三节　核心通胀率与汇率决定 ·· 106
第四节　人民币汇率中间价形成机制优化研究 ··································· 120

第三章　汇率与货币政策 ··· 137
第一节　央行货币政策操作程序 ·· 137
第二节　外汇市场冲销及逆周期因子导入 ··· 145
第三节　不同真实汇率制度下汇率波动对国际储备影响研究 ········ 148
第四节　货币政策与媒体沟通检验效应 ·· 159
第五节　货币政策不确定性与外汇市场对宏观新闻反应 ················ 175

第四章　影响人民币汇率的微观市场因素 ··· 198
第一节　人民币在不同高频时间序列特征 ··· 199
第二节　外汇市场指令流和成交量 ··· 209

第三节　人民币参照指数系列分类 ·· 223
　　第四节　全球因素对在岸与离岸人民币汇率冲击 ······························ 228

第三篇　人民币汇率研究新动态

第五章　新趋势下人民币汇率研究 ·· 249
　　第一节　数字货币和区块链技术的发展与冲击 ································· 250
　　第二节　汇率货币模型的非线性协整关系检验 ································· 256
　　第三节　不同区域有效汇率指数的编制 ·· 272
　　第四节　人民币汇率和企业杠杆率 ··· 287
　　第五节　企业杠杆率调整的汇率效应：市场竞争视角 ························· 316

第六章　新环境下人民币汇率研究进展 ··· 337
　　第一节　"潜在的反比较优势现象"与美国贸易逆差形成 ··················· 337
　　第二节　国际贸易引力模型中的规模效应研究 ································· 353
　　第三节　货币危机、银行业危机和债务危机的传染及叠加效应研究 ········ 370
　　第四节　人民币是避险货币吗？ ··· 390

第四篇　人民币国际化

第七章　金融开放背景下的人民币国际化 ······································· 417
　　第一节　人民币国际化现状与文献综述 ·· 417
　　第二节　大宗商品人民币计价 ··· 427
　　第三节　自由贸易账户与人民币跨境支付 ······································ 442
　　第四节　中国国际进口博览会与人民币国际化 ································ 448
　　第五节　从人民币"隐性锚"指数看人民币国际化未来 ······················ 459

第八章　共建"一带一路"与人民币国际化 ····································· 473
　　第一节　"一带一路"国家和人民币"隐性锚"研究 ··························· 473
　　第二节　"一带一路"中的宗教风险研究 ······································· 486

参考文献 ··· 499

后　记 ·· 539

引 言

一、绪 论

自 2015 年以来,国内外政治经济形势发生重大变化,大数据和区块链等金融科技得到广泛运用。如此复杂的国际环境和技术革新对国际金融研究和学科建设提出了新的挑战。本书立足现实,使用科学的国际金融理论和实证分析手段,尝试对人民币汇率决定、人民币汇率改革、人民币国际化以及众多国际金融现实问题进行回答。

(一) 环境变化对国际金融学提出新的挑战

当前环境的变化主要体现在两个方面:一是快速发展的研究方法,二是复杂多变的国内外政治经济形势。快速发展的研究方法要求我们对国际金融学科的建设和发展有所突破,复杂多变的国际形势则要求我们回答人民币该如何走这一问题。

1. 快速发展的科学研究方法

自 20 世纪 70 年代末罗伯特·E.卢卡斯(Rober E. Lucas)提出"卢卡斯批判"以来,主流宏观经济学界就开始构建具有微观基础的宏观经济模型。进入 21 世纪以来,随着计算机技术的快速发展和微观数据库的不断积累,在宏观研究受阻的今天,微观研究变得更加热门。在这一背景下,国际金融学作为传统的宏观经济学科分支在国内的关注度不断下降,学科地位也受到其他新学科和跨学科的挑战。因此,如何吸收目前学科发展微观化的优势,采用新的研究方法研究新旧问题成为本书的研究内容。

2. 复杂多变的国内外政治经济形势

人民币加入特别提款权(Special Drawing Right,SDR)对人民币汇率市场化改革和金融开放提出更高的要求。人民币加入 SDR 的过程是漫长和曲折的。2008 年国际金融危机后,中国开始推动人民币国际化,并为人民币最终加入 SDR 而努力。不过,在 2010 年入篮审核中,人民币由于不符合"自由使用货币"原则而遭到拒绝。在随后的五年中,中国进行了巨大的努力,包括进一步推进货币互换、发布 CFETS 人民币汇率指数、进行"8·11 汇改"等,这一系列努力终于取得成效,在 2015 年再次审核时成功突围,并于 2016 年 10 月正式入篮。加入 SDR 对人民币国际化有重要的推动作用,但也对人民币汇率的市场化和国内金融开放提出更高的要求。资本项目开放、人民币可自由兑换、人民币汇率形成机制的进一步改革将是未来国内改革的重点。但面对复杂的国内外经济形势,如何在符合国内发展需要的基础上进一步推动改革成为首要问题,本书将对人民币未来如何走,即人民币汇率的决定及改革思路做全面探讨。

复杂多变的国内外局势对人民币汇率走向和国内金融开放提出挑战。国际上,美国前总统特朗普打着"让美国再次伟大"的口号在全球范围内发起了贸易谈判和经济制裁。在此过程中,除全球贸易和经济增速遭受打击之外,很多新兴市场国家出现货币危机。中国作为美国最大的贸易逆差国,也深受其害。美国指责中国是汇率操纵国,并加征关税,打击中国的科技企业,迫使中国进一步扩大金融开放。国际形势的变化对国内汇率学研究提出新问题:中国是否进行"汇率操纵"?未来汇率该如何走?中国应采取哪些措施来应对金融全面开放?就国内而言,在经济增速趋势性下滑和经济转型大背景下,以"三去一降一补"为核心的供给侧结构性改革进一步推进,其中"降杠杆"成为目前各个部门的重要任务。在国内改革的背景下,如何利用汇率变动来辅助国内改革的顺利进行也成为研究核心。

国内外经济环境的变化为人民币国际化提供了机遇和挑战。本书研究认为,在贸易摩擦和金融开放背景下,人民币国际化成为中国走出困境的重要举措。但比较矛盾的是,2016年以来,人民币国际化已经逐步为贸易摩擦和国内改革让位,人民币国际化遇冷。在这一背景下,如何进一步推进人民币国际化,减少美元依赖,把握国际定价权,为对外贸易和金融开放保驾护航成为研究的重要内容。

(二)本书研究重点

为应对复杂多变的国内外经济环境,本书重点对人民币汇率决定理论、人民币汇率制度改革以及人民币国际化问题进行了系统性研究。研究的重点可以总结为:

第一,人民币汇率决定理论。在人民币汇率逐步走向自由化的大趋势下,面对目前复杂的国内外环境,尤其是国外经济环境,人民币汇率应该怎么走是本书研究的重点。为回答这一问题,本文使用历史分析与宏微观相结合的方法进行研究。首先,本文对中国一百年来货币汇率发展史进行总结,归纳货币发展的经验和教训;其次,我们对传统的宏观汇率决定理论(购买力平价、利率平价)以及汇率锚(核心通胀、美元等货币锚)进行研究,对当前人民币汇率的宏观决定理论进行经验研究;再次,我们对货币政策的汇率冲击做了专题研究,尤其对目前比较热门的"保汇率还是保储备"问题进行回答;最后,我们通过对外汇市场微观结构的分析,从汇率决定的微观机制方面对人民币汇率决定以及在离岸汇率联动进行分析。通过上述分析我们可以对人民币汇率该如何变动有明确的回答。

第二,人民币汇率制度改革的目标、方式和手段。人民币汇率市场化改革是国内外经济发展的需要,其目标是十分明确的,但过程和方式并不清楚。本书从以下几个方面对人民币汇率市场化改革进行研究:首先,通过对改革开放四十多年来人民币汇率改革的经验进行总结,明确未来汇率改革的方向;其次,通过动态随机一般均衡(dynamic stochastic general equilibrium,DSGE)模型的理论分析,确定目前与中国经济发展相适应的汇率制度及未来的改革方向;再次,通过计量分析确定中国目前的事实汇率制度,总结经验,吸取教训,为未来的人民币汇率市场化改革提供思路;最后,结合当前中美贸易摩擦和国内供给侧结构性改革的大背景,对汇率操纵、推进贸易发展、防范危机传染以及降杠杆等问题进行说明,对当前汇率走势及未来汇率改革提供建议。

第三,人民币国际化策略、方向和手段。人民币国际化是降低美元依赖和企业汇兑风险、保证金融开放的重要战略,但近年来人民币国际化遇阻,人民币国际化该何去何从?本书从多角度对人民币国际化进行考察。首先,通过对人民币国际化现状及其研究动态的研究,总结人民币国际化发展的经验教训;其次,通过对人民币货币锚的实证分析,对人民币国际化未来做出基本判定,为人民币国际化策略提供经验支撑,并为人民币国际化的主要方向和手段提供建议;再次,人民币账户是实现人民币国际化的重要抓手,结合当前推出人民币账户(自贸区自由贸易账户,简称"FT 账户")和举办中国国际进口博览会(简称"进博会")的契机,本书通过实地调研和问卷调研等方式就自由贸易账户的优缺点、改进及推广进行系统研究;最后,结合"一带一路"倡议,对人民币国际化在"一带一路"地区的可行性及推进策略进行研究。

为保证以上主要工作的顺利完成,研究团队采用多种研究方法相结合的方式进行研究。首先,整体来看,本书采取历史分析、宏观分析加微观分析方法进行;细分来看,DSGE 等宏观分析方法、高频时间序列分析及倍差法等微观数据处理方法均有所运用。总体来看,这些研究方法和估计方法的使用有助于本书的顺利完成。

二、研究意义和价值

本书结合学科发展趋势及当前国内外经济形势变化对国际金融学科建设及当前和未来人民币汇率相关问题进行研究,具有重要的理论意义和实践价值。

第一,本书通过对研究方法的探索,给予国际金融学科建设重要启示。本书从三个方面对国际金融研究做了探索:首先,本研究注重历史研究方法。读史使人明智,当前人民币汇率研究需要对人民币汇率发展史有全面了解,这也有助于进一步完善国际金融学科。其次,本书将宏观分析和微观实证相结合。本书既注重传统宏观汇率决定理论的新应用,又提倡微观基础方面的分析,通过宏微观相结合的方式使国际金融学研究更加丰富。再次,本书尝试利用新方法研究汇率问题。比如,本书利用大数据处理方法和神经网络等模型对传统汇率决定理论进行验证,再如,本书构建了地级市级别的人民币汇率指数等,这些都是研究汇率问题的新尝试。

第二,本书旨在为政府就人民币当前汇率走势、未来改革和人民币国际化提供政策建议,具有重要的实践价值。本书研究过程与当下国际政治经济环境联系密切,在科学研究的基础上为政府提供政策建议。相关成果通过要报的形式递交到中央政治局、上海市委及市政府并获得相应批示,对相关政策的出台有推动作用。在研究进展期间,团队有 15 篇决策咨询报告在上海市政府内刊及相关报刊上发表,其中有 10 份报告获得省部级以上批示及采纳证明,1 项报告获得上海市第十二届决策咨询研究成果奖二等奖。这些成绩显示,本书的研究内容具有重要的实践价值。

三、技术路线图

(一)总体框架

根据研究计划和计划执行期间经济形势的变化,本书最终共分为四篇,总体框架安排详见图 0-1。

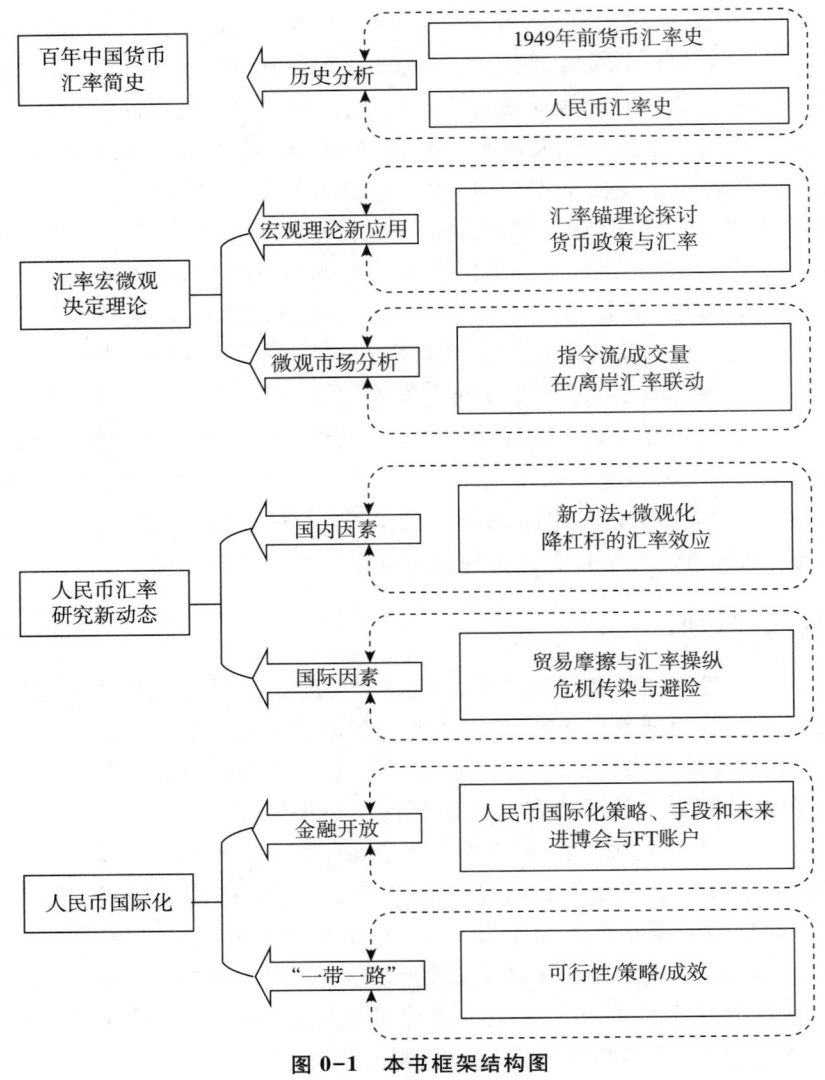

图 0-1　本书框架结构图

首先，历史研究是我们充分认识人民币定价的重要方法，本书第一篇先对辛亥革命以来中国货币汇率状况做了简要总结，讲述了从辛亥革命到 1949 年、1949 年到改革开放前、改革开放四十多年来中国货币汇率的发展变化，并且对 2005 年汇率制度改革之后中国事实汇率制度变化做了细致分析。通过对中国货币汇率史概述，我们对货币的本质、职能有了全新的认识，有助于我们进一步深入汇率学研究并提出政策建议。

其次，宏微观并举是目前国际金融学科研究的主流方法，本书第二篇从宏微观两个角度对人民币汇率决定理论进行分析。其中，从宏观角度来看，一方面运用传统的汇率定价理论来解释目前人民币变化；另一方面对货币政策的汇率传导、央行汇率干预等问题进行特别说明。从微观角度来看，一方面通过对外汇市场微观结构的分析指出指令流、成交量对微观市场汇率决定的重要性；另一方面则通过对高频汇率的分析，强调美元因素、套利因素对在/离岸汇率联动的重要作用。第二篇让我们对人民币定价有更为全面和真实的了解。

再次，只有结合当前社会环境变化研究汇率问题才能使研究更有意义和价值，本书第三篇结合当前国内外重大政治经济事件，对一些重要的热点问题进行回答。该篇同样从两个方面进行深入研究：一方面对国内发生的重要经济事件，如金融科技的运用、研究的微观化趋势及"降杠杆"等进行研究；另一方面则对贸易摩擦、危机传染和避险需求等国际问题进行研究。第三篇研究使我们可以在科学研究热点问题的基础上为政府部门提供合理的建议。

最后，人民币国际化是我们的落脚点，第四篇对人民币国际化的相关情况进行了全面研究。面对贸易摩擦和金融开放，人民币国际化是我们最终突出重围的重要举措。该篇依旧从两个方面进行研究：一方面对人民币国际化现状和未来、问题和改进措施做全面分析；另一方面则以共建"一带一路"为特例，分析了人民币国际化在"一带一路"沿线经济体推进的可能、措施、注意事项及成效。

（二）汇率宏微观决定理论研究框架

人民币加入 SDR 后，面对定期考核和不断变化的经济环境，人民币汇率如何定价成为当前面临的重要问题。本书第二篇从宏观理论和微观市场两个角度对人民币定价相关问题进行了研究，图 0-2 是该部分的研究框架图。

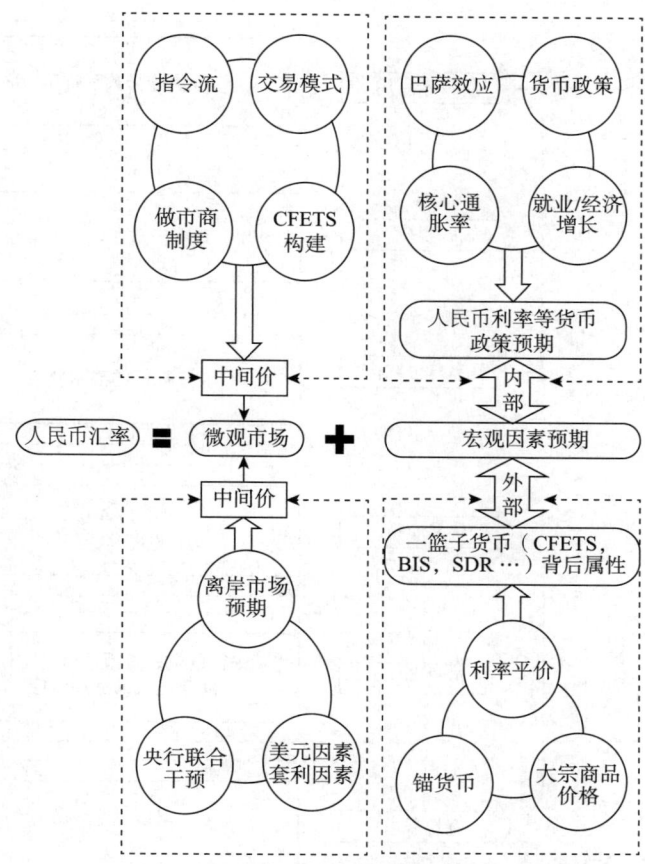

图 0-2 汇率宏微观决定理论研究框架图

宏观理论主要包括汇率锚理论和货币政策冲击两个方面。传统的汇率决定理论有利率平价、购买力平价等;20世纪90年代以来,通胀锚和货币锚成为很多国家汇率的主要锚定对象。本书对上述汇率决定理论如人民币汇率的购买力平价及引申出来的巴萨效应、利率平价、核心通胀和货币锚进行了全面研究。同时,考虑到央行汇率干预这一事实,本书对货币政策的汇率传导和热门的"保汇率还是保储备"问题进行了专题探讨。该部分可以清晰地告诉大家未来汇率发展的大方向及汇率改革的目标所在,同时为当前汇率变动情况提供政策建议。

对于人民币汇率的微观决定理论,本书重点考察三个方面:一是外汇市场微观结构,即指令流和成交量在人民币离岸汇率决定中的作用;二是考察美元因素和套利因素在离岸汇率联动中的作用;三是对汇率指数的构建进行总结,为CFETS的进一步改进提供建议。该部分研究使用日内分钟数据,通过该高频数据可以有效把握外汇市场的微观变化情况,对人民币汇率的短期决定有深入了解。

(三) 人民币汇率研究新动态研究框架

本部分研究内容与当下国内外政治经济变化情况结合十分紧密。它从国内和国外两个方面对当前汇率研究新动态进行分析,对一些热点问题进行回答,其研究框架结构见图0-3。

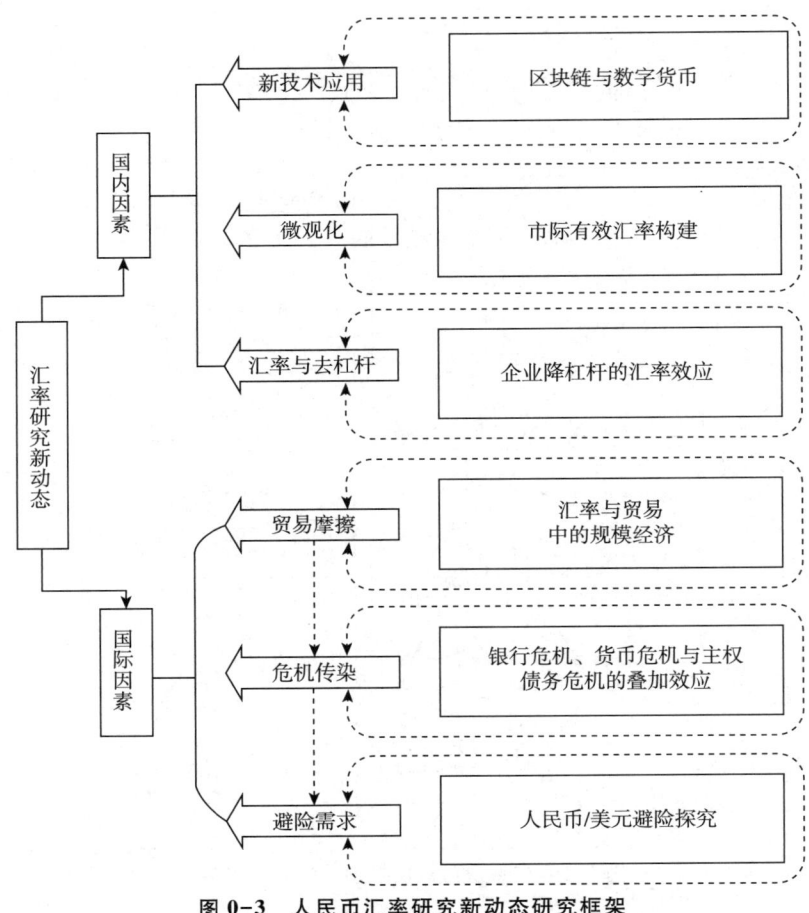

图 0-3 人民币汇率研究新动态研究框架

首先,我们对国内热点问题进行考察,具体分为三个方面:一是区块链及数字货币等国内金融科技的不断运用对国内的货币政策产生一定冲击,本部分专门对其进行了考察。二是近年来汇率学研究也逐渐向微观化方向不断发展,构建行业和区域汇率指数成为热点,本部分构建了中国市际层面的名义有效汇率,弥补了该数据的不足。三是汇率变化会通过影响企业的盈利能力从而对企业杠杆率产生重要影响,本书同时对企业降杠杆的汇率效应也进行了考察。

其次,本部分研究内容的另一个重点在于对通过对国际形势的判断为人民币汇率变化提供政策建议。2016—2019 年,特朗普政府一系列措施引发了全球尤其是中美之间的贸易摩擦,并指责中国进行汇率操纵,本部分对汇率和贸易问题进行专题研究,并提出应对措施。特朗普政府发起的加税政策及美国联邦储备委员会(以下简称"美联储")的加息叠加,造成了数个新兴市场国家及地区发生货币危机,考虑到危机的传染性,本部分对银行业危机、货币危机和主权债务危机的危害及叠加影响进行了系统分析。危机的出现激发了全球的避险情绪,全球投资者都在寻找避险资产,本部分又对美元、欧元、日元、人民币等货币的避险能力进行了专题考察。

(四)人民币国际化研究框架

本部分研究内容对人民币国际化相关情况进行了专题考察,其框架结构如图 0-4 所示。首先,本部分研究内容对人民币国际化的总体情况进行考察。一是通过对数据及文献梳理的方式深入了解当前人民币国际化状况和研究现状;二是通过对人民币隐性锚分布情况的考察,全面了解人民币国际化的未来、策略和主攻方向;三是面对金融开放大背景,立足上海市独特的发展优势——自贸区和进博会,对 FT 账户、人民币结算和人民币计价情况进行科学研究,为完善和推广人民币账户及人民币国际化提供政策建议。

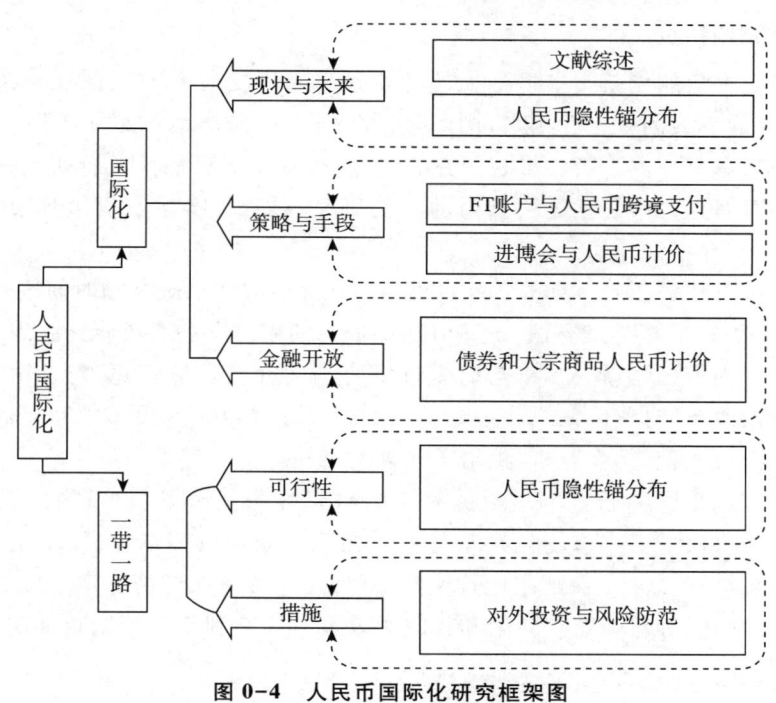

图 0-4　人民币国际化研究框架图

其次,本部分研究内容以共建"一带一路"为案例,对人民币国际化在"一带一路"地区的开展进行研究。一是通过对"一带一路"国家人民币隐性锚的考察,对人民币国际化在该地区的可行性进行研究;二是对"一带一路"地区的宗教和法律风险进行细致研究,为该地区投资的风险防范提供政策建议。

四、研究难点和创新点

(一)研究难点

本书的写作过程中存在许多困难,其中最为困难的是第二篇,即汇率的宏微观决定,也就是人民币汇率合理定值方面。这部分不仅要求对相关的宏观模型有充分的掌握,同时也要求对汇率市场微观结构有足够的认知。当然依靠团队的共同努力和中国外汇交易中心等单位的帮助,我们顺利地完成了写作计划。在此将过程中遇到的常见问题总结如下:

第一,获取数据存在困难。本书多处研究或者时间太久,或者内容过新,或者频率过高,因此存在着数据可得性问题。比如,对1949年前中国货币史的相关研究需要民国时期的货币汇率及通胀数据,外汇市场微观结构研究需要一分钟以内的高频汇率交易数据,对上海自贸区FT账户的研究需要最新数据,等等。对于这些问题,我们通过搜寻国外数据库、网络爬虫及调研等各种方法予以圆满解决。

第二,方法论运用存在困难。我们的研究运用到大量较新的方法,比如DSGE模型、空间计量、DID、爬虫等建模方法、估计方法和数据处理方法,这对项目的顺利进行造成困扰。为解决这一问题,我们多次邀请相关专家来作报告,组织团队成员学习攻坚,在掌握相关方法的同时,对STATA和MATLAB等软件也灵活掌握。

(二)研究创新点

第一,研究视角的创新。本书最大的特点是采用历史研究和宏微观相结合的方法,这也是本研究的一大创新。近年来,国际金融学研究在国内地位有所下降,面对学科研究微观化趋势,本书一方面吸收微观研究的优点,从微观市场视角进行研究,另一方面则返本溯源,通过对人民币甚至民国货币的历史研究,对货币本质及货币政策职能进行深入考察。

第二,研究方法的创新。如DSGE建模等宏观分析方法以及高频时间序列分析、空间计量和DID等微观数据处理方法,这些方法的恰当使用对顺利完成研究起到重要作用。

第三,研究内容的创新。本书与时俱进结合当前社会环境变化,对人民币汇率形成机制、汇率制度改革、自贸区账户和上海金融基础设施建设及人民币国际化进行研究,对现存的问题进行调研和问卷分析,提出了完善的措施。

第四,研究结论的创新。本书通过科学的研究方法提出了很多研究结论和政策建议。比如,未来人民币汇率市场化改革的重点在于中间价的市场化,而非货币篮子的优化;汇率升值降杠杆;解决"保汇率还是保储备"问题的关键在经济稳定;金融开放进程更需要人民币国际化,等等。这些结论和相应的政策建议有利于政策制定部门制定更为合理的决策计划。

第一篇

百年中国货币汇率简史

第一章
近现代中国货币汇率制度史

近年来,随着国内外经济和科技水平的提升,新的学科不断出现,跨学科和微观化成为学科发展的方向,国际金融学作为一门传统的宏观金融学科正逐步地"走向衰弱"。货币和汇率是国际金融学的永恒主题,在国际金融学"走向衰弱"之际,对货币和汇率的研究更需要追本溯源。在进行深度的国际金融分析之前,对货币和汇率史的考察显得尤为重要。本章将首先对人民币汇率制度发展史做简要介绍,为后面研究做好铺垫。

人民币产生自解放战争时期的中国,其出现有着极为沉重的历史背景和深厚的历史渊源。自1948年12月发行以来,人民币见证了新中国成立、改革开放、加入WTO、纳入SDR等重要历史时刻,也经历了布雷顿森林体系的瓦解、亚洲金融危机、次贷危机等危机时刻。人民币更是经历了多次汇率改革:1955年新币改革,人民币维持固定汇率直至1971年布雷顿森林体系瓦解;1981年官方汇率和外贸内部结算价实行"双轨制";1994年人民币汇率形成机制改革,"双轨制"时期结束,实行事实上的固定汇率制度;2005年"7·21汇改",我国开始实行有管理的浮动汇率制度;2008年金融危机后人民币重新盯住美元,直到2010年"6·19汇改"启动;2015年"8·11汇改",人民币汇率中间价定价机制进一步市场化。

本章共分为四节,主要梳理了人民币汇率制度和人民币汇率形成机制的演进,为本书随后对人民币汇率的深度分析提供历史脉络和背景。其中,第一节主要讲述了民国时期的货币发展概况,分析了人民币在诸多货币当中存活下来的历史原因;第二节研究了1949年至改革开放前人民币汇率的走势及波动情况;第三节则在研究改革开放四十年来人民币汇率发展的基础上,通过与日元汇改的对比,为我国进一步改革提供启示;最后一节将中间汇率制度引入篮子货币选择模型当中,对当前中国的事实汇率制度进行分析,为未来的汇率改革提供方向。

第一节 从辛亥革命到1949年前货币史概述

一、引 言

汇率是一种货币对另一种货币的兑换比率。在经济全球化背景下,汇率的决定具有很强的外部性,即汇率会自然而然影响本国和其他国家的利益。随着我国经济地位的不断提升和对外开放的逐步扩大,人民币汇率的变动受到越来越多的关注。

人民币的产生有着极为沉重的历史背景和深厚的历史渊源,要考察人民币汇率的决定,就不得不提及人民币产生前近现代中国的货币史和战争史。人民币出现前的一个世纪以来,中国在社会性质上经历了由封建社会到半殖民地半封建社会的过渡,货币制度经历了数次变迁:由清朝长期实行的白银为主币、铜钱为辅币的复本位制,到1910年清政府颁布《币制则例》后确定的银本位;再到1935年币制改革后的汇兑本位,以及1944年布雷顿森林体系的建立……中国人民在这一个世纪以来不仅经历了水深火热的战争,也见证了庞杂混乱的货币局面。1949年,中国货币的混乱程度与欧洲蒸汽时代以前货币的混乱局面十分相似。这一时期的货币汇率,不仅包括本国与外国货币的汇率,还包括本国各地区、各货币之间的汇率。

二、1910—1934:民国初年的混乱货币体系

清政府灭亡以前,中国货币以银铜复本位为主,纸币占据货币总量的份额不高。根据彭信威的研究,清末纸币流通折合成银圆的金额占全部流通货币总额的13.25%左右。① 但是,即便纸币总额不大,也分为主要由国家发行的银两票和银圆票、国家以及私人发行的铜钱票和外国钞票等多种类型,纸币发行十分混乱。

(一)民国初年货币体系的混乱局面

作为中国近代史上第一次反帝反封建的资产阶级民主革命,1911年爆发的辛亥革命沉重打击了帝国主义的侵略势力,成功推翻了长达两千多年的君主专制制度。战争年代,地方政府和中央政府通过发钞对军事活动进行资助,国民党货币正是在这一历史背景下产生——1910年5月25日,国民党货币开始与美元兑换,价格为1单位国民党货币=0.72银两=24.494克纯银。由于是月度数据,我们能看到的最早的国民党货币与美元的比价为1910年5月31日的1单位美元=2.0076单位国民党货币。② 除此以外,地方政府也发行了自己的货币,其中包括广东元(广州发行)、湖北元(武昌发行)、福建元(福州发行)、江苏元(南京发行)、浙江元(杭州发行)、奉天元(沈阳发行)、吉林元(长春发行)、四川元(成都发行)、北洋元和天津元(天津发行)。由此可见,在中国境内有不同的货币区,每个货币区使用不同形式的铸币和纸币。其实,中国在20世纪上半叶出现了数千种货币,本节按照Lee(1926)的《中国的货币,银行和金融》一书的做法,将货币区划分为12个,见表1-1。

---

① 根据彭信威(2020)《中国货币史(校订版)》第713页的清末中国货币数量分类估计表,清末中国纸币折合银圆277 777 777元,所有货币合计折合银圆2 097 031 508元,纸币流通折合成银圆的金额占全部流通货币总额的比重为277 777 777/2 097 031 508 * 100% ≈ 3.25%。

② 数据来源:全球金融数据库中关于各国汇率的百年数据(https://www.globalfinancialdata.com)。本节随后涉及到的美元汇率的数据均来源于此数据库。

表 1-1 中国 20 世纪上半叶的 12 个货币区

货币区	主要流通货币
广东、广西和贵州	广东元、20 分硬币(即毫洋)和港币
云南	云南元
福建	福建元为主,还有银圆、铜币
香港	港币
浙江、江苏和安徽	国民党货币、墨西哥元和纸币
山东	1922 年以前是日元,之后是国民党货币、墨西哥元和纸币
河北和山西	银圆、外国纸币、北洋元和天津元等
甘肃	美元、银条、纸币、辅币
河南、湖北、陕西、湖南和江西	银圆、纸币
四川	四川元和云南元
满洲(辽宁、沈阳、黑龙江)	国民党货币、金本位日元(20 世纪 20 年代大连租界)、黑龙江官帖(吊)和吉林官帖(吊)
新疆	新疆元、银两、金币券、银圆

由表 1-1 可以看出不同货币区使用不同的货币,且同一货币区存在多种货币同时流通的情形。即便是在一个货币区内的同一种货币,流通省份的不同或发行时间的不同都有可能导致其与其他省份货币之间的汇率不同。如广东、广西的货币"毫洋"(即 20 分硬币),就存在属于同一货币区、不同省份汇率不同的情形。广东元在 1914 年 7 月进行改革后贬值,尚存纸币以 45.5% 的面值被赎回。1938 年 1 月 1 日,国民党发行的法定货币纸币取代了当地纸币。其中,广东的毫洋纸币以 1.44 毫洋兑换官方 1 元法定货币的比例被收回,但广西毫洋纸币兑换率是 2 毫洋兑换 1 元法定货币。再如云南元,存在不同时期发行的同一种货币其汇率不同的情形。云南元在初期相较国民党货币存在溢价;1919 年,由于福田银行和云南国土银行的超额发行而缓慢贬值;1936 年,国民党政府用政府货币赎回了这些纸币,兑换率为旧的 10 福田银行元或新的 5 福田银行元兑换 1 元法定货币。

(二) 不同货币区的币值——以黑龙江官帖和吉林官帖为例

1935 年以前,中国实行的货币制度是银圆本位,一般来说,各货币间的兑换比例相对稳定。图 1-1 所绘制的是 1914 年 1 月至 1916 年 12 月黑龙江官帖对美元汇率和吉林官帖对美元汇率。[①] 从图 1-1 可以看出,黑龙江官帖对美元汇率和吉林官帖对美元汇率的形态极为相似,即黑龙江官帖和吉林官帖币值变动较为一致。这一现象意味着在银圆本位下,如果各货币区发行货币的银行准备金充足、信用较高,且该货币区没有

---

① 黑龙江官帖由黑龙江广信公司发行,吉林官帖由吉林永衡官银钱号发行(付丽颖,2013),单位为吊。

出现严重超发货币、大面积战争的情形,各货币区之间的币值应该呈现相对稳定的状态。①

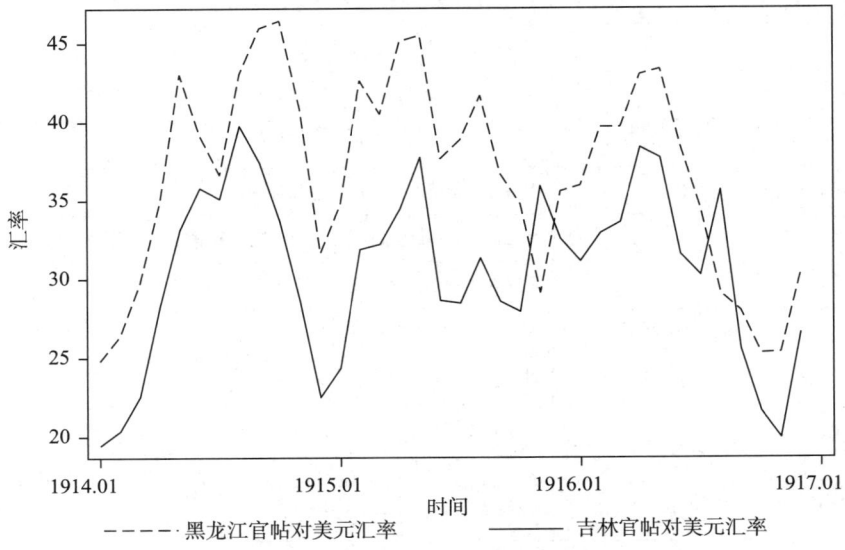

图 1-1　黑龙江官帖和吉林官帖对美元汇率

同理,如果某一货币区出现滥发货币、发行货币银行信用不足等问题,那么该货币区的货币应该相对贬值。本节仍以黑龙江官帖和吉林官帖对美元汇率为例,取其 1921 年 1 月至 1931 年 12 月的数据作图②(如图 1-2)。从图 1-2 中可以看到,大约从 1925 年开始,1930 年以后尤为明显,吉林官帖对美元汇率大幅贬值,从 1930 年 1 月的 1 098.21 贬值到 1931 年 12 月的 9 696.80,远超黑龙江官帖对美元汇率的贬值程度(黑龙江官贴相应的汇率变动为 538.62 到 2 251.45)。形成这一巨大差距的原因是吉林省财政逆转不畅,滥发官帖来弥补财政赤字,进而导致官帖贬值(付丽颖,2013)。同时,综合图 1-1、图 1-2 来看,图 1-1 中两种货币对美元汇率均在一定区间内波动,并未出现大幅度的持续升值或者贬值,而图 1-2 中两种货币在 1930 年以后都呈现出较美元明显贬值的情形,与国民党货币对美元汇率的贬值趋势一致(可见后面对图 1-3 的分析),这主要是由外部环境的变动(1929—1933 年大萧条)造成的。

(三) 货币混乱的原因及评价

想要找出货币混乱的原因,需要结合当时的历史背景来分析。1840 年,鸦片战争揭开了西方列强瓜分中国狂潮的序幕;1842 年,《南京条约》的签订让中国沦为半殖民地半

---

① 黑龙江省和吉林省本同属满洲货币区,但限于数据可得性,且黑龙江官帖和吉林官帖分别在各省内流通,所以本节在分析这两种货币时将黑龙江省和吉林省视作两个不同的货币区。

② 图 1-1 和图 1-2 分别对应黑龙江官帖和吉林官帖对美元汇率 1914 年 1 月至 1916 年 12 月和 1921 年 1 月至 1931 年 12 月这两个时间段的月度数据,中间 4 年的数据缺口并非人为去掉,而是限于数据可得性的原因无法看到。1932 年 1 月,"满洲中央银行"吞并东北发行纸币的省级银行。

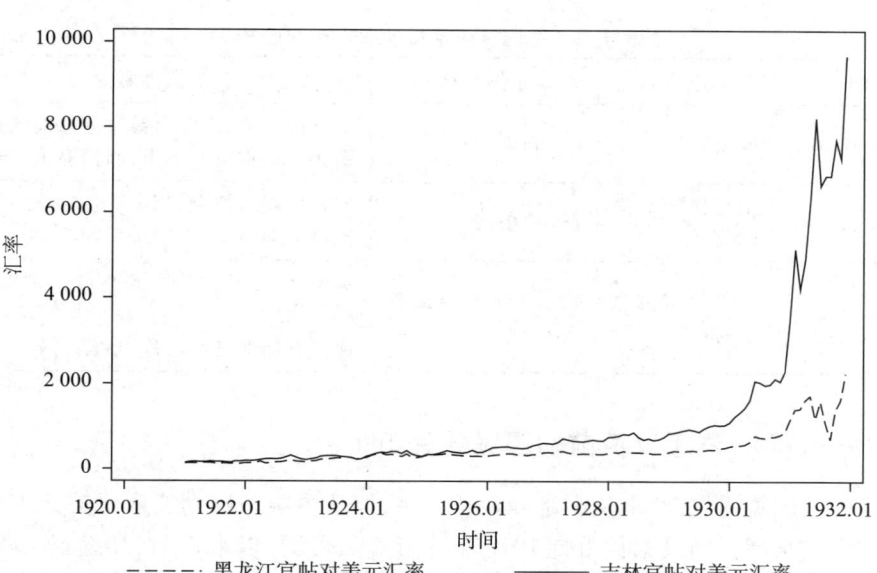

图 1-2 黑龙江官帖和吉林官帖对美元汇率

封建社会。1850 年年初,咸丰皇帝即位后,巨额的财政亏空加上年末农民起义的爆发,迫使清朝无视准备金不足发行了大钱(铸币);同期,货币的短缺导致福州等地出现私人通过钱庄等发行纸币的现象,这些事件最终导致了严重的恶性通胀,并且货币短缺的问题也无法得到解决。随着通商口岸的开放,外国银圆和纸币流入国内。20 世纪初,欧洲、美国、日本的银行进入了中国市场,并在中国境内发行自己的货币。无论背景如何,这些金融机构在中国都会接纳彼此发行的货币并据以结算(荷尼夫,2018)。同时,国外先进铸币机器的引入,将货币制造标准化,极大地降低了铸币成本。在金属本位下的货币,保证币值稳定的关键要素就是维持货币的内在价值;即便是生产可以随时兑换金属铸币的纸币,也应维持相应的准备金。社会的动荡,通货膨胀和财政危机,银铜比价的不稳定,外部环境的不确定性,在准备金不足的情况下超额发行货币等种种因素相互交织,共同构成了当时复杂环境下的多货币情形。

中国在信用货币的创造方面走在前面,但是中国货币体系的现代化却走了很多弯路。首先,政府信用不足造成纸币大幅贬值,妨碍了纸币的流通。早在唐朝中国就有纸币出现,更为知名的是北宋"交子"、南宋"会子"、元代"交钞",还有明代的官方唯一纸币"大明宝钞",清朝末期也有许多纸币。但是,上述货币皆因战争和财政问题而大幅贬值,降低政府信用的同时,也阻碍了中国金融体系的现代化进程。其次,清朝末年中国局势和旧币处理问题也对币制改革形成了阻碍(张亚光等,2015)。张亚光等(2015)指出,清末中国没有统一政府、各省拥有自治权,1910 年的《币制则例》(见表 1-2)将发行货币的权力收归中央的过程中遇到了极大的阻力,虽然随后辛亥革命的爆发让此改革未能全面实行,但不得不说这是我国币制改革迈出的重要一步。

表1-2　中国废两除银的三次币制改革

时间	政府	条例名称	条例主要内容
1910年4月16日	清政府	《币制则例》	实行银本位,采用七钱二分重银圆为主币、铜元为银本位的辅币,制钱退出流通领域
1914年2月8日	中华民国北洋政府	《国币条例》	实行银圆本位制,以总重七钱二分的壹圆银币为国币
1933年3月8日	中华民国南京政府	《银本位币铸造条例》	本位币曰元,以总重为26.6971克(银88%、铜12%)的壹元银币为国币(因其背面为帆船图案而习称"船洋")

三、1910—1934：法币改革前的国民党货币

虽然中国的货币在20世纪上半叶种类很多,但从中国国民党货币对美元汇率来看,其市场化程度很高。国民党货币自1910年5月25日发行以来,一直存续至1949年前。抗日战争全面爆发之前,相对而言,国民党货币对美元汇率整体并未出现大幅贬值或升值的情形。图1-3实线部分描绘了国民党货币对美元的汇率,时间截至国民党货币成为中国唯一法定货币之前,即时间区间为1910年5月至1935年10月。可以看到,总体而言,汇率在一定区间(0.8641—5.1329)内波动,伴随着特定时点或事件,汇率出现了一定的调整。图1-3中出现的另外两条线分别为,美国劳工统计局消费者物价指数(consumer price index,CPI)和中国消费者物价指数与美国劳工统计局消费者物价指数之比再乘以1 000[1]。其中,限于中国消费者物价指数的可得性,中美CPI之比从1926年1月开始。总体而言,当时购买力平价在中美之间成立。从图1-3可以看出：(1)1916年至1920年国民党货币的升值[2]、1929年至1933年国民党货币的贬值,分别对应美国CPI的激增和突降；(2)国民党货币汇率与中美CPI之比呈正相关。以上两点意味着在中国国民党货币与美元之间,购买力平价能够在一定程度上解释二者之间汇率的变动,也表明当时中国的货币兑换市场化程度很高。

国民党货币对美元汇率的变动与当时发生的一些历史事件密切相关。本节共选取了5个关键时点来分析,具体时间如图1-3。

第一个关键时点出现在1914年2月。当月8日北洋政府颁布《国币条例》(见表1-2),实行银圆本位。同年,袁世凯宣布废除《中华民国临时约法》,制定《中华民国约法》,改责任内阁制为总统制,大权独揽。袁世凯复辟野心初现,国民党货币对美元汇率出现上升,国民党货币贬值。

第二个关键时点是1916年5月。在随后的一段时间内,国民党货币相对美元出现持续性升值,这是由内外因素共同决定的：一是当时美国CPI的不断上升[3]；二是第一次世界大战期间,帝国主义国家忙于战争,对华出口下降、进口需求上升,但是,国内对外需求

---

[1] 为了能够更清楚地在图1-3当中看出该比例的变动情况,这里对该比例进行了一定程度的放大。
[2] 直接标价法下,汇率的上升表示本币贬值,下降表示本币升值。
[3] 第一次世界大战美国从宣布中立到参战,经济获得了长足的发展,也从债务国戏剧性地变成了债权国(高芳英,1998)。

下降、对内需求上升(陈晋文等,2010);三是1916年银价升值,由于当时中国是银圆本位而美国是金本位,美元相对贬值;四是1916年中国银行抗拒袁世凯停兑令,对稳定金融市场、维护经济正常发展起了重要作用(蔡惠茹,2005)。

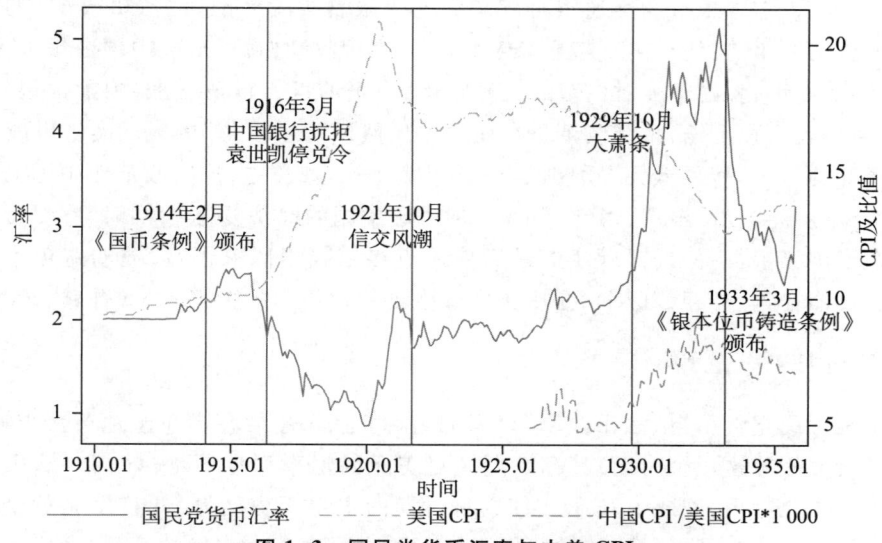

图1-3 国民党货币汇率与中美 CPI

第三个关键时点是1920年1月。国民党货币迅速贬值至4年前水平,并在随后稳定了很长一段时间,这与当时国内出现的"信交风潮"存在很大关系。自1918年北京证券交易所成立以来,由于利润丰厚,各地纷纷效仿,20年代初大批证券公司成立,甚至还有信托公司,一时间投机之风甚重。后来形成了"信交风潮",许多公司倒闭(蔡惠茹,2005)。同时,中国工业在1921—1922年出现了短暂萧条(杨小凯,2001)。

第四个关键时点是1929年1月。国民党货币迅速贬值,并于1932年12月达到了5.1329的"局部"①币值最低值。1929年发生了世界经济危机史中赫赫有名的"大萧条",中国棉纺织业出口需求下降(严泉,2013)。另外,1928年成立的民国中央银行经济实力不足,货币市场的混乱情况未能得到良好调控(蔡惠茹,2005)。这些原因同样适用于解释图1-2中黑龙江官帖和吉林官帖末期的大幅贬值。

最后一个关键时点是1933年3月。国民党货币相对美元出现大幅升值,仅8个月的时间汇率就从1933年3月初的4.8909下降到1933年12月初的2.9900。这次国民党货币汇率的快速升值既有内部原因,也有外部原因。1933年3月8日,南京政府颁布了《银本位币铸造条例》(见表1-2),以船洋为国币,主张对货币体系实施控制,促成中国货币体系的现代化(何平等,2018)。同年,美国放弃金本位,高价收购白银,也是造成国民党货币对美元升值的重要原因。

综上,汇率的变动是由国内和国外因素共同造成的,一国经济的良好发展对该国币值的坚挺起着强大的支撑作用,外部环境的变化对一国货币的影响也至关重要。总体而言,在图1-3所考察的时间段内,国民党货币的市场化程度较高,对美元汇率也较为稳定。

---

① "局部"指的是1910年5月至1935年10月。

1935年11月3日晚,国民党宣布实行"法币改革",主要内容如下:(1)以中央银行、中国银行、交通银行所发行的钞票为"法币",其余任何银行都不得发行钞票;(2)禁止白银及一切硬辅币的流通使用,将白银收归国有,充作外汇准备金;(3)为使法币对外汇率稳定,中央银行、中国银行和交通银行三个银行无限制买卖外汇。"法币改革"的背后原因需要追溯到两年前:1933年,美国放弃金本位,高价收购白银,造成中国白银大量外流;从1935年下半年起,由于美对白银的大量收购,白银的世界行情看涨,中国银根趋紧,物价下降,经济大面积萎缩,币制改革迫在眉睫。当然,"法币改革"的成功实施也离不开20世纪上半叶的三次"废两改元"币制改革(详见表1-2)。总之,这次改革使中国的货币制度从银本位过渡到货币本位,稳定了汇率,促成了中国的经济复苏①;同时,它将货币发行权垄断在了国家银行手中,银行业的最后信用直接依赖于国家银行,成功避免了法币与任何通货集团挂钩(严泉,2013),是中国向金融现代化迈出的关键一步(孙路,2009)。

四、1935—1949:法币

法币是国民党货币自"法币改革"以来的名称。法币主要存在于土地革命末期、抗日战争以及解放战争这三个时期,其存续期间对美元的汇率详见图1-4(a)。法币作为抗日战争时的主要货币,完成了其在抗日战争时期的主要历史使命,并且发兑黄金等政策的实现对稳定物价起到了重要的维持作用;但是,法币也存在滥发的情形,造成了物价的上涨和法币的贬值。图1-4(b)描绘了法币1935年11月至1940年5月对美元汇率及中美物价之比。② 从图中可以看出,"法币改革"实施以来,中美物价和汇率都保持了很长时间的稳定。1937年7月,抗日战争全面爆发以后,物价飞涨,这时的法币对美元汇率依旧相对稳定。1938年,国民政府出台了新规定,法币内债作为有价证券可以充当法币发行准备(陈民,2000)。发行准备的扩张意味着法币的增发,1938年以后,法币对美元汇率在坚持了10个月后也突破了5。1939年1月,国民党五中全会正式决定将发钞筹款作为战时的主要财政政策。自此,法币发行量大幅增加,法币相对美元大幅贬值,汇率从1939年年初的6.143至1940年5月的18.62,购买力降为原来的1/3;物价也随之迅速上升,从1939年年初的0.134涨到1940年5月的0.3574,翻了1.67倍。

为了抑制法币的过度发行引起的通胀,国民政府采取过如发兑黄金等政策,在政策实行之初取得了一定成果。图1-4(c)描绘了1940年6月至1945年5月的法币对美元汇率和中美物价之比。1940年6月至1941年12月,汇率和物价都相对稳定,其中,汇率维持在均值18.38附近。1942年7月,国民政府将法币的发行权统一到中央银行,央行成了名副其实的垄断发行银行(陈民,2000)。1943年前后,财政和货币的问题日趋严重。7月,国民政府财政部部长孔祥熙致信美国,指出了中国货币超发和物价上涨的现实情况,希望利用美援并请美方代为购买黄金。此信一出,法币相对美元应声贬值,法币的国外购买力一个月下降近1/3,国内物价水平一年之内也涨逾3倍③。为了抑制过快上涨的

---

① 法币改革后的1936年中国工业产值比1927年增长了83.2%。
② 为保持前后一致,这里中美物价之比依然是"中国CPI/美国CPI*1000"。
③ 法币对美元汇率由1943年6月的63.8跌至7月的95,中国CPI由1942年6月的2.308升至1943年7月的6.056。

物价,收回过度发行的法币,1944年4月,国民政府推出出售黄金现货,颁布法币折合黄金存款的政策。意在减少流通的法币,降低通胀。此政策一经推出,法币快速升值。1944年9月,法币折合黄金存款办法公布,即以当日金价折合法币存入银行,到期本金以黄金付还,利息以法币数额计算、法币支付,且法币折合黄金存户,到期偿付黄金要扣减四成(金德平,2019)。此办法推出后,法币快速贬值。截至1945年5月,法币对美元汇率已从1944年6月的198贬至935。法币兑黄金存款政策的初衷及初始效果都很好,但是具体的实行随着办法的改变(1944年9月)发生了变动,损害了群众利益,败坏了其经济管理的声誉,政策的效果也大打折扣。

1945年6月,国民政府从美国借来的用于在国际市场上购买黄金的美金到账,加上5月份的一笔共计逾1.2亿美金。法币在6月份一个月内由月初935大跌至月末的2 250。所幸两个月后,日本宣布无条件投降,8月,法币开始缓慢升值,如图1-4(d)所示。图1-4(d)描绘了1945年4月至1947年4月法币对美元汇率及中美物价之比。1946年年初,物价继续猛涨,3月,民国政府又通过中央银行在上海发售黄金,回收纸币(金德平,2019)。物价上涨速度虽然有所减缓,但这次发兑黄金的政策效果显然不及第一次,法币相对美元依旧持续贬值。抗日战争取得胜利之后,国民政府为了发动内战,继续沿用抗日战争时期的货币发行制度(陈民,2000)。1946年7月,晋察冀边区发布了《关于下年度财政经济工作方针的指示》,提出"在境内必须坚持边币一元化的政策,必须提高边币、打击法币,对出入口作严格管理"(赵入坤,2017),将法币排挤出境外。此后,通胀持续,法币贬值更加严重,到1948年7月底,法币对美元汇率已升至5 130 000。

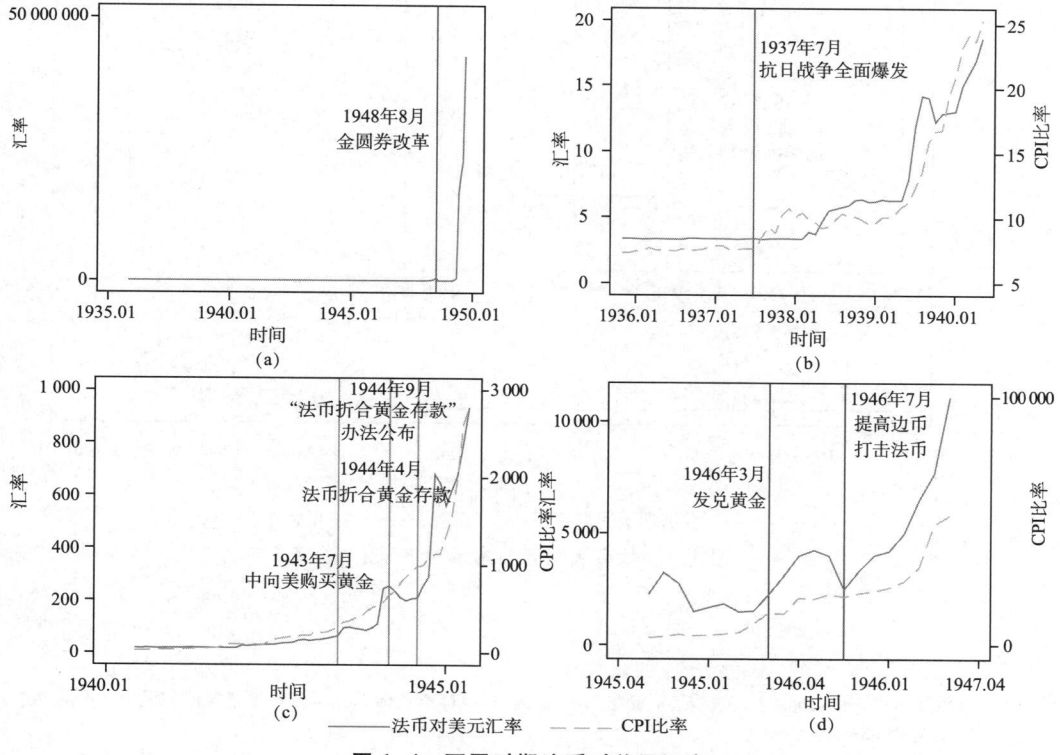

图1-4 不同时期法币对美元汇率

1948年8月19日,国民党决定发行"金圆券"来解决财政问题。金圆券名义上一元含有0.22217克黄金,但背后根本没有黄金准备。不仅如此,国民党强制要求所有人在9月30日前将黄金、白银、外国币券兑换为金圆券(杨晓时,1999)。此次金圆券的发行,其实质就是掠夺人民的财产,国民政府失了声誉也失了人心。1949年5月,金圆券发行额高达600万亿元,是原定最高发行限额的3 000倍(杨晓时,2006)。货币的滥发造成了恶性通胀。1949年7月,国民政府进行了历时11小时的银圆券改革,力图恢复银本位制,但是改革失败。直至1949年9月,存续13个月的金圆券从发行之初的5.05贬值到了425 000 000。1949年10月中华人民共和国成立时,正式明确了人民币是全国唯一法定货币,彻底终结了国民党法币在中国的流通。

五、伪满洲国元——战时货币的典型代表

伪满洲国元的出现要追溯到日俄战争。20世纪初,日本在日俄战争中取得了胜利,但是代价高昂[①],因而日本政府决定统一其在东北地区势力范围内的货币,控制东北的经济、金融命脉。20世纪30年代,东北的官办银行和其他中国人开办的省级银行均被日本人接管,随后被"满洲中央银行"吞并[②]。1932年1月,伪满洲国元对美元汇率发布,其对美元的兑换一直持续到1945年12月(如图1-5)。

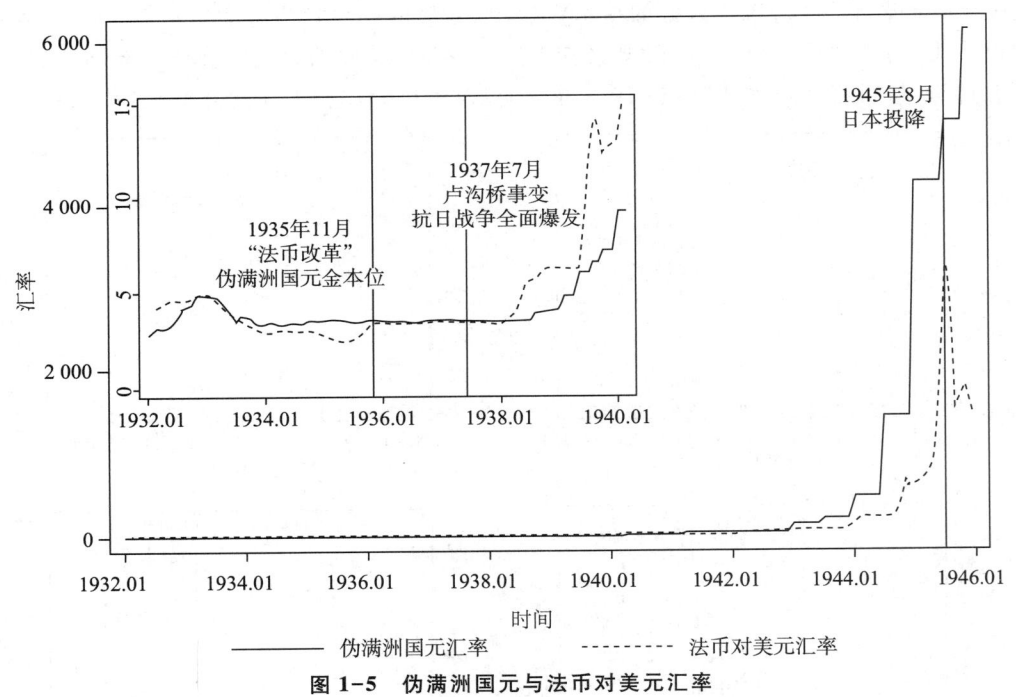

图1-5 伪满洲国元与法币对美元汇率

---

① 日俄战争中,日本伤亡达20万人,军费花费15亿元,还有巨额外债。日本原本想要向俄国提出赔偿的要求,金额为30亿,遭到了俄国的拒绝。

② 1932年7月1日,"满洲中央银行"正式开业。

伪满洲国元遵循了典型的战时财政性货币发行原则，随着军事扩张和军费开支的上涨而增加。本节对伪满洲国元的分析主要围绕其汇率变动以及其与法币对美元汇率的差异（见图1-5）。图1-5主要由两部分构成：大图是伪满洲国元整个兑换期间图，小图是1932年1月至1940年3月的区间图。从图1-5大图可以看出，伪满洲国元发行的前10年，其对美元汇率并没有出现大幅贬值的情形。自1943年起，伪满洲国元迅速贬值，从1942年年底的44.9435贬值到1945年12月的6 123.7002。可以看到，自1942年直至日本投降，伪满洲国元和法币对美元汇率走向一致，均在大幅贬值。但1945年8月，日本投降以后，二者的汇率走势分道扬镳，中国是战争胜利方，因而法币快速升值，背后靠日本人支撑的伪满洲国元则继续贬值，并在4个月后停止与美元的兑换。从伪满洲国元发行的最大面值也可以看出当时的通货膨胀情况：1932年7月，最大面值为10元，1933年4月为100元，到了1944年8月最大面值达到了1 000元，物价上涨愈演愈烈。此外，从图1-5中还能够看到，虽然战时的伪满洲国元和法币均在快速贬值，但很明显后期伪满洲国元贬值程度更高。伪满洲国元在发行之初，其汇率为1伪满洲国元＝1日元＝14便士；1938年8月，伪满洲国元较法币贬值10%，1939年3月较法币贬值30%。1941年4月，40伪满洲国元可以兑换100法币，但当1945年11月22日收兑伪满洲国元时使用的汇率为5伪满洲国元＝1法币。

伪满洲国元发行之初，其货币制度为银本位。1伪满洲国元包含23.91克白银，发行形式主要是纸币和贱金属的辅币①。从图1-5左上角的小图中可以看出，"法币改革"以前，伪满洲国元的表现较国民党货币甚至更为稳定②。1935年11月，"法币改革"实行，法币货币制度变为汇兑本位，伪满洲国元也跟随日本改为金本位制。从图1-5左上小图中可以看到，"法币改革"后两种货币的汇率均稳定了很长一段时间。1937年7月7日，以卢沟桥事变为导火索的中国抗日战争全面爆发。"满洲中央银行"开始发行以日本政府债为准备金的战时货币。1939年，随着日本侵华战争的升级，伪满洲国元不断增发新货币，将更多贱金属（铝等）融入铸币当中（张新知和王学文，2011），伪满洲国元的货币就此开启了贬值通道。1943年1月，伪满洲国元自1938年3月以来首次对美元汇率跌超法币，并于此后持续低于法币，直至退出流通。

六、1926—1949：根据地货币合并与人民币流通

人民币的前身是根据地货币，根据地货币的出现要追溯到1926年的北伐战争。当时地主普遍对农民"闭借"，农民的流动性不足。为了解决农民从地主处借高利贷的问题，共产党在革命根据地发行了货币③。革命根据地货币主要在根据地内部流通，用于内部交易。当涉及外部采购即对外贸易时则使用美元、国统区和日占区货币。如抗日战争时期主要用法币、国民党地方政府钞票及伪满洲国元等，解放战争时期主要用法币、金圆

---

① 这种伪满洲国元流通时大幅压倒了奉系军阀的旧币和日资银行的纸币，使得伪满洲国地区最终建立了完全意义上的银本位制。
② 1932年1月至1935年11月期间的国民党汇率标准差为0.8619，超过了伪满洲国元汇率标准差0.5260。
③ 本节参考《中国革命根据地货币史》一书，将其称为革命根据地货币。根据该书中对革命根据地货币的定义，革命根据地货币是一种独具特色的独立的货币体系，包含了四百多个货币发行机构所发行的五百多种货币。

券、东北九省流通券以及美元、港币等。随着解放区的不断扩大,各货币区之间的交换开始活跃。

由于解放区货币比价不一、印刷粗劣、难辨真伪,流通上有很大障碍(姜长青和李燕,2012),为了降低交易成本,统一货币势在必行。1948年12月1日,华北银行、北海银行和西北农业银行三行合并为中国人民银行,并开始发行人民币,以兑换为人民币方式逐渐收回旧币;在旧币未收回前,遵照规定不得拒用。另外,截至1949年全国解放前夕,在市场上流通的美金约3亿美元,港币约5.8亿港币。为了维护新中国独立自主的货币制度和正常的货币流通秩序,对外国货币主要处理如下:(1)坚决取缔外国银行在市场上发行货币的特权,禁止一切外国货币在中国市场上流通和私相买卖;(2)坚决取缔外国银行垄断中国的外汇经营权,规定一切外汇业务,包括国际贸易结算、国际汇兑、外汇买卖等,都须有中国人民银行或其指定机构办理,外商银行经过批准可以作为代理外汇银行;(3)坚决取缔和打击外汇黑市交易,对有关外币买卖等违法行为,采取没收或强制兑换办法予以严肃整顿。

1949年10月,中华人民共和国成立,正式明确了人民币是全国唯一法定货币。当时虽然华北、西北、华东老解放区只有人民币一种货币流通,但是其他新解放区还存在多种货币。随着各解放区调整、统一工作的顺利进行,直至1951年10月,各个解放区货币均已退出流通,人民币的区域性因素消除,人民币真正成为通行于全国(西藏、台湾除外)的法定货币。图1-6描绘了1948年8月至1951年10月的人民币汇率及人民币黑市价格。1949年,人民币经历了很大程度的贬值:1949年年底人民币对美元汇率为225,1950年年底为23 000。1950年以来,国家收支脱节,最终国家在发债还是发货币中选择了发债,在增税还是发货币中选择了前者,人民币并未出现像金圆券一样滥发的情形,这有力地维护了人民币的良好信誉。为了维护物价和金融的稳定,统一全国财经势在必行。1950年12月,中国人民银行制定了《货币管理实施办法》(以下简称《办法》),《办法》要求各部

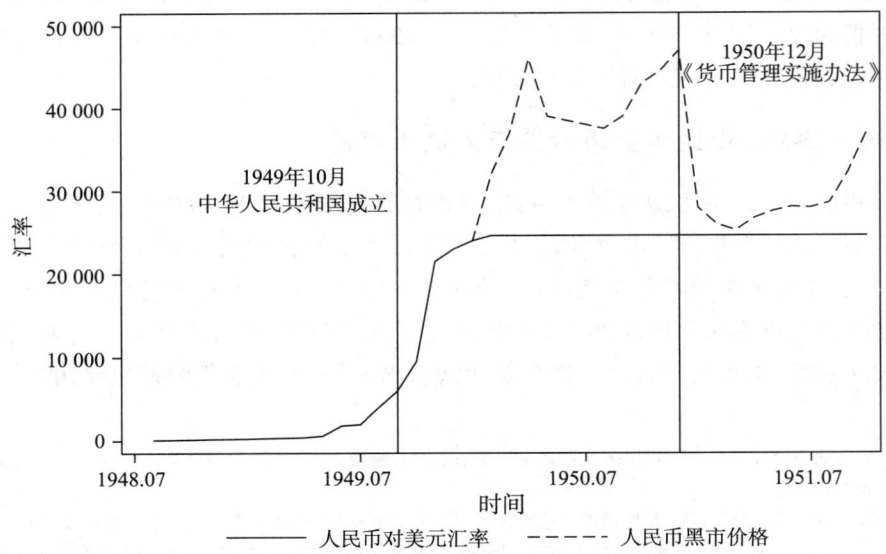

图1-6 人民币对美元汇率(1948年8月至1951年10月)

队、机关、团体、国营企业、合作社间在本埠、埠际及国际的一切交易往来全部通过中国人民银行划拨清算。从图1-6中可以看出,《办法》的出台沉重打击了外汇黑市交易,打击了投机资本家的投机活动。1953年3月,中央人民政府政务院第二十二次政务会议通过并发布了《中华人民共和国关于统一国家财政经济工作的决定》。此决定将全国财经工作收归中央,提升了效率,也打击了资本家的不法投机活动(姜长青和李燕,2012)。

七、主要结论

总的来说,中国是一个"早熟"的国家,在两千多年前就实行了中央集权制,而中央政府控制官僚最重要的手段就是财政。随着政权的延续,小农经济逐渐养活不起越来越大的官僚体系。一旦进入战争状态或王朝后期,官僚体系的快速膨胀使得正规税收无法负担,此时便会进入快速财政扩张期,封建体制会发展出各种非常规税收手段来从民间攫取财富。宋代以后,纸币的发展往往以高通胀和王朝倾覆为结局,如元代交钞。到民国之后,各地军阀各自为政,货币体系十分繁杂,战争导致货币超发和恶性通胀。从清末民初的黑龙江官帖、吉林官帖,再到伪满洲国元,都是通过诸如滥发货币等方式来从民间征收铸币税。法币更是如此,甚至通过金圆券改革掀起一波恶性通胀。

在如此混乱的货币状态下,人民币能够突破重围并最终存活下来,存在着偶然当中的必然,其中"必然"的关键词就是"人心"。人民币能够获得人心,主要原因有以下几点:(1)解决问题的角度从人民群众出发。从根据地货币的建立开始,其目标就是为了解决农民的流动性问题。在随后的战争当中,通过比价斗争①进行生产和贸易,为人民群众利益服务。(2)维持币值的相对稳定。多货币状态下,人们自然而然偏好价值高且稳定的货币。不论是根据地货币还是人民币,都十分重视货币发行量,绝不滥发货币。即便通过发债、增税等方式来弥补财政收入的不足,也不会过度发行货币。

读史使人明智。通过梳理人民币出现的历史背景,我们可以发现,一国货币强大的根源在于经济的繁荣与较强的承受外部压力的能力。我国现阶段面临着如此多的不确定性,这就要求我们继续强力发展经济,逐步扩大对外开放,让中国越来越好,人民币也会越来越坚挺。

第二节 从1949年到改革开放前人民币汇率史

一、引 言

中华人民共和国成立之初,政治经济形势十分严峻,如工农业生产下降、交通运输阻塞、物价飞涨等,国民经济处于全面崩溃的状态。面对这种严峻形势,党和政府通过"三大运动",初步建立了社会主义国营经济,同时迅速稳定了物价,并由中央统一管理全国财经工作。1952年年底,国家财政经济获得根本好转,为国家开展计划经济建设奠定了基础。而在计划经济阶段,由于国内价格长期保持稳定水平,加上我国的对外贸易完全

---

① 比价斗争的实质就是根据地货币在与敌区货币的兑换中如何通过市场管理等措施实现对根据地货币有利的兑换比率的过程。

由国家来进行,因此改革开放前的人民币汇率只是作为编制计划和经济核算的标准,人民币汇率与对外贸易联系并不密切。在国民经济稳定后(即1952年后)的很长一段时间内,我国执行了严格的固定汇率制,直到布雷顿森林体系崩溃后,才开始在外国货币贬值或升值时进行一定的调整。总体看来,这一阶段的人民币汇率波动情况与经济发展情况一致,大致可分为以下三个阶段。

二、1949—1952:人民币汇率大幅波动阶段

1948年12月1日,人民币由当时刚刚成立的中国人民银行发行,但国家成立之初,由于全国通货膨胀严重,加上交通运输不畅,全国各地物价水平各不相同。在这种背景下,中国人民银行根据当时的天津口岸汇价作为基准,由当地政府根据各自物价情况,在中央统一政策管理下公布各地人民币的外汇牌价。这一阶段,由于国内物价猛涨,人民币出现了大幅度贬值:从1949年10月的600旧人民币元/美元左右,至1950年7月调至38 000旧人民币元/美元左右,见图1-7。在此期间,中国人民银行根据"发展生产,繁荣经济,城乡互助,内外交流,劳资两利"的经济政策,在"统制对外贸易"的原则下,确定人民币汇率的方针是"奖出限入,照顾侨汇"。"奖出"即奖励出口,保证75%—80%的大宗出口物资私商获得5%—15%的利润;"限入"即限制奢侈消费品进口;以及照顾华侨汇款的实际购买力。其主要目的是恢复和发展国民经济,扶植出口,积累外汇资金,进口当时国内紧缺的建设物资。

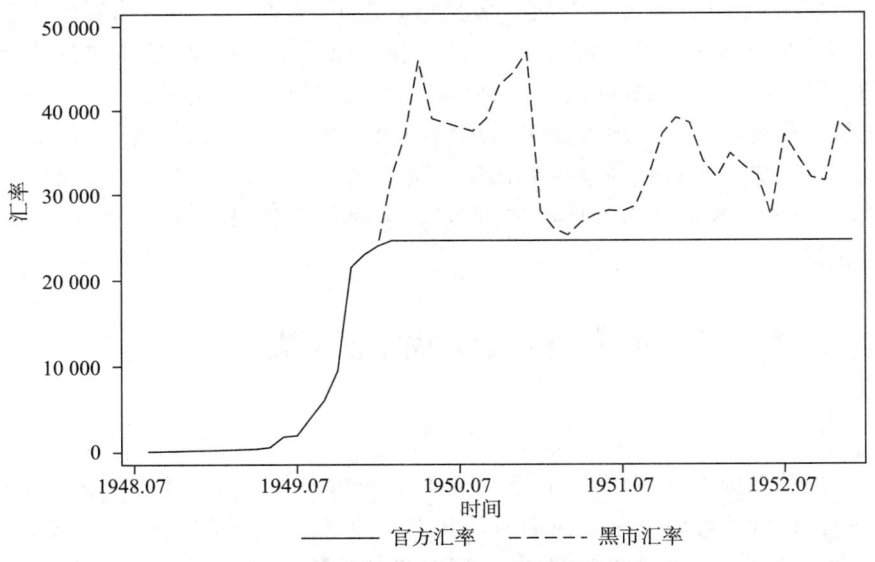

图1-7 1948—1952年的人民币汇率波动状况

1950年7月8日对人民币汇率来说是具有重要意义的一天,从这一天开始,人民币正式实行全国统一汇率,这也从侧面反映出,在不到一年的时间里,全国的经济秩序得到了明显的恢复,全国统一的财政经济制度建设也初见成果。1950年2月全国财政经济会议后,国内金融、物价日趋稳定,而国际市场物价上涨,为保障外汇资金安全,加速物资进

口,汇率政策由"奖出限入"变为"进出口兼顾"。在这一时期,人民币汇率也逐渐走出了单一贬值的通道,开始出现一定的起伏。根据吴念鲁和陈全庚(2002)的研究,从1950年3月至1951年5月期间,人民币共升值15次,从42 000旧人民币元/美元调至22 380旧人民币元/美元,升值幅度达46.7%。

总体来看,在国民经济恢复时期,尽管国家存在着极大的用汇需求,但由于外国的经济封锁及国内的经济基础设施尚未恢复等原因,这一阶段的外汇资源极度紧缺,同时进出口渠道不畅,侨汇通道阻塞。在这一阶段,国家建立了外汇集中管理制度,根据物价制定并统一了全国的人民币汇率,其主要目的在于调整对外贸易,并照顾侨汇收入。

三、1953—1971:人民币汇率处于基本稳定阶段

自1953年起,我国进入社会主义建设时期,国民经济实行高度集中的计划管理体制。在很长时间内,人民币官方利率基本维持不变,主要原因有以下几点:首先,对外贸易由外贸部所属的外贸专业公司按照国家规定的计划统一经营,外贸系统采取进出统算、以进贴出的管理办法。对于进出口贸易不平衡问题(出口少于进口),中央财经委员会在考虑后采取了对一部分进口商品加成的办法,即外贸部对用货部门的进口商品按进口成本加价103%,以进口盈利弥补出口亏损的方式来实现贸易平衡,因此实际上政府已经不需要再用汇率来调节进出口贸易;其次,此时的世界经济实行以美元为中心的布雷顿森林国际货币体系,各国均实行固定汇率制度。世界各国经济也处在稳定恢复阶段,国内外物价水平均保持稳定,按国内外消费物价对比,汇率已适当照顾侨汇和其他非贸易收入,因而无调整必要。在这种背景下,为了维护人民币的稳定及满足内部核算和编制计划需要,人民币官方汇率坚持稳定的方针,从1955年新币改革后到1971年12月,在长达近16年的时间里,我国维持了2.4618元人民币/美元的官方汇率(见图1-8)。

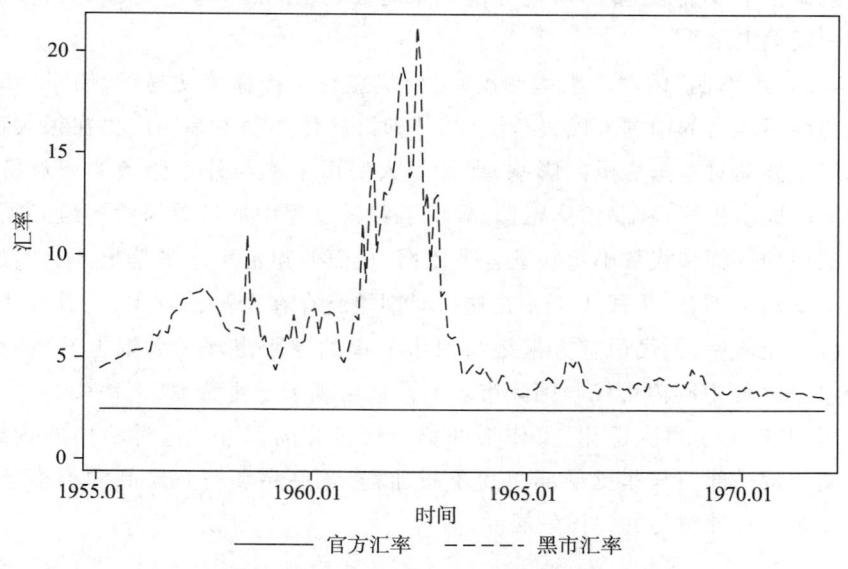

图1-8 1955—1971年的人民币汇率波动状况

与官方市场汇率的波澜不惊相比,人民币汇率的黑市价格可谓波澜起伏。从图1-8可以看到,在1958—1962年国民经济探索发展时期,人民币的黑市汇率出现了明显贬值,并从1960年10月开始一路狂泄不止,直至1962年6月达到人民币币值的历史最低水平21.25元人民币/美元。为正确应对这一阶段中的错误倾向,政府反思并做出了相应调整,使得人民币黑市汇率迅速回落,并在1963年调整回到1958年之前的水平。这一现象从侧面说明,尽管改革开放前的人民币汇率更多地只是内部核算所需,但是其实际水平也能从一定程度上反映国民经济建设情况。

四、1972—1978:盯住一篮子货币的单一浮动汇率制

1968年,我国开始在国际结算中试行人民币汇价结算,这意味着人民币汇率将直接影响进出口商品的价格、外商盈亏以及外汇收支。与此同时,由于布雷顿森林体系内部所存在的问题,国际货币体系中以美元为中心的固定汇率体制开始变得岌岌可危。到了1971年8月,美国正式禁止其他国家的中央银行以美元向美国兑换黄金,布雷顿森林体系瓦解。自此开始,西方主要国家货币纷纷抛弃了固定汇率制转而实行浮动汇率制,汇率波动日益频繁。在这样的国际背景下,为了保持对主要贸易伙伴货币的相对稳定,促进对外经贸的正常开展,同时推行人民币对外计价结算,并避免西方国家物价水平波动对我国的冲击,我国开始采用盯住一篮子货币的单一浮动汇率制度。在这一阶段,人民币盯住的货币篮子主要选用与我国外贸有密切关系的国家和地区的货币,货币篮子的种类及其权重由国家统一掌管,中国人民银行根据篮中货币浮动情况及我国政策进行调整,并根据不同时期的情况对货币篮子进行调整。具体的货币种类及对应权重目前尚未公开,但可以确定的是美元、日元、英镑、联邦德国马克、瑞士法郎等在货币篮子中始终占据重要地位。在这样的汇率制度下,这一时期人民币汇率变动频繁,仅1978年人民币对美元汇率就调整了61次之多。从世界范围来看,人民币汇率基本上稳定在世界各国货币汇率的中间偏上水平。

这种"盯住汇率制"的浮动汇率制度,主要优点在于操作简便易行,便于当时汇率政策操作经验尚不丰富的中国人民银行操作。同时,这种浮动汇率制度也在很大程度上减少了国际汇率波动对本国货币的影响,保证了人民币汇率与外汇储备的相对稳定,也便于对外贸易的成本核算、利润预测工作,减少了贸易过程中的汇兑风险。但必须注意到,篮子货币的币种选择和权数确定缺乏客观依据,从而使得汇率水平偏离了真实的汇率水平。从图1-9可以看出,人民币汇率在这一时期始终存在着高估现象,尤其在1973年美元再次大幅度贬值后,人民币官方汇率与黑市汇率的差距出现了大幅上升,最高升幅竟达到了80%。这使得国内市场与国际市场的价格出现了严重背离,汇率失去了对外贸易杠杆的作用,其功能也再次退化,仅作为外贸会计核算的标准。这种价格的背离使得计划经济时期的贸易部门与非贸易部门间矛盾加剧,贸易品和非贸易品的价格差被拉大,从而严重影响了对外贸易的整体发展。

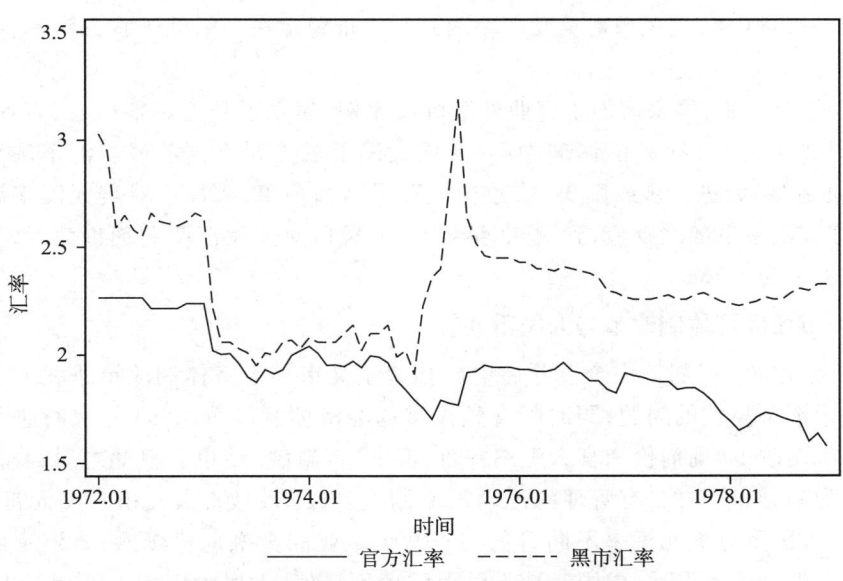

图 1-9　1972—1978 年的人民币汇率波动状况

纵观整个计划经济时期，人民币汇率均由政府按照一定的原则制定，高度的计划性决定了市场力量对汇率决定几乎起不到任何作用，汇率水平无法真正反映外汇相对短缺的情况。汇率也就无法发挥其在国民经济中的调节作用，只能作为外贸业务的一种核算标准。面对这一情况，为合理确定人民币汇率水平，发挥汇率在国民经济中的杠杆作用，逐步使人民币走向自由兑换，我国改革开放后便对人民币汇率制度进行了改革，逐步建立了一个有管理的浮动汇率制度。

第三节　改革开放四十年人民币汇率回顾

一、改革开放与人民币汇率形成机制回顾

1949—1978 年计划经济体制下，人民币汇率仅仅是外贸内部核算和编制计划的工具，不发挥调节进出口贸易的作用。1955 年，我国进行人民币币制改革，改革后，人民币对美元汇率稳定在 2.4618，并维持到 1971 年。后来，随着布雷顿森林体系崩溃，我国实行盯住一篮子汇率的官方汇率制度，人民币汇率逐渐升值。到 1979 年，人民币对美元汇率逐步升值到 1.555，升值幅度超过 36.8%（见图 1-10）。

（一）改革开放与汇率双轨

1978 年党的十一届三中全会确立了改革开放总方针，1979 年年底对外贸易体制改革开始，外贸垄断被打破，外贸企业经营权被下放，外贸企业开始自负盈亏。由于当时人民币对美元黑市交易价格（2.3733）远低于官方价格，官方人民币汇率既不利于对外出口，也不利于企业换汇收益。为了鼓励出口，自 1981 年开始人民币对美元汇率开始采用官方汇率和外贸内部结算价"双轨制"，官方汇率用于旅游出国等非贸易品交易，而内部结算价用于出口结算。人民币对美元汇率内部结算价由人民币实际换汇成本加成 10%

得到,1981—1984 年,人民币对美元汇率内部结算价稳定在 2.8,低于官方汇率,有利于促进出口。

自 1985 年开始,国家增加了企业外汇留成比例,建立了外汇调剂中心,直到 1993 年年底,中国共建立 121 个外汇调剂中心,形成人民币对美元官方汇率与汇率调剂价并存的"新双轨制"。为进一步鼓励出口,减少人民币高估现象,人民币对美元汇率调剂价不断贬值,官方汇率也随之贬值,到 1993 年年底,人民币对美元汇率调剂价为 8.9597,而同时期官方汇率为 5.762。

(二) 市场经济体制改革与人民币并轨

1993 年党的十四届三中全会开启中国社会主义市场经济体制改革进程。为了彻底解决人民币汇率高估的问题,同时配合整体市场经济体制改革,1994 年央行进行人民币汇率形成机制改革,调剂价和官方汇率并轨,汇率"双轨制"结束。自此之后,我国实行以市场供求为基础、单一的、有管理的浮动汇率制度。改革初始,人民币对美元汇率为 8.7左右,随后人民币对美元汇率不断升值,到 1997 年亚洲金融危机爆发,该汇率已经升值到 8.28。金融危机爆发后,中国坚持人民币汇率不贬值,人民币汇率一直保持 8.28 直到 2005 年。期间,银行间外汇交易中心建立,但该中心的实际作用仅是调节各银行外汇头寸的场所,汇率的价格发现作用较弱,尤其是 1997 年之后,中国实行了事实上的固定汇率制度,见图 1-10。

(三) 固定汇率时期与 2005 年汇率改革

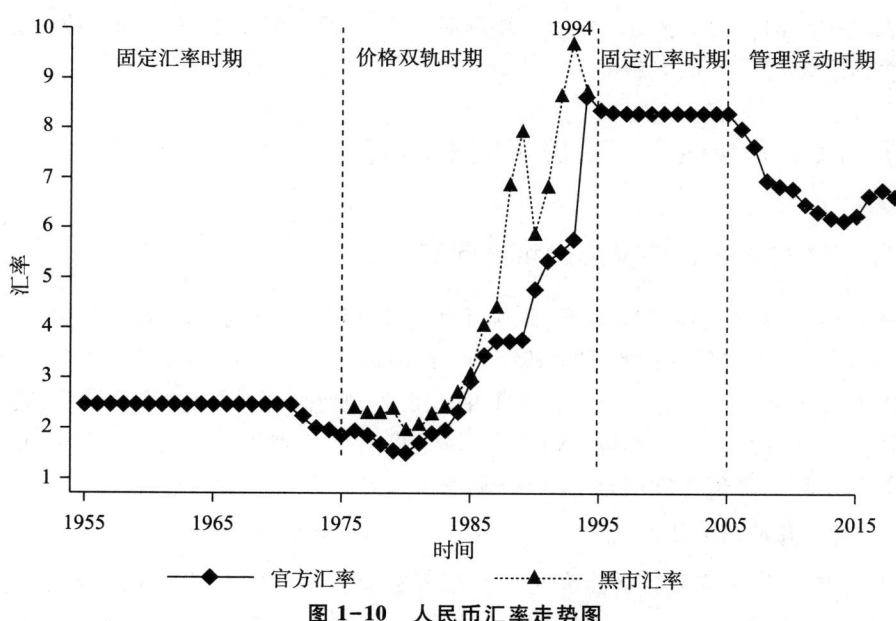

图 1-10　人民币汇率走势图

进入新千年,尤其是 2001 年中国"入世"以后,国内的经济形势与国际政治经济压力使得中国开启汇率制度改革之路。就国内而言,"入世"之后,各成员国给予中国"最惠国待遇",借助成本和政策优势,中国的出口迅速增长,贸易顺差不断加大,外汇储备不断增加,为汇率制度改革提供了支撑;同时,强劲的外需拉动了中国的经济增长,为汇率制度改革提供了内在动力。就国际形势而言,中国出口的大幅增加加剧了相关贸易国的贸易逆差,其中,2004年美中贸易逆差占到美国贸易逆差总额的1/3左右,中国与贸易伙伴之间贸易摩擦加剧,贸易壁垒常筑。以美国为首的发达国家一方面给中国施压,诟病中国的人民币汇率形成机制;一方面又要求人民币升值,减少贸易逆差。在内部需要和外部压力下,中国决定择机开启人民币汇率形成机制改革。

2003年10月,中国时任国家主席胡锦涛首次指出:中国将实行以市场供求为基础的、单一的、有管理的浮动汇率制度,这是同当前中国的经济发展阶段、金融监管水平和企业承受能力相适应的。2005年7月21日,央行正式宣布:中国开始实行以市场供求为基础、参考一篮子货币进行调节、有管理的浮动汇率制度,并于当日让人民币对美元升值2%。这可以说是人民币汇率制度的历史性突破,实施了十余年的固定汇率制度终于转变为有管理浮动的汇率制度。

对于人民币定价机制,我们可以总结为:

$$e_t = \bar{e} \tag{1}$$

$$e_t = e_{t-1} \tag{2}$$

$$f(e_t) = f(e_{t-1}) + f(\text{mean}e_t) \tag{3}$$

式(1)表示固定汇率制度下的人民币定价机制,即不论何时,人民币汇率 e_t 都保持在某一常数 $\bar{e}$;式(2)表示完全浮动下人民币定价机制,即当天的汇率开盘价 e_t 等于前一天的收盘价 e_{t-1},汇率完全由市场供求决定;式(3)是2005年"汇改"以后的人民币定价机制,即当天的中间价 mpe_t 是前日收盘价 e_{t-1} 和一篮子货币 basket_t 的函数,当天人民币对美元汇率在一定波幅内波动。2005年"汇改"确定了人民币汇率形成机制,之后的改革举措,如中间价机制、CFETS以及逆周期调节因子等,都是对这一机制的完善与改变。

2005年汇率制度改革之后,人民币汇率开启了升值之路,与此同时,对外贸易顺差、外汇储备积累和国内经济增速都持续向好。在这种情况下,2007年5月21日央行宣布人民币对美元汇率日间波动幅度由0.3%扩大至0.5%。这种情况一直持续到2008年美国发生金融危机。

(四)金融危机、重盯美元与2010年汇率制度改革

2008年国际金融危机打乱了中国汇率制度改革的步伐。当时,中国面临着空前严峻的国际形势。一方面,国外订单骤减,出口企业利润下降,公司破产,经济增速下降;另一方面,国内金融稳定受到冲击。为了稳定国内金融形势,缓解出口下降的问题,中国政府决定人民币重新盯住美元,且人民币对美元汇率日间波动幅度由0.5%下降为0.1%以内(如图1-10)。在金融危机期间盯住美元,固然减少了因汇率问题所造成的经济波动,但使得原本接近均衡汇率的人民币币值产生了升值压力,美国等发达国家又开始对人民币施压,逼迫人民币升值。与此同时,在强财政刺激下,国内经济复苏势头明显,到2010年中国俨然已经走出国际金融危机的影响。在这种国内外复杂的政治经济背景下,人民币汇率制度改革重新启动。央行于2010年6月19日对外公告进一步推进人民币汇率形成机制改革,重在坚持以市场供求为基础,参考一篮子货币进行调节,并且银行间即期外汇市场坚持以0.5%的日内波动幅度对人民币汇率进行动态调节。2012年4月14日这一波动幅度又由0.5%扩大至1%,2014年3月17日进一步扩大至2%。

比较 2005 年汇改和 2010 年汇改，可以发现，两者有着很多的共性。首先，面临的国际形势相似，均是在实行固定汇率一段时间之后，国内经济稳定，迫于外部压力而进行的改革；其次，均是由固定汇率向有管理浮动的汇率制度改革；最后，改革之后，人民币持续升值。可以说，2010 年的人民币汇率制度改革是 2008 年国际金融危机打断后的改革的重启，是 2005 年"汇改"的继续，从此之后，直到 2014 年年初，人民币踏上了波动升值的历程。但是，此次重启人民币汇率制度改革，依旧存在一些问题，最重要的就是参考一篮子货币的透明度太低，事实上，中国更加注重参考美元，即美元在一篮子货币中的比重过高。同时，人民币也没有实现真正的有管理的浮动，而是一种类爬行区间的汇率制度。

（五）汇率贬值与 2015 年"8·11 汇改"

1."8·11 汇改"

国际金融危机之后的三年，由财政和货币刺激推动的 GDP 增速迅速下行，潜在 GDP 由 9%—10% 下降到 6%—7%，中国经济进入新常态阶段。但是这一阶段，由于人民币定价机制自身的问题，人民币对美元中间价依旧下行，人民币汇率升值，使得人民币存在一定的高估，为后来人民币持续贬值埋下了隐患。与此同时，美国经济复苏，美联储逐渐结束量化宽松的政策（quantitative easing, QE），加息及加息预期强烈，美元大幅升值。在国内经济基本面和国际经济形势的双重压力下，人民币开始持续贬值。自 2014 年第二季度开始，直到"8·11 汇改"之前，人民币贬值造成中国连续 6 个季度出现资本账户逆差，资本大量外流，国内金融风险加剧。另外，受人民币加入 SDR 条件的影响，逐步实施更为灵活的汇率制度成为必要选择。在这些国内外经济政治背景下，"8·11 汇改"正式开始。2015 年 8 月 11 日，央行宣布调整人民币对美元汇率中间价报价机制，做市商参考上日银行间外汇市场收盘汇率，向中国外汇交易中心提供中间价报价。这一调整使得人民币对美元汇率中间价机制进一步市场化，更加真实地反映了当期外汇市场的供求关系。2015 年 8 月 11—13 日，有条件的浮动汇率制度可以表示为人民币汇率形成机制方程，即

$$e_t = e_{t-1} \text{ 当日波幅小于等于 } 2\% \tag{4}$$

但是，人民币汇率连续 3 天贬值近 6%，在巨大的贬值压力下，央行放弃了这一定价原则，改为"参考前日收盘价+稳定 24 小时篮子货币"这一机制，虽然难以预测汇率变化，但没有打破贬值预期，人民币持续贬值。2016 年年初，央行推出了"收盘汇率+一篮子货币汇率变化"的新人民币对美元汇率中间价形成机制，但依旧不能改变人们的汇率贬值预期。2017 年 2 月，外汇市场自律机制将中间价对一篮子货币的参考时段由报价前 24 小时调整为前一日收盘后到报价前的 15 小时，避免了美元汇率日间变化在次日中间价中重复反映，人民币汇率中间价机制逐步完善。不过，与以前相比人民币货币篮子显得更加清晰。2015 年 12 月 11 日晚间，外汇交易中心正式发布了 CFETS 人民币汇率指数，汇率指数参照人民币货币篮子，共计 13 种货币，其中权重最高的 4 个币种依次为美元、欧元、日元、港币，权重分别为 26.4%、21.39%、14.68%、6.55%。2017 年 1 月 1 日起，按照 CFETS 货币篮子选样规则，CFETS 货币篮子新增 11 种货币，CFETS 篮子货币数量由 13 种变为 24 种，新增篮子货币权重累计为 21.09%。新增篮子货币后，权重最高的 4 个币种依旧为美元、欧元、日元和港币，但占比有所下降，分别为 22.4%、16.34%、11.53% 和

4.28%。从货币篮子可以看出,人民币依旧在较高的程度上盯住美元,但更加注重其他篮子货币的变化。

2. "逆周期因子"的引入

进入 2017 年以来,人民币汇率贬值压力得以有效缓解(2016 年人民币对美元即期汇率贬值超过 6%,外汇储备缩水 30%),经济增速趋于稳定,经济基本面向好,但人民币对美元中间价升值幅度远小于新兴市场国家货币,即经济基本面因素没有很好地体现在人民币汇率中间价定价机制中。出于这种原因,央行在 2017 年 5 月末将中间价报价模型由原来的"收盘价+一篮子货币汇率变化"调整为"收盘价+一篮子货币汇率变化+逆周期因子",如式(5)所示,其中 $inverse_t$ 表示逆周期因子。逆周期因子的引入确实在一定程度上缓解了人民币汇率波动不能有效反映经济基本面的变化这一不足,缓解了外汇市场可能存在的"羊群效应",同时也提高了人民币调控的自主性。但就这一因子而言,逆周期因子的加入,提高了央行对汇率的控制程度,使得人民币汇率向着不利于市场化的方向发展,与人民币汇率制度改革的长期目标不一致。因此,这是一个暂时性的政策。

$$f(mpet) = f(e_{t-1}) + f(basket_t) + f(inverse_t) \tag{5}$$

逆周期因子推出之后,人民币对美元汇率开始出现反弹,跨境资金和国际收支情况也日渐趋稳。根据央行发布的数据,至 2017 年 12 月末,人民币汇率全年累计升值 6%,外汇储备余额 3.14 万亿美元,连续第 11 个月回升。鉴于目前较好的市场反应,逆周期因子于 2018 年 1 月初暂时退出,2018 年 8 月,"逆周期因子"又重新启动。

自 2005 年汇改确立有管理的浮动汇率制度以来,人民币汇率制度虽几经反复,但依旧向着更加市场化的方向迈进。毋庸置疑,未来人民币汇率一定是自由浮动的。目前所实施的人民币汇率中间价机制是一个过渡,受制于国内外政治经济条件,人民币汇率制度很难在短期内实现自由浮动,但长期来看,实现自由浮动既是国内经济发展的必然要求,也是人民币国际化的必由之路。

二、相关实践与理论的文献综述

本节分为两部分:第一部分是有关人民币汇率实践的文献;第二部分有关以往的汇率制度与经济变量关系的文献。

(一)人民币汇率形成的"三因素"褒贬

人民币汇率形成机制实际是在考虑中国经济社会的承载力,以及在防止汇率大幅波动的基础上进行的汇率制度的选择。不同历史阶段有不同的人民币汇率形成机制的目标,现阶段,中国实行的是以市场供求为基础、有管理的浮动汇率制度。完善汇率形成机制的实质是提高汇率形成的市场化程度。完善人民币汇率形成机制的核心内容包含完善汇率的决定基础,矫正汇率形成机制的扭曲,健全和完善外汇市场,增加汇率的灵活性和改进汇率调节机制。

当前,中国人民币汇率形成机制改革的总体目标是建立健全以市场供求为基础的、有管理的浮动汇率体制。进而在完善人民币汇率形成机制的基础上推进人民币的国际化。汇率改革的总体趋势是渐进有序地扩大弹性,向着浮动制度迈进。中长期推动人民币汇率形成机制改革的方向是实现浮动汇率，浮动汇率更加侧重于收盘价，而现在的制度更侧重一篮子货币。为什么当下人民币对美元汇率容易贬值、难以升值，进而呈现出一定的凸性，人民币汇率形成机制改革中针对中间价的形成要增加收盘价的权重，还是增加盯住一篮子货币的权重也是本研究关注的重点。

  盯住一篮子货币的货币制度是名义汇率规则的一种，关键问题是确定货币篮子中每种货币的具体权重，因为汇率随着篮子中货币汇率的变动而加权变动。盯住一篮子货币汇率制度是在参照国际货币体系中多种相对浮动货币的情况下，维持一国汇率的相对稳定而采取的一种汇率制度。名义汇率是即时可得的数据，实际汇率中的价格指数是一个事后编制的数据。盯住一篮子货币时，本国货币的名义汇率相对于篮子中各种货币的名义汇率的加权平均值。一般而言，一个区域内经济贸易密切的国家之间的货币汇率应当保持稳定，形成货币区。货币区对其他国家的货币实行联合浮动，从而有效防范货币浮动的风险。盯住一篮子货币汇率制度的目标是多样的，大体可以归结为降低汇率冲击对宏观经济冲击。货币篮子中货币权重的确定依赖于贸易对名义汇率的弹性，名义汇率影响贸易的价格，实际汇率则指示相对价格。前人研究中有将收入产出波动最小化当做确定货币篮子权重的依据（Turnovsky, 1982），也有将稳定通胀、贸易稳定、实际有效汇率稳定（Lipschitz and Sundararajian, 1980）作为最优篮子货币选择依据。确立最优货币政策所使用的目标函数也有多种选择：一是将收入和物价等目标变量偏离均衡值的加权平方和设定为福利损失函数；二是将变量增长率或取对数后的变量的方差作为目标函数。面对外部冲击时即可按照最优权重设定的路径调整汇率形成机制，从而实现既定的目标。冲击按照类型分为实际冲击、货币价格冲击、名义汇率冲击等。

  同时，中间价并非完全由市场参与者的竞价决定，而是由多重因素共同作用，2017年5月中间价定价中引入逆周期因子后表现得更为明显。分析中间价的定价过程以及中间价背后的货币经济学含义有助于理解人民币汇率的形成。中间价由中国外汇交易中心在每日银行间外汇市场开盘前向做市商询价，以这些报价去除最高和最低价后作为样本加上外汇成交量及报价情况等指标得出综合权重。央行授信中国外汇交易中心每个工作日9点15分对外公布当日的人民币对美元、欧元、日元和港币的汇率中间价，并作为当日的银行间即期外汇市场和银行柜台交易汇率的中间价。针对"两条腿"走路下的人民币汇率中间价形成机制（"收盘价汇率+货币篮子汇率"）中市场供求（收盘价汇率）与货币篮子汇率变动之间权重问题，随着人民币国际化进程，参考篮子的权重将逐步缩小。

  现阶段的人民币汇率形成机制是过渡到浮动汇率制度的中间阶段。在人民币汇率存在贬值预期的背景下，参考一篮子货币调节汇率。当美元指数处于上涨周期时，为了保持篮子货币汇率的稳定，人民币需要贬值，在叠加收盘价人民币对美元贬值的条件下，贬值加速。当美元指数较弱、处于下跌趋势的时候，预期人民币对美元收盘价贬值需要调低人民币中间价，保证中间价稳定需要提高人民币中间价。两者的作用相互抵消，对应的人民币对美元双边汇率交易价格相对稳定。2017年5月26日，央行引入逆周期因子，这种持续的非对称关系才得以消除。从短期来看，逆周期因子的引入稳定了汇率的预期，然而从中长期视角看，盯住篮子货币会使得央行的货币政策丧失独立性。这样的汇率形成机制对于资本账户改革以及人民币国际化的推动作用并不明显。

陈卫东、谢峰（2018）认为，未来的改革路径可着眼于调节"三因素"的系数，在内外形势好的时候，增大收盘价的权重，提高汇率市场化程度，扩大波幅；反之则加大对一篮子货币的参考，必要时进行逆周期调节。

（二）涉及汇率与相关变量的文献综述

描述汇率对产出（GDP）变量直接影响的模型不多，但许多初始经济状况相似的经济体，经过若干年的发展，经济水平却相差较远，出现这种差异的关键就是汇率制度和贸易制度（Sachs and Williamson，1985；Dollar，1992）。比如，拉丁美洲国家和亚洲国家，在经历了若干年的经济发展后，两地区国家的经济发展水平出现了显著的差异。其中，亚洲国家有着较高的出口增长率，从而带动地区经济的快速发展；另一方面，拉丁美洲国家的汇率高估阻碍了地区经济的发展（Sachs and Williamson，1985）。对比拉丁美洲和亚洲国家的发展历程可以看到，汇率制度和贸易政策同经济发展密切相关。

1. 汇率变量

（1）汇率的灵活性。传统的理论认为，汇率只有两个选择——浮动或者固定，而人为控制汇率则缺乏可行性。然而，亚洲地区国家的发展经历从事实上否定了这一说法，证实了汇率在一定程度上是可以控制的（Bresser-Pereica，2004）。一方面，当一国实行固定汇率制度时，其货币政策将不再独立，这使得该国实现宏观经济发展目标的政策性工具缺少了重要的货币政策工具（三元悖论）。另一方面，并不存在纯粹的市场均衡，因为市场的均衡受到多方面因素的影响，这些因素包括了影响宏观经济均衡的所有影响因素在内，因此，市场的有效性和稳定性的实现离不开政府的及时干预（Guzman et al.，2018）。汇率的失调常伴随宏观经济的波动和经济增长的放缓，严重的货币失调通常导致经济体GDP长时间下降（Acemoglu，et al.，2003；Comunale，2017）。

经济体拥有平稳而有竞争力的汇率会使得其有能力对经济的外部性、市场的失误进行必要和及时的纠正。为了实现经济体发展目标，即经济增长和国际收支平衡，汇率政策将成为财政政策和货币政策的重要补充（Razmi et al.，2012）。一国若能有效地管理本币汇率，则有助于本国提升动态比较优势，使其能够进入新市场，并且有助于其保持国际收支平衡，从而缓解汇率对本国经济发展的约束（Missio，et al.，2017）。为了保证经济体能够有力地控制外部融资的周期性波动和贸易条件的波动，一国需要选择合适的汇率制度、实行恰当的汇率政策并对资本账户进行有效的管理，从而推动经济增长，维持金融的稳定，为经济体实行逆周期的宏观经济政策创造条件（Guzman，et al.，2018）。

（2）汇率的升值或贬值效应。实际汇率水平决定着一国的进出口需求收入弹性，影响着一国技术进步和总体经济增长率。并且，实际汇率水平会引起一国经济结构的变化，因此，成为经济增长中一个有价值的变量（Missio et al.，2017）。一方面，对于发展中国家来说，货币贬值导致本国资源向贸易品部门流动，引起经济结构发生变化，推动经济发展（Rodrik，2008）。因此货币贬值有利于本国发展对外贸易，从而促进本国经济快速发展。另一方面，本国货币升值对本国对外贸易产生负面的影响，从而阻碍本国经济的发展。实际汇率具有一定的惯性，即短时间内货币往往被高估。被高估的货币通常通过名义贬值，实现向稳定状态的回归，并且是完全逆转而非部分回转。许多货币升值的例子表明，货币升值会突然停止并且没有稳定的回报（Goldfajn and Valdes，1999）。

2. 贸易(出口)变量

除了传统的 J 曲线效应、马歇尔-勒纳条件表示出口与汇率关系之外,最近的研究都细化到产业链与汇率弹性的关系上。亚洲国家同拉丁美洲国家的经济发展状况不同,与其选择的发展战略中的贸易政策有关,前者采用外向型政策,通过促进对外贸易发展经济;而后者选择内向型政策,即选择进口替代政策发展经济(Dollar,1992)。亚洲国家出口增长大于拉丁美洲国家,并且亚洲国家的出口增长大于其经济增长,对外贸易的快速发展有力地带动了地区经济的发展,使得亚洲国家经济发展远远超过了拉丁美洲国家(Sachs and Williamson,1985)。Michaely(1977)通过实证分析,证实了出口的快速发展会加速经济的增长。对此,本节后面的经验分析使用了出口额变量。

三、数据和模型

汇率形成机制不仅要横向比较,而且还要纵向比较。本节首先将人民币与日元进行比较,理由是两国货币都在特别提款权篮子中,并且两国都在推行本币国际化进程。其次人民币还要与其各个历史阶段比较,看其是否在朝着更加市场化方向发展。

中日两国汇率(对美元汇率、实际有效汇率)的走势呈"蝴蝶对称"型(见图 1-11)。人民币汇率在改革开放初期是"承认汇率高估事实"、切切实实地贬到位,然后慢慢开始升值;而日元则先是切切实实地升值到位然后开始贬值。其实两国的汇率政策都没有错,都是尊重现实,承认各自的高估和低估。

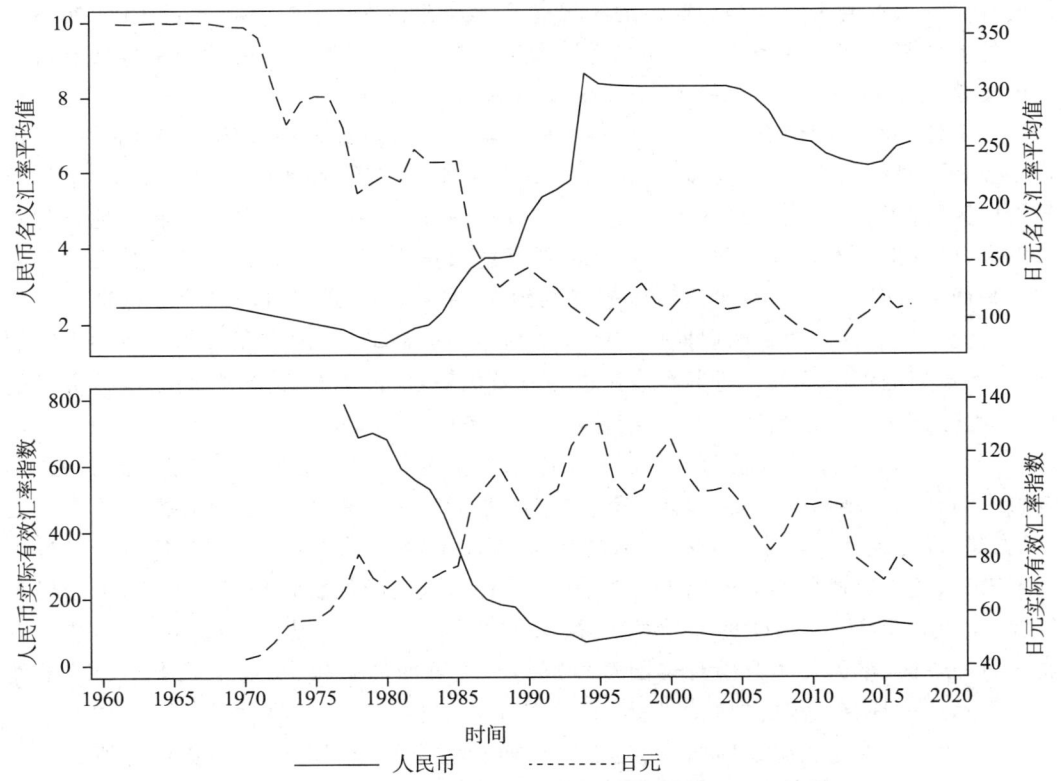

图 1-11 人民币与日元的名义和实际有效汇率比较图

直接分析汇率机制是看其短期弹性和长期趋势稳定,间接分析是看其通过贸易对经济增长的贡献。对此,本节建立了一个简约的比较模型,也就是"汇率→贸易额→经济增长",同时添加"开放度"虚拟变量作为大环境控制。

$$GDPoutput_{it} = \alpha_{it} + \beta_1 export_{it} + \beta_2 reer_{it} + dummyopen_{it} + \varepsilon_{it} \qquad (6)$$

其中,GDPoutput 是名义 GDP,export 是出口额,reer 是实际有效汇率,dummyopen 是开放度,用贸易额/GDP 表示。

根据上述简约模型需要,本节从彭博、万德数据库下载相关数据,下面是数据的统计描述。

表 1-3　中日两国相关变量的原始数据统计描述

中国变量	观测值	均值	标准差	最小值	中间值	最大值
GDP 产出	57	2.00e+12	3.35e+12	4.72e+10	3.48e+11	1.22e+13
出口额	57	4.72e+11	7.91e+11	1.90e+09	4.50e+10	2.50e+12
有效汇率	48	346.76	379.86	69.59	118.635	1390.83
开放度	57	0.27	0.18	0.05	0.25	0.64
日本变量	观测值	均值	标准差	最小值	中间值	最大值
GDP 产出	57	2.75e+12	2.10e+12	5.35e+10	3.07e+12	6.20e+12
出口额	57	3.51e+11	3.00e+11	5.00e+09	3.10e+11	9.20e+11
有效汇率	48	89.12	22.83	42.59	92.765	130.77
开放度	57	0.23	0.06	0.16	0.20	0.38

注:表中 e 表示科学记数法。举例而言,2.00e+12 表示 2.00 乘以 10 的 12 次方。全书同。

所有原始数据经过一阶差分后都达到平稳,为了节约篇幅和避免注意力分散,原始数据的单位根检验过程在此就省略了所有相关表格。

考虑到市场开放度是一个非线性变量,为此本节采用 STATA 软件中 clemio1 时间序列取"断点"办法,然后加以"虚拟变量"处理。Clemente et al.(1998)在研究附加异常值单位根检验中允许有一个结构性断点。该研究提供了有一个结构性断点的平稳性检验。检验认为,零假设不等同零,超过临界值的检验统计量才显著。通过检测得到中国的市场开放度断点在 1989 年,日本的市场开放度断点在 2003 年。统计检测的断点比任何政策宣布来得更加客观和现实(见图 1-12)。

通过回归分析发现,中日两国的出口额对 GDP 的产出贡献率相仿,体现出东亚国家经济倚重外部需求的特征,中国也一直将出口作为拉动经济的"三驾马车"之一,在这方面其实日本比中国更加显著。日本作为岛国经济,这是"情有可原",而对中国来说则是应该"降下来"。实际有效汇率应该先作用于贸易,之后作用于经济增长(见图 1-13)。

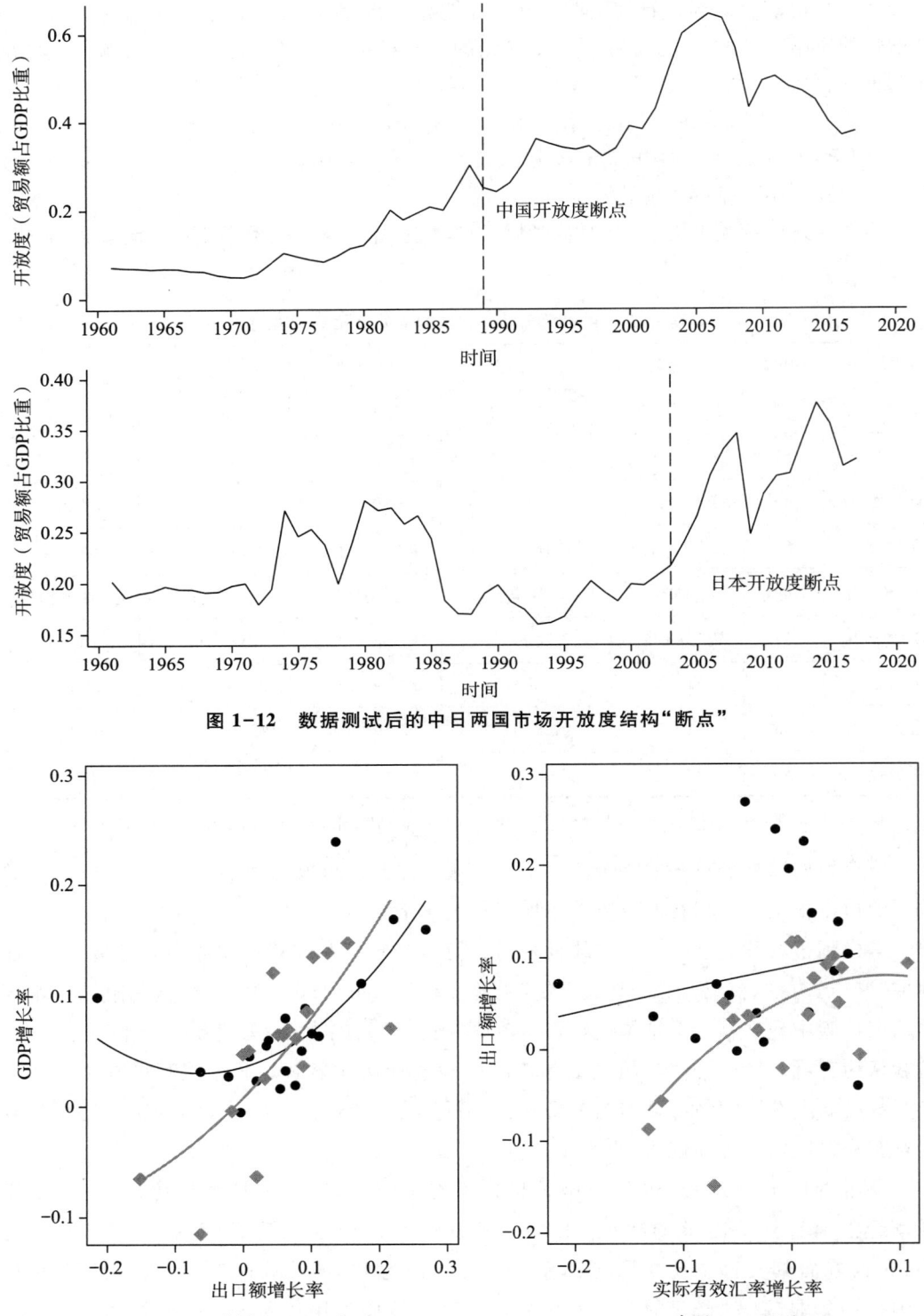

图 1-12　数据测试后的中日两国市场开放度结构"断点"

图 1-13　中日两国产出、出口额与有效汇率之间关系

从表 1-4 和图 1-13 的结果来看,日本的解释变量结果都比中国的要更显著。中国的变量不仅系数低于日本,而且散点更加"浑浊"。由于不是采取美元汇率,而是采用了实际有效汇率,也就是说有效汇率上升代表升值,中日两国出口额的增加并不是靠货币贬值(即所谓"汇率操纵")或低估达到的,而是在本币升值的基础上通过产品竞争力获得的。两国的实际有效汇率与经济增长模式符合"巴萨效应"(贸易部门的竞争力提高拉动货币升值和产出增长)。

表 1-4 中日两国产出与汇率等回归结果

变量	中国 GDP 产出	日本 GDP 产出	两国面板 GDP 产出
lpexport 出口额	0.307 *** (4.597)	0.368 *** (5.734)	0.445 *** (7.290)
lpreer 实际有效汇率	0.259 *** (2.840)	1.255 *** (12.17)	0.530 *** (6.787)
dumcny 中国开放度	0.0317 * (1.970)		
dumjpy 日本开放度		−0.0126 (−1.054)	
dumtwo 两国开放度			−0.00364 (−0.313)
constant 截距	0.0406 *** (2.969)	0.0263 *** (3.538)	0.0438 *** (5.056)
观察值	47	47	94
R^2	0.611	0.862	
国家数	1	1	2

注:括号中是 t 统计值,***、**、* 分别表示估计参数在 10%、5%、1%的置信水平上显著。

再从市场开放度的虚拟变量来看,中国的结果是显著的。日本的结果不仅不显著,而且符号是负的。这可能与日本市场相对狭小有关,也可能是与日本可支配收入增长缓慢有关(虽然这些变量不在回归方程式中)。中国近年来随着人民币升值,其购买力提升使得市场开放度更高。从图 1-13 来看,日本经济近年来也重返增长,如果时间序列拉长,符号很有可能会变正。

人民币汇率形成机制一直在参考实体经济和市场波动中不断完善。在改革开放初期,人民币汇率曾经有过"双轨制",也就是考虑到出口企业的换汇成本,从而出现了"调剂价",一方面是为了降低外汇风险,让进出口企业互相调剂用汇,另一方面还有针对服务业的"兑换券"(外汇兑换券的数据难以获得),确保旅游业对外国游客的吸引力。本节只能应用丁剑平(2013)中的"调剂价"数据,将其与当时的人民币官价进行比较。当时的官价确实存在高估,从国际货币基金组织的有效汇率(eer)数据中(见图 1-11)可以看出,有一个"调剂价"至少能让企业生存下来,同时也给官价波动提供参考信息。1994 年人民币汇改,一次性与"调剂价"合二为一。

近期存在的"双轨制"则是随着人民币国际化进程推进、跨境支付和非居民账户的增加而产生的。境外人民币主要在香港、伦敦和新加坡流量增加,而资本项下的人民币可自由兑换。由于当前处在特殊"窗口期",汇率尚未完全开放,伴随着利率差和资本跨境流动,离岸市场与在岸市场价格互动将成为"新常态",两者价格收敛将成为趋势。从表1-5和表1-6就可以看出两次"双轨制"是质的飞跃。

表1-5 人民币两次"双轨制"数据的统计描述

变量名	观测值	均值	标准差	最小值	中间值	最大值
官方汇率均价	57	4.76	2.60	1.500000	3.770000	8.620000
调剂市场价	16	4.88	2.15	2.530000	4.791650	8.959700
离岸市场均价	7	6.39	0.23	6.141846	6.309488	6.750587

数据来源:(1)官价和离岸市场价格来自彭博数据库;(2)调剂价来自丁剑平(2013)。

表1-6 人民币两次"双轨制"分析视角

并行市场	时间段	与官价协方差	理论基础	改革开放动机
调剂市场	1979—1994	3.86223870	购买力平价论	企业换汇成本
离岸市场	2011—2017	0.05429785	利率平价论	观察资本流动

人民币汇率"质的飞跃"可以从"双轨制"与官价的协方差中看到。改革开放初期的"调剂价"与官价的协方差高达3.8622387,可见当时的人民币汇率被严重高估。现存的离岸市场价与官价的协方差缩小到0.05429785,随着人民币国际化进一步推进,两者的收敛重叠将是必然的。一个市场化的、国际化的人民币汇率将会出现。

四、结论与思考

皮之不存,毛将焉附。一个国家若没有竞争性的企业存在,兑换就失去对价,汇率将变得没有意义。从统计角度看,世界上没有一国不干预其汇率,也不存在一个"静态"的均衡汇率。从前期研究综述的结论看,没有一个汇率制度在任何时候适应所有国家。因为各国企业的竞争是动态的,所以人民币汇率制度的完善永远"在路上"。

以史为鉴,不同于其他资产价格,汇率是一个特殊的价格,从其诞生的那一天起就与一国企业的竞争力"捆绑"在一起。改革开放初期中国就正视人民币高估问题,采取了"调剂价"的过渡方式让企业先活下来,又及时地调整了(贬值)高估的人民币,为后面的改革开放奠定了基础,才有后来随着企业竞争力提高而出现的人民币升值的局面。如今的人民币离岸汇率也是如此,它帮助企业将其触角延伸到海外而获得成本信息,同时也为跨境"联合干预"提供了"试验田"。

本研究将人民币与日元比较是为了纠正过去对"日本失去三十年"的错判。日元升值与日本企业的竞争力提高相关。不要纠结资本项目是否开放,也不要认为汇率低估就一定有利于出口企业提高竞争力。两者是"互动"的,适应竞争性企业生存的汇率才是最好的汇率,提高市场开放度则是给企业提高竞争能力提供了最好的舞台。正如垄断与竞争是一对矛盾,币值稳定与汇市波动也是一对矛盾。完善人民币汇率形成机制也将是动态的,不会"一劳永逸"(陈卫东、谢峰,2018)。

第四节 从人民币汇率形成机制看中国事实汇率制度

一、引 言

截至 2019 年年末,"8·11 汇改"已经过去四年时间。四年时间内发生了很多与此相关的重大事件,比如人民币汇率中间价定价机制的进一步明确、"逆周期因子"的引入、中美贸易摩擦等。那目前中国事实汇率制度如何?人民币事实货币篮子是否得到优化?人民币汇率中间价定价是否进一步市场化?未来汇率市场化改革该朝哪个方向进行?这些是本节关注的重点。

有关人民币事实汇率制度的研究,一直以来都是国际金融研究领域的热点。长期以来由于中间价定价机制的不明确,文献关注的焦点主要集中在人民币货币篮子方面。"8·11 汇改"之后一段时间,人民币对美元汇率中间价定价机制逐步明确,一批研究中间价定价机制及"逆周期因子"的文献开始出现。但纵观这些文献,都没有将事实篮子货币识别和中间价管理放入统一的模型框架中进行分析。人民币汇率制度是"以市场供求为基础、参考一篮子货币进行调节、有管理的浮动汇率制度","BBC 框架"和中间价管理是当前人民币汇率制度的重要特征和管理手段。两者是不可分割的,将两者统一到一个模型框架中研究是认知中国事实汇率制度的重要一环。

根据中国实行中间价管理这一事实,本节在 Frankel and Wei(1994)模型中加入汇率中间价因素,结合中间价定价方程共同组成联立方程模型,更加准确地刻画了中国事实汇率制度。使用 2009 年 1 月 5 日—2019 年 9 月 30 日相关数据对此联立方程进行了分段回归和滚动回归,所得结论主要如下:第一,人民币事实货币篮子仅包含美元、欧元、英镑和日元四种货币,其中,美元权重逐步由 2009 年的 1 下降到 2019 年的 0.5,与其在 CFETS 货币篮子中的实际权重相匹配,人民币汇率市场化改革在完善篮子货币方面取得重大进展;第二,中间价管理依旧是当前央行干预汇率的重要手段,随着事实篮子货币的多样化,央行对汇率中间价的管理正逐渐向英镑转移,中间价定价机制市场化是未来人民币汇率市场化改革的重点;第三,人民币对美元汇率中间价定价机制中美元因素依旧占主导,市场供求发挥的作用在逐步下降。该研究对巩固汇改成果、明确汇改方向有重要意义。

二、文献评述和本节贡献

(一)事实汇率制度估计方法

众所周知,汇率制度的法定分类(dojure)和事实分类(dofacto)具有重大差异。虽然有些经济体宣称实行固定汇率制度,但其名义汇率经常有大幅调整,这种现象被称为"害怕固定"(fear of pegging)(Ghosh,1997)。同时,有些宣称实行浮动汇率制度的经济体经常通过调整利率来防止其汇率出现大幅波动,这种现象被称为"害怕浮动"(fear of floating)

(Calvo and Reinhart,2002)。两种现象的存在使人们意识到了官方公布的法定汇率制度分类方法与一国所实施的事实汇率制度存在重大差异,因此 1999 年 IMF 开始提供基于汇率波动和外汇储备波动的事实分类法下的汇率制度分类数据(称为"IMF 分类法")。大量学者也对事实汇率制度分类做了分析。Levy-Yeyati and Sturzenegger(2003)使用与 IMF 类似的方法估计了各经济体的事实汇率制度(称为"LYS 分类法"),进一步确认了"害怕浮动"和"害怕固定"两种现象的存在。Reinhart and Rogoff(2004)则直接以长时期名义汇率波动对各经济体汇率制度进行分类(称为"RR 分类法")。

虽然事实汇率制度分类有很多,但由于分类标准的差异,彼此之间差异较大。Frankel and Wei(2008)对比研究发现,以上三类事实汇率制度分类数据之间的相关系数最高不过 0.41,彼此之间差异甚大。早在 1994 年,Frankel and Wei(1994)就提出了基于实际货币篮子的汇率制度分类方法(称为"F-W 模型")。作者指出,除了个别真正实行浮动汇率制度的经济体,其他经济体货币一定会显性(即官方公布)或隐性(即虽然官方没公布,但事实存在)地盯住某一货币或某一货币篮子,只要将该国货币与其显性或隐性篮子货币放在一起回归,就可以得到该经济体的事实货币篮子及其权重。受 LYS 分类和 RR 分类方法的启发,Frankel and Wei(2008)在 Frankel and Wei(1994)的基础上加入了外汇市场压力,可以同时对事实篮子货币权重和汇率敏感性进行分析;Frankel and Xie(2010)则提出了一种自动分区的综合计量技术对 Frankel and Wei(2008)模型进行估计,进一步完善了事实汇率制度分类方法。Ilzetzki et al.(2019)将 Reinhart and Rogoff(2004)和 Frankel and Wei(1994)的研究结合在一起,综合篮子货币和名义汇率波动程度两个指标对 194 个经济体半多个世纪以来的汇率制度进行重新分类(称为"IRR 分类法"或"新 RR 分类法")。作者指出部分国家的官方货币篮子中包含多种货币,但因为世界上只有 7 种货币(事实上 2000 年以后仅有 5 种货币)的汇率是完全自由浮动的,因此实际上货币篮子的币种要小于官方公布的币种。作者研究表明,美元和欧元篮子是大多数国家的事实货币篮子。

(二)中国事实汇率制度考察

我们主要从以下三个方面分析中国事实汇率制度:一是人民币最优货币篮子选择理论分析,二是人民币事实货币篮子考察,三是对人民币汇率形成机制进行历史分析和总体判断。就人民币最优货币篮子选择理论方面,大部分学者指出应该综合对外贸易、FDI 和对外债务三个指标估计人民币汇率的理论货币篮子(如赵进文等,2006;宿玉海和于海燕,2007)。谢洪燕等(2015)基于三个指标和 F-W 模型分别计算了理论篮子货币权重和事实篮子货币权重,对比发现人民币货币篮子中美元的事实权重(0.8)远超理论权重(0.31),进而提出优化货币篮子、降低美元权重的建议。谢洪燕等(2015)的一大特点是仅仅考虑中国自身对外指标的情况,而没有考察与中国有关的经济体本身事实汇率制度情况。比如 CFETS 货币篮子中港币、沙特阿拉伯里亚尔等货币汇率明显单一盯住美元,这些经济体所实施的特殊汇率制度本身就提升了美元在货币篮子中的实际权重。因此不能以美元的理论权重低于实施权重而草率得出降低美元权重的建议。本节不仅对中国的事实货币篮子进行分析,还会对 CFETS 货币篮子中相关货币的事实货币篮子进行分析,以全面了解人民币货币篮子状况。

F-W模型是研究人民币事实汇率制度的基准框架。Frankel and Wei(2009)使用自己构建的模型对中国事实汇率制度做了全面分析,作者指出2005年"7·21汇改"之后人民币货币篮子中美元权重显著下降(由1变为0.91),改革取得明显成效。Frankel和谢丹夏(2018)则使用Frankel and Xie(2010)提供的综合计量方法分析了2005年以来人民币汇率事实制度的真实演变过程。他们发现,除了全球金融危机爆发的2008—2010年,人民币汇率的浮动性一直处于不断提高之中,美元的权重从改革最初的高于0.9逐渐降低到近年来的0.45—0.50并趋于稳定。除Frankel之外,大量国内学者使用F-W模型对中国的事实汇率制度做了大量研究。这些研究主要集中在如下三个方面:第一,考虑货币的相互盯住和联动,如丁剑平和杨飞(2007);第二,考察人民币汇率干预变化,如徐晟和唐齐鸣(2008)、周继忠(2009);第三,使用非参数方法,如方颖等(2012)。上述学者,包括Frankel在研究中国汇率制度时也没有深入考察中国汇率制度的特征,只是照搬F-W模型使用不同方法、不同数据进行估计,虽然确实可以估计出人民币的事实货币篮子,但人民币事实汇率制度本身不仅仅是篮子参照。

还有部分学者对人民币汇率形成机制进行研究。陆前进(2011)对参考一篮子货币人民币形成机制进行分析并指出,央行的汇率目标应由人民币对美元的汇率稳定转变为参考人民币有效汇率目标,确保人民币币值的总体水平稳定。实际上,参考篮子货币,人民币对美元汇率的弹性将显著增加。陈学彬和李华建(2017)详细推导了参考一篮子货币的理论机制,并对影响篮子货币调整的宏观因素作了分析,作者指出人民币参考一篮子货币应该根据宏观经济内外均衡状况进行调整。除上述理论研究外,余永定和肖立晟(2017)对"8·11汇改"做了评述,丁志杰等(2018)、丁剑平和黄嬿(2018)对改革开放四十年来人民币汇率形成机制进行了全面评述。其中,丁志杰等(2018)对2006年后中国实施的中间价管理进行了详细说明。

"BBC框架"和中间价管理是中国汇率制度的两大特征,对中国事实汇率制度的考察应该综合考虑这两部分内容,而不仅仅是一个"B"——货币篮子。2005年7月21日,央行发布公告称,中国将实施"以市场供求为基础、参考一篮子货币进行调节、有管理的浮动汇率制度"。现行的人民币汇率制度被称作"BBC框架"——货币篮子(basket)、波动区间(band)和爬行速度(crawling)(陈奉先,2015b),中间价管理是其最主要的干预手段(丁志杰等,2018)。目前国内学者对这两者的研究一般是分开的,或者研究人民币货币篮子,如上文提到的文献,或者研究人民币汇率形成机制。陈奉先(2015a)使用F-W模型对人民币(对美元)汇率的爬行速度、货币篮子和制度弹性做了分析。作者研究发现,在人民币汇率篮子中,美元的平均权重达0.91且呈现V形变化。Cheung et al.(2018)、何青等(2018)、葛天明等(2019)则对人民币对美元汇率中间价的定价机制和影响因素作了全面分析。其中,何青等(2018)、葛天明等(2019)在估算"逆周期因子"的基础上,对"8·11汇改"以来的人民币对美元中间价定价机制作了全面分析,他们研究发现,"逆周期因子"的引入确实如央行所声明的那样能有效降低外汇市场上的"羊群效应",不会减弱市场供求对中间价形成的影响,其本身也没有改变汇率走势。

通过文献评述我们发现,目前文献对中国事实汇率制的考察并没有将篮子货币(或"BBC框架")和中间价管理统一到一起。本节参考Frankel and Wei(1994)、葛天明等

(2019),在 F-W 模型中引入人民币汇率中间价,通过由 F-W 模型和中间价定价方程组成的联立方程,不仅对人民币事实货币篮子进行考察,同时对中间价管理体系进行了全面分析。相比以往文献,本节的贡献有:第一,通过将中国汇率制度模型化,把篮子货币和中间价管理统一到一个模型框架下进行估计,拓展了 F-W 模型,更加全面地分析了中国的事实汇率制度;第二,本节研究发现,目前人民币汇率制度存在的问题不是美元权重过高,而是中间价管理强度过强,未来的汇率制度改革不是降低篮子货币中美元权重,而是适当放松对汇率中间价的管理,这一发现与以往文献不同,具有重要的政策启示。

三、理论模型、计量模型与数据说明

(一) 人民币汇率制度的模型化表示

1. 中间价管理下参考一篮子货币的模型解释

"BBC 框架"和中间价管理是中国汇率制度的两大特征,为将此汇率制度模型化,需要首先从盯住单一货币和盯住一篮子货币开始。单一盯住是一种常见的固定汇率制度,其含义为某一经济体货币单一盯住另一经济体货币,以至于两个经济体货币汇率为一稳定的常数。单一盯住汇率制度用公式可表示为:

$$e_t^{R,i} = \overline{C} \text{ 或 } \dot{e}_t^{R,i} = 0, \ e_t = \ln E_t \tag{1}$$

其中,$e_t^{R,i}$ 表示第 t 期间接标价法下货币 R 对 i 汇率的对数,上面加点表示对时间 t 求导数,下同。

盯住一篮子货币是盯住单一货币的进一步演化,其核心特征是维持该货币对一篮子货币加权汇率(有效汇率)稳定,假定该货币篮子中有 n 种货币,则盯住一篮子货币汇率制度用公式可表示为(小川英治,2004):

$$e_t^{R,B} = \overline{C} = \sum_{i=1}^n \omega_i e_t^{R,i}, \ \sum_{i=1}^n \omega_i = 1 \tag{2}$$

其中,$e_t^{R,B}$ 表示第 t 期间接标价法下货币 R 对一篮子货币汇率的对数,ω_i 是各篮子货币权重,所有篮子货币权重之和为 1。

将式(2)左右两边同时对时间 t 求导数,假定存在基准货币 M,根据汇率的三角换算原理,我们可以得到:

$$\dot{e}_t^{R,M} = \sum_{i=1}^n \omega_i \dot{e}_t^{i,M}, \ \sum_{i=1}^n \omega_i = 1 \tag{3}$$

式(3)即 Frankel and Wei(1994,2008)进行事实汇率制度估计的理论依据,众多基于 F-W 模型进行事实汇率制度估计的文献均使用这一模型。

中国现行汇率制度的重要特征之一是参考一篮子货币,即篮子货币和波动区间,该特征与盯住一篮子货币有重要区别,其区别在于人民币对一篮子货币汇率不是固定,而是有时变的波动幅度。参考一篮子货币用公式可表示为(陈学彬和李华建,2018):

$$e_t^{R,B} = c_t = \sum_{i=1}^n \omega_i e_t^{R,i}, \ \sum_{i=1}^n \omega_i = 1 \tag{4}$$

将式(4)对时间 t 进行求导换算可得:

$$\dot{e}_t^{R,M} = \sum_{i=1}^{n} \omega_i \dot{e}_t^{i,M} + \dot{c}_t, \quad \sum_{i=1}^{n} \omega_i = 1 \tag{5}$$

中间价管理是 2006 年以后央行的主要干预手段,其主要干预方式为,每交易日早上 9 点 15 分,央行授权中国外汇交易中心公布当日中间价,当日人民币对美元汇率在以中间价为中心上下 x% 区间内进行浮动。例如,自 2014 年 3 月 17 日起,人民币对美元日波幅由 1% 扩大到 2%。根据这一机制,中间价管理下参考一篮子货币汇率制度可进一步表示为:

$$\dot{e}_t^{R,M} = \dot{e}_{mp,t}^{R,M} + \sum_{i=1}^{n} \omega_i \dot{e}_t^{i,M} + \dot{c}_t, \quad \sum_{i=1}^{n} \omega_i = 1 \tag{6}$$

其中,式(6)右面第一项 $\dot{e}_{mp,t}^{R,M}$ 表示第 t 期人民币对 M 汇率中间价,第二项 $\sum_{i=1}^{n} \omega_i \dot{e}_t^{i,M}$ 表示加权篮子汇率波动,其波幅范围受央行管控,第三项 $\dot{c}_t$ 表示爬行速度。式(6)是 F-W 模型中国化的产物,是对 F-W 模型的进一步改进,而不是否定。相对于式(3)和式(5),式(6)将参考一篮子货币与中间价管理结合到一起,是对当前人民币汇率制度的更准确阐释,但其核心——篮子货币识别并未发生改变。

2. 中间价定价机制的模型化处理

2006 年 1 月 4 日,央行授权中国外汇交易中心开始发布人民币对美元、欧元、日元和港币的中间价。自那时起,中间价管理成为央行干预人民币汇率的重要手段。正如丁志杰等(2018)所总结的那样,中间价定价机制在很长时间内都是"黑箱"。以人民币对美元汇率为例,尤其在 2014—2015 年年中,人民币对美元汇率出现较大幅度波动,但同期人民币对美元中间价几乎维持稳定(见后面的图 1-14)。直到 2015 年 8 月 11 日,央行对人民币对美元中间价定价机制进行市场化改革,要求做市商在进行中间价报价时更多地参考前一日收盘价。由于改革当日,人民币对美元汇率出现大幅贬值并形成贬值预期,这一定价机制在实行 3 天后废止(余永定和肖立晟,2017)。直到 2016 年 2 月初,央行推出了全新的中间价定价机制——"中间价=前一日收盘价+一篮子货币汇率变化"。2017 年 2 月初,为减少重复计算,一篮子汇率变化的参考时长由开盘前 24 小时变为开盘前 15 个小时,即仅考虑夜盘美元汇率变化(前一天 16 点 30 分人民币外汇市场收盘到当日 7 点 30 分)。由于汇率贬值预期始终难以缓解,央行于 2017 年 5 月 26 日正式将"逆周期因子"纳入中间价定价机制中,用来抑制外汇市场中可能存在的羊群效应。正如央行所指出的那样,何青等(2018)、葛天明等(2019)研究结果显示,逆周期因子的引入确实有效地消除了羊群效应,人民币贬值预期得以打破。之后,随着国内外形势变化,"逆周期因子"经历了退出又再一次引入等过程。

根据央行外汇交易中心最新发布的公告,人民币对美元汇率中间价的形成方式为:外汇市场做市商参考上日银行间外汇市场收盘汇率,综合考虑外汇供求情况以及国际主要货币汇率变化进行报价。交易中心将全部做市商报价作为人民币对美元汇率中间价的计算样本,去掉最高和最低报价后,将剩余做市商报价加权平均,得到当日人民币对美元汇率中间价,权重由交易中心根据报价方在银行间外汇市场的交易量及报价情况等指标综合确定①。最终我们将中间价定价机制用公式表示为：

$$emp_t = e_{t-1} + basket_t + ccf_t \tag{7}$$

式(7)可以表示当前人民币中间价定价机制,其中 emp 表示人民币汇率中间价;e 是前一日人民币汇率收盘价,用来衡量市场供求;basket 表示为保证人民币汇率指数稳定所要求的夜盘美元指数变化;ccf 表示逆周期因子,是为减少羊群效应对前一日国内市场供求的反向调整。由于中间价定价机制一直在发生变化,在进行计量模型设计和估计时将采用时变或者滚动窗口形式进行。

(二) 计量模型设计

1. 辅助模型设计

对式(6)来说,篮子货币选择至关重要。目前,人民币 CFETS 货币篮子包含美元、日元、英镑、欧元等 24 种货币,央行也公布了各篮子货币的货币权重。而早在 2005 年刚刚进行汇率制度改革时,就有学者(如赵进文等,2006;宿玉海和于海燕,2007)对各篮子货币的理论权重进行估计。不论这些学者,还是央行,其计算篮子货币权重均主要依靠中国同篮子货币所在经济体的贸易指标、对外直接投资指标和债务指标,而根据这些指标确实可以计算篮子货币的理论(名义)权重。

但事实上,不论理论上(名义上)这些篮子货币占比多少,最终所有权重都会集中在美元、欧元、日元和英镑四种国际化货币上。丁剑平和杨飞(2007)指出参考一篮子货币与有效汇率所定义的权重设定不同,随着产业部门的发展和跨国公司的产业内贸易变化,权重更加偏重于区域经济规模以及市场力量(GDP),所以我们不能仅看中国自身指标,还应看市场力量,而美国和欧元区是世界上两个最大的市场力量。Verdelhan(2018)研究显示,世界主要货币波动来自美元因素,剔除美元因素后,各货币波动特征不具有联动效应,这说明美元是大部分货币的篮子货币。Ilzetzki et al.(2019)指出,虽然世界上很多货币篮子包含多种货币,但 2000 年以后只有 5 种货币(美元、欧元、英镑、日元和澳元)是完全自由浮动货币,也只有这 5 种货币才是篮子货币的候选者,作者实证检验结果显示美元和欧元是最主要的篮子货币。本节认同以上三位的观点,虽然人民币 CFETS 货币篮子中包含 24 种货币,但除去美元、欧元、英镑和日元外,其他 20 种货币均显性或隐性地盯住这 4 种货币,所以本节认为在实证估计中,篮子货币仅仅包含美元、欧元、英镑和日元 4 种货币即可。为验证以上假设,本节首先提出辅助回归式(8)。

$$dbasketer_t = \theta_0 + \theta_1 dusd_t + \theta_2 deur_t + \theta_3 djpy_t + \theta_4 dgbp_t + \nu_t \tag{8}$$

式(8)是 F-W 模型,与 Frankel and Wei(1994)一致。其中,d 表示差分,对数差分则为收益率,下同;basketer 表示除美元、欧元、英镑和日元之外的 CFETS 篮子货币;usd、eur、jpy 和 gbp 则分别表示美元、欧元、日元和英镑 4 种货币,在估计时限制 4 种货币权重均大于等于 0,权重之和等于 1。与大部分文献(如 Frankel and Wei,1994)一致,我们选择 SDR 作为基准货币。

---

① 具体请参看中国外汇交易中心主办的中国货币网(网址:http://www.chinamoney.com.cn/chinese),该网站对中间价形成机制的介绍中除了人民币兑美元中间价之外,还有其他 23 种直接交易货币中间价的定价方式。

2. 人民币事实汇率制度识别

(1) 人民币事实汇率制度方程设计

经辅助回归式(8)结果确认，CFETS篮子货币中其他货币均以美元、欧元、英镑、日元及其组合为篮子货币，因此，我们认为以上4种货币是人民币货币篮子的备选货币。在确认人民币货币篮子之后，需要进一步选择基准货币。SDR和瑞士法郎是常用的基准货币，但考虑到本节所有数据的特殊性，本节不选择SDR和瑞士法郎作为基准货币，原因如下：第一，由于将中间价加入了事实汇率制度估计方程，被解释变量及篮子货币应该使用收盘价数据，而只有直接交易才有收盘价数据，由于人民币同SDR没有直接交易，所以不用SDR作为基准货币；第二，虽然人民币同瑞士法郎可以直接交易，但这是2014年年末之后才有的事，而且研究发现瑞士法郎和欧元的联系太过紧密，使用瑞士法郎不利于计算欧元权重(Reynard, 2009)，所以我们也不选择瑞士法郎作为基准货币。由于英镑在CFETS篮子中名义权重较小，且不是主要的国际货币，加之中间价管理的主要对象是人民币对美元汇率中间价，所以我们同时采用英镑和美元作为基准货币。由于2008年12月起人民币同英镑才开始直接交易，我们的样本期从2009年1月5日开始。将英镑和美元作为基准货币，理论模型式(6)可以进一步转化为实证模型式(9)和式(10)。

$$dcny_t = \alpha_t + \eta_t dermp_t + \beta_{1,t} dusd_t + \beta_{2,t} deur_t + \beta_{3,t} djpy_t + \mu_t \qquad (9)$$

$$dcny_t = \alpha_t + \eta_t dermp_t + \beta_{2,t} deur_t + \beta_{3,t} djpy_t + \beta_{4,t} dgbp_t + \mu_t \qquad (10)$$

式(9)和式(10)分别表示以英镑和以美元为基准下人民币事实汇率制度识别方程，cny表示人民币对基准货币在岸汇率收盘价，ermp表示人民币对对应参考货币的中间价。方程中如果dermp前系数不显著，则退化为标准的F-W模型；估计要求各篮子货币估计参数大于等于0，考虑到美元和英镑是篮子货币，将其作为基准货币后，其篮子货币权重只能通过1减去其他篮子货币权重之和方式获得。

(2) 中间价定价方程设计

综合参考陈学彬和李华建(2017)、Cheung et al.(2018)、何青等(2018)和葛天明等(2019)，我们将表示市场供求的前一日收盘价、夜盘和白天基准货币篮子指数变化纳入中间价定价方程，同时将在离岸利差和表示避险情绪的VIX指数作为控制变量纳入中间价定价方程，最终我们将中间价定价理论模型式(7)转化为计量模型式(11)。①

$$dermp_t = \alpha + \beta_{0,t} dcny_{t-1} + \beta_{1,t} dindex\_n_{t-1} + \beta_{2,t} dindex\_d_{t-1} + \beta_{3,t}(i_{t-1} - i^*_{t-1}) + \beta_{4,t} dvix_{t-1} + \mu_t \qquad (11)$$

如式(11)所示，dindex_n和dindex_d分别表示夜盘和白天基准货币指数篮子汇率变化，i和i^*分别表示在岸和离岸市场利率差。

(3) 回归方程的估计问题

对计量模型式(9)、式(10)和式(11)的估计，有两点需要特别说明：第一，由于中间价和汇率收盘价之间存在由互为因果导致的内生性问题，单独估计每一个方程可能存在参数不一致等问题，所以本节将事实汇率制度识别方程式(9)、式(10)和中间价定价方程

---

① 本来中间价定价方程中应该纳入在离岸汇差等因素，但人民币离岸汇率只有人民币对美元(CNH)汇率，且时间从2012年开始，为保持回归结果的一贯性，本节没有考虑在离岸汇差这一因素。

式(11)组成联立方程模型进行估计。第二,考虑到样本期内有多次足以影响回归参数的汇率市场化改革和国际事件(详见表1-7),模型参数一定是时变的,因此我们在总样本回归的基础上,进一步进行分段回归和窗口滚动回归①。最终,本节使用联立方程分段估计和滚动估计方式进行估计。估计时方程内各变量与基准货币一致,举例而言,当英镑作为基准货币时,事实汇率制度识别方程和中间价定价方程中除各货币汇率是英镑计价外,ermp 为人民币兑英镑中间价,index_n 和 index_d 分别为夜盘和白天英镑指数,i^* 是英镑利率;当基准货币为美元时,则相关变量均为美元计价。变量说明见表1-8,指数构建在下文数据说明部分。

表1-7 样本期内有关重大事件整理

时间	事件
2010.06.19	央行宣布将重新继续汇率改革,提高人民币汇率弹性
2012.04.16	银行间即期外汇市场人民币对美元汇率波动区间由 0.5%扩大至 1%
2014.03.17	银行间即期外汇市场人民币对美元汇率波动区间由 1%扩大至 2%
2015.08.11	央行进一步完善人民币对美元汇率中间价报价机制
2017.05.25	央行调整人民币对美元汇率形成机制,加入"逆周期因子"
2018.03.08	美国批准对从中国进口钢铝征税,中美贸易摩擦开始

表1-8 变量说明

变量名	简称	变量描述	数据来源
人民币汇率收盘价收益率	dcny	人民币对美元/英镑汇率收盘价对数差分	Wind 数据库
人民币汇率中间价收益率	dermp	人民币对美元/英镑汇率中间价对数差分	Wind 数据库
美元汇率收益率	dusd	美元对英镑汇率对数差分	Wind 数据库
欧元汇率收益率	deur	欧元对美元/英镑汇率对数差分	Wind 数据库
日元汇率收益率	djpy	日元对美元/英镑汇率对数差分	Wind 数据库
英镑汇率收益率	dgbp	英镑对美元汇率对数差分	Wind 数据库
夜盘美元/英镑指数变化	index_n	当日 7:30—前日 16:30 美元/英镑指数对数	彭博、作者计算
白天美元/英镑指数变化	index_d	前日 16:30—7:30 美元/英镑指数对数	彭博、作者计算
Shibor 隔夜利率	i	Shibor 隔夜利率	Wind 数据库
Libor 隔夜利率	i^*	Libor 隔夜美元/英镑利率	Wind 数据库
恐慌指数收益率	dvix	标普 500 隐含波动率对数差分	Wind 数据库

---

① 第一,我们将以表1-7列举事件发生时间为节点进行分段联立方程估计,共分7段;第二,窗口期选择是滚动回归的一大问题,本节以1年时间,即240个交易日为窗口期进行滚动估计。类似地,李政(2017)也使用240作为滚动窗口。

(三) 数据说明

由于人民币与英镑自 2008 年 12 月起开始直接交易,我们选用 2009 年 1 月 5 日—2019 年 9 月 30 日日度数据进行分析,共计 2 614 个观测值。所涉及变量除美元指数和英镑指数外,均来自 Wind 数据库,美元指数根据洲际交易所(Intercontinental Exchange,ICE)提供的数据及权重进行计算得到,英镑指数则依据彭博英镑指数构建。所有变量的描述性统计结果见表 1-9。

表 1-9 变量描述性统计

变量名	简称	观测值	均值	方差	最小值	最大值
人民币对英镑中间价	dgbpmp	2 613	−0.00004930	0.005835	−0.07243	0.0403570
人民币对美元中间价	dusdmp	2 613	0.00001270	0.001637	−0.00870	0.0178140
人民币对英镑收盘价	dgbpcny	2 613	−0.00005120	0.005989	−0.07523	0.0343980
美元对英镑收盘价	dgbpusd	2 613	−0.00006860	0.006117	−0.08395	0.0327810
欧元对英镑收盘价	dgbpeur	2 613	0.00001710	0.005536	−0.05925	0.0434250
日元对英镑收盘价	dgbpjpy	2 613	−0.00001290	0.008220	−0.12152	0.0738440
人民币对美元收盘价	dusdcny	2 613	0.00001740	0.001747	−0.01195	0.0183340
欧元对美元收盘价	dusdeur	2 613	0.00008580	0.005958	−0.03483	0.0247340
日元对美元收盘价	dusdjpy	2 613	0.00005570	0.006146	−0.03782	0.0657200
英镑对美元收盘价	dusdgbp	2 613	0.00006840	0.006121	−0.03311	0.0844050
恐慌指数	dvix	2 442	−0.00171150	0.078263	−0.35059	0.7682450
彭博夜盘英镑指数	gbpx_n	2 601	0.00013040	0.004171	−0.03840	0.0541580
彭博白天英镑指数	gbpx_d	2 608	−0.00014590	0.002609	−0.03663	0.0117060
ICE 夜盘美元指数	usdx_n	2 597	0.00014440	0.004306	−0.03239	0.0177760
ICE 白天美元指数	usdx_d	2 606	−0.00006610	0.002415	−0.01004	0.0165900
中英隔夜利差	di_gbp	2 543	0.01880403	0.100341	−0.01110	0.1296062
中美隔夜利差	di_usd	2 477	0.01812770	0.121644	−0.01476	0.1331310

一般意义上的中间价管理是指人民币对美元中间价的管理,对应的一篮子货币也指美元指数。由于本节除使用美元作为基准货币外,还同时使用了英镑作为基准货币,而外汇交易中心仅指出人民币对英镑汇率中间价的形成由向外汇市场做市商询价得到,做市商具体的报价机制并未详细说明。因此,我们只能猜测存在一个隐性的英镑指数,做市商在对当日人民币对英镑汇率中间价进行报价时,亦遵循了人民币对美元汇率中间价的报价原则,即同时参考上日市场供求和夜盘英镑指数的变化。最终,我们构建了每日 7 点 30 分和 16 点 30 分的美元指数和英镑指数。

美元指数方面本节主要参考了洲际交易所的美元指数,使用美元对欧元(EURUSD)、日元(USDJPY)、英镑(GBPUSD)、加拿大元(USDCAD)、瑞典克朗(USDSEK)、瑞士法郎(CHFUSD)汇率的综合变化率来衡量美元的强弱情况,在具体的编制中本节使用几何平

均加权法,具体的编制公式如下:

$$USDX_t = C \times EUR_t^{-0.576} \times JPY_t^{0.136} \times GBP_t^{-0.119} \times CAD_t^{0.091} \times SEK_t^{0.042} \times CHF_t^{0.036} \quad (12)$$

其中,C 表示调整系数,将其调整至 1973 年 3 月的参考点(100),目前这一取值为 50.143,但在实际使用中,对数差分后 C 会被消去,并不对结果产生影响。EURUSD 表示欧元对美元汇率,其权重为 57.6%,我们通过取负值将其调整为直接标价法,英镑数据取类似处理。

英镑指数方面,我们采用的是彭博英镑指数的构建方法①,我们将指数中的人民币成分(占比 3%)剔除,然后重新计算这一指数,具体计算方式如下:

$$GBPX_t = C \times EUR_t^{-0.4208} \times USD_t^{0.3571} \times JPY_t^{0.0848} \times CHF_t^{0.0447} \times AUD_t^{0.0337} \times CAD_t^{0.0289} \quad (13)$$

英镑指数计算式(13)式中权重 C 以及欧元的负权重与式(12)一致。样本期间美元指数、英镑指数以及人民币对美元和英镑汇率具体走势如图 1-14 所示。

由表 1-9 和图 1-14 可以看出:第一,样本期内,人民币(以及其他三种货币)相对美元整体贬值,人民币(及美元、日元)相对英镑相对升值;第二,汇率中间价波动性小于汇率收盘价波动率,中间价管理是引导汇率变化、降低汇率波动的重要手段;第三,不论白天还是夜盘,美元指数隐含变动为正,说明美元指数整体升值,相反英镑指数隐含变动为负,说明英镑整体贬值;第四,样本期内,中国国内利率显著高于美国和英国。

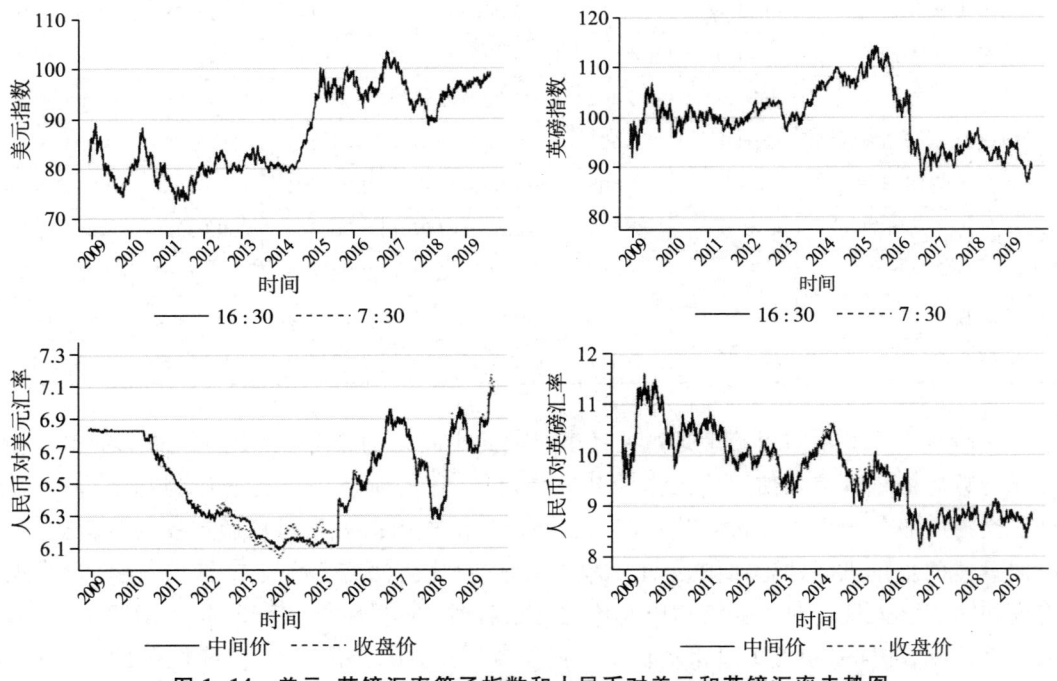

图 1-14 美元、英镑汇率篮子指数和人民币对美元和英镑汇率走势图

---

① 彭博英镑指数包含货币篮子及其权重分别为:英镑对欧元(EURGBP,42.08%)、美元(GBPUSD,35.71%)、日元(GBPJPY,8.48%)、瑞士法郎(GBPCHF,4.47%)、澳元(GBPAUD,3.37%)、人民币(GBPCHY,3%)和加元(GBPCAD,2.89%)。

四、回归结果分析——对中国事实汇率制度的探讨

（一）辅助回归结果分析

本节在正式回归之前提出假设——虽然人民币 CFETS 货币篮子中有 24 种货币，但只有美元、欧元、英镑和日元才是候选锚货币，其他货币均不同程度上盯住这 4 种货币。为验证这一假设，我们首先对辅助模型式（8）进行回归，如果结果如表 1-10 所示。

表 1-10 辅助回归结果总结

货币区	编号	国家(地区)货币	汇率制度	CFETS 权重	美元	欧元	英镑	日元
美元区	1	沙特阿拉伯沙特里亚尔	1	0.0199	1.000	0	0	0
	2	阿联酋迪拉姆	1	0.0187	1.000	0	0	0
	3	中国香港港币	1	0.0428	0.993	0.004	0.003	0
	4	泰国泰铢	3	0.0291	0.913	0.064	0.023	0
	5	马来西亚林吉特	3	0.0375	0.880	-0.028	0.092	0
	6	韩国韩元	3	0.1077	0.844	0.022	0.135	0
	7	俄罗斯卢布	3	0.0263	0.573	0.263	0.164	0
	8	新加坡元	3	0.0321	0.524	0.298	0.130	0.048
欧元区	9	匈牙利福林	2	0.0031	0	1	0	0
	10	丹麦克朗	1	0.0040	0	0.998	0	0
	11	波兰兹罗提	3	0.0066	0	0.950	0.050	—
	12	瑞典克朗	3	0.0052	0	0.890	0.110	0
	13	挪威克朗	3	0.0027	0	0.803	0.197	0
	14	瑞士法郎	3	0.0171	0.061	0.660	0.044	0.235
	15	南非兰特	3	0.0178	0.082	0.568	0.350	0
	16	新西兰元	3	0.0044	0.134	0.516	0.349	0.001
美欧英混合区	17	加拿大加元	3	0.0215	0.432	0.334	0.234	0
	18	墨西哥比索	3	0.0083	0.405	0.326	0.269	0
	19	新土耳其里拉	3	0.0169	0.362	0.441	0.197	0
	20	澳大利亚澳元	4	0.0440	0.164	0.498	0.338	0
实际权重					0.517	0.266	0.094	0.121

注：(1)该辅助回归使用限制回归方法估计得到，限制条件为篮子货币估计参数大于等于 0，且篮子货币估计参数之和等于 1；(2)由于版面有限，且该回归不是我们的重点，表格中报告仅报告了回归结果的估计值，没有报告 t 值，但所有大于 0 的数均显著；(3)表格同时报告了 Ilzetzki, Reinhart and Rogoff（2009）提供的最新事实制度分类（2009—2016），IRR（2019）从汇率制度和篮子货币两个角度对 190 多个经济体的事实汇率制度进行识别，他们将汇率制度分为 6 大类，15 小类，其中 6 大类分别是固定汇率制度、爬行盯住、管理浮动、自由浮动、自由落体及其他；(4)货币区划分方法如下，我们假定如果一国货币篮子中某一种货币权重超过一半，则将该国货币划为对应货币区。

表1-10依次记录了货币区、CFETS篮子货币所属国别（地区）及相应汇率制度、在CFETS篮子中所占权重和其实际货币篮子中美元、欧元、英镑和日元的权重。由表1-10可以发现，除美元、欧元、英镑和日元外，其他20种CFETS篮子货币仅澳元是自由浮动货币，其他货币均采用固定汇率制度和中间汇率制度。其中，采用固定汇率制度的经济体有4个，采用中间汇率制度的经济体有15个，其中只有1个是爬行盯住，14个为管理浮动。仅从汇率制度角度来看，除澳元之外的其他19种货币均有可能盯住以上4种货币。而从实际结果上来看，美元、欧元和英镑及其组合是这20个经济体的货币篮子，其中有3种货币完全盯住美元，两种货币完全盯住欧元。最后，从实际加权结果来看，美元货币权重超过一半（0.517），欧元、英镑和日元分别占0.266、0.121和0.094。从这一结果来看，我们的假设完全成立，在正式回归中仅仅使用美元、欧元、英镑和日元作为篮子货币是合适的。

（二）正式回归结果分析——对人民币事实汇率制度的探讨

1. 初步回归——不同模型的选择

为了比较不同模型及估计方式的好坏，以便我们选择更合适的模型及估计方法，我们首先对英镑基准和美元基准下加入和不加入中间价的事实汇率制度识别方程、中间价定价方程及其联立方程模型分别进行了回归估计，估计结果如表1-11所示。

首先，由表1-11可以发现：第一，从AIC和BIC准则来判断，不论英镑基准，还是美元基准，加入中间价的事实汇率制度识别方程虽然拟合优度提升较小，但AIC和BIC相对较小，说明加入中间价可以使方程拟合得更好；第二，不论英镑基准，还是美元基准，联立方程估计的AIC和BIC远小于两个单方程估计结果，使用联立方程估计更能够降低内生性问题，让估计结果更为合理。其次，我们发现，加入中间价之后对篮子货币权重的估计差异不大，比如方程（2）和方程（1）以及方程（6）与方程（5）对比，各篮子货币权重没有明显的差异，这说明本节在F-W模型中加入中间价方程不是对F-W模型的否定，而是完善，使之能够将篮子货币权重和中间价管理同时估计出来，更加符合中国国情。最后，我们发现，总体来看我们所关注的变量如中间价、篮子货币、美元/英镑指数、市场供求前系数均显著，且符号符合预期，说明我们将理论模型化并转化为计量模型的过程没有问题。但是全样本估计并没有体现估计参数的时变效果，因此我们不对该表具体的参数估计结果做分析，仅将其作为模型选择对照表。

2. 联立方程模型的分时段估计

按照表1-7列举的重要事件发生时间作为时间节点，我们将样本分为7段，分别进行联立方程回归，美元基准和英镑基准下回归结果分别如表1-12和表1-13所示。一般来说，狭义上的中间价管理仅仅针对人民币对美元汇率，而人民币货币篮子中最主要的币种也是美元，为了更全面准确地研究中间价地位、定价机制以及美元在人民币货币篮子中的实际权重，表1-12和表1-13需结合起来看。表1-12，即英镑基准下联立方程回归结果统计表，可以直接估计出美元的权重，但人民币对英镑中间价并不是央行中间价管理的重点。表1-13，即美元基准下联立方程回归结果统计表，美元权重由1减去其他篮子货币权重得到，当其他篮子货币回归系数不显著时，则将权重视为0，这可能夸大了

表 1-11 单方程回归与联立方程回归结果对比

英镑基准	(1)	(2)	(3)	(4)	美元基准	(5)	(6)	(7)	(8)
变量	dgbpcny	dgbpcny	dgbpmp	dgbpcny	变量	dusdcny	dusdcny	dusdmp	dusdcny
			方程一：事实汇率制度识别方程						
dgbpmp 中间价		0.045*** (4.24)		0.034*** (3.34)	dusdmp 中间价		0.263*** (5.43)		0.169*** (5.29)
dgbpusd 美元	0.855*** (63.19)	0.852*** (63.25)		0.857*** (73.58)	dusdeur 欧元	0.020*** (2.76)	0.023*** (3.48)		0.024*** (3.31)
dgbpeur 欧元	0.022** (2.20)	0.018* (1.80)		0.019* (1.77)	dusdjpy 日元	0.016*** (2.74)	0.015*** (2.64)		0.014** (2.52)
dgbpjpy 日元	0.026*** (3.34)	0.024*** (3.03)		0.022** (2.52)	dusdgbp 英镑	0.039*** (4.94)	0.033*** (4.42)		0.029*** (4.22)
gbp 英镑	0.097 $p=0.00$	0.106 $p=0.00$		0.102 $p=0.00$	usd 美元	0.925 $p=0.00$	0.929 $p=0.00$		0.933 $p=0.00$
截距项	0.000 (0.15)	0.000 (0.19)		0.000 (0.17)	截距项	0.000 (0.36)	0.000 (0.28)		-0.000 (-0.03)
观测值	2 613	2 613		2412	观测值	2 613	2 613		2392
R^2	0.824	0.826		0.834	R^2	0.040	0.101		0.090
AIC	-23 865.07	-23 890.09			AIC	-25 869.36	-26 037.27		-48 979.87
BIC	-23 841.59	-23 860.75			BIC	-25 845.89	-26 007.93		-48 916.29

续表

英镑基准	(1)	(2)	(3)	(4)	美元基准	(5)	(6)	(7)	(8)
				方程二：中间价定价方程					
变量	dgbpcny	dgbpcny	dgbpmp	dmgbp	变量	dusdcny	dusdcny	dusdmp	dmusd
L.dgbpcny 市场供求			0.408*** (13.21)	0.412*** (35.52)	L.dusdcny 市场供求			0.476*** (15.46)	0.484*** (32.07)
dgbpx_n 夜盘英镑指数			0.706*** (19.05)	0.700*** (46.22)	dusdx_n 夜盘美元指数			0.117*** (16.41)	0.112*** (19.16)
L.dgbpx_d 白天英镑指数			0.560*** (13.66)	0.557*** (23.95)	L.dusdx_d 白天美元指数			0.117*** (9.62)	0.119*** (10.90)
L.di_gbp 中美隔夜利差			−0.000 (−0.92)	−0.000 (−0.94)	L.di_usd 中美隔夜利差			−0.000* (−1.96)	−0.000 (−1.51)
L.dvix VIX 指数			−0.001 (−1.22)	−0.001 (−1.42)	L.dvix VIX 指数			0.000 (0.86)	0.000 (0.77)
截距项			0.000 (0.57)	0.000 (0.61)	截距项			0.000 (1.52)	0.000 (1.35)
观测值			2 412	2 412	观测值			2 392	2 392
R^2			0.801	0.801	R^2			0.423	0.423
AIC			−21 860.91	−43 860.84	AIC			−25 161.16	−48 979.87
BIC			−21 826.18	−43 797.17	BIC			−25 126.48	−48 916.29

注：(1) 表 1-11 汇报了美元基准和英镑基准下事实汇率制度识别方程和中间价方程单方程估计结果和联立方程估计结果。为节省空间，我们将两个基准下估计结果放入一个表中；方程 (1) 和 (5) 是不加入中间价的事实汇率制度识别方程，方程 (2) 和 (6) 是加入中间价的事实汇率制度识别方程，方程 (3) 和 (7) 是中间价定价方程，方程 (4) 和 (8) 是两个方程组成的联立方程；(2) 表 1-11 中各变量前 L. 表示变量的一阶滞后，括号中回报的是考虑异方差的 t 值，***、** 和 * 分别表示估计系数在 1%、5% 和 10% 的置信水平下显著，如不显著则视为 0；(3) usd 和 gbp 一行由 1 减去其他货币货币篮子货币估计值得出，报告的是 F 检验得到的 P 值；(4) AIC 和 BIC 汇报的是每个估计方程的 AIC 值和 BIC 值，该值越小，则方程相对估计得越好。

美元在人民币货币篮子中的权重;同时,由于中间价管理以人民币对美元为主,以美元为基准的中间价定价方程可以更好地体现这一管理手段。因此,我们重点关注表1-12的事实汇率制度识别方程和表1-13中的中间价定价方程,当然其他方程我们也会进行分析。

首先从表1-12的事实汇率制度识别方程估计结果来看,以2015年"8·11汇改"为界可以明显分为两个阶段。前一阶段是美元占绝对主导阶段,从表1-12中方程(1)—(4)的估计结果来看,美元权重在0.924—1之间,虽然2014年下半年美元权重有所下降,但始终大于0.9,其他货币,如欧元、日元和英镑几乎不显著。2015年"8·11汇改"打破了这一局面,美元在人民币货币篮子中所占比重直线下降,到2017—2019年已经在0.5左右(见表1-12中方程(5)—(7)),与表1-10中我们通过辅助回归计算出来的实际CFETS加权美元权重较为接近,也与Frankel和谢丹夏(2018)研究结论一致;与此同时,欧元、日元和英镑(英镑权重也可参考表1-13)出现显著提升,人民币参考货币篮子出现多极化趋势。

从表1-13的中间价定价方程估计结果来看,同样以"8·11汇改"为界分为两个阶段,前一阶段中间价定价中,市场供求所占比重非常小;后一阶段,中间价定价更多地参考了前一日市场供求。但是,有两点需要特别注意:第一,虽然"8·11汇改"实现了央行提高中间价定价更加市场化的承诺,但之后随着人民币对美元汇率不断贬值和国际经济局势的日益紧张,中间价定价中市场供求所占比重又出现下降,但始终高于"8·11汇改"之前;第二,不论是否汇改,美元指数所占比重始终没有出现下降,维持夜盘篮子汇率稳定而要求美元变化始终是人民币对美元中间价管理的重点。

通过表1-12和表1-13的对比还可以发现两个非常重要的事实:第一,从"8·11汇改"到中美贸易摩擦开始这段时间内,央行减弱了人民币对美元中间价管理,但同时提升了人民币对英镑中间价的管理强度。从表1-13来看,不论是事实汇率制度识别方程中人民币对美元前面的系数,还是中间价定价方程中市场供求前系数,均说明虽然中间价定价中市场供求的比重在上升,但人民币货币篮子中美元权重在下降,且中间价在引导当日人民币对美元汇率变动方面的作用在下降,人民币对美元中间价的市场基准地位在下降。但从表1-12来看,"8·11汇改"之后,英镑在人民币货币篮子中的地位上升,且人民币对英镑中间价在引导当日人民币对英镑汇率时发挥的作用越来越强,人民币对英镑中间价中市场供求所占比重也日趋下降。也就是说,中间价管理始终是央行管理汇率的重要手段,只是管理的对象在悄然发生变化。第二,中美贸易摩擦这一时间段是一个较为特殊的时间,在这一时间段内,不仅市场供求和白天美元指数变化在人民币对美元中间价定价中变得不显著(见表1-13方程(7)),而且夜盘美元指数的参数估计值也出现下降,这说明这一时间段内人民币对美元中间价的定价处于"黑箱"状态,央行可能通过特定的中间价定价来引导人民币对美元汇率走势,进而达到应对中美贸易摩擦的特殊目的。

表 1-12 联立方程分段回归:英镑基准

方程编号	(1)	(2)	(3)	(4)	(5)	(6)	(7)
时间段	20100617	20120416	20140317	20150811	20170526	20180308	20190930
方程一:事实汇率制度识别方程							
dlnmgbp 中间价	0.000 (0.19)	−0.036** (−2.53)	−0.045*** (−3.11)	−0.029 (−1.10)	0.090*** (3.39)	0.091* (1.67)	0.171*** (4.22)
dlngbpusd 美元	0.992*** (320.73)	0.965*** (61.40)	1.005*** (69.35)	0.924*** (34.39)	0.756*** (23.39)	0.567*** (7.98)	0.454*** (8.07)
dlngbpeur 欧元	0.012*** (4.16)	0.015 (1.12)	−0.004 (−0.31)	0.014 (0.61)	−0.001 (−0.03)	0.302*** (4.20)	0.238*** (4.31)
dlngbpjpy 日元	0.000 (0.08)	−0.001 (−0.12)	−0.005 (−0.61)	0.048** (2.06)	0.068*** (2.70)	0.027 (0.43)	−0.008 (−0.16)
gbp 英镑	0 p=0.2	0.035 p=0.198	0 p=0.791	0.028 p=0.665	0.176 p=0.00	0.131 p=0.095	0.308 p=0.00
截距项	−0.000 (−0.79)	−0.000*** (−3.14)	−0.000 (−0.90)	−0.000 (−0.02)	0.000 (1.09)	−0.000 (−0.83)	0.000 (0.86)
R^2	0.999	0.938	0.940	0.849	0.810	0.606	0.470
时间段	20100617	20120416	20140317	20150811	20170526	20180308	20190930
方程二:中间价定价方程							
L.dlngbpcny 市场供求	0.449*** (13.83)	0.570*** (18.31)	0.457*** (15.84)	0.592*** (14.95)	0.245*** (10.00)	0.282*** (9.16)	0.317*** (11.78)
dlngbpx7_430 夜盘英镑指数	0.693*** (17.59)	0.468*** (10.43)	0.625*** (15.60)	0.474*** (8.26)	0.816*** (27.19)	0.831*** (20.72)	0.802*** (24.87)
L.dlngbpx4_730 白天英镑指数	0.522*** (9.48)	0.402*** (6.77)	0.528*** (8.50)	0.286*** (3.15)	0.762*** (14.28)	0.746*** (10.60)	0.781*** (14.63)
L.drs_l_gbp_1d 中美隔夜利差	−0.000 (−0.11)	0.000 (0.20)	−0.000 (−0.71)	−0.000 (−0.55)	−0.000 (−1.27)	0.000 (0.14)	0.000 (0.29)
L.dlnvixcls VIX 指数	−0.006** (−2.16)	−0.006*** (−3.08)	−0.002* (−1.72)	0.001 (0.39)	0.006*** (3.90)	0.002 (1.19)	0.002* (1.65)
截距项	−0.000 (−0.17)	−0.000 (−0.54)	0.000 (0.42)	0.000 (0.03)	0.001* (1.67)	−0.000 (−0.20)	0.000 (0.10)

（续表）

方程编号	(1)	(2)	(3)	(4)	(5)	(6)	(7)
时间段	20100617	20120416	20140317	20150811	20170526	20180308	20190930
观测值	327	409	423	319	404	179	351
R^2	0.836	0.798	0.789	0.675	0.851	0.868	0.851

注：(1)方程编号(1)-(7)均是联立方程回归，由于空间有限，时间段仅写了该段时间的结束时间；(2)表格中括号里报告的是 t 值，***、**和*分别表示估计参数在1%、5%和10%的置信水平下显著；(3)gbp一列由1减去其他篮子货币估计值得出，如不显著则视为0，其报告的是 F 检验的 P 值。

表1-13　联立方程分段回归：美元基准

方程编号	(1)	(2)	(3)	(4)	(5)	(6)	(7)
时间段	20100617	20120416	20140317	20150811	20170526	20180308	20190930
方程一：事实汇率制度识别方程							
dusdmp 中间价	0.589*** (6.83)	0.492*** (6.44)	0.930*** (4.63)	0.179*** (3.89)	0.310*** (3.16)	−0.050 (−0.59)	0.291** (2.08)
dusdeur 欧元	0.020* (1.81)	−0.004 (−0.39)	−0.016 (−0.98)	0.024 (1.27)	0.137*** (2.99)	0.217*** (4.91)	0.002 (0.72)
dusdjpy 日元	0.003 (0.29)	−0.008 (−1.30)	0.026 (1.62)	0.062*** (4.66)	0.071* (1.77)	−0.088** (−2.27)	−0.000 (−0.13)
dusdgbp 英镑	−0.018 (−1.24)	0.012 (1.10)	0.013 (0.65)	0.064*** (4.94)	−0.011 (−0.30)	0.075** (2.16)	0.002 (0.97)
usd 美元	0.998 p = 0.00	1 p = 0.00	1 p = 0.00	0.938 p = 0.00	0.792 p = 0.00	0.796 p = 0.00	1 p = 0.00
截距项	−0.000** (−2.05)	−0.000 (−0.69)	0.000 (0.24)	0.000 (1.32)	−0.000 (−1.04)	0.000 (1.58)	−0.000 (−0.32)
R^2	0.154	0.080	0.295	0.242	0.140	0.121	0.115
方程二：中间价定价方程							
L.dusdcny 市场供求	0.119*** (2.89)	0.091* (1.89)	0.033 (0.58)	0.627*** (17.94)	0.507*** (12.17)	0.441*** (14.42)	0.087 (1.21)
dusdx_n 夜盘美元指数	0.103*** (9.59)	0.117*** (10.17)	0.072*** (4.43)	0.202*** (12.04)	0.253*** (9.32)	0.244*** (9.28)	0.019*** (5.60)
L.dusdx_d 白天美元指数	0.098*** (5.36)	0.141*** (6.20)	0.063** (2.22)	0.233*** (7.34)	0.198*** (3.68)	0.234*** (4.59)	0.007 (1.10)
L.di_usd 中美隔夜利差	0.000 (0.66)	−0.000 (−0.21)	−0.000* (−1.77)	−0.000 (−0.13)	0.000 (0.09)	0.000 (1.10)	0.000 (0.27)
L.dvix VIX 指数	0.001 (1.21)	0.001 (0.87)	−0.001 (−1.00)	0.002** (2.07)	0.001 (1.35)	0.000 (0.28)	0.000 (0.93)

（续表）

方程编号	（1）	（2）	（3）	（4）	（5）	（6）	（7）
时间段	20100617	20120416	20140317	20150811	20170526	20180308	20190930
截距项	−0.000*	−0.000	0.000*	0.000	−0.000	0.000	−0.000
	(−1.94)	(−0.32)	(1.67)	(0.20)	(−0.24)	(1.27)	(−0.51)
观测值	405	420	317	400	178	349	323
R^2	0.300	0.275	0.078	0.646	0.655	0.575	0.073

注：(1)方程编号(1)—(7)均是联立方程回归，由于空间有限，时间段仅写了该段时间的结束时间；(2)表格中括号里报告的是考虑异方差的 t 值，***、**和*分别表示估计参数在1%、5%和10%的置信水平上显著；(3)usd一列由1减去其他篮子货币估计值得出，报告的是 F 检验的 P 值，如不显著则视为0。

3. 联立方程模型的滚动估计

通过分时段联立方程估计，我们基本上对样本期内篮子货币选择和中间价管理有了更为深入的了解。但分时段回归不同样本点的选择具有一定主观性，为进一步降低这种主观性，保证回归结果的稳健性和准确性，本节进一步使用滚动回归方法对英镑和美元基准下的联立方程进行估计，参考李政(2017)的相关研究，我们使用 1 年（即 240 个交易日）作为滚动窗口进行回归，回归主要结果见图 1−15 和图 1−16。

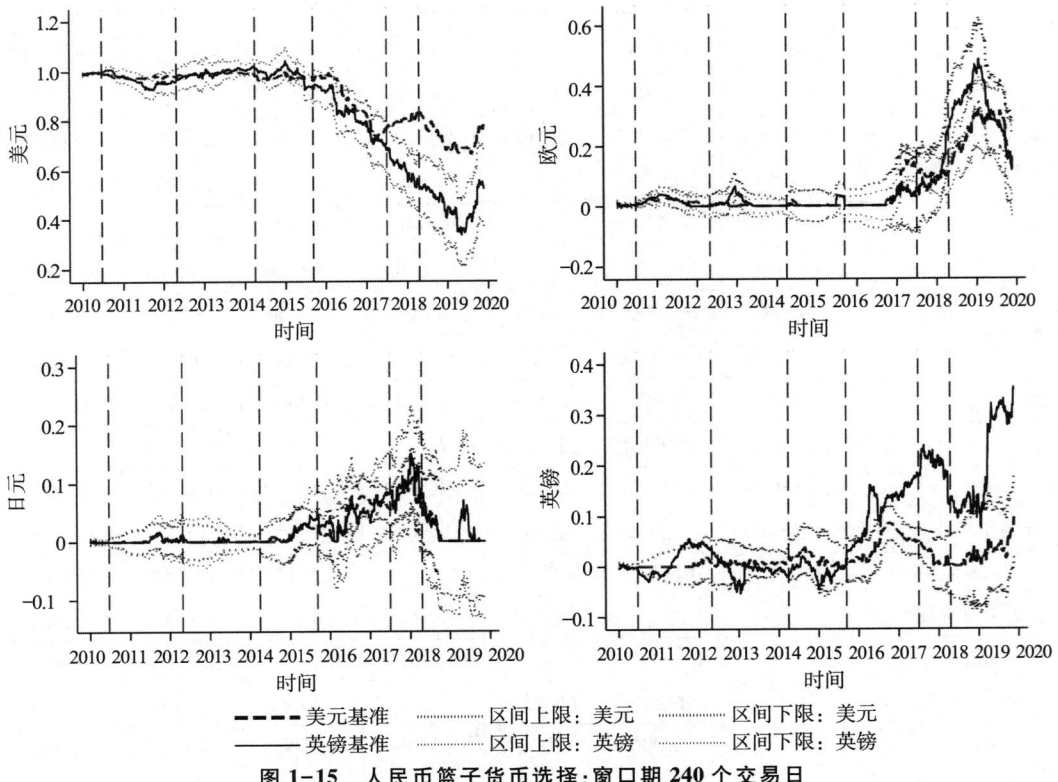

图 1−15　人民币篮子货币选择：窗口期 240 个交易日

注：图 1−15 记录了以 240 个交易日为滚动窗口对英镑基准下联立方程模型式(9)和式(11)以及美元基准下联立方程模型式(10)和式(11)进行滚动回归后篮子货币权重估计系数。其中，区间表示 95%置信区间。

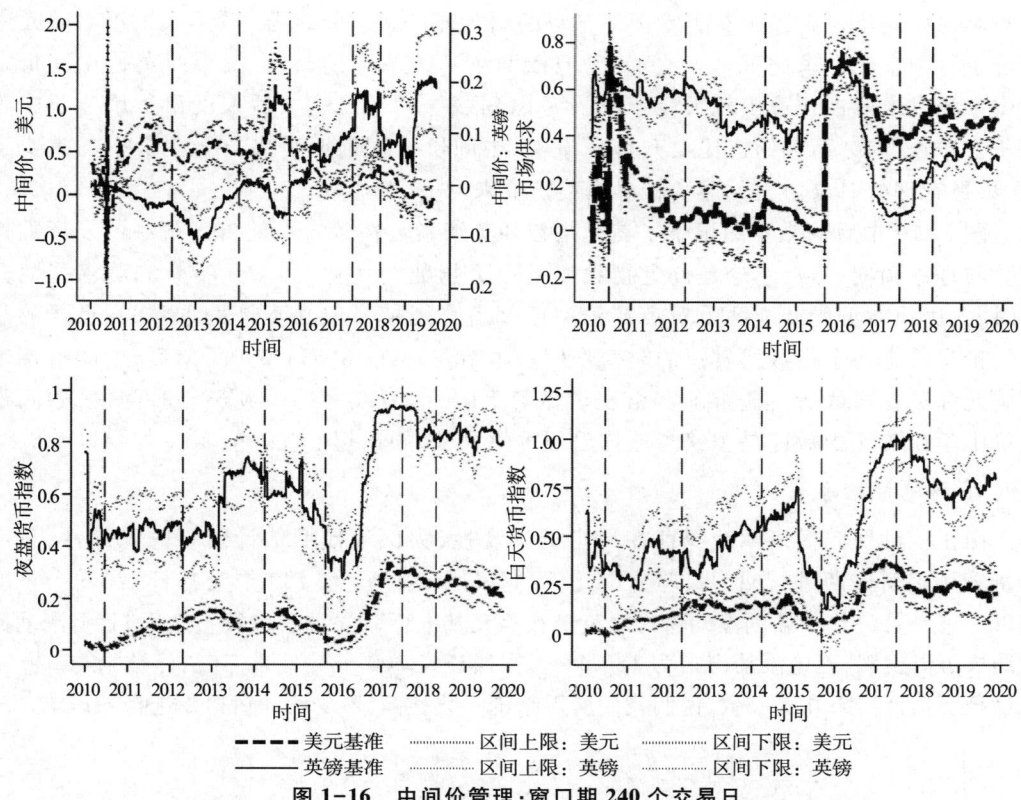

图 1-16 中间价管理:窗口期 240 个交易日

注:图 1-16 记录了以 240 个交易日为滚动窗口对英镑基准下联立方程模型式(9)和式(11)以及美元基准下联立方程模型式(10)和式(11)的进行滚动回归后与汇率中间价有关变量的估计系数。其中,区间表示 95%置信区间。

图 1-15 记录了两个货币基准下,联立方程模型滚动回归结果中与篮子货币选择有关的动态估计结果。图 1-15 中黑色实线表示英镑基准下情形,加粗灰色虚线表示美元基准下情况。图 1-15 进一步证实了前文所得结论:第一,篮子货币权重是时变的,以 2015 年"8·11 汇改"为节点,可分为两段;前一段美元占绝对主导(接近 1),后一段美元权重下降(0.5 左右),欧元和英镑权重上升;第二,不论美元,还是英镑,在各自作为基准货币时,由 1 减去其他货币权重得到的美元和英镑权重要高于直接估计出来的权重,因此两种基准对比来看所得结论会更加准确。

图 1-16 记录了与中间价管理有关的滚动估计结果。我们发现,相比篮子货币权重变化,中间价对重大事件的敏感度更高,也可以说 2010 年"6·19 汇改"和 2015 年"8·11 汇改"均取得了暂时性的成效。就人民币对美元中间价而言,两次汇改时事实汇率制度识别方程,即篮子货币方程中中间价系数均出现骤降,中间价定价方程中市场供求前系数出现骤升,这说明汇改时,央行下了足够大的决心降低汇率干预程度,提高汇率市场化水平。但从图 1-16 前两幅子图走势来看,改革并未坚持下去。在"6·19 汇改"后不到半年时间内,人民币对美元中间价对人民币对美元汇率的引导作用回升并逐步加强,人民币对美元中间价定价中市场供求所占比重又回到原点。在"8·11 汇改"后半年时间内,虽然人民币对美元中间价对人民币对美元汇率的引导作用回升并逐步减弱,但人民

币对英镑中间价对人民币对英镑汇率走势的引导作用进一步加强;虽然人民币对美元中间价定价中市场供求比重高于改革前,但依旧小于改革当期,且人民币对英镑中间价定价中市场供求所占比重出现大幅下降。考虑到"8·11汇改"之后人民币货币篮子中美元所占比重下降,而英镑占比上升这一事实,中间价管理依旧是央行干预汇率的重要手段,只是管理的对象由美元逐步转移到英镑上来。

图1-16中后两张子图记录了美元指数和英镑指数在各自中间价定价中所发挥的作用。与理论预期一致,不论是夜盘指数还是白天指数的变化,当美元指数和英镑指数升值时,人民币对美元及人民币对英镑汇率中间价会贬值。但并不是最重要的,重要的是中间价定价中两个指数所发挥的时变作用。本节发现在"8·11汇改"前后,中间价定价中美元和英镑指数所占比重确实出现了显著下降,但汇改之后不到半年时间内,中间价定价中不论美元指数还是英镑指数均出现大幅攀升,并远超汇改之前。

4. 稳健性检验

由于滚动回归窗口期选择存在一定的主观性,为保证模型估计结果的稳健性,我们尽量采用多窗口期进行回归检验。因此,我们采用3个季度(180个交易日)和5个季度(300个交易日)作为新的滚动窗口对英镑和美元基准下联立方程进行重新回归,据滚动回归结果可以发现,不论滚动窗口为180个交易日,还是300个交易日,其估计结果与240个交易日下估计结果几乎一致,说明我们所得结论十分稳健,不受滚动窗口期选择的影响。

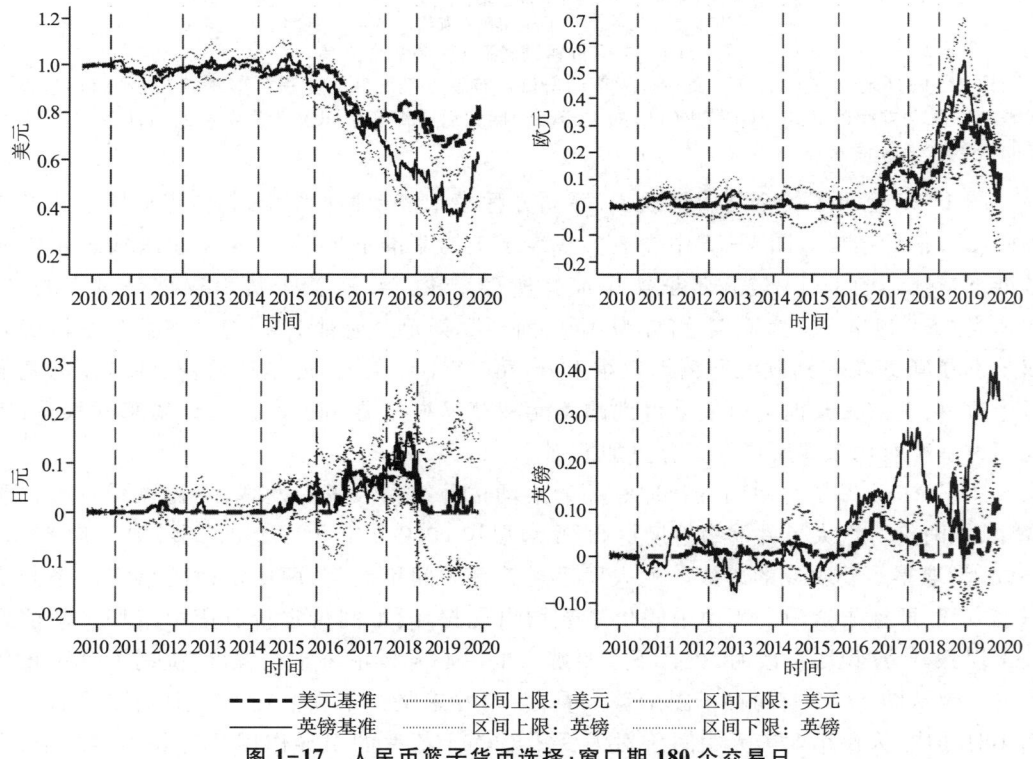

图1-17 人民币篮子货币选择:窗口期180个交易日

注:图1-17记录了以180个交易日为滚动窗口对英镑基准下联立方程模型式(9)和式(11)以及美元基准下联立方程模型式(10)和式(11)进行滚动回归后篮子货币权重估计系数。

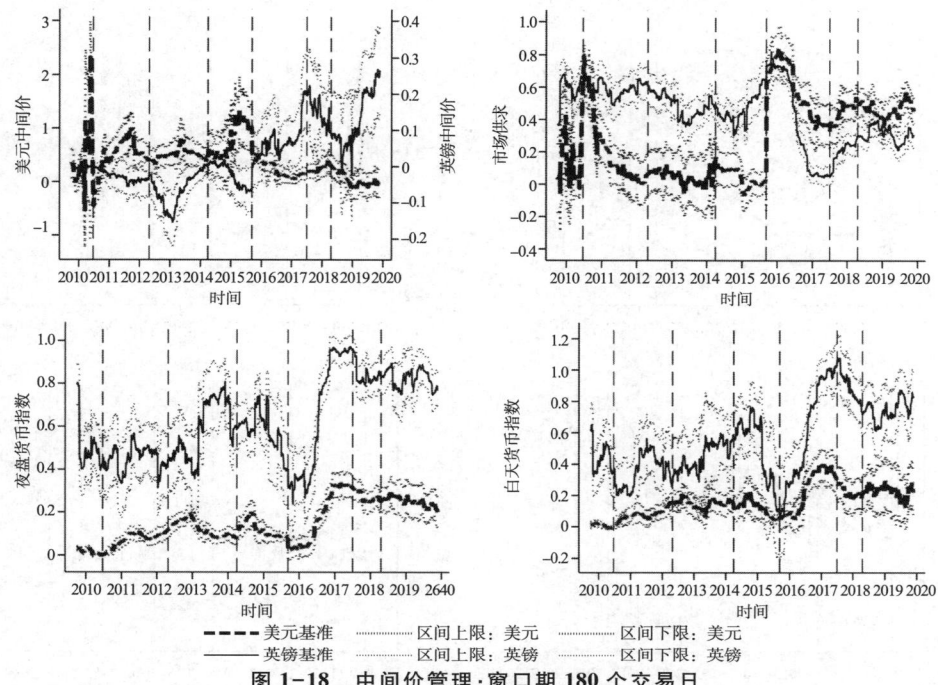

图 1-18 中间价管理：窗口期 180 个交易日

注：图 1-18 记录了以 180 个交易日为滚动窗口对英镑基准下联立方程模型式(9)和式(11)以及美元基准下联立方程模型式(10)和式(11)的进行滚动回归后与汇率中间价有关变量的估计系数。其中，区间表示 95%置信区间。

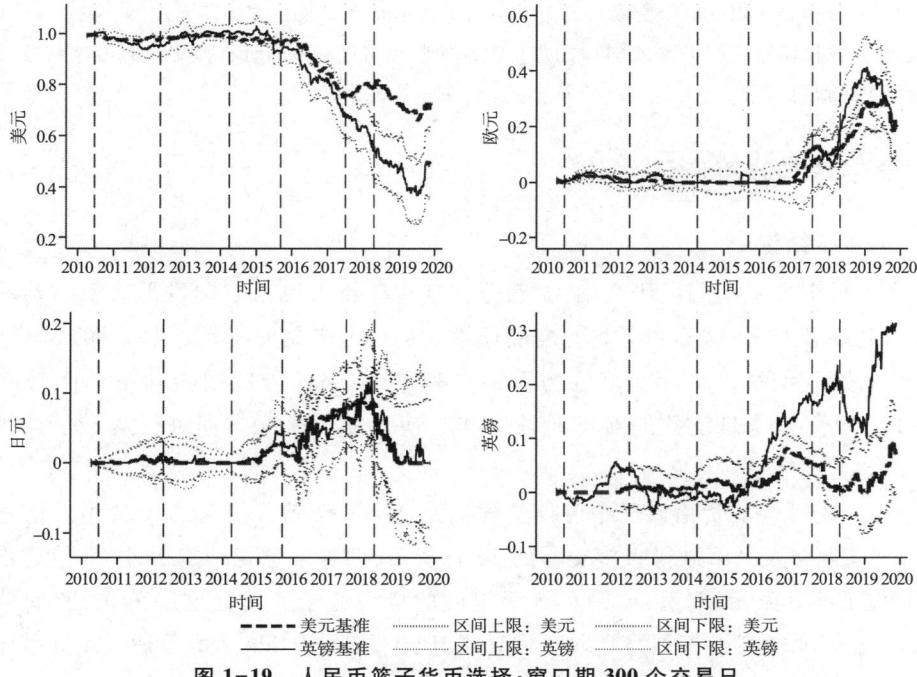

图 1-19 人民币篮子货币选择：窗口期 300 个交易日

注：图 1-19 记录了以 300 个交易日为滚动窗口对英镑基准下联立方程模型式(9)和式(11)以及美元基准下联立方程模型式(10)和式(11)进行滚动回归后篮子货币权重估计系数。其中，区间表示 95%置信区间。

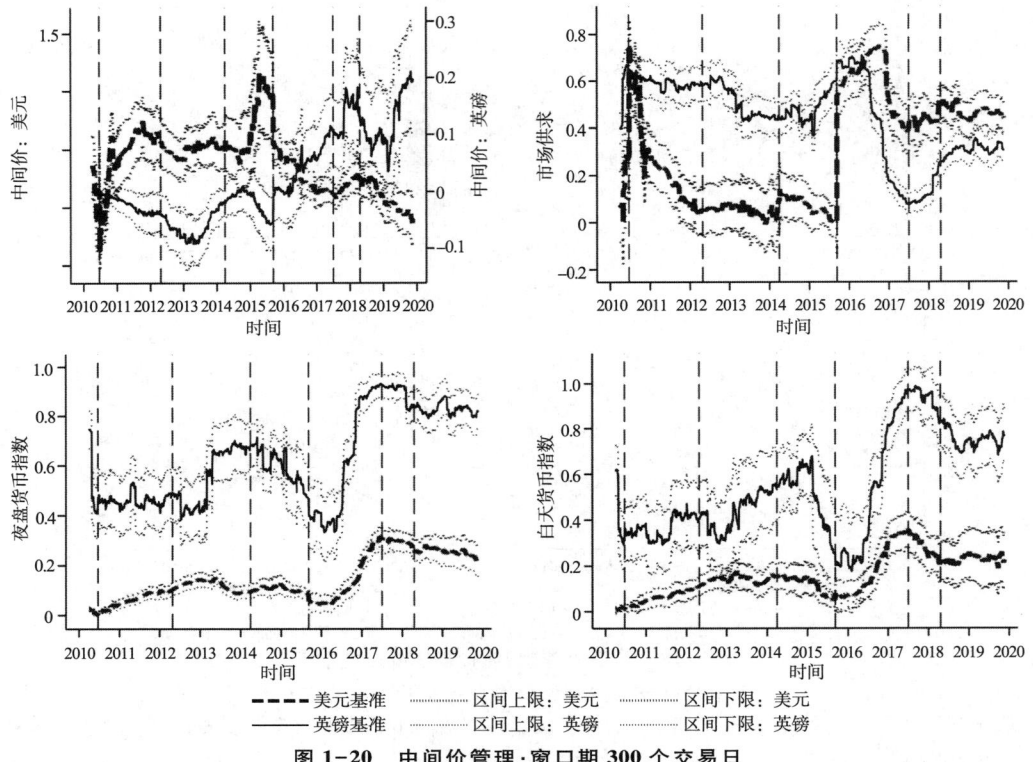

图 1-20 中间价管理：窗口期 300 个交易日

注：图 1-20 记录了以 300 个交易日为滚动窗口对英镑基准下联立方程模型式(9)和式(11)以及美元基准下联立方程模型式(10)和式(11)的进行滚动回归后与汇率中间价有关变量的估计系数。其中，区间表示 95% 置信区间。

五、主要结论和政策启示

（一）主要结论

在人民币事实汇率制度研究中，大部分文献往往将人民币事实货币篮子识别和中间价定价机制割裂开来，这不利于我们准确理解人民币汇率制度事实。本节将"BBC 框架"和中间价管理模型统一到一个联立方程模型框架中，采用分段回归和滚动回归两种方法，使用 2009 年以来日度数据对美元基准和英镑基准下联立方程进行动态估计。发现主要结论如下：

第一，人民币事实货币篮子中仅仅包含美元、欧元、英镑和日元 4 种货币。虽然名义上 CFETS 包含与人民币进行直接交易的 24 种货币，但除以上 4 种货币外，其他货币均盯住美元、欧元及由美元、欧元、英镑和日元组成的货币篮子。根据这一事实，我们估计得到 CFETS 中美元的实际权重为 0.517，远高于其名义权重 0.224。美元是国际货币体系中最重要的组成部分，人民币不可能也没必要与美元完全脱钩。

第二，目前人民币事实货币篮子中美元权重为 0.5 左右，与 CFETS 隐含美元权重相匹配，人民币汇率制度改革在篮子货币方面取得重大成效。由估计结果来看，美元占比由 2009—2010 年接近 1 逐渐下降到 2018—2019 年的 0.5；其他三种货币，尤其是欧元和英镑实际权重亦占接近一半。可以说，目前人民币汇率已经脱离了美元，由美元、欧元、英镑、日元、四种货币组成的货币篮子成为人民币事实货币篮子，人民币汇率制度改革取得重大突破。

第三，中间价管理依旧是央行干预人民币汇率的重要手段，但管理的对象正悄然转变。一般意义上，人民币对美元汇率中间价是央行管理人民币汇率的最重要手段，但由于近年来人民币货币篮子中美元权重下降，英镑权重在上升，央行在降低对美元中间价汇率管理强度的同时，逐步提升了对英镑汇率中间价的管理强度，总体来看，中间价管理强度依旧。

（二）政策启示

上述结论给予我们的重要启发：

第一，关于 CFETS 中美元权重问题及人民币货币篮子的最优选择问题已经得到妥善解决，进一步优化货币篮子、降低美元权重不是未来人民币汇率制度改革的重点。对于人民币最优货币篮子的选择不应该只看中国自身指标，还应该关注外国的事实汇率制度，因此不应以当前人民币实际货币篮子中美元权重远高于 CFETS 篮子中美元的名义权重，就提出降低美元权重、优化货币篮子的建议。本节研究发现目前 CFETS 篮子中美元的实际权重与人民币事实货币篮子中美元权重相匹配，改革已经取得显著成效，未来进一步优化货币篮子不应该是人民币汇率制度改革的重点。

第二，根据国内外政治经济形势，逐步适度地降低中间价管理强度是未来汇率制度改革的重点和难点。目前，关于人民币货币篮子选择的改革已经基本到位，随着人民币事实货币篮子中比重逐步增加，未来汇率中间价管理将变得越来越复杂和困难，对中间价汇率形成机制的改革也会变得越来越困难。改革的过程可能是痛苦的、反复的，但改革的前途是光明的。我们认为，中间价形成机制的市场化改革可分为以下几步：首先，明确中间价定价规则，现阶段最重要的是明确或公示"逆周期因子"的计算方式和数据。其次，逐步简单化中间价定价规则，最终使中间价等于前一日收盘价，即实现中间价的完全市场化，但此时仍然保留人民币对美元汇率的波幅管理。再次，在中间价定价机制市场化的基础上，逐步扩大人民币对美元汇率的日波幅限制，初期可将其由 2% 扩展至 5%，使其在较宽幅期间内波动。最后，进一步扩大人民币对美元汇率的日波幅限制，将其由 5% 扩展至 10%，使其在宽幅区间内波动。需要进一步说明的是，我们不提倡实现人民币对美元汇率完全自由浮动，并主张在重大事件发生并引发国际金融市场动荡时恢复对汇率的干预和管制。未来中间价形成机制改革需注意以下几点：第一，应根据国际经济形势和国内经济发展需要，逐步、渐进地进行汇率市场化改革，不应一步到位，也不应止步不前；第二，明确规则以引导预期，进一步明确人民币对美元汇率（包括英镑等其他汇率）中间价定价的具体规则，只有明确的规则才能正确地引导公众预期，保证不会出现"8·11 汇改"时的汇率超调问题；第三，要有充足的信心，信心引导决心，决心保证改革。

本章小结

本章对一百多年来中国货币汇率史做了简要总结。民国时期诸多货币的成功与失败以及后来人民币的诞生发展告诉我们一件事：信心比黄金更重要！货币在诞生之初的功能是价值尺度和交易媒介，这决定了货币政策最基本的目标在于维持货币信心，即货币稳定。货币的信心体现在两个方面：对内是通胀稳定，对外则是汇率稳定。货币信心与汇率制度无关，即便是完全浮动的汇率制度，只要人民的信心在，其汇率依旧可以维持稳定。

货币稳定对国家稳定具有明显的促进作用。回顾历史我们发现，民国政府法定货币"法币"从发行之初到抗战结束都维持了相对稳定的汇率，这对中国人民抗日战争的胜利具有促进作用。相反，抗日战争后期的日伪货币以及解放战争时期的法币对美元汇率则疯狂贬值，并引发恶性通胀，这加速了发行者走向灭亡。人民币及其前身边区货币在恶劣的环境中维持了相对稳定的币值，对中国抗日战争和解放战争的胜利具有重要的促进作用。1949年后，受国民政府恶性通胀的贻害，人民币曾出现过短暂的大幅贬值，但1952年以及1955年的币制改革将人民币汇率彻底稳定，通胀也不再发生。稳定的币值对中国的经济发展起到了促进作用。

汇率市场化是改革方向，但改革的步伐应该与国内经济发展需要相适应。自1978年改革开放后，我国的汇率政策随着国内经济发展的需要进行了多次改革，总体来看均取得显著成效，对中国的经济增长具有不可磨灭的贡献。2008年金融危机之后，人民币国际化被提上日程，未来人民币会朝着与美元、欧元三足鼎立的方向不断努力。在这一过程中，人民币汇率逐渐实现市场化是必要的，但步伐还是应该与国内经济发展的需要相适应。

第二篇

汇率宏微观决定理论

第二章

传统汇率锚理论的新应用

20世纪70年代初,"特里芬两难"使布雷顿森林体系最终瓦解,随后由国际货币基金组织(International Monetary Fund,IMF)主导的牙买加体系形成。至此,国际货币体系终于结束了固定汇率制度时代,金属本位退出,信用本位大行其道。汇率制度安排变得多样化,各类汇率决定理论也如雨后春笋般涌现。

相对于金属本位长期稳定的币值,靠国家信用背书的信用本位则存在更多的不确定性,各国货币都在寻找新的"锚"来"锚"住汇率,进而稳定经济。"锚"可以是汇率,"汇率锚"一般与贸易量、外资、外债有关。"汇率锚"又可以分为一国汇率和一篮子货币汇率,如港币盯住美元汇率(一国汇率),人民币汇率定价机制当中会参考一篮子货币(一篮子货币汇率);"锚"也可以是货币总量,如阿尔及利亚等国的汇率盯住其货币总量;"锚"还可以是核心通胀率,如乌拉圭等国的汇率盯住其核心通胀率。

随着经济的发展和全球产业链的加深,我国的市场开放程度不断提高,人民币汇率形成机制的改革也在与时俱进。传统汇率决定理论的出发点主要包括货币作为价值尺度和支付手段所体现的实际购买力,即购买力平价(purchase power parity,PPP)(长期货币理论);作为贮藏手段通过套利而形成的抛补利率平价(covered interest parity,CIP)和非抛补利率平价(uncovered interest parity,UIP)(短期资产理论)等。传统汇率决定理论经过几十年的发展有了一定的进展,相比理论的发展,本章更加侧重这些汇率决定理论在中国人民币汇率决定问题上的经验性研究和应用。

本章共分为四节,从理论和实证角度,利用传统"锚"理论来分析人民币汇率,考察其在中国的新应用。本章的四节内容主要安排如下:第一节主要从放松巴萨效应假设的购买力平价角度来实证分析人民币实际汇率;第二节主要从利率平价理论角度来实证分析人民币实际汇率;第三节主要在均衡汇率理论中引入央行的终极目标——核心通货膨胀;第四节通过构建一个多边开放经济DSGE模型,研究人民币汇率中间价形成机制中市场供求(收盘价汇率)与货币篮子汇率变动之间权重问题。通过阅读这四节内容,读者可以对传统汇率决定理论的运用、人民币汇率形成机制有全面的认识。

第一节 工资生产率背离与实际汇率

一、引　言

亚洲金融危机和近期新兴市场国家货币的大幅贬值等种种历史经验告诉我们在开

放的经济环境下,各国政府和央行对于稳定的货币需求只增不减。如何为汇率定价并维护汇率的稳定一直是学术界和各国政府和央行持续关注的热点问题。

基于一价定律(law of one price,LOP)的购买力平价理论是实际汇率定价的重要基石。汇率作为货币的价格,其定价研究的宏观出发点主要包括货币作为价值尺度和支付手段所体现的实际购买力,即PPP;作为贮藏手段通过套利而形成的CIP和UIP等。PPP基于商品市场的一价定律而提出,即单位商品的价格在国内、国外以同一种货币计价时是相等的,这决定了基于PPP的均衡实际汇率为1,然而实际中往往存在偏离。

巴拉萨-萨缪尔森效应(Balassa-Samuelson Hypothesis,简称"B-S效应")提出了生产率从供给侧影响实际汇率的传导渠道,打破了基于PPP的均衡汇率理论,为实际汇率不为1提供了一种解答。在20世纪60年代布雷顿森林体系崩溃前期,"特里芬两难"使得美国国际收支出现失衡,基于此,巴拉萨(B.Balassa)和萨缪尔森(P.Samuelson)两位教授于1964年相继提出巴拉萨-萨缪尔森效应,其传导渠道如图2-1所示。他们认为,富裕国家的劳动生产率高于贫穷国家的劳动生产率,且这种差异主要体现在贸易品部门。当富裕国家贸易品部门的生产率上升后,工资上升,吸引非贸易品部门的劳动力流向贸易品部门,从而非贸易品部门的工资也上升。但是非贸易品部门的生产率并未提升,因此非贸易品部门物价上升,物价总水平上升,富裕国家实际汇率升值。B-S效应包含以下关键假定和推论:(1)可贸易品满足一价定律,而"无形产品和资本流动不进入国际收支(Balassa,1964)";(2)生产率水平差异具有部门分布特点,可贸易品劳动生产率提升可能性较大,因而发达国家与发展中国家可贸易部门劳动生产率差异远远大于非贸易品部门;(3)在单个生产要素和高度竞争市场结构假设下,贸易品部门劳动边际产品决定工资和价格;(4)国内劳动力市场存在内在整合性,保证两部门工资大体相等。给定以上结构性假定,富国与穷国之间价格水平必然会出现系统差异,以PPP为基准的均衡汇率理论也就存在系统偏误。

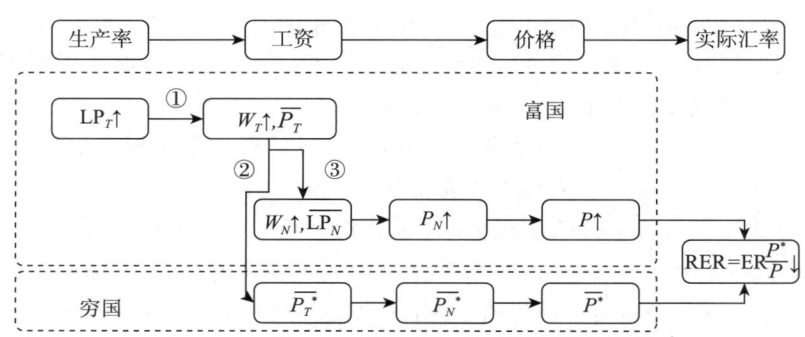

①生产率决定工资 ②一价定律 ③劳动力自由流动,市场完全竞争

图2-1 B-S效应传导图

注:(1)其中LP_T、LP_N分别表示贸易品部门、非贸易品部门劳动生产率,W_T、W_N分别表示贸易品部门、非贸易品部门工资,P_T、P和分别表示贸易品部门、非贸易品部门和总体物价水平,ER表示直接标价法下的名义汇率,RER表示直接标价法下的实际汇率;(2)上标*表示穷国;↑表示上升,↓表示下降,上横线表示不变。

B-S 效应为实际汇率变动提供了新的研究视角,但由于其严格的模型假设,其结论在发展中国家很难得到验证,放松假设成为研究 B-S 效应的重要思路。本节同时打破了贸易品一价定律和国内劳动力市场完备等假设,从理论上探讨了贸易条件、生产率和工资对实际汇率的影响及生产率对实际汇率的影响渠道。理论分析表明,本国和外国非贸易品部门和贸易品部门的相对相对生产率上升会造成本国实际汇率贬值,而不受劳动生产率影响的相对相对工资上升则会促进实际汇率升值;同时,相对相对生产率会通过影响两国相对 GDP 来影响实际汇率。本节进而使用中国和美国服务业细分行业数据进行验证,实证结果与理论一致。本节发现:(1)B-S 效应在中美两国之间成立,但其从生产率到工资及价格水平并最终传导至实际汇率这一渠道在中美之间不成立;(2)相对于传统的工资渠道,基本面渠道发挥着更为重要的作用,即相对相对生产率通过直接影响基本面(相对名义 GDP 增长率)来对实际汇率产生影响;(3)中国服务业和制造业相对相对工资和相对相对生产率存在背离,并使得中美服务业和制造业相对相对工资和相对相对生产率产生背离,其背离的原因不在于中国经济脱实向虚,而是中国产业结构存在扭曲。本节的边际贡献在于,从理论和实证两个角度对 B-S 效应进行了全面分析,在验证传统 B-S 效应外,发现巴萨效应所指出的传导渠道在中美之间不成立,并丰富了生产率影响实际汇率的其他传导渠道,为检验从生产率到实际汇率的传导渠道提供了新思路。

本节余下部分结构安排如下:第二部分为文献综述,第三部分为理论模型,第四部分为数据测算与说明,第五部分为计量模型设计,第六部分为实证分析,第七部分为研究结论与政策启示。

二、文献综述

自 B-S 效应提出以来,对其的验证如雨后春笋般涌现。按照其研究内容,我们大体可将其分为两类:一类是简单地验证 B-S 效应是否存在;另一类则是放松假设,拓展 B-S 模型。

(一)验证类文献综述

对 B-S 效应的验证首先从发达国家数据开始,所得结论大部分支持 B-S 效应。Hsieh(1982)、Edison and Klovland(1987)、Faruqee(1995)、Canzoneri et al.(1999)、DeLoach(2001)、Bergin et al.(2006)通过对发达国家的数据分析发现,研究样本均满足 B-S 效应。当然也有部分学者,如 Froot and Rogoff(1991)、Engel(1999)等指出发达国家不满足 B-S 效应,而主要原因是贸易品一价定律不满足。另外,Asea and Mendoza(1994)通过动态随机一般均衡模型和经济合作与发展组织 14 个国家的面板数据分析发现,一个国家内贸易部门与非贸易部门之间的生产率增长差距对非贸易品相对价格变动的解释力相当强,但是国家之间非贸易品价格的变动对实际汇率的解释力却很小,渠道阻断以至于 B-S 效应不满足。

自 20 世纪 90 年代开始,学术界又涌现出了一大批以发展中国家为样本的检验,然而总体来看,B-S 效应对发展中国家的适应性较弱。Ito et al.(1999)、林毅夫(2007)、

Thomas and King(2008)等对包括中国在内的亚太地区发展中国家样本进行验证,发现基本不满足 B-S 效应;Ito et al.(1997)更进一步指出 B-S 效应仅适用于资源匮乏、经济开放、经济增长是由工业结构和贸易结构变化造成的经济体,而即便那些经济快速增长的经济体,如果其增长来源于初期产品出口或是计划经济体制,B-S 效应也并不适用。为了研究转型经济体的 B-S 效应,Harberger(2003)选取了国际金融统计(IFS)中经济增长每年超过 5% 且至少长达 10 年的二十多个国家为样本分两组进行验证,发现每组中只有少数国家满足 B-S 效应,由此提出不满足 B-S 效应的国家的经济增长很有可能是由非贸易品部门生产率提高所引致的推论。王雪珂和姚洋(2013)也发现一个经济体越处于结构转型的初期,B-S 效应对其实际汇率的作用越小。另外一些研究指出需要考虑发展中国家的经济发展水平和经济的长短期程度,卢锋、韩晓亚(2006)发现低收入国家不满足 B-S 效应,王维国和关大宇(2008)均发现短期内 B-S 效应不满足。林毅夫(2007)则从 B-S 效应成立的条件和机制进行理论分析,说明中国并不满足 B-S 效应。

当然,也有一部分学者认为发展中国家 B-S 效应成立,如 Wood(1991)、Chinn(1997)、王苍峰和岳咬兴(2006)、卢锋和刘鎏(2007)、杨全发等(2008)、吴骅和缪海斌(2012)等。其中,卢锋和刘鎏(2007)指出 B-S 效应实证中"相对相对"的概念,即应该用两个国家两个部门的相对相对生产率而不是仅仅使用相对生产率进行实证分析,这成为之后 B-S 效应实证的重要标准。唐旭和钱士春(2007)、王雪珂和姚洋(2013)等人的研究均使用了"相对相对"的概念,本节亦采用"相对相对"这一概念来处理数据。

(二)拓展类文献综述

B-S 效应在发达国家和发展中国家均出现不同程度的不满足现象,使得人们不得不重新思考 B-S 效应假设的合理性,随着研究的不断深入,人们逐渐考虑国家个体的特殊情况,放宽模型假设。贸易品对一价定律偏离、不完善的劳动力市场、垄断竞争的市场结构等因素逐渐进入模型。

对于 B-S 效应的主要拓展在于验证贸易品价格对的偏离,研究结论表明,实际汇率的主要变动要归功于贸易品对一价定律的偏离,而不是 B-S 效应。Dornbusch(1976)、Parsley and Wei(1996)、Engel and Rogers(1996)、Devereux(1999)、Obstfeld and Rogoff(2000)、MacDonald and Ricci(2005)、Betts and Kehoe(2006,2008)等认为运输成本、物流成本、无形的边界成本(关税壁垒)等造成了贸易品价格波动偏离了一价定律;Betts and Devereu(2000)、Coto-Martinez and Reboredo(2003)、Unayama(2003)等认为是市场结构使得贸易品相对价格发生偏离。Engel(1999)表明美国 90% 的汇率变动来自对一价定律的偏离。徐建炜和杨盼盼(2011)对人民币实际汇率进行分解,发现实际汇率变动有 60%—80% 来自对一价定律的偏离,而不是 B-S 效应,谭小芬、龚力丹和杨光(2015)结果亦同。鄂永健和丁剑平(2007)、鄂永健(2008)通过构建一个两国动态一般均衡模型分析生产率对长期实际汇率的影响,发现两国相对可贸易品部门的生产率通过影响贸易条件可以对实际汇率产生影响,而传统的 B-S 效应忽略了这一渠道。姜波克和莫涛(2009)通过将商品分为有形和无形、竞争和非竞争商品,指出发展中国家在贸易条件中所处的不利地位抑制了其实际汇率的上涨，削弱了 B-S 效应的作用，有形非竞争性商品的交换不遵循一价定律。

个别文献指出是非贸易品部门的生产率高于贸易品部门进而促进了经济发展，因此 B-S 效应失效。Herberger（2003）猜测有些国家不满足 B-S 效应可能是因为非贸易品部门劳动生产率高于贸易品部门，但是并未进行后续的验证。程大中（2004）通过对中国 1991—2000 年分行业服务业就业和生产率数据进行回归发现，中国整体服务业的劳动生产率增长相对滞后，这与 B-S 效应的假设一致。但庞瑞芝和邓忠奇（2014）指出，虽然仅就劳动生产率单一指标来看，服务业低于工业，但如果考虑包含能源消耗和环境污染的新框架，服务业生产率高于工业。本节的研究亦表明，中美服务业各细分行业和制造的相对相对生产率有正亦有负，不能一味地说贸易品部门的生产率要高于非贸易品部门。

对于中国的特殊国情，很多学者从中国城乡二元经济结构、劳动力市场不完善等角度进行了拓展。胡援成和曾超（2004）指出由于我国特殊的二元经济结构，我国劳动力市场的非市场化运行，农村剩余劳动力过剩，劳动力存在无限供给，工资传导机制作用被削弱，抑制了工资上涨，最终导致 B-S 效应没能得到充分的显现。类似地，丁剑平等（2003）、王泽填和姚洋（2009）均指出结构转型抑制了工资水平和不可贸易品价格随可贸易品部门生产率提高而上涨的幅度，从而削弱了 B-S 效应。王泽填和姚洋（2009）更进一步指出农村人口比重越大，实际汇率随相对人均收入提高的幅度越小；经济发展水平越低，农村人口比重对 B-S 效应的削弱程度越强。陈仪、张鹏飞和刘冲（2018）则通过构建带有劳动力市场摩擦的小国开放经济模型对中国的二元经济环境进行模拟，拓展了 B-S 效应。Brandt et al.（2010）考察了行业内部和行业间的生产率差异对于我国总体增长率的影响，发现我国信贷部门和劳动力部门的阻碍一直存在。Cardi and Restout（2014）研究表明劳动力的流动性会影响部门的生产率差异，并最终对实际汇率的变动产生重要影响。Dekle and Vandenbroucke（2012）通过研究中国 1978—2003 年间的结构转型情况发现，流动性摩擦（如户口制度）拖慢了农业人口向城市的流动，也间接地证明我国劳动力市场不满足 B-S 效应假设。

综上，以前文献中关于 B-S 效应的研究从早期的验证到后期的修正可以整理成表 2-1。通过对前期文献的综述我们可以发现：(1) 前人的研究实证阶段要么是完全根据 B-S 效应的假设来进行，要么仅放开单个假设来进行，不适用我国贸易品对 LOP 偏离和劳动力市场不完备等同时存在的情况，因此目前对于 B-S 效应的研究依旧十分必要；(2) 文献仅停留在某国是否满足 B-S 效应的基础上，并没有对 B-S 效应的影响渠道进行验证，亦未对工资差异的影响及原因进行探析；(3) 文献多采用制造业部门作为贸易品部门，服务业部门作为非贸易品部门，而没有进一步考察不同制造业行业和服务业行业的内在异质性。由此，本节将同时放松 B-S 效应的两个假设，在对其进行验证的同时，进一步考察 B-S 效应的影响渠道。同时，本节以制造业作为贸易品部门，将服务业行业进行细分，这样处理在相对相对生产率的计算中既不存在量纲的问题，又在增加样本容量的同时考察服务业行业内部结构的问题，这些改进均是对前人文献的重要补充。

表 2-1 文献综述小结

分类	文章主旨	代表性文献	主要结论
对 B-S 效应的检验	对发达国家的检验：支持	Balassa（1964）、Hsieh（1982）、Edison and Klovland（1987）、Faruqee（1995）、Canzoneri et al.（1999）、De Loach（2001）、Bergin et al.（2006）	发达国家中支持 B-S 效应的检验占多数，不满足的更多是由于不满足 B-S 效应的假设，如对 LOP 的偏离等
	对发达国家的检验：反对	Froot and Rogoff（1991）、Asea and Mendoza（1994）、Engel（1999）、Gublery and Sax（2019）	
	对发展中国家的检验：支持	Wood（1991）、Chinn（1997）、王苍峰和岳咬兴（2004）、王雪珂和姚洋（2013）、卢锋和韩晓亚（2006）、唐旭和钱士春（2007）、卢锋和刘鎏（2007）、杨全发等（2008）、王维国和关大宇（2008）、吴鞑和缪海斌（2012）	验证满足 B-S 效应的文献有许多是有条件的，包括长期满足而短期不满足，以及收入高的满足而收入低的不满足等等。总体来看，实证中我国不满足 B-S 效应的情况偏多。
	对发展中国家的检验：反对	Harberger（2003）、丁剑平和鄂永健（2005）、林毅夫（2007）、鄂永健和丁剑平（2007）、鄂永健（2008）、Thomas and King（2008）、谭小芬等（2015）	
对 B-S 效应的修正	LOP 偏离	Engel（1993；1999）、Dornbusch（1976）、Asea and Mendoza（1994）、Parsley and Wei（1996）、Engel and Rogers（1996）、Devereux（1999）、Betts and Devereu（2000）、Obstfeld and Rogoff（2000）、Coto-Martinez and Reboredo（2003）、Unayama（2003）、胡援成和曾超（2004）、MacDonald and Ricci（2005）、卢锋（2006）、鄂永健和丁剑平（2007）、Betts and Kehoe（2006，2008）、鄂永健（2008）、姜波克和莫涛（2009）、王泽填和姚洋（2009）、徐建炜和杨盼盼（2011）、谭小芬等（2015）	贸易品对 LOP 偏离的原因主要分为两大类：一类是物流成本、运输成本；另一类是市场结构不同造成某些市场存在价格加成。对实际汇率的分解发现，汇率变动的来源主要是贸易品对 LOP 的偏离，而不是 B-S 效应
	部门生产率水平差异	Herberger（2003）、庞瑞芝和邓忠奇（2014）	贸易品部门生产率高于非贸易品部门并不是共识，有少部分非贸易品部门生产率高于贸易品部门
	竞争性市场结构	胡援成和曾超（2004）、王泽填和姚洋（2009）、陈仪、张鹏飞和刘冲（2018）	由于我国二元经济的存在以及结构转型等原因，我国的工资和价格不能单纯依赖生产率来决定
	劳动力市场流动性	Dekle and Vandenbroucke（2012）、Brandt et al.（2008）、Cardi and Restout（2014）	我国劳动力市场是存在阻碍的，因而两部门工资水平还是具有一定差异

三、理论模型

本节理论模型部分包含两个部分：一是打破 B-S 效应几大假设，对实际汇率进行分解；另一部分则将 GDP 引入，考察相对相对生产率通过相对 GDP 对实际汇率的影响。

（一）B-S 效应下实际汇率的分解

本节文献综述部分已经指出，前人文献并没有将 B-S 效应的所有假设同时打破，本节则构建了开放条件下的两国两部门局部均衡模型，将一价定律和劳动力自由流动等假设同时打破，对实际汇率进行分解。在分解过程中，我们同时考察了两国不同产品结构和资本产出弹性的影响。为了书写简便，理论模型的所有公式忽略了时间下标 t。

实际汇率的定义如下：

$$\text{RER} = \frac{\text{ER} \times P^*}{P} \tag{1}$$

其中，RER 是实际汇率，ER 是直接标价法下的名义汇率，P 是本国物价水平，P^* 表示外国物价水平，带 * 表示外国。对式（1）左右两边取对数，得到式（2），所有小写均表示取对数后的结果。

$$\text{rer} = \text{er} + p^* - p \tag{2}$$

本国和外国的物价水平可以进一步分解为：

$$p = \alpha p_T + (1 - \alpha) p_N$$
$$p^* = \alpha^* p_T^* + (1 - \alpha^*) p_N^*$$

考虑到本节使用中美两国数据进行经验分析，而两国经济处于不同发展阶段，其产品市场结构有所差异，故在对篮子价格进行分解的过程中，我们使用了差别消费权重（丁剑平和鄂永健，2007）；同样，在测算相关实证数据时我们也考虑了权重问题。上式中 α、α^* 分别表示本国和外国物价构成中贸易品所占份额，p_T、p_T^* 表示本国和外国贸易品部门的物价水平，p_N、p_N^* 表示本国和外国非贸易品部门的物价水平。将上式带入式（2）中，我们可以得到实际汇率的进一步分解式：

$$\text{rer} = \text{er} + p_T^* - p_T - (1 - \alpha)\left[(p_N - p_T) - \frac{1 - \alpha^*}{1 - \alpha}(p_N^* - p_T^*)\right] \tag{3}$$

我们假设本国和外国都只有贸易品和非贸易品两个部门，并假设四个部门的资本产出弹性不相等。以本国非贸易品部门的代表性企业为例，我们考察该企业的利润最大化问题。

$$\max\{P_N Y_N - W_N L_N - R_N K_N\}$$

其中，Y_N 是该企业的增加值，W_N 是该企业的工资水平，L_N 是该企业雇佣的劳动力，R_N 是资本租金成本，K_N 是企业生产所需要的资本量。此外，企业还有自己的生产技术，假设其服从资本份额为 β 的柯布—道格拉斯生产函数（简称 C-D 生产函数）：

$$Y_N = A_N K_N^\beta L_N^{1-\beta}$$

对 L_N 求导可以得一阶条件：

$$W_N = (1 - \beta) P_N \frac{Y_N}{L_N} = (1 - \beta) P_N LP_N \tag{4}$$

其中，LP_N指的是非贸易品部门劳动生产率，可以看出W_N由资本份额、价格和劳动生产率共同决定。类似地，对于资本份额为γ的满足C-D生产函数的本国贸易品部门求解利润最大化问题所得的一阶条件为：

$$W_T = (1-\gamma)P_T \frac{Y_T}{L_T} = (1-\gamma)P_T LP_T \tag{5}$$

同其他文献理论模型不同的是，本节认为贸易品部门和非贸易品部门的工资并不相等，在此假设条件下，式(4)、(5)作比可得：

$$\frac{P_N}{P_T} = \frac{(1-\gamma)W_N LP_T}{(1-\beta)W_T LP_N} \tag{6}$$

将式(6)左右两边同时取对数可得，

$$p_N - p_T = \ln\left(\frac{1-\gamma}{1-\beta}\right) + (w_N - w_T) - (lp_N - lp_T) \tag{7}$$

同理，外国贸易品和非贸易品部门的物价存在如下关系：

$$p_N^* - p_T^* = \ln\left(\frac{1-\gamma^*}{1-\beta^*}\right) + (w_N^* - w_T^*) - (lp_N^* - lp_T^*) \tag{8}$$

将式(7)和式(8)代入式(3)可得，

$$\begin{aligned}
rer &= er + p_T^* - p_T + (1-\alpha)\left[\frac{1-\alpha^*}{1-\alpha}\ln\left(\frac{1-\gamma^*}{1-\beta^*}\right) - \ln\left(\frac{1-\gamma}{1-\beta}\right)\right] + (1-\alpha)\left[\frac{1-\alpha^*}{1-\alpha}\right.\\
&\quad \left.[(w_N^* - w_T^*) - (lp_N^* - lp_T^*)] - (w_N - w_T) + (lp_N - lp_T)\right]\\
&= \underbrace{er + p_T^* - p_T}_{tot} + (1-\alpha)\underbrace{\left[(lp_N - lp_T) - \frac{1-\alpha^*}{1-\alpha}(lp_N^* - lp_T^*)\right]}_{rrlp} - (1-\alpha)\\
&\quad \underbrace{\left[(w_N - w_T) - \frac{1-\alpha^*}{1-\alpha}(w_N^* - w_T^*)\right]}_{rrw} + (1-\alpha)\underbrace{\left[\frac{1-\alpha^*}{1-\alpha}\ln\left(\frac{1-\gamma^*}{1-\beta^*}\right) - \ln\left(\frac{1-\gamma}{1-\beta}\right)\right]}_{c}\\
&= tot + (1-\alpha)rrlp - (1-\alpha)rrw + c
\end{aligned} \tag{9}$$

式(9)是根据B-S效应的影响机理所做出的分解结果，但是该结果可能存在一个问题。在对一个变量进行分解时，分解所得各部分需要完全独立或者有相当强的独立性，这是Engel(1999)、Bets and Kehoe(2006)以及徐建炜和杨盼盼(2011)研究的可信性所在。在完全竞争假定下，工资由生产率唯一决定，所以式(9)中相对相对工资和相对相对生产率可能并不独立，实际数据中，两者的相关系数为0.133，虽然较小，但显著。为了打消两者不独立的疑虑，我们将rrw分解为两个部分，一个是由rrlp决定的部分，一个是由劳动力流动障碍等原因所导致的独立于rrlp的部分rrw'，并最终将与rrlp相关的部分合在一起组成rrlp'，所得式(10)为：

$$\begin{aligned}
rer &= tot + (1-\alpha)rrlp - (1-\alpha)rrw + c\\
&= tot + (1-\alpha)rrlp - (1-\alpha)(f(rrlp) + rrw') + c\\
&= tot + (1-\alpha)(rrlp - f(rrlp)) - (1-\alpha)rrw' + c\\
&= tot + (1-\alpha)rrlp' - (1-\alpha)rrw' + c
\end{aligned} \tag{10}$$

其中，tot 是贸易条件（terms of trade，TOT），表示贸易品对一价定律的偏离；rrlp 是本国和外国非贸易品部门与贸易品部门经商品篮子调整后的相对相对生产率；rrw 是本国和外国非贸易品部门与贸易品部门经商品篮子调整后的相对相对工资；c 是一个常数，由中美贸易品部门和非贸易品部门的资本份额共同决定。考虑到现实数据中中国制造业细分行业增加值数据缺失，本节使用了服务业各细分行业数据进行分析，因此本节的"相对相对"均是指非贸易品部门相对于贸易品部门，参数前符号也与前人文献相反。

B-S 效应假设贸易品部门服从一价定律，即 tot=0；贸易品部门和非贸易品部门的劳动力流动不存在阻碍，两部门工资相等，即 rrw=0。当只考察 rrlp 时，检验的就是传统的 B-S 效应。从式（9）可以看出，TOT 改善，即 tot 下降时，一单位本国贸易品的出口可以换取更多的进口贸易品，会带来本币实际汇率的升值。常数在回归中会归为截距项，它由中美贸易品部门和非贸易品部门的相对相对劳动份额所决定，由于中美两国发展水平还是存在一定差异，经济结构也有所不同，该常数往往不为 0：为正，说明美国贸易品部门相对非贸易品部门的劳动份额高于我国贸易品部门相对非贸易品部门的劳动份额，反之亦然。

（二）B-S 效应的 GDP 传导渠道

为了考察 B-S 效应的 GDP 传导渠道，我们在上述模型的基础上进一步加入货币主义汇率模型（Frankel，1976；Donald and Taylor，1994；Groen，2000；Rapach and Wohar，2002）。货币主义汇率模型从两国货币市场均衡条件出发，推导出名义汇率与两国基本面的长期均衡关系。借助这一模型，我们对名义汇率做进一步分解，最终将实际汇率分解为基本面、相对相对劳动生产率、相对相对工资的函数。

假定两国货币市场均衡条件分别为：

$$m - p = \varphi y - \lambda i \tag{11}$$

$$m^* - p^* = \varphi y^* - \lambda i^* \tag{12}$$

同时，我们假定修正的购买力平价条件（PPP 条件）成立：

$$er = \vartheta + (p - p^*) + \varepsilon \tag{13}$$

其中，ϑ 是常数，ε 是服从 $N(0,\sigma_\varepsilon^2)$ 的随机变量。将式（11）和式（12）带入式（13）中，我们得到：

$$er = \vartheta + (m - m^*) - \varphi(y - y^*) + \lambda(i - i^*) + \varepsilon \tag{14}$$

由非抛补利率平价条件（uncovered interest parity，UIP）$i = E(er) - er + i^* + \nu$，我们可以将式（14）化简为：

$$er = \vartheta + (m - m^*) - \varphi(y - y^*) + \lambda(E(er) - er) + \lambda\nu + \varepsilon \tag{15}$$

其中，E 表示预期，$E(er)$ 表示下期汇率的预期；ν 是服从 $N(0,\sigma_\nu^2)$ 的随机变量。实际上，如果名义汇率的对数值是 $I(0)$ 或者 $I(1)$[①]，则 $E(er) - er$ 的稳态值为 0，因此，在考察汇率与基本面的长期均衡关系时，我们可以将（15）式进一步简化为：

$$er = \vartheta + (m - m^*) - \varphi(y - y^*) + \mu \tag{16}$$

[①] 本节对 2004 年第一季度至 2016 年第四季度名义汇率的对数进行 ADF 检验，发现其在 5% 置信水平上拒绝原假设，该变量是 $I(0)$ 过程。

其中,$\mu = \lambda(E(er) - er) + \lambda\nu + \varepsilon$,均值为 0。我们将式(16)同式(7)带和式(8)一起带入式(3)中,可以得到同时包含相对 GDP、相对相对生产率和相对相对工资的实际汇率分解式式(17)。

$$\text{rer} = p_T^* - p_T + (1-\alpha)\text{rrlp}' - (1-\alpha)\text{rrw}' + \vartheta + (m - m^*) - \varphi(y - y^*) + c' + \mu_t \tag{17}$$

如式(17)所示,我们最终将实际汇率分解为相对相对生产率、相对相对工资、相对产出、相对货币需求(供给)的函数。在实证中,由于两国产出与两国劳动生产率相关,所以在控制两国的相对货币需求的基础上,如果该式中相对产出前系数显著,而相对相对生产率前系数的大小和显著性有所下降,则说明 GDP 渠道存在。

四、数据测算与说明

(一)数据来源与测算

本节选取了 2004 年第一季度至 2016 年第四季度的相关数据,所涉及的中美双边汇率和 CPI、中美名义 GDP、广义货币 M2 增长率和政府支出数据来源于 CEIC 数据库;中国分行业增加值、分行业就业人数及工资来源于国家统计局;中国 TOT 数据来源于世界银行发展数据库;美国行业增加值、分行业就业人数及工资来源于美国经济分析局(BEA)。

汇率数据[①]的选取有中美双边名义汇率、人民币实际有效汇率两种选择,考虑到 B-S 效应考察的是两国之间的实际汇率问题,本节选取中美双边名义汇率均值,并用两国以 2010 年为基期的 CPI 进行调整得到了中美双边实际汇率数据。

根据计量模型设计,本节首先需要测算中美两国相对相对生产率和相对相对工资数据。在测算过程中,有三点需要注意:(1)生产率的度量;(2)样本选择与匹配;(3)权重问题。

生产率有多种衡量方式,为与模型和相关文献保持一致,我们使用劳动生产率来表示,为此我们需要获得中美服务业和制造业增加值、就业人数和平均工资数据。

在样本选择问题上,为了在丰富数据结构的同时考察行业内部结构特征,本节拟使用细分行业数据进行分析。但在数据搜集过程中我们发现,中国的制造业各细分行业增加值数据缺失,为了对 B-S 效应进行深入考察,本节使用服务业各细分行业作为非贸易品部门,制造业总体作为贸易品部门。对于样本期限的选择,搜集数据后我们发现,中国服务业增加值数据以 2003 年为界分为两段,前一段 1991—2002 年的统计口径既包括城镇户口也包括农村户口,后一段 2004—2016 年只有城镇户口工作人数,且 2003 年的数据缺失,所以综合考虑后本节选择服务业各细分行业 2004—2016 年数据进行分析。[②] 为了扩充样本容量,使回归更具有意义,本节采用季节调整方法将年度数据调整为季度数据。由于增加值数据和劳动人口统计口径存在差异,2004 年之后的劳动生产率可能存在高

---

① 由于服务业为非贸易品行业,所以计算不出分行业的汇率数据,这是本节计量部分的一大缺陷。
② 相对于中国国家统计局不完全的统计信息,美国经济分析局提供了从年度到季度详细的行业增加值和就业人数数据,所以样本选择主要考虑中国数据可得性问题。

估,但因为我们考察的是"相对相对"数据,所以数据即便存在高估,对我们的结果也没有系统影响。另外,虽然 Balassa(1964)同时将农产品和制造业产品划归为贸易品部门,但我国农产品部门劳动力统计口径为城镇就业人口,其劳动生产率明显存在高估。综合来看,我们以制造业整体作为贸易品部门,并剔除了建筑业、采矿业等明显属于非贸易品部门的工业行业,以服务业各细分行业为非贸易品部门。鉴于中美之间行业分类体系不同,需要进行匹配,具体匹配结果如表2-2所示。

关于权重问题,我们曾提到,前人文献少有提及差别商品篮子这一事实,而如果不考虑则可能会产生误导性的回归结果。① 因此,本节首先计算了中美两国各细分服务业占总体增加值的比重,然后按照理论模型的推导结果计算了权重。

本节按照中国行业标准进行匹配,匹配完成后,将多余的美国行业删除,如果,该行业美国无数据,则同样删除。例如,中国的水利、环境和公共设施管理业以及电力、燃气及水的生产和供应业无对应的美国具体分类,因此这里不作讨论。最后共计得到13个服务业细分行业和制造业数据,根据卢锋和刘鎏(2007)的测算方式,我们对中美服务业和制造业相对相对生产率与相对相对工资进行测算。相对相对生产率的计算步骤如下:首先利用我国行业增加值数据除以行业就业人数得到分行业劳动生产率,取对数后服务业与制造业增加值相减计算得到我国的相对生产率。然后同理计算出美国的相对生产率,之后两者以各行业增加值占比为权重相减即可得到中美相对相对生产率。相对相对工资的计算也遵循相似步骤。测算结果如图2-2和图2-3所示。

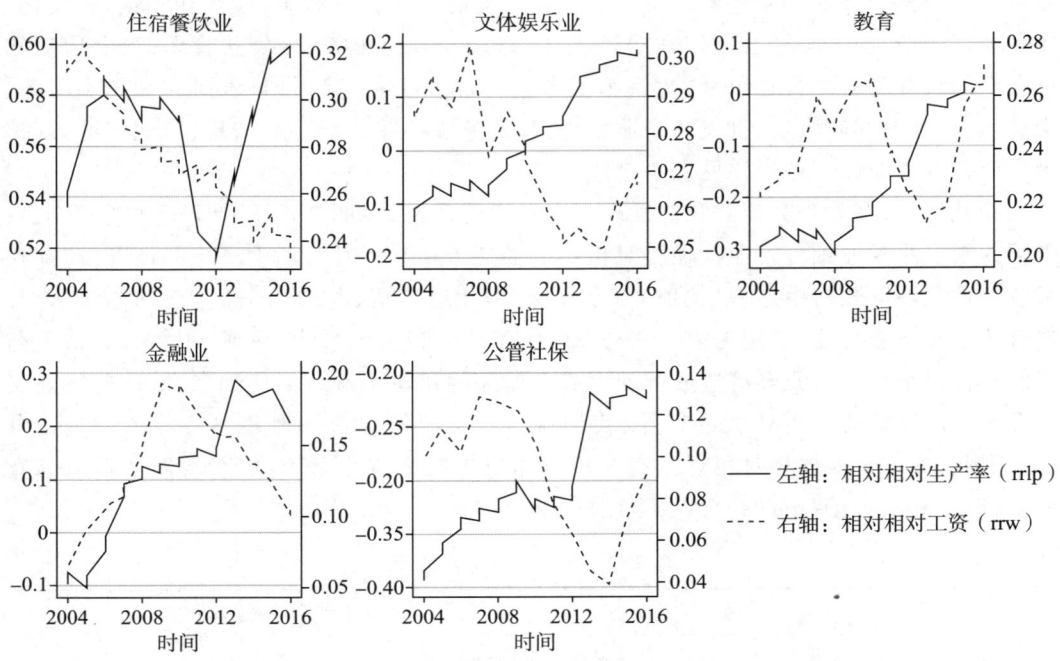

图2-2 中美相对相对工资和相对相对生产率

---

① 本节的确测算了无权重数据并进行数据分析,发现结论违反理论和直觉。

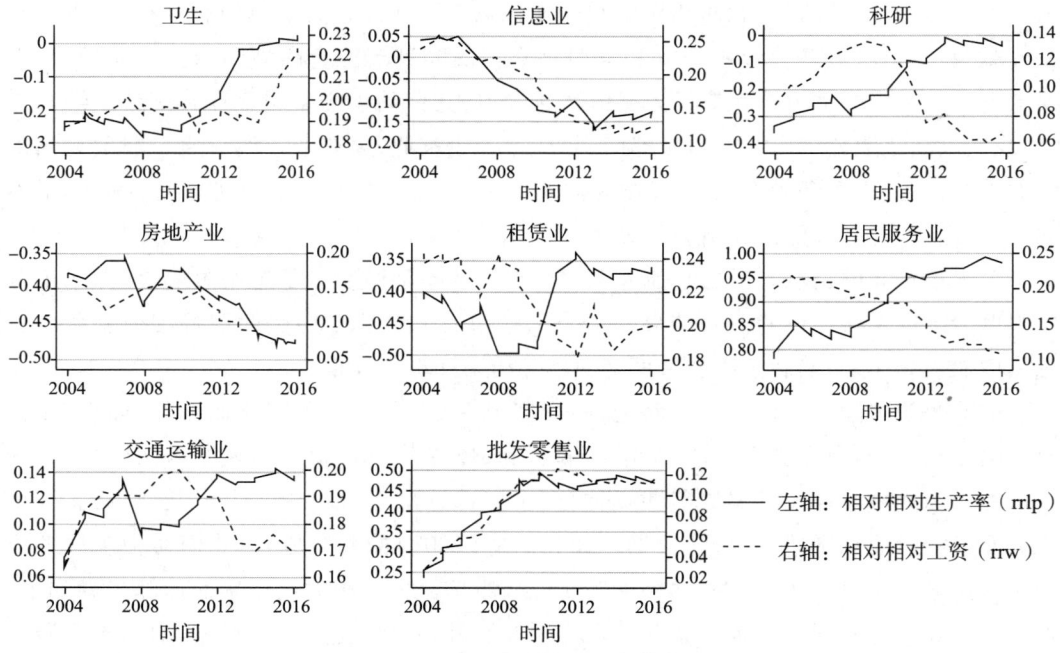

图 2-3 中美相对相对工资和相对相对生产率(续)

由于目前学术界对服务业的分类还没有统一的标准,我们根据王恕立和胡宗彪(2012)的研究将服务业大致分为生产型和生活型服务业两大类,旨在除异质性之外,相对集中地考察服务业的某些整体特性。具体分类如下:(1)将教育、住宿和餐饮业、文化、体育和娱乐业、卫生与社会工作和居民服务、修理和其他服务业、公共管理、社会保障和社会组织合并为一个行业组别"生活型服务业(nonprod)";(2)将科学研究和技术服务、交通运输、仓储和邮政业、批发零售业、租赁和商务服务业、金融业、信息、房地产业,统称为生产型服务业(prod)。详见表 2-2。

除此以外,在处理数据时我们发现一个有趣的现象(由图 2-2 和图 2-3 可以看出):中国的很多服务业细分行业存在相对相对工资高于相对相对劳动生产率的情况,即存在某些行业我国的相对生产率(均值)低于美国,但相对工资(均值)却高于美国的情形,具体有 7 个服务业行业,分别为信息、公共管理、卫生、房地产、教育、科研、租赁。这似乎与我们一直以来我国二元经济造成劳动力成本低廉的印象不符。但仔细来看,这些行业又是近年来国家扶持力度较大的行业,我们认为有必要依据这一现象再将服务业进行分组。因此,本节又根据相对相对工资与相对相对生产率符号是否一致,将服务业分为背离型(dev)和一致型(nondev)两大类(详见表 2-2)。

表 2-2 中美行业分类匹配

中国	美国
制造业	Manufacturing
批发和零售业*	Wholesale trade
	Retail trade

(续表)

中国	美国
住宿和餐饮业	Accommodation and food services
交通运输、仓储和邮政业*	Transportation and warehousing
信息传输、计算机服务和软件业*#	Information
金融业*	Finance and insurance
房地产业*#	Real estate
租赁和商务服务业*#	Rental and leasing services and lessors of intangible assets
科学研究、技术服务和地质勘查业*#	Professional, scientific, and technical services
居民服务和其他服务业	Administrative and waste management services
教育#	Educational services
卫生、社会保障和社会福利业#	Health care and social assistance
文化、体育和娱乐业	Arts, entertainment, and recreation
公共管理和社会组织#	Government

注：(1)中国的行业分类标准是国家统计公布的分类数据，美国行业分类标准则是北美产业分类系统(NAICS)标准；(2)加*号的为生产型服务业，没有*号的表示生活型服务业；(3)加#号的表示背离型服务业，没有#号的表示一致型服务业。

（二）描述性统计与相关性分析

表2-3是关于各主要解释变量的描述性统计，表2-4是各变量相关信息说明。其中，rer指的是中美双边实际汇率季内均值取对数后的结果，er_sd是名义汇率的季内日度标准差，tot、rrlp、rrw具体表达式详见式(9)，分别表示贸易条件、相对相对生产率和相对相对工资取对数后的结果。

由于rer、er_sd、tot均为国家层面的数据，因此分组不影响这三个变量的描述性统计结果。2004—2016年这13年的季度名义汇率数据的标准差依然高于季内日度标准差的均值，且er_sd的标准差也不大，说明人民币汇率日内波动较小，而不同季度间的汇率差别较为明显，我们在随后的回归中也控制了时间固定效应。tot取对数后均值大于4.6(ln100)，说明我国贸易品价格不满足一价定律；rrw也明显大于0，说明我国劳动力市场的确存在摩擦，在考察实际汇率时需要放松B-S效应的相关假设；rrlp虽然在数值上趋于0，但是标准差非常高，说明我国服务业细分行业间存在较为明显的异质性，有必要分组讨论。分组来看，在总体和生产型、生活型分组中，rrlp的均值低于rrw，而背离型和一致型分组中rrlp的绝对值高于rrw。因此我们猜测，B-S效应中通过相对相对生产率影响相对相对工资只是影响实际汇率的一种渠道，但并非唯一渠道；在总体和所有分组中，rrlp的标准差都高于rrw，说明中美两国相对相对工资存在一定黏性，而相对相对生产率的波动水平较高，服务业各细分行业的异质性较强。

表 2-3 主要解释变量的描述性统计

分类	总体(676)		生产型(364)		生活型(312)		背离型(364)		一致型(312)	
变量	均值	标准差	均值	标准差	均值	标准差	均值	标准差	均值	标准差
rer	1.98	0.14	1.98	0.14	1.98	0.14	1.98	0.14	1.98	0.14
tot	4.66	0.06	4.66	0.06	4.66	0.06	4.66	0.06	4.66	0.06
rrlp	0.03	0.39	−0.06	0.29	0.14	0.45	−0.24	0.15	0.36	0.32
rrw	0.18	0.07	0.15	0.05	0.21	0.07	0.16	0.06	0.19	0.07
er_sd	0.03	0.02	0.03	0.02	0.03	0.02	0.03	0.02	0.03	0.02

注：括号中表示的是样本量。

表 2-4 各变量相关信息说明

变量名	变量代码	计算方法	数据来源
实际汇率	rer	中美名义汇率乘以美中 CPI 之比，取对数	中国经济网
贸易条件	tot	中美名义汇率乘以美中贸易品价格指数，取对数	世界银行发展数据库
相对相对生产率	rrlp	中美两国服务业与制造业劳动生产率的相对值，取对数	中国国家统计局，美国商务部经济分析局
相对相对工资	rrw	中美两国服务业与制造业实际工资的相对值，取对数	中国国家统计局，美国商务部经济分析局
相对名义 GDP 增长率	rrngdp	中美名义 GDP 同比增长率之差	中国经济网
相对广义货币(M2)增长率	rrm2	中美名义 M2 同比增长率之差	中国经济网
汇率波动	er_sd	中美名义汇率的季内月度标准差	中国经济网
相对利差	ri_3m	中国 3 个月 Shibor 和美国 3 月期 Libor 之差	中国经济网、经济合作与发展数据库
相对金融业增加值占 GDP 比重	rfinadd_gdp	中美两国金融业增加值占 GDP 比重之差	中国国家统计局，美国商务部经济分析局
相对房地产业增加值占 GDP 比重	rreesadd_gdp	中美两国房地产业增加值占 GDP 比重之差	中国国家统计局，美国商务部经济分析局

从表 2-3 中我们可以发现，首先，整体来看，我国服务业相对工资水平和生产率水平高于美国，相对相对工资甚至更胜一筹，即我国服务业整体工资水平偏高，这与程大中（2004）的研究结果一致，他认为各类服务需求几乎都缺乏需求价格弹性，需求收入弹性大于 1，且近年来服务价格不断上涨，因此很容易引发"成本病"，也说明我国服务业相对

工资水平不符合新古典经济学中的边际理论,劳动力市场非完全竞争,依然存在摩擦,在检验 B-S 效应时放松劳动力市场无摩擦这一假设很有必要;我国服务业相对相对生产率的变动幅度远高于相对相对工资,说明我国非贸易品部门存在很强的异质性,服务业各细分行业生产率水平差距较大,在验证 B-S 效应时可能需要区分不同特征的服务业细分行业对实际汇率的不同作用。其次,分组别来看,根据生产型和生活型的分类,两组间相对相对生产率的差距远小于背离型和一致型,说明我们背离型和一致型分组也有一定意义,可以比较工资相对扭曲的部门与工资相对适合的部门其相对相对生产率对实际汇率的影响;另外,我国即使是相对生产率远低于美国的服务业,如背离型,也依然有着很高的相对工资;而相对生产率远高于美国的服务业,如一致型,较之于背离型的相对工资却并没有明显增加。反观生产型和生活型服务业,相对相对生产率的组间差距低于背离型和一致型,并且相对相对工资的差距更大。两种分类的差别显而易见,之后的实证部分也将对两种分类分别进行回归。

另外,我们对变量之间的相关性进行考察。结果显示,不论是在总体还是各分组中,相关系数均在 0.4 之下,不存在严重的多重共线性问题。总体来看,贸易条件和实际汇率显著正相关,相对相对工资和相对相对生产率呈正相关关系,符合直觉;汇率波动与贸易条件正相关,汇率波动程度增加,贸易条件改善;单纯看相对相对工资和相对相对生产率分别与实际汇率的关系,发现其与式(9)推导的结果在方向上完全相反,不过这仅仅是考察两变量间的相关关系,并未控制其他变量,具体的实际因果需要控制住其他变量才可行。分组来看,各变量间相关系数与总体有一定差异。可以看出,所有分组结果中,仅背离型分组中相对相对生产率和相对相对工资与实际汇率的相关性均显著,且一负一正,虽然还是存在符号与式(9)相反的问题,但以数据特征作为分类标准的这一分组非常值得关注和讨论;不同分组中相对相对生产率和相对相对工资之间的相关性亦不同,因此工资仅由劳动生产率决定这一假设并不成立。

五、计量模型设计

本节计量模型设计遵循以下思路:首先,依据理论模型,构建基准模型,探讨贸易条件、相对相对生产率和相对相对工资对实际汇率的影响;其次,验证传统 B-S 效应的传导渠道,即考察相对相对生产率是否会通过影响相对相对工资对实际汇率产生影响;再次,考察在传统渠道之外是否有其他渠道,本节主要考察相对相对生产率是否会通过影响基本面(相对实际 GDP 增长率)来影响实际汇率;最后,我们考察工资生产率背离以及"脱实向虚"对相对工资的影响。

(一)基准模型设计

由理论模型式(10),我们直接得到计量模型式(18):

$$\text{rer}_t = \Phi_0 + \Phi_1 \text{tot}_t + \Phi_2 \text{rrlp}_{it} + \Phi_3 e\_\text{rrw}_{it} + \Psi X_t + \Phi_4 \text{time}_t + \nu_i + \varepsilon_{it} \tag{18}$$

$$\text{rrw}_{it} = \Omega_0 + \Omega_2 \text{rrlp}_{it} + \nu_i + \mu_{it} \tag{19}$$

由于 B-S 效应指出相对相对生产率会通过影响相对相对工资来对实际汇率产生影响,即相对相对工资 rrw 是相对相对生产率 rrlp 的函数,为了进一步区分 rrlp 的作用以及由其他原因造成的工资不等对实际汇率的影响,同时减少多重共线性问题,本节首先将

rrw 对 rrlp 做回归,即模型式(19),然后取模型式(19)的残差 e_rrw$_{it}$作为 rrw 的代理变量,进而得出我们的基准计量模型式(18)。

其中,i、t 分别表示行业和季度,v_i 表示行业固定效应,time$_t$ 可以用来控制时间固定效应,ε_{it} 表示随机误差项;e_rrw$_{it}$ 为计量模型式(19)的残差项,表示相对相对工资除去能够被相对相对生产率所解释后的剩余部分;X_t 表示控制变量矩阵,其余变量与式(10)保持一致。由于等式左右两边均取了对数,因此参数可以当作弹性来理解。

如果说贸易品一价定律不偏离且劳动力市场无摩擦这一假设成立,则当检验传统的B-S 效应时,$\Phi_1 = \Phi_3 = 0$,解释变量只有 rrlp 一项,此时如果 Φ_2 显著不为 0,B-S 效应成立;放松 B-S 效应的假设进行检验时,如果 LOP 不成立,那么 Φ_1 会显著不为 0;若劳动力市场存在摩擦,那么 Φ_3 会显著不为 0。

为了降低回归的内生性,我们加入了控制变量 X。财政政策、货币政策是模型式(18)中被解释变量和核心解释变量的共同原因,我们需要控制。考虑到中美货币政策的特殊性,我们分别控制了中美相对 M2 增长率和中美相对 3 个月同业拆借利差[①];对于财政政策,我们控制了中美相对政府消费占 GDP 的比重。另外,汇率制度在本研究中至关重要,传统观点认为固定汇率制度有利于贸易品出口与繁荣,而固定汇率制度所造成的实际汇率低估会遏制国内非贸易品部门增长,进而造成市场结构扭曲(徐建国,2011;林念、徐建国、黄益平,2013),且本节所选样本期同时包含了实行固定汇率制度时期与有管理的浮动汇率制度时期,综合考虑之下本节在回归中也控制了汇率制度。需要注意的是,我们可以采用离散虚拟变量和汇率波动两种方法来控制汇率制度,考虑到 2005 年和 2010 年两次汇改的时间以日为界,而本节使用的却是季度数据,虚拟变量的方式有欠妥当,因此本节使用季内日度标准差 er_sd 作为汇率制度的代理变量。由于固定汇率时期名义汇率波动为 0,为了体现这一特征,并未取对数值。

(二) 对 B-S 效应影响渠道的进一步考察

为了切实考察 B-S 效应指出的渠道在中美间是否成立,在基准模型式(10)的基础上,参考温忠麟等(2004),在模型式(20)中加入了由模型式(18)所估计的 rrw 的值 rrwhat。

$$\text{rer}_t = \Phi_0 + \Phi_1 \text{tot}_t + \Phi_2 \text{rrlp}_{it} + \Phi_3 \text{e\_rrw}_{it} + \Phi_4 \text{rrwhat}_{it} + \Psi X_t + \Phi_5 \text{time}_t + v_i + \varepsilon_{it}$$

(20)

由模型式(20)可以得出如果相对相对生产率是通过自己预测的相对相对工资来影响实际汇率的,那预测的相对相对工资系数 Φ_4 一定显著,若不显著,则表示传统 B-S 效应的影响渠道存在问题。事实上,不论从表 2-3 的描述性统计,还是图 2-2、图 2-3,我们都能看到相对相对工资对相对相对生产率的偏离,这从侧面说明相对相对生产率的变动对实际汇率的传导可能并非仅有相对相对工资这一个渠道,即 Φ_4 不一定显著。

由理论模型式(16)可知,名义汇率是由当前基本面(两国相对名义 GDP 和相对货币需求)决定,考虑到生产率会直接影响 GDP,我们认为相对相对劳动生产率除了通过影响相对相对工工资来影响实际汇率外,还可以通过影响两国相对 GDP 来影响实际汇率。为

---

① 中国没有明确的政策利率,因此这里利率选择比较困难,最终本节选取了银行间同业拆借利率作为利率的代理变量;本节同时考察了 1 天、7 天和 3 个月银行间同业拆借利率,结果无显著差异。

此我们利用温忠麟等(2004)提出的中介效应检验方法,在基准模型式(18)和模型式(20)中同时加入了中美名义 GDP 增长率的差值 rrngdp,检验相对相对生产率是否通过影响 GDP 而对实际汇率产生影响,详见模型式(21)和式(22)。同时我们也直接考察了相对相对生产率对相对 GDP 的影响,见模型式(23)[①]。如果相对相对生产率确实能够通过基本面来影响实际汇率,那么模型式(21)和式(22)中 Φ_4、Φ_5 以及模型式(23)中 Ω_1 均显著,而且模型式(21)和式(22)中 Φ_2 以及模型式(23)中 Φ_4 的显著性会明显下降。

$$rer_t = \Phi_0 + \Phi_1 tot_t + \Phi_2 rrlp_{it} + \Phi_3 e\_rrw_{it} + \Phi_4 rgdp_t + \Psi X_t + \Phi_5 time_t + \nu_i + \varepsilon_{it} \quad (21)$$

$$rer_t = \Phi_0 + \Phi_1 tot_t + \Phi_2 rrlp_{it} + \Phi_3 e\_rrw_{it} + \Phi_4 rrwhat_{it} + \Phi_5 rgdp_t + \Psi X_t + \Phi_5 time_t + \nu_i + \varepsilon_{it} \quad (22)$$

$$rgdp_t = \Omega_0 + \Omega_1 rrlp_t + \Psi M_t + \nu_i + \varepsilon_{it} \quad (23)$$

(三)对工资生产率背离和经济脱实向虚假设的检验

从图 2-2 和图 2-3 我们可以看出,部分服务业细分行业相对相对工资与相对相对生产率呈反向关系,但并非持续存在,仔细来看会发现绝大多数行业在 2009—2014 年出现"剪刀叉",即相对相对工资反超相对相对生产率的情况,这似乎印证了我国经济在金融危机后脱实向虚的现状。因此,我们猜测,工资可能不是由劳动生产率唯一决定的,而是存在一些其他因素,比如经济的脱实向虚。

在计量模型(18)中,如果相对相对工资前面的系数显著,则说明相对相对生产率之外的因素导致的工资变化会影响实际汇率。考虑到图中出现的"剪刀叉"现象和对中国经济脱实向虚的假设,本节设定模型(24)对经济的脱实向虚假设进行了验证:

$$rer_t = \Phi_0 + \Phi_1 tot_t + \Phi_2 rrlp_t + \Phi_3 e1\_rrw_t + \Psi X_t + \Phi_4 time_t + \nu_i + \varepsilon_{it} \quad (24)$$

$$rrw_{it} = \Omega_0 + \Omega_1 L.rrw_t + \Omega_2 rrlp_t + \Omega_3 rrm2_t + \Omega_4 rfinadd\_gdp_t + \Omega_5 rreesadd\_gdp_t + \mu_{it} \quad (25)$$

模型式(24)与基准模型式(18)几乎一致,唯一的差别在于相对相对工资的代理变量发生了变化。我们考虑如果是经济的脱实向虚使得非贸易品部门的工资高于贸易品部门,则将工资中脱实向虚的因素剔除后,工资前面的系数就会变得不显著。

参考王国刚(2018)等人的研究,我们将金融行业增加值占 GDP 的比重、房地产行业增加值占 GDP 的比重和 M2 增长率作为经济脱实向虚的指标,并在模型式(11)中增加了这些变量,具体表达式为式(25),我们取式(25)的残差带入基准模型,即模型式(24)。值得注意的是,三者均表示中美数据的相对差异,即 rfinadd_gdp 是我国金融行业增加值占 GDP 比重与美国的差异,rreesadd_gdp 是我国房地产行业增加值占 GDP 的比重与美国的差异,rrm2 是我国 M2 增长率与美国的差异。

六、实证分析

考虑到本节样本长度大于个体数量,使用考虑异方差的最小二乘虚拟变量估计方法进行估计,该方法类似于最小二乘法回归加入个体虚拟变量,当然,在回归时本节还控制了

---

① 为了考察相对相对生产率对相对名义 GDP 的真实影响,我们控制了代表货币政策的相对 M2 增长率和相对利差。

时间效应和组间异方差。

（一）基准模型回归结果

基准模型式（18）的回归结果见表 2-6。列（1）为所有 13 个服务业细分行业的回归结果，列（2）和（3）分别是根据王恕立和胡宗彪（2012）分类得到的生产型和生活型服务业的分组回归结果，列（4）和（5）是根据相对相对生产率是否与相对相对工资符号一致而分得的背离型和一致型的分组回归结果。

基准模型中需要的变量 e_rrw 是模型式（19）的估计残差，表 2-5 中列（1）为模型式（19）的估计结果。从表 2-5 可以看出，相对相对工资和相对相对生产率显著正相关。这说明 B-S 效应相对相对生产率单纯决定相对相对工资这一假设不能被拒绝。

表 2-5　辅助模型回归结果

方程	（1）	（2）	（3）
解释变量	rrw	rrw	rrngdp
rrlp	0.0238*	0.1531***	-6.4822***
	(1.81)	(11.76)	(-7.76)
rm2		0.0023***	0.1300***
		(10.30)	(8.40)
rfinadd_gdp		-0.0029***	
		(-3.15)	
rreesadd_gdp		-0.0154***	
		(-6.44)	
ir_3m			-0.2267***
			(-7.81)
截距项	0.2619***	0.0534***	6.8278***
	(31.67)	(2.89)	(11.93)
个体效应	控制	控制	控制
样本量	676	676	676
R^2	0.821	0.884	0.412

注：(1)所有回归由 Stata15.0 软件完成，估计方法为最小二乘虚拟变量估计方法；(2)括号中为（经异方差修正的）稳健 t 值；(3)***、**、* 分别表示在 1%、5%、10% 的置信水平下显著；(4)表 2-5、2-6、2-7、2-8、2-9 亦同。

由表 2-6 可以看出，总体回归结果显示我们的回归结果同式（9）的理论推导结果一致。贸易条件和相对相对生产率对实际汇率具有正向影响，相对相对工资在扣除相对相对生产率的影响后仍对实际汇率有显著的负向作用。贸易条件改善，本币实际汇率贬值，这与胡德宝和苏基溶（2013）的研究结论一致。贸易条件本身构成中包含名义汇率、以外币计价的进口价格和以本币计价的出口价格，名义汇率与实际汇率的整体趋势一致,所以实际汇率与 TOT 正相关,这一结论也符合直觉。相对相对生产率系数显著,说明中美之间 B-S 效应存在。服务业相对相对工资扣除相对相对生产率影响后,其增加依然会带来本币实际汇率的升值,说明除 B-S 效应所阐述的由相对相对生产率传导至相对相对工资进而影响物价最终影响实际汇率这一渠道外,仍有其余因素使得相对相对工资发生变化最终影响实际汇率。顾乃华等(2006)的研究表明发展生产性服务业有利于提升制造业的竞争力,这与我们总体、生产型、背离型以及一致型分组回归中 e_rrw 的上升能够显著地使本币实际汇率升值的结果一致。用来表示时间固定效应的 year 前面的系数显著为负,说明 2004—2016 年这 13 年来我国的实际汇率整体呈现升值趋势。常数项显著为正,说明美国贸易品部门相对非贸易品部门的劳动份额高于我国贸易品部门相对非贸易品部门的劳动份额,等价于中国贸易品部门相对非贸易品部门的劳动份额高于美国,这与表 2-3 中 rrw 为正的结果相一致。

表 2-6 基准模型回归结果

方程	(1)	(2)	(3)	(4)	(5)
解释变量	总体	生产型	生活型	背离型	一致型
tot	0.416***	0.408***	0.414***	0.428***	0.405***
	(15.47)	(11.09)	(10.36)	(11.76)	(10.08)
rrlp	0.037*	0.032	0.081**	0.080***	−0.035
	(1.95)	(1.26)	(2.27)	(3.34)	(−1.00)
e_rrw	−0.150***	−0.186***	−0.106	−0.289***	−0.077
	(−2.96)	(−2.81)	(−1.14)	(−3.45)	(−1.16)
er_sd	0.260***	0.256***	0.264***	0.285***	0.251***
	(4.68)	(3.40)	(3.22)	(3.80)	(3.08)
rrm2	−0.001***	−0.001*	−0.001**	−0.001*	−0.001**
	(−3.06)	(−1.94)	(−2.28)	(−1.66)	(−2.16)
ir_3m	−0.011***	−0.011***	−0.011***	−0.011***	−0.011***
	(−13.56)	(−9.96)	(−9.19)	(−10.36)	(−9.18)
fe	0.002*	0.002	0.002	0.001	0.002
	(1.91)	(1.35)	(1.07)	(0.70)	(1.60)
time	−0.008***	−0.007***	−0.008***	−0.008***	−0.007***
	(−52.12)	(−41.05)	(−29.87)	(−39.22)	(−30.00)
截距项	1.574***	1.616***	1.607***	1.596***	1.597***
	(13.06)	(9.81)	(8.97)	(9.80)	(8.89)
个体效应	控制	控制	控制	控制	控制
样本量	676	364	312	364	312
R^2	0.956	0.956	0.956	0.957	0.956

分组来看,生活型和背离型分组相对相对生产率显著为正,生产型和背离型相对相对工资显著为负,符合理论;一致型两者都不显著。从分组结果来看,总体回归与理论一致的主要原因在背离型行业,说明背离型行业确实存在更大的劳动力流动阻碍使得工资对实际汇率显著为负。这一结果也为后续有关 B-S 效应的研究提供了一定启示,即相对相对工资和相对相对生产率背离的程度越高,越有可能满足 B-S 效应。

(二) 对 B-S 影响渠道的进一步考察

为进一步考察传统的 B-S 效应的影响渠道,本节首先估计了模型(20),结果如表 2-7 所示。我们重点关注由相对相对生产率影响的相对相对工资,即 rrwhat 前面的系数。表 2-7 列(1)估计结果亦显示,rrwhat 的系数并不显著,也就是总体来看,虽然相对相对生产率会影响实际汇率,但并不是通过影响相对相对工资来影响。分组来看,只有生活型和背离型 rrwhat 系数显著,但生活型结果不符合理论。除 rrwhat 的参数以外,能够确定下来中介效应存在的另一个必要条件是 rrlp 前的系数变小,或显著性有明显下降。然而,从表 2-8 的回归结果来看,背离型分组中 rrlp 前的参数上升至 0.101,且显著性并未下降。也就是说,虽然在总体上中美 B-S 效应存在,但其影响渠道在中美间并不成立,B-S 效应在中美间可能存在其他渠道。

为此我们设计了计量模型式(21)、模型式(22)和辅助模型式(23),其结果分别见表 2-8、表 2-9 和表 2-5 列(3)。表 2-5 列(3)展示了辅助模型式(23)的估计结果,可以发现相对相对生产率会对相对 GDP 增长率产生显著的负向影响。

由表 2-8 和表 2-9 可知,首先,中美相对实际 GDP 增长率系数均显著为负,即基本面向好有利于实际汇率升值,这与理论一致;其次,在加入中美相对实际 GDP 增长率之后,不仅相对相对生产率系数显著性出现明显下降,由相对相对生产率所导致的相对相对工资前系数显著性也出现了明显下降。这说明中美之间存在相对相对生产率通过直接影响基本面,也就是实际 GDP 增长率来影响实际汇率这一传导渠道。

为了更加直观地了解两个变量(rrwhat 和 rrngdp)中介效应的大小,我们进一步计算了两个变量的中介效应以及中介效应占总效应的比重。考虑到 rrlp 对实际汇率的总效应,即表 2-7 中 rrlp 前面的系数只在总样本、生活型分组和背离型分组中显著,我们重点考察两个变量在这三样本中的中介效应。由表 2-7 可以发现,rrwhat 中介效应仅仅在生活型样本中显著,且 rrwhat 中介效应占总效应的比重仅为 7.052%,比例较低。相比之下,我们发现 GDP 渠道的中介效应远高于工资渠道。由表 2-8 和表 2-9 我们发现,总体样本中,相对 GDP 的中介效应占总效应的比重达到 70%,在生活型和背离型样本中,比重也分别达到 32.01% 和 24.31%,都高于相对相对工资的影响。值得注意的是,背离型样本中,两个渠道的中介效应较小或者不显著,说明这一样本具有特殊性,可能存在着其他影响渠道。

表 2-7　对 B-S 效应影响渠道验证回归结果①

方程 解释变量	（1） 总体	（2） 生产型	（3） 生活型	（4） 背离型	（5） 一致型
tot	0.416***	0.408***	0.414***	0.428***	0.405***
	(15.47)	(11.09)	(10.36)	(11.76)	(10.08)
rrlp	0.037*	0.027	0.075**	0.101***	−0.035
	(1.95)	(1.25)	(2.27)	(3.27)	(−1.00)
e_rrw	−0.150***	−0.186***	−0.106	−0.289***	−0.077
	(−2.96)	(−2.81)	(−1.14)	(−3.45)	(−1.16)
rrwhat	−0.030	0.190	0.240**	−0.898**	0.029
	(−0.85)	(1.01)	(2.05)	(−2.43)	(0.67)
控制变量	控制	控制	控制	控制	控制
个体效应	控制	控制	控制	控制	控制
时间效应	控制	控制	控制	控制	控制
截距项	有	有	有	有	有
样本量	676	364	312	364	312
R^2	0.956	0.956	0.956	0.957	0.956
rrwhat 中介效应	不显著	不显著	0.0057	—	不显著
rrwhat 中介效应/总效应	不显著	不显著	7.052%	—	不显著

注:(1)表 2-7 中中介效应的计算遵从温忠麟等(2004)提出的中介效应检验方法,以表中生活型样本为例,其中,相对相对生产率 rrlp 对实际汇率 rer 的总效应为表 2-5 中 rrlp 前面系数 0.081;由 rrlp 所解释的相对相对工资 rrwhat 对 rer 中介效应的计算方法为该表中 rrwhat 前系数与表(2-4)第一列 rrlp 前系数的乘积;该表中中介效应/总效应是我们关注的重点;(2)如果表 2-7 中中介变量前系数不显著,则不存在中介效应;(3)如果中介效应与总效应符号不一致,则用"—"表示;(4)由于只有总体样本、生活型和背离型样本总效应显著,所以我们重点关注这三组样本的中介效应。下表 2-8、表 2-9 亦同。

表 2-8　B-S 效应的基本面影响渠道验证 1

方程 解释变量	（1） 总体	（2） 生产型	（3） 生活型	（4） 背离型	（5） 一致型
lntot	0.381***	0.374***	0.377***	0.397***	0.369***
	(13.75)	(9.92)	(9.10)	(10.36)	(8.98)

---

① 受版面限制,在表 2-7、表 2-8、表 2-9、表 2-10 四张回归结果表中,并没有报告控制变量、个体效应、时间效应和截距项的系数,如有需要,请联系作者索取。

（续表）

方程 解释变量	（1）总体	（2）生产型	（3）生活型	（4）背离型	（5）一致型
rrlp	0.023	0.023	0.052	0.060**	-0.036
	(1.23)	(0.92)	(1.42)	(2.41)	(-1.06)
e_rrw	-0.102**	-0.149**	-0.021	-0.207**	-0.059
	(-1.99)	(-2.26)	(-0.22)	(-2.28)	(-0.91)
rrngdp	-0.004***	-0.004***	-0.004***	-0.003**	-0.004***
	(-4.43)	(-3.26)	(-2.85)	(-2.35)	(-3.31)
控制变量	控制	控制	控制	控制	控制
个体效应	控制	控制	控制	控制	控制
时间效应	控制	控制	控制	控制	控制
截距项	有	有	有	有	有
样本量	676	364	312	364	312
R^2	0.957	0.958	0.957	0.958	0.957
rrngdp 中介效应	0.0256	0.0256	0.0256	0.0195	0.0256
rrngdp 中介效应/总效应	70.08%	—	32.01%	24.31%	—

表2-9　B-S效应的基本面影响渠道验证2

方程 解释变量	（1）总体	（2）生产型	（3）生活型	（4）背离型	（5）一致型
lntot	0.381***	0.374***	0.377***	0.397***	0.369***
	(13.75)	(9.92)	(9.10)	(10.36)	(8.98)
rrlp_w	0.023	0.020	0.048	0.076**	-0.037
	(1.23)	(0.92)	(1.42)	(2.37)	(-1.06)
e_rrw	-0.102**	-0.149**	-0.021	-0.207**	-0.059
	(-1.99)	(-2.26)	(-0.22)	(-2.28)	(-0.91)
rrngdp	-0.004***	-0.004***	-0.004***	-0.003**	-0.004***
	(-4.43)	(-3.26)	(-2.85)	(-2.35)	(-3.31)
rrwhat	-0.019	0.138	0.154	-0.681*	0.030
	(-0.55)	(0.74)	(1.30)	(-1.79)	(0.72)
控制变量	控制	控制	控制	控制	控制

（续表）

方程	(1)	(2)	(3)	(4)	(5)
解释变量	总体	生产型	生活型	背离型	一致型
个体效应	控制	控制	控制	控制	控制
时间效应	控制	控制	控制	控制	控制
截距项	有	有	有	有	有
样本量	676	364	312	364	312
R^2	0.957	0.958	0.957	0.958	0.957
rrwhat 中介效应/总效应	不显著	不显著	不显著	—	不显著
rrngdp 中介效应	0.0256	0.0256	0.0256	0.0195	0.0256
rrngdp 中介效应/总效应	70.08%	—	32.01%	24.31%	—

（三）对于工资背离和经济脱实向虚假设的检验

为了考察其他原因对工资背离的影响以及中国经济脱实向虚的假设,本节设计了计量模型式(24)及其辅助模型式(25),辅助模型式(25)的回归结果详见表2-5列(2),模型式(24)的回归结果见表2-10。

M2的相对增长率理论上来说属于名义量,对作为实际量的相对相对工资应该没有影响,但从表2-5中可以看出,其对相对相对工资的影响显著为正,即我国非贸易品部门工资相对贸易品部门工资高于美国的相对工资,一定程度上证实了我国经济中存在脱实向虚的情况;金融行业和房地产行业对相对相对工资均存在显著的负向影响,这与近些年来我国资金有很大一部分进入股市、房市有关。随着我国金融行业和房地产行业增加值占GDP的比重相对于美国不断提升,以及近年来金融行业和房地产行业的相对相对工资不断下降,相对相对工资整体水平下降,并且系数显著为负。表2-5列(2)的估计结果显示,经济的脱实向虚在一定程度上提高了中国服务业的工资水平,造成了目前中国服务业与制造业的相对工资与相对生产率背离的情况。

我们重点关注表2-10中相对相对工资e1_rrw的系数,我们发现,在剔除脱实向虚因素后,所有分组回归的e1_rrw系数均变得显著为负,且符合理论,这说明一定存在着其他原因导致了相对工资的扭曲,且这一原因不是经济脱实向虚。程大中(2004)、徐建国(2011)在一定程度上为相对工资扭曲提供了合理解释,他们的研究均表明中国服务业发展相对滞后,而程大中(2004)进一步表明服务业缺乏需求价格弹性。两者相结合我们可以发现,中国服务业发展相对缓慢,加上服务业部门较低的需求价格弹性,提高了服务价格和服务业的相对工资水平。

表 2-10　控制经济脱实向虚后模型式(16)回归结果

方程	(1)	(2)	(3)	(4)	(5)
解释变量	总体	生产型	生活型	背离型	一致型
tot	0.399***	0.386***	0.404***	0.405***	0.390***
	(14.83)	(10.46)	(10.23)	(11.35)	(9.57)
rrlp	0.020	0.014	0.062*	0.043**	−0.041
	(1.18)	(0.67)	(1.83)	(2.17)	(−1.26)
e1_rrw	−0.226***	−0.257***	−0.218**	−0.375***	−0.145**
	(−4.69)	(−4.06)	(−2.54)	(−4.87)	(−2.26)
控制变量	控制	控制	控制	控制	控制
个体效应	控制	控制	控制	控制	控制
时间效应	控制	控制	控制	控制	控制
截距项	有	有	有	有	有
样本量	676	364	312	364	312
R^2	0.957	0.957	0.957	0.958	0.956

七、研究结论与政策启示

在目前货币危机多发的国际环境下,验证实际均衡汇率并保持币值相对稳定依旧很重要。虽然以 PPP 为基础的均衡汇率理论在汇率定价中起着举足轻重的作用,但 B-S 效应的出现打破了这一理论。本节通过放松 B-S 效应的两大假设,使用中美服务业各细分行业相对于制造业相关数据对中美之间 B-S 效应及其传导渠道进行检验。理论及实证结果发现:

第一,中美服务业和制造业相对相对生产率确实会对实际汇率产生正向(贬值)影响,但对中美而言,传统 B-S 效应所描述的通过影响相对相对工资进而影响价格水平,最后对实际汇率产生影响这一渠道并不成立,本节进而发现基本面(相对名义 GDP 增长率)这一渠道,即中美相对相对生产率主要是通过影响相对名义 GDP 增长率对实际汇率造成负向(升值)影响。第二,由于我国服务业和制造业的相对生产率和相对工资存在明显的背离,进一步导致了中美服务业和制造业的相对相对工资和相对相对生产率的背离,最终会对实际汇率产生负向(升值)影响;第三,这一背离与中国经济脱实向虚无关,而与目前产业结构扭曲有关,汇率扭曲(徐建国,2011)等种种原因造成的产业结构扭曲和服务业发展滞后提升了服务业的工资水平,使服务业工资与其生产率水平发生背离。

上述研究结论对我国的政策启示是关注经济基本面,进行供给侧结构性改革。整体来看,我国服务业与制造业的相对工资均高于美国,但是我国的相对相对生产率却有正有负,意味着我国非贸易品部门对劳动力的吸引力要高于贸易品部门。本节研究表明不是经济脱实向虚,而是产业结构扭曲等原因造成了服务业和制造业相对工资和相对生产率的背离。为了降低这种背离程度,需要做到:第一,坚定不移地进行供给侧结构性改革,提高劳动生产率;第二,进一步发展服务业部门,通过提高服务业部门的生产率来增加服务业供给,扭转目前产业结构扭曲现状,打破服务业和制造业相对生产率和相对工资背离的怪现象。

第二节　中国金融开放进程中利率平价检验

一、引　言

国债收益率是市场利率的指向标,也是本国货币收益率的指向标。作为金融市场的基准市场、核心市场,债券市场收益率的变化将引发不同货币之间供求关系的变动,从而推动汇率的波动。近年来,一方面随着全球化进程的不断深化,资本的跨境流通速度不断加快,各国金融市场间相互影响,各市场间的溢出效应越发明显,另一方面随着我国资本市场市场的不断发展,金融开放的进程也不断加快。

自2005年以来,资本市场对外开放政策不断推出,境外投资者入市渠道更加宽阔、准入流程逐渐简化;各类境外发行人有序引入,相关管理规定更加清晰。2005年4月,央行分别批准泛亚基金和亚债中国基金进入全国银行间债券市场开展债券交易,中国银行间债券市场首次对境外投资者实现开放。2009年,我国跨境贸易人民币结算试点正式启动。为配合跨境贸易人民币结算试点,拓宽人民币回流渠道,2010年8月,央行发布了《关于境外人民币清算行等三类机构运用人民币投资银行间债券市场试点有关事宜的通知》,允许境外中央银行或货币当局、中国香港和澳门地区人民币业务清算行、跨境贸易人民币结算境外参加银行投资境内银行间债券市场。2011年,人民币合格境外机构投资者(RQFII)制度正式推出,首批试点共有200亿元人民币的境内证券投资额度。当年,中国人民银行发布了《关于实施〈基金管理公司、证券公司人民币合格境外机构投资者境内证券投资试点办法〉有关事项的通知》,从而规范基金管理公司、证券公司人民币合格境外机构投资者境内证券投资试点工作。2013年3月,为拓宽合格境外机构投资者的投资渠道,规范合格投资者投资行为,中国人民银行会同中国证监会与外汇管理局联合颁布了《人民币合格境外机构投资者境内证券投资试点办法》,根据办法,人民币合格投资者可以委托境内资产管理机构进行境内证券投资管理。

2017年6月,央行出台了《内地与香港债券市场互联互通合作管理暂行办法》(称"北向通"),规定符合央行要求的境外投资者可通过"北向通"投资内地银行间债券市场,标的债券为可在内地银行间债券市场交易流通的所有券种。7月,央行与香港金融管理局发布联合公告,批准内地和香港两地基础设施机构香港与内地债券市场互联互通合作上线(简称"债券通")。7月,"北向通"正式上线运行。"债券通"在市场准入、备案程序、资格审核等方面,为长期资本流入中国债券市场提供了新的选择。

目前我国在岸市场对外开放的主要特点如下:

一是境外投资者以亚洲地区机构投资者最为集中。银行间债券市场的境外投资者涵盖了六大洲的多数国家和地区,其中以亚洲最为集中,占比超过一半。而在亚洲地区投资者中,香港地区投资者数量最多。

二是境外投资者主要持有国债等利率债。在持有债券的种类方面,境外机构以国债、政策性银行债等利率债为主。根据中央结算公司与上海清算所公布的托管数据,截至 2019 年 6 月末,境外机构在银行间债券市场共持有 17 141.91 亿元,其中持有国债最多,达 11 640.81 亿元,占比 67.91%;持有政策性银行债 4 253.77 亿元,占比 24.82%。

三是跨境资金流动机制有重要影响。资本市场的对外开放需要建立在跨境资金流动便利的基础上,跨境资金的流动往往是境外发行人关注的焦点之一。从宏观上看,跨境资金流动将对汇率产生一定影响,对人民币储备也会形成新的压力。从微观上看,跨境资金流动的每一个环节都涉及具体细则,从而规范资金用途和业务开展,搭建便利的跨境资金流动渠道、降低风险互相传导的可能性以及加强对风险的管控能力。

为进一步形成以市场供需为基础的有弹性的汇率运行机制,提高货币政策的自主性,完善与我国经济地位相适应的宏观政策管理架构,有必要对新形势下的利率平价进行深入研究。

二、利率平价简述

利率平价可以说是外汇市场均衡的基本条件。该理论框架最早是由约翰·梅纳德·凯恩斯(John Maynard Keynes)确立,由保罗·爱因齐格(Paul Einzig)命名。该理论的核心条件就是所有种类的货币存款的收益率相同,否则就会存在套利的可能性。因此,用同一种货币来表示任意两种货币存款的预期收益率的汇市出清均衡条件,就是利率平价条件。只有当所有的外汇持有者认为持有任何一种货币对自己的预期资产回报率无差异,才会有外汇市场的均衡。

但由于外汇衍生品的蓬勃发展,事实上投资者可以通过远期外汇市场来防范汇价变化带来的风险,这就是 CIP,而之前所述没有在远期市场进行风险规避操作的均衡就是 UIP。例如,如果美元的年化利率是 7%,英镑的年化利率是 5%,汇率为美元标价法,当前汇率如果为 1.5,如果其他条件都不变的情况下而且,那么 1 年后的远期汇率将为:

$$F = (0.07 - 0.05) \times 1.5 + 1.5 = 1.503$$

所以预期 1 年后的远期汇率为 1.503。如果不是这个价格,那么套利者就能从中进行套利交易。如果高于这个比价,就可即期买入英镑,投资英国资产,买出英镑远期 1.503 从中获利。所以,理论上来说,类似的投机交易可以使即期汇率上升,远期汇率下降,从而使利率平价条件恢复。

(一)非抛补利率平价模型简述

设 F_t 表示直接标价法下的即期汇率,$E_t F_{t+1}$ 表示市场预期汇率,R_t 与 R_t^* 分别表示本币与外币的利率。本国投资者可选择以下两种投资渠道:①投资本币资产在未来兑换为外币,收益为 $(1+R_t)/E_t F_{t+1}$;②即期兑换为外币并投资外币资产,收益为 $(1+R_t^*)/F_t$。设风险中性的投资者可以在国际市场进行套利且无交易成本,套利将使两种投资渠道带来的收益相等:$(1+R_t)/E_t F_{t+1} = (1+R_t^*)/F_t$。设 $\ln F_t = f_t$,$\ln F_{t+1} - \ln F_t = f_{t+1} - f_t$,UIP 模型可以简化为式(1),即高利率货币远期贬值,低利率货币远期升值。

$$f_{t+1} - f_t + R_t^* - R_t = 0 \tag{1}$$

但很多实证研究已经证实式(1)不成立,国内投资者在期初将本币资产兑换为外币资产并持有外币资产,相对于直接持有本币资产存在投资的溢价,这被称为汇率溢价。本节从生产部门出发在 UIP 模型中引入风险异质,以拓展 UIP 模型并探索利率与汇率的均衡互动关系。

(二)不确定性和非抛补套利利率平价模型

设每个国家投资者均可以购买本国无风险资产与外国无风险资产,外国投资者购买外币资产的欧拉方程为式(2),本国投资者购买外币资产需要以汇率 F_t 进行调整,其风险回报与国内随机消费替代弹性之间的关系为式(3):

$$E(m_{t+1}^* R_t^*) = 1 \tag{2}$$

$$E\left(m_{t+1} R_t^* \frac{F_{t+1}}{F_t}\right) = 1 \tag{3}$$

结合式(2)、(3)可得,汇率的变动由两国随机消费替代弹性决定,即

$$\frac{F_{t+1}}{F_t} = \frac{m_{t+1}^*}{m_{t+1}} \tag{4}$$

设利率和汇率符合对数正态分布:

$$\ln F_t = f_t, \ \ln F_{t+1} = f_{t+1}, \ \ln R_t = r_t, \ \ln R_{t+1} = r_{t+1} \tag{5}$$

汇率的预期波动可以表示为:

$$E_t(q_{t+1} - q_t) = E_t \ln m_{t+1}^* - E_t \ln m_{t+1} \tag{6}$$

与传统风险中性假设不同,模型假设投资者具有风险规避属性,即相对于期望的收益,投资者将更偏好未来确定的收入(收益的期望值),二者之间的溢价可用来衡量经济体间的预期波动,溢价越大,预期波动越大。

$$\ln E_t m_{t+1}^* = E_t \ln m_{t+1}^* + \frac{1}{2} \text{Var}_t(\ln m_{t+1}^*) \tag{7}$$

$$\ln E_t m_{t+1} = E_t \ln m_{t+1} + \frac{1}{2} \text{Var}_t(\ln m_{t+1}) \tag{8}$$

根据(7)(8)两式可得:

$$r_t = -\ln E_t m_{t+1} \tag{9}$$

$$r_t^* = -\ln E_t m_{t+1}^* \tag{10}$$

结合式(6)(7)(8)(9)(10)可得

$$E_t(q_{t+1} - q_t + r_t^* - r_t) = -\frac{1}{2} \text{Var}_t(\ln m_{t+1}^*) + \frac{1}{2} \text{Var}_t(\ln m_{t+1}) \tag{11}$$

式(11)刻画出"利率-汇率"随机动态均衡关系,并用投资者的风险规避属性解释了 UIP 不成立的原因。在 UIP 的基础上,利率与汇率的动态关系还取决于两国的未来风险,由于投资者厌恶风险,风险更大的国家的货币将出现贬值。贬值的机制在于资本市场的投资组合配置:投资者通过购买外币资产获得利率溢价,但需要承担本币贬值风险或本币升值的收益。对本国投资者而言,利率溢价的属性是确定收益,而本币升值收益是期望收益,风险厌恶投资者认为确定收益效用大于期望收益,从而能够通过购买外币

资产获得收益,故风险厌恶投资者更加倾向于通过购买外币资产获得收益,导致外币升值、本币贬值。本节在后续的实证研究中将验证这一假设:当经济体内在风险上升时,由于消费者厌恶风险,将会使得经济体的汇率出现贬值。

三、实证模型设计

随着时间的推移,经济结构等因素不断变化,模型参数也随之改变,传统 VAR 模型不能刻画该动态特征。Primiceri(2005)考虑了 VAR 系数和误差项方差的时变性,采用带有随机波动的时变参数的向量自回归模型(TVP-SV-VAR)分析了美国货币政策传导机制的动态变动,研究结论更符合现实。本节旨在研究我国的利率和汇率间的动态均衡关系,所以本节引入时变结构向量自回归模型,来研究本国利率、外国利率和两国间双边汇率的动态关系。

本节在传统的 SVAR 模型中引入时变特征构成时变向量自回归模型对 SDR 构成货币与人民币间的关系进行实证研究。

(一) SVAR 模型

基本的 SVAR 模型定义如下

$$Ay_t = F_1 y_{t-1} + \cdots F_p y_{t-p} + \mu_t, t = p+1, \cdots\cdots, n \tag{12}$$

其中,y_t 为所研究的目标变量($k \times 1$),A、F_1、$\cdots F_p$ 是关于系数的矩阵($k \times k$),μ_t 为结构冲击($k \times 1$)。本节将矩阵 A 设定为主对角线为 1 的下三角矩阵就得到了一个递归的 SVAR 模型。将式(12)式改写为如下的形式:

$$y_t = B_1 Y_{t-1} + \cdots B_p Y_{t-p} + A^{-1} \sum \varepsilon_t, \varepsilon_t \sim N(0, I_K)$$

其中,$B_i = A^{-1} F_i$,且

$$\sum = \begin{bmatrix} \sigma_1 & 0 & \cdots & 0 \\ 0 & \ddots & \ddots & \vdots \\ \vdots & \ddots & \ddots & 0 \\ 0 & \cdots & 0 & \sigma_k \end{bmatrix}$$

(二) TVP-SV-VAR

本节在上述模型的基础上对其进行简化:

$$y_t = X_t \beta + A^{-1} \sum \varepsilon_t, \varepsilon_t \sim N(0, I_K) \quad X_t = I_K \times (y'_{t-1}, \cdots, y'_{t-p})$$

然后本节将参数设为随时间变化,即 β_t,A_t 和 $\sum_t$。

参考 Primiceri(2005)的研究,本节令 α_t 表示矩阵 A_t 中下三角中元素的对基向量。同时,本节将对数随机波动率矩阵同样设为时变,即 $h_{it} = \ln \sigma_{it}^2$。为了方便估计,本节中认为所有参数都服从随机游走。

$$\beta_{t+1} = \beta_t + \mu_{\beta_t},$$
$$\alpha_{t+1} = \alpha_t + \mu_{\alpha_t},$$
$$h_{t+1} = h_t + \mu_{h_t},$$

第二章 传统汇率锚理论的新应用

$$\begin{pmatrix} \varepsilon_t \\ \mu_{\beta_t} \\ \mu_{\alpha_t} \\ \mu_{h_t} \end{pmatrix} \sim \left(0, \begin{pmatrix} 1 & 0 & 0 & 0 \\ 0 & \sum_\beta & 0 & 0 \\ 0 & 0 & \sum_\alpha & 0 \\ 0 & 0 & 0 & \sum_h \end{pmatrix} \right)$$

上式中本节假设所有参数都服从一阶随机游走，允许参数暂时或永久性变动，使模型可以充分体现经济结构的暂时变化和永久变化。对于模型的估计，本节参考 Nakajima (2011) 的方法，使用马尔科夫链蒙特卡洛（MCMC）方法进行估计。

四、实证结果及分析

（一）中美利率与汇率的时变研究

1. 变量选取与数据来源

在外汇市场上，国际投资者一般通过观测各国货币的名义汇率来判断该国货币的升值与贬值，同时外汇交易者一般都倾向于通过关注各国的十年期国债利率来对未来汇率的升、贬进行预测，同时考虑到人民币汇率曾在很长一段时间内采用盯住美元的汇率政策（2005 年汇改前，2008 年到 2010 年金融危机期间），本节选取 2011 年 4 月到 2018 年 12 月中美两国的十年期国债关键期限点月度数据（美国数据采用彭博估值体系数据，中国数据采用中债估值数据），以及人民币对美元双边汇率月度数据进行研究。本书所有数据的来源是彭博金融终端。

根据一般理论模型的分析，本节将实证的变量顺序设定为美元利率（BV100082）、人民币利率（CNTBI10）和人民币对美元汇率（USDCNY）。本节使用 Matlab 对 TVP-SV-VAR 模型进行实证检验。根据 AIC 准则的结果，本节将模型的滞后期设置为 1，抽样次数为 10 000。

2. 平稳性检验

依照表 2-11 所示，各变量原序列不平稳。考虑利率数据本身就是百分制的点数，本节只对所有数据进行简单差分处理，得到各期的利率、汇率变化量数据。各个变量一阶差分后在 1% 的水平下都是无单位根的平稳序列。

表 2-11　各变量单位根检验

变量	adf 检验		平稳性
	统计量	1%临界值	
BV100082	-2.583	-2.591	不平稳
CNTBI10	-1.512	-2.591	不平稳
USDCNY	-0.035	-2.591	不平稳
DBV100082	-9.150	-2.591	平稳

(续表)

变量	adf 检验		平稳性
	统计量	1%临界值	
DCNTBI10	-9.069	-2.591	平稳
DUSDCNY	-6.564	-2.591	平稳

3. 参数估计结果

在对 SV-TVP-SVAR 模型进行参数估计前,本节选择滞后阶数为 1。初始的分布本节假设为:

$$\left(\sum\beta\right)_i^{-2} \sim IW(25,10^{-4}I), \left(\sum\alpha\right)_i^{-2} \sim Gamma(4,10^{-4}),$$

$$\left(\sum h\right)_i^{-2} \sim Gamma(4,10^{-4})$$

其中,IW 表示 invert Wishart 分布。

进行 10 000 次抽样后,本节舍弃 10% 不稳定的结果,得到模型的后验分布。参数结果展示表 2-12 中。

表 2-12 中美参数估计结果

参数	均值	标准差	95%区间下限	95%区间上限	收敛性检验	无效因子
sb1	0.0275	0.0053	0.0195	0.0401	0.929	12.44
sb2	0.0273	0.0054	0.0194	0.0399	0.416	17.77
sa1	0.056	0.0143	0.035	0.0915	0.441	33.28
sa2	0.0422	0.0075	0.0302	0.0593	0.241	15.71
sh1	0.2718	0.1209	0.0986	0.5558	0.595	75.14
sh2	0.1853	0.0843	0.0759	0.3965	0.191	92.25

注:第二列参数统计值是基于 10 000 次 MCMC 参数估计值计算而得的均值,第三列是在参数统计值下方括号内的统计值为参数估计值的标准差;第四、五列是在 95%置信水平下模型方程中参数估计值的置信区间;第六列是基于 Geweke(1992)给出的方法计算得到的收敛诊断值;第七列中无效因子统计值是基于样本数据运用蒙特卡洛(MCMC)模拟计算得到的统计值,主要反映状态变量和参数采样的有效性。

从表 2-12 可见,检验的参数有 6 个,这 6 个参数表示的是随机游走的扰动项的方差协方差矩阵的主对角线元素中的前两个元素。主对角线上有多个元素,一般认为如果选取的前两个能通过检验,那么整个矩阵上的所有元素都能通过检验。在 5%的置信水平下,基于统计量 Geweke 不能拒绝趋于后验分布的原假设,表明预烧期已经足够使马尔科夫链趋于集中;非有效性因子都非常低,表明在模型中所有参数都产生了非常有效的样本。

4. 时变参数特征分析

在一般的 SVAR 模型中,模型估计后每个参数都只能得到一个估计值,但在 TVP-SV-

VAR中,每一期能都得到不同的参数估计值,把时变参数画在图上就可以得到一条随着时间变化的走势线。

（1）变量影响关系的时变特征分析

图2-4反映的是美元国债利率、人民币国债利率和人民币对美元汇率三者间相互影响关系随时间变化的特征。从图（a）上看,美元利率对人民币利率的影响系数从2011年开始就一直为正,数值上看2011年年中人民币对美元恢复波动后,影响力的数值在0.2左右波动。2015年"8·11汇改"后这种影响力开始缓慢上升。从图2-4的（b）和（c）上看,在2015年"8·11汇改"前,利率平价论对于人民币对美元汇率的解释能力不强,两者都在0值上下波动。而在"8·11汇改"后,随着利率市场化和汇率形成机制改革的不断推进,利率平价论似乎渐渐能够解释汇率的部分变化。从同期影响上看,美元国债利率的上升会使得人民币贬值,而人民币利率的上升会使得人民币升值。而通过数值结果来分析,月度数据上看两者对于汇率的影响力相当,美元利率的影响稍强于人民币利率,这一结果和本节在后续研究中使用日数据进行滚动VAR和广义方差分解得出的结果是一致的。

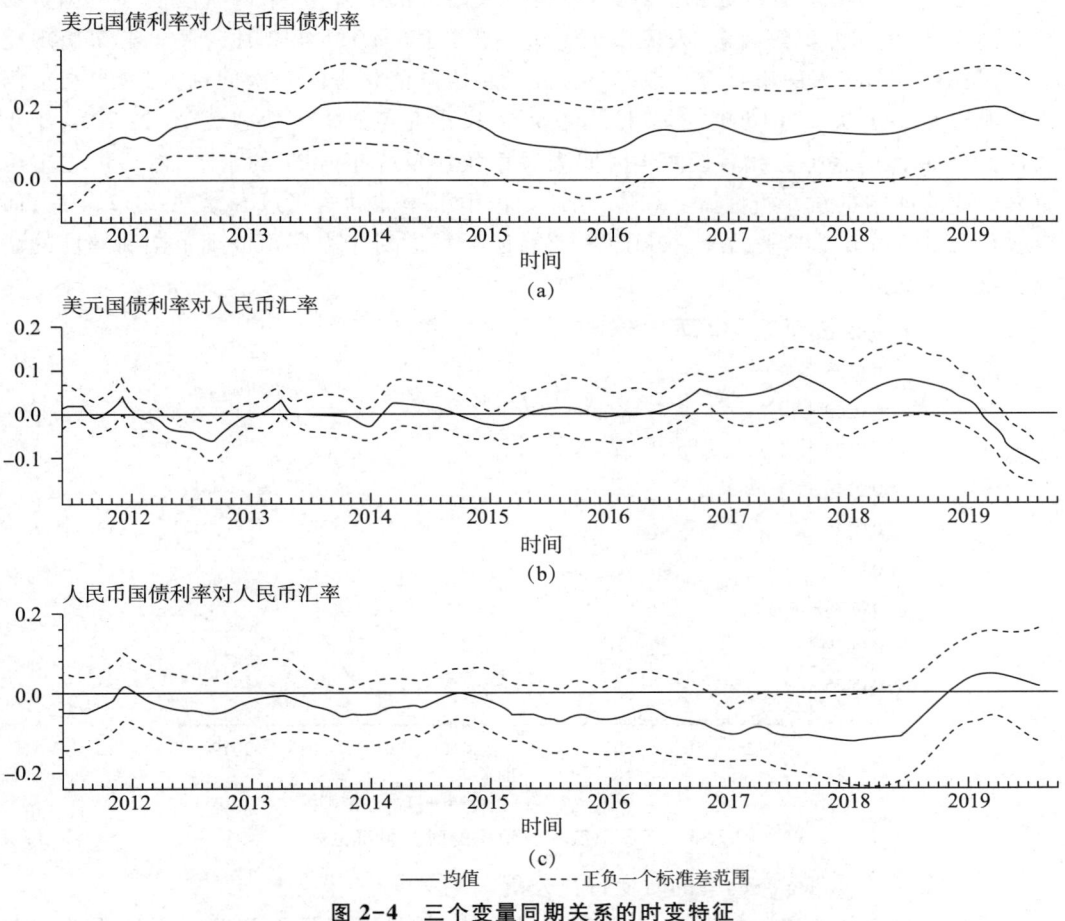

图2-4 三个变量同期关系的时变特征

（2）关于人民币汇率波动率的时变特征分析

图2-5反映的是人民币汇率结构冲击的波动率时变特征,人民币汇率的随机波动率

在2012年之前都很小,接近0的水平;在2012年之后开始迅速变大,并且在2012年中期开始逐渐下降;2013年中期到2016年年中,该随机波动率又处于上升的趋势。2016年年底引入逆周期因子后这一波动率开始下降,但随着2017年年底中美贸易摩擦的快速升温,人民币汇率波动率开始快速走高。

2015年"8·11汇改"以前,人民币汇率的随机波动率一直较为平稳,这是我国采取小幅升值策略效果的体现。另外,为应对2008年全球金融危机,人民币汇率在2008年6月至2010年6月期间重新盯住美元,汇率在6.82—6.86窄幅波动。在人民币汇率市场化进程中,虽然市场对汇率水平的决定作用在加强,但央行依旧扮演最重要的角色。自2005年7月人民币汇率制度改革以来,央行对人民币对美元汇率波动幅度进行了三次扩大,汇率波动区间的扩大是人民币汇率波动的前提,图2-5反映的人民币汇率波动率变化与现实相符。2012年人民币汇率波动率上升表现为人民币汇率升值,这与美国推出QE3(第三次量化宽松)有关;2013年第一季度,由于海外经济逐步稳定,美国经济强劲复苏等原因,人民币对美元中间价呈涨跌互现走势;4月份开始,人民币汇率开始明显升值;中国第三季度GDP等经济数据显示向好,促使人民币汇率升值;第四季度由于中国贸易顺差创新高、美元贬值等因素,人民币汇率进一步升值。2014年2月人民币汇率出现贬值,这是对2013年人民币对美元汇率一直处于单边升值状态的一次回调,同时也与美国决定退出QE3有关。2015年"8·11汇改"后人民币对美元汇率快速贬值,到2016年年底贬值至6.95的水平。此后近两年时间人民币快速反弹至6.27的水平,然后由于中美贸易摩擦的加剧重新开始贬值。总体上看,人民币汇率波动真正放开是在2012年后,而"8·11汇改"后波动水平已经上升了两个"台阶",后续对于人民币波动范围和幅度的研究有重要意义。

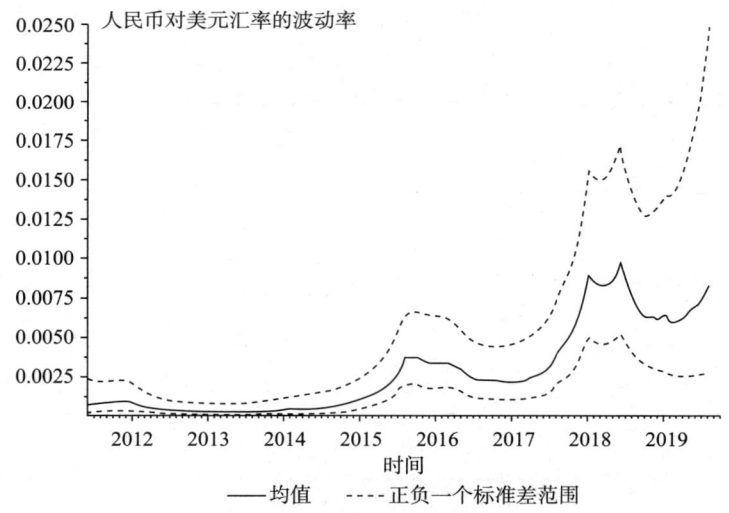

图2-5 人民币汇率波动率的时变特征分析

(3)关于国债利率波动率的时变特征分析

图2-6反映的是美元国债利率波动的时变特征,可以明显看到美元国债波动率在2011年后开始下降,到2013年退出QE时已经回到一个较低的水平,后续一直在这个低水平上波动并缓慢下行,直到2016年美联储开始加息流程后才开始重新缓慢上升。

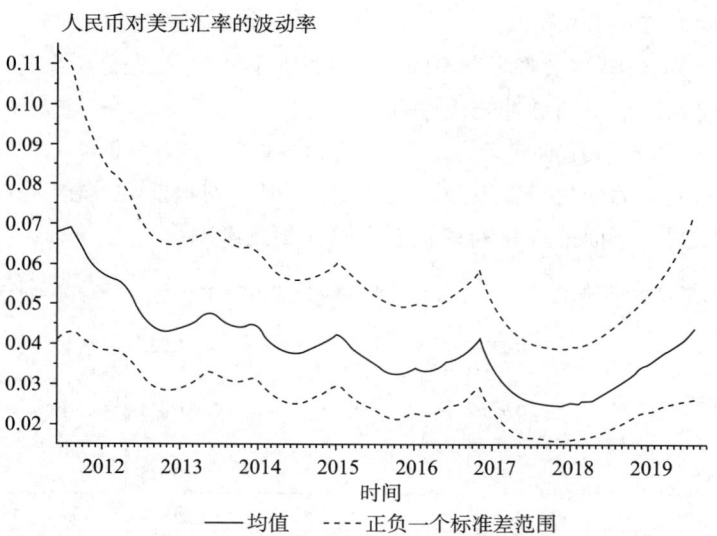

图 2-6 美元国债利率波动率的时变特征分析

图 2-7 反映的是人民币国债利率波动的时变特征,从图中可以发现以下几个现象。首先,从数值上来看,人民币国债利率的波动率要远低于同期限的美元国债波动率,这主要是由以下几个原因造成的:一是我国的利率市场化程度相较于美国还有一定的提升空间;二是我国的国债市场交投相对不活跃,市场参与主体也比较少,受到央行的管理比较严格。其次,2014—2015 年,人民币国债利率波动率的快速上升主要还是受到当时股市牛市的影响。最后,观察"8·11 汇改"后,美元利率波动率和人民币利率波动率的相关性也在变大,两者走势十分接近。

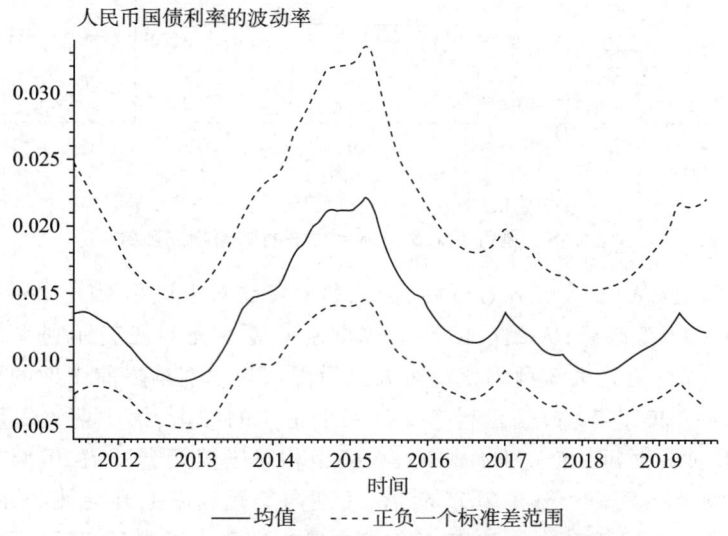

图 2-7 人民币国债利率波动率的时变特征分析

（4）时变脉冲响应分析

下面来分析 TVP-SV-VAR 两类不同的脉冲响应函数。首先分析图 2-8，不同提前期以单位标准正向冲击形成的脉冲响应序列。

在图 2-8 中，本节将提前期设为 1 期、2 期和 3 期。由图 2-8 可见，三个不同提前期冲击形成的脉冲响应的变化走势大致上是相似的，但不同提前期冲击形成的脉冲响应在方向上会有所不同。下面来观察利率和汇率间的相互影响。

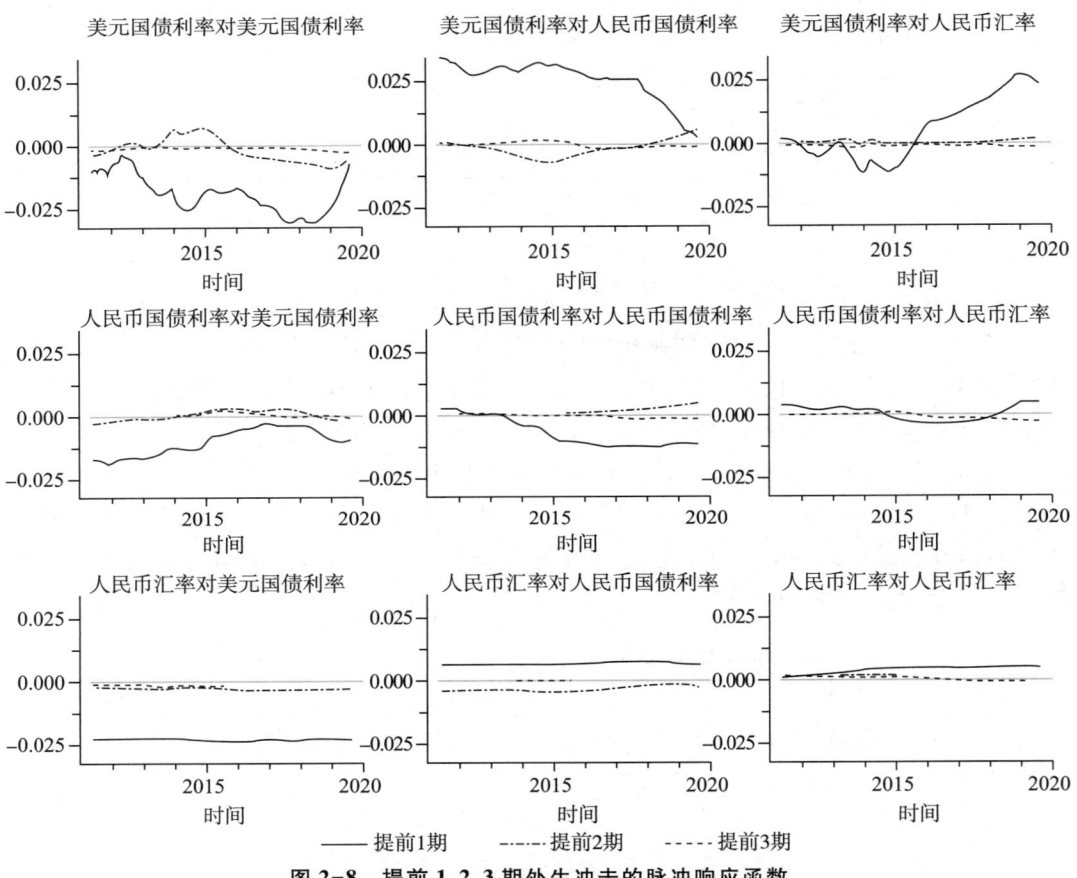

图 2-8 提前 1、2、3 期外生冲击的脉冲响应函数

从图 2-9 可见，从 2015 年 8 月开始，美元利率变动对人民币对美元利率的影响逐步增大，这说明 8·11 汇改后，人民币汇率形成机制的逐渐完善使美元利率的影响越来越大。2015 年 8 月前，美元国债利率变动对人民币国债利率变动提前 1 期的影响维持在一个较低的负水平。2015 年前，美元利率受到一个正向的冲击，第 1 期人民币相对美元会升值，而人民币利率收到一个正向冲击时，人民币相对于美元会贬值，但两者对人民币对美元汇率的影响都不显著。但在 2015 年后，短期内美元利率上升会使美元升值，而人民币利率上升也会使人民币升值。2018 年 3 月中美贸易摩擦正式开始后，一方面受到经济不确定性的影响，利率上升对于汇率的挽救能力开始下降，另一方面虽然美元利率对于人民币利率的影响在 2018 年后开始下降，但美元加息依然会使人民币利率被动上升，这种被动加息不能抵消美元利率上升的影响。

而在第 2、第 3 期的这种效应就会快速下降。观察第 3 期的情况,总体来看 3 个月的水平,人民币利率和美元利率的影响都已经很低,但都符合利率平价理论的假设,及高利率货币未来贬值、低利率货币升值的预期。

另外从数值上看,美元利率对人民币汇率的影响远大于人民币利率的影响。这充分说明,中国的利率政策还有待改进,国内利率的调整目前还很难通过货币市场和汇率市场间的传导机制影响汇率,利率市场化进程和传导机制的建设仍需进一步深化。

人民币国债利率对人民币汇率的影响走势和美元利率对人民币汇率的影响相近,2015—2018 年,人民币国债利率上升使人民币汇率升值。比较反常的是,2010—2015 年,利率上升反而使人民币贬值。

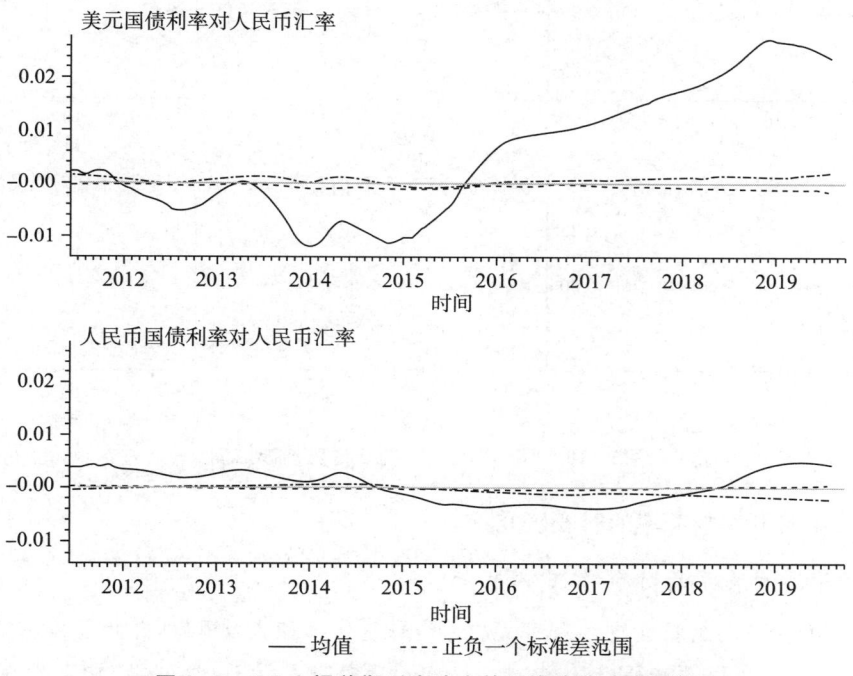

图 2-9　1、2、3 提前期利率冲击的汇率脉冲响应函数

而从汇率对利率的影响来看,人民币相对于美元贬值,会使美国被迫降息来提高自身经济的竞争力,但对人民币汇率的影响并不是十分显著。而人民币相对于美元升值的话,会有效地传导到人民币国债利率,并使其上升。

由上一段的分析可以发现,从 2014 年年底到 2015 年年中,中美间的利率汇率互动出现了结构性的变化,下面来分析 2015 年"8·11 汇改"对于三者之间关系的影响。如图 2-10 所示。

美元利率对人民币汇率在"8·11 汇改"前后的脉冲响应显示在第 1 期的表现差异较大。2015 年 5 月对于美元利率的冲击,人民币汇率的响应值在第 1 期为负,而在 2015 年 8 月和 11 月这一响应都为正,且 2016 年 8 月的响应值远高于 2015 年 8 月的水平。另外,人民币利率对于人民币汇率的影响在 2015 年"8·11 汇改"后显著变大,这说明了"8·11 汇改"对人民币利率向汇率的传导渠道有明显的改善。

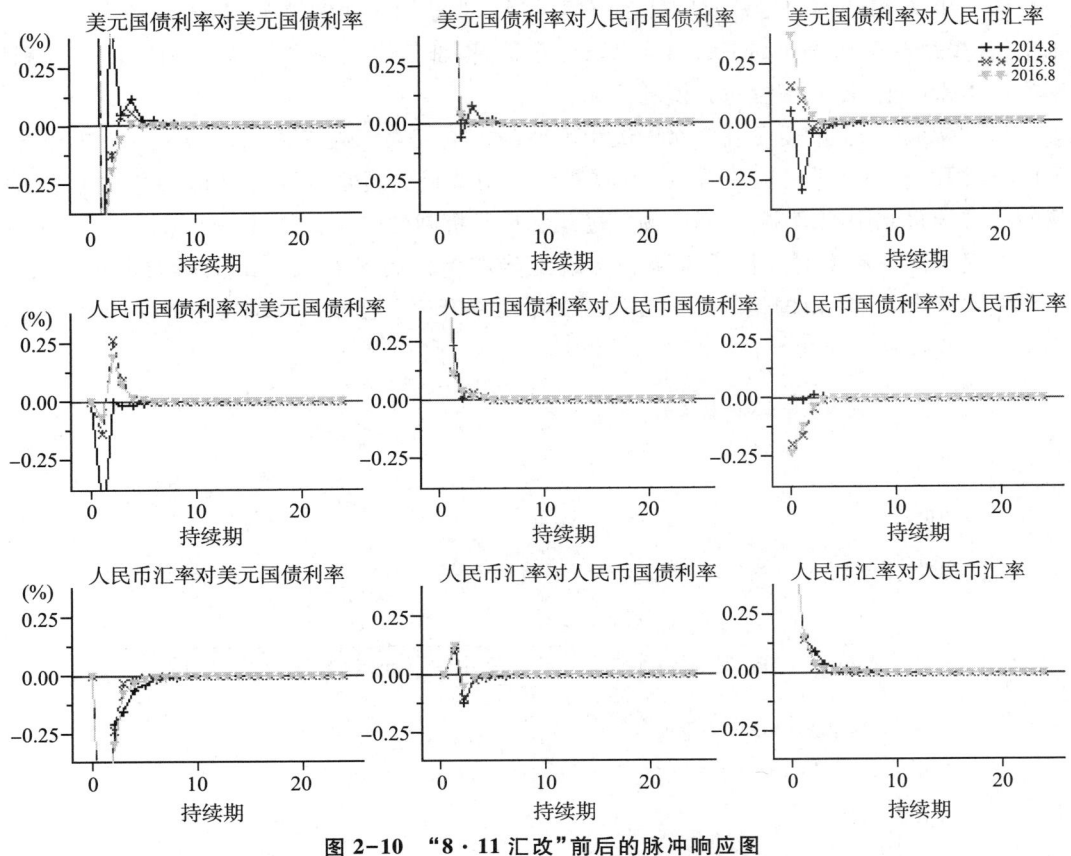

图 2-10 "8·11 汇改"前后的脉冲响应图

(二)中日利率与汇率的时变研究

1. 变量影响关系的时变特征分析

图 2-11 反映的是日元国债利率、人民币国债利率和人民币对日元汇率三者间相互影响关系随时间变化的特征。从图(a)看,日元利率对人民币利率的影响系数从 2011 年开始就一直为正,形态上和美元对人民币的形态很类似,这主要是因为日元国债收益率受美国国债收益率影响很大。从图(b)和(c)上看,同期日元对于人民币汇率的影响要更大。

2. 关于人民币对日元汇率波动率的时变特征分析

图 2-12 反映的是人民币对日元汇率的波动率时变特征,人民币对日元汇率的波动和人民币对美元的波动幅度相近,但相较于美元,人民币对日元汇率在过去 8 年中有两个明显的高点,前者对应的是 2013 年欧元区的国债危机,而后者对应的是 2016 年开始的英国脱欧危机,当全球风险上升时,日元作为长期以来的低利率货币(借贷货币)会由于资金回流快速升值。

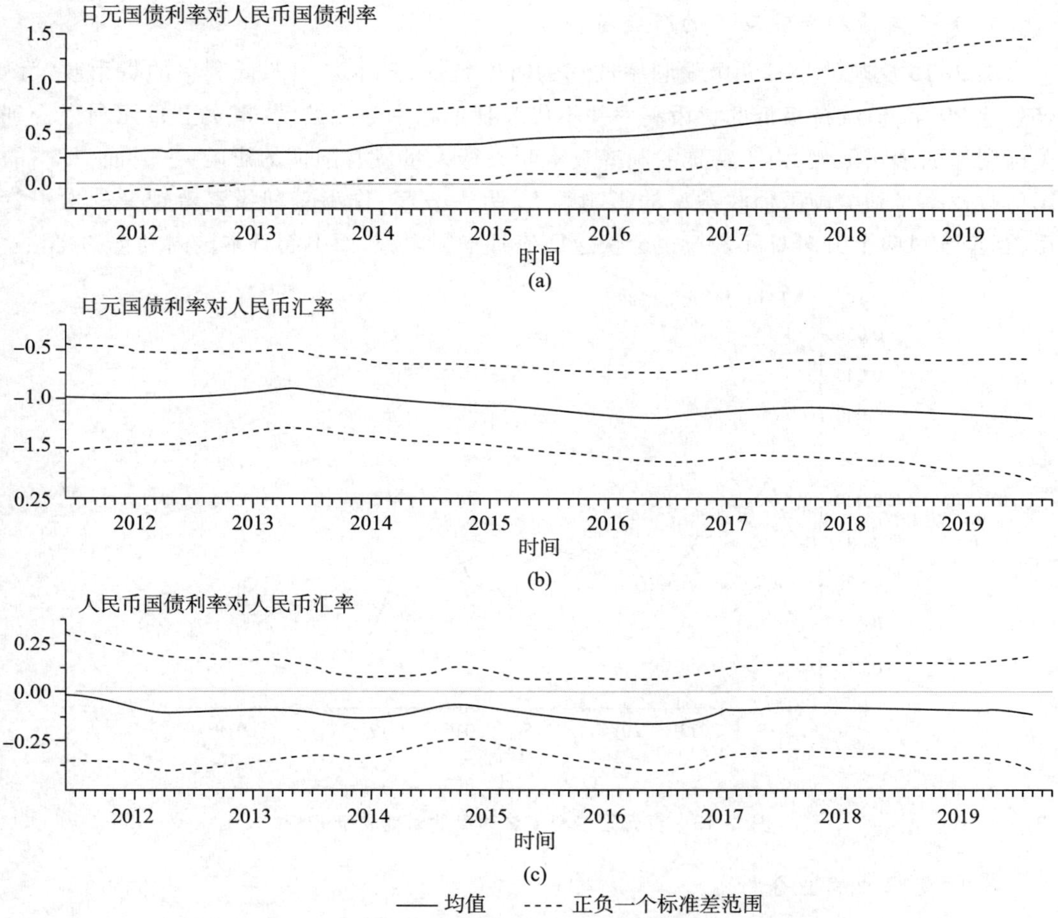

日元国债利率对人民币国债利率

(a)

日元国债利率对人民币汇率

(b)

人民币国债利率对人民币汇率

(c)

—— 均值　---- 正负一个标准差范围

图 2-11　三个变量同期关系的时变特征

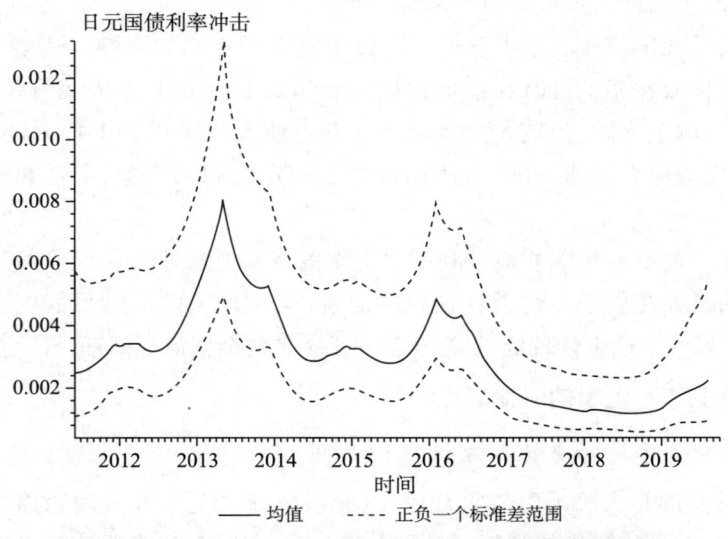

—— 均值　---- 正负一个标准差范围

图 2-12　人民币对日元汇率波动率的时变特征分析

3. 关于国债利率波动率的时变特征分析

图 2-13 反映的是日元国债利率波动的时变特征,日本采用超低利率的货币政策已经长达 20 年,但维持极低的货币利率并不代表日本利率毫无波动,事实上日元利率受到美国利率的影响很大,由于特殊的利率政策和央行大量持有国债的影响,一方面,日本的国债收益率受到美国国债收益率的影响很大,另一方面,作为套利投资者钟爱的融资货币,当全球风险上升时日元资产也会快速回流日本国内,从而引起日本国内利率的变化。

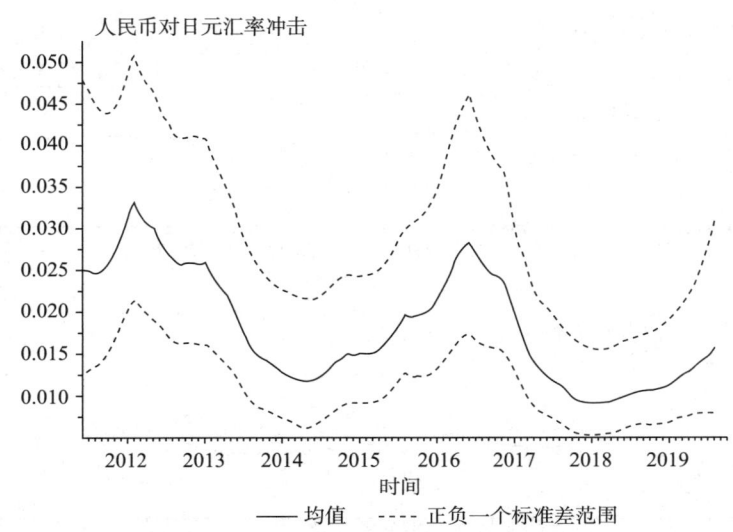

图 2-13 日元国债利率波动率的时变特征分析

4. 时变脉冲响应分析

下面来分析 TVP-SV-VAR 中两类不同的脉冲响应函数。首先分析图 2-14,不同提前期以单位标准正向冲击形成的脉冲响应序列。

首先,观察日元国债收益率上升对于人民币兑日元汇率的影响。从第 1 期的脉冲响应上看,日元国债收益率上升时在短期内确实会引起日元相对于人民升值,而从人民币利率对汇率的影响上来看,当期人民币利率上升会使人民币相对于日元贬值,而在第 2、第 3 期脉冲响应效应会快速下降,虽然体现出了一定的超调现象,但从长期来看利率平价也不成立。

其次,汇率对利率的影响相对于利率对汇率的影响是较小的。结合第一节中的理论模型,本节认为日元相较于人民币存在风险溢价,当全球风险上升引起国内风险也上升时,由于日本的风险不确定性较低,再结合套利投资者资金回流等因素,日元会相对升值。

(三) 中欧利率与汇率的时变研究

1. 变量影响关系的时变特征分析

图 2-15 反映的是人民币国债收益率、欧元区国债收益率和人民币对欧元汇率三者间相互影响关系随时间变化的特征。从图(a)上看,人民币利率对欧元利率的影响系数从 2011 年开始就一直为正,影响水平也较高,这主要是由欧元区的贸易结构决定的。

第二章 传统汇率锚理论的新应用

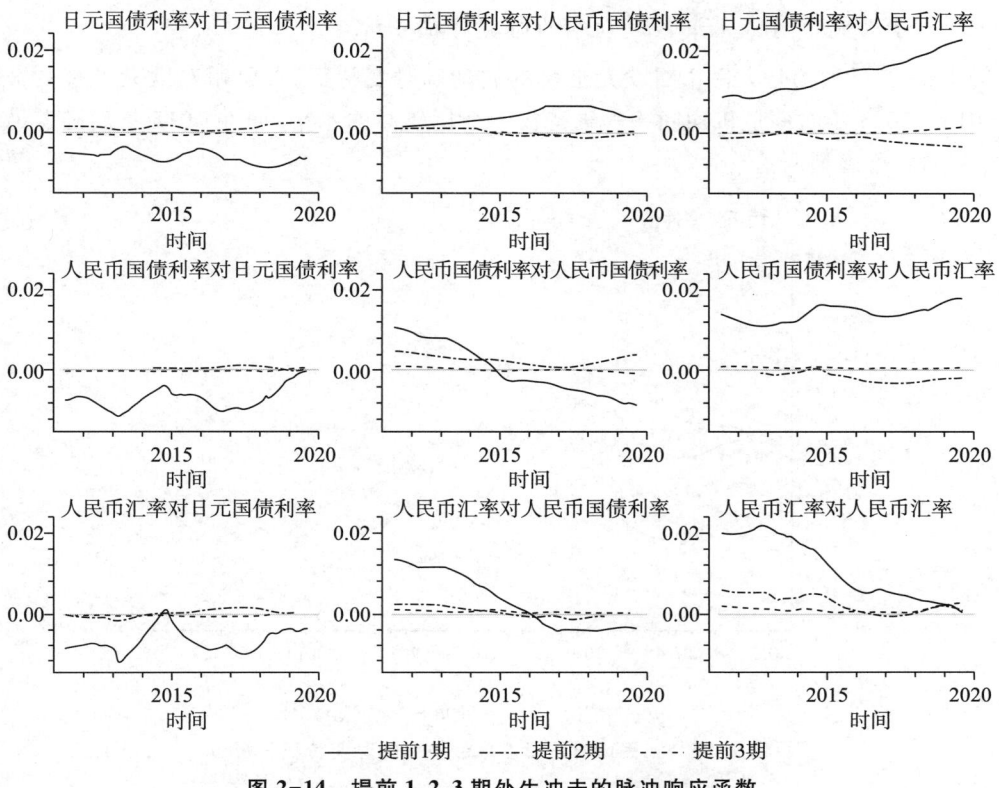

图 2-14 提前 1、2、3 期外生冲击的脉冲响应函数

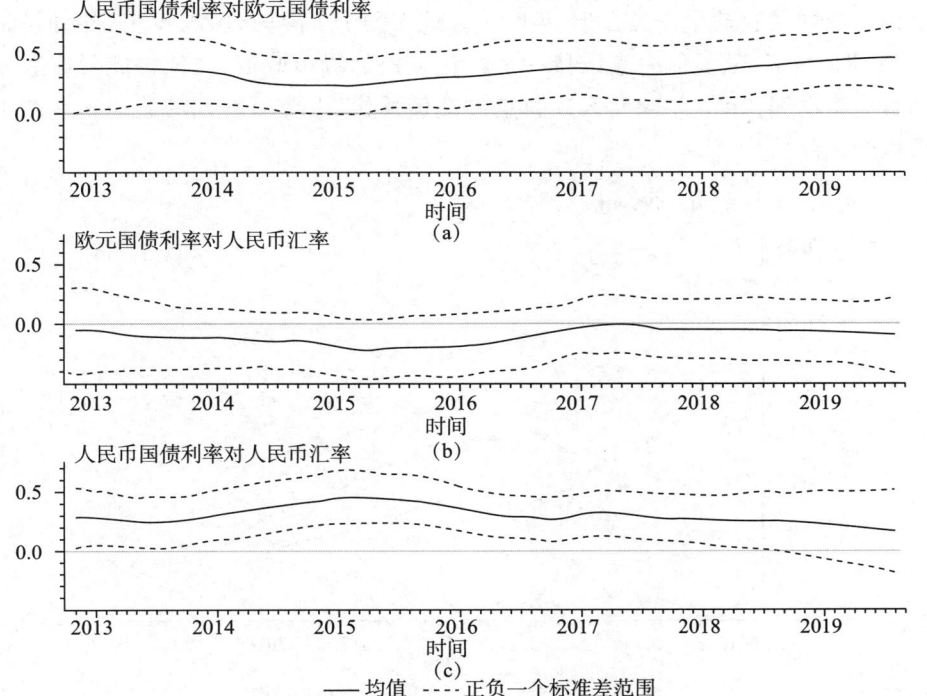

图 2-15 三个变量同期关系的时变特征

2. 关于人民币对欧元汇率波动率的时变特征分析

图 2-16 反映的是人民币对欧元汇率的波动率时变特征,人民币对欧元汇率的波动在 2013—2015 年欧债危机期间一直维持在一个比较高的水平,而在 2015 年后随着欧元区经济的企稳逐渐回落。

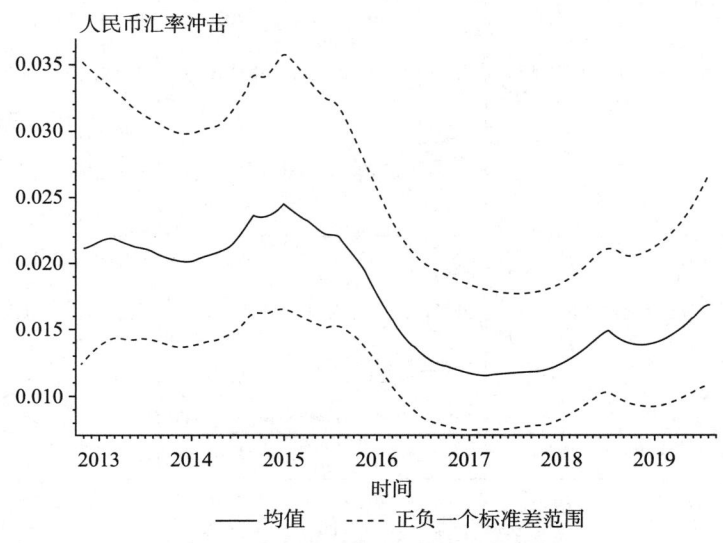

图 2-16　人民币对欧元汇率波动率的时变特征分析

3. 关于国债利率波动率的时变特征分析

欧元区的国债收益率在过去 10 年间一直处在一个下降的过程。2008 年经济危机和 2013 年欧债危机后,欧元区一直维持一个量化宽松的货币政策,这使得欧元区利率一路下行到负利率区间,2016 年欧元区逐渐走出欧债危机,也使得欧元的波动率一路下行到一个很低的区间。

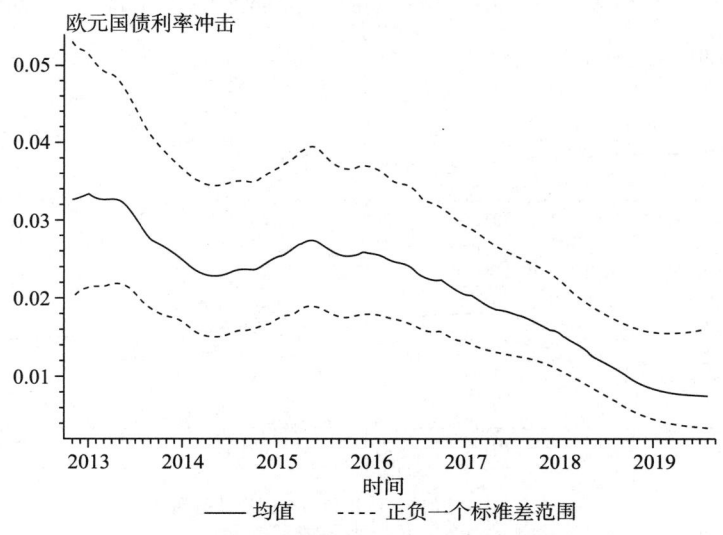

图 2-17　欧元国债利率波动率的时变特征分析

4. 时变脉冲响应分析

图2-18将提前期设为1期、2期和3期。由图2-18可见,和日元的情况相似,第一期当人民币利率上升时,人民币相对于欧元会出现贬值,而欧元利率上升也会使欧元相对于人民币贬值,这说明在1期(1个月)的时间维度上,人民币对欧元汇率符合非抛补利率平价的推论,这可能是因为相对于美国来说,欧元区和中国的贸易比重较大且具有不可替代性,欧元区的投资者非常重视人民币的走势,欧元和人民币的套利活动较为活跃且两者间的风险差异不大,当全球风险上升时两者都会出现较明显的资本抽逃。

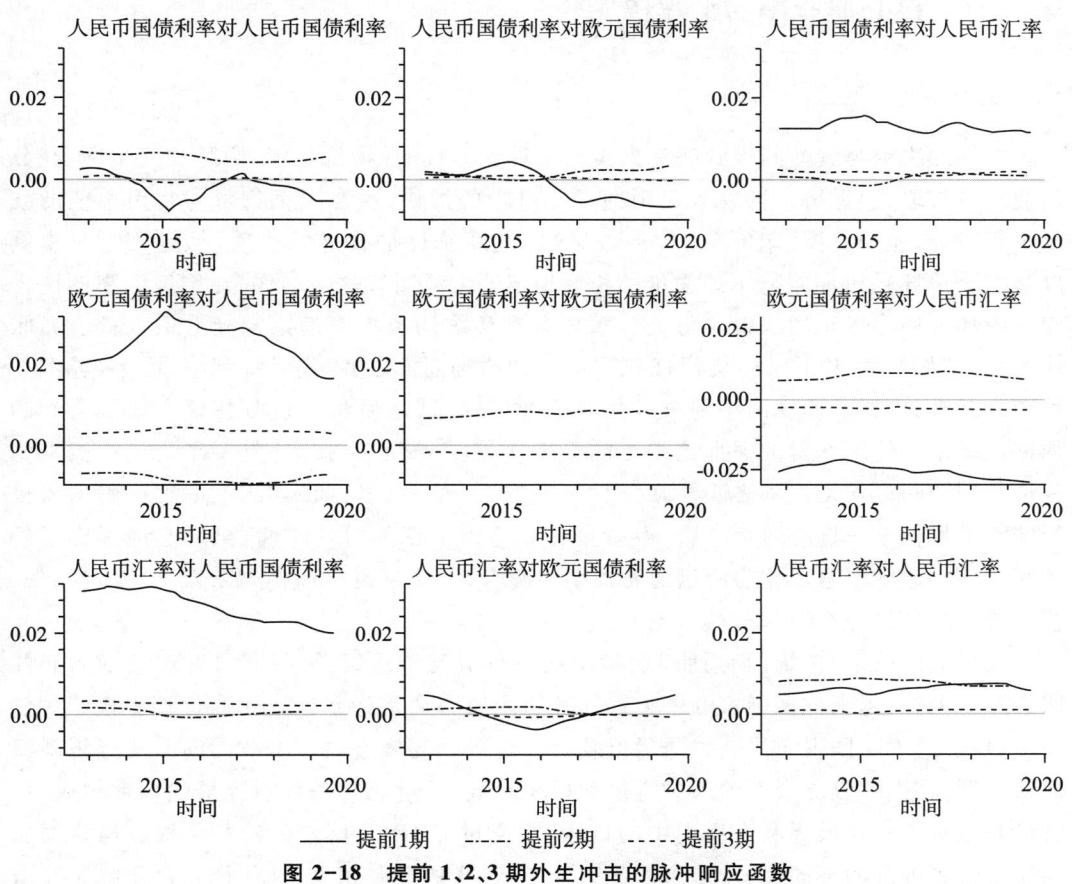

图2-18 提前1、2、3期外生冲击的脉冲响应函数

五、结论及思考

为了合理刻画利率-汇率动态平价关系,本节基于TVP-SV-VAR考察了中国和各个发达国家(地区)之间的利率-汇率联动关系。从结果上来看,首先,从中美两国利率对汇率的作用看,美国国债利率的变动对中美汇率和中国国债利率的影响较中国国债利率变动产生的影响更大,这在一定程度上反映了美国的利率政策对中国经济发展的重要性,也从侧面反映了美国的利率市场与汇率市场间的政策传导较为通畅,利率政策调整能迅速影响美元对人民币汇率的变化,美国的利率市场化水平比中国高。与此同时,本节也发现,美元对人民币汇率的变动会对美国利率产生影响,这说明汇率的变动可能会通过

中美两国贸易等传导机制对美国经济产生影响,而且这种影响持续的时间超过了利率对汇率的影响时间。

其次,通过对中日、中欧利率-汇率动态平价关系的检验,本节验证了以下内容:当本国经济不确定性上升时,本国货币在利率平价的基础上会进一步贬值;当经济危机出现时,全球风险上升,套利资金的避险趋势会使资本从投资国家向融资国家转移,此时提高自身利率并不能使即期汇率在短期内升值,反而会使汇率进一步贬值。

第三节 核心通胀率与汇率决定

一、引　言

汇率的决定与调整归根到底是为实现宏观经济目标(物价稳定、国际收支平衡、充分就业与经济增长)服务。随着人民币国际化进程的加快,主要国家物价与货币币值的波动频繁,汇率能否发挥"阻断"或"导入/导出"通货膨胀的传递的作用(假定固定汇率制度是完全传导),进而维持本国物价的相对稳定?为了回答这一问题,在均衡汇率的决定因素中加入核心通胀的因素显得尤为重要。在传统均衡汇率理论基础上引入核心通胀作为汇率"锚",突出了对内均衡优先原则。同时通过"三元悖论"将利率、汇率、资本项目结合起来,依据泰勒规则将利率盯住核心通货膨胀,最后将通过盯住核心通胀得到的均衡汇率来与传统均衡汇率理论得出的汇率比较。"核心通胀率"是一个内生性极强的变量,它与利率、均衡汇率之间存在一种长期的"协整"关系。在均衡汇率理论中引入央行的终极目标——核心通货膨胀,也就是首先考虑汇率的对内均衡,再动态地考虑对外均衡。核心通胀率可以作为稳定通胀预期的参考系,而且也可以作为未来人民币参照一篮子货币之外的补充。

次贷危机以来,传统"稳通胀"的货币政策日益受到质疑,央行多目标制逐渐兴起并引起广泛关注,越来越多国家的中央银行开始用核心通货膨胀来取代通货膨胀概念。然而,从核心通货膨胀视角研究中国货币政策反应规则尚属空白。本节借助开放经济新凯恩斯模型,将国际收支余额纳入央行福利损失函数,通过一阶条件得到最优利率规则,考察核心通货膨胀在最优利率规则中的作用,并通过 GMM 法比较分析盯住核心通货膨胀与通货膨胀蕴含的不同信息,得出以下结论:①与通货膨胀相比,盯住核心通货膨胀能减少央行福利损失,避免利率过度调整;②在货币政策反应规则中纳入核心通货膨胀,能降低美国联邦基准利率对央行利率的影响;③央行外汇市场干预与实际汇率系数在货币政策反应规则中呈现不同的特征。对此,我们认为央行应该提出一个官方的、适应中国经济结构的核心通货膨胀序列。基于该序列的货币政策反应规则对合理引导市场预期、稳定国内金融系统大有裨益。

二、使用核心通胀率的国际经验

20世纪90年代初,新西兰成为首个明确物价稳定是货币政策单一目标的国家。此后,智利、加拿大、英国、澳大利亚、巴西、美国、日本、英国等陆续将遏制通货膨胀作为其主要目标或唯一目标。虽然 2008 年次贷危机后,经济复苏的持续乏力引发了对通货膨胀目标制以外的货币政策框架的理论探讨,如兼顾了增长和通货膨胀的名义 GDP 目标制,物价稳定始终是各国央行重要的政策目标。但在货币政策具体操作中,经济学家逐渐认识到货币政策无法有效应对石油价格的冲击等引发的国内通货膨胀问题,因为石油价格的冲击带来的通货膨胀是暂时性的,货币政策对暂时性因素的过度反应会增加通货膨胀和产出的波动。

Bernanke et al.(1999)早已论证指出,相对于其他价格指数,核心通货膨胀能够揭示影响潜在通货膨胀的持续性因素,而不是价格水平这样的短期因素。从各国政策来看,全球主要国家的央行也对核心通货膨胀给予了不同程度的关注。如泰国央行选择核心通货膨胀作为其政策目标,澳大利亚央行选择剔除食品、能源、间接税、抵押成本后的核心通货膨胀作为其政策目标,美联储选择核心通货膨胀作为其决策的重要参考,欧洲中央银行则在其月度公告中定期公布各种核心通货膨胀的指标,等等。

表 2-13 主要央行与通货膨胀目标的选择

国家	通胀目标变量	目标区间
加拿大	核心 CPI	1%—3%
澳大利亚	核心 CPI	2%—3%
英国	RPI(1999—2003 年)/CPI(2004 年后)	1%—3%(2004 年后)
新西兰	可调整 CPI	-1%—3%(2002 年后)
韩国	核心 CPI	2.5%—3.5%(2004 年后)
泰国	核心 CPI	0—3.5%

资料来源:美联储、英格兰银行、加拿大银行、澳大利亚联邦储备银行、新西兰储备银行、韩国银行、泰国银行。

一方面,与发达国家以及市场化程度较高的新兴经济体类似的是,中国物价水平也受到石油价格冲击的影响,特别是 2017 年 3 月中国成为全球第一大原油进口国后,石油价格的波动对国内物价的冲击更加突出。在中国物价指数中,食品支出的权重占到 CPI 总权重的 30% 左右,其价格的变动会对 CPI 产生较大影响。一些临时性的供给冲击,如农产品的生产周期性、天气因素等会在短期内引起食品价格的较大增长,进而导致总体物价水平的上升。如 2007 年下半年,猪肉等肉制品价格上升了 30%—45%,使得食品价格上升超过 16%,而总体 CPI 增长率仅为 6.5%。面对这部分暂时性供给冲击(如石油、食品价格大幅度上涨)造成的通货膨胀,央行货币政策可能无法有效应对(Mishkin,2007)。

另一方面,与发达国家以及市场化程度较高的新兴经济体不同的是,中国外贸依存度常年在 30% 以上,外汇储备自 2006 年以来一直稳居世界第一位,这就导致中国的国际收支情况很大程度上会影响到央行的货币政策和价格稳定目标。中国央行的目标除了价格稳定和经济增长以外,也包括促进国际收支大体平衡。具体操作时,几个货币政策目标均存在容忍区间,在区间之内目标权重会呈现某种调整变化,比如在通货膨胀较高的时候,价格稳定的权重升高;在经常项目余额占 GDP 比重较大的时候,国际收支目标的权重又会相应得到提高。① 次贷危机以后,学者们研究的重点由通货膨胀目标制逐渐转移到央行多目标制。在多目标制的货币政策背景下,与盯住核心通货膨胀相比,盯住通货膨胀是否会对央行的福利造成损失?将核心通货膨胀纳入货币政策反应规则,对货币政策反应规则中其他因子有什么影响?上述问题对于合理地引导公众预期,增加货币政策可信度,具有十分重要的意义。尤为关键的是中国利率的影响程度对于引导市场的预期具有更为积极的现实意义。

三、文献综述

对货币政策反应规则的研究经历了一个从分散到系统的过程。Friedman(1993)指出货币政策反应规则是一种系统性决策程序,它是央行对信息的合理与可持续的应用。Svensson(1999)提出了货币政策反应规则的损失函数目标,认为货币政策的目标应该是损失函数中的变量,而不是反应函数的变量,清晰地将通货膨胀、货币供应量与名义GDP区分开来。Taylor(1999)进一步深化了对货币政策规则的理解,他认为货币政策反应规则是央行根据经济形势的变化对基础货币或利率等政策工具进行调控的一般模型。McCallum and Nelson(2000)首次将目标规则与工具规则结合起来,提出了一个以利率为货币政策工具、名义GDP增长为目标的反应规则。在现实中,央行逐渐将货币政策的目标函数纳入政策框架内,然而遗憾的是,当时的货币政策目标函数并没有一个深刻的经济解释。

福利分析的出现很好地解决了上述问题。相关分析认为,央行运用货币政策进行调控的最终目标是减少经济波动,提高社会的整体福利水平。因此,最优化货币政策反应规则必定是使得央行福利损失最小的政策规则。Woodford(2005)将福利标准与二次损失函数联系起来,假设中央银行的目标是使代表性家庭的终身效用最大化,并通过将代表性家庭的效用函数近似于稳态附近的二阶泰勒来计算福利损失。此后,针对福利角度最优货币政策反应规则的研究逐渐兴起,有大量学者将此方法推广到开放经济条件下。早期的研究主要集中在通货膨胀目标制上,Gali and Monacelli(2005)构建了小型开放经济模型,并比较分析了基于国内通货膨胀的泰勒规则和盯住汇率的目标制规则的社会福利情况,结果表明国内通货膨胀目标制的货币政策规则产生的福利损失最小。卞志村(2007)发现通胀目标制对西方国家有效控制通货膨胀起到了很好的作用,但中国的实际数据的实证检验证明,灵活通货膨胀目标制对中国的货币政策操作实践不是十分适合。

次贷危机后,中国学界研究重点也转移到央行货币政策的多目标制上。伍戈和刘琨(2015)对中国"多目标、多工具"的货币政策框架以及规则体系进行了系统分析和实证检验。其结果表明,在外部持续失衡的环境下,单一的反应函数难以全面反映中国货币政策的现实。但在考察国际收支因素对货币政策反应规则的影响时,多数学者在央行货币政策反应函数中纳入外汇储备、汇率等因素以刻画国际收支因素的影响(肖奎喜和徐世

---

① 2016年6月24日,周小川在华盛顿参加国际货币基金组织中央银行政策研讨会上,发表了《把握好多目标货币政策》的重要讲话,并明确指出中国央行采取的多目标是在维持价格稳定和促进经济增长的同时,也要保持国际收支大体平衡。

长,2011;陈创练和杨子晖,2012)。

需要注意的是,在货币政策反应函数中纳入汇率等因素与在福利函数中纳入国际收支因素是不同的。前者是将汇率作为一个自变量、一个政策工具,通过汇率的变化调整利率的变化;而后者是从最优福利的角度出发,将国际收支、产出缺口、通货膨胀同时作为央行目标,根据不同经济形势进行权重的管理。另一方面,部分研究强调核心通货膨胀对货币政策具有更为显著的指导意义。近年来,国内学界也有越来越多的学者开始关注核心通货膨胀与货币政策的关系。张延群(2011)建立起包含实际产出、M2 和 CPI 的向量自回归模型,将 CPI 分解为长期变动趋势与短期变动趋势项,并将长期趋势作为核心通胀,他认为核心通货膨胀对央行制定及时有效的货币政策有所启示。王宇和李季(2012)采用自回归和均值回归方法构造了持续性加权核心通货膨胀指数,研究发现该指数对判断总体通货膨胀趋势以及确定货币政策取向都具有一定的参考价值。王开科和曾五一(2014)针对中国 CPI 统计中存在的权重偏误问题,以自有住房支出估计和 CPI 分类权重测度为突破口,利用剔除法与截尾平均法测算了中国核心通货膨胀率,并证明核心通货膨胀能够更好地反映中国一般物价水平的长期变化,较好地契合了中国货币政策窗口期。

总结上述文献不难看出,虽然国内学界对核心通货膨胀的测度方法不同,但多数学者均强调核心通货膨胀对中国货币政策的制定具有更大的意义。值得思考的是,从多目标的央行福利损失角度出发,核心通货膨胀对货币政策反应规则的影响会有什么样的特点?如果将核心通货膨胀作为福利损失函数的目标之一,在最优的利率反应函数中,对其他影响因素的系数会有什么影响?结合上述疑问,笔者为了考察中国最优货币政策反应规则,拓展了开放经济的新凯恩斯经济模型,在该模型的经济系统里,通过最优化央行多目标福利损失函数,从定性与定量分析的角度考察核心通货膨胀的作用。

四、理论模型

(一)经济中的总供给和总需求结构

在新凯恩斯经济模型中,经济的需求方满足线性化 IS 曲线:

$$y_t = E_t y_{t+1} - \alpha(r_t - E_t \pi_{t+1}) + \mu_t$$

经济的供给方满足线性化的新凯恩斯菲利普斯曲线:

$$\pi_t = \beta E_t \pi_{t+1} + \gamma y_t + e_t$$

其中,y_t 代表产出缺口,$E_t y_{t+1}$ 代表对产出缺口的预期,r_t 代表名义利率,$E_t \pi_{t+1}$ 代表对通货膨胀的预期,μ_t 代表需求冲击,e_t 代表成本冲击。

在开放经济中,IS 曲线也受到净出口因素的影响,当本国实际汇率越高,本国货币价值越高,本国出口货物竞争力越低,从国外进口能力越强。所以,假设实际记录为 S_t,小型开放经济下,线性 IS 曲线满足:

$$y_t = E_t y_{t+1} - \alpha(r_t - E_t \pi_{t+1}) - \sigma s_t + \mu_t$$

(二)国际收支余额

一国国际收支余额 BP 等于本国净出口 NX 加上资本净流入 F。其中,本国净出口与

本国实际汇率 S_t 负相关,与本国产出缺口 y_t 负相关。即

$$NX = -\alpha y_t - b s_t + \varepsilon_{1t}$$

本国资本净流入 F 受到本国利率 r_t 与世界利率 r_t^f 差的影响,当本国利率高于世界利率时,资本净流入增加;当本国利率高于世界利率时,资本净流入降低。

$$F = c(r_t - r_t^f) + \varepsilon_{1t}$$

因此,国际收支余额满足:

$$BP = NX + F = -\alpha y_t - b s_t + c(r_t - r_t^f) + \varepsilon_t$$

(三)央行损失函数

Feldstein and Stock(1996)将央行面对的经济体简化为线性动态调整系统,本节基于他们的研究将开放经济新凯恩斯经济模型简化:

$$y_t = a_1 E_t y_{t+1} - b_1 r_t - c_1 s_t + \varepsilon_{1t} \tag{1}$$

$$\pi_t = a_2 E_t \pi_{t+1} - b_2 r_t + \varepsilon_{2t} \tag{2}$$

本国的国际收支余额满足:

$$bp_t = b_3(r_t - r_t^f) - c_3 s_t + \varepsilon_{3t} \tag{3}$$

其中,所有系数均为正数,ε_{1t}、ε_{2t}、ε_{3t}、ε_{1t}、ε_{2t}、ε_{3t} 代表其他冲击因素。

央行在该经济系统内最优化其货币政策函数,即在保障经济增长的产出目标和维持物价稳定的同时,也要保证国际收支的大体平衡。Williamson(1983)认为国际收支均衡应当是一国与其他国家之间合理的与可持续的资源净流动,本节借鉴此思想,认为国际收支的大体平衡应该是国际收支余额处于合意的国际收支余额水平。

具体而言,以福利损失函数方程式表示的最优反应规则可以表述为:

$$L = \frac{1}{2} * \sum_t^\infty \beta^t \{\theta_\pi (\pi_t - \pi_t^*)^2 + \theta_y (y_t - y_t^*)^2 + \theta_{bp}(bp_t - bp_t^*)^2\} \tag{4}$$

其中,bp_t^* 表示当期合意的国际收支余额,即稳定可持续的国际收支余额,($bp_t - bp^*$)表示国际收支余额的偏离程度。即 $bp_t = bp^*$ 时,国际收支处于大体平衡的状态。β^t 表示第 t 期贴现因子,y_t 表示 t 期实际产出缺口,y_t^* 表示当期产出缺口的目标值,π_t 表示 t 期通货膨胀率,π_t^* 表示当期货币当局通胀目标值。其中,各权重均为正数且满足 $\theta_\pi + \theta_y + \theta_{bp} = 1$,该系数表示央行在稳定产出、稳定通货膨胀和稳定国际收支余额之间的权重选择。央行通过动态调整以利率为主的货币政策工具,根据不同时期特征,调整三项权重,使得各时期产出、通货膨胀与国际收支余额的贴现达到最小。

将式(1)、(2)、(3)带入式(4),并对 r_t 进行一阶求导可得到最优利率的表达式:

$$r_t^* = -B * E y_{t+1} - C * E \pi_{t+1} + D * r_t^f + E * s_t + \varepsilon_t \tag{5}$$

其中,各系数满足:

$$A = b_1^2 \theta_\pi + b_2^2 \theta_y + b_3^2 \theta_{bp}$$

$$B = b_1 \theta_\pi / A$$

$$C = b_2 \theta_y / A$$

$$D = b_3^2 \theta_{bp}$$

第二章 传统汇率锚理论的新应用

$$E = (b_3 \theta_{bp} c_3 - b_1 \theta_\pi c_1)/A$$
$$\varepsilon_t = (b_1 \theta_\pi \varepsilon_{1t} + b_2 \theta_y \varepsilon_{2t} + b_3 \theta_{bp} \varepsilon_{3t})/A$$

由上式可以看出,预期产出缺口、预期通货膨胀与最优利率负相关,世界利率、本国实际汇率与最优利率正相关。

五、核心通货膨胀

通货膨胀率可分为核心通货膨胀率与非核心通货膨胀率。前者指通货膨胀率中的长期趋势,可通过货币政策调整;后者指通货膨胀率中的暂时性波动,包括国外大宗商品价格冲击、供给需求失衡的冲击等。

$$E\pi_{t+1} = \omega E\pi_{t+1}^{core} + (1-\omega)E\pi_{t+1}^{noncore}$$

在上式中,$\omega \in [0,1]$代表预期通货膨胀中核心通胀的比重;$E\pi_{t+1}^{core}$代表核心通货膨胀的预期;$E\pi_{t+1}^{noncore}$代表非核心通货膨胀的预期。

现在,我们假设两种情形:

第一种情形是预期核心通胀率增加$1/\omega$单位,预期非核心通货膨胀率不变,则预期通货膨胀率增加1个单位。当央行利率规则不区分核心通货膨胀与非核心通货膨胀时,利率会调整$-C$单位,而真实利率仅需调整$-C*\omega$单位,利率被过度调整。

第二种情形是预期核心通货膨胀率不变,预期非核心通货膨胀率增加$1/(1-\omega)$单位,则预期通货膨胀率增加1个单位。当央行利率规则不区分核心通货膨胀与非核心通货膨胀时,利率会调整$-C$单位,而真实利率仅需调整$-C(1-\omega)$单位,利率被过度调整。

通过上文分析,央行最优利率如果盯住通货膨胀而不是核心通货膨胀,会造成利率的过度调整,导致央行的福利损失无法最小化。

六、计量模型及变量选择

(一)计量模型

1. 利率平滑机制

央行总是试图平滑利率的运动路径,使利率沿着相同的方向缓慢变化,尽量避免频繁地改变其运动方向。我们进一步引入了央行调整利率的动态平滑机制,即

$$r_t = (1-\rho)r_t^* + \rho r_{t-1} + v_t \tag{6}$$

其中,$\rho \in [0,1]$,为利率平滑参数,该参数估计量越大,表明货币当局利率调整速度越慢,利率调控的经济效果越不明显,但可以避免利率的快速调整对经济带来的不利影响,属于保守、被动地调控;v_t为误差项。

2. 央行外汇市场干预

长期以来出口一直被视为拉动经济的"三驾马车"之一。人民币汇率的过度升值势必会打击中国的出口,因此,为了避免汇率的过度波动对国内经济造成冲击,中国货币当局对外汇进行干预以维持汇率的稳定。同时,由于央行对外汇市场干预造成外汇占款的增加,进而导致国内基础货币增加,在货币乘数效应影响下,国内的货币市场出现失衡。

因此，在货币政策反应规则中，有必要引入外汇干预的指标——央行干预指数 $Index_t$：

$$Index_t = h \cdot \Delta R_t / (\Delta e_t + h \Delta R_t)$$

央行干预指数是 Weymark(1997) 的设定，其中 Δe_t 表示汇率变动（此处汇率为人民币对美元汇率经物价水平调整后获得），ΔR_t 表示外汇储备变动，h 表示汇率变动时外汇储备变动的弹性，即汇率变动的标准差除以外汇储备变动的标准差：

$$h = \sigma_{\Delta e} / \sigma_{\Delta R}$$

可见，当 $\Delta e_t = 0$ 时，$Index_t = 1$，此时，央行干预最强，并维持固定汇率制度；当 $Index_t = 0$ 时，表示央行实行完全浮动汇率制度。为了更有效地反映央行干预强度的变化，我们做出了进一步修正，得出央行干预强度的度量指标 Int_t：

$$Int_t = |Index_t - 1|$$

当 $Int_t = 0$ 时，央行干预强度最大，随着 Int_t 增大，央行干预强度变小。

3. 货币政策反应函数

将央行干预强度指标引入最优利率模型，可得

$$r_t^* = \partial \times E\pi_{t+1} + \beta \times Ey_{t+1} + \gamma \times Int_t + \eta \times i_t^f + \theta \times s_t + \mu_t \tag{7}$$

其中，r_t^* 为最优名义利率，$E\pi_{t+1}$ 代表对通货膨胀率的预期，Ey_{t+1} 代表对实际产出缺口的预期，i_t^f 代表世界利率，μ_t 为随机扰动项，Int_t 代表央行干预指数，s_t 代表实际汇率。

货币当局对未来进行预期，则有：

$$\pi_{t+1} = E(\pi_{t+1} | \Omega_t) + \tau_{1,t+1} \tag{8}$$

$$y_{t+1} = E(ygap_{t+1} | \Omega_t) + \tau_{2,t+1} \tag{9}$$

将式(6)、(8)、(9)代入式(7)并整理，可得到本节回归模型：

$$r_t = c + \rho r_{t-1} + \partial_1 \pi_{t+1} + \beta_1 ygap_{t+1} + \gamma_1 Int_t + \eta_1 usr_t + \theta_1 reer_t + \varepsilon_t \tag{10}$$

其中，

$$c = (1 - \rho)(r^* - \partial \pi^*)$$
$$\partial_1 = \partial(1 - \rho)$$
$$\beta_1 = \beta(1 - \rho)$$
$$\gamma_1 = \gamma(1 - \rho)$$
$$\eta_1 = \eta(1 - \rho)$$
$$\theta_1 = \theta(1 - \rho)$$
$$\varepsilon_t = \nu_t + (1 - \rho)(\partial \tau_{1,t+1} + \beta \tau_{2,t+1} + \mu_t)$$

由于各扰动项之间存在可能的相关性，对于式(10)不能采用 OLS 进行估计，而在时间序列中，即使存在自相关，只要采用异方差自相关稳健的标准来进行统计推断就能获得满足一致性、渐进正态性与渐进有效性的估计量。因此，本节采用 GMM 来估计货币政策反应函数，选取的工具变量包括通货膨胀率、实际产出缺口、央行干预强度、实际有效汇率以美国联邦基金利率缺口的滞后 1 期。工具变量的选取应该满足工具变量向量与误差项正交。

（二）变量选择及数据处理

短期名义利率：由于中国上海银行间同业拆放利率（Shibor）样本期间较短，而银行间

同业拆借利率开放最早,市场化较成熟,因此本节选择月度全国 7 天内同业拆借加权平均利率作为短期名义利率的代理变量。数据来源于 Wind。

通货膨胀率:本节分别选取月度同比 CPI 以及核心 CPI 作为通货膨胀率与核心通货膨胀率的代理变量。其中 CPI 数据来源于 Wind,核心 CPI 通过下文计算得到。

产出缺口:由于中国只公布季度 GDP 数据,而本节需要采用月度数据。鉴于工业增加值与 GDP 之间高度相关,且历年走势吻合较好,本节依据大多数文献所采取的方式,通过"季度 GDP/季度工业增加值=月度 GDP/月度工业增加值"来估计月度 GDP。并将名义 GDP/物价指数(1999 年 1 月=100),将季节调整后的月度名义 GDP 转化为月度实际 GDP。数据来源于中经网数据库。

实际汇率:本节采用人民币实际有效汇率指数作为中国实际汇率的代理变量,数据来源于 IMF。

央行干预强度:首先测算实际外汇储备,将以美元计价的外汇储备乘以当期人民币标价的外汇储备,并进行季节调整,最后除以当期价格指数,得到实际外汇储备。再测算人民币/美元实际汇率:$e = s \cdot cpi^* / cpi$,其中 s 代表人民币/美元名义汇率,cpi^* 表示美国消费者物价指数(1999 年 1 月=100),cpi 代表中国消费者物价指数(1999 年 1 月=100),数据来源于 IMF。

美国联邦基准利率缺口:通过季节调整后的美国联邦基准利率进行 HP 滤波处理,得出利率缺口 usr,数据来源于 Wind。

本研究样本区间为 1999 年 1 月至 2016 年 12 月。在数据处理时,对许多如 GDP、价格指数、外汇储备等存在明显季节性趋势的变量,运用 X-12 方法进行季节调整,并将季节调整后的数据由名义值转化为实际值,在转化为实际值时,将 1999 年 1 月定为基期(100),通过月度环比数据,得出定基的月度 CPI。最后,对于用到的缺口数据,需要计算变量的潜在值,将实际值减去潜在值得到缺口数据。本节采用 HP 滤波法计算缺口。

表 2-14 主要变量与符号对应表

变量	代表符号
短期名义利率	r
通货膨胀	chCPI
核心通货膨胀	chcoreCPI
产出缺口	y
实际汇率	reer
央行干预强度	Int
美国联邦基准利率缺口	usr

七、核心通胀时间序列的构建

前文研究将核心通货膨胀纳入货币政策反应规则的分析框架之中,但我国并没有公开的、长周期的核心通货膨胀时间序列。鉴于此,这一部分将在前期研究的基础上,构建核心通货膨胀时间序列,并对其有效性进行检验。

(一)核心通胀的测度

在核心通货膨胀的测度方法中,各国(地区)央行普遍采用的是剔除法,即把 CPI 中受短期因素和季节性因素影响的项目剔除掉,再对剩余的项目进行调整,然后得出核心 CPI 的办法。由于简单易行、易于被公众理解接受,剔除法目前被大多数国家(地区)采用并定期公布,剔除的成分根据各个国家(地区)的不同情况而不尽相同(见表 2-15),一般经常剔除的是食品类和能源类商品,这两类商品受短期因素影响较大,会对 CPI 的准确性产生一定的干扰。

表 2-15　世界各国(地区)核心 CPI 剔除项目

国家	剔除法包括的项目
新加坡	CPI 剔除私人交通和居住成本
美国	CPI 剔除食品、能源
英国	CPI 剔除抵押贷款利息支出
加拿大	CPI 剔除食品、能源和间接税,以及 8 项高波动性项目(约占 16%)
泰国	CPI 剔除生鲜食品、能源
日本	CPI 剔除新鲜食品
欧盟	CPI 剔除食品、能源
法国	CPI 剔除税收、能源、食品和价格管制
秘鲁	CPI 剔除 9 个波动项目(包括食品、水果蔬菜、城市交通等)
葡萄牙	CPI 剔除未加工食品、能源
哥伦比亚	CPI 剔除能源和未经加工的食品价格
爱尔兰	CPI 剔除抵押贷款支出、食品及能源

在中国 CPI 分类组成中,食品权重常年在 30% 左右,同时考虑到没有公布能源类权重,本节使用剔除法选择剔除食品类。但食品类支出在居民消费中占比较大,不宜直接剔除,所以需要对食品类进一步细分,有选择地剔除。参照项目指数细分标准,2005 年以前的 8 个大类指数数据中,细分的仅有食品类中的粮食、蛋(鲜蛋)、水产品、肉禽及其制品、菜(鲜菜)5 个分类。2005 年以后可分类项目明显增多,食品类项目可分为粮食(大米、面粉)、淀粉、干豆类及豆制品、油脂、肉禽及其制品(猪肉、牛肉、羊肉)、水产品、蛋(鲜蛋)、菜(鲜菜)、糖、调味品、茶及饮料(茶叶、饮料)、干鲜瓜果(鲜瓜果)、糕点饼干、液体乳及乳制品(巴氏杀菌奶或消毒奶、奶粉)、在外用膳食品、其他食品共 16 个分类。通过对比样本区间的粮食、肉禽及其制品、水产品、菜(鲜菜)各分类项目的波动情况可以看出,4 个分类指数波动较为明显(如图 2-19)。

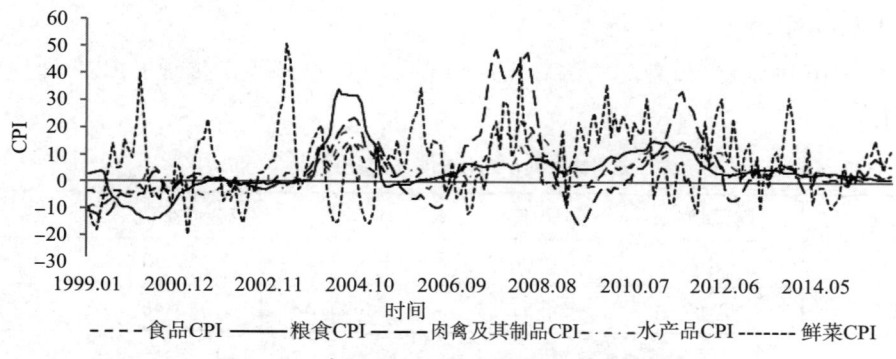

- - - - 食品CPI ——— 粮食CPI - - - 肉禽及其制品CPI - · - 水产品CPI ······ 鲜菜CPI

图 2-19 食品 CPI 及其主要项目 CPI 波动图

同时,基于数据的可得性,本节选用月度同比 CPI 数据,并以 1999 年 1 月至 2016 年 12 月,共 216 个月的月度数据为样本数据来测度核心 CPI,其中剔除的项目为粮食 CPI、肉禽及其制品 CPI、鲜菜 CPI 与水产品 CPI 4 类。

假设 CPI 定义为 D,其所对应的各类价格指数为 $D_i(i=1,2,3,\ldots n)$,相应的,各分类对应的权重为 $w_i(i=1,2,3,\ldots n)$。

因此,按照加权平均法可得:$D = w_1 D_1 + w_2 D_2 + \cdots + w_n D_n$。当第 k 类商品被剔除时,剔除该商品后的 CPI 满足:

$$\mathrm{CPI} = (D - D_k w_k)/(1 - w_k)$$

根据上文分析,我们将剔除 4 个子类 CPI 后得到的时间序列称为核心通货膨胀序列。

由图 2-20 可以看出,3 类 CPI 走势基本相同,其中食品类 CPI 波动最强,剔除 4 种分类食品 CPI 后的核心 CPI 波动最小,这说明食品 CPI 的走势对 CPI 影响很大,使用剔除 4 种分类食品后的 CPI 波动性明显降低。

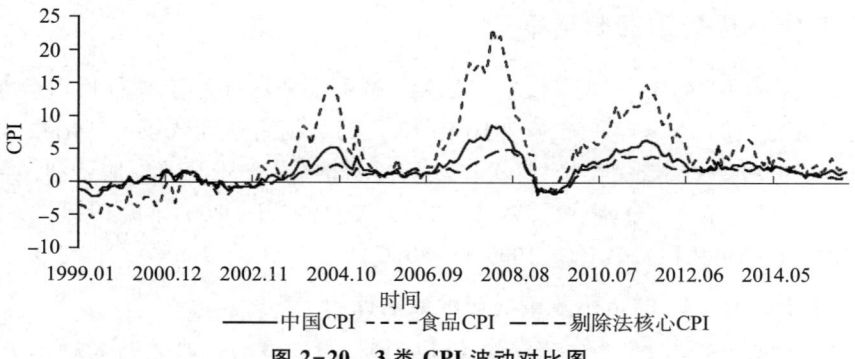

——— 中国CPI - - - - 食品CPI - - - 剔除法核心CPI

图 2-20 3 类 CPI 波动对比图

(二) 核心通货膨胀序列的有效性检验

Bryan and Cecchetti(1995)提出了作为核心通货膨胀的序列应满足三个方面的条件:首先是平稳性,即该序列的波动幅度应小于观测到的通货膨胀;其次是可预测性,即核心通胀率对通胀率有一定的预测能力;最后,核心通胀的度量应建立在理论基础上。鉴于目前剔除法广泛应用,参考龙革生等(2008)的观点,本节也放开理论基础这一要求。

1. 平稳性检验

从表2-16可以看出,剔除法测算出的核心CPI标准差小于传统的CPI,即核心CPI平稳性更好。

表2-16 CPI序列的比较

变量	观察值	均值	标准误	最小值	最大值
CPI	216	2.040098	2.299064	−2.20	8.70
核心CPI	216	1.415735	1.467272	−1.46	4.99

2. 可预测性检验

对核心CPI的第二个要求就是有助于预测可观测的CPI。由于核心通货膨胀更多地代表通货膨胀的长期趋势,所以核心通货膨胀的预测性主要体现在通货膨胀率向核心通货膨胀率所代表的趋势靠拢过程。所以对CPI与核心CPI序列之间因果关系进行判断,格兰杰因果检验(滞后3期,通过AIC准则判断)结果见表2-17。

表2-17 核心CPI与CPI格兰杰因果检验结果

原假设	观测值	P值	结论
核心CPI不是CPI的原因	216	0.001	拒绝原假设
CPI不是核心CPI的原因	216	0.217	不拒绝原假设

从表2-17可以看出,核心CPI是CPI的格兰杰原因,但CPI不是核心CPI的格兰杰原因。因此,核心CPI是有效的序列,可用于后续分析。

八、货币政策反应规则回归结果分析

基于上文得出的核心CPI序列,本节采用GMM法来估计基于央行货币政策的反应函数。我们首先根据1999年1月至2016年12月的数据来估计政策反应函数,然后利用该函数预测区间外数据,依次类推,每次将区间向前推24个月再进行估计和预测。因此需要估计的区间为6个,分别为1999.1—2005.12、1999.1—2007.12、1999.1—2009.12、1999.1—2011.12、1999.1—2014.12、1999.1—2016.12。

(一)基于核心CPI的货币政策反应函数估计

从表2-18可以看出,基于不同区间估计的货币政策反应函数系数差别不大,选取工具变量有效,各个区间的拟合优度多在0.6以上,模拟效果较好,总体上讲,基于大多数区间估计的货币政策反应函数是稳健的。利率滞后值、核心CPI以及实际有效汇率指数系数为正,具有较好的稳健性;其他变量的系数符号在大部分区间具有一致性;美国联邦基准利率仅在1999—2005为负数,且系数不显著;产出缺口在1999—2013、1999—2016高度显著,且系数为正;央行干预强度变化较明显,在1999—2005、1999—2007、1999—2009显著且系数为正,在1999—2016高度显著且系数为负。

从各区间的回归结果来看,中国存在明显的利率平滑行为。在上述6个区间,利率的平滑行为均为显著,且为正数,基本维持在 0.9 左右。这说明中国利率存在明显的动态机制,上一期对下一期利率影响显著且稳定。

在上述 6 个区间中,核心 CPI 也均显著且系数为正。这说明名义利率随着核心通货膨胀率的上升而上升,但是货币政策反应规则系数小于 1(见表 2-19),即核心通货膨胀上升导致实际利率下降,这表明中国货币政策并不稳定。1999.1—2016.12 的 6 个区间中,在中国经济发展处于不同阶段以及面临不同外部冲击时,货币政策的不稳定程度存在差异。1999.1—2005.12,货币政策反应函数中核心 CPI 对利率影响系数在 0.045 左右,货币政策反应规则系数在 0.9489;但到了 2007 年 12 月,核心 CPI 对利率影响系数降低至 0.022,货币政策反应规则系数降低至 0.4111 左右;到 2009 年 12 月,核心 CPI 对系数影响力进一步下降到 0.0105,货币政策反应规则系数降低至 0.178。2007—2009 年正是全球金融危机的发生期,中国经济衰退,通货膨胀压力降低,名义利率趋于稳定。随后核心 CPI 对利率的影响系数以及货币政策反应规则系数逐渐增大,在全样本区间,影响系数高达 0.0713,货币政策反应规则系数也增加到 0.2996 左右。由此可以看出,在样本区间内,我国货币政策反应函数呈现不稳定态势,在面临不同经济形势和不同突发事件冲击时,不稳定程度存在差异。

表 2-18 基于剔除法核心 CPI 的货币政策反应函数(从式(10)获得)

	1999.1—2005.12	1999.1—2007.12	1999.1—2009.12	1999.1—2010.12	1999.1—2013.12	1999.1—2016.12
L.r	0.953 ***	0.946 ***	0.941 ***	0.757 ***	0.781 ***	0.762 ***
	(0)	(0)	(0)	(0)	(0)	(0)
F.y	-3.28e-06	8.53e-06	9.97e-06	-5.85e-05	-4.87e-05 **	-7.98e-05 ***
	(0.396)	(0.317)	(0.705)	(0.209)	(0.0345)	(3.01e-08)
usr	-0.00596	0.0320 ***	0.0690 ***	0.0702 ***	0.0720 ***	0.0692 ***
	(0.376)	(5.52e-08)	(2.21e-10)	(0.00574)	(0.00106)	(0.00581)
F.chcoreCPI	0.0446 ***	0.0222 **	0.0105 *	0.0608 ***	0.0544 ***	0.0713 ***
	(5.85e-06)	(0.0172)	(0.0520)	(3.29e-05)	(0)	(1.61e-09)
reer	0.0111 ***	0.00534 ***	0.00219	0.00404 *	0.0110 ***	0.00489 ***
	(3.73e-08)	(0.000707)	(0.181)	(0.0737)	(0)	(2.73e-05)
Int	0.00379 *	0.00439 *	0.0118 *	-0.0123	-0.00994	-0.0205 ***
	(0.0623)	(0.0560)	(0.0551)	(0.268)	(0.136)	(0.00275)
截距	-0.950 ***	-0.394 ***	-0.126	0.181	-0.508 ***	0.114
	(7.33e-06)	(0.00871)	(0.570)	(0.566)	(4.47e-05)	(0.289)
观察值	82	106	130	154	178	213
R^2	0.757	0.575	0.628	0.638	0.671	0.603

注:***、**、* 分别表示在 1%、5%、10% 的置信水平下显著。

表 2-19 基于核心 CPI 的货币反应规则系数（从式（7）获得）

	1999.1—2005.12	1999.1—2007.12	1999.1—2009.12	1999.1—2010.12	1999.1—2013.12	1999.1—2016.12
ρ	0.9530	0.9460	0.9410	0.7570	0.7810	0.7620
α	0.9489	0.4111	0.1780	0.2502	0.2484	0.2996
β	−0.0001	0.0002	0.0002	−0.0002	−0.0002	−0.0003
γ	0.0806	0.0813	0.2000	−0.0506	−0.0454	−0.0861
η	−0.1268	0.5926	1.1695	0.2889	0.3288	0.2908
θ	0.2362	0.0989	0.0371	0.0166	0.0502	0.0205

从实际情况来看，伴随着我国经济进一步扩大开放，我国利率受到全球市场利率的影响越来越大，从无风险套利角度考虑，我国利率走势应与全球市场利率同步，这一点从美国联邦基准利率的系数为正得到证明；2005年汇改以来，汇率以及汇率政策对我国货币市场和国内实体经济影响力也越来越大，实际汇率的影响系数为正且显著，而央行干预强度指数由正变负。一方面，这表明我国汇率的变化对利率的影响日趋显著；另一方面，也表明央行通过干预外汇市场来对冲汇率对利率的影响。由此可见，核心 CPI 的货币政策反应函数总体上较为准确地反映了我国利率的基本情况。

（二）基于 CPI 与核心 CPI 的货币政策反应函数估计的比较

1. 模型稳健性及拟合优度分析

表 2-20 结果表明，盯住核心 CPI 与 CPI 的货币政策反应函数在总体样本区间上具有相似稳健性，但是核心 CPI 下，央行干预强度、美国联邦基准利率缺口以及实际汇率相对更为稳健。两种情况下，通货膨胀率对利率的影响显著为正，这符合中国以稳定物价作为货币政策重要目标的实际，央行干预强度为负值，这符合逆经济周期的货币政策操作；美国联邦基准利率缺口系数为正，这符合套利定价理论；产出缺口系数为负，这符合传统的 IS 理论；实际汇率指数系数为正，这符合开放经济体宏观经济模型。从拟合优度来看，两者的拟合优度较为接近，各个模型设定较好。

2. 回归结果比较分析

同样由表 2-20 可知，核心 CPI 对利率的影响系数为 0.0713，传统的 CPI 对利率的影响系数为 0.0346，即核心 CPI 对利率的影响系数明显高于 CPI 对利率影响系数。也就是说，采用核心 CPI，对货币政策的反应更敏感，可以有效规避利率的过度调整，这一结果与前文理论分析相符。此外，盯住核心通货膨胀的货币政策反应规则降低了美国联邦基准利率对我国利率的影响（0.0692<0.0899）。就其他影响因子的系数变化来看，实际有效汇率对利率的影响有所降低（0.00489<0.00544），央行外汇市场干预强度对利率的影响有所增强（0.0205>0.0175）。

表 2-20 基于两类 CPI 的回归结果比较

	1999.1—2016.12（核心 CPI）	1999.1—2016.12（传统 CPI）
L.r	0.762***	0.780***
	(0)	(0)
F.y	−7.98e−05***	−8.15e−05***
	(3.01e−08)	(9.85e−07)
usr	0.0692***	0.0889***
	(0.00581)	(0.000325)
F.chcoreCPI	0.0713***	
	(1.61e−09)	
reer3	0.00489***	0.00544***
	(2.73e−05)	(9.80e−07)
Int	−0.0205***	−0.0175**
	(0.00275)	(0.0320)
F.chCPI		0.0346***
		(7.34e−08)
截距	0.114	0.0323
	(0.289)	(0.768)
观察值	213	213
R^2	0.603	0.610

九、结论与政策建议

次贷危机后,全球央行多目标制逐渐兴起,外部冲击已日益成为包括我国央行在内的各国央行在制定货币政策时不可忽略的重要因素。这就要求央行在制定政策时应合理地排除暂时性干扰因素,正确地引导公众的通货膨胀预期,避免货币政策的不必要调整。尤其是在次贷危机后,央行多目标的框架变得更加复杂,排除暂时性因素的干扰对制定货币政策的研究显得更为必要。

本节基于开放经济的新凯恩斯模型,通过最优化央行的多目标福利损失函数,研究核心通货膨胀在央行货币政策反应规则的影响和作用,得出以下三点结论:

第一,我们认为应该将合理可持续的国际收支余额纳入央行的福利损失函数的目标中,而不是把汇率、外汇储备等因素作为一个工具。在最优化的利率函数中,盯住核心通货膨胀可以避免央行利率的过度调整,避免福利损失。

第二,央行货币政策反应规则盯住核心通货膨胀,可以降低美国联邦基准利率对我国利率的影响,减少美国货币政策对我国货币政策的溢出效应。特别是全球市场对美联储加息的预期越来越高,盯住核心通货膨胀对中国加固金融系统,降低美联储潜在加息行动可能带来的冲击更有意义。

最后,央行货币政策反应规则盯住核心通货膨胀,实际有效汇率和央行外汇市场干预强度与盯住通货膨胀相比,会呈现不同的特征。在实证研究中,央行盯住核心通货膨胀会使得央行外汇市场干预系数增强(0.0205>0.0175),实际有效汇率系数减弱(0.00489<0.00544)。但鉴于中国并没有官方统一的核心通货膨胀序列,这就对央行提出了新的挑战。此外,我们认为央行应当基于核心通胀序列,准确地判断实际汇率与央行干预强度的变化对利率的影响。厘清外汇市场干预、实际汇率以及美国联邦基准利率对我国利率的影响,对于合理引导市场预期,稳定金融系统具有积极的现实意义。

第四节 人民币汇率中间价形成机制优化研究

一、引 言

2017 年,总理在政府工作报告中提出,坚持汇率市场化改革方向,同时也要稳住人民币在全球货币中的地位。这就要求央行的目标是保持人民币汇率在合理均衡水平上的基本稳定。自 2015 年 8 月 11 日人民币汇率改革之后,央行推出了 CFETS 货币篮子,又引入了"收盘价汇率+货币篮子汇率"的中间价报价机制,这显著增强了人民币汇率形成机制中市场供求的作用。央行独特的中间价定价机制,总体上得到了市场较好的评价。人民币汇率机制透明度提高,人民币贬值预期和压力降低,外汇储备急剧下降势头得到遏制。但这一新汇率形成机制是否真正能够达到汇率改革的目的,还需时间的进一步检验。

参考一篮子货币,即通过人民币对美元的隐含价来稳定 CFETS 指数,同时参考昨日收盘价,增强市场供求对人民币对美元汇率中间价的影响。在某些情况下,根据货币篮子和收盘价两个因素所确定的人民币对美元汇率中间价的方向是一致的。在另外一些情况下,两个因素所指向的中间价的方向则是不一致的。归根结底,中间价还是需要由央行综合各种因素酌情决定,央行需要在市场供求、篮子货币汇率变动和人民币汇率稳定三者之间做出取舍(余永定和肖立晟,2016)。吴秀波(2016)也认为,由于央行并没有挑明在两种汇率中更偏重哪个部分的变化,汇率市场化程度有所减弱。因而,弄清楚"收盘价汇率+货币篮子汇率"中间价形成机制中市场供求与篮子货币汇率变动之间权重问题,对于中国的汇率改革及本国福利有着重要的意义。

近年,随着我国产业结构调整,一般贸易比例不断上升,但是 2016 年来料加工和进料加工出口贸易额仍占总出口贸易额 34%。唐东波(2013)研究发现,2000—2008 年中国出口的垂直专业化均值为 47.93%,出口品的国外附加值率整体较高且主要来自加工贸易。贸易全球化进程使我国出口企业越来越融入国际价值链条这一趋势,意味着我国贸易结构具有垂直专业化结构的特点(项后军和许磊,2013)。同时,推进人民币贸易结算以来,人民币国际化及跨境结算取得了巨大的成就。因此,本节结合人民币汇率改革与人民币国际化两种趋势,从本国贸易垂直专业化及计价货币出发研究了我国人民币中间价形成机制中市场供求(收盘价)与篮子货币汇率变动之间权重问题,显然具有重要意义。本节结论强调人民币汇率应基本稳定,这与总理在 2017 年十二届全国人民代表大会第五次会议回答记者提问时所说的"人民币汇率的基本稳定是对国际货币体系稳定的重要贡献,汇率会保持基本稳定"是基本一致的。本节在综合考虑多种情况的影响下,从数理模型及数值模拟的角度对上述情况加以分析,以期得到一些政策启示。

二、文献综述

研究货币篮子最优的汇率制度文献始于 20 世纪 80 年代,到目前为止国内外已经有了较为丰富的研究,并从单独的理论研究发展到理论和实证研究相结合的阶段。

首先,在理论模型研究方面,一般是基于不同的货币政策函数求解最优的货币篮子权重。早期的文献 Flanders and Tishler(1981)、Connolly and Yousef(1982)、Behandari(1985)和 Edison and Vardal(1990)基于稳定收益、稳定物价或稳定外汇储备等问题进行最优化求解货币篮子的权重。Xu(2011)考虑到垂直贸易专业化因素,指出垂直贸易结构决定进口货币与出口货币的最优权重。此外,若一国实行固定汇率制度,挂钩货币的选择受到其他竞争国的影响。Ma and Cheng(2014)建立了一个静态的基于实体经济部门的两阶段模型研究最优化货币篮子权重。胡春田等(2013)构建了局部均衡模型以及一般均衡模型,将进口中间品纳入分析框架,计算对应的一篮子货币最优权重,认为最优权重会受到进口中间品的影响。

为了进一步刻画经济特征,部分学者引入了金融自由化和货币替代等因素。Turnovsky(1982)使用宏观一般均衡模型,假定资本完全流动和自由贸易,以国内产出稳定为政策目标,分析了最优货币篮子的选择,其研究结论认为货币篮子中货币的选择对贸易权重的影响相对较小。Daniels et al.(2001)在 Turnovsky 模型的基础上研究了新兴市场国家最优货币篮子的选择,指出实体部门、货币与债券市场、各种利率渠道、出口贸易、国际收支、货币替代均影响货币篮子中货币权重的选择。小川英治和姚枝仲(2004)则对货币篮子的概念与盯住一篮子货币汇率制度进行了详细综述。陆前进(2011)认为货币篮子中的货币与权重是人民币参考一篮子货币必须解决的两个问题。

其次,在实证研究方面,本节主要是利用数据去推断采用货币篮子汇率制度的具体权重和形式。由于采用货币篮子的国家很少公布货币权重和所盯住的货币,所以研究检验一篮子汇率制度的实证文献始于 Frankel and Wei(1994)提出的推断货币篮子中货币权重的计量模型,为了检验具有一定灵活性的篮子汇率制度,Frankel and Wei(2008)在原始框架中又引入了外汇市场压力(exchange market pressure,EMP)变量。

国内学者中,丁剑平和杨飞(2007)通过对人民币汇率实际参照货币篮子回归分析,认为人民币汇率在汇改后显著降低了参照美元的权重。陆前进(2012)采用汇率指数法实证检验了中国货币篮子的权重,认为篮子中美元占 61%,欧元、日元、英镑分别占 20%、10%、8.8%。伊楠和李婧(2014)应用 BP 检验对人民币篮子汇率制度演变进行考察。陈奉先(2015)结合弹性估计法和权重估计法的优点,利用汇率篮子、波动区间、爬行速度三个指标构建广义的汇率制度识别框架,并利用状态空间模型对中国 2000 年以来实行的实际汇率制度及其变迁轨迹进行静态和动态的考察。

由于"收盘价+货币篮子汇率"的中间价报价机制实行时间较短,相关文献较少,且聚焦于对其进行评价,总体上褒贬参半。有代表性的文献如余永定和肖立晟(2016)认为,尽管"收盘价+货币篮子汇率"的操作模式提高了汇率确定的透明度,在一定情况下,有助于稳定汇率预期,但人民币汇率缺乏灵活性的基本特征并没有改变,主张人民币应该尽快实现可自由浮动。谭小芬和李莹(2016)则积极评价新的中间价报价机制使人民币汇率制度比以往更加灵活,更贴合国际形势,也促进了我国金融体系的成熟完善。张明(2016)认为汇改符合汇率市场化的改革方向,但汇改时机不太合适,汇改的时点选择与中国股市剧烈调整、美联储加息预期强烈等因素相互重叠相互加强,以至于汇改引发了全球市场震荡。吴秀波(2016)认为"8·11汇改"标志着人民币汇率市场化改革迈出重大步伐,并取得阶段性胜利,但是也使一些问题显性化,如加剧"稳增长"与"稳汇率"矛盾、"保汇率"与"保储备"的矛盾,新汇率形成机制在外汇市场无法出清时出现易贬难升现象。

综合分析文献可以发现,除了少数研究外,大部分基本忽略了中国进口中间品进行加工贸易这一显著的特点,也没有考虑随着人民币国际化,人民币计价比例日趋提高的趋势。此外,目前还没有研究人民币汇率中间价形成机制中市场供求与篮子货币汇率变动之间权重问题,但这已对本国经济和社会福利产生了重大影响。因此,本节结合人民币汇率改革与人民币国际化两种趋势,从本国贸易垂直专业化及计价货币出发研究我国中间价形成机制中市场供求(收盘价汇率)与篮子货币汇率变动之间权重问题,显然具有重要意义。

三、理论模型

本节在开放经济动态随机一般均衡框架下研究人民币汇率中间价形成机制中收盘价汇率和货币篮子汇率变动之间权重问题。货币当局将在本国福利最大化下选择最优权重。本节模型重点求解中间价最优权重并证明最优权重取决于计价货币的选择、贸易垂直化结构、本国贸易部门出口价格黏性和出口市场竞争国依市定价程度。本节认为这些因素将是决定最优权重的关键因素。

在 Xu(2011)的研究基础上,为了更好地刻画中国经济的特征,本节模型中有三个国家:中间品进口来源国、贸易品出口目的国和本国。在本节中,中间品进口来源国是一个由初级产品出口国和地区组成的集体,并不特指某个国家。由于占中国出口贸易份额最大的国家和地区是美国和欧盟,那么贸易品出口目的国就是由美国和欧盟组成的集合。国内居民消费本国的非贸易品和从贸易品出口目的国进口的消费品。本国居民为国内非贸易品部门与贸易品部门提供劳动力。因为具有垂直化贸易结构,本国的贸易品部门从中间品进口来源国进口中间品、生产最终品并出口到贸易品出口目的国。中间品进口价格基本是以美元计价,由于近年人民币国际化程度的不断加深,人民币跨境结算的比例不断提高,本节将研究进口中间品采用美元计价和人民币计价的两种情形,本国出口的商品都采用美元计价。

假设美元相对人民币在 t 期的名义汇率采用中国外汇交易中心每日9点15分发布的人民币对美元中间价 S_t^A,欧元相对人民币在 t 期的名义汇率为 S_t^B,都采用直接标价法,而 S_t^{BA} 是以欧元对美元的汇率。

(一) 本国消费者

本国消费者的期望效应 $E_t U$ 为：

$$E_t U = E_t \sum_{i=t}^{\infty} \beta^{i-t} \left\{ \frac{[C_i^v (1-L_i)^{1-v}]^{1-\rho} - 1}{1-\rho} \right\} \quad (1)$$

这里，C 是本国居民的总消费指数，L 是劳动力供给，β 是折算因子，ρ 是跨期替代弹性的倒数，v 是消费在效用中的份额。消费指数 $C_t = (C_{Nt}/(1-\alpha))^{1-\alpha} (C_{Ft}/\alpha)^{\alpha}$，这里 C_{Nt} 是国内非贸易品消费，C_{Ft} 是进口的消费品消费，α 是进口消费品占本国居民总消费的比例。由于进口消费品来自美国和欧盟，本节假设使用美元与欧元计价，所以 $C_{Ft} = (C_{Ft}^{US}/\gamma)^{\gamma} (C_{Ft}^{EU}/(1-\gamma))^{1-\gamma}$，这里 C_{Ft}^{US} 和 C_{Ft}^{EU} 分别表示美元计价的进口消费品和欧元计价的进口消费品。从上也可以得到本国的消费者价格指数：

$$P_t = P_{Nt}^{1-\alpha} P_{Ft}^{\alpha} \quad (2)$$

这里 P_{Nt} 和 P_{Ft} 分别代表国内非贸易品价格指数和进口消费品价格指数。为了简明表达，进口的消费品使用欧元和美元计价，并将其价格标准化为 1，因而，消费品进口价格指数可表示为 $P_{Ft} = (S_t^A)^{\gamma} (S_t^B)^{1-\gamma}$，这里 γ 代表本国进口的消费品中美元计价的权重。

由于我国的资本项目仍然受管制，本节假设本国居民只能参与本国的债券市场，持有一期的债券 B_t 用于平滑消费者的跨期消费。从而可得到本国居民在 t 期的预算约束条件：

$$P_t C_t + B_t = W_t L_t + (1+i_{t-1})B_{t-1} + \Pi_t \quad (3)$$

这里 Π_t 是本国居民从贸易部门和非贸易部门获得的利润。

本国居民消费国内非贸易品和进口的消费品，最小化成本可得其国内非贸易品消费需求和进口消费品需求：

$$C_{Nt} = (1-\alpha) P_t C_t / P_{Nt}, \quad C_{Ft} = \alpha P_t C_t / P_{Ft} \quad (4)$$

从而最优化消费者问题，可以得到以下一阶条件：

$$\frac{1}{1+i_t} = \beta E_t \left[\left(\frac{C_{t+1}}{C_t} \right)^{v(1-\rho)-1} \left(\frac{1-L_{t+1}}{1-L_t} \right)^{(1-v)(1-\rho)} \left(\frac{P_t}{P_{t+1}} \right) \right] \quad (5)$$

$$\frac{1-v}{v} \frac{C_t}{1-L_t} = \frac{W_t}{P_t} \quad (6)$$

(二) 本国企业

本国有两个部门：贸易部门和非贸易部门。本节借鉴文献中经典做法，假设贸易部门和非贸易部门产品都具有一定程度的差异化和垄断势力，二者价格都采用 Calvo (1983) 制定的黏性价格机制。非贸易部门生产函数只有劳动投入，贸易部门的生产函数的投入要素包括本国劳动力和进口中间品。

1. 非贸易部门

非贸易部门的企业数量在 [0,1] 上连续分布。每家企业 j 具有一定的垄断竞争力，因而企业产品具有不完全的替代性。非贸易品总产出定义为 $Y_{Nt} = \left(\int_0^1 Y_{Nt}(j)^{\frac{1-\lambda}{\lambda}} dj \right)^{\frac{\lambda}{1-\lambda}}$，这里 λ 是国内非贸易品间替代弹性。那么对于每种产品 j 的需求可以定义为

$$Y_{Nt}(j) = \frac{P_{Nt}(j)^{-\lambda}}{P_{Nt}} Y_{Nt}, \tag{7}$$

这里 $P_{Nt} = \left(\int_0^1 P_{Nt}(j)^{1-\lambda} dj\right)^{\frac{1}{1-\lambda}}$ 是非贸易品综合价格指数。

非贸易品企业的生产函数为

$$Y_{Nt}(j) = L_{Nt}(j) \tag{8}$$

本节假设非贸易品企业每期重新设定价格的概率为 $1 - k_N$,那么企业调整价格的时候,通过最大化期望利润:

$$E_t \sum_{l=0}^{\infty} \left[(\beta k_N)^l \right] \frac{\Lambda_{t+l}}{\Lambda_t} \frac{\Pi_{t+l}(j)}{P_{t+l}} \tag{9}$$

可以得到最优的价格 $P_{Nt}^0(j)$,这里 $\Pi_{t+l}(j) = [P_{Nt}^0(j) - MC_{Nt+l}(j)] Y_{Nt+l}(j)$ 是非贸易部门企业 j 在 $t+l$ 的利润,$\Lambda_t = U'_c(C_t, 1 - L_t) = C_t^{\nu(1-\rho)-1} (1 - L_t)^{(1-\nu)(1-\rho)}$ 是消费者在 t 期的边际消费效用,$MC_{Nt}(j) = W_t$ 代表了非贸易部门企业的边际成本。从而得到最优价格:

$$P_{Nt}^0(j) = \frac{\lambda}{1-\lambda} \frac{E_t \sum_{l=0}^{\infty} (\beta k_N)^l \frac{\Lambda_{t+l}}{P_{t+l}} MC_{Nt+l} P_{Nt+l}^{\lambda} Y_{Nt+l}}{E_t \sum_{l=0}^{\infty} (\beta k_N)^l \frac{\Lambda_{t+l}}{P_{t+l}} P_{Nt+l}^{\lambda} Y_{Nt+l}} \tag{10}$$

根据 Calvo(1983)的定价方式和非贸易部门企业重新设定价格的概率 $1 - k_N$,从而可以得到非贸易品价格指数:

$$P_{Nt} = \left[k_N P_{Nt}^{1-\lambda} + (1 - k_N)(P_{Nt}^0)^{1-\lambda} \right]^{\frac{1}{1-\lambda}} \tag{11}$$

2. 贸易部门

贸易部门的企业数量也在 $[0,1]$ 上连续分布。每家企业 i 具有一定的垄断竞争力,因而企业产品具有不完全替代性,并出口美国和欧盟市场。贸易品总产出定义为 $Y_{Tt} = \left(\int_0^1 Y_{Tt}(i)^{\frac{1-\lambda}{\lambda}} di\right)^{\frac{\lambda}{1-\lambda}}$。出口企业和非贸易部门企业一样最大化期望收益,出口产品使用美元计价。贸易部门企业使用进口中间品和本国劳动力生产差异化的贸易品出口,本节设定贸易部门的企业生产函数为

$$Y_{Tt}(i) = \left[\alpha_T^{\frac{1}{\theta}} L_{Tt}(i)^{\frac{\theta-1}{\theta}} + (1 - \alpha_T)^{\frac{1}{\theta}} IM_t(i)^{\frac{1-\theta}{\theta}} \right]^{\frac{\theta}{1-\theta}} \tag{12}$$

这里 α_T 是劳动力在贸易品生产投入中所占份额,IM_t 为进口中间品数量,$\theta > 0$ 是劳动力与进口中间品间的要素替代弹性,最小化成本可以得到贸易企业的边际成本为

$$MC_{Tt} = \left[\alpha_T W_t^{1-\theta} + (1 - \alpha_T)(S_t^A P_{mt}^*)^{1-\theta} \right]^{\frac{1}{1-\theta}} \tag{13}$$

这里 P_{mt}^* 是进口中间品的美元计价价格,并假设其是外生的。而当进口中间品采用人民币计价时,那么贸易部门企业的边际成本函数(13)则是

$$MC_{Tt} = \left[\alpha_T W_t^{1-\theta} + (1 - \alpha_T) P_{mt}^{1-\theta} \right]^{\frac{1}{1-\theta}} \tag{13'}$$

这里 P_{mt} 是本国进口中间品的人民币计价价格。出口产品采用美元计价,那么每一

个贸易企业的需求函数为

$$X_t(P^*_{Tt}(i)) = \left(\frac{P^*_{Tt}(i)}{P^*_{Tt}}\right)^{-\lambda} \left(\frac{P^*_{Tt}}{P^*_{\text{other},t}}\right)^{-\mu} X_t \tag{14}$$

这里 $P^*_{Tt}(i)$ 是本国出口产品 i 的美元价格，P^*_{Tt} 是本国贸易部门出口产品价格指数；$P^*_{\text{other},t}$ 是与中国在同一出口市场上竞争的其它贸易出口国的出口价格综合指数，$P^*_{Tt}(i)$、P^*_{Tt} 和 $P^*_{\text{other},t}$ 都是美元计价，$\mu > 0$ 是本国出口产品与出口竞争国出口产品间的替代弹性，$\lambda > 1$ 是国内贸易企业间产品的替代弹性，X_t 是本国面临的出口市场总需求，被设定为外生且服从随机游走过程。

本节将定义 $P^*_{\text{other},t}$ 为 S^{BA}_t 的函数。因为当 S^{BA}_t 波动的时候，出口竞争国的货币与美元或欧元间的汇率也将波动，这将导致出口价格 $P^*_{\text{other},t}$ 的波动。这是一个美元与欧元间汇率变化对竞争国出口价格产生的间接汇率传递，公式(15)中的 φ 定义为出口竞争国的依市定价程度。

$$P^*_{\text{other},t} = (S^{BA}_{t-1})^{-\varphi} \tag{15}$$

贸易部门企业同样假设每期调整价格的概率 $1 - k_T$，那么当企业调整价格时，企业 i 将通过以下期望收益最大化来确定最优价格 $P^{0,*}_{Tt}(i)$：

$$E_t \sum_{l=0}^{\infty} \left[(\beta k_T)^l \frac{\Lambda_{t+l}}{\Lambda_t} \frac{\Pi_{t+l}(i)}{P_{t+l}}\right] \tag{16}$$

这里 $\Pi_{t+l}(i) = [(S^A_{t+l} P^{0,*}_{Tt}(i) - MC_{Tt+l}(i)] Y_{Tt+l}(i)$ 是贸易企业 i 在 $t+l$ 的利润，从而利润最大化可得 t 期最优的价格

$$P^{0,*}_{Tt} = \frac{\lambda}{1-\lambda} \frac{E_t \sum_{l=0}^{\infty} (\beta k_T)^l \frac{\Lambda_{t+l}}{P_{t+l}} MC_{Tt+l} P^{*\lambda}_{Tt+l} Y_{Tt+l}}{E_t \sum_{l=0}^{\infty} (\beta k_T)^l \frac{\Lambda_{t+l}}{P_{t+l}} S^A_{t+l} P^{*\lambda}_{Tt+l} Y_{Tt+l}} \tag{17}$$

所以，本国贸易品出口价格指数为

$$P^*_{Tt} = [k_T (P^*_{Tt-1})^{1-\lambda} + (1-k_T)(P^{0,*}_{Tt}(i))^{1-\lambda}]^{\frac{1}{1-\lambda}} \tag{18}$$

（三）本国汇率政策

中国实行的是以市场供求为基础、参考一篮子货币进行调节、有管理的浮动汇率制度。2015年12月11日，中国外汇交易中心发布人民币汇率指数，从此初步形成了"收盘汇率+货币篮子汇率"的人民币对美元汇率中间价形成机制，见图2-21。

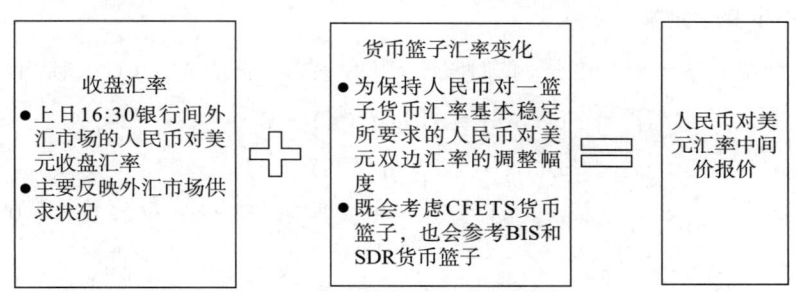

图 2-21　人民币汇率中间价报价机制

根据这一原则,本节假定稳定一篮子货币汇率要求的隐含人民币对美元中间价的计算是按照 CFETS 为主来计算。由于 CFETS 中美元和欧元是最重要的货币,为了简明地分析人民币对美元中间价形成机制,本节设定货币篮子中只含美元和欧元,那么满足:

$$(S_t^{A1})^{\psi}(S_t^B)^{1-\psi} = 1, o \leq w \leq 1 \quad (19)$$

ψ 为美元在货币篮子中的权重,S_t^{A1} 是稳定该货币篮子汇率要求的人民币对美元中间价,S_t^B 为人民币对欧元在 t 期的名义汇率(直接标价法),而 S_t^{BA} 是欧元对美元名义汇率(以欧元表示美元的价格)。根据汇率套算公式,可以得到: $S_t^{A1} = (S_t^{BA})^{1-w} = S_t^B S_t^{BA}$。

根据上面的做市商定价机制,本节假设外汇交易中心每日的人民币对美元的中间价(S_t^A)定价机制为

$$S_t^A = \alpha_S S_{t-1}^{MA} + (1 - \alpha_S) S_t^{A1} \quad (20)$$

S_t^{MA} 为 t 日的人民币对美元在 16:30 收盘价格,α_S($0 \leq \alpha_S \leq 1$)是中间价中分配给收盘价汇率的权重,本节将重点分析 α_S 的最优值。

当 $\alpha_S = 0$,那么 $S_t^A = S_t^{A1}$,即中间价完全通过维持货币篮子稳定得到,实行的是盯住一篮子货币的管理浮动汇率制度。

当 $\alpha_S = 1$,那么 $S_t^A = S_{t-1}^{MA}$,即中间价充分反映市场波动,实行的是更有弹性的市场化汇率制度。

当 $0 < \alpha_S < 1$,那么中间价按权重反映收盘汇率与篮子货币汇率变化。

由中间价定价机制(20)可知,从理论上来说,S_t^A 的标准差是权重 α_S 的凸函数,也就是可以求出 S_t^A 的最小标准差对应的权重值 α_S,在本节中,当 S_t^A 同时受到货币篮子汇率的波动(σ_{BA})和收盘价汇率的波动(σ_{MA})(同时受到下面(21)式和(22)式的冲击)的影响时,其标准差会随着 α_S 的取值不同而变化,见图 2-22。图 2-22 是根据表 2-21 的参数($\sigma_{MA} = 0.0026$,$\sigma_{BA} = 0.0071$)绘制的人民币对美元中间价标准差与 α_S 的关系。可知,人民币对美元中间价标准差理论值呈 U 字型,在 $\alpha_S = 0.46$ 时标准差最小(为 0.0003368)(本节将此值记为 $\alpha_S^{\min} = 0.46$);在取 1 时最大,为 0.0004936。由于 S_t^A 同时受到货币篮子汇率波动和收盘价汇率波动的冲击,所以 $\alpha_S^{\min}$ 的值也是由收盘价 S_{t-1}^{MA} 和篮子货币汇率 S_t^{BA} 冲击的大小决定的,也就是由 σ_{MA} 和 σ_{BA} 的大小决定。

(四)外生变量定义

本节模型中有 4 个外生变量,我们假设 S_t^{BA} 和 S_t^{MA} 都服从 AR(1)(一阶自相关)过程:

$$\log(S_t^{BA}) = \rho_{BA}\log(S_{t-1}^{BA}) + \varepsilon_{BAt} \quad (21)$$

$$\log(S_t^{MA}) = \rho_{MA}\log(S_{t-1}^{MA}) + \varepsilon_{MAt} \quad (22)$$

其中,$0 < \rho_{BA}, \rho_{MA} < 1$。$\varepsilon_{BAt}$、$\varepsilon_{MAt}$ 是序列不相关冲击,正态分布,均值为 0,标准差为 σ_{BA}、σ_{MA}。

进口中间品价格 P_{mt}^* 和贸易品出口市场总需求 X_t 分别定义为:

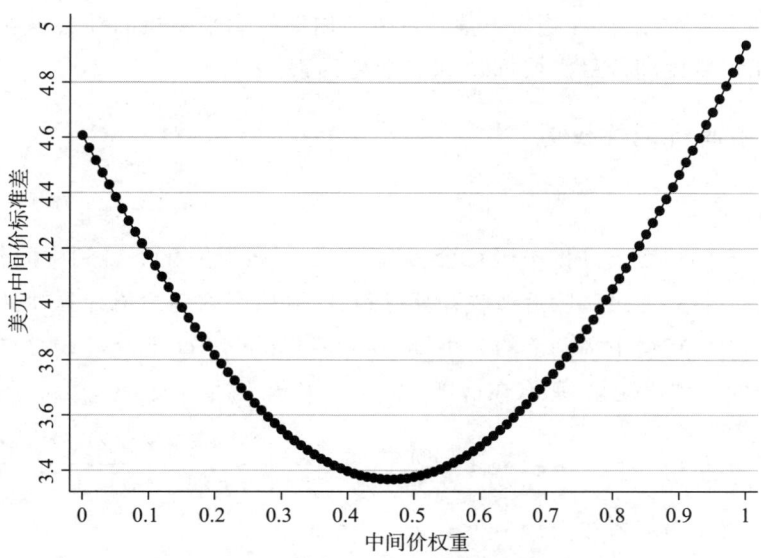

图 2-22 人民币对美元中间价标准差理论值

注：图中人民币对美元中间价标准差理论值为真实值乘以 1000。

$$P_{mt}^* = (1-\rho_m)\overline{P}_m^* + \rho_m P_{mt-1}^* + \varepsilon_{mt}, \tag{23}$$

$$\log(X_t) = (1-\rho_x)\log(\overline{X}) + \rho_x \log(X_{t-1}) + \varepsilon_{xt} \tag{24}$$

其中，$0<\rho_m<1, 0<\rho_x<1$。ε_{mt} 和 ε_{xt} 是序列不相关冲击，且独立正态分布，均值为 0，标准差分别为 σ_m 和 σ_x。

（五）宏观经济均衡

在均衡中，除了使本国消费者和企业行为最优化，同时也要使各市场出清。劳动力市场出清：

$$L_{Nt} + L_{Tt} = L_t \tag{25}$$

其中，L_{Nt} 代表非贸易部门的劳动力，L_{Tt} 代表贸易部门的劳动力，L_t 代表总劳动力。

贸易品市场出清条件为：

$$Y_{Tt} = \left(\frac{P_{Tt}^*}{P_{\text{other},t}^*}\right)^{-\mu} X_t \tag{26}$$

国内非贸易品市场出清条件为：

$$Y_{Nt} = (1-\alpha)\frac{P_t C_t}{P_{Nt}} \tag{27}$$

在均衡状态 $B_t = 0$，进口中间品计价货币是美元的情况下，那么本国国际贸易收支平衡：

$$S_t^A P_{Tt}^* Y_{Tt} - \alpha P_t C - S_t^A P_{mt}^* \text{IM}_t = 0 \tag{28}$$

进口中间品计价货币是人民币，上式变为：

$$S_t^A P_{Tt}^* Y_{Tt} - \alpha P_t C - P_{mt} \text{IM}_t = 0 \tag{28'}$$

从上面的收支平衡可知，出口收益等于国内进口消费品消费和进口中间品的成本支出。本节将通过参数校正,在稳态下消费者生命周期效用来衡量的社会福利最大化条件下研究人民币汇率中间价最优权重 α_s 及其决定因素。

四、人民币中间价最优权重

(一) 福利函数

本节将在不同情境下分析本国社会福利,并在福利最大化下得到中间价最优权重。福利是基于稳态值并通过二阶近似法计算得到,即以稳态为起始值计算社会的期望福利值。为了比较不同情境下福利值的大小,借鉴 Elekdag and Tchakarov(2007)的方法,定义 ξ 为稳态消费的百分比变化,那么在情境 k 时的福利值 U_k:

$$U_k(C_t, L_t) = U((1+\xi)\overline{C}, \overline{L}) = \left\{ \frac{[((1+\xi)\overline{C})^v(1-\overline{L})^{1-v}]^{1-\rho}-1}{(1-\rho)(1-\beta)} \right\} \quad (29)$$

由上可以解出 ξ 的表达式:

$$\xi = \left((U_k + \frac{1}{(1-\beta)(1-\rho)})/(U + \frac{1}{(1-\beta)(1-\rho)}) \right)^{\frac{1}{v(1-\rho)}} - 1 \quad (30)$$

这里的 $\overline{C}$ 和 $\overline{L}$ 分别表示消费和劳动的稳态值。$\xi > 0$,表示在情境 k 下的社会福利比稳态情况下要大;$\xi < 0$,则反之。本节将在进口中间品价格计价货币为美元与人民币两种情形下,研究 α_s 在取两种极端取值($\alpha_s = 1, \alpha_s = 0$)和 $\alpha_s = 0.5$ 时的福利损失值 ξ,以及在两种计价货币下福利最大化时的最优 α_s 值。最优的 α_s 是通过从 0 到 1 每次间隔 0.01 取 100 个值中使 ξ 最大时的 α_s 值。

(二) 参数校准

本节借鉴 Xu(2011)与项后军和吴全奇(2015)的参数校准。表 2-21 是各参数的校准值。风险规避系数 ρ 取为 2,折扣因子 β 取值为 0.99,那么年化为 4%,效用函数中消费的份额 v 将自动由稳态系统决定。出口产品替代率 λ 借鉴 Feenstra and Hansen(2004)取值为 5,也就意味着有 25% 的加价。本国和他国出口贸易品替代弹性 μ 设定为 1。居民消费篮子中进口份额 α 设定为 0.4。进口消费品中美元计价份额 γ 取值为 0.5。贸易品生产函数中劳动力份额 α_T 取值为 0.4,那么进口中间品的份额为 0.6,二者的替代弹性 θ 取值为 0.5,这符合我国贸易品生产要素间的替代弹性较低的实际情况。本节设定非贸易品和贸易品的价格黏性 k_N 和 k_T 分别为 0.85 和 0.75,这意味着非贸易品部门企业平均 6 个季度调整一次价格,而贸易部门为 4 个季度。ψ 为美元在货币篮子中的权重,根据 CFETS 中美元与欧元两种货币的权重的相对值取为 0.5782。ρ_x 与 ρ_m 借鉴 Xu(2011),取值为 0.85 与 0.77,二者相应的标准差取值为 $\sigma_m = 0.013$ 和 $\sigma_x = 0.007$。本国出口贸易的竞争国家根据汇率调整价格的参数 φ 取值为 0.59。本节通过对 2012 年 1 月到 2017 年 2 月欧元对美元的即期汇率进行 HP 滤波(对数值)后估计得到参数 $\rho_{BA} = 0.76$,$\sigma_{BA} = 0.0071$,同样通过对"8·11 汇改"后的人民币对美元的日即期汇率进行 HP 滤波(对数值)后估计得到参数 $\rho_{MA} = 0.85$,$\sigma_{MA} = 0.0026$。

表 2-21 参数校准值

参数	取值	参数	取值
α	0.40	ρ_x	0.8500
γ	0.50	ρ_m	0.7700
β	0.99	ρ_{BA}	0.7600
ρ	2.00	ρ_{MA}	0.8500
λ	5.00	φ	0.5900
k_N	0.85	σ_{MA}	0.0026
α_T	0.40	σ_m	0.0130
θ	0.50	σ_x	0.0070
μ	1.00	σ_{BA}	0.0071
k_T	0.75	ψ	0.5782

（三）最优权重与福利分析

1. 美元计价下最优权重与福利分析

当进口中间品进口价格采用美元计价时，表 2-22 是 α_s 在取端点值（$\alpha_s=1$，$\alpha_s=0$）和 $\alpha_s=0.5$ 时的福利损失值 ξ，以及在福利最大化时的最优 α_s 值。

表 2-22 中第一列仅来自汇率 S_t^{BA} 的冲击时的情境，第二列是来自汇率 $S_t^{BA}+S_t^{MA}$ 两个冲击下的情境，第三列代表来自 S_t^{BA}、S_t^{MA} 加上进口中间品价格和出口市场需求四个冲击时的情境，第一行到第三行的数值是福利损失值 ξ，第四行括号外的数值是最优权重 α_s，括号内是对应的 ξ。从表 2-22 可见：①所有情境下，$\alpha_s=0$ 的福利值都优于 $\alpha_s=0.5$ 和 $\alpha_s=1$，即维持货币篮子稳定得到的中间价优于等于收盘价汇率或等于权重时的中间价。②最优的权重不是使中间价汇率波动最小的 $\alpha_s^{\min}$，其值小于 0.5，意味着中间价形成机制中最优权重应赋予货币篮子汇率更大权重。③最优的权重主要由两个汇率冲击决定，进口中间品价格和贸易品出口需求冲击几乎不影响最优权重的值，仅仅影响福利损失的大小。这是因为进口中间品价格和出口需求冲击是对经济的实际冲击，不管哪种汇率制度都无法阻止它们的冲击。④在美元计价进口中间品情境下，不管 α_s 取何值，ξ 的取值都小于 0，即福利值都比稳态情形下的要小。

表 2-22 进口中间产品美元计价下福利比较与最优权重

		S_t^{BA}	$S_t^{BA}+S_t^{MA}$	$S_t^{BA}+S_t^{MA}+P_{mt}^*+X_t$
ξ	$\alpha_s=0$	−0.00044%	−0.00044%	−0.01393%
	$\alpha_s=0.5$	−0.00061%	−0.00099%	−0.01447%
	$\alpha_s=1$	−0.00208%	−0.00408%	−0.01757%
	α_s	0.19 (−0.000348%)	0.15 (−0.000335%)	0.14 (−0.013824%)

2. 人民币计价下最优权重与福利分析

当进口中间品进口价格采用人民币计价时，表2-23中同样是α_s在取两种极端取值（$\alpha_s=1$，$\alpha_s=0$）和$\alpha_s=0.5$时的福利损失值ξ，以及在福利最大化时的最优α_s值。

表2-23 进口中间品人民币计价下福利比较与最优权重

		S_t^{BA}	$S_t^{BA}+S_t^{MA}$	$S_t^{BA}+S_t^{MA}+P_{mt}^*+X_t$
ξ	$\alpha_s=0$	−0.000125%	−0.000125%	−0.013614%
	$\alpha_s=0.5$	0.000240%	−0.000624%	−0.014113%
	$\alpha_s=1$	−0.002083%	−0.006176%	−0.019664%
α_s		0.32 （0.000419%）	0.2 （0.000282%）	0.2 （−0.013207%）

表2-23中各列与各行的数值含义同于表2-22。从表2-23中可以得到：①同样在所有情境下，$\alpha_s=0$的时的福利值都优于$\alpha_s=1$；②最优的权重也不是使中间价汇率波动最小的α_s，其值小于0.5，意味着中间价形成机制最优权重应赋予货币篮子汇率部分更大权重，且进口中间品价格和出口需求冲击不影响最优权重的决定；③在人民币计价情境下，除了四个冲击的情况，α_s取最优值的时候福利值会比稳态情形下的要大。

综上所述，比较美元和人民币计价进口中间品价格时的福利和最优权重可以发现：第一个相同点是所有情境下，$\alpha_s=0$的福利值都优于$\alpha_s=0.5$和$\alpha_s=1$，最优的权重都不是使中间价汇率被动最小的$\alpha_s^{\min}$（0.46），且小于0.5，也就是中间价形成机制都会给予货币篮子汇率更大权重；第二个相同点是最优权重由两个汇率冲击决定，进口中间品价格和贸易品出口需求冲击几乎不影响最优权重的值，仅仅影响福利损失的大小。第一个不同点是人民币计价情境下，尤其是α_s取最优值时，本国总体福利要优于美元计价，也就是说人民币计价进口中间品可以提高本国社会福利；第二个不同点是人民币计价进口中间品价格时，中间价汇率形成机制中最优权重值大于美元计价时的最优值，意味着可以给予收盘价汇率更大的权重。

（四）脉冲响应分析

为了更好地分析α_s不同取值下的福利，本节将进行相关变量的脉冲响应分析。本节将α_s取值为两个端点值和0.5，由于最优权重只受到汇率冲击的影响，所以本节脉冲反应函数只分析进口中间品价格以美元计价时，并且仅受到汇率S_t^{BA}的正向冲击（本节也研究了人民币计价的情境下的脉冲响应，但因大体情况类似，故省略）的情形。

当$\alpha_s=0$时，在第一期，随着S_t^{BA}的增加，导致S_t^A的增加和S_t^B的减少，这将使欧元计价进口消费品价格下降和美元计价进口消费品价格上升，因为价格替代会使国内的非贸易品价格下降，这将导致CPI下降，从而推动消费的增加，消费增加产生的收入效应会超过替代效应，这将增加对国内消费品的需求，使国内非贸易部门劳动需求和总劳动需求增加，进而工资率提高。同时，S_t^A的增加会使出口贸易收益上升，由于部分企业可以优化价格，所以这会促使贸易品出口价格下降以提高竞争优势，另一方面进口中间品价格的增加使生产边际成本增加,两方面的相互作用导致贸易品产出几乎保持不变。由于工资率增加了 0.5%,而 S_t^A 仅上升了 0.3%,这将导致进口中间品对劳动需求产生替代作用,使贸易部门劳动需求下降。

在第二期,由于出口市场竞争国出口价格 P_{other}^*(P_{other}^* 会滞后 S_t^{BA} 一期变化)的下降,本国贸易品出口价格进一步下跌,从而使贸易部门产出和贸易部门劳动需求减少,这将导致工资、消费以及总劳动需求的降低。消费和总劳动需求恢复到稳态值大概需要十期左右。

当 $\alpha_s = 1$ 时,根据本节中间价形成机制,S_t^A 由于没有受到汇率 S_t^{BA} 的冲击而保持不变,只有 S_t^B 受到冲击并且上升(欧元贬值)。在第一期,S_t^{BA} 的增加使 S_t^B 减少,这将使欧元计价的进口消费品价格下降,由于进口美元计价消费品的价格不变,从而使国内的非贸易品价格和 CPI 相对 $\alpha_s = 0$ 时有更大的下降,同时更大的替代效应使国内非贸易品需求几乎不变,这使非贸易部门劳动需求不变,进而工资率几乎不变,这将最终导致消费增加的幅度较小。S_t^A 的不变使进口中间品价格保持稳定,进而使生产边际成本不变,但由于部分企业可以优化价格,利润最大化的目标会促使美元计价的贸易品出口价格下降,这将导致贸易部门产出增加,从而使贸易部门劳动需求和总劳动需求增加。

第二期,同样由于本国出口市场竞争国出口价格 P_{other}^* 的下降,本国贸易品出口价格进一步下跌,从而使贸易部门产出和贸易部门劳动需求快速减少,这将导致工资、消费以及总劳动需求的降低,相对于 $\alpha_s = 0$ 的情况,这些经济实际变量下降的幅度更大,即波动更大,也就解释了上节中 $\alpha_s = 0$ 时的福利值为什么优于 $\alpha_s = 1$ 的现象。消费和总劳动需求恢复到稳态值同样大概需要十期左右。

五、影响最优权重因素分析

在本节模型中,消费和劳动的稳态值不受中间价形成机制权重的影响,所以福利的变化主要是由消费和劳动的波动导致的。根据中间价形成机制来看,中间价汇率的波动主要是货币篮子汇率波动和收盘价汇率波动造成的。这两个部分的汇率波动将导致出口收益和需求的波动,也将导致生产成本和劳动需求的波动,这些都将导致总消费和总劳动需求的波动进而影响福利。所以,最优权重要求稳定劳动需求和消费。这使影响企业生产成本及收益和两部门劳动需求的结构性参数成为决定最优中间价形成机制权重的关键因素。

本节将分析结构性参数是如何影响人民币汇率中间价形成机制的最优权重的。在分析的过程中除了需分析的参数外,其他参数都保持参数校准表 2-21 中的值。并且本节所有分析都只在同时受到两个汇率($S_t^{BA}+S_t^{MA}$)的正向外生冲击下进行。

(一)垂直专业化结构因素

影响垂直专业化贸易结构的因素有两个:进口中间品占要素投入的权重 $1-\alpha_T$ 和进口中间品与劳动力间替代弹性 θ。垂直专业化与水平贸易结构具有很大不同,因而将对汇率中间价权重产生不同的影响。本节将在 α_T 和 θ 取不同值的情况下研究福利的变化以及中间价形成机制中最优权重 α_s 的取值。

1. 结构参数 α_T

结构参数 α_T 代表了贸易部门生产投入中劳动力的份额，当 α_T 值越大，生产投入中进口中间品的份额就越小，反之就越大，所以 α_T 是本国贸易部门的垂直专业化程度系数。随着 α_T 的增大，贸易部门中劳动力投入增大，这将进一步引起工资增长和消费增加，也将导致贸易品生产的边际成本增加。在美元计价进口中间品价格时，进口中间品的成本波动将会造成较大的劳动需求波动从而影响到福利，所以理论上来说需要稳定美元与人民币中间价汇率。从表 2-24 的"美元计价进口中间品"部分的前三列可以看到，随着 α_T 的增大，最优权重 α_s 的值在 $\alpha_s^{\min}$ 左侧不断增加，据图 2-22 可知，这表示中间价汇率波动越来越小，也意味着给收盘价更大的权重。

在进口中间品以人民币计价的情形下，进口中间品的价格是稳定的，与汇率无关。一方面，α_T 增加推动工资率和消费的增加；另一方面，如果美元汇率保持稳定，那么边际成本不断增加将推动贸易品出口美元价格的不断提高，从而减少出口需求，这将导致出口收益和消费的减少，这两方面对消费产生的作用相互抵消。所以当 α_T 值越来越大时，消费的波动越来越大，由于福利主要由消费决定，那么就应该使人民币对美元中间价汇率的波动增大促使汇率贬值，从而增加出口贸易品的竞争优势，减少出口收益的波动。从表 2-24 的"人民币计价进口中间品"部分的前三列可见，随着 α_T 的增大，最优权重值在 $\alpha_s^{\min}$ 的左侧不断减少，这表示中间价汇率波动越来越大。

2. 结构参数 θ

进口中间品与劳动力间替代弹性 θ 的增加，将导致劳动需求的波动增加。据表 2-24 的"美元计价进口中间品"部分的后三列可知，在进口中间品以美元计价的情形下，随着 θ 增加，最优权重值在 $\alpha_s^{\min}$ 左侧增加，即人民币对美元中间价的波动减小。这是因为，一方面，劳动力的波动会影响福利，只要美元汇率保持稳定，那么 θ 增加时，可以尽量减少进口中间品对劳动力的替代，从而减少劳动需求的波动；另一方面，θ 增加可以稳定进口中间品的支出，因为当人民币对美元汇率变化，导致进口中间品价格增加的同时，会通过生产要素间的替代而使进口中间品进口量减少，从而维持进口中间品支出的相对稳定。汇率保持稳定，出口收益和消费的波动也会稳定，从而增加福利。所以最优权重在 $\alpha_s^{\min}$ 左侧随着 θ 的变大而增加。

在进口中间品以人民币计价的情形下，进口中间品的价格是稳定的，与汇率无关。从表 2-24 的"人民币计价进口中间品"部分的后三列可见，随着 θ 的增大，最优权重值在 $\alpha_s^{\min}$ 的左侧不断减少，这表示中间价汇率波动越来越大。直觉上的解释是进口中间品价格固定，θ 的增加会导致工资率下降，增大劳动需求波动。这也使贸易部门的边际成本降低，在人民币对美元汇率固定的情况下，本国出口收益会发生波动，并进一步增大劳动需求的波动，影响福利，所以随着 θ 的增大，汇率波动适度增大可以使劳动需求和消费波动降低从而增加福利。此外，人民币计价会比美元计价的社会福利更高。

表 2-24 本国贸易垂直专业化对福利及权重影响

		美元计价进口中间品					
		α_T			θ		
		0.2	0.4	0.6	0.5	0.8	2
ξ	$\alpha_s = 0$	−0.00219%	−0.00044%	0.00002%	−0.00044%	−0.00049%	−0.00050%
	$\alpha_s = 0.5$	−0.00316%	−0.00099%	−0.00029%	−0.00099%	−0.00076%	−0.00031%
	$\alpha_s = 1$	−0.00756%	−0.00408%	−0.00281%	−0.00408%	−0.00327%	−0.00180%
α_s		0.11 (−0.00211%)	0.15 (−0.00034%)	0.18 (0.00017%)	0.15 (−0.00036%)	0.19 (−0.00033%)	0.31 (−0.00019%)
		人民币计价进口中间品					
		α_T			θ		
		0.2	0.4	0.6	0.5	0.8	2
ξ	$\alpha_s = 0$	−0.00640%	−0.00013%	0.00027%	−0.00013%	0.00030%	0.00125%
	$\alpha_s = 0.5$	−0.00408%	−0.00062%	−0.00009%	−0.00062%	−0.00022%	0.00055%
	$\alpha_s = 1$	−0.01565%	−0.00618%	−0.00352%	−0.00618%	−0.00428%	−0.00081%
α_s		0.33 (−0.0033%)	0.2 (0.00028%)	0.19 (0.0005%)	0.2 (0.00028%)	0.18 (0.00052%)	0 (0.00125%)

（二）贸易品出口价格黏性

比率 k_T 衡量了贸易品出口价格黏性。表 2-25 是 k_T 对人民币对美元中间价最优权重与福利的影响。表中取值 0.95、0.75、0.55 和 0.25，意味着贸易部门企业调整价格的平均周期为 20、12、6.7 和 4 个月，即价格越来越有弹性。从表 2-25 中可见两种计价货币下，随着 k_T 的减小，最优权重在 α_s^{min} 左侧都越来越小，表示汇率波动越来越大。从理论上来说，k_T 越小，如果人民币对美元汇率固定，那么调整价格的频率就会越高，将造成出口收益的较大波动进而造成福利的减少。此时，企业可以根据汇率波动优化出口价格以隔离汇率传递效应，从而稳定出口收益和消费。所以 k_T 减小时，应该提高汇率弹性。此外，在以人民币计价的情况下，进口中间品价格波动较小，因而相对于美元计价的情况，劳动需求的波动较小，所以最优权重相对较大，也就是汇率波动可以相对小些，因而在最优权重值处福利比美元计价要大。

表 2-25 贸易品价格黏性对最优权重与福利的影响

		$k_T = 0.95$	$k_T = 0.75$	$k_T = 0.55$	$k_T = 0.25$
		美元计价进口中间品价格			
ξ	$\alpha_s = 0$	−0.000786%	−0.000440%	−0.001113%	−0.002487%
	$\alpha_s = 0.5$	−0.001102%	−0.000990%	−0.002159%	−0.004227%
	$\alpha_s = 1$	−0.003759%	−0.004080%	−0.005993%	−0.009163%

（续表）

		$k_T = 0.95$	$k_T = 0.75$	$k_T = 0.55$	$k_T = 0.25$
α_s		0.185 (−0.00063%)	0.150 (−0.000335%)	0.060 (−0.001091%)	0 (−0.002487%)
人民币计价进口中间品价格					
ξ	$\alpha_s = 0$	−0.001252%	−0.000125%	−0.000806%	−0.002538%
	$\alpha_s = 0.5$	−0.001118%	−0.000624%	−0.001793%	−0.004055%
	$\alpha_s = 1$	−0.006061%	−0.006176%	−0.007926%	−0.010916%
α_s		0.260 (−0.000549%)	0.200 (0.000282%)	0.160 (−0.000562%)	0.100 (−0.002414%)

（三）竞争国依市定价程度

根据式（15），$P^*_{\text{other},t}$是与本国在出口市场竞争的其他国家的出口价格指数，并定义$P^*_{\text{other},t} = (S^{BA}_{t-1})^{-\varphi}$，那么参数$\varepsilon$代表了竞争国家出口平均价格$P^*_{\text{other},t}$对汇率上期$S^{BA}_{t-1}$波动的反应程度，即依市定价程度。本节将讨论在不同的ε值下的中间价形成机制最优权重与福利的变化。$\varepsilon > 0$意味着随着S^{BA}_t增加，$P^*_{\text{other},t}$将下降，这将加剧竞争程度。

从表2-26可知，随着φ的增大，竞争程度增大，最优权重值在$\alpha_s^{\min}$左侧快速减小，意味着人民币对美元中间价波动越来越大。从直觉上分析，随着φ的增加，如S^{BA}_{t-1}受到正向冲击，即美元相对于欧元升值，S^{BA}波动将引起竞争国大幅度下调$P^*_{\text{other},t}$，本国出口贸易品价格就会高于竞争对手，从而减少对本国贸易品的需求，导致出口收益减少，进而使本国消费减少，当人民币对美元中间价相对固定且没有贬值，收益会进一步波动。也就是在人民币对美元汇率稳定的情况下，φ取值越大，S^{BA}_t波动造成的出口需求波动和收益波动越大。所以，随着φ取值的增加，最优权重在$\alpha_s^{\min}$左侧快速减小使人民币对美元中间价波动增大，从而促使人民币贬值提高福利。由于φ影响的是出口需求，出口价格是美元计价，因而进口中间品计价货币的选择几乎不影响权重。同样的，进口中间品以人民币计价的情况下，最优权重的福利优于美元计价。

表 2-26　竞争国依市定价程度对最优权重与福利的影响

		$\varphi = 0.3$	$\varphi = 0.59$	$\varphi = 0.9$	$\varphi = 1.1$
美元计价进口中间品					
ξ	$\alpha_s = 0$	−0.000851%	−0.000440%	−0.001282%	−0.002530%
	$\alpha_s = 0.5$	−0.000410%	−0.000990%	−0.002885%	−0.004815%
	$\alpha_s = 1$	−0.002518%	−0.004080%	−0.007037%	−0.009648%
α_s		0.34 (−0.000274%)	0.15 (−0.000335%)	0 (−0.001282%)	0 (−0.002530%)

（续表）

		$\varphi = 0.3$	$\varphi = 0.59$	$\varphi = 0.9$	$\varphi = 1.1$
	人民币计价进口中间品			
ξ	$\alpha_s = 0$	−0.002007%	−0.000125%	0.000603%	0.000369%
	$\alpha_s = 0.5$	−0.000783%	−0.000624%	−0.001737%	−0.003160%
	$\alpha_s = 1$	−0.004613%	−0.006176%	−0.009131%	−0.011742%
α_s		0.38 (−0.000616%)	0.2 (0.000282%)	0.02 (0.000607%)	0 (0.000369%)

六、结论与启示

本节结合人民币汇率改革与人民币国际化两种趋势，从本国贸易垂直专业化及计价货币出发，通过构建一个多边开放经济的 DSGE 模型，研究我国人民币汇率中间价形成机制中市场供求（收盘价）与货币篮子汇率变动之间最优权重问题。主要使用二阶近似方法，在本国福利最大化条件下，从数理模型及数值模拟的角度对最优权重和福利加以分析，并得到了以下几点结论：

首先，在本节所有情况下，$\alpha_s = 0$ 的福利值都优于 $\alpha_s = 1$，维持货币篮子稳定比完全盯住收盘价的汇率机制要更优，这是因为中间价完全由收盘价决定会使消费和劳动发生较大波动从而造成福利损失。最优的权重都位于 $\alpha_s^{min}(0.46)$ 的左侧，也就是最优人民币中间价形成机制要实行以市场供求为基础、有管理的浮动汇率制度，但是在人民币汇率弹性加大的情况下仍要以保持汇率稳定为主。

其次，计价货币的选择、垂直专业化结构因素、贸易品价格黏性和竞争国依市定价程度都会显著影响人民币中间价形成机制的最优权重以及福利。计价货币的存在会使贸易结构参数和出口价格黏性参数影响最优权重的作用机制产生变化，但不影响竞争国依市定价程度参数的作用机制。

第三，进口中间品以人民币计价的情况下，尤其在最优权重值时，本国福利要优于美元计价，也就是说进口中间品以人民币计价可以提高本国社会福利，且人民币计价进口中间品价格时，中间价汇率机制中最优权重值大于美元计价时的最优值，意味着可以赋予收盘价汇率更大的权重。

综上所述，根据本节的模型设定和相关结论，我们可以得到以下启示：

第一，根据我国目前贸易结构特征，在本国福利最大化政策目标下，我们应坚持实行以市场供求为基础、参考一篮子货币进行调节的、有管理的浮动汇率制度，同时仍要以保持汇率稳定为主，目前不宜实行完全的市场化自由浮动。保持汇率在合理均衡水平上的基本稳定，既维护了国家经济金融安全，也是对国际货币体系稳定的重要贡献。

第二，汇率政策制定需要综合考虑本国的贸易特征、竞争对手的依市定价程度和计价货币等参数的影响，从而酌情决定如何在市场供求与货币篮子汇率变动及人民币汇率稳定三者之间做出取舍。但从长远来看，最本质的还是要不断推动本国产业结构转型，提高企业的竞争力,不断改善本国在国际贸易中的地位。

第三,在推行人民币国际化进程中,要不断提高进口中间品及贸易品人民币计价权。中国的上海国际金融中心建设、自贸区扩围、"一带一路"倡议中都有与进口大宗商品相关的问题,应以这些为平台,实现人民币在贸易交易活动中的计价、交易、结算、投资和储备货币等环节的广泛使用,逐步推进人民币计价。

本章小结

本章利用购买力平价、利率平价等传统汇率决定理论实证分析了人民币实际汇率,验证相关汇率决定理论在中国的适用性,并探讨其他影响中国实际汇率的因素。此外,还讨论了人民币汇率以核心通胀率为"锚"的可能性,以及中间价定价机制中以收盘价和篮子货币为"锚"的权重问题。主要得出以下几点结论:

第一,中美之间 B-S 效应适用,但传统 B-S 效应所描述的通过影响相对相对工资进而影响价格水平,最后对实际汇率产生影响这一渠道并不成立,中美相对相对生产率主要是通过影响相对名义 GDP 增长率从而对实际汇率造成负向(升值)影响。另外,我国服务业和制造业的相对生产率和相对工资之间存在背离,该背离与目前我国存在的产业结构扭曲有关。这启示我们要关注经济基本面,进行供给侧结构性改革,进一步发展服务业部门,通过提高服务业的生产率来增加服务业供给。

第二,2015 年的"8·11 汇改"给中美间的利率—汇率联动关系带来了结构性的变化,但美元利率对人民币汇率的影响依旧远大于人民币国债利率的影响。这启示我们,虽然中国的利率市场化已经取得重大进展,但货币政策利率传导依旧不够畅通,未来进一步推进利率和汇率市场化改革依旧是重要任务。

第三,央行货币政策反应规则盯住核心通货膨胀可以有效应对国内外冲击。盯住核心通货膨胀不仅可以避免央行利率的过度调整,避免福利损失,还可以降低美国联邦基准利率对中国利率的影响,减少美国货币政策对中国货币政策的溢出效应。这启示央行应当进一步基于核心通胀序列,准确地判断实际汇率与央行干预强度的变化对利率的影响。

第四,贸易计价货币、垂直专业化、贸易品价格黏性和竞争国依市定价都显著影响中间价形成机制中最优权重以及本国福利;提高人民币计价比重可以提高本国福利;目前形势下,维持一篮子汇率稳定相对更加重要。这启示我们,首先,汇率市场化改革应根据国内外经济发展需要稳步推进。其次,在推行人民币国际化进程中,要不断提高进口中间品及贸易品人民币计价权。中国的上海国际金融中心建设、自贸区扩围、"一带一路"倡议中都有与进口大宗商品相关的问题,应以它们为平台,实现人民币在贸易交易活动中的计价、交易、结算、投资和储备货币等环节的广泛使用,逐步推进用人民币计价。

第三章
汇率与货币政策

中国实施有管理的浮动汇率制度,所谓"浮动",即汇率反映基本面和市场变化,而"管理"则说明央行对汇率走势有一定的干预,保证其按照预想的方向发展。在这种汇率制度安排下,汇率不仅由基本面内生决定,也更容易受到外生货币政策冲击的影响。因此,研究中国的汇率与货币政策之间的关系十分必要。

本章重点研究外生货币政策冲击对汇率走势的影响,共分为五节:第一节对中国央行货币政策操作理论和实践进行研究,通过构建准备金供求模型详细探讨了中国央行货币政策操作与美联储等之间的差异和央行具体货币政策操作的实践情况;第二节对汇率干预进行研究,主要关注外汇市场冲销和"逆周期因子"导入两个部分;第三节研究了"保汇率还是保储备"问题,并提出中国应进一步发展经济、稳定汇率、推进人民币国际化的结论;第四节对新的货币政策工具——货币当局媒体沟通对人民币汇率的影响进行研究;第五节研究了不同货币政策不确定性条件下,宏观新闻对人民币汇率的影响。以上五节不仅涵盖了央行货币政策操作和汇率干预的主要理论和手段,而且对货币政策对汇率的影响进行了全面分析,更为重要的是能够紧跟热点,运用新的研究方法进行研究,且研究结论具有重要启示。

第一节 央行货币政策操作程序

一、央行货币政策操作手段与货币乘数

(一)央行货币政策操作手段

一般来说,央行的货币政策操作手段可分为两类:公开市场操作和贴现窗口。其中公开市场操作可分为人民币操作和外汇操作两种,而贴现窗口除了再贴现之外,还有再贷款、常备借贷便利(standing lending facility,SLF)、中期借贷便利(medium-term lending facility,MLF)等。

1. 公开市场操作

对于实行自由浮动汇率制度的国家,公开市场操作一般是本币操作,它是中央银行在货币市场上吞吐基础货币,调节市场流动性的主要货币政策工具,具体操作是通过中

央银行与指定交易商进行有价证券和外汇交易,实现货币政策调控目标。交易品种包括回购交易(在一级市场上,与指定交易商交易)、债券交易(在二级市场上买卖)、中央银行票据等。

对于像中国这样实行固定汇率或者中间汇率制度的国家而言,除了本币操作,还有外汇市场操作,即中央银行收购外币资产、释放基础货币,这部分货币又叫外汇占款。

2. 再贴现

所谓贴现,指的是银行承兑汇票的持票人在汇票到期日前,为了取得资金,贴付一定利息将票据权利转让给银行的票据行为,是持票人向银行融通资金的一种方式。

再贴现是指中央银行通过买进商业银行持有的已贴现但尚未到期的商业汇票,向商业银行提供融资支持的行为。

3. 再贷款、SLF 和 MLF

除再贴现之外,中国人民银行又创新了很多政策工具,包括再贷款、SLF、MLF 等。

再贷款是指央行贷款给金融机构。再贷款曾经是中国最主要的政策工具,在利率没有开始市场化之前(1984—2005 年),再贷款以及不同贷款额度的分配是国家最重要的货币政策手段。

SLF 是央行为了应对 2013 年"钱荒"创新的货币政策工具。期限 3 个月以内,是一种央行对金融机构的短期贷款。SLF 也是一种触发机制,当货币市场出现流动性短缺,货币市场利率(如 Shibor)达到某一上限时,会触发 SLF,央行会向指定的金融机构提供贷款。

MLF 是央行提供给金融机构的中期贷款,期限一般在 6 个月以上。

(二) 货币乘数和货币创造

基础货币 = 现金 + 总准备金 = 现金 + 法定准备金 + 超额准备金,即

$$MB = C + TR = C + RR + ER$$

(1)其中,MB 表示基础货币,C 表示现金,TR 表示总准备金,RR 表示法定准备金,ER 表示超额准备金。

假定存款为 D,则:

$$MB = (c + rr + er)D$$

$$D = \frac{MB}{c + rr + er}$$

(2)其中,c 表示现金存款比率,rr 表示法定准备金率,er 表示超额准备金率。

则货币供给 M:

$$M = C + D = (1 + c)D = \frac{1 + c}{c + rr + er}MB = mm * MB$$

其中,mm 是货币乘数。

(注:如果经济形势不好,即便央行降低法定准备金,超额准备金也会随之上升,实际货币增幅有限。)

二、准备金模型

(一)基准模型

$$\mathrm{TR}_t^d = -\alpha i_t^f + v_t^d \tag{1}$$

$$\mathrm{TR}_t^s = \mathrm{BR}_t + \mathrm{NBR}_t \tag{2}$$

$$\mathrm{BR}_t = \beta_1(i_t^f - i_t^d) - \beta_2 E_t(i_{t+1}^f - i_{t+1}^d) + v_t^b \tag{3}$$

$$\mathrm{NBR}_t = \varphi^d v_t^d + \varphi^b v_t^b + v_t^s \tag{4}$$

$$\mathrm{TR}_t^d = \mathrm{TR}_t^s \tag{5}$$

式(1)表示总准备金需求(TR_t^d),i_t^f是货币市场利率,由货币市场供求决定;v_t^d是总准备金需求扰动,比如突如其来的准备金需求(新股发行前需要暂时冻结打入新股账户中的钱)。式(2)表示总准备金供给(TR_t^s),由两部分组成:借入准备金BR_t和非借入准备金NBR_t。其中BR_t包括再贴现、再贷款、SLF、MLF等,NBR_t是公开市场操作。式(3)表示借入准备金的决定方程,其中,i_t^d是指贴现窗口利率,v_t^b是借入准备金扰动,一般来说,i_t^f大于i_t^d,如果商业银行一直向中央银行借款,则中央银行可以决定不借给它,故i_t^d前面的符号为负。式(4)表示非借入准备金操作程序,即央行货币政策操作程序,即央行会对多种扰动做出反应,吞吐基础货币,v_t^s表示货币政策扰动。式(5)表示准备金市场均衡。

假定货币市场利率和贴现窗口利率均服从 AR(1)(一阶自相关)过程,求解模型,可得:

$$i_t^f = \frac{\alpha}{\alpha + \beta_1} i_t^d - \frac{1}{\alpha + \beta_1}[v_t^s + (1 + \varphi^b) v_t^b - (1 - \varphi^d) v_t^d] \tag{A}$$

$$\mathrm{BR}_t = -\frac{\alpha \beta_1}{\alpha + \beta_1} i_t^d - \frac{1}{\alpha + \beta_1}[\beta_1 v_t^s - (\alpha - \beta_1 \varphi^b) v_t^b - \beta_1(1 - \varphi^d) v_t^d] \tag{B}$$

$$\mathrm{NBR}_t = \varphi^d v_t^d + \varphi^b v_t^b + v_t^s \tag{C}$$

$$\mathrm{TR}_t = -\frac{\alpha \beta_1}{\alpha + \beta_1} i_t^d + \frac{1}{\alpha + \beta_1}[\alpha v_t^s - \alpha(1 + \varphi^b) v_t^b + (\beta_1 + \alpha \varphi^d) v_t^d] \tag{D}$$

(二)特殊情形分析

1. 联邦基金利率操作程序

假设 $\varphi^d = 1, \varphi^b = -1$,则:

$$i_t^f = \frac{\alpha}{\alpha + \beta_1} i_t^d - \frac{1}{\alpha + \beta_1} v_t^s$$

此时,i_t^f完全反映货币政策扰动v_t^s的变化情况,i_t^f上升,紧缩性货币政策;i_t^f下降,扩张性货币政策。美国在1972—1979年、1988—2007年采用了这种联邦基金利率操作政策。这是一种价格型管理的货币政策,泰勒规则可以反映这种情况。当然只有在这种情况下,泰勒规则才是适用的。

$$\mathrm{BR}_t = -\frac{\alpha \beta_1}{\alpha + \beta_1} i_t^d - \frac{1}{\alpha + \beta_1}[\beta_1 v_t^s - (\alpha + \beta_1) v_t^b]$$

$$NBR_t = v_t^d - v_t^b + v_t^s$$

$$TR_t = -\frac{\alpha\beta_1}{\alpha+\beta_1}i_t^d + \frac{1}{\alpha+\beta_1}[\alpha v_t^s + (\beta_1+\alpha)v_t^d]$$

此时,TR 波动来自 v_t^d,BR 波动来自于 v_t^b,货币政策操作刚好将两者抵消,剩下货币政策 v_t^s。

2. 非借入准备金操作程序

假设 $\varphi^d = \varphi^b = 0$,则:

$$i_t^f = \frac{\alpha}{\alpha+\beta_1}i_t^d - \frac{1}{\alpha+\beta_1}[v_t^s + v_t^b - v_t^d]$$

$$BR_t = -\frac{\alpha\beta_1}{\alpha+\beta_1}i_t^d - \frac{1}{\alpha+\beta_1}[\beta_1 v_t^s - \alpha v_t^b - \beta_1 v_t^d]$$

$$NBR_t = v_t^s$$

可以看出,此时央行通过公开市场操作来实施货币政策,货币市场利率 i_t^f 不完全反映货币政策松紧,这是一种完全数量型的货币政策。美国 1979—1982 年采用了这种政策。

3. 借入准备金操作程序

假设 $\varphi^d = 1, \varphi^b = \alpha/\beta_1$,则:

$$i_t^f = \frac{\alpha}{\alpha+\beta_1}i_t^d - \frac{1}{\alpha+\beta_1}\left(v_t^s + \frac{\alpha+\beta_1}{\beta_1}v_t^b\right)$$

$$BR_t = -\frac{\alpha\beta_1}{\alpha+\beta_1}i_t^d - \frac{\beta_1}{\alpha+\beta_1}v_t^s$$

很明显,此时借入准备金操作,即贴现窗口和各种名目的再贷款反映货币政策松紧,i_t^f 并不完全反映货币政策。

4. 总准备金需求扰动

假设 $\varphi^d = -\beta_1/\alpha, \varphi^b = -1$,则:

$$TR_t = -\frac{\alpha\beta_1}{\alpha+\beta_1}i_t^d + \frac{\alpha}{\alpha+\beta_1}v_t^s$$

此时,总准备金变化反映货币政策。

三、央行的货币政策操作

相比美国,中国的货币政策有两个比较特殊的地方:①中国的法定准备金率长居高位且经常变化,是常用的货币政策手段;②中国的公开市场操作,除了人民币操作,还有外汇操作。根据这两个特点,将标准的准备金模型扩展为适用于中国的模型。

$$TR_t^d = -\alpha_1 i_t^f + v_t^d + \alpha_2 rr_t \tag{1'}$$

$$TR_t^s = BR_t + NBR_t \tag{2'}$$

$$BR_t = \beta_1(i_t^f - i_t^d) + v_t^b \tag{3'}$$

$$NBR_t = \varphi^d v_t^d + \varphi^b v_t^b + v_t^s + (1 - \varphi^f) \Delta e_t M_t^f \quad (4')$$
$$TR_t^d = TR_t^s \quad (5')$$

相比较标准模型,中国模型在总准备金需求方程和非借入准备金操作方程上发生了变化。其中,(1')式表示总准备金需求方程,总准备金需求不仅对货币市场利率和需求扰动做出反应,还会对法定准备金率的变化做出反应。(4')式表示非借入准备金操作程序,方程右侧前面三项表示人民币操作,最后一项表示外汇市场操作。其中,e_t 表示名义汇率;M_t^f 是外汇占款;φ^f 表示冲销比例,$\varphi^f = 0$ 表示完全冲销,$\varphi^f = 1$ 表示完全不冲销。对于中国而言,$0 < \varphi^f < 1$,即外汇流入会用外汇占款冲销一部分。

下面我们来看 2005 年以后中国的货币政策操作。①

(一) 2005—2012 年:资本流入与法定准备金率提升

如图 3-1 所示,2005—2012 年货币政策操作程序如下:

首先,因某种原因(比如汇率升值、汇率升值预期、大幅贸易顺差等)大量外资流入中国,为了减少外汇占款的增加,央行会通过外汇市场操作冲销外汇占款,这会增加非借入准备金供给,进而增加总准备金供给,为了平衡(或者稳定)货币市场利率,需要相应地增加总准备金需求,这要求货币市场利率下降;同时,总准备金供给的增加造成了基础货币量上升,进而使得 M1 和 M2 上升。

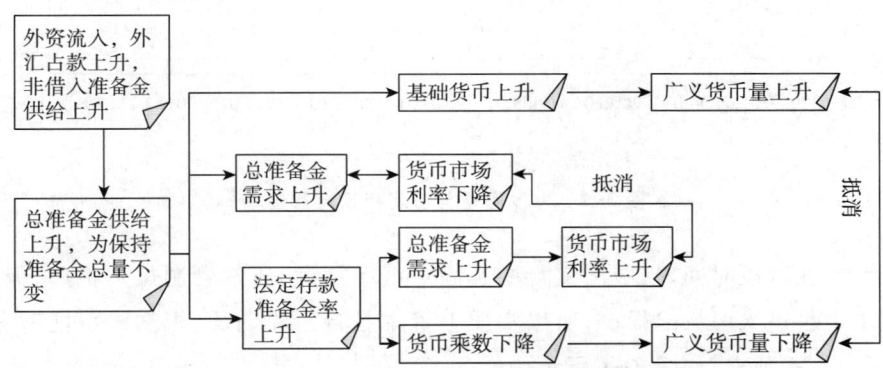

图 3-1　2005—2012 年中国央行货币政策操作程序

为了抑制货币市场利率的下降和货币数量的提升,央行在外汇市场进行操作的同时,会调高法定存款准备金率,这一方面提高了货币市场利率,另一方面减小了货币乘数,降低了货币供给的增加,从而保持货币市场利率稳定和货币增量稳定。

可以看出,这时期中国并没有独立的货币政策,高法定准备金率也是无奈之举。

由图 3-2 可以看出,法定存款准备金率的变化总是滞后于外汇储备的增加,且两者存在着紧密的正相关关系。也就是说,这一时期,中国没有独立的货币政策。

我们可以使用"不可能三角"理论来解释这一现象。Krugman(1979)提出了"不可能三角"理论,该理论指出,资本自由流动、固定汇率制度和独立的货币政策三者是不可能同时实现的,只能实现两个。中国学者对于该理论在中国适用性的认识一般是"不完全

---

① 1984—2005 年,中国主要的货币政策操作手段是贷款配给,此模型不适用。

的不可能三角成立",即中国存在一定的资本管制,是不完全的固定汇率制度,有独立的货币政策,即三者在一定程度上都成立。

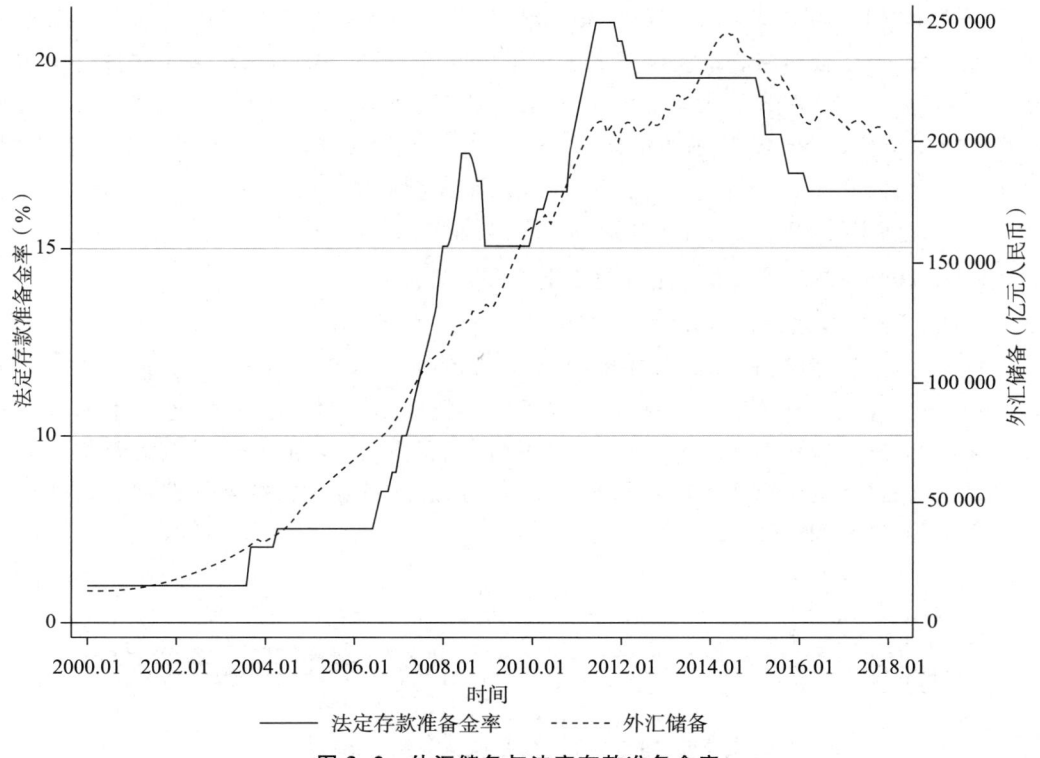

图 3-2　外汇储备与法定存款准备金率

实际上,在这段时间内,中国实行的是固定汇率制度,资本管制虽然很严,但是宽进严出,资本大量进入但流出很少,所以实质上资本是自由流动的,根据不可能三角理论,中国货币政策不独立,如图 3-3 所示。

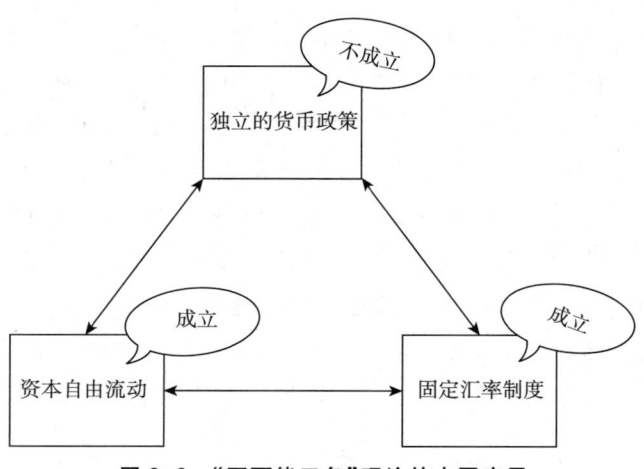

图 3-3　"不可能三角"理论的中国应用

(二) 2013—2014 年:银行同业创新、钱荒与 SLF

2013—2014 年,因冲销外汇占款而增加的货币供给基本维持不动,但 v_t^i 大幅增加,主要原因是理财产品的迅猛发展。高企的存款准备金率造成很多问题,其中之一就是商业银行(股份制银行)为了规避法定存款准备金,发展表外业务,进行同业创新(以民生银行、平安银行等股份制银行为代表)。这些银行集中大量的资金发展理财产品(这样来看,近年来影子银行的快速发展与居高不下的存款准备金率有关)。到 2013 年上半年,中央对于理财产品同业创新的监管加强,导致商业银行资金短缺,资本市场同业借款利率急速攀升;2013 年 6 月,"钱荒"出现。这些商业银行认为,在资金短缺时,央行一定会通过公开市场操作投放货币,因此并没有在意,当货币市场利率急速攀升时,央行却一反常态,没有投放货币。央行这样做的原因如下:商业银行的同业创新业务集聚了大量资金,获得了大量利润,一旦这些银行流动性不足,按照以往惯例,央行一定会"放水",即这里存在着倒逼机制,使得央行不得不"放水"。商行赚钱,央行背锅,央行十分不满,民众对央行也不满意。因此,当货币市场利率急速攀升时,央行认为当时的流动性并不紧缺,反而相当充裕(总体来看,确实如此),所以坚决不"放水"(如图 3-4 所示),于是"钱荒"出现了。

为了应对"钱荒",央行创新了货币政策手段,即 SLF,有选择性地贷款给流动性紧张的金融机构(公开市场操作是全局性放水,而 SLF 可以定向放水,有选择权和主动权)。当时,央行首先将资金贷给城市商业银行和农村信用社,防止因资金紧张造成社会恐慌,并优先支持实体企业(这些银行与当地实体企业密切相关);其次,央行借钱给五大国有银行(其实五大国有银行并不存在流动性紧张,它们除了法定准备金之外,还会存大量的超额准备金在央行,比如农业银行的准备金率大约为 25%),五大国有银行进而将资金拆借给大型股份制银行,利率更高,以示惩罚。

如图 3-4 所示,整个 2013 年,央行通过公开市场操作投放的资金很少,在"钱荒"到来之际,Shibor 隔夜拆借利率一度达到 14%,远超 2.37% 的均值。但此时,央行并没有进行公开市场操作。之后,央行推出更有主动性的 SLF 工具,来提高市场流动性。在"钱荒"过去之后,这一工具很少使用。

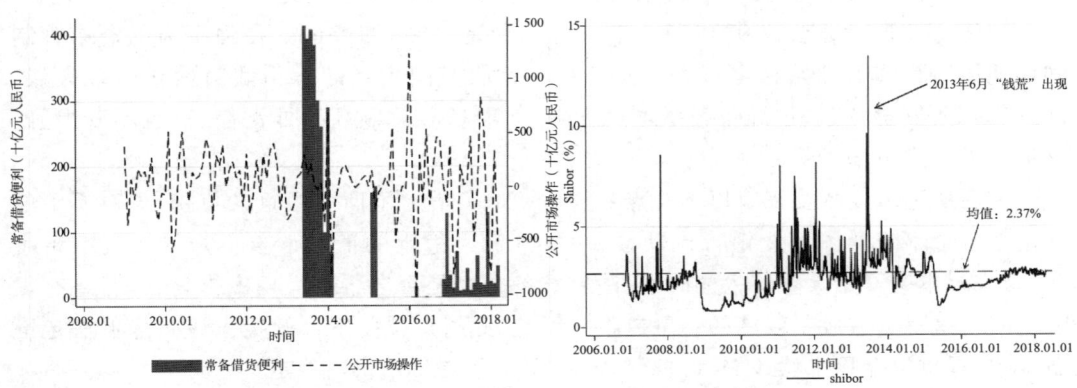

图 3-4 货币市场利率与央行货币政策操作手段

(三) 2015—2018 年:汇率贬值、资本外流与降准

2014 年下半年,资本开始外流,$\Delta e_t M_t^f < 0$,货币贬值,外汇储备大量流失。这造成货币供给下降,非借入准备金大幅下降。为了保持准备金供给稳定,央行采取了增加借入准备金的方法。(公开市场操作对于央行来说,一方面利率低、无利可图,另一方面债券数量不足,所以行业进行的公开市场操作较少。)稳定总准备金供给,其主要的方式是 MLF,如图 3-5 所示。

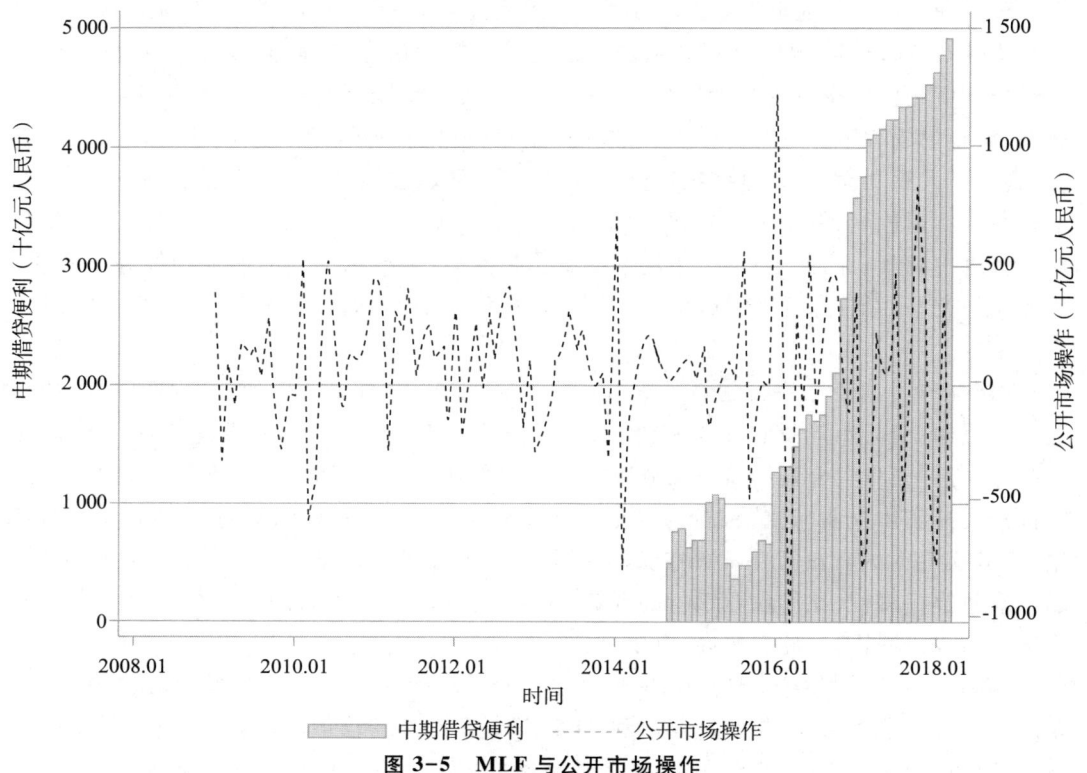

图 3-5　MLF 与公开市场操作

由图 3-5 可以看到,MLF 出现的时点刚好是资本开始外流的时间,之后数额越来越大,相对来说,公开市场操作数量较少,但依旧止不住资本外流的趋势。

如图 3-6 所示,进入 2016 年后,汇率开始稳定,资本外流情况在强有力的资本管制和前期压力释放下开始稳定且有下降趋势。这段时间央行的货币政策操作出现失误,MLF 依旧不断提高,法定准备金率虽然下降,但准备金总额高于外汇储备,且不断上升,这提高了金融市场风险。

上面所述风险主要来自以下几点:巨额的 MLF 增加了商业银行的负担;居高不下的法定准备金率降低了商业银行流动性;在资本流入稳定的情况下若不降低法定准备金率,未来资本又开始大量流入的时候,法定准备金率是否会再次大幅度提高,是否还有提升空间?这三点造成了较高的金融风险。因此,此时最佳的货币政策应该是降低法定准备金率,释放资金用来偿还 MLF,降低 MLF,最终使得货币供给稳定。

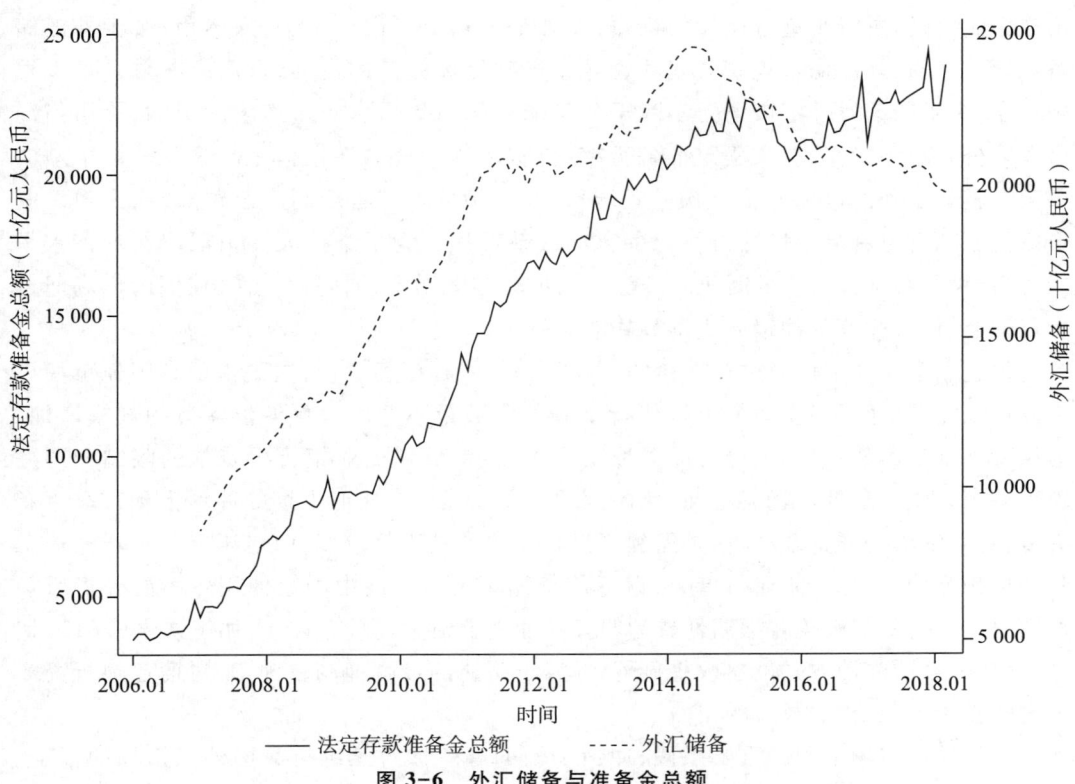

图 3-6　外汇储备与准备金总额

央行已经认识到这一问题,于是在 2018 年 4 月 25 日定向降准 1 个百分点(宣布时间为 4 月 17 日)来偿还 MLF。这是一个纯技术性操作,$\Delta e_t M_t^f < 0$ 致使准备金供给(货币供给)下降的情况下,原来的政策是通过增加 MLF 来增加准备金供给,抵消资本流出的影响,现在是通过降低法定存款准备金率释放流动性来偿还 MLF,这一过程只是对货币政策的修正,以降低潜在的金融风险,(在偿还 MLF 后)并没有释放流动性,或者释放了极少的流动性。

第二节　外汇市场冲销及逆周期因子导入

一、外汇市场的冲销干预

关于中国货币当局对外汇市场的介入和干预,本节围绕外汇市场的冲销干预以及近年来逆周期因子的引入进行梳理,对两者的作用分别进行分析,为后文研究外汇市场的其他干预方式奠定基础。

外汇市场冲销和汇率制度有着密切的天然联系。在浮动汇率制度下,货币当局不对外汇市场进行干预,因此境外的资本流入和流出将直接导致本币币值的变动;在固定汇率制度或管理浮动汇率制度下,货币当局具有稳定和维护本币币值稳定的职责,可以对外汇市场予以干预。若出现境外资本的净流入时,本币的升值压力增加,央行为了维持本币币值稳定,通常在外汇市场上买入外币、卖出本币,增加外汇储备规模;当国内资本出现净流出时,央行则进行反向的操作,在外汇市场上卖出外币、买入本币,减少外汇储备规模。然而,外汇储备规模的变动会导致基础货币数量的变动,进而影响总量货币发生变动,为了抵消对外汇市场的实际干预可能对国内货币供应量产生的影响,货币当局会采取公开市场操作、调整法定准备金率、再贷款等一些对冲性措施。这些外汇干预的政策措施就是外汇市场冲销干预。我国从2005年进行结售汇制度改革后,人民币汇率形成机制朝着更具灵活性和市场化的方向改革发展。为了维持人民币汇率在均衡水平区间内,央行会选择恰当的时机对外汇市场进行实际干预,同时,央行又在国内市场通过发行国债、信贷配额等冲销方式调节基础货币。

发达国家在外汇市场进行冲销的一般方法是公开市场操作,这是由于其国债市场更为发达和完善,通过买卖国债可以保持基础货币数量不变。一旦外汇储备的规模增加,为保持基础货币量不变,央行可以采取卖出国债、降低对商业银行再贷款的限制和再贴现等冲销方式来降低市场流动性。对于发展中国家而言,外汇市场的冲销干预行政色彩更浓,对存款法定准备金率、信贷配额等强制性的工具依赖较多,而对于公开市场操作工具的依赖度较低。此外,窗口指导、银行信贷配额也是发展中国家使用较多的外汇市场冲销方式。这些行政化及强制性较为明显的冲销干预方式缺点较多,如王永中(2012)认为,信贷配额的冲销方式虽然效果显著,但属于明显的金融抑制行为,是对商业银行资产配置的直接干预,会造成金融扭曲。

作为外汇市场干预的重要手段,冲销干预的有效性对于维持我国外汇市场的稳定、抵御外来冲击以及实现有效的宏观调控具有重要的意义和作用。我国关于外汇市场冲销干预有效性的相关研究较多。顾嵩楠(2015)认为,外汇市场冲销干预的有效性应从两个方面来理解:一是央行冲销式干预是否有效地影响了汇率的变动;二是央行是否对进行外汇干预而产生的外汇占款进行有效的冲销。对于冲销干预的有效性研究方面,一部分研究结果显示干预是无效的,但有一些研究则证实在一定的条件下,干预是有效且效果显著的。虽然分歧较大,但多数观点倾向于外汇冲销在短期内是有效的,在长期内其有效性会降低甚至为零。陈音峰和王东明(2013)基于中国流动性过剩的背景,采用1995—2012年第一季度的季度数据,对冲销系数模型进行实证检验,并且采用递归参数法估计了中国的动态冲销系数以及外汇市场压力进而估计了干预指数,对央行冲销干预政策的有效性进行了检验。他们的研究显示,冲销干预对大多数国际收支双顺差带来的被动增加的货币供给进行了冲销,对大部分的外汇市场压力进行了缓解,在一定程度上保证了汇率的相对稳定和货币政策的独立性。然而,武剑(2005)经过实证研究发现,冲销干预在短期内对于冲销外汇占款、控制货币投放都是有效的,但从长期来看,冲销干预会压缩货币政策的操作空间,还会引起经济结构扭曲、热钱套利等一系列问题,增加系统性金融风险。

我国的利率尚未完全实现市场化,这在一定程度上抑制了国内市场的冲销干预效果。在资本市场不断推进市场化改革的背景下,中国外汇市场的冲销干预可以从以下几方面进行改善和发展:首先,推动利率市场化改革,提高利率和汇率之间的相关性;增强货币市场利率的传导效率,增强汇率和利率的协调关联,通过回购业务等方式更有效地影响汇率变动。其次,继续推进汇率的市场化改革,发挥汇率对国际收支差额的调节作用,使汇率能够更大程度地反映经济基本面的状况。

二、逆周期因子的导入

2017年以来,人民币汇率贬值压力较前一年得以有效的缓解,经济增速趋于稳定,经济基本面向好,但人民币对美元中间价升幅却远小于新兴市场国家,即经济基本面因素并不能在人民币汇率中间价定价机制中充分地体现。为了缓解人民币汇率波动对国内经济基本面变动反映不足的问题,2017年5月26日央行正式宣布在人民币对美元汇率中间价报价模型中引入逆周期因子,汇率中间价定价机制转变为"前一日收盘价+一篮子汇率+逆周期调节因子"的三目标定价机制。

如上式所示,逆周期因子的引入改变了人民币汇率形成机制的构成。这在一定程度上缓解了人民币汇率波动不能有效反映基本面的变化这一问题,避免了外汇市场可能存在的"羊群效应",同时提高了人民币调控的自主性。但是逆周期因子的引入一定程度上降低了人民币中间价设定的透明度,提高了央行对汇率的控制程度,使得人民币汇率朝着不利于实现市场化的方向发展,与人民币汇率制度改革的长期目标不一致。这意味着人民币可能大幅升值,因此外汇市场可能会面临更多的挑战,从而加剧了货币政策的不确定性,因此这仅是一个暂时性的政策。从短期来看,逆周期因子的引入稳定了汇率的预期,从中长期视角来看,盯住篮子货币会使央行的货币政策丧失独立性。这样的汇率形成机制对于资本账户改革以及人民币国际化的推动作用并不明显。陈卫东和谢峰(2018)认为,未来改革可以着眼于调节"三因素"的系数,在内外形势好的时候,增大收盘价的权重,提高汇率市场化决定的程度,扩大波幅;反之,则加大对一篮子货币的参考,在必要时进行逆周期调节。

逆周期因子导入之后,人民币对美元汇率开始出现反弹,跨境资金和国际收支的情况也日渐趋稳。根据央行发布的数据,至2017年12月末,人民币汇率全年累计升值6%,外汇储备余额3.14万亿美元,连续第11个月回升。2018年1月,我国跨境资本的流动和外汇的供求均趋于平衡,说明我国外汇市场对经济基本面的反映较为充分,2018年1月19日,全国外汇市场自律机制秘书处表示各报价行均已对"逆周期系数"进行了调整,将"逆周期因子"恢复至中性,表示人民币汇率保持在均衡合理的水平,市场反应较好,逆周期因子暂时退出。

受中美贸易摩擦愈加激烈的影响,人民币汇率出现大幅波动,为了向市场释放稳定的信号,2018年8月24日,央行重启逆周期因子。这意味着外汇市场存在一定的顺周期性,市场易受非理性预期的惯性驱使,汇率超调的风险加剧,但这种引入依然是暂时的。

从2005年"汇改"确立有管理的浮动汇率制度以来,人民币汇率制度的变化几经反复,但依旧沿着市场化的方向发展。未来的目标是实现人民币汇率的自由浮动,目前实施的人民币汇率中间价形成机制是一个过渡期权宜措施,受制于国内外政治经济条件,人民币汇率制度很难在短期内实现完全自由浮动,但长期来看,实现自由浮动既是国内发展的必然要求,也是人民币国际化的必由之路。

三、总　结

综上，中国的外汇市场冲销干预在短期内具有一定的有效性，但从长期来看有效性是逐渐减弱甚至是无效的。并且，实施冲销干预会产生金融抑制成本、机会成本和经济扭曲成本等，代价较高。逆周期因子的引入是人民币汇率形成机制的一项改革措施，但它是具有"过渡"性质的暂时措施，即人民币汇率最终实现"自由浮动"之路上的实践。在短期内，逆周期因子的引入稳定了汇率预期，从中长期来看，则会在一定程度上降低货币政策的透明性。因此，未来对于外汇冲销措施的使用以及"逆周期"因子的引入，应当结合当时的外汇市场运行状况以及人民币汇率预期，适度地选取合适的方法，在尽量维护货币政策的有效性以及维持汇率市场化改革路径的前提下，对外汇市场进行干预。

第三节　不同真实汇率制度下汇率波动对国际储备影响研究

一、保汇率还是保外储：是"二选一"吗？

本节是由中国社会科学院学部委员、中国世界经济学会会长余永定在2018年8月15日的一次讲演（《保汇率还是保外储？》）而引发的思考。其讲演的建议可以归纳如下：如果必须在汇率稳定、外汇储备、货币政策独立性和国家信用中"四选三"的话，最好的选择是放弃汇率稳定。

人民币汇率是否"破7"、什么时候"破7"其实并不重要，重要的是再也不能像过去那样使用大量的外汇储备去持续、单向地干预外汇市场。当前主要风险有银行资产错配、企业外债、主权债以及通胀水平。2017年后，中国外汇储备呈现上升态势，并站稳在3万亿美元之上，人民币汇率也在一段时间内稳中有升，出现了外储增加与汇率升值的现象。中国必须在"保汇率"和"保外储"中选择其一的观点在现实面前被"证伪"。

在2015—2016年人民币贬值期间，如果央行不希望人民币贬值幅度超过预设目标，就必须对外汇市场进行干预，其逻辑是外汇储备随人民币的贬值而减少。贬值与外储的减少并非理论上的因果关系，干预外汇市场、不让人民币过度贬值才是外汇储备减少的原因。事实上，在2015年8月13日至2016年年底的一段时间内，中国外汇储备减少了近1万亿美元。在整个东亚金融危机期间，国际货币基金组织和其他机构提供给泰国、韩国和印度尼西亚的所有救援资金达1 200亿美元。相比而言，中国在2014—2016年执行汇率维稳政策期间，所用的外汇储备远超应对东亚金融危机所用的外汇。2017年人民币汇率波动趋稳的同时，中国外汇储备再次回到了3万亿美元以上。汇率波动趋稳和外汇储备回升同时发生，并非"保汇率"实现了"保外储"，而是通过资本项目管制实现外汇储备回升，这又涉及汇率制度。

汇率和储备是供需曲线中价格因素和量的因素。目前，中国政府已经退出了常态化的外汇市场干预，人民币汇率目前具有较高弹性，对外部均衡具有一定的自我调节能力。2005—2014年，中国外汇储备平均收益率为3.68%，略高于美国长期国债，发展态势很好。这里的收益率是指长期收益率,通过十几年或以一个经济周期为时间跨度计算的平均水平而不是某一年的具体收益率。由国际清算银行(bank for international settlements, BIS)公布的全球外汇储备主要币种的分布来看,中国的币种结构与全球的币种结构接近。2020 年年末全球结构中,美元占比降到 58.91%,欧元 21.29%,英镑 4.73%,日元 6.03%,其他币种占比低于 7%。

在对新兴市场经济体的汇率波动、外汇储备水平和汇率制度的研究中,滕仁(2016)研究了俄罗斯卢布 2014 年以来汇率大幅贬值和剧烈波动的情况。俄罗斯黄金和外汇储备大幅降低,俄罗斯政府在 2014 年为稳定卢布汇率动用了上千亿美元的外汇储备,随着黄金和外汇储备的快速消耗,俄罗斯央行对外汇市场大规模干预能力受到很大限制,进而加剧市场对卢布的不信任情绪,导致卢布汇率进一步暴跌。通过此次卢布暴跌可以看出,拥有相当数量的外汇储备是十分必要的。雄厚的外汇储备不仅是稳定汇率的重要基础,也能抵御国际投机资本的做空投机行为。

根据汇率与储备的"二选一"问题和前期文献综述(见表 3-1),尤其是参考了莫盛良(2011)、Ramachandran and Srinivasan(2007)和李少昆(2017)的框架,本研究提出三个疑问:

H1 是汇率波动,尤其是贬值,带来了国际储备增长吗?还是反之?
H2 放弃汇率稳定的经济体一定能保住国际储备吗?
H3 除了汇率变量,各经济体的哪些变量变动会影响国际储备?

我们先设定被解释变量为人均国际储备,旨在检验不同汇率制度下的汇率波动对外汇储备的影响。同时,将贸易收支、资本流动、GDP 作为控制变量来处理。

表 3-1 外汇储备与汇率波动关系文献综述汇总表

作者	方法	主要变量选择	核心观点
Ramachandran and Srinivasan(2007)	ARDL	外汇储备增长率和持有外汇储备的机会成本	外部交易的波动性对储备需求产生了适度的影响;对印度出口竞争力的担忧引发的汇率不对称干预促成大量的储备库存;不对称的汇率干预,即对卢比贬值的微小干预增加了外汇储备
Watanabe and Harada(2006)	协整;GARCH	名义汇率、利差和央行市场干预	该模型为日本央行干预日元/美元汇率波动的影响提供了新的证据;日本央行的干预措施从 20 世纪末到 2003 年仅减少了短期波动性,而对 20 世纪末的波动性(短期和长期波动性)完全没有影响;美联储的协调干预并没有增强日本央行在 20 世纪末和 21 世纪初的干预的稳定作用

（续表）

作者	方法	主要变量选择	核心观点
Aytuğ（2017）	综合控制方法 SCM/采用安慰剂检验，区分两组比较	央行干预结果、外汇储备、名义汇率、利差、资产转移、货币供给、特价水平	土耳其央行通过储备期权机制干预外汇市场，土耳其里拉汇率波动较小。但是，由于土耳其央行加息，它未能有效发挥作用。如果不加息，汇率波动可能会降低
Fry-McKibbin and Wanaguru（2013）	潜在因素模型	名义汇率、央行市场干预	评估央行的短期和中期目标，以控制过度的汇率波动并积累外汇储备。在样本第一部分的低波动时期，当压力升值时，央行成功地影响了货币，积累了国际储备
Connolly（1986）	投机攻击模型	实际汇率、外汇储备、国内信贷、货币供给	如果国内信贷增速超过货币贬值率，就会发生两件事：第一，非贸易商品的国内价格相对于贸易商品的价格上涨。第二，外汇储备持续下降，耗尽剩余储备，导致非交易品的相对价格急剧下跌，并迫使该国采用浮动汇率制度
Kang（2013）	小国开放一般均衡模型	产出、消费、投资、贸易、价格水平和实际汇率	韩国银行在东亚危机期间的汇率政策报告表明，韩国中央银行为支持国内银行的外币流动性而采取的信贷政策导致可用外汇储备减少，固定汇率制度最终崩溃
李少昆（2017）	面板数据回归，id = 103，year = 1980—2014	外汇储备、美国货币政策、边际进口倾向、边际储蓄倾向、金融深化、外债、货币危机、汇率制度	美国货币政策对全球各经济体外汇储备存在明显的溢出效应，美国有效利率的上升将降低各经济体的外汇储备水平，但是发展中经济体的外汇储备水平会提高。另外，基于外汇储备需求理论上的传统宏观因素、金融因素、汇率制度以及资本开放程度与外汇储备也有一定关系
邹宏元等（2011）	面板数据模型	外汇储备/GDP、交易性动机（GDP/人口，进口/GDP）、预防性动机（出口增长率，汇率偏高度）和攀比效应	亚洲经济体提高外汇储备存在多种动机：第一，存量交易性动机和预防资本外逃的动机；第二，攀比动机和预防经常项目波动的动机；第三，持储动机，不同发展程度以及不同汇率制度的经济体中，持储动机存在显著差别

（续表）

作者	方法	主要变量选择	核心观点
陈浪南和黄寿峰（2012）	理论模型+检验	名义汇率、外汇储备波动均值、外汇储备瞬时变化确定性部分	规模变量、进口倾向、国外收入及汇率因素对外汇储备需求的影响大小，取决于这些变量对外汇储备瞬时变化的确定性部分的影响大小。从长期看，规模变量、进口倾向、名义有效汇率、实际有效汇率对外汇储备变动的影响显著为正，储备增长自身波动、实际有效汇率波动及汇率制度对外汇储备变动的影响则为负，国外收入、中美实际利差、名义有效汇率波动对外汇储备变动的影响不显著。短期来看，名义有效汇率及实际有效汇率变动对外汇储备变动的影响都为负，国外收入为正，其他变量的变化对外汇储备影响不显著
莫盛良（2011）	协整理论和误差修正模型	外汇储备、名义汇率、GDP、出口	首先，中国外汇储备的形成与汇率制度和汇率水平密切相关；其次，不同国家使用外汇储备与调整汇率应对危机有关；再次，在开放经济体中，汇率不稳定会使经济付出代价；最后，从长期来看，中国外汇储备与人民币汇率之间存在长期均衡关系

二、数据来源和统计描述

本研究样本涵盖1972—2018年197个国家和地区，数据来源为世界银行和国际货币基金组织。之所以这样选择，是因为1971年是全球浮动汇率时代的开始。由于许多国家数据不全，加之估计方法的需要，实际回归时又删除了许多国家和地区来确保面板数据的平衡。

如表3-2所示，被解释变量"人均国际储备"（avresv）是国际储备/总人口，解释变量"汇率"（fxhsdr）是各国和地区的单位特别提款权的本币汇率，净出口（netexp）是出口减去进口，外国直接投资净流入（netfdi）是FDI流入减去FDI流出，控制变量是国内生产总值（gdp）。表3-1所列前期文献中的国际储备与汇率根据需要，有的放在等式左边，有的放在等式右边。为此我们做了人均国际储备和汇率的面板向量自回归估计，估计结果见图3-7。

表 3-2 变量符号和解释

符号	变量名	注释
fxhsdr	特别提款权汇率	本国货币对 SDR 汇率,期末值
fxhusd	美元汇率	本国货币对美元汇率,期末值
inreserve	国际储备	美元计价的官方外汇储备
fdiin	流入外国直接投资	外国直接投资净流入
exp	贸易出口	货物和服务贸易出口额,名义值
gdp	国内生产总值	国内生产总值,名义值
imp	贸易进口	货物和服务贸易出口额,名义值
fdiout	流出外国直接投资	外国直接投资净流出
popt	总人口	人口总额

为了客观地分析这两者的因果关系,本研究在回归前使用 STATA 软件的 xtgcause 命令软件包,专门做了面板数据的因果检验。该命令允许用户测试异构面板中从独立变量到独立变量的格兰杰(Granger)非线性因果关系。变量符号前的 l 代表对数一阶差分。

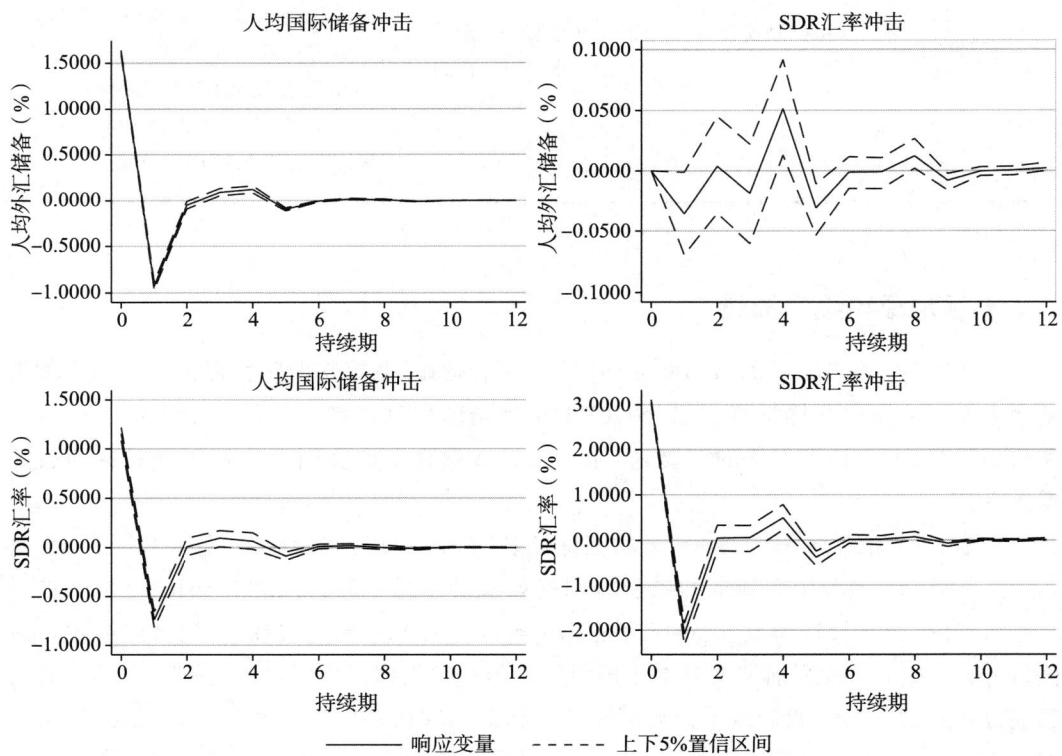

图 3-7 1972—2018 年人均国际储备和 SDR 汇率之间的自回归脉冲响应图

表 3-3　Dumitrescu and Hurlin(2012)的格兰杰非因果关系的检验结果

滞后阶数	统计量	5%置信水平	P 值
1	$W = 1.4527$	—	—
1	$Z = 4.0364$	2.28	0.00
1	$Z = 3.2921$	1.99	0.00

注：原假设——汇率不是外汇储备的格兰杰原因；备择假设——汇率是外汇储备的格兰杰原因。

从表 3-3 显示结果看，P 值小于 0.05，拒绝原假设，这清晰地表明"汇率波动"是因，而"国际储备变动"则为果。所有回归变量都经过对数一阶差分达到了平稳（略去了单位根检验表）。这也明确回答了前文的疑问 H1，是汇率波动（贬值）对国际储备发生作用，而不是"反之"。

本研究与前期文献最大的不同是引入了实际（DeFacto）汇率制度分类，聚焦于不同美元汇率波动区制中的汇率波动对人均国际储备的影响。IMF 的事实汇率制度分类方法将全球主要国家汇率制度分为 8 档：①无法定独立货币的汇率安排；②货币局制度；③传统的盯住汇率安排；④水平带内的盯住汇率制度；⑤爬行盯住；⑥爬行带；⑦不事先公布干预方式的管理浮动制度；⑧独立浮动。对事实汇率制度进行分类的文献多种多样，且每一种之间差异非常明显，因此本节并未使用 IMF 的方法。

本节根据 1972 年以来各国和地区的本币对美元汇率的实际波动幅度，将样本的事实汇率制度分为 5 个区制，其中 $i = 1$ 表示该汇率制度下波动最小，$i = 5$ 表示该汇率制度下波动最大。

使用面板数据的最大原因就是要分类，否则很难看出汇率波动如何影响国际储备变化。例如，如果把全时间段和全部经济体综合在一起的话，两者的关系就比较浑浊，如图 3-8。

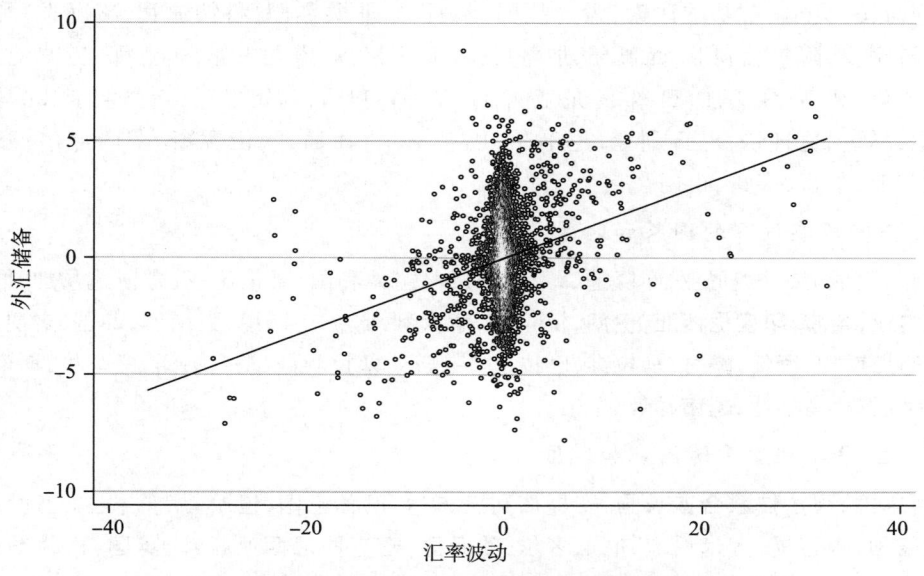

图 3-8　全样本全时间段汇率波动对国际储备的影响

由于汇率制度具有时变特征,为了反映这种特性,我们将样本分为两种:一种是全时段(1972—2018)汇率制度分类,一种是近20年(2001—2018)汇率制度分类。由下文具体分类可以看出,全时段和近20年分类确实存在一定变化。这更加证明分时间段和分国家和地区组别回归的必要性。

1. 全时段制度1的国家和地区

阿鲁巴,**阿拉伯联合酋长国**,安提瓜和巴布达,**澳大利亚**,巴林王国,巴哈马,波斯尼亚和黑塞哥维那,伯利兹,巴巴多斯,文莱达鲁萨兰国,**加拿大**,**古巴**,塞浦路斯,**德国**,多米尼加,斐济,密克罗尼西亚联邦,**英国**,格林纳达,**爱尔兰**,约旦,圣基茨和尼维斯,**科威特**,利比亚,圣卢西亚,拉脱维亚,马耳他,**荷兰**,**新西兰**,阿曼,巴拿马,卡塔尔,**沙特阿拉伯**,**新加坡**,**美国**,东帝汶,圣文森特和格林纳丁斯共和国。

2. 全时段制度2的国家和地区

奥地利,阿塞拜疆,保加利亚,白俄罗斯,**巴西**,**瑞士**,**中国内地**,吉布提,丹麦,**欧元区**,爱沙尼亚,芬兰,**法国**,格鲁吉亚,加纳,危地马拉,**中国香港**,以色列,摩洛哥,黑山,**马来西亚**,挪威,秘鲁,巴布亚新几内亚,波兰,罗马尼亚,苏丹,所罗门群岛,苏里南,瑞典,塔吉克斯坦,汤加,特立尼达和多巴哥,突尼斯,土耳其,玻利瓦里亚纳,**委内瑞拉**,萨摩亚。

3. 全时段制度3的国家和地区

阿富汗,**阿根廷**,比利时,玻利维亚,博茨瓦纳,捷克,多米尼加,埃及,厄立特里亚,埃塞俄比亚,冈比亚,洪都拉斯,海地,莱索托,立陶宛,卢森堡,摩尔多瓦,马尔代夫,**墨西哥**,莫桑比克,毛里塔尼亚,毛里求斯,纳米比亚,尼加拉瓜,**菲律宾**,萨尔瓦多,圣多美和普林西比,斯洛伐克共和国,埃斯瓦蒂尼王国,塞舌尔,**泰国**,乌克兰,乌拉圭,瓦努阿图,**南非**,赞比亚。

4. 全时段制度4的国家和地区

安哥拉,贝宁,布基纳法索,孟加拉国,不丹,中非共和国,科特迪瓦,喀麦隆,刚果共和国,科摩罗,阿尔及利亚,**西班牙**,加蓬,几内亚比绍,赤道几内亚,圭亚那,克罗地亚,匈牙利,**印度**,冰岛,牙买加,**日本**,肯尼亚,吉尔吉斯共和国,利比里亚,斯里兰卡,北马其顿共和国,马里,尼日尔,尼日利亚,尼泊尔,巴基斯坦,**葡萄牙**,**俄罗斯**,塞内加尔,塞尔维亚,叙利亚,乍得,多哥,也门。

5. 全时段制度5的国家和地区

阿尔巴尼亚,亚美尼亚,布隆迪,智利,刚果民主共和国,哥伦比亚,哥斯达黎加,厄瓜多尔,几内亚,**希腊**,**印度尼西亚**,**伊朗**,伊拉克,**意大利**,哈萨克斯坦,**柬埔寨**,**韩国**,**老挝**,黎巴嫩,马达加斯加,**缅甸**,**蒙古**,马拉维,巴拉圭,卢旺达,塞拉利昂,圣马力诺,索马里,斯洛文尼亚,坦桑尼亚,乌干达,**越南**,津巴布韦。

6. 近20年制度1的国家和地区

阿鲁巴,**阿拉伯联合酋长国**,安提瓜和巴布达,巴林王国,巴哈马,伯利兹,巴巴多斯,**古巴**,**德国**,吉布提,多米尼加,厄瓜多尔,**欧元区**,密克罗尼西亚联邦,**英国**,格林纳达,**中国香港**,约旦,圣基茨和尼维斯,科威特,黎巴嫩,利比亚,圣卢西亚,拉脱维亚,马耳他,黑山,阿曼,巴拿马,卡塔尔,**沙特阿拉伯**,萨尔瓦多,圣马力诺,东帝汶共和国,汤加,特立尼达和多巴哥,**美国**,圣文森特和格林纳丁斯。

7. 近二十年制度 2 的国家和地区

澳大利亚,奥地利,阿塞拜疆,保加利亚,波斯尼亚和黑塞哥维那,白俄罗斯,玻利维亚,巴西,文莱达鲁萨兰国,**加拿大**,瑞士,**中国内地**,塞浦路斯,丹麦,厄立特里亚,芬兰,斐济,**法国**,格鲁吉亚,危地马拉,克罗地亚,爱尔兰,以色列,立陶宛,摩洛哥,**马来西亚,荷兰**,**新西兰**,秘鲁,巴布亚新几内亚,**波兰**,**罗马尼亚,新加坡**,所罗门群岛,突尼斯,土耳其,萨摩亚。

8. 近二十年制度 3 的国家和地区

阿富汗,**阿根廷**,比利时,博茨瓦纳,捷克,埃及,爱沙尼亚,埃塞俄比亚,加纳,圭亚那,洪都拉斯,莱索托,卢森堡,摩尔多瓦,马尔代夫,**墨西哥**,北马其顿共和国,毛里塔尼亚,毛里求斯,纳米比亚,尼加拉瓜,挪威,**菲律宾**,苏丹,圣多美和普林西比,苏里南,瑞典,埃斯瓦蒂尼王国,塞舌尔,**泰国**,塔吉克斯坦,乌克兰,乌拉圭,**委内瑞拉,南非**,赞比亚。

9. 近二十年制度 4 的国家和地区:

安哥拉,阿尔巴尼亚,贝宁,布基纳法索,孟加拉国,不丹,中非共和国,**智利**,科特迪瓦,喀麦隆,刚果共和国,科摩罗,哥斯达黎加,多米尼加共和国,阿尔及利亚,**西班牙**,加蓬,冈比亚,几内亚比绍,赤道几内亚,海地,**匈牙利,印度**,冰岛,牙买加,**日本**,哈萨克斯坦,肯尼亚,吉尔吉斯斯坦,**柬埔寨**,利比里亚,斯里兰卡,马里,莫桑比克,尼日尔,尼日利亚,尼泊尔,巴基斯坦,**葡萄牙,俄罗斯**,塞内加尔,斯洛伐克共和国,斯洛文尼亚,乍得,多哥,瓦努阿图,也门。

10. 近二十年制度 5 的国家和地区:

亚美尼亚共和国,布隆迪,刚果民主共和国,哥伦比亚,几内亚,**希腊**,**印度尼西亚,伊朗**,**伊拉克,意大利,韩国,老挝**,马达加斯加,**缅甸,蒙古**,马拉维,巴拉圭,卢旺达,塞拉利昂,利昂,索马里,叙利亚,坦桑尼亚,乌干达,**越南**,津巴布韦。

三、经验回归模型与实证结果

根据表 3-1 的前期文献综述中的"主要变量选择"一栏的基础上,我们搭建的经验回归模型如下:

$$\mathrm{arv}_{it} = \alpha + \underbrace{\beta_1 \mathrm{fxhsdr}_{it}}_{\text{关注变量}} + \underbrace{\beta_2 \mathrm{netexp}_{it} + \beta_3 \mathrm{netfdi}_{it}}_{\text{影响国际收支变量}} + \underbrace{\beta_4 \mathrm{gdp}_{it}}_{\text{控制变量}} + \varepsilon \tag{1}$$

其中,$i=1,\cdots,5$,对应 5 类真实汇率制度经济体;t 为两个时间段。回归时所有变量取对数一阶差分,皆为平稳时间序列。在回归过程中将样本根据上文测算的事实汇率制度分为 5 类进行分别回归;同时,为了考察时间变化,我们将时间段分为全样本(1972—2018)和近 20 年(2001—2018)两个样本。回归结果如表 3-4 和表 3-5 所示。

表 3-4　1972—2018 年对人均国际储备持有波动的回归结果

	制度 1	制度 2	制度 3	制度 4	制度 5
汇率波动	0.720***	0.179***	0.337***	0.134***	0.082***
fxhsdr	(0.110)	(0.011)	(0.023)	(0.027)	(0.016)
净出口	−0.408**	−0.006	0.337**	0.411*	0.620***
netexp	(0.180)	(0.031)	(0.134)	(0.230)	(0.182)
净外国直接投资	−0.068**	−0.011	0.038	−0.016	−0.060
netfdi	(0.029)	(0.037)	(0.034)	(0.035)	(0.038)
国民生产总值	1.044***	0.153***	−0.111***	0.069**	0.190***
gdp	(0.061)	(0.023)	(0.026)	(0.029)	(0.026)
截距	0.014	−0.012	−0.042	−0.024	−0.002
	(0.040)	(0.050)	(0.054)	(0.064)	(0.064)
观察值	1 006	1 078	904	803	755
R^2	0.3454	0.2873	0.2800	0.0906	0.2072

注：括号中的是标准误，***、**、* 表示在 1%、5%、10% 的置信水平下显著。

表 3-5　2001—2018 年对人均国际储备持有波动的回归结果

	制度 1	制度 2	制度 3	制度 4	制度 5
汇率波动	0.407***	0.186***	0.525***	0.189***	0.027
fxhsdr	(0.055)	(0.017)	(0.059)	(0.031)	(0.025)
净出口	−0.235	0.020	0.469*	0.335	−0.023
netexp	(0.282)	(0.059)	(0.275)	(0.243)	(0.331)
净外国直接投资	−0.100*	0.127**	0.103*	−0.045	−0.005
netfdi	(0.054)	(0.056)	(0.057)	(0.046)	(0.069)
国民生产总值	1.068***	0.176***	−0.308***	0.306***	0.099**
gdp	(0.094)	(0.040)	(0.059)	(0.034)	(0.042)
截距	0.017	−0.009	−0.089	−0.037	0.018
	(0.071)	(0.070)	(0.089)	(0.069)	(0.122)
观察值	398	500	349	423	223
R^2	0.3373	0.2681	0.2845	0.3573	0.0709

注：括号中的是标准误，***、**、* 表示在 1%、5%、10% 的置信水平下显著。

总体而言，无论在 5 类汇率制度的细分类中，还是两个时间段内（除了近二十年制度 5 的样本不显著外），汇率波动对国际储备影响都为正，并且显著。也就是说，汇率波动越大，国际储备波动相应也会越大。这种波动究竟是源于贸易平衡、资本流动，还是源于央行的外汇市场干预，需要视具体经济体汇率制度归类而定。再考虑到此处的汇率是单位特别提款权表示的本币汇率,也就是说贬值能够让国际储备相对增加。

净出口变量在汇率波动区制1(波动较小)内对国际储备的影响是负的,而在区制3—5则是正的。这说明,处于较小汇率波动区制的经济体不依赖净出口来支持储备,相反汇率波动较大区制的经济体需要净出口来支持国际储备的增长。

净外国直接投资多数情况下不显著,或者即便显著,但处于负相关状态(区制1)。只有等到2001年后制度2—3档才为正相关关系。1971年后国际资本流动之一的外国直接投资整体不显著。2001年后,净外国直接投资的系数比1971的样本几乎提高1倍多,净出口在2001年后对国际储备的影响大幅度减弱。这说明随着国际资本市场跨境流动越来越大,国际资本流动对储备的影响将越来越突出。作为控制变量的国内生产总值对国际储备的影响在两个时段基本稳定。在汇率波动越小的区制内对国际储备的影响越大,但随着波动区制扩大,系数在逐步减弱。

我们需要结合真实汇率制度包含的经济体来进一步解释回归结果。首先制度1的国家和地区中有主要发达国家(地区):美国、德国、英国、加拿大、澳大利亚、新西兰、新加坡、新西兰,还有盯住美元的国家(地区):沙特、阿联酋、中国香港(2001)、巴拿马、古巴等。其特征是要么本币是国际货币,要么盯住美元。汇率波动与国内生产总值都支撑着这些经济体的国际储备。对于发达国家(地区)来说,由于本币就是国际货币,贬值不会影响其外汇储备;对于那些盯住国际货币的国家(地区)来说,宁可贬值或汇率波动也要维持国际储备的增长。两者之中,国内生产总值对储备的影响远远大于汇率的影响。奇怪的是,制度1国家(地区)的净出口和净外国直接投资对其国际储备的影响是负的,说明这些国家(地区)一方面不依赖外部资本或出口收入来支持其储备;另一方面,这些国家(地区)自身的经济增长是对国际储备的最大支持,其汇率波动(或贬值)与国际储备波动同一方向。

制度2的国家(地区)主要有新兴市场国家(地区),如巴西、中国内地、马来西亚等,以及部分欧元区、北欧和东欧国家(地区),如法国、瑞士、瑞典、丹麦、芬兰、保加利亚、白俄罗斯等。这些国家(地区)汇率的共同特点是对美元采取"BBC"浮动,即盯住一篮子货币(basket)、区间浮动(band)和爬行盯住(crawl)汇率制合成的复合汇率制度。该区制中国家(地区)的汇率波动(或贬值)和经济增长对国际储备的影响力同步,但净出口一直不显著,在2001年后净外国直接投资对储备的影响为正且显著。这说明,这些国家(地区)的汇率波动、经济增长、后来的外资流入对国际储备的影响都是正面的,尤其是中国内地,其经济增长和外资流入对国际储备的影响是正面的,人民币汇率波动(或贬值)对其国际储备的影响也是合适的,人民币汇率波动并没有让其国际储备流失。这进一步回答了本节第一部分的"二选一"问题,适度(BBC)放开人民币汇率波动不会对中国外汇储备产生不利影响。

制度3国家(地区)主要是那些不大不小的拉丁美洲国家,如阿根廷、墨西哥、海地、委内瑞拉(2001)等,亚洲的菲律宾、泰国等,以及非洲的南非、埃及等。这些国家(地区)的共同特征就是曾经盯住美元同时政局不是很稳定。这些国家(地区)的经济增长(GDP)对国际储备的影响是负的,是所有汇率制度中"唯一"特殊的地方。由于经济增长不稳定,净出口发挥了"替代功能",并且对国际储备的影响为正且为最强,汇率波动对储备的影响力也随之提高。

制度4包含的是汇率波动较大的国家（地区），如日本、俄罗斯、牙买加、印度、斯里兰卡、巴基斯坦、孟加拉国、柬埔寨（2001）等。除了日元是由市场决定的上下浮动外，其余的共同特征是朝着贬值方向的浮动。这些国家（地区）的汇率波动和经济增长对国际储备影响为正；净出口虽然对储备有正面影响，但显著性在2001年后降低了；外国直接投资的影响一直不显著。

制度5包含的国家（地区）都曾经经历过高企的通货膨胀，如希腊、印度尼西亚、伊朗、越南、老挝、韩国、缅甸、蒙古、索马里、津巴布韦等。这些国家（地区）的共同特征是货币汇率剧烈贬值和货币危机频发。在这些国家（地区）中，汇率波动（或贬值）虽然对国际储备有影响，但在所有汇率制度中影响最弱。对于这些国家（地区）来说，经济增长带来的正面作用才是最主要的。2001年前，净出口具有支持储备的功能，2001年后又不显著了。这给我们一个启示：朝着贬值方向剧烈波动的汇率组国家（地区）中，汇率波动（或贬值）对储备的影响是最弱的或者根本不显著。这意味着通货膨胀高企、货币急剧贬值的国家（地区）、汇率波动与国际储备变动已经"脱钩"。

放弃汇率稳定的国家（地区）（制度5）的汇率波动已经对其国际储备没有什么边际效应；相反，那些最稳定的经济体（制度1）的汇率波动对其国际储备的边际效应最大。这回答了疑问H2：放弃汇率稳定也就意味着其国际储备波动被"暴露"了。因此，这类国家（地区）需要其他替代稳定解释变量，除了汇率变量外，GDP比汇率更有稳定国际储备的功能。其他变量如净出口在2001年前相对功能较强，到了2001年以后净外国直接投资的功能更强，这也就回答了疑问H3。

四、结论和启示

"保汇率还是保储备"在不同（浮动）汇率制度和国家（地区）下的解释是不同的。虽然整体来说汇率波动（贬值）有助于国际储备稳定或增长，但不同汇率制度下效应不同。在相对波动最小的汇率制度1下，贬值的边际效应最大，这类国家（地区）货币大多是国际货币，其贬值无妨其国际储备的增长。而在汇率波动最大的汇率制度5国家（地区）中，本币波动或贬值对国际储备稳定的边际效应最弱或者完全不相关，这类国家（地区）由于没有遏制住通货膨胀，货币急剧贬值，再贬值对其国际储备稳定的边际效应递减或无效。对于汇率波动区制最小（制度1）的国家（地区）来说，不是贬值或保汇率的问题，而是本币是否是国际货币的问题。如果本币是国际货币，则可以实现微小贬值对国际储备增长边际效应的最大化。相反，对于波动区制最大（制度5）的国家（地区）来说，汇率工具边际效应递减或最后为零。其实两个"极端"都不存在"保汇率"的问题。对于汇率波动区制在2—4的国家（地区）来说要权衡贬值的边际效应。其中，汇率波动区制在3—4的国家（地区），贬值和净出口对其国际储备有正面影响；而对于汇率波动区制为2的国家（地区）来说，让货币贬值或波动虽然对国际储备有正面影响，但其净出口对其国际储备影响则是负的。中国内地被归入其中（制度2），也就是说用人民币贬值来促进出口、最终改善国际收支这条路径无法解释。从某种角度说，人民币汇率波动和贬值更多是通过对外国直接投资流入产生影响，最终影响国际储备。

虽然汇率波动（贬值）影响国际储备，但要将关注点放到汇率波动的边际效应上来。如果不准备放弃汇率稳定，那么就要尽可能推进本币国际化。因为本币国际化不仅使本币本身成了外汇储备，而且其汇率波动的边际效应最大。如果选择放弃汇率稳定，其对国际储备的边际效应也将会越来越小。处于"两极"（制度1和制度5）汇率制度的经济体的"保汇率还是保储备"的"二选一"问题其实就变成"一损俱损、一荣俱荣"的现象。

处于中间（制度2—4）的国家（地区），尤其要权衡其汇率波动传导渠道的效率，也就是汇率波动通过经常项目和资本项目传导到国际储备的敏感性。中国内地属于制度2一类，汇率稳定和经济增长的重要性相当。经济增长是硬道理，随着经济增长，保持与关键货币的BBC机制，最终通过人民币国际化，可以实现汇率波动对国际储备调节的边际效应最大化。

第四节 货币政策与媒体沟通检验效应

一、引 言

汇率沟通（exchange rate communication）是指货币当局根据当时的货币政策策略、货币政策目标、经济发展趋势及未来货币政策意向，通过公布政策或公开表态的形式向公众进行相关信息的披露，从而引导和管理市场（Blinder and Alan，1999）。20世纪90年代之前，央行货币政策操作的风格大多较为隐秘，各国央行的货币政策笼罩在"神秘的面纱"之下。20世纪90年代以来，央行货币政策操作的风格转变为透明和开放，改善货币政策工具，加强与市场参与者的沟通，将央行的政策意图传递给大众。

大多数文献将汇率沟通与汇率口头干预等同，也就是货币当局公开向公众陈述他们在市场中的态度和意图，从而影响市场预期（李云峰和李仲飞，2011；王自锋等，2015）。口头沟通主要有接受媒体采访、国内外经济研讨会或论坛发言、政治经济会议演讲以及召开新闻发布会等方式。口头沟通具有时滞短及成本低等优势。有的文献则将汇率书面干预包含在汇率沟通中，将沟通具体分为书面沟通和口头沟通（Fratzscher，2006；谷宇等，2016；王博和刘翀，2016；孙欣欣和卢新生，2017）。我国书面沟通的主要实现方式包括货币当局发布的各类货币政策报告以及货币政策策略会议记录等。书面沟通灵活性不如口头沟通，具有一定的时滞性。从汇率沟通的相关研究看来，口头沟通往往比书面沟通更为频繁，但书面沟通更具有规律性，两者都是货币当局必不可少的货币政策工具。

汇率实际干预是央行的直接常态化干预，是一种传统的货币政策工具，根据货币当局的需求，在外汇市场上买卖外汇，从而改变外汇市场的供求关系，控制本币汇率以及管理汇率预期。近年来，货币当局政策的透明度和公开性被予以重视，而实际干预的形式存在政策主观性较强以及独立性较弱的缺点，许多国家影响外汇市场的干预工具以及政策发生了改变。美国和欧洲各国的货币当局几乎摒弃了直接常态干预方式，以口头汇率沟通替代传统方式，对外汇市场进行干预。日本在沿用实际干预的同时，也使用口头干预的形式，两者相辅相成。我国与日本相似，两种汇率干预的方式均采用，但近十年以来，我国虽并未放弃实际干预，但口头干预的频率有所增加，甚至略高于美国。2005年7

月公布启动人民币汇率形成机制改革以来,人民币汇率弹性加强,央行曾公开表达要退出常态化的外汇市场干预。总体而言,汇率沟通已经渐渐成为各国货币管理当局重要的货币政策工具。

本节选用 2005 年 7 月 1 日至 2017 年 10 月 31 日月度及日度数据,运用 MGARCH 双变量模型以及 logit 二值模型,通过对人民币和美元汇率沟通有效性的联动分析以及人民币和美元汇率沟通条件和趋势的检验,对中美沟通策略效应进行对比研究。本节的贡献主要有:①选用多元 GARCH 模型首次对中美汇率口头沟通效应进行了对比研究,探究发达国家与发展中国家汇率沟通有效性的差异。②采用沟通及汇率的日数据结合 logit 模型,对于汇率口头沟通的发生条件、趋势特征进行了更为系统化的分析,并对比研究了中美两国的情况。③本节对于汇率沟通主体的选择更为多样化,对于不同发言人在本国对汇率水平的影响以及在国家间对汇率波动性的影响进行了对比研究。

本节具体结构安排如下:第二部分为文献综述,第三部分为口头汇率沟通的典型化事实,第四部分为理论分析,第五部分为变量测度与数据说明,第六部分为中美汇率沟通联动效应实证检验,第七部分为中美汇率沟通策略趋势特征分析,第八部分为主要结论和启示。

二、文献综述

目前,关于汇率沟通相关的研究主要集中于汇率沟通发生模式、特征以及汇率沟通有效性。研究方法基本采用 GARCH、VAR 和事件研究法的实证计量研究方法,相关文献的研究角度存在不同,比如沟通的时机、沟通的方式以及沟通内容的组合存在不同的相关拓展。实证角度的差别会在一定程度上影响研究结果。

(一)汇率沟通发生的模式和特征研究

汇率沟通产生的时机和集聚的特征是研究的重要方向之一,不仅可以获取沟通产生的市场条件,同时也可了解货币当局进行沟通的目的,从而为检验汇率沟通的作用和意义奠定基础。

现有文献对该方向的相关研究较少。Fratzscher(2006)选用 1990—2003 年 G3 国家(美国、日本及欧元区)汇率干预的相关样本,基于 logit 模型分析货币当局各自追求的沟通策略是否与过去的汇率趋势、过去的货币政策及过去的同方向干预协调进行。最核心的发现是实际干预政策有时在很大程度上比口头干预政策更体现出系统性。该研究发现差异存在于 G3 国家的干预政策中:美国和德国/欧元区的货币当局倾向于进行与增强本币币值相关的干预,并且当过去汇率走势为升值时反应会更为激烈,但日本则追求相反的策略。

(二)对于汇率沟通和实际干预的有效性研究

汇率沟通可以为市场创造变动信息,从而引导外汇市场预期和价格的变动。所以,汇率沟通的有效性分析成为绝大多数文献的研究路径。沟通的有效性检验又可分为三变:汇率沟通是否可引导汇率水平朝合意方向变动,是否可熨平汇率波动,以及汇率沟通的时效性影响。

汇率沟通通常与汇率实际干预的有效性检验进行对比分析，得到的结论也存在差异。Fratzscher(2006)研究发现，G3经济体的口头干预比实际干预对远期汇率的影响更为长远，口头干预可以减少市场不确定性，而实际干预会增加市场不确定性。该研究是对于实际干预和口头干预时效性的全面估计。Fratzscher(2008a)针对G3经济体货币当局所实施的汇率沟通及实际干预对汇率水平和波动的影响进行实证检验。研究发现，与现有的货币政策习惯口号相违背的干预往往更有效。但是，该研究结论并不能说明口头或实际干预有助于政策制定者成功地实现他们长期的汇率目标。Sakata and Takeda(2013)不仅关注汇率沟通的发言人的差异，并且关注所发布声明的内容的差异可能对结果存在的影响。但是，与Fratzscher(2008a)相比，该研究实证结果展现了更低的干预成功率，可能因为包含了更多的发言人和信息内容的分类。Zhang et al.(2017)研究发现，汇率沟通可以帮助我国央行影响人民币汇率水平并使其朝合意的方向变动。而且，我国会对来自国际的汇率沟通有所回应，特别是美国关于人民币升值的呼声。此外，基于方差模型的实证结果显示，连续性的口头干预可以抚平汇率的过度波动。Beine et al.(2009)与Fratzscher(2006)不同，没有将汇率沟通作为实际干预在外汇市场中的替代工具，而是作为一个补充工具。该研究发现，随着干预一起公布的官方汇率声明可以对汇率水平产生更大的影响，发表评论性的声明会降低汇率的波动性。

近年来，有大量中文文献对这一问题进行研究。李云峰(2011)的研究结果显示，汇率沟通对汇率有长达四个月的显著影响，可以使汇率朝着央行想要的方向变化；实际干预对于汇率的作用几乎为零。然而两种干预对于熨平汇率波动都是无效的。谷宇等(2016)与李云峰(2011)有相似的结论，其基于Fratzscher(2006)提出的汇率沟通的作用机制模型，发现汇率沟通可以使人民币汇率均值水平朝预设的方向变化，但加大了人民币汇率波动的弹性。孙欣欣和卢新生(2017)研究发现，央行政策沟通能够显著地影响远期汇率水平，常规货币政策操作显著地影响人民币即期汇率水平，且两者显著地熨平了人民币即期汇率波动，对稳定外汇市场波动起到了一定的作用。王自锋等(2015)采用EGARCH模型，发现实际干预能够调节人民币汇率水平并提高汇率波动，且当货币当局的信誉较高时更具有效性；汇率沟通并不能显著影响人民币汇率走势，但却提高了人民币波动程度。类似地，任燕燕和邢晓晴(2018)结合Markov机制转换模型与EGARCH模型发现，不论处于何种市场状态下，央行公开表态均对人民币汇率中间价水平没有明显的引导功能，央行实际干预同样亦无法改变人民币呈现的长期升值趋势。朱宁等(2016)基于传统非套补利率平价理论，仅对央行沟通对汇率波动的影响进行分析，得到央行沟通能稳定人民币币值的结论。

一部分文献选用口头干预对汇率影响的持续性或时效性来进行检验。Fratzscher(2008b)采用事件研究法来定义集群出现的干预。研究发现对于欧元对美元汇率和美元对日元汇率而言，口头干预事件和实际干预事件从短期到中期都有助于使汇率朝预设方向变动。但是，实际干预在事件发生期间对汇率的影响不如口头干预，这是因为有时实际干预是秘密实施的。李云峰和李仲飞(2011)在检验VAR模型的序列自相关性和异方差性之后分析了实际干预和口头干预的脉冲响应。结果显示，口头干预能够引导汇率朝着预设的方向变化，且时滞短，实际干预则在四个月后才会发挥效用。与李云峰和李仲飞(2011)相似,黄宪和付英俊(2017)也关注汇率沟通对汇率预期的影响,基于Fratzscher(2008a)的宏观经济信息的汇率决定模型发现,口头干预和实际干预均对人民币汇率和人民币汇率预期的水平变动产生显著且合意的影响,但口头干预对汇率变动的影响低于实际汇率,而口头干预对汇率预期影响却高于实际干预。通过SVAR模型对动态效应进行分析,发现了与李云峰和李仲飞(2011)相似的结果,汇率口头干预的时滞性比实际干预短,作用的持续时间长于实际干预。

(三)汇率沟通和实际干预作用渠道的研究

Fratzscher(2008b)最早提出对汇率沟通和实际干预影响汇率的渠道进行分析,并主要将其分为三类:组合平衡渠道、信号渠道和协调渠道。组合平衡渠道指当存在国内资产和国外资产的不可完全替代下,汇率实际干预可以调节国内外资产的供求,从而影响价格(Dominguez and Frankel,1993)。但是汇率沟通并不通过该渠道作用。信号渠道是指通过汇率沟通传递内部消息(比如未来的货币政策)来改变投资者的期望和行为。通过信号渠道帮助市场参与者更好地预判这些政策未来的变化或实际干预的行为从而间接推动外汇市场的变动。协调渠道是指口头干预和实际干预起到了整合协调工具的作用,减少市场参与者的预期与已拥有信息之间的异质性,减少投资者的信息不对称性,从而使汇率可以更好地反映经济基本面。Fratzscher(2008b)证实汇率沟通和实际干预的成功性与货币政策无关,因此干预主要通过协调渠道发挥作用。国内的文献如谷宇等(2016)也有相似的发现,我国央行主要通过协调渠道而不是信号渠道发挥作用。这说明,在外汇市场存在异质性预期的时候,央行沟通并不释放新的政策信号,而是重述政策立场,从而协调预期,达到政策干预的目的。

总体上,我国虽然已有不少研究侧重于分析汇率沟通的有效性问题,但其研究范围仅局限于我国人民币汇率,缺少对汇率有效性的国别研究,所以无法从国别研究的角度检验我国官方汇率沟通的效应,更无法获得我国汇率沟通发生的趋势。此外,多数国内研究仅仅使用沟通的月度均值数据对央行沟通的有效性进行检验,缺乏对数据频率和沟通主体多样性的研究。

本节在我国汇改不断深入以及人民币汇率市场化形成机制不断完善的背景下,结合中美汇率沟通的对比,针对货币当局的汇率沟通策略,提出以下问题:问题一,口头干预的有效性在中美两国货币间存在怎样的差异?问题二,不同汇率沟通主体是否均对汇率水平及汇率波动产生合意且联动的影响?问题三,中美货币当局汇率口头沟通有何种发生条件及趋势特征?本节基于2005年7月至2017年10月的月度汇率沟通、人民币即期汇率以及美元实际有效汇率数据,采用二元GARCH模型对问题一、二进行分析,基于2005年7月1日至2017年10月31日的日度相关数据,采用二值logit模型对问题三进行分析。

三、口头汇率沟通的典型化事实

(一)我国口头汇率沟通数据处理和来源

根据Fratzscher(2006,2008a,2008b)早期对于汇率沟通方面的研究,本节选用赋值法对日度汇率口头干预(IO)进行测度。为了尽可能包含全面详尽的沟通信息,本节收集了从 2005 年 7 月 1 日至 2017 年 10 月 31 日央行行长——周小川和国家外汇管理局(以下简称"外管局")局长——胡晓炼、易纲以及潘功胜公开的演讲、采访、发布的新闻等,梳理了汇率政策和汇率改革方向制定者可能引导汇率变动的公开言论。本节通过在百度搜索引擎上输入关键词获取关于汇率的新闻信息——"周小川/胡晓炼/易纲/潘功胜+人民币汇率"。为了尽可能不遗漏货币当局的沟通信息,本节还通过谷歌搜索引擎再次对相关新闻进行搜索。由于同一主题的新闻会被许多家新闻媒体相继报道,为避免重复统计,本节选取最早的新闻报道。

在收集完相关新闻信息后,我们依据央行和外管局对于人民币汇率走势变化的意向,并结合言论当时所处的背景,对这些信息进行分类。将表示人民币汇率升值性的沟通或者含有增加人民币汇率弹性,扩大人民币汇率浮动区间或加强推进汇率市场化改革的言论赋值为"+1";将表示人民币汇率贬值性的沟通,或者含有缩小人民币汇率浮动区间的言论赋值为"-1";将没有明确表明汇率升贬态度,模棱两可,或者含有当前人民币汇率处在合理均衡水平的言论赋值为"0"。比如,2005 年 7 月 21 日《焦点访谈》就汇率机制改革专访周小川,周小川表示,人民币对美元升值 2%……人民币升值以后利大于弊,人民币更加坚挺,价值更高了,对整个经济好的方面要大大大于负面影响的方面。结合当时汇改启动的背景,人民币处在升值压力下,该言论暗示人民币未来很可能即将升值,因此赋值为"+1"。

由于本节前部分需要将月度汇率变动与月度汇率沟通联系起来,计算出每月的汇率沟通信号值,依据国内多数文献的一贯方式(谷宇等,2016;黄宪、付英俊,2017;李云峰,2011,李云峰和李仲飞,2011),本节采用下述公式(1)进行计算:

$$io_t = \sum n_\tau / N_t \tag{1}$$

其中,n_τ 表示在 τ 时刻沟通的分类,N_t 表示在 t 月度内沟通的次数。io_t 表示 t 时期(月度)内货币当局口头汇率沟通(io)的信号值。简而言之,各月的口头汇率等于该月内的口头沟通分类值的加总除以该月内的口头沟通次数。

(二)美国口头汇率沟通数据处理和来源

本节收集了 2005 年 7 月 1 日至 2017 年 10 月 31 日任职的美国财政部部长(以下简称"财长")——John William Snow, Henry Merritt Paulson, Jr Timothy Franz Geithner, Neal Steven Wolin, Jacob Joseph Lew 以及 Steven Terner Mnuchin 和美联储主席——Alan Greenspan, Ben Shalom Bernanke 及 Janet L. Yellen 公开的演讲、采访、发布的新闻等,获得美元政策制定者可能引导美元币值变动的公开言论。按照"姓名+doller"的关键字在谷歌搜索后,将表示美元升值性的沟通或者含有美元波动弹性的言论赋值为"+1",将表示美元贬值性的沟通或者含有减小美元波动弹性的言论赋值为"-1",将没有明确表明美元升贬态度,模棱两可的言论赋值为"0",美国日度口头汇率沟通变量计为 IOUS。例如,Geithner 在 2009 年 3 月 25 日纽约外交关系委员会的演讲中表示,我认为美元仍然是世界上主要的储备货币,这种情况很可能会持续很长一段时间……我们长期保持对金融市场和国家生产能力的信心。该言论暗示美元未来仍将是坚挺的国际货币,美元很大可能即将升值,因此将其赋值为"+1"。月度的美元口头沟通信号值(ious)的计算方法与我国月度汇率口头沟通值(io)的计算方法一致。中美两国货币当局的口头沟通统计结果如表3-6所示。

表3-6 中美货币当局汇率口头干预分类(IO&IOUS)(2005.7.1—2017.10.31)

	中国			美国		
	央行	外管局	总计	财政部	美联储	总计
升值意图(+1)	32	32	64	19	31	50
中性(0)	24	39	63	13	11	24
贬值意图(-1)	9	6	15	10	17	27
总计	65	77	142	42	59	101

由表3-6可知,在本节所有的研究区间内,我国货币当局共进行了142次口头汇率沟通。其中,增加人民币币值的口头干预共64次,占比45%,与中性的人民币口头干预占比基本相同。并且,我国央行进行升值意图的口头干预更多,外管局进行中性的口头干预更多。美国货币当局共进行了101次口头干预,其中,增加美元币值的沟通次数为50,占比最高(50%),削弱美元币值的沟通次数其次,约占27%。并且,美国财政部和美联储均倾向于进行升值意图的口头干预。总体上,美国和我国货币当局进行意图为增强本币币值的汇率口头沟通占比最高,但我国货币当局更为频繁地进行稳定汇率或模棱两可的口头干预。

四、理论分析

本节通过理论推导分析货币当局官方表态对于汇率水平及其波动的影响。与朱宁等(2016)的研究理论相似,依据传统的非套补平价理论,假定不考虑远期交易,根据投资者自己对汇率未来变动的预期制定投资策略,从而计算预期收益。市场上的投资活动需要承担一定的汇率风险。

不进行远期交易时,在计算国外投资收益时既要考虑国外利率,也要考虑投资到期时的即期汇率。基于目前可获得的市场公开信息,即货币政策信息、宏观经济展望信息以及央行等相关机构外汇市场干预信息,投资者对于下一期汇率的预期为 $E(s_{t+1}|\Omega_t)$。假设:

$$E(s_{t+1}|\Omega_t) = q \cdot (s_{t+1} + p) \tag{2}$$

其中,s_t 代表即期汇率,s_{t+1} 代表下一期汇率市场上的真实值。q 代表本国货币当局汇率沟通指示器,沟通得越频繁,q 值越大,且假定 $q \in [0,1]$。$E(s_{t+1}|\Omega_t)$ 表示基于目前可获得的公开信息,投资者对于下一期汇率的预期。p 表示预期未来汇率与未来汇率真实值的偏差,且 $p \sim N(0, \sigma^2)$。

将 s_{t+1} 表示为投资者预期到的部分以及未预期到的部分,UE 表示投资者未预期到的部分:

$$s_{t+1} = E(s_{t+1}|\Omega_t) + \text{UE} \tag{3}$$

将(2)带入(3)可得：
$$UE = (1-q)s_{t+1} - pq \qquad (4)$$

i 表示本国利率，i^* 表示国外利率。基于 Fratzscher(2008b)的理论,可预期到的汇率变动可以表示为 $E(\Delta s_{t+1}) = i - i^* + \rho$，$\rho$ 表示外汇的风险溢价。由于 $E(s_{t+1} \mid \Omega_t) = E(\Delta s_{t+1}) + s_t$，所以可得式(5)：

$$E(s_{t+1} \mid \Omega_t) = i - i^* + \rho + s_t \qquad (5)$$

将式(5)和式(4)带入式(3)中,整理可得：

$$s_t = qs_{t+1} + pq - i + i^* - \rho \qquad (6)$$

用 s_{t+1} 减去式(6)可得汇率变动：

$$\Delta s_{t+1} = (1-q)s_{t+1} - pq + i - i^* + \rho \qquad (7)$$

显示货币当局汇率沟通对汇率变动的趋势有直接的影响。

两边同时取方差可得：$\mathrm{var}(\Delta s_{t+1}) = \sigma^2 q^2$

对 q 求导可得：$\dfrac{\mathrm{d}\mathrm{var}(\Delta s_{t+1})}{\mathrm{d}q} = 2\sigma^2 q$。

这表明官方货币当局的汇率沟通不仅直接影响汇率趋势,还对汇率波动产生显著影响。以上推论表示,一国的官方表态可以向市场传递信息,并通过投资者对于未来汇率的预期与现实的差异来影响汇率趋势和汇率波动。

五、变量测度与数据说明

2005年7月21日以来,人民币汇率形成机制改革启动,人民币汇率不再单一盯住美元,而是按照我国对外经济发展的实际情况,实行参考一揽子货币进行调节的、有管理的浮动汇率制。人民币对美元汇率波动幅度加大,汇率的变动更加反映市场供求。因此,本节仅选取了2005年7月1日至2017年10月31日的日度及月度数据进行统计计量分析。数据来源于央行网站、外管局网站、国家统计局网站、谷歌网、美联储网站等相关网站以及 Wind 数据库。

1. 人民币汇率变动(dls)

本节选取人民币对美元即期汇率的日度数据以及月度均值进行分析处理。将即期汇率的月度均值进行对数化后进行一阶差分,得到每月人民币汇率变动值(dls)。

2. 美元实际有效汇率变动(dlre)

本节选用美元实际有效汇率指数作为美元币值的衡量,将基于 CPI、以2010年为基期的实际有效汇率月度均值取对数差分,得到月度美元实际有效汇率变动值(dlre)。

3. 中美实际利差(diuc)

我国月度名义利率选取期限为30日的全国银行间同业拆借利率的月度加权均值。美国月度名义利率选取日度联邦基金利率的月度均值来衡量美国的名义利率。用 CPI 的变化率来度量通货膨胀的变化率。将各国名义汇率扣除通货膨胀率获得实际利率。由于本节选取直接标价法表示人民币对美元汇率,故采用美国与中国的实际利率之差表示两国月度利差。

4. 汇率实际干预(AI)

汇率实际干预主要指货币当局直接作为市场参与者运用外汇储备买入或卖出外汇,调节外汇市场供求,以使汇率的变动符合本国的汇率政策目标。由于我国央行实际干预外汇市场的数据不对外公开,在现存的文献中,外汇实际干预的替代变量大多选用外汇储备增加额占外汇市场交易额的比重和外汇储备的变动额。为了更准确地反映实际干预的意图,本节选用替代我国汇率实际干预的另一种表示方式——汇率实际干预方式。即若当月外汇储备总额减少,外储变动额为负,则认定是意为促进本币升值的实际干预方式,赋值为"+1";反之,则赋值为"-1"。纽约联邦储备银行网站公布美国货币当局的每次实际干预时间和金额,但是在研究期间内,仅在2011年3月18日和2000年9月22日直接干预过外汇市场。其次数和规模影响可以忽略,故本节不再引入美国汇率实际干预变量。

5. 货币乘数差额(mm2)

货币乘数是货币供给量对基础货币的倍数,反映了货币扩张能力的大小。中国和美国货币乘数差额可以反映出两国间的货币供给扩张差异,对于描述两国汇率的关系具有重要意义。以中国与美国的货币乘数的对数差分作为货币乘数差额变量。

六、中美汇率沟通联动效应实证检验

不同货币汇率的动态联系的研究很多,Nikkinen et al.(2006)对3种欧洲主要货币——欧元、瑞士法郎及英镑进行研究,发现它们对美元汇率的隐含波动率之间存在着显著的联动关系。郭珺和滕柏华(2011)对于人民币、欧元、美元和日元之间汇率联动效应进行了实证分析,发现日元、美元及欧元对人民币存在显著的收益和波动溢出效应。然而,理论界对于汇率沟通的有效性研究基本局限于对某个单一货币汇率的影响研究,往往采取的是EGARCH模型,以单一的货币为研究主体。国内的文献往往仅选用沟通对人民币对美元汇率的影响进行研究,鲜有在考虑人民币和美元价格相互联动的情况下,分析官方汇率口头沟通对于两种货币价格的同期影响。

(一) 中美汇率口头干预的总体效应

孙欣欣和卢新生(2017)在考虑人民币对美元的即期和远期汇率的联动情况下,采用多元GARCH模型对央行政策沟通的市场效应进行研究。本节选用MGARCH-VCC模型,研究人民币对美元的即期汇率及广义美元实际有效汇率两种货币汇率时间序列的水平变动和波动率之间的相互联系。基于Tsui(2002)对于VCC模型的理论,结合Fratzscher(2008b)关于汇率变动和外汇干预关系的推导,我们建立了两种货币联动的二元GARCH模型:

$$\mu_{jt} = E_t(\Delta s_{jt} \mid \Omega_{t-1}) \tag{8}$$

$$\Delta s_{jt} = \mu_{jt} + \sum_{i=1}^{pj} \varphi_{ji} \Delta s_{j,t-i} + \varepsilon_{jt} \tag{9}$$

$$\Delta S_t = \alpha + \sum_{i=1}^{p} \Phi_i \Delta S_{t-i} + \Theta E_t + \Pi O_t + \Gamma AI_t + \varepsilon_t \tag{10}$$

其中，$\Delta S_t = (\mathrm{dls}_t, \mathrm{dlre}_t)'$，$\boldsymbol{\varepsilon}_t = \begin{pmatrix} \varepsilon_{1t} \\ \varepsilon_{2t} \end{pmatrix}$，$\boldsymbol{\Phi}_i = \begin{pmatrix} \varphi_{11}^{(i)} & \varphi_{12}^{(i)} \\ \varphi_{21}^{(i)} & \varphi_{22}^{(i)} \end{pmatrix}$，$\boldsymbol{\Theta} = \begin{pmatrix} \theta_{11} & \theta_{12} \\ \theta_{21} & \theta_{22} \end{pmatrix}$，$E_t = (\mathrm{diuc}_t, \mathrm{mm2}_t)'$，$\boldsymbol{\Pi} = \begin{pmatrix} \pi_{11} & 0 \\ 0 & \pi_{22} \end{pmatrix}$，$\mathbf{IO}_t = \begin{pmatrix} \mathrm{io}_t \\ \mathrm{ious}_t \end{pmatrix}$，$\boldsymbol{\Gamma} = \begin{pmatrix} \gamma_{1t} \\ 0 \end{pmatrix}$，$j = 1,2$ 表明两种货币，人民币和美元。Ω_{t-1} 表示到截至 $t-1$ 时期的公开信息，包括货币政策信息和外汇市场的干预，Δs_{jt} 表示 j 货币的汇率变动。式(8)中 μ_{jt} 即为给定过去信息下 j 货币当前汇率变动的条件期望。式(9)表示各货币汇率当期变动的构成由汇率变动的条件期望以及过去汇率变动的趋势加之扰动项构成。i 表示汇率变动的滞后阶数。基于式(9)可得汇率口头干预、实际干预影响汇率走势的实证模型式(10)。式(10)中 ΔS_t 表示人民币对美元汇率或美元实际有效汇率，IO_t 表示两个国家各自的汇率口头干预——中国 io 以及美国 ious。AI 表示我国汇率实际干预变量。E_t 表示经济基本面信息变量，本节依据文献的选择惯例，选取两国利差水平和货币乘数差额作为控制变量。值得注意的是，本节不考虑汇率变动滞后项的跨国溢出效应，故对于任何 i 而言，$\varphi_{12}^{(i)}$ 和 $\varphi_{21}^{(i)}$ 均为 0。此外，由于美国极少进行实际干预，故本节仅考虑中国央行实际干预的影响力。

(二) 中美不同沟通主体的沟通对称性分析

央行制定相关的汇率政策，以对汇率进行干预以及窗口指导，所以国内大多数研究仅关注周小川作为央行行长的汇率沟通有效性。然而，我国外管局管理外汇流动，负责对外汇收支、外汇汇率和外汇市场的管制和沟通工作，并且进行事后数据统计、现象分析以及事件应对，因此其发言人的汇率沟通有效性同样值得分析。本节依照 Sakata and Takeda(2013)日本汇率沟通的研究，将中国官方口头沟通的主体发言人分为央行行长、外管局局长，美国官方口头沟通的主体发言人分为美国财长以及美联储主席。根据式(10)，将 IO_t 重新表示为 $\mathbf{IO}_t = \begin{pmatrix} \mathrm{zhoucl}_t & \mathrm{waicl}_t \\ \mathrm{czdolcl}_t & \mathrm{feddolcl}_t \end{pmatrix}$ 后再次进行回归。ΔS_t 的条件方差等式如式(11)所示：

$$\sigma_{jt}^2 = \omega_{jt} + \lambda_j \sigma_{j,t-1}^2 + \kappa_j \Delta s_{j,t-1}^2 \tag{11}$$

其中，$\omega_{jt} = A\mathrm{IO}_t + B\mathrm{AI}_t$，$\mathbf{A} = \begin{pmatrix} a_{11} & a_{12} \\ a_{21} & a_{22} \end{pmatrix}$，$\mathbf{B} = \begin{pmatrix} b_{11} & b_{12} \\ b_{21} & b_{22} \end{pmatrix}$，$\omega_{jt}$ 表示影响条件方差的汇率干预变量，分别为各发言人（中国央行行长、中国外管局局长、美国财长及美联储主席）的暗含汇率走势的公开言论（zhoucl、waicl、czdolcl 及 feddolcl）。本节在条件方差方程中研究本国以及外国的官方言论影响如何对汇率波动产生影响，不仅分析本国货币当局汇率口头干预对人民币及美元汇率波动的影响，而且还检验国外的口头干预是否会对本国汇率波幅产生一定的影响。

(三) 中美联动效应实证结果

根据 AIC、HQIC 及 SBIC 等准则，本节选择人民币对美元即期汇率滞后一阶，以及美元实际汇率滞后一阶分别作为两个被解释变量的滞后项进入均值回归方程，即对于 $j=1,2$ 时 $i=1$。根据计量模型式(10)、式(11)，可以得到估计结果，如表 3-7 所示。回归后对于残差序列进行 ARCH-LM 检验,发现不再存在 ARCH 效应,说明 MGARCH-VCC 模型的设定是合理的。表 3-7 中,模型(a)是中美汇率口头干预总体效应的研究模型,即式(10)的回归结果;模型(b)是中美不同沟通主体效应的研究模型,即根据沟通主体分类替换 IO 取值后的式(10)和式(11)的回归结果。

从表 3-7 中模型(a)可以看出,在控制中美货币乘数差额和中美利差之后,我国货币当局的口头汇率沟通比美国货币当局口头汇率沟通的影响更为有效。我国货币当局的口头汇率沟通在 1% 的水平下可以引导人民币即期汇率朝合意方向变动。平均而言,我国央行以及外管局的汇率沟通总体上能使每月美元有效汇率的平均值变化 0.001%。这与 Zhang et al.(2017)以及李云峰(2011)的发现类似,他们发现,央行公开表态对于人民币中间价水平都显著的引导功能。

我国央行的实际干预不能引导汇率朝合意的方向变化,反而产生了与预期效果相悖的影响,且在 5% 的水平上显著。平均而言,实际干预买入外汇储备会带来人民币的略微升值,导致每月人民币对美元即期汇率水平平均值变化 0.001%。这看似不合理的实证结果与李云峰(2011)、李云峰和李仲飞(2011)、谷宇等(2016)以及任燕燕和邢晓倩(2018)的研究结果一致。结合我国的实际情况,实际干预变量有悖常理的估计结果与我国的汇率制度相关。虽然我国 2015 年 7 月 21 日进行了汇改,人民币盯住的对象发生了改变,但"管理"的三个特征依然存在,由此形成不对称的外汇供需机制,导致我国的外汇储备被动增加。此外,我国市场主体受到国际贸易关系的影响,比如美国"汇率操纵国"的指控,长期持有货币升值预期并选择尽快结汇,导致外汇储备持续增加,这个又被市场解读为还存在持续升值的趋势,因此表现为外汇储备增加对人民币升值的促进作用。

从表 3-7 模型(b)可以看出,在与模型(a)对相同变量进行控制后,在均值方程中,我国央行行长以及外管局局长的公开言论都可以对人民币汇率产生有效合意的影响。而且,外管局的公开表态不论在显著水平还是影响程度都比央行的公开言论大。平均而言,外管局的口头汇率沟通能在 5% 的水平上引导每月人民币汇率水平的平均值变动 0.002%,我国央行的口头汇率沟通能在 10% 的水平上引导每月人民币汇率水平的均值变动 0.001%。美国财政部以及美联储的官方表态均未能对美元有效汇率的变动产生显著有效的影响。我国的外管局负责对外汇市场的现象进行分析,与央行相比,沟通次数更多,沟通内容更为详尽,所以外管局的汇率沟通效应在统计上更为显著和有效。

从表 3-7 模型(b)中的条件方差方程中可以看出,我国人民币汇率的波动程度仅受到来自于央行行长口头干预的显著影响。平均而言,我国央行在外汇市场中的口头汇率沟通能够熨平人民币汇率波动幅度 0.86%。我国外管局口头汇率沟通的影响不显著。美元币值的波动程度受到美联储的公开言论影响。平均而言,美联储的口头汇率沟通使每月美元实际有效汇率的波幅平均值在 1% 的水平上增加 0.701%,即美联储实施干预的效果是促进美元波动,增加美元实际有效汇率的灵活性,减少美元的投机可能性,加强汇率作为经济自动调节机制的作用。美元实际有效汇率不仅受到本国的口头汇率沟通影响,还受到国外的口头干预影响。平均而言,央行对人民币的口头干预会在 5% 的水平上间接减少每月美元实际有效汇率波动幅度平均值变动 0.744%,外管局对人民币的口头干预

表 3-7 中美汇率口头沟通的总体效应及不同沟通主体的效应

变量	均值方程 模型(a) 人民币汇率变动(dls)	均值方程 模型(a) 美元汇率变动(dlre)	均值方程 模型(b) 人民币汇率变动(dls)	均值方程 模型(b) 美元汇率变动(dlre)	方差方程 模型(b) 人民币汇率变动(dls)	方差方程 模型(b) 美元汇率变动(dlre)
中国口头干预 io	-0.00129*** (0.00036)	-0.00146 (0.00180)				
美国口头干预 ious	-0.00021** (0.00009)	-0.00059** (0.00030)	-0.00023** (0.00011)	-0.00029 (0.00029)		
利差 diuc	0.00050* (0.00029)	0.02668 (0.02565)	0.00080* (0.00044)		0.68712*** (0.17858)	0.35736** (0.15741)
中国实际干预 AI	-0.00339 (0.00621)		-0.01027 (0.00723)	0.03545 (0.02228)		
货币乘数差额 mm2						
央行行长口头干预 zhoucl			-0.00113* (0.00067)		-0.86059** (0.42042)	-0.74426** (0.29498)
外管局局长口头干预 waicl			-0.00204** (0.00093)		0.38727 (0.28933)	0.62832* (0.34932)
美国财长口头干预 czdolcl				-0.00336 (0.00227)	0.42414 (0.52728)	-0.36108 (0.48813)
美联储主席口头干预 feddolcl				0.000818 (0.00188)	-0.41245 (0.29942)	0.70103*** (0.26663)

注:(1)所有回归由 Stata15.0 软件完成,方法为 MGARCH(1,1)-VCC;(2)每个变量第一行对应的为回归系数,第二行括号中报告的是标准误;(3)***、**、*分别表示在1%、5%和10%的置信水平下显著;(4)表格只对核心变量的回归结果进行了展示,滞后项和 ARCH 项等不在本表中展示。

会在 10% 的水平上间接增加每月美元实际有效汇率波动幅度平均值变动 0.628%。这说明我国央行行长对人民币的汇率沟通会在一定程度上间接减少美元币值波动的不确定性，减少美国外汇市场上的噪音，促进美元币值的稳定；我国外管局的公开言论会在一定程度上会间接增加美元有效汇率的波动，与其在中国外汇市场产生相同方向的联动效应，增加外汇市场上的噪音交易。并且，本节采用 BIS 广义美元实际有效汇率作为美元币值的衡量，该汇率指数是由 61 个经济体货币的加权平均构成，权重主要参考 2011—2013 年的贸易。其中，人民币所占权重最大，美元有效汇率指数中有 21.7% 参照了人民币与美元双边汇率，所以我国央行和外管局官员的发言对美元实际有效汇率产生影响。

从回归结果来看，美国货币当局的汇率口头沟通看似产生了"逆羊群化"违背常理的现象——美联储的口头干预增加了美元币值的波动性，这与谷宇等（2016）对我国汇率沟通有效性的研究结论类似。但是反映出美国货币当局的真实意图为增加币值波动。美国货币当局更多地强调本币币值对于经济基本面的反映，减少投机资本获利的可能，所以美联储沟通扩大美元币值弹性的作用也是有效的。此外，由于本节涵盖了研究期间美联储和美国财政部的所有汇率口头沟通信息，过多的发言人以及发言内容会在一定程度上影响口头干预的效果。

七、中美汇率沟通策略趋势特征分析

（一）实证思路和模型

各国货币当局进行的汇率干预往往具有特定的目标或意义。本节具体关注汇率沟通两方面的特征——过去的汇率趋势以及与其他汇率干预的协调趋势。具体而言，通过该研究可以获悉，口头沟通汇率发生时主要的市场特征和货币当局进行汇率沟通的目的，从而可以总结出各国实施口头沟通汇率以及实际干预汇率的模式和干预的条件规则。

本节借鉴 Fratzscher（2006）的研究方法，选用二值 Logit 模型，使用日度数据来检验沟通的条件和趋势。为了确保研究的准确性，该部分研究选用中美口头汇率沟通以及汇率的日度数据进行。具体如式（12）—（15）：

$$\Pr = F(X\beta) = \frac{\exp(X\beta)}{1 + \exp(X\beta)} = p \tag{12}$$

$$p = \Pr(Y = 1 \mid X); 1 - p = \Pr(Y = 0 \mid X) \tag{13}$$

$$\frac{p}{1-p} = \exp(X\beta) = \frac{\Pr(Y=1 \mid X)}{\Pr(Y=0 \mid X)} \tag{14}$$

$$\frac{\frac{p^*}{1-p^*}}{\frac{p}{1-p}} = \frac{\exp(X_1\beta)}{\exp(X_0\beta)} = e^{(X_1-X_0)\beta} \tag{15}$$

在该部分研究中，被解释变量 Y_t 为汇率口头沟通的哑变量，$Y_t = 1$ 表示当天存在汇率口头干预，$Y_t = 0$ 则表示当天没有口头干预。解释变量 X 则是与研究的两个沟通特征——汇率趋势以及与其他干预的协调趋势相关。具体的 Logit 模型分布公式为式（12）。

根据式(12),在相同的条件 X 下,口头干预产生的几率为 $p=\Pr(Y=1\mid X)$,口头干预不产生的几率为 $1-p=\Pr(Y=0\mid X)$。将(13)式中两者相除,我们可以得到一个几率比(odds ratios),表示在相同的条件 X 下,一个汇率口头干预发生的概率是没有口头干预发生概率的倍数。将 X 也均设置为哑变量,则 X 有只两个取值:X_0 和 X_1,即 $X_0:X=0$,$X_1:X=1$。将 $X=1$ 代入(14)中,可得几率比 $\frac{p^*}{1-p^*}$;将 $X=0$ 带入(14)可得几率比 $\frac{p}{1-p}$。

将两个几率比相除可得到式(15),即为新几率比(new odds ratios),将 X 的两个取值带入式(15),可以将新几率比化简为 $\exp(\beta)$,即解释变量由 X_0 增加一个单位变成 X_1 后引起几率比的变化倍数。式(15)表示,在条件 X_1 下,比在条件 X_0 下汇率口头干预($Y=1$)更可能出现的几率。具体而言,如果几率比大于1,表示与条件 X_0 相比,一个汇率口头沟通更可能在条件 X_1 下产生;如果几率比小于1,则表示该沟通更可能在 X_0 的条件下产生。汇率口头沟通有效性的条件和趋势研究部分,设定零假设 H0:新几率比 $\exp(\beta)=0$,即在两种条件 X_0 和 X_1 下,对于汇率口头沟通的发生不产生显著差异的影响。

(二)实证结果及解读

本节利用日度人民币对美元即期汇率、日度美元名义有效汇率以及中美货币当局各自的汇率口头干预数据进行了回归,回归结果如表 3-8 所示。

第一,在(A)中针对汇率口头沟通是否与过去的汇率趋势相一致的检验中,由表 3-8 可知,中国和美国货币当局均倾向于在本币存在贬值趋势时实施口头干预,新几率比分别为 2.203 和 2.794,且均在 1% 的水平上显著,拒绝原假设。而且,贬值时中美两国货币当局均更倾向于进行升值意图的汇率口头沟通。在(B)中将不同汇率波动大小对解释变量进行区分后回归,发现中美两国存在相似的结果:中美货币当局均倾向于在汇率波幅较大时进行口头汇率沟通。且在这种市场条件及状况下,中国货币当局倾向在汇率波幅较大时予以增值意图的口头干预;美国货币当局则倾向于在美元有效汇率波动较大时予以贬值意图的口头干预。在(C)中对汇率口头干预与均衡汇率的偏离程度进行实证分析,也发现了中美两国迥异的结果:汇率与均衡汇率偏离大时,中国当局更可能对外汇市场予以口头干预,会明显加大汇率沟通的频率,并更倾向于发表增值性的言论;相反地,美国货币当局虽然总体上也存在当偏离均衡水平较大时进行口头沟通的趋势,但是该特征并不显著。这与 Fratzscher(2006)的研究结果一致,并没有发现足够可以证明美国当局在美国汇率水平偏离 PPP 水平时增加沟通频率的证据。

第二,在(D)中对口头干预与过去口头干预方向是否协调进行实证分析,发现中美两国货币当局的回归结果类似,均倾向于进行与过去沟通相协调的口头干预,且都倾向于发布增强本币币值的协调性的言论。不同的是,我国的汇率口头沟通要比美国的汇率口头沟通更大程度地体现出与过去的口头干预方向一致的特征——中国的几率比是美国的两倍左右。(E)中对口头干预与国内的实际干预是否协调进行实证分析,发现中国货币当局的口头干预总体上与过去 60 天的实际干预方向显著不协调,但当实施贬值意向的沟通时,却展现出与过去的实际干预相一致的特点。由于美国在研究期间内极少进行实际干预,故此处不进行回归。在(F)中对汇率口头沟通是否与国外的口头干预相协调进行回归分析,发现中国货币当局的所有结果均不显著,没有展现出任何趋势特征;美国

表 3-8 汇率口头干预的策略趋势回归结果

汇率趋势

国别	货币当局口头干预	(A) 过去汇率趋势 X1:贬值 X0:升值			(B) 汇率波动性 X1:波动高 X0:波动低			(C) 与均衡水平的偏离 X1:偏离大 X0:偏离小		
		几率比	标准误	预测比率	几率比	标准误	预测比率	几率比	标准误	预测比率
中国	全部口头干预	2.203***	0.393	95.63%	1.850***	0.367	95.52%	2.117***	0.400	95.54%
	升值口头干预	1.759**	0.472	98.08%	2.624***	0.846	97.97%	2.477***	0.198	98.08%
	贬值口头干预	1.695	1.896	99.51%	1.642	0.960	99.52%	1.819	0.998	99.51%
美国	全部口头干预	2.794***	0.634	97.75%	1.650**	0.340	97.76%	1.003	0.215	97.75%
	升值口头干预	3.582***	1.228	98.89%	1.284	0.386	98.89%	1.019	0.308	98.89%
	贬值口头干预	1.702	0.680	99.40%	1.997*	0.776	99.40%	0.670	0.295	99.39%

协调趋势

国别	货币当局口头干预	(D) 与过去口头干预协调 X1:协调 X0:不协调			(E) 与国内实际干预协调 X1:协调 X0:不协调			(F) 与国外口头干预协调 X1:协调 X0:不协调		
		几率比	标准误	预测比率	几率比	标准误	预测比率	几率比	标准误	预测比率
中国	全部口头干预	4.017***	0.699	95.51%	0.219***	0.066	69.87%	0.783	0.149	96.85%
	升值口头干预	4.180***	1.068	97.98%	0.762	0.246	72.05%	1.111	0.295	97.98%

（续表）

国别	货币当局汇率口头干预	(D)与过去口头干预协调 X1:协调 X0:不协调			(E)与国内实际干预协调 X1:协调 X0:不协调			(F)与国外口头干预协调 X1:协调 X0:不协调		
		几率比	标准误	预测比率	几率比	标准误	预测比率	几率比	标准误	预测比率
中国	贬值口头干预	0.783	0.506	99.53%				0.324	0.247	99.53%
	全部口头干预	1.536**	0.313	97.76%	4.688***	2.661	93.45%	2.595***	0.529	97.76%
美国	升值口头干预	2.641***	0.757	98.89%				3.920***	1.121	98.89%
	贬值口头干预	1.413	0.555	99.40%				0.408	0.250	99.40%

注：（1）"***"、"**"、"*"分别表示在1%、5%和10%的置信水平下显著；（2）预测成功比率表示 Logit 回归的模型可以预测准确的百分比；（3）对于人民币币值衡量选用人民币对美元中间价汇率，美元币值的衡量选用广义美元指数；（4）文中对于美元价值干预，外汇储备变动的方向，外汇储备减少30天内表示在意图为贬值的实际干预；文中我国实际干预的衡量选用月度外汇储备变动的衡量，外汇储备增加表示3—90天内存在意图为贬值的实际干预。

表格中各指标含义：

① "贬值"和"升值"意味着当过去的2天内汇率呈现贬值或升值趋势时货币当局当局的口头干预。

② "波动高"意味着当口头干预发生的时期内，即该时期内的汇率波动性高于其过去15天内的中位数；"波动低"意味着口头干预发生于汇率波动低的时期内。

③ "偏离大"意味着汇率水平对购买力平价汇率（均衡水平）的偏离高于其月度偏离中位数时，口头干预发生；"偏离小"则反之。

④ (D)(E)和(F)中"协调"分别意味着一个国家在过去的60天内，至少存在一个国家内的口头干预、一个国外（中国/美国）的实际干预或一个国外（中国/美国）的口头干预与该口头干预同方向。

货币当局则倾向于进行与国外沟通协调相的口头干预,且更倾向于进行目的为增强美元币值的口头干预。

综上,在检验口头干预与过去汇率趋势的关系、与过去汇率波动性的关系以及与过去口头干预的协调性方面,中美两国货币当局存在大致相似的沟通特征和规则。中美两国货币当局均倾向于在本币汇率存在贬值趋势时进行意图为升值的口头干预,体现出两国的口头干预都遵循逆势而为的特点,即逆向干预,这与 Fratzscher(2006) 的研究结果中关于美国和日本的口头干预趋势相似,也凸显中美两国货币当局的汇率沟通目的是稳定汇率。当本币出现贬值趋势时,货币当局进行意向为升值的汇率口头沟通,减少本币贬值过度或贬值过快的风险。中美货币当局在汇率波动大时进行的口头干预更为频繁,并且我国在总体上较美国而言,于汇率波动幅度大时进行口头干预的可能性更大。此外,我国货币当局在汇率偏离均衡水平较大时,显著地倾向于汇率口头沟通,并且更倾向于进行升值意图的沟通。这体现出较美国而言,我国货币当局对于本币汇率波动增大或偏离均衡水平程度加剧更为敏感,会更频繁地进行口头干预。值得注意的是,美国货币当局与其他国家的口头干预更为协调,特别是当中国发布了升值意图的沟通时,美国当局也会进行意图为推进美元升值的沟通。

八、结论与启示

20 世纪 90 年代以来,汇率沟通成为全球各国普遍性的操作,从倾向于隐蔽秘密的汇率实际干预手段转变为明确公开的汇率口头干预。货币当局通过汇率沟通,管理市场预期,引导汇率变动,从而实现预期的货币政策目标。本节选取 2005 年 7 月 1 日至 2017 年 10 月 31 日的月度以及日度数据,对汇率沟通策略在外汇市场中的效应进行了检验,并且对于中美汇率沟通的有效性进行了对比研究。

本节获得了以下结论:①中美汇率沟通联动效应的分析中,我国货币当局整体的口头干预可以引导美元实际有效汇率水平朝合意方向变动,但美国货币当局整体的口头干预却不产生显著的影响。②将汇率沟通按沟通主体进行分类,发现我国央行行长与外管局局长的汇率口头沟通均可对人民币汇率水平产生合意的影响,美国财长以及美联储主席的汇率口头沟通却未对美元实际有效汇率产生显著的有效影响,这与中美元作为世界货币的特征相符。我国央行行长的口头干预可以减少我国汇率水平波动,稳定币值;我国外管局以及美联储的口头干预会加剧美元波动。③在检验口头干预与过去汇率趋势的关系、与过去汇率波动性的关系以及与过去口头干预的协调性方面,中美两国货币当局存在大致相似的沟通特征和规则。我国和美货币当局均倾向于在本币汇率存在贬值趋势以及本币汇率波动较大时进行口头干预。④当汇率偏离均衡水平较大时,我国货币当局显著地倾向于汇率口头沟通,并且更倾向于进行升值意图的沟通,而美国并未展现出显著趋势。美国官方的汇率口头干预展现出依赖其他国家口头干预的特征,倾向于发表相同意图方向的言论,特别是当中国进行了升值意图的沟通时,美国当局也会进行意图为推进美元升值的沟通。中国货币当局的沟通并未展现出与他国沟通相一致的趋势特征。

为了进一步提高我国汇率沟通的有效性,建议从以下几个方面对该政策工具的使用进行调整：

第一，增强沟通与执行的一致性。央行可以在执行实际货币政策之前与市场参与者互通信息，管理市场预期，实现货币政策目标。但是，如果汇率沟通的相关信息与之后实施的制度、货币政策或改革不一致，可能会影响央行公信力，同时使得市场参与者质疑沟通信息的真实性及明确性，导致市场预期混乱。因此，汇率沟通应当尽量按照既定的时间表进行，以减少市场猜疑。第二，增加汇率沟通内容的明确性以及协调性。我国的汇率沟通策略与美国等发达国家相比更为隐晦，模棱两可的言论不仅使得市场参与者出现对沟通内容的误解或过度反应，甚至此类信息传递与信息接收之间的差异会导致市场表现与沟通策略意图相悖的现象。第三，我国央行要掌握沟通管理预期的主导性。如果我国央行对于未来的货币政策、金融市场价格走势讳莫如深，则市场可能会受到国外政治舆论压力的控制，扰乱沟通信号，致使我国汇率水平受到他国的干扰，不能反映我国市场供求关系，无法实现预期的政策目的。所以，我国应当掌握汇率沟通的主动权，当市场出现相关传言以及热议话题时及时予以沟通引导，避免市场走向错误的道路。第四，我国央行等官方机构应当加强汇率沟通政策的相关解读，提供更多适合公众理解和阅读的沟通信息。根据不同的沟通客体，选择不同的沟通方式和工具。

第五节 货币政策不确定性与外汇市场对宏观新闻反应

一、引 言

新闻，即"新息"，指经济代理人未预见的或让其感到意外的，并且可以引发他们修正汇率预期的信息（朱孟楠和闫帅，2018）。新闻中包含的宏观经济信息，是经济主体预期之外的信息冲击，主要通过两种方式影响市场：可以通过关于未来经济状况的基本面信息直接地影响外汇市场，也可通过市场对货币政策的预期反应间接地影响资产价格。Cook and Korn（1991）的"政策预期假说"具体描述了这种新闻的间接反应，即宏观新闻可以通过引导未来货币政策期望，对金融市场的资产价格产生影响。从20世纪80年代开始，国外理论界涌现出不少研究宏观新闻对汇率影响的文献，研究结果基本表明汇率受到宏观新闻的显著影响。由于我国外汇市场受到货币当局干预的影响较大，国内关于宏观公告对我国外汇市场作用的研究较少。

自2005年7月启动人民币汇率形成机制改革以来，人民币汇率弹性加强，人民币汇率市场化改革方向予以确认。随着人民币汇率形成机制市场化改革的推进，市场预期对于汇率形成机制的作用不可小觑，新闻对外汇市场产生的影响越来越重要。金融危机过后，2010年6月19日央行宣布重启汇率改革，并且进一步扩大汇率波动幅度，增强人民币波动弹性。2010年8月，国家外汇管理局针对银行间外汇市场首次推出尝试做市业务，进一步完善做市商制度。2014年8月8日，我国货币当局表示央行会退出常态化干预，增强市场在人民币汇率形成机制中的作用。随着外汇市场的市场化、透明化进程不断推进以及外汇市场交易规模的迅速扩大，汇率的变动不仅体现出相关当局对外汇市场的干预情况，而且反映出一国经济的运行状况。此外，除了人民币汇率形成机制的市场化,人民币国际化进程也不断推进,2010 年离岸人民币市场开始逐步形成,市场建设全面展开,伦敦、香港、新加坡、卢森堡、法兰克福、首尔及悉尼均成为人民币离岸交易中心。因此,宏观经济新闻在离岸及在岸人民币市场的资产价格中发挥越来越重要的作用。20 世纪 90 年代初期,为了满足跨国公司对人民币资产保值的需求,人民币无本金交割远期外汇交易(non-deliverable forwards,NDF)市场在新加坡和中国香港成立(Kin-Yip et al., 2017)。NDF 市场不仅是国际贸易中对冲风险的关键工具,而且为我国人民币长期国际化的战略计划奠定基础。因此,研究宏观经济新闻对 NDF 远期合约的价格变动的影响非常重要。从形式上看,宏观经济基本面新闻一般通过官方网站精确披露具体宏观经济数据,从而影响大众预期和外汇市场。

然而,从实践的角度来看,这些传递了基本面信息的宏观经济新闻并不能完全地作用于外汇市场的价格变动。货币当局通过发布宏观经济数据公告的形式引导市场参与者预期,本质上是货币当局的一种货币政策操作。邓月(2015)提出如果外汇市场参与者未预期到该政策操作,可能产生货币政策意外而影响汇率。Greenspan(2003)最早对这种政策意外冲击进行了定义,将它称为货币政策不确定性(monetary policy uncertainty,MPU),具体有两层含义:一是货币当局制定货币政策时所面临的不确定性;二是货币政策实施时,若外汇市场参与者未预测到,也会引起市场波动,产生不确定性。Kurov and Stan(2017)通过 8—9 个季度到期的欧洲美元利率期货的实际波动率,构建了衡量美国货币政策不确定性的指标,认为当政府减少货币刺激量、减少政府资产购买、短期利率上升或首次上调联邦基金目标利率时,货币政策不确定性会增加,而当美国联邦公开市场委员会计划将联邦基金利率保持在 0 附近时,货币政策不确定性将会减少。因此,相关文献大多表明,如果表示经济向好的"好消息"意味着未来央行可能采取更多的紧缩政策,那么这个消息本质是坏消息;如果表示经济下行的"坏消息"意味着央行未来可能采取更多的措施促进经济稳步增长,那么这个消息本质是好消息。因此,货币当局就实施的政策及其意图进行清晰的沟通,对于引导市场预期以及提高政策实施的有效性是至关重要的。本节旨在考察中国货币政策的不确定性是否会影响我国外汇市场对宏观经济新闻的反应。

因此,本节对于 2012 年 4 月 30 日至 2018 年 12 月 17 日我国货币政策不确定性进行了衡量,捕捉到未来政策预期的显著变化,并且以 2015 年 5 月 1 日中国存款保险制度正式建立的时点作为货币政策存在高度不确定性和政策预期平稳的分界点。本节研究了官方定期公开的 10 项宏观经济数据的公告,发现货币政策的不确定性可以显著影响不同的人民币汇率指标对宏观经济新闻的反应。本节最重要的发现是,在我国货币政策不确定性上升的时期,外汇市场价格对宏观经济信息冲击的反应程度显著减弱。而且,在控制了其他可能影响未来货币政策预期或可能导致外汇市场对宏观新闻做出类似反应的变量后,我们的结论依然稳健。此外,本节的贡献和创新主要有:第一,国内目前对汇率变动受宏观新闻的反应的研究并没有考虑货币政策不确定性的影响,本节在借鉴国内外相关研究方法的基础之上,首次对中国货币政策不确定性进行衡量,并研究其在我国外汇市场对宏观经济新闻作出反应方面的影响。第二,本节通过对货币政策不确定性作用的分析,首次验证了它存在的负面效应——如果货币当局缺少对于政策不确定性的声明和沟通,市场参与者会直接根据即将发布的宏观经济数据调整对基本面信息的预期,但实际上外汇市场的最终反应却和市场预期存在较大差异。

二、文献综述

从20世纪80年代开始,国外理论界涌现出不少从汇率的决定因素角度研究宏观新闻对汇率影响的显著性与解释力的相关文献。Simpson et al.(2005)对23类宏观新闻对汇率的作用进行研究,发现消费需求、利率以及通胀的新闻可以显著影响汇率,但与经济总体实力相关的新闻的作用并不显著。Anderson et al.(2003)使用6年的5分钟高频实时汇率报价数据、宏观经济预期和宏观经济实现公告,描述了美元对德国马克、英镑、日元、瑞士法郎和欧元即期汇率所受到的影响。研究结果显示,高频汇率动态与基本面因素有关,公告意外会产生条件均值跳跃。Ho et al.(2017)捕捉了中国和美国宏观经济新闻的发布以及在高频时它们各自的情绪得分,从波动持久性的角度检验了中美新闻对人民币对美元双边汇率的非对称性影响,发现人民币新闻变量对于汇率波动持久性减少的影响程度略大于美国新闻变量。

本节借鉴以往的宏观经济新闻研究,并结合独特的视角,主要表现为以下三个方面的区别:对外汇市场的关注,对货币政策不确定性差异的关注,以及对预期外的宏观经济信息的关注。

(一)本节关注的是外汇市场而非股票、债券或原油市场

将股票市场同宏观经济信息联系在一起的文献最多,并且很多文献结合了信息冲击的非对称效应进行考察(赵丽丽等,2012;赵华和秦可佶,2014;寇明婷等,2018;冯玉梅和董合平,2007;栾成凯,2011)。其中,很多选用了GARCH类的模型,基本均发现宏观经济指标的意外冲击会在一定时间内反映在股市中并对股价产生冲击。显著影响股票市场价格行为的宏观新闻变量包括贸易顺差、城镇固定资产投资额累计增长率、居民消费价格指数增长率、商品零售价格指数、工业品出厂价格指数增长率以及国内生产总值等。赵振全和张宇(2003)基于多元回归和VAR模型,得到了不同的结论——宏观经济波动对股票市场波动的解释力很弱,并且将这一发现归因于我国的股票市场受到政策或重大事件的影响较大。

一部分研究将目光聚焦到了债券市场、外汇市场或原油市场,但基本是通过对比市场间的宏观新闻效应展开分析的,聚焦外汇市场的单一研究很少。Balduzzi et al.(2001)对债券市场与宏观经济信息发布的关系进行研究,最终认为债券市场对信息进行价格调整,并在公布的一分钟内进行。通过将联邦目标基金利率的变化分为可预期和不可预期两个部分,Kuttner(2000)发现,债券利率对预期变化的反应基本上为零,而对预期之外的变动的反应则很大,而且非常显著。考虑到宏观经济信息的国际溢出效应,刘晓峰和曹华(2012)运用GARCH模型考察了中美两国发布的13类宏观经济信息对外汇市场的影响。基于考察结果,他们认为中美两国的货币政策和零售业信息、投资信息、消费信息、房地产信息等消息发布的当天,外汇市场会出现异常收益率。类似地,Caporale et al.(2017)基于VAR-GARCH(1,1)模型,研究了报纸头条对金砖四国货币对美元和欧元日

度汇率的影响。各国的结果不尽相同,但大体上展现出明显的溢出效应,这些溢出效应在危机期间似乎有所增强,总体上证实了宏观新闻日益受到全球的关注,金砖四国和发达国家外汇市场对国内和国外新闻越来越敏感。王云升和杨柳(2008)分别基于 GARCH 模型来针对五个宏观经济数据的发布对于我国股票市场、债券市场以及外汇市场价格行为的影响进行对比分析。他们发现,股票市场的日收益率受到新闻影响最大。然而,在债券市场和外汇市场中的经济数据的公布对它们的价格行为影响较小。

(二)考虑货币政策不确定性对市场的宏观新闻效应的影响,非经济、金融或市场环境的不确定性

徐剑刚和唐国兴(1998)对汇率决定新闻模型进行推导研究,认为不能量化的不确定因素在新闻模型中不能体现,但它们对汇率的影响可能会高于新闻模型中基本的新闻变量对外汇市场的影响。因此,考察市场的新闻效应时,不确定因素的扰动作用也应当予以关注。目前有一部分文献将市场的反应同经济不确定性、财政不确定性、市场环境及金融危机相结合,考虑当"不确定""危机"或"风险"存在时,市场的经济新闻效应会产生的变化。

近年来存在一些研究宏观经济变动和不确定性关系的文献,发现不确定性会引起汇率变动。Anderson et al.(2003)发现了外汇市场的新闻符号效应是经济状况潜在的不确定性导致的,坏消息对市场的影响大于好消息。范言慧(2007)在 Turnovsky 的随机一般均衡两国模型框架下,构建了一个基于居民最优化行为、弹性价格以及资本完全流动等条件的两国模型,研究在不确定的开放经济中资本流动对名义汇率的影响。研究发现,在不确定条件下货币的贬值率与一些宏观经济变量之间呈现出非线性关系。基于门槛 VAR 和反事实分析,张玉鹏和王茜(2016)认为从经济发展水平角度来看,在经济低迷时期,政策不确定性可以显著促进产出的增长;在经济繁荣时期,政策不确定性对产出增长存在显著抑制作用。有些文献着眼于金融市场不确定性较高时期,研究新闻对汇率产生影响的可能性和程度,发现总体上投资者倾向和经济状况对货币回报行为有重要影响,在金融风险上升的时期,宏观经济基本面和汇率之间的传统关系不再成立(Omrane et al.,2016)。有的文献关注经济不确定性对于经济新闻的汇率效应的影响。朱孟楠和闫帅(2018)将中美经济新闻指数平方之和作为中美经济不确定指数的衡量,并对中美经济新闻对在岸和离岸人民币对美元汇率的影响进行了实证研究。他们发现,中国经济不确定性的加剧,市场参与者对于经济预测的偏差程度较大,对人民币汇率水平不存在显著影响。Kurov and Stan(2017)率先将美国的股票市场、外汇市场、债券市场以及原油市场对宏观新闻的反应同货币政策的不确定性联系起来进行实证研究,构建了一个衡量货币政策不确定性的指标,发现当美国出现高度货币政策不确定性时,宏观新闻对市场参与者未来货币政策预期产生的影响很大,会增强其外汇市场、债券市场对于宏观新闻的反应,削弱股票市场及原油市场对宏观新闻的反应。

(三)关注预期外的宏观经济信息而非宏观经济数据发布的本身

有一部分文献通过设置表示当局发布宏观经济数据公告的哑变量,将宏观经济变量以虚拟变量的形式引入模型,来刻画可能存在的公告效应(栾成凯,2011;Mueller et al.,

2016)。有的文献将宏观经济数据的实现值或预期值分别引入模型中,研究其对于市场价格行为的影响(如王云升和杨柳,2008;李云峰,2013;余秋玲和朱宏泉,2014)。大部分文献通过计算宏观经济指标实现值和预期值的偏差作为对"新闻",即宏观经济信息的衡量,将其引入模型从而研究相应的市场反应(如赵华和秦可佶,2014;李云峰和李仲飞,2011;西村友作和钊阳,2018;孙文珠,2018)。由于大部分研究结果均显示市场只对预期之外的宏观经济信息做出反应,故本节选用标准化后的宏观经济指标实现值和预期值的偏差来衡量宏观新闻。

因此,本节聚焦我国外汇市场,从人民币对美元汇率的宏观新闻效应角度尝试分析解释汇率经济学中的开放问题——"汇率脱离之谜",并且考虑我国货币政策的不确定性对外汇市场新闻反应的影响。从"政策预期假说"的角度,本节提出两个问题:第一,外汇市场对于宏观新闻能否产生显著的作用?第二,在我国货币政策不确定性提高的情况下,外汇市场对宏观新闻的反应会显示怎样的变化?

三、理论模型

本节基于汇率决定的柔性价格货币模型和无抛补利率平价,依据徐剑刚和唐国兴(1998)关于汇率决定模型的推导,引入货币政策不确定性的影响,从理论角度对宏观新闻对汇率变动的影响以及受货币政策不确定性影响的新闻反应变化进行推导。

汇率决定的柔性价格模型的基本形式为:

$$e_t = m_t - m_t^* - \mu(y_t - y_t^*) + \varphi(i_t - i_t^*) \tag{1}$$

式(1)中,e_t、m_t、y_t 分别表示汇率、货币供应量、实际收入的对数;i_t 表示利率;* 表示国外的相关变量;系数 μ 是货币需求的收入弹性;φ 为货币需求的利率半弹性。假设无抛补利率平价成立,即

$$E_t e_{t+1} - e_t = i_t - i_t^* \tag{2}$$

令 $z_t = m_t - m_t^* - \mu(y_t - y_t^*)$,即基本面变量。将式(2)代入式(1)可得:

$$e_t = z_t + \varphi(E_t e_{t+1} - e_t) \tag{3}$$

式(3)表示基本变量 z_t 和对下一期汇率的预期变动共同决定本期即期汇率的水平。由式(3)整理可得:

$$e_t = \frac{1}{1+\varphi} z_t + \frac{\varphi}{1+\varphi} E_t e_{t+1} \tag{4}$$

$$e_{t+1} = \frac{1}{1+\varphi} z_{t+1} + \frac{\varphi}{1+\varphi} E_{t+1} e_{t+2} \tag{5}$$

将式(5)代入式(4),在理性预期的条件下,有:

$$e_t = \frac{1}{1+\varphi} z_t + \frac{\varphi}{(1+\varphi)^2} E_t z_{t+1} + \frac{\varphi^2}{(1+\varphi)^2} E_t E_{t+1} e_{t+2} \tag{6}$$

由期望迭代定律 $E_t E_{t+1} e_{t+2} = E_t e_{t+2}$,因此:

$$e_t = \frac{1}{1+\varphi} z_t + \frac{\varphi}{(1+\varphi)^2} E_t z_{t+1} + \frac{\varphi^2}{(1+\varphi)^2} E_t e_{t+2} \tag{7}$$

将式(5)向后迭代一期,$e_{t+2} = \frac{1}{1+\varphi} z_{t+2} + \frac{\varphi}{1+\varphi} E_{t+2} e_{t+3}$,代入(7)式可得:

$$e_t = \frac{1}{1+\varphi}z_t + \frac{\varphi}{(1+\varphi)^2}E_t z_{t+1} + \frac{\varphi^2}{(1+\varphi)^3}E_t z_{t+2} + \frac{\varphi^3}{(1+\varphi)^3}E_t e_{t+3} \qquad (8)$$

无限向后迭代，$e_t = \frac{1}{1+\varphi}z_t + \frac{\varphi}{(1+\varphi)^2}E_t z_{t+1} + \frac{\varphi^2}{(1+\varphi)^3}E_t z_{t+2} + \ldots + \frac{\varphi^\infty}{(1+\varphi)^\infty}E_t e_{t+\infty}$，即

$$e_t = \frac{1}{1+\varphi}(z_t + \frac{\varphi}{1+\varphi}E_t z_{t+1} + \ldots + \frac{\varphi^\infty}{(1+\varphi)^\infty}E_t z_{t+\infty}) \qquad (9)$$

假设 $0 < \frac{\varphi}{1+\varphi} < 1$，可知 $\frac{\varphi^\infty}{(1+\varphi)^\infty}E_t e_{t+\infty} \to 0$，因此整理可得：

$$e_t = \frac{1}{1+\varphi}\sum_{j=0}^{\infty}(\frac{\varphi}{1+\varphi})^j E_t z_{t+j} \qquad (10)$$

在 t−1 期依照可获得的所有信息 I_{t-1} 对 t 期汇率的理性预期为：

$$E_{t-1}e_t = \frac{1}{1+\varphi}\sum_{j=0}^{\infty}(\frac{\varphi}{1+\varphi})^j E_{t-1} z_{t+j} \qquad (11)$$

将式（10）减式（11）可得：

$$e_t - E_{t-1}e_t = \frac{1}{1+\varphi}(z_t - E_{t-1}z_t) + \frac{1}{1+\varphi}\sum_{j=0}^{\infty}(\frac{\varphi}{1+\varphi})^j (E_t z_{t+j} - E_{t-1}z_{t+j}) \qquad (12)$$

由于即期汇率由市场预期到的部分 $E_{t-1}e_t$ 和未预期到的部分 $e_t - E_{t-1}e_t$ 构成，故：

$$e_t = E_{t-1}e_t + UE_t \qquad (13)$$

其中，UE_t 即式（12）等号右边部分，未预期到的汇率变动。用式（12）减去 e_{t-1} 可得汇率变动：

$$\Delta e_t = (E_{t-1}e_t - E_{t-2}e_{t-1}) + \Delta UE_t \qquad (14)$$

根据推导出的式（12），$z_t - E_{t-1}z_t$ 是 t 期基本面变量的实际值与依 I_{t-1} 对 t 期基本变量的预期之差，即预期外的基本变量，反映出经济基本面的新闻。$E_t z_{t+j} - E_{t-1}z_{t+j}$ 是依 I_t 对 t+j 期经济基本变量的预期值与依 I_{t-1} 对 t+j 期经济基本变量的预期值之差。因为 t 期可获得的全部信息已经包含了 t−1 可获得的信息，所以 $E_t z_{t+j} - E_{t-1}z_{t+j}$ 也可表示依 I_t 对依 I_{t-1} 关于 t+j 期经济基本变量 z_{t+j} 预期的修订。由此可知，预期外汇率变动是由经济基本面的新闻以及对未来各期经济基本面变量预期修订的加权平均和所决定的。新闻在汇率决定中的重要性显而易见。而且，这也证明了一项声明或公告的预期部分不会对汇率产生影响，公告中包含的新闻对汇率变动的影响会以非预期部分的显著作用来体现。

当外汇市场存在较高的货币政策不确定性时，市场参与者出于对风险的防范，会不断修改关于未来各期基本面变量的预期。因此，式（12）第二项关于未来宏观经济变量的预期修订 $E_t z_{t+j} - E_{t-1}z_{t+j}$ 会增加。在给定当日汇率变动的条件下，未来宏观经济变量的预期修订项的加强系数减少，即 $(\frac{\varphi}{1+\varphi})^j$ 下降。由于 $0 < \frac{\varphi}{1+\varphi} < 1$，所以，$\varphi$ 上升。因此，式（12）第一项经济新闻前的系数 $\frac{1}{1+\varphi}$ 下降。由此可知，货币政策不确定性升高时，宏观新闻变量对于外汇市场汇率的影响减弱。

换言之，宏观经济公告冲击并不完全直接作用于外汇市场，而是先通过公告中非预

期的那部分影响市场参与者对货币政策实施时经济变量的看法,借助公众的"判定"或"理解"再影响市场价格。因此,除了宏观新闻通过市场预期对基本面产生的影响外,外汇市场还受到货币政策实施时大众预期或判定之外的不确定性的影响。在宏观新闻对外汇市场作用的传导机制中,实施货币政策产生的不确定性会影响市场的价格反应程度,所以也需要引起关注。据此,本节提出两个待检验的假设:第一,宏观新闻可以显著影响人民币汇率变动;第二,货币政策不确定性升高可以削弱外汇市场对宏观新闻的反应。

四、数据说明

(一) 宏观新闻公告

本节检验10个我国定期发布的宏观新闻公告,并且基于Kurov and Stan(2017)的方法,将它们分为六类:实际经济活动、消费、投资、价格、净出口以及购买力。新闻的选取标准在参考朱孟楠和闫帅(2018)的基础上,加入70个大中城市新建商品住宅价格平均涨幅当月同比变动以及M2当月同比变动。具体每一分类所包含的新闻公告如表3-9所示。

表3-9 我国宏观新闻公告

新闻公告	公告来源	观测值	频率	起始日	截止日
实际经济活动					
GDP当季同比	国家统计局	25	季度	2012.10.18	2018.10.20
工业增加值当月同比	国家统计局	80	月度	2012.05.11	2018.12.14
新增人民币贷款规模	央行	80	月度	2012.05.11	2018.12.11
消费					
社会消费品零售额	国家统计局	74	月度	2012.05.11	2018.12.14
投资					
固定资产投资累计完成额同比	国家统计局	74	月度	2012.05.11	2018.12.14
价格					
CPI当月同比	国家统计局	80	月度	2012.05.11	2018.12.09
PPI当月同比	国家统计局	80	月度	2012.05.11	2018.12.10
新建商品住宅价格涨幅当月同比	国家统计局	78	月度	2012.05.18	2018.10.20
净出口					
贸易差额	海关总署	80	月度	2012.05.10	2018.12.08
购买力					
M2当月同比	央行	80	月度	2012.05.11	2018.12.11

注:选取2012年4月30日至2018年12月17日的10个定期发布的宏观新闻。在各个新闻的官方来源网站搜索相关新闻后,选取最早关于该新闻的发布日作为该新闻当期的发布日。每个发布日均会发布关于该新闻的具体数据。"起始日"和"截止日"指在研究期间内发布该新闻的起始和最后发布日期。如2012年5月11日为2012年4月M2当月同比数据发布日,2018年12月11日为2018年11月M2当月同比数据发布日。

根据有效市场理论,市场仅仅对发布的宏观新闻中未预期到的部分产生反应。因此,用新闻公告意外来表示宏观新闻变量,即经济数据的实际值和预期值之差。由于各个经济变量是用不同单位衡量的,为了统一单位,本节借鉴 Balduzzi et al.(2001)的方法,将新闻公告意外进行标准化:

$$S_{jt} = \frac{A_{jt} - E_{t-\tau}(A_{jt})}{\sigma_j}$$

A_{jt} 是新闻 j 在日期公布的实际数据值,$E_{t-\tau}(A_{jt})$ 是新闻 j 的预期数据值。对于定期发布的宏观经济公告,本期发布的经济数据通常是上一期的宏观经济数据实际值,即滞后一期发布宏观经济信息,$\tau=1$。预测值基本来源于 Wind 数据库的中国金融机构对中国宏观经济预测均值。σ_j 是实际值与预测值之差的标准差。对新闻公告意外进行标准化可以对比不同类型宏观新闻的市场反应。对于当日没有经济数据发布的新闻取值为 0。

(二)汇率变动

本节的数据集包括从 2012 年 4 月 30 日到 2018 年 12 月 17 日人民币—美元合约的每日汇率:在岸即期,离岸即期,期限为 1 个月、3 个月、6 个月、9 个月、12 个月的 NDF 的合约。本节依据朱孟楠和闫帅(2018)以及 Ho et al.(2017)的方法,选择当日在岸人民币对美元即期汇率收盘价(USDCNY)、离岸人民币对美元即期汇率收盘价(USDCNH)、1 个月(NDF1m)、3 个月(NDF3m)、6 个月(NDF6m)、9 个月(NDF9m)以及 12 个月 NDF 汇率(NDF1y),并取其对数差分作为汇率变动或外汇市场收益率的衡量。数据频率为日度,汇率数据来源为 WIND 数据库。

(三)货币政策不确定性

关于货币政策不确定的衡量方式,国外文献大多采用两种方式:市场利率预期值与基准利率的差值,以及利率期货收益率的变化(Reid,2009;Gu and Kurov,2016)。国外文献对市场利率预期值的衡量主要基于调查数据,由于我国调查数据的不可得性,第一种方式无法采用。并且我国的利率期货发展历史较短,5 年期国债期货利率 2013 年 9 月 6 日上市,机构投资者是主力参与者,交易量不高、流动性有限。因此,选择第二种方式也不恰当。我国文献较早时就选择使用 M2 或虚拟变量等来衡量静态的货币政策,如靳庆鲁等,2012;喻坤等,2014;袁卫秋等,2017;为了更好地刻画货币政策的动态调整,我国出现了采用 Shibor 的变化来衡量货币政策不确定性的研究,如孙健等(2017)和杨鸣京等(2019)均采用上海银行间同业拆放 7 日利率的年度标准差来度量。有的文献通过基于非单一的宏观经济变量自行构建货币政策模型。如周德才等(2017)基于利率、汇率、货币供应量和信贷 4 个货币政策变量,使用 HP 滤波获得其不确定性成分,从而构建金融状况指数作为我国货币政策的不可预测性。王博等(2019)基于货币供应量、存贷款利率等 14 个货币政策变量以及 31 个其他宏观方面的变量,通过加权平均和主成分分析法提取条件波动率的公共因子,从而测度中国的货币政策的不确定性。

Hansen and Mcmahon(2016)选用银行间 7 天期逆回购操作利率(DR007)作为政策利率的衡量,而且在 2016 年第三季度的《货币政策执行报告》中,央行表示 DR007 贴近公开市场 7 天期逆回购操作利率平稳运行,DR007 能够更好地反映银行体系流动性松紧状况,对于培育市场基准利率有积极作用。故本节选用 DR007 的实际波动率作为货币政策不确定性的代理变量。但由于市场利率的日实际波动率(rv_t^D)存在长记忆过程(a long memory process),所以本节综合 Kurov and Stan(2017)和 Ho et al.(2017)的方法,先计算不同频率实际波动率的回归拟合,再计算拟合值的移动平均,窗口为 200 天。

$$rv_t^D = \alpha + \sum_{K=D}^{Q} \beta^K rv_{t-1}^K + \varepsilon_t \tag{15}$$

其中,$K = D, W, M, Q$;$K = D$ 时,rv_t^W 表示平均日实际波动率;$K = W$ 时,rv_t^Q 表示平均周实际波动率;$K = M$ 时,rv_t^M 表示平均月实际波动率;$K = Q$ 时,rv_t^Q 表示平均季实际波动率。式(15)也可表述为:

$$rv_t^D = \alpha + \beta^D rv_{t-1}^D + \beta^W rv_{t-1}^W + \beta^M rv_{t-1}^M + \beta^Q rv_{t-1}^Q + \varepsilon_t \tag{16}$$

对式(16)进行 OLS 回归获得的 rv_t^D 的拟合值,之后再计算其窗口为 200 天的移动平均,即为货币政策不确定性的最终度量。如图 3-9 所示。

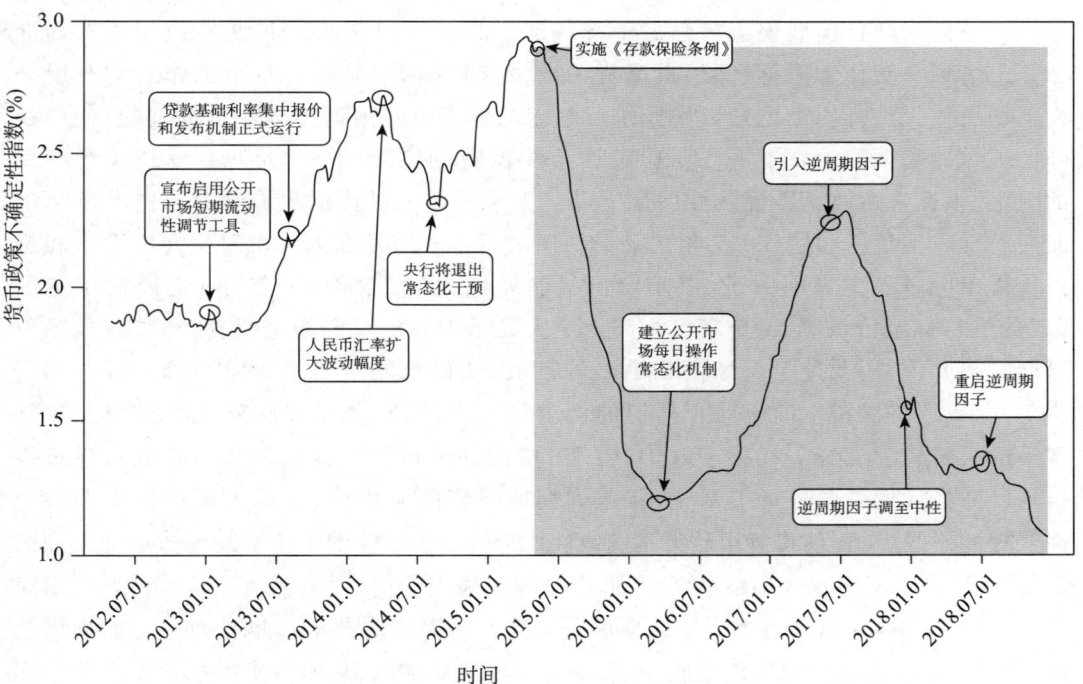

图 3-9　货币政策不确定性(%)——rv_t^D 的拟合值的移动平均

注:图 3-9 为我国货币政策不确定性的估计。白色区域为货币政策不确定性升高的区间,而深色区域为货币政策不确定性较低的区间。划分时点为 2015 年 5 月 1 日《存款保险条例》的实施。

根据货币政策不确定性的内涵,实施一项货币政策操作可以反映出市场面临的风险或不确定性,并且市场参与者无法预期到,从而引起市场的波动。由图 3-9 深色区域可以看出,我国货币政策不确定性从 2015 年 5 月开始进入了下降趋势的状态,虽然期间存在 17 个月的上升,但不确定性的程度基本小于白色区域。2015 年 5 月 1 日起施行《存款保险条例》,中国存款保险制度正式建立,全国 3000 多家吸收存款的银行业金融机构已全部办理了投保手续,对于及时防范和化解金融风险具有积极意义,因此货币政策不确定性大幅下降。所以,本节以 2015 年 5 月 1 日作为货币政策不确定性高和低时期的分界点。2013 年 1 月 18 日,央行宣布启用公开市场短期流动性调节工具,作为公开市场常规操作的必要补充,说明银行体系流动性出现临时性波动,故而推高了货币政策的不确定性。2013 年 10 月 25 日,贷款基础利率集中报价和发布机制正式运行,这是市场基准利率报价从货币市场向信贷市场的进一步拓展,为金融机构信贷产品定价提供重要参考,从而再次刺激了货币政策不确定性的攀升。2014 年 3 月 15 日,央行宣布自 2014 年 3 月 17 日起,银行间即期外汇市场人民币对美元交易价浮动幅度由 1% 扩大至 2%,这表明人民币汇率形成机制朝着市场化迈出新的一步,但这也显示出外部政治力量对人民币施加了较大的升值压力,同时扩大波动幅度也会增加外贸企业的运营风险,市场对于加强汇率风险管理的需求越发强烈,因此继续推升了货币政策的不确定性。2014 年 8 月 8 日,央行表示会退出常态化干预,增强市场在人民币汇率形成机制中的作用,这意味着央行较为隐秘的实际干预将显著减少,市场透明性增加,货币政策不确定性在白色区域首次展现出较强的下降趋势。2016 年 2 月 18 日,央行决定正式建立公开市场每日操作常态化机制,根据货币政策调控需要,原则上每个工作日均开展公开市场操作。央行增加公开市场操作频率标志着货币政策调控迈出了关键的一步,在外汇占款持续下降的背景下可以稳定流动性预期,加强与市场的沟通,保持市场利率的稳定,因此货币政策不确定性明显下降。为了缓解人民币汇率波动对国内经济基本面变动反映不足的问题,2017 年 5 月 26 日,央行正式宣布在人民币对美元汇率中间价报价模型中引入逆周期因子,汇率定价机制转变为"收盘价+一篮子+逆周期调节因子"的三目标定价机制,一定程度上降低了人民币中间价设定的透明度,意味着人民币可能大幅升值,因此外汇市场面临更多的挑战,从而加剧了货币政策不确定性。2018 年 1 月,我国跨境资本的流动和外汇的供求均趋于平衡,说明我国外汇市场对经济基本面的反映较为充分。2018 年 1 月 19 日,中国外汇市场自律机制秘书处表示各报价行均已对逆周期系数进行了调整,将逆周期因子恢复至中性,表示人民币汇率保持均衡合理的水平,从而使得货币政策不确定性保持较低水平。受中美贸易摩擦愈加激烈的影响,人民币汇率出现大幅波动,为了向市场释放稳定的信号,中美新一轮贸易谈判结束后,2018 年 8 月 24 日央行重启逆周期因子。这意味着当时外汇市场存在一定的顺周期性,市场易受非理性预期的惯性驱使,汇率超调的风险加剧,从而再次推高货币政策的不确定性。

五、实证检验与分析

(一) 基准模型

为了突出宏观经济信息冲击对于市场的影响,本节关注围绕宏观经济数据公告发布附近的时间窗口——宏观经济公告发布当天汇率的变化。本节以式(17)作为基准实证模型进行估计:

$$Y_t = \omega + \beta_0 Y_{t-1} + \sum_{j=1}^{J} \beta_j S_{jt} + \varepsilon_t \tag{17}$$

其中，Y_t 表示发布宏观新闻公告前后各一天的汇率水平变动。S_{jt} 表示由新闻公告 j 引起的一个标准化的变动。在 1 天的窗口期内，至少包含一个公告；如果在估计的间隔内出现超过一个宏观新闻公告，则选用同一个间隔内出现的 S_{jt} 的平均值作为对宏观新闻的衡量。对于没有发生宏观新闻公告的时间间隔，本节将该间隔的宏观新闻设置为 0。有的研究发现，汇率的变动虽然受到与基本面有关的新闻影响，但影响程度有限，汇率对过去趋势的惯性会影响未来汇率的变化趋势。魏英辉（2009）对中国和美国的宏观基本面新闻对人民币汇率的影响进行了实证研究，发现受制度层面因素影响，基本面新闻对即期和市场化的人民币 NDF 汇率解释力和影响力均很小。因此考虑到汇率变动与汇率过去趋势的相关性，故引入汇率变动的一阶滞后变量 Y_{t-1}。同时，作为对市场参与者应对汇率变动预期部分的衡量，选择上一期汇率变动作为代理变量也较为合理。依据基准模型式（17）并选用 2015 年 5 月 1 日至 2018 年 12 月 17 日的样本，将 10 类新闻公告对汇率波动的影响进行回归分析。根据图 3-9，2015 年 5 月 1 日之后的样本时间是货币政策不确定性较低的时间区间。所以在基准模型中，不包含对货币政策不确定性的考虑，直接考察宏观经济公告意外对于汇率变动的平均影响。

表 3-10 是模型式（17）的回归结果。由表 3-10 可知，在岸和离岸人民币对美元即期汇率变动对 3 个标准化后的宏观新闻公告意外产生联合显著的反应，即新增人民币贷款规模、固定资产投资完成额以及 M2 同比的宏观新闻公告至少在在岸或离岸汇率变动中的一个中起到了显著的影响。离岸和在岸汇率对宏观新闻的反应系数基本呈现相同的符号。固定资产累计完成额的新闻公告意外对在岸和离岸人民币对美元汇率的影响程度最大且对在岸和离岸人民币收益率影响显著为负，即一个标准化的固定资产累计完成额的新闻公告意外对在岸和离岸人民币具有升值效应，分别影响在岸和离岸人民币汇率变化 0.0019% 和 0.0045%。固定资产投资完成额作为经济输入型变量，它的增加可能预示着企业利润的攀升以及固定资产投资规模的扩大，因此市场对固定资产投资的低估会有效地促进在岸和离岸人民币的升值。

表 3-10 货币政策不确定性较低时期在岸和离岸人民币对宏观新闻的反应

新闻公告	在岸即期汇率（USDCNY）		离岸即期汇率（USDCNH）		Wald 检验
	系数	标准误	系数	标准误	
实际经济活动					
GDP	-0.00365	(0.00499)	-0.00591	(0.00726)	0.6884
工业增加值	-0.00008	(0.000556)	-0.000252	(0.000808)	0.9506
新增人民币贷款规模	0.00101***	(0.000269)	0.00162***	(0.000391)	0.0001
消费					
社会消费品零售额	-0.000928	(0.00101)	-0.000228	(0.00147)	0.5685
投资					
固定资产投资累计完成额	-0.00190*	(0.00108)	-0.00454***	(0.00157)	0.0149

(续表)

新闻公告	在岸即期汇率（USDCNY）		离岸即期汇率（USDCNH）		Wald 检验
	系数	标准误	系数	标准误	
价格					
CPI	0.000267	(0.000506)	-0.000122	(0.000736)	0.713
PPI	-0.000607**	(0.000304)	0.0000702	(0.000341)	0.3388
新建商品住宅价格涨幅	-0.000613	(0.000540)	-0.000658	(0.000786)	0.517
净出口					
贸易差额	-0.000607**	(0.000304)	-0.000517	(0.000443)	0.1359
购买力					
M2 当月同比	0.00140***	(0.000483)	0.00234***	(0.000702)	0.0022
USDCNY(-1)	0.0219	(0.0289)			
USDCNH(-1)			-0.291***	(0.0311)	
观测值数量	701		701		

注：(1) 表 3-10 为 β_j 的估计。USDCNY(-1) 和 USDCNH(-1) 分别表示在岸及离岸人民币对美元即期汇率变动滞后一阶项；(2) 表的最后一列显示了 Wald 联合显著性检验相对应的 p 值，该检验的零假设是，给定的公告对 2 个人民币对美元汇率变动指标中的任何一个都不存在显著影响；(3) 样本时间为 2015 年 5 月 1 日至 2018 年 12 月 17 日，即货币政策不确定性低的时期；(4) 括号内表示的是各系数的标准误。选用迭代 SUR 似不相关方程对 2 个汇率变动指标回归进行估计，***、**、* 分别表示在 1%、5% 和 10% 的水平上显著。

除了固定资产投资累计完成额之外，新增人民币贷款规模和 M2 当月同比的宏观新闻均对在岸和离岸人民币收益率产生了显著为正的影响，即一个标准化的新增人民币贷款规模和 M2 当月同比的宏观新闻对在岸和离岸人民币具有显著的贬值效应。高于预期的新增人民币贷款规模表明信贷对实体经济支持力度不断增强，信贷需求增长较多，意味着流动性偏向宽松，中小企业面临良好的融资环境，人民币的贬值压力增加。一个市场预期之外的 M2 当月同比新闻，表明央行释放的流动性高于市场预期，意味着当前利率处在较低的水平，货币市场供大于求，因此促进了人民币贬值。对通过 Wald 联合显著性检验的三类新闻——固定资产投资累计完成额、新增人民币贷款规模和 M2 当月同比，离岸人民币市场的反应均强于在岸人民币市场。在岸人民币市场受到央行政策的影响程度较大，离岸人民币市场受到的限制更少，对于经济金融形势变动以及相关新闻冲击的反应更为灵敏强烈，更能充分反映市场对于人民币的真实供求状况。

虽然离岸人民币对宏观新闻的反应程度高于在岸人民币，但可以显著影响在岸人民币的新闻种类多于离岸人民币。PPI 和贸易差额的新闻可以对在岸人民币收益率产生显著为负的影响，对在岸人民币产生升值的效应。如果市场低估了生产物价指数，则通货膨胀的可能性增加，意味着央行更有可能实行紧缩的货币政策，从而促进在岸人民币升值。在有管理的浮动汇率制下，一个预期外的贸易差额的新闻意味着市场低估了净出口额,净出口意外的增长会导致国际市场上对人民币的需求大于对外币的需求,因此产生推动在岸人民币升值的作用。

综上,按照新闻大类来看,消费类新闻对在岸和离岸人民币对美元即期汇率均不产生显著的影响。在货币政策不确定性较低的时期,实际经济活动、投资、和购买力的相关新闻公告可以对人民币在岸和离岸外汇市场产生联合显著的影响。价格、净出口类新闻仅对人民币在岸外汇市场价格变动产生影响。实际经济活动和购买力类的相关新闻冲击可以对人民币产生贬值的效应,投资、价格和净出口类的相关新闻冲击可以对人民币产生升值的影响。

(二) 货币政策不确定性影响下的市场对宏观经济公告反应

本节仅关注表 3-10 中通过 Wald 联合显著性检验的新增人民币贷款规模、固定资产投资完成额以及 M2 当月同比的 3 项宏观经济公告。研究区间为 2012 年 4 月 30 日至 2018 年 12 月 17 日,即全样本时期,包含了货币政策不确定性高和低的区间。针对这 3 项新闻中的每一项,本节同时对人民币对美元在岸即期汇率及离岸即期汇率进行回归估计:

$$Y_t = \omega + \beta_0 Y_{t-1} + \sum_{j=1}^{J} \beta_j S_{jt} + b\text{MPU}_t + \sum_{j=1}^{J} \gamma_j S_{jt}\text{MPU}_t + \varepsilon_t \quad (18)$$

其中,Y_t 和 S_{jt} 的定义与上文一致。MPU_t 为前文构造的货币政策不确定性变量。系数 γ_j 是新闻与货币政策不确定性交乘项的系数,捕捉当出现较高的货币政策不确定性时外汇市场波动对宏观公告 j 的反应。只对 3 个新闻公告进行检验,因此 $J=3$。

对模型式(18)的估计结果如表 3-11 所示。就在岸外汇市场而言,可以显著估计的新增人民币贷款规模新闻的系数 γ_j 与表 3-10 中显示的 β_j 符号方向虽然均为正,但系数影响程度却明显减小。这表明宏观新闻对在岸外汇市场波动的影响在货币政策不确定性较高时变得更弱。针对离岸外汇市场而言,在对离岸即期汇率的回归中具有显著影响的新增人民币贷款规模新闻系数 γ_j 与表 3-10 中显示的 β_j 符号方向均为正,但系数影响程度也显著减小。这表明宏观新闻对离岸人民币即期汇率的影响在货币政策不确定性较高时也变得更弱。

表 3-11 在岸和离岸人民币对宏观新闻的反应受货币政策不确定性的影响

新闻公告	在岸即期汇率(USDCNY)		离岸即期汇率(USDCNH)	
	β	γ	β	γ
实际经济活动				
新增人民币贷款规模	-0.00071	0.000905**	-0.00131	0.00160***
	(0.000730)	(0.000394)	(0.00103)	(0.000553)
投资				
固定资产投资累计完成额	-0.000731	-0.00025	-0.00553*	0.00112
	(0.00217)	(0.000973)	(0.00305)	(0.00137)

（续表）

新闻公告	在岸即期汇率（USDCNY）		离岸即期汇率（USDCNH）	
	β	γ	β	γ
购买力				
M2 当月同比	0.000159	0.000285	−0.000467	0.000711
	(0.00116)	(0.000557)	(0.00163)	(0.000783)
USDCNY(−1)	−0.00247			
	(0.0220)			
USDCNH(−1)			−0.260***	
			(0.0233)	
Wald 联合检验		0.0686		0.0017
观测值数量		1 260		1 260

注：(1) 表 3-11 为对 β_j 和 γ_j 的估计；(2) Wald 联合显著检验的 P 值也在表 3-11 予以展示，零假设为对于每一个给定的汇率变动指标（USDCNY 或 USDCNH），三个新闻公告意外都不显著；(3) USDCNY(−1) 和 USDCNH(−1) 分别表示在岸及离岸人民币对美元即期汇率变动滞后一阶项；(4) 样本时间为 2012 年 4 月 30 日至 2018 年 12 月 17 日，即全样本时期；(5) 括号内表示的是各上方系数的标准误；(6) 选用迭代 SUR 似不相关方程对 8 个汇率波动性变动指标的回归进行估计；(7) ***、**、* 分别表示在 1%、5% 和 10% 的置信水平下显著。

根据表 3-11 显示的给定人民币对美元在岸或离岸汇率变动进行的 Wald 联合检验系数 γ 显著性的 P 值，均表现为很低的水平，说明在岸或离岸外汇市场对宏观新闻的敏感性都受到货币政策不确定性增加的显著影响，新闻敏感性减弱。

相似地，货币政策的不确定性预期也将影响远期外汇市场对宏观新闻的反应。表 3-11 已经展现，当存在较高的货币政策不确定性时，离岸外汇市场中的人民币对美元即期汇率对宏观新闻的反应减弱。那么，作为离岸外汇市场中最受欢迎并能为大额头寸提供流动性的 NDF 合约，是否受货币政策不确定性的影响且与离岸人民币（USDCNH）表现一致？本节使用 1 个月、3 个月、6 个月、9 个月和 1 年到期的人民币对美元 NDF 合约汇率的变化作为因变量，自变量依然选用由表 3-11 筛选出来的 3 个新闻类别，并估计式(18) 的回归。

表 3-13 中汇总的回归结果证明，在货币政策不确定性较高的时期，NDF 汇率对宏观经济消息的反应比离岸人民币对美元即期汇率更为强烈。针对 NDF 合约市场，可以显著估计出的系数 γ_j 和 β_j 数量更多，且显著性展现出较强的一致性——1 个月、3 个月、6 个月、9 个月和 1 年期限 NDF 汇率在货币政策不确定性较高时均对新增人民币贷款规模的新闻反应显著，对远期人民币收益率存在显著为正的影响，起到贬值的作用。此外，固定资产投资累计完成额的新闻公告意外在 10% 的水平上对 1 个月、6 个月和 9 个月期限的 NDF 合约收益率存在显著为负的作用，存在升值的影响。对估计出的 γ 联合显著检验 P 值表明，5 个 NDF 汇率对 3 个宏观新闻的敏感性显著受到货币政策不确定性的影响。

表 3-12　人民币 NDF 远期对宏观新闻的反应受货币政策不确定性的影响

新闻公告	1 个月远期汇率(NDF1m)		3 个月远期汇率(NDF3m)		6 个月远期汇率(NDF6m)	
	β	γ	β	γ	β	γ
实际经济活动						
新增人民币贷款规模	-0.00310***	0.00307***	-0.00324***	0.00320***	-0.00317***	0.00311***
	(0.00106)	(0.000574)	(0.00110)	(0.000598)	(0.00114)	(0.000615)
投资						
固定资产投资累计完成额	0.000689	-0.00220*	0.000564	-0.00224	0.00125	-0.00245*
	(0.00292)	(0.00132)	(0.00305)	(0.00138)	(0.00314)	(0.00142)
购买力						
M2 当月同比	-0.000170	0.000616	-0.00003	0.000559	-0.00002	0.000546
	(0.00169)	(0.000814)	(0.00176)	(0.000848)	(0.00181)	(0.000873)
NDF1m(-1)	-0.181***					
	(0.0132)					
NDF3m(-1)			-0.179***			
			(0.0124)			
NDF6m(-1)					-0.145***	
					(0.0111)	
Wald 联合检验 P 值	0.0000		0.0000		0.0000	
观测值数量	1 102		1 102		1 102	

新闻公告	9 个月远期汇率(NDF9m)		一年远期汇率(NDF1y)			
	β	γ	β	γ		
实际经济活动						
新增人民币贷款规模	-0.00276**	0.00283***	-0.00246**	0.00261***		
	(0.00113)	(0.000611)	(0.00112)	(0.000608)		
投资						
固定资产投资累计完成额	0.00129	-0.00237*	0.000524	-0.00200		
	(0.00312)	(0.00141)	(0.00310)	(0.00140)		
购买力						
M2 当月同比	-0.000244	0.000621	-0.000446	0.000674		
	(0.00180)	(0.000867)	(0.00179)	(0.000862)		
NDF9m(-1)	-0.139***					
	(0.0112)					

(续表)

新闻公告	9个月远期汇率(NDF9m)		一年远期汇率(NDF1y)	
	β	γ	β	γ
NDF1y(−1)			−0.139***	
			(0.0115)	
Wald联合检验P值	0.0000		0.0000	
观测值数量	1 102		1 102	

注:(1)表 3-12 为对 β_j 和 γ_j 的估计;(2)Wald 联合显著检验的 P 值也在表 3-12 予以展示,零假设为对于每一个给定的汇率变动指标(NDF1m,NDF3m,NDF6m,NDF9m 或 NDF1y),三个新闻公告意外都不显著。NDF1m(−1),NDF3m(−1),NDF6m(−1),NDF9m(−1)及 NDF1y(−1)分别表示 1 个月至 1 年 NDF 人民币对美元远期汇率变动的一阶滞后项;(4)样本时间为 2012 年 4 月 30 日至 2018 年 12 月 17 日,即全样本时期;(5)括号内表示的是各上方系数的标准误;(6)选用迭代 SUR 似不相关方程对 8 个汇率波动性变动指标的回归进行估计,***、**、*分别表示在 1%、5%和 10%的置信水平下显著。

通过对比远期外汇市场 5 个期限不同的 NDF 收益率对新增人民币贷款规模相关新闻的 γ 反应系数大小发现,随着期限增长,受货币政策不确定性影响的人民币对美元远期合约收益率对新闻的反应经历了先增加再逐渐减弱的变化。从总体趋势来看,受货币政策不确定性的影响,人民币对美元远期汇率对新闻的反应随到期期限的增长而呈现减弱的趋势,3 个月到期的 NDF 汇率反应最大,而 1 年到期的 NDF 汇率反应最小。

总体而言,宏观新闻对金融市场和商品市场有间接影响。宏观新闻通过影响未来货币政策的预期而对市场的既定价格产生间接的影响。Lapp and Pearce(2012)认为,宏观新闻会影响未来货币政策的期望。当央行发表将退出外汇市场常态化干预的声明后,预示着经济基本面会对汇率形成有效支撑,央行未来很有可能进行逆周期调控,货币政策可能有紧缩的趋势,因此产生了不确定性。当通过公布宏观经济数据的形式来改变未来货币政策的预期时,随着货币政策不确定性的升高,宏观新闻对未来政策预期的影响更大。这样的条件下,新闻会对外汇市场产生间接的影响,从而抵消宏观新闻中包含的外汇供需信息的影响。因此,离岸和在岸外汇市场均展现出在货币政策不确定性较高时,对宏观新闻的反应显著减弱的趋势。在货币政策不确定性影响下,较短期限到期的 NDF 汇率对人民币贷款规模相关新闻的反应程度随到期期限增长而增加;中长期期限到期的 NDF 汇率对人民币贷款规模相关新闻的反应程度随到期期限增长而减小。

(三)外汇市场对宏观新闻的时变反应

首先,基于模型式(17)选用 2015 年 5 月 1 日之后的样本,同时对在岸及离岸人民币对美元即期汇率变化进行迭代 SUR 回归,对 1 个月、3 个月、6 个月、9 个月和 1 年到期的人民币对美元 NDF 合约汇率同样进行迭代 SUR 回归,仅对通过了表 3-14 中 Wald 联合显著性检验的 3 项宏观新闻的 $\hat{\beta}_j$ 进行记录。接着,依据等式 $SS_t = \sum_{j=1}^{J} \hat{\beta}_j S_{jt}$,使用估计出的 $\hat{\beta}_j$ 来计算这 3 项标准化的宏观新闻公告意外的拟合值,将可能同一日发布的所有宏观新闻公告的标准化新闻进行加总,这样可将这 5 项新闻融为同一个变量 SS_t。最后,将获得的新闻综合变量 SS_t 代入模型(19)中:

$$Y_t = a + b_0 Y_{t-1} + bSS_t + u_t \quad (19)$$

使用从 2012 年 4 月 30 日开始的全样本,借鉴 Kurov and Stan(2017)的研究方法,对上式进行滚动回归,窗口为 180 天。受篇幅所限,滚动回归结果并未给出。

系数 b 的估计值可以表示新闻的综合变量 SS_t 对外汇在岸市场、离岸市场及远期市场的影响程度。从估计结果看,在岸、离岸及远期市场中,这 7 组汇率变动基本都表现出对经济新闻的反应系数由接近于 0 到波动上升的趋势。2015 年 5 月 1 日之后为货币政策不确定性的低区间,所以回归结果表明,随着货币政策不确定性的降低,外汇市场对宏观新闻公告的反应也增强,市场的敏感性增加;随着货币政策不确定性的升高,外汇市场对宏观新闻公告的反应减弱。这与模型(18)的回归结果(表 3-11)的结论是一致的。另外,NDF 市场的 5 组汇率的系数 b 变化趋势表现出较强的相似性:在货币政策不确定性较低时,较短到期期限的 NDF 汇率的新闻反应系数 b 要大于较长到期期限的 NDF 汇率,且较短到期期限的 NDF 汇率的新闻时变系数与离岸人民币对美元即期汇率的时变系数变化趋势较为相似,而中长期到期期限的 NDF 汇率新闻时变系数与在岸人民币对美元即期汇率的时变系数变化趋势较为相似;在货币政策不确定性升高的时期,5 组汇率的新闻反应系数 b 接近于 0。

了解外汇市场对新构建的宏观综合新闻指数 SS_t 的完全反应,需要研究当货币政策不确定性较低时,综合新闻指数对于在岸、离岸及远期市场汇率的影响。因此,本节选用 2015 年 5 月 1 日之后的样本,依据模型(19)分别对每个汇率进行了回归,结果如表 3-13 所示。

表 3-13 货币政策不确定性低时外汇市场对宏观综合新闻指数的反应

汇率变动	新闻反应系数		汇率滞后项系数		观测值数量
	b	标准误	$b0$	标准误	
在岸即期汇率	1.004***	(0.177)	0.101***	(0.0344)	702
离岸即期汇率	0.964***	(0.147)	-0.007	(0.0349)	753
1 个月 NDF 汇率	0.910***	(0.105)	0.0814**	(0.0354)	665
3 个月 NDF 汇率	0.864***	(0.107)	0.049	(0.0359)	682
6 个月 NDF 汇率	0.852***	(0.111)	0.112***	(0.0350)	685
9 个月 NDF 汇率	0.898***	(0.117)	0.111***	(0.0351)	683
1 年期 NDF 汇率	0.896***	(0.121)	0.100***	(0.0342)	684

注:(1)表 3-13 为对各项系数的估计;(2)样本时间为 2015 年 5 月 1 日至 2018 年 12 月 17 日,即货币政策不确定性低的时期;(3)选用 OLS 分别对 7 个汇率进行回归估计,***、**、* 分别表示在 1%、5% 和 10% 的置信水平下显著。

由表 3-13 可知,在货币政策不确定性较低的时期,在岸和离岸人民币对美元即期汇率以及 1 个月、3 个月、6 个月、9 个月、1 年到期的 NDF 汇率对宏观综合指标均在 1% 的水平上显著为正。这说明由固定资产投资累计完成额、新增人民币贷款规模和 M2 当月同比相关信息冲击构成的综合新闻指数对于外汇市场而言是具有统计及经济意义的,对在岸、离岸及远期市场人民币对美元汇率产生显著为正的影响,促进人民币贬值。

就外汇市场对宏观新闻做出反应时受到的货币政策不确定性的影响进行相关实证检验,需要针对不同的汇率,分别进行下面的回归:

$$Y_t = a + b_0 Y_{t-1} + b_{mpu} MPU_t + b_s SS_t + c_{mpu} SS_t MPU_t + u_t \quad (20)$$

根据 c_{mpu} 的估计值可以了解,在货币政策不确定性更高的下,外汇市场汇率变动对标准化公告意外的反应。SS_t 为上文由三项宏观新闻构建的新闻综合变量。具体的回归结果如表 3-14 的 Panel A 所示。

根据模型式(20)的回归结果 Panel A 可以看出,在岸即期汇率,离岸即期汇率,1 个月、3 个月、6 个月、9 个月及 1 年 NDF 汇率的各自的回归中,c_{mpu} 的系数显著为正,表明在货币政策不确定性升高时,宏观新闻可以产生使人民币贬值的平均影响。表 3-14 中 Panel A 显示的 c_{mpu} 系数与表 3-13 显示的综合新闻指标系数 b 相比,虽然符号一致,但系数大小却明显变小,这与表 3-11 的回归结果大体一致,意味着外汇市场汇率对宏观新闻的平均反应随着货币政策不确定性的升高而显著减弱。这表明,在货币政策不确定性升高的时期,外汇市场对于未来货币政策的预期的冲击更为敏感,因此抵消了对市场基本面信息的反应。从系数的减弱程度来看,表 3-14 中 Panel A 显示的 c_{mpu} 系数与表 3-13 显示的综合新闻指标系数相比,跌幅最大的汇率是在岸及离岸人民币对美元即期汇率,均减弱了约 66.7%。在货币政策不确定性升高的时期,7 个汇率中离岸人民币即期汇率对宏观新闻的反应最小,而 NDF 汇率,尤其是 6 个月 NDF 汇率对宏观新闻的反应最大。综上,Panel A 中的结果证实了当外汇市场对宏观新闻作出反应时,货币政策不确定性的影响是具有经济意义的,并且这一结论对 7 个外汇市场的汇率变动均成立。当货币政策不确定性升高时,离岸及在岸人民币对宏观新闻反应的削弱程度最深。

现有的许多文献指出,还有一些其他因素也会导致外汇市场对宏观新闻做出时变反应,因此我们还引入一些控制变量进行检验。具体模型如式(21)所示:

$$Y_t = a + b_0 Y_{t-1} + b_{mpu} MPU_t + b_X X_t + b_S SS_t + c_{mpu} SS_t MPU_t + c_X SS_t X_t + u_t \quad (21)$$

其中,X_t 表示控制变量。c_X 是由 3 项宏观公告构成的综合新闻时变变量与货币政策不确定性交乘项的系数,表示当货币政策不确定性升高时,外汇市场汇率对于控制变量 X_t 的反应。

一个可能对货币政策产生影响的因素是央行的一个重要声明及决定——2014 年 8 月 8 日,央行表示退出常态化干预,增强市场在人民币汇率形成机制中的作用。Mueller et al.(2016)表示,美国联邦公开市场委员会声明是美联储向市场传达其货币政策决定的主要渠道。换言之,一国货币当局重要的声明,对于市场可以产生有效的影响,发挥合意的作用(Fratzscher,2006;刘璐和丁剑平,2019)。因此,增强市场作用的声明意味着,汇率变动不仅体现了外汇市场受相关当局干预的情况,还会反映一国的经济运行情况。随着汇率市场化机制的发展,反映经济基本面的新闻对于外汇市场的作用表现得更为有效。所以本节需要对央行增强市场作用的时期进行控制,设置哑变量 ER_t 作为控制变量,将 2014 年 8 月 8 日至 2018 年 12 月 17 日的 ER_t 设置为 1,其余为 0。从模型式(21)的回归结果 Panel B 可以看出，在岸即期汇率，离岸即期汇率，1 个月、3 个月 6 个月、9 个月及 1 年 NDF 汇率的回归中，c_{mpu} 显著为正，并且小于表 3-13 中综合新闻指标系数 b。这说明对央行增强市场作用的声明决策进行控制后，Panel A 的结果仍然是稳健的。然而，与 Panel A 的 c_{mpu} 相比，Panel B 的 c_{mpu} 略有提升，表明央行退出常态化干预外汇市场，推进汇率市场化进程后，随着货币政策不确定性的升高，外汇市场对新闻反应的减弱程度有所收敛。

2017 年 5 月 26 日，我国货币当局表示将在汇率中间价定价机制中引入逆周期因子，中间价定价公式调整为"前一交易日收盘汇率＋一篮子货币汇率变化＋逆周期因子"。2018 年 1 月 19 日，随着我国外汇供求与跨境资本流动趋于平衡，报价行将逆周期因子调整至中性。2018 年 8 月 24 日，外汇市场自律机制秘书处发布公告称，外汇市场受美元指数走强和贸易摩擦等因素影响，因此重启"逆周期系数"，以适度对冲贬值方向的顺周期情绪。由于中间价对于即期和远期汇率具有引导作用，而强化中间价的政策意图有可能造成市场对经济基本面的预期产生扰动，因此，本节引入逆周期因子的哑变量 F_t，作为可能影响外汇市场反应的控制变量之一，将 2017 年 5 月 26 日至 2018 年 1 月 19 日及 2018 年 8 月 24 日之后的 F_t 设置为 1，其余为 0。从表 3-14 Panel C 的系数估计值可知，在控制中美利差后，本节主要结论依然显著，并且 F_t 与货币政策不确定性的交乘项系数仅对在岸人民币对美元即期汇率产生显著影响。

另外一个可能需要考虑的问题是，中国货币政策不确定性的其他度量方式有可能会影响我们的研究结果。考虑到孙健等（2017）和杨鸣京等（2019）均采用上海银行间同业拆放 7 日利率来计算我国货币政策的不确定性，邓月（2015）选用上海银行间同业拆放 7 日利率的变化作为对货币政策意外的衡量，本节引入上海银行间同业拆放 7 日利率的日变化 SH_t 作为另一个控制变量进行回归。从表 3-14 Panel D 的系数估计值可知，上海银行间同业拆放 7 天利率的变动与货币政策不确定的交乘项系数对离岸即期汇率及 NDF 汇率显著为正，但估计出的 c_{mpu} 与 Panel A 中的 C_{mpu} 几乎无差别，再次证明 Panel A 的结论依然稳健。

综上，Panel B—D 的结果显示，增加控制变量并没有改变 Panel A 的结论，原结论稳健。对比 c_X 和 c_{mpu} 的大小后发现，货币政策不确定性对于宏观新闻影响力的削弱效果较强。大多数情况下，随着货币政策不确定性升高，控制变量对于外汇市场的影响越来越强，逐渐超过宏观新闻。

表 3-14　外汇市场对宏观新闻的反应受货币政策不确定性的平均影响（考虑控制变量时）

	b_s	c_{mpu}	c_{er}	c_f	c_{sh}	观测值数量
Panel A：基准模型回归						
在岸即期汇率	-0.024	0.396*				1 273
离岸即期汇率	0.028	0.344*				1 284
1 个月 NDF 汇率	-0.428*	0.572***				1 190
3 个月 NDF 汇率	-0.492**	0.600***				1 208

(续表)

	b_s	c_{mpu}	c_{er}	c_f	c_{sh}	观测值数量
6个月 NDF 汇率	−0.537**	0.622***				1 211
9个月 NDF 汇率	−0.465*	0.602***				1 208
1年期 NDF 汇率	−0.470*	0.610***				1 201
Panel B:控制央行增强市场作用的重要声明						
在岸即期汇率	−1.187**	0.535**	1.086***			1 273
离岸即期汇率	−1.185**	0.531***	1.061***			1 284
1个月 NDF 汇率	−1.637***	0.746***	1.069***			1 190
3个月 NDF 汇率	−1.721***	0.782***	1.077***			1 208
6个月 NDF 汇率	−1.725***	0.793***	1.047***			1 211
9个月 NDF 汇率	−1.639***	0.768***	1.041***			1 208
1年期 NDF 汇率	−1.651***	0.779***	1.040***			1 201
Panel C:控制逆周期因子						
在岸即期汇率	−0.270	0.484**		0.769*		1 273
离岸即期汇率	−0.021	0.362**		0.065		1 284
1个月 NDF 汇率	−0.484*	0.592***		0.101		1 190
3个月 NDF 汇率	−0.537**	0.616***		0.089		1 208
6个月 NDF 汇率	−0.627**	0.654***		0.259		1 211
9个月 NDF 汇率	−0.556**	0.635***		0.265		1 208
1年期 NDF 汇率	−0.574**	0.648***		0.293		1 201
Panel D:控制上海银行间同业拆放7日利率的月标准差						
在岸即期汇率	0.017	0.396*			1.168	1 273
离岸即期汇率	0.078	0.335*			1.213*	1 283
1个月 NDF 汇率	−0.390	0.567***			1.115**	1 190
3个月 NDF 汇率	−0.457*	0.599***			1.190**	1 208
6个月 NDF 汇率	−0.503**	0.622***			1.259**	1 211
9个月 NDF 汇率	−0.427	0.603***			1.396**	1 208
1年期 NDF 汇率	−0.435	0.611***			1.372**	1 201

注：(1)表3-14是基于模型(20)和(21)，对7个汇率分别进行OLS回归的结果，其中，Panel A是对时变的基准模型式(20)的回归结果；(2)Panel B—D是对模型式(21)的回归结果，样本时间为2012年4月30日至2018年12月17日，即全样本时期；(3)***、**、*分别表示在1%、5%和10%的置信水平下显著。

（四）外汇市场对宏观新闻反应的持久性检验

中国经济新闻对于外汇市场的引导作用不仅体现在当期的汇率变动上，还体现在这种变动的持久性（朱孟楠和闫帅，2018）。因此，为了检验宏观新闻对外汇市场影响的持久性，同时也为了检验新闻当期作用的稳健性，我们在回归模型式（20）中引入宏观综合新闻指数 SS_t 的一阶至五阶滞后项，分别对在岸、离岸汇率以及 NDF 汇率进行回归，并且选择货币政策不确定性较低时期的样本进行回归。具体的回归结果如表 3-15 所示：

表 3-15　宏观新闻对外汇市场影响的持久性

	b_s	b_{s1}	b_{s2}	b_{s3}	b_{s4}	b_{s5}	观测值
在岸即期汇率	0.979 ***	0.689 ***	−0.021	−0.216	−0.170	−0.036	701
离岸即期汇率	0.955 ***	0.212	−0.079	−0.312 *	0.080	−0.037	752
1 个月 NDF 汇率	0.888 ***	0.574 ***	−0.344 ***	−0.109	−0.006	0.121	664
3 个月 NDF 汇率	0.841 ***	0.595 ***	−0.272 **	−0.106	0.013	−0.015	681
6 个月 NDF 汇率	0.830 ***	0.539 ***	−0.340 ***	−0.201	−0.022	−0.045	684
9 个月 NDF 汇率	0.878 ***	0.491 ***	−0.281 ***	−0.240 *	−0.027	0.008	682
1 年期 NDF 汇率	0.880 ***	0.424 ***	−0.215 *	−0.269 *	−0.029	−0.047	683

注：(1) 表 3-15 是依据模型式（19），对 7 个汇率分别进行 OLS 回归的结果；(2) b_s 表示当期综合新闻指数 SS_t 的系数，b_{s1} 至 b_{s5} 表示综合新闻指数的一阶至五阶滞后的系数；(3) 样本时间为 2015 年 5 月 1 日至 2018 年 12 月 17 日，即货币政策不确定性较低时期；(4) ***、**、* 分别表示在 1%、5% 和 10% 的置信水平下显著。

根据表 3-15 可知，当期的宏观新闻系数依然显著，在货币政策不确定性较低时期，宏观新闻对外汇市场的当期影响显著为正，对人民币产生贬值的作用，受影响程度最大的是在岸人民币市场。通过对比不同汇率的新闻反应系数 b_{s1} 至 b_{s5}，我们发现宏观新闻指数的一阶滞后项对在岸、远期人民币汇率的影响显著为正，新闻指数的二阶滞后项对 NDF 合约收益率的影响显著为负。这说明宏观新闻对在岸人民币和人民币 NDF 远期合约的净贬值效应的持续期为一天，并且两天以后在岸及远期市场会就人民币汇率对宏观新闻指数的"超调现象"进行"矫正"。远期市场"纠正" 9 个月及一年到期期限的 NDF 汇率对新闻的"超调"甚至持续了两天，而离岸市场仅对当期公布的新闻产生反应，并且在三天以后对宏观新闻指数的"超调"进行"矫正"。

六、结论与启示

本节基于构建的中国货币政策不确定性指数，对货币政策不确定性能否影响外汇市场对宏观新闻的反应进行了检验。本节的两个假设均成立。

首先，本节发现，在 2015 年 5 月 1 日之后，在货币政策不确定性较低的时期，实际经济活动、投资和购买力的相关新闻公告可以对人民币在岸和离岸外汇市场产生联合显著的影响。实际经济活动和购买力类的相关新闻冲击可以对人民币产生贬值的效应，投资、价格和净出口类的相关新闻冲击可以对人民币产生升值的影响。具体而言，新增人民币贷款规模、固定资产投资完成额以及 M2 当月同比的宏观新闻公告至少对在岸或离岸汇率变动中的一个起到了显著的影响。虽然离岸人民币对宏观新闻的反应程度高于在岸人民币,但可以显著影响在岸人民币的新闻种类多于离岸人民币,比如 PPI 和贸易差额的新闻。

其次,本节发现,在货币政策不确定性升高时,我国外汇市场对于 3 个标准化后的宏观新闻——新增人民币贷款规模、固定资产投资完成额以及 M2 同比的反应均显著减弱。当通过公布宏观经济数据的形式来改变未来货币政策的预期时,随着货币政策不确定性的升高,宏观新闻对未来政策预期的影响更大,从而抵消宏观新闻中包含的外汇需求信息的影响,新闻更多地通过间接形式影响外汇市场价格。所以,外汇市场对宏观新闻的反应显著减弱。而且,在 2015 年 5 月 1 日之前,我国货币政策不确定性激增的时期往往是宣告实施新的货币政策、运用新的货币政策工具或进行一些制度改革的时期,而这些新的政策工具意图增强市场的作用或防范金融风险,意味着市场在实施或制定货币政策时面临潜在的不确定性,在一定程度上抵消了宏观新闻中包含的基本面信息冲击对外汇市场的直接影响。

再次,根据前文的估计结果计算出由三个具体新闻变量构成的宏观新闻指数进行时变回归,本节发现,当外汇市场向宏观公告做出反应时,货币政策不确定性的影响是具有经济意义的;在较高的货币政策不确定性的情况下,在岸、离岸人民币对美元即期汇率以及 NDF 汇率对宏观新闻的平均反应显著减弱。这再次证明货币政策不确定性升高时,未来货币政策的预期对于宏观新闻更为敏感,外汇市场的反应很大程度上被分散和抵消。并且,考虑了其他可能影响外汇市场新闻效应的控制变量——央行增强市场作用的声明、逆周期因子以及货币政策不确定性的其他衡量方式之后,对基准的时变模型的改变不显著,意味着货币政策不确定性对外汇市场反应的影响依然是稳健的。

最后,通过检验外汇市场对宏观新闻反应的持久性,本节发现宏观新闻对在岸人民币和人民币 NDF 远期合约的净贬值效应的持续期为一天,并且在两天以后对宏观综合新闻指数的"超调现象"进行"矫正";离岸人民币市场仅对当期公布的新闻产生反应,并且在三天以后对宏观综合新闻指数的"超调"进行"矫正"。

本节主要的研究意图不仅是了解宏观新闻对于外汇市场的影响,而且也是了解货币政策不确定性在外汇市场资产价格反应和非预期的宏观经济信息的关系中所起的作用,后者对于外汇交易员具有非常重要的现实意义。尤其对于计划通过预测市场的宏观经济信息冲击从而实施一些短期交易策略的交易员来说,了解货币政策不确定性的影响有助于其更准确地预测市场对非预期的宏观经济信息的反应,从而更好地服务客户。本研究的主要发现是,人民币收益率变动对宏观经济基本面新闻的反应程度在货币政策预期存在较高不确定性时期与货币政策预期稳定时期两者之间存在明显的差异。这一发现有利于外汇市场投资者在了解当前货币政策不确定性的前提下,依据市场环境和经济状况在更短时间内对资产配置状态进行动态调整,最终达到增加投资组合价值的目的。

此外,刘璐和丁剑平(2019)对我国汇率沟通的研究发现,总体上,我国货币当局倾向于在人民币贬值或人民币汇率波动大时对汇率进行意图为人民币升值的口头干预,虽然来自央行的口头干预能引导人民币升值,但影响汇率升值趋势的程度很小,并且只在

10%的水平上显著。口头干预汇率的效果不及预期有效,意味着货币当局的汇率沟通内容并不受市场认可。这可能是因为我国货币当局不能以确切的形式提供具有市场说服力的、促使人民币升值或币值稳定的证据。换言之,及时地扭转市场存在的预期,可以通过改变市场参与者对宏观基本面的预期来实现。了解能够有效影响外汇市场的宏观新闻类别并且结合目前的货币政策不确定性对大众预期予以调整,有助于最终实现央行的政策意图。这对于货币当局实施清晰的汇率沟通具有关键性作用,并且提升了货币政策的有效性。根据本节的结论,在货币政策预期较稳定的时期,固定资产投资累计完成额的新闻可以有效地引导人民币升值;在货币政策不确定性升高时,该升值作用减弱,并且新增人民币贷款规模和 M2 当月同比的新闻引导人民币贬值的作用也会减弱;平均而言,在货币政策不确定性升高的时候,7 个汇率中离岸人民币即期汇率对宏观新闻的反应最小,期限为 6 个月的 NDF 汇率对宏观新闻的反应最大,离岸及在岸人民币对宏观新闻反应的削弱程度最深。

因此,基于以上结论,我国货币当局应当择机而行,结合自己的政策目标和意图,加强对实际经济活动、投资、和购买力类别相关的宏观经济数据的关注和筛选,从而对外汇市场进行具体地干预。而且,还需要加强对于货币政策不确定性的日常监测和预期,对潜在的货币政策不确定性做出及时的沟通或声明,调整货币政策或采用货币政策工具时提高透明度,对外汇市场施加影响时综合考虑货币政策预期的稳定性,使得汇率的变动更好地反映基本面的变化。

本章小结

本章对货币政策操作、汇率政策、以及货币政策对汇率走失的影响进行了探讨,并对当前非常热门的"保汇率还是保储备"问题进行解读。本章所得主要结论如下:

第一,维持人民币汇率在合理均衡的水平上基本稳定依旧是当前汇率政策的重点。一方面,外汇储备是国家的战略资源,通过消耗外汇储备方式维持汇率稳定不可持续;逆周期因子的引入可以有效地缓解外汇市场上的"羊群效应",防止汇率超调,保持汇率稳定。另一方面,与其关注"保汇率还是保储备"问题不如关注基本面,保持经济基本面的基本稳定才是解决汇率和储备"二选一"问题的治本之策。

第二,以媒体沟通为代表的新型货币政策对汇率变化有重要的影响。我国倾向于在人民币存在贬值趋势时实施官方口头沟通,熨平汇率波动,稳定币值。我国央行应继续掌握汇率沟通管理预期的主动性,当市场出现相关讨论传言时及时予以沟通引导,有效地发挥汇率沟通作为货币政策工具的作用。

第三,货币政策不确定性的提高不利于货币政策信号向外汇市场传导。研究显示在货币政策不确定性较高的情况下,在岸、离岸人民币对美元即期汇率以及 NDF 汇率对宏观新闻的平均反应显著减弱。货币当局应当加强对货币政策不确定性的日常监测,对潜在的货币政策不确定性做出及时的沟通或声明,提高货币政策透明度,稳定政策预期。

第四章
影响人民币汇率的微观市场因素

20世纪90年代后期,诸多学者对外汇市场上的汇率波动进行了实证检验。学者们对世界上主要发达国家货币的汇率波动的检验都证明宏观基本变量的运动几乎无法解释汇率的波动。这方面的代表性研究文献包括:Frankel and Rose于1995年发表在《世界经济手册》(*Handbook of International Economics*)上的《名义汇率的实证研究》(*Empirical Research on Nominal Exchange Rates*),Flood and Taylor于1996年所写的《汇率经济学:宏观方法怎么了?》(*Exchange Rate Economics:What's Wrong with the Conventional Macro Approach*)(收录在Frankel、Galli and Giovannini所编辑的《外汇市场微观结构》(*Introduction to the Microstructure of Foreign Exchange Markets*)一书中)等。

Flood and Taylor的《汇率经济学:宏观方法怎么了?》一文首先对汇率决定的四个理论模型进行了实证检验,结果表明它们的解释能力几乎为零——几乎所有的专业人士都认同这样的观点,即在解释主要汇率的短期行为上,宏观基本面模型的作用几乎为零。该文所用的是布雷顿森林体系崩溃之后,20多个国家的汇率和货币变量的横截面数据。研究表明,如果将每年的观察值汇总,则购买力平价几乎不能成立;但如果时间的频率更粗糙一些(如将时间间隔放宽到5年、10年、20年),就会有较多的证据支持购买力平价的成立。作者得出如下结论:购买力平价长期来看成立,但在短期内几乎不成立。该文的两大贡献如下:一是解释了传统的宏观汇率模型在实证检验中的缺陷,二是给出了这些模型在长期和短期内的一系列不同的检验结果。该文认为不能轻易否定传统宏观汇率模型,并在文章最后建议尝试用微观结构方法解释短期内的汇率波动。因此,决定汇率长期均衡的仍然是宏观基本变量,微观结构理论并未否认这一点。

本章从微观视角探讨汇率决定理论,包括以下四部分内容:第一节重点探讨人民币高频汇率的波动特征,旨在研究不同因素对人民币汇率分钟数据的影响;第二节从指令流和成交量角度解释短期的汇率波动行为;第三节对人民币参照指数进行了梳理,对CFETS汇率指数的完善提供建议;第四节探讨了美元因素和套利因素在在离岸人民币汇率联动中发挥的作用。

第一节 人民币在不同高频时间序列特征

一、引　言

近年来,中国外汇市场开放卓有成效。在外汇市场加速开放的同时,外汇交易量也保持了稳步增长。从外汇交易清算所和结算公司 CLS 集团 2017 全年结算数据来看,全球外汇市场的日均结算外汇交易量约为 1.588 万亿美元。

在全球货币政策等不确定性的背景下,研究美元指数对于微观人民币汇率变动的影响具有重要意义。2006 年年初,人民币外汇市场引入了做市商和询价交易制度。2015 年 12 月 23 日,央行宣布自 2016 年 1 月 4 日起延长外汇交易时间至北京时间 23∶30。通过延长外汇交易时间以及进一步引入合格境外主体,外汇市场得以快速发展。自 2015 年 10 月 15 日起,受到"8·11 汇改"后人民币持续贬值的影响,央行对金融机构远期售汇业务开始收取 20% 的外汇风险准备金;2017 年 9 月,美元指数走弱、人民币持续升值的三个季度后,央行将外汇风险准备金又降为 0。每当人民币贬值预期升温时,远期购汇合约签约规模都会放量。这会对即期汇率形成负反馈,加速贬值预期的自我实现。要遏制货币贬值趋势,央行可以直接消耗外汇储备,抛出美元买入人民币,也可以在制度层面做出调整,提高做空人民币的成本。随着我国不断推进人民币汇率形成机制改革,虽然人民币对美元的市场化程度不断提高,但人民币外汇市场仍然面临着广度和深度不足的问题,相关研究比较受限。

本节研究的重点是 2016 年 11 月 22 日 9 点 31 分到 2017 年 10 月 13 日 16 点 30 分在岸人民币汇率、离岸人民币汇率及美元指数变动。本节有三个创新点,主要如下:第一,前期文献的研究大多针对在岸与离岸人民币汇率的二者关系,本节在境内外汇率市场联动的汇率反应中"挖掘"了美元指数变动,并进行了综合性分析。第二,本节对各类情境下(两个市场价格汇差不稳定,存在负值协方差、正值协方差)的高频汇率水平变动情况进行了分析。高频汇率的使用能够使研究更为全面和精细,利用逐笔交易数据以及窄的事件窗口可以更好地控制内生的反向因果关系,并处理好遗漏变量问题。另外,分阶段子样本的分析能在一定程度上反映出动态变化影响。使用高频数据建模能够显著提高短期波动率预测精度(杨小玄和刘立新,2016)。第三,本节结合日内分时段交易量水平进行综合分析,从而印证了源于不同市场交易规模和强度的差别反应。离岸与在岸人民币"交互"影响,两者汇差收敛,则协方差减小。协方差为正值时,两者变动方向一致,且都超过预期;协方差为负值时,两者变动方向相反,且都超过预期。

二、文献综述

前期文献对于在岸市场和离岸市场"谁影响谁"的结论如表 4-1 所示。

表 4-1 文献中离岸与在岸即期人民币汇率"谁影响谁"结论

作者	时间段	在岸影响离岸	离岸影响在岸	两者互动
尤佳丽(2017)	2011.02.27—2017.02.28	√		
杨承亮(2014)	2009.06.23—2014.02.18	√		
董强(2016)	2011.06.27—2016.06.15	前√	后√	
刘洺嘉(2017)	2004.04—2016.10	前√	后√	
盛桢(2017)	2013.03.18—2016.07.05		后√	√
赵毅曼(2016)	2012.12.19—2014.12.19	√		
张怀洋(2016)	2011.06.27—2016.1.19	√		√
房淑媛(2014)	2011.06.28—2013.03.08			√
朱娟(2016)	2011.06.27—2015.12.31	√		
张珊珊(2015)	2011.11.11—2014.03.31		√	√
任苑(2013)	2012.07.10—2013.03.01		NDF√	

从表 4-1 来看,在岸即期影响离岸即期占主导,而且多数离岸即期影响在岸即期的情况还夹杂着 NDF 离岸远期因素。由于时间段不同和方法论不同,究竟"谁影响谁"还不能断定,本节试图用同时段不同频率来进行稳健性检验。由于上述论文等都是日度频率,本节采用同时段的高频(分钟)数据与日度数据来进行验证。

Caporale and Gil-Alana(2013)在分析美元/英镑即期高频数据时,针对高频金融时间序列的长记忆属性,将研究重心焦距在数据的"时间聚合性"和其他特征上,根据误差项的参数来估计分数阶积分模型。他们发现较低整合程度通常与较低数据频率相关联,尤其是当取样频率为 10 分钟时,就会出现一些 d 值严格小于 1 的情况,意味着这是一种均值回归行为。对于更长的取样期,外汇市场购买力平价是最典型的长记忆模型。前期研究多采用季度频率的低频数据,很少使用高频(日内)数据。不同频率的时间序列阶数整合是不同的。随着样本频率不同生成的数据也不同。出现估计偏差形成的原因主要有以下两点:一是时间整合,二是高频数据。随着样本频率的提高,时间序列中噪音成分也在变强。当抽样频率很高时,汇率时间序列并不是一个均值回归的过程。也就是说,对于高频数据而言,不能拒绝零单位根。这一结论对于美元/英镑即期汇率的开盘价、最高价、最低价和收盘价四类序列都是成立的。

Narayan and Sharma(2015)对汇率的频率运用问题阐述了他们的思考。他们分析了季度、月度、周度和日度数据,发现数据的频率无论在统计还是在经济意义上都非常重要。具体来说,许多国家的投资者使用季度、周度、和日度数据频率时倾向于使用远期溢价模型而不是不变收益模型,但在使用月度数据频率时则不同。Narayan and Sharma(2015)显示,汇率问题的研究结论很大程度上受数据频率的影响,至少数据频率依赖可以用来佐证回归结果的稳健性。Narayan and Sharma(2015)指出至少有三个理由可以说明数据频率的重要性。第一,众所周知,数据频率越高,其包含的信息就越多,这意味着使用较高数据频率的远期溢价模型可以更准确地预测即期汇率的收益。第二,在金融经济学文献中也存在此类现象。有研究使用日度和月度数据频率来检验商品即期市场收益预测,其结论说明商品市场收益预测的准确性与数据频率有关。许多案例都支持高频数据可以提升波动预测和收益预测的准确性这一观点。第三,在金融资产极端协动模型中,许多研究也发现数据频率的重要性。这些研究分析了即期汇率收益在极端情况下的协动和影响,发现高频数据的极端协动和影响比低频数据强烈得多。

本节由此采用1分钟、5分钟、1小时和日度数据频率来检验相同时段、不同频率中的"锚货币"的美元因素(美元指数作为代理变量)、"驱动货币"在岸人民币即期汇率和"参考货币"离岸人民币汇率三者之间的"分整"及"稳健性"关系。在此基础上比较"有美元"因素和"去美元"因素(所谓"去美元"就是指离岸与在岸人民币分别作为被解释变量与美元指数回归后的残差的序列)两种情况,考察美元因素是否会调整回归的趋势性、是否加剧高频的白噪音等问题。

三、模型和数据

(一)回归模型设定和相关检验

DCC-MGARCH模型用来估计多元一般自回归条件异方差模型的动态相关系数。时变相关系数通常用多元GARCH模型进行估计,多变量的GARCH模型根据似然函数进行估计,该模型具有单变量GARCH模型与简约参数模型相结合的灵活性,同时也没有传统的多元GARCH模型那么复杂。模型刻画的相关性和波动性在变化,通过调整对冲比率来反映最新的信息。直接参数化条件关联的DCC-GARCH通常采用两步法进行估计:第一步是一系列的单变量GARCH模型的估计,第二步是相关系数的估计。Sheppard and Engle(2001)最早提出使用动态条件相关系数多元GARCH模型(DCC-GARCH模型)来研究变量之间的时变非线性相关关系。

DCC-MGARCH模型把MGARCH模型的最优滞后阶数设定为一阶滞后形式。DCC-GARCH模型采用两步估计法,能够减少待估参数的数量,并且需要估计的参数独立于序列的数目,能够相对容易地估计出来。在DCC-MGARCH模型下,$H_t = D_t R_t D_t$,$r_t \mid \Omega_{t-1} \sim N(0, H_t)$。$r_t$为时间序列向量(在岸市场人民币即期汇率,离岸市场人民币即期汇率,美元指数),Ω_{t-1}为$t-1$时刻的信息集,R_t条件协方差矩阵,其中

$$D_t = \begin{Bmatrix} \sqrt{h_{1,t}} & 0 & 0 \\ 0 & \sqrt{h_{2,t}} & 0 \\ 0 & 0 & \sqrt{h_{3,t}} \end{Bmatrix}, \quad R_t = \begin{Bmatrix} 1 & \rho_{12,t} & \rho_{13,t} \\ \rho_{21,t} & 1 & \rho_{23,t} \\ \rho_{31,t} & \rho_{32,t} & 1 \end{Bmatrix} \quad (1)$$

R_t为动态条件相关性矩阵过程。$\rho_{ij}(i, j = 1, 2, 3, i \neq j)$为时间序列中两个变量的相关系数。$h_{1,t}$,$h_{2,t}$,$h_{3,t}$为单变量方程所估计的条件方差。DCC-MGARCH(1,1)模型下,$h_{1,t}$服从GARCH(1,1)过程。

$$h_{i,t} = \omega_i + \alpha_{i1} \varepsilon_{i,t-1} + \beta_{i1} h_{i,t-1}, i = 1, 2, 3 \quad (2)$$

ε_t 为 GARCH 模型均值方程的标准化残差，$\alpha + \beta < 1$，$\varepsilon_t = (\varepsilon_{1t}, \varepsilon_{2t}) = \boldsymbol{D}_t^{-1} r_t$，$w_i$ 为截距项且为正数。

$$\boldsymbol{R}_t = Q_t^{*-1} Q_t Q_t^{*-1} \tag{3}$$

其中，$Q_t = |q_{ij,t}|$，$Q_t^* = \mathrm{diag}(\sqrt{q_{11}}, \sqrt{q_{22}}, \sqrt{q_{33}})$，

$$Q_t = (1 - \alpha - \beta) S + \alpha(\varepsilon_{t-1} \varepsilon_{t-1}') + \beta Q_{t-1} \tag{4}$$

α、β 为 DCC 模型的系数。$\alpha > 0$，反映了滞后一期的标准化残差对动态的相关系数影响。β 为非负参数，体现相关关系的持续性。S 为标准化残差 ε_t 的无条件相关矩阵。

$$\rho_{12,t} = \frac{q_{12,t}}{\sqrt{q_{11,t}} \sqrt{q_{22,t}}}, \quad \rho_{21,t} = \frac{q_{21,t}}{\sqrt{q_{11,t}} \sqrt{q_{22,t}}}$$

$$q_{ij,t} = (1 - \alpha - \beta)\overline{\rho}_{ij} + \alpha(\varepsilon_{i,t-1} \varepsilon_{j,t-1}') + \beta q_{ij,t-1} \quad (i,j = 1,2,3, i \neq j) \tag{5}$$

其中，$\widetilde{\rho_{i,j}}$ 为标准化残差的非条件相关系数。

$$\rho_{i,j,t} = \frac{q_{i,j,t}}{\sqrt{q_{i,i,t}} \sqrt{q_{j,j,t}}}$$

DCC-GARCH 模型的估计分为两步：第一步是估计单变量的 GARCH 方程，得到单变量 GARCH 方程的条件方差，估计的条件方差矩阵去除 r_t 得到标准化残差。第二步是估计动态条件相关方程中的参数值，得到最终的动态的相关系数。α 表明滞后一期的标准化残差乘积对动态相关系数的影响大小；β 表明两个市场序列之间的相关性受前期的影响大小，大则说明二者之间具有较强的持续性特征。

GARCH 模型中存在波动断点，尤其是美元因素对全球货币汇率的冲击，因此波动方差还需加入条件方差美元的结构断点 x_t。

$$\sigma_t^2 = \exp(\lambda_0 + \lambda_1 x_t) + \alpha \varepsilon_{t-1}^2 \tag{6}$$

考虑到可能有美元因素波动的结构性断点存在，本节运用了 Clemente et al.(1998)的方法。该方法运用对变量的单位根检验方法来搜寻变量内生的（未知）结构断点。分析发现，美元指数的断点在 2017 年 6 月 26 日 16：29（见图 4-1）。2017 年 6 月 26 日前后实际标志性事件如下：作为美元指数参照物的欧元大涨，造成美元指数大幅度下跌，即美元指数高位回落。具体表现为：①美元投机性净多仓连续第五周下滑，并触及 2016 年 9 月以来的最低水平；②欧洲央行行长德拉基发言偏鹰派，欧元大涨，美元指数大幅下行。研究发现越是高频数据，美元指数特征越显著，为此本节在回归后跟踪进行"白噪音"检验。该检验依据" $x(1), \cdots, x(n)$ 是一个白噪音实现过程"这一事实，得到

$$Q = n(n+2) \sum_{j=1}^{m} \frac{1}{n-j} \widehat{\rho}^2(j) \rightarrow \chi_m^2 \tag{7}$$

这里 m 是计算的自相关个数（等于确认的滞后个数），$\rightarrow$ 表示向一个自由度为 m 的 χ^2 分布收敛分布，$\widehat{\rho}_{(j)}$ 是 j 滞后估计的自相关。

Portmanteau Test 中的零假设是（变量顺从白噪音过程），其 Ljung-Box Q 统计量用于检验某个时间段内的一系列观测值是不是随机的独立观测值。Q 值越大，本节中的噪音也相对较大。

（二）样本数据结构说明

研究数据来源于彭博终端以及 CEIC 数据库，包含从 2016 年 11 月 22 日到 2017 年 10 月 13 日之间的在岸人民币（CNY）即期汇率、离岸人民币（CNH）即期汇率、美元指数（usdxm）的数据，数据频率为 1 分钟，高频数据的范围为北京时间 9：30 到 16：30，所有的数据为实际成交的反应。实际处理中，对价格数据 CNY、CNH 及美元指数进行了取对数差分的操作，以保证数据的平稳性。表 4-2 是描述性统计结果。

表 4-2 数据取对数差分后的描述性统计和平稳性检验

变量符号	变量名	均值	标准误	最小值	中值	最大值
usdxm	美元指数	97.84	3.46	91.028000	98.966500	103.430000
musdcny	有美元 CNY	6.81	0.12	6.439000	6.870200	6.958186
hclose	有美元 CNH	6.80	0.11	6.443370	6.846780	6.985100
emusdcny	去美元 CNY	0	0.04	−0.160688	−0.003121	0.111979
ehclose	去美元 CNH	0	0.05	−0.160802	0.004172	0.106484

注：(1) *、**、***分别表示在 10%、5%、1%的置信水平下显著；(2) ldmusdcny 为在岸人民币对美元汇率的对数差分变量，ldhclose 为离岸人民币对美元汇率的对数差分变量，ldusdxm 为美元指数的对数差分变量。

图 4-1 刻画了美元指数断点，图 4-2 记录了美元指数断点前后在岸和离岸人民币汇差。从图 4-2 中可以直观地看出，美元指数存在"一边倒"的趋势，"去美元因素"后的人民币汇率残差更显示"平稳性"和"周期性"。

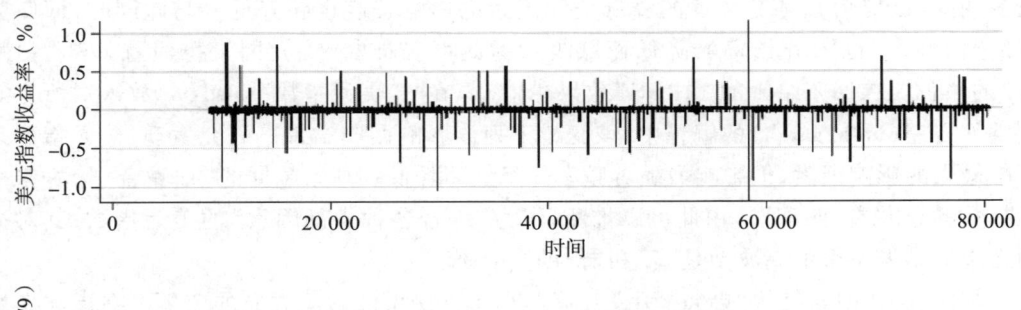

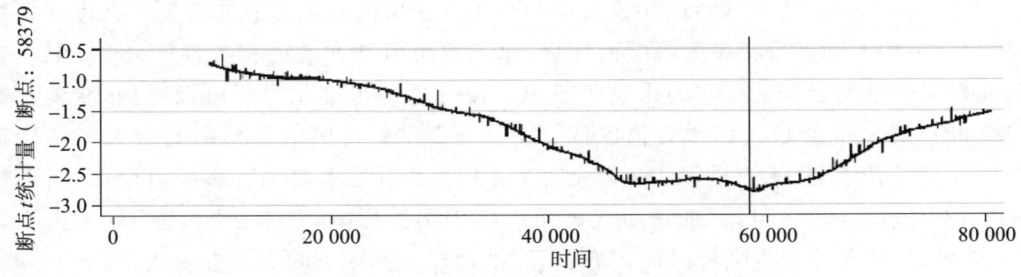

图 4-1 美元指数结构性断点图

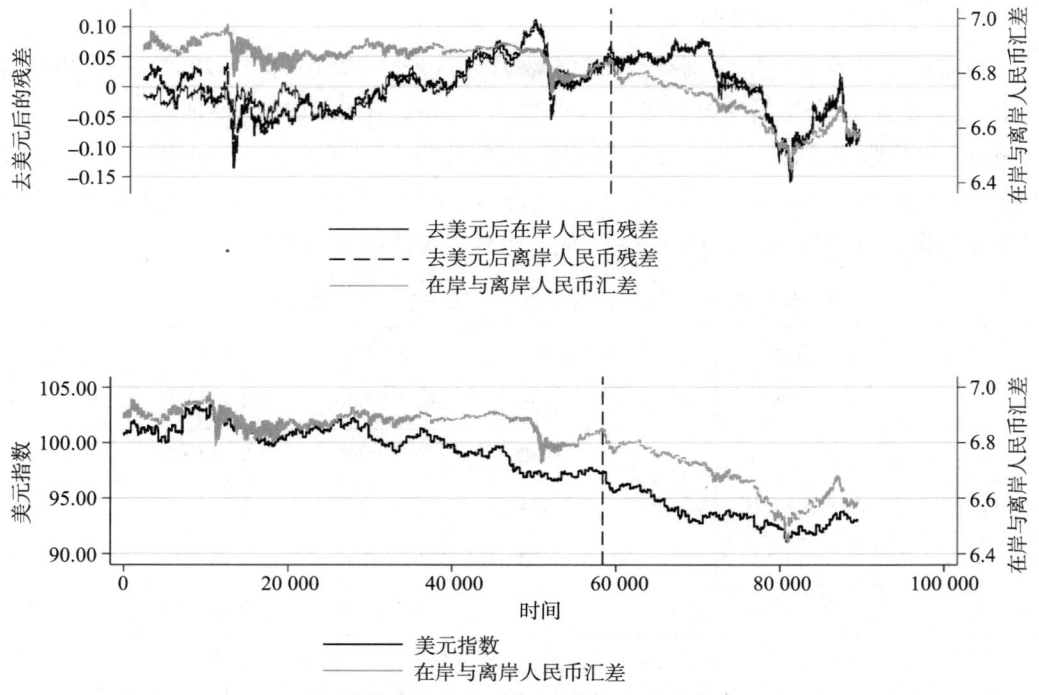

图 4-2　美元指数与"去美元因素"后的在岸离岸人民币汇率

四、回归结果分析

以上模型和相关检验结果见表 4-3 至表 4-6。

首先,从高频数据来看,美元因素类似于"白噪音"。无论在美元升值(断点前)还是贬值期间(断点后),随着频率的降低美元因素的影响程度也在降低。与此同时,回归数据的"白噪音"也随着频率的降低而减少。因此可以推断,美元因素扮演着外部"白噪音"的角色。在回归结果的"ARCH"效果栏中,本节把"美元指数"(usdxm)放入对所有等式条件方差(arch,garch)的解释中,该变量系列会影响回归结果。研究发现,美元指数是其中最大的影响因素,但影响力随着频率的降低而降低。高频数据的"白噪音"恰好与美元指数的异方差"匹配"。由此可以推断,作为"综合各种外部因素"的美元指数,其对高频在岸离岸人民币汇率波动是"不和谐"的"白噪音"。

其次,美元因素结构"断点"引发在岸与离岸人民币的影响方向的变更。在岸与离岸人民币汇率的互动随着频率的降低而增强,这不仅可以从两者的相关性(corr)结果中看出,而且可以从两者分别系数的影响中看出。通过进一步细化分析可以看到,在美元贬值期(断点后),也就是人民币升值区间,"有美元"在岸人民币汇率影响力大于离岸汇率,而在美元升值期(断点前),"有美元"的在岸人民币汇率却无法影响离岸汇率,系数基本都不显著。而"去美元"的在岸人民币汇率则不受影响,只是在"日度"频率上不显著。简言之,在美元因素强势区段,"有美元"的离岸人民币影响大于在岸人民币的影响;在美元因素弱势区段,"有美元"的在岸人民币影响大于离岸人民币的影响。

表 4-3　1 分钟频率的回归结果

	有美元	去美元	有美元	去美元
	断点前		断点后	
在岸人民币汇率				
L1. ldmusdcny	−0.0030	0.0272 ***	−0.1089 ***	0.0162 ***
L1. ldhclose	−0.0488 ***	−0.0104 ***	0.0489 ***	0.0260 ***
ARCH				
L1. arch	1.1349 ***	0.2708 ***	0.4233 ***	0.4277 ***
L1. garch	0.8041 ***	0.8711 ***	0.8799 ***	0.7991 ***
L1. ldusdxm 美元指数	−679.72 ***		−958.59 ***	
cons	−24.240 ***	0.0000 ***	−24.394 ***	0.0000 ***
离岸人民币汇率				
L1. ldmusdcny	0.0054	0.0185 ***	−0.6204 ***	0.0049
L1. ldhclose	−0.0013	−0.0773 ***	−0.0433 ***	−0.0507 ***
ARCH				
L1. arch	−0.0000 ***	0.3012 ***	0.3804 ***	0.5757 ***
L1. garch	−1.0000 ***	0.8332 ***	0.8623 ***	0.7544 ***
L1. ldusdxm 美元指数	−2.3025 ***		−691.36 ***	
cons	−17.584 ***	0.000 ***	−23.198 ***	0.0000 ***
corr(ldmusdcny, ldhclose)	0.4075 ***	0.4921 ***	0.7005 ***	0.56444 ***
时变方程系数				
lambda1	0.0013 ***	0.0510 ***	0.0173 ***	0.0917 ***
lambda2	0.9814 ***	0.9323 ***	0.9505 ***	0.8325 ***
Log likelihood	952 522	249 295.8	502 378	168 632.5
Number of observation	58 376	57 591	31 082	30 772
白噪声检验				
Portmanteau Q statistic	350.772	50.9111	474.3741	36.3131
Prob > chi2	0.0000	0.1157	0.0000	0.6370

表 4-4　5 分钟频率的回归结果

	有美元	去美元	有美元	去美元
	断点前		断点后	
在岸人民币汇率				
L1. ldmusdcny	−0.1048 ***	−0.1489 ***	0.2497 ***	−0.1361 ***
L1. ldhclose	0.1470 ***	0.0191 ***	0.1934 ***	0.2257 ***

（续表）

	有美元	去美元	有美元	去美元
	断点前		断点后	
ARCH				
L1. arch	0.0042 ***	0.9037 ***	0.4945 ***	0.5452 ***
L1. garch	0.9950 ***	0.6008 ***	0.7115 ***	0.7347 ***
L1. ldusdxm 美元指数	−626.29 ***		698.32 ***	
cons	−23.976 ***	0.0000 ***	−19.467 ***	0.0000 ***
离岸人民币汇率（ldhclose）				
L1. ldmusdcny	0.0117	−0.0072 ***	0.5888 ***	0.0132 ***
L1. ldhclose	−0.0096	−0.1875 ***	−0.2640 ***	−0.1547 ***
ARCH				
L1. arch	0.3090 ***	1.1096 ***	0.5155 ***	0.5471 ***
L1. garch	0.7544 ***	0.6051 ***	0.7175 ***	0.7685 ***
L1. ldusdxm 美元指数	409.96 ***		−529.29 ***	
cons	−19.156 ***	0.0000 ***	−18.979 ***	0.0000 ***
corr(ldmusdcny,ldhclose)	0.7287 ***	0.8129 ***	0.8699 ***	0.8568 ***
时变方程系数				
lambda1	0.0101 ***	0.0353	0.0574 ***	0.0199 ***
lambda2	0.9695 ***	0.9580	0.8810 ***	0.9735 ***
Log likelihood	170 662.8	33 477.08	90 060.23	22 970.46
Number of observation	11 673	11 340	6 217	6 063
白噪音检验				
Portmanteau Q statistic	73.0339	153.1015	137.5657	67.6768
Prob>chi2	0.0011	0.0000	0.0000	0.0040

表 4-5　1 小时频率的回归结果

	有美元	去美元	有美元	去美元
	断点前		断点后	
在岸人民币汇率				
L1. ldmusdcny	−0.0362	0.0675 *	0.1895	−0.2023 ***
L1. ldhclose	0.0202	−0.0695 ***	−0.2038 ***	−0.2395 ***
ARCH				
L1. arch	0.0197 ***	0.4114 ***	0.1014 ***	0.9989 ***
L1. garch	−0.7407 ***	0.8149 ***	0.7428 ***	0.5674 ***
L1. ldusdxm 美元指数	29.220 ***		−13.0999	
cons	−14.051 ***	0.0006 ***	−15.619 ***	0.0012 ***

（续表）

	有美元	去美元	有美元	去美元
	断点前		断点后	
离岸人民币汇率				
L1. ldmusdcny	0.1164	0.0884***	0.4623***	−0.0722***
L1. ldhclose	−0.0388	−0.0946***	−0.4844***	−0.3154***
ARCH				
L1. arch	0.0472***	0.3514***	0.2435***	0.7773***
L1. garch	0.8798***	0.8323***	0.2851***	0.5900***
L1. ldusdxm 美元指数	−13.5371		−0.3194	
cons	−16.562***	0.0004***	−14.384***	0.0010***
corr(ldmusdcny, ldhclose)	1.0214***	0.9923***	0.9382***	0.9297***
时变方程系数				
lambda1	0.0199***	0.1017***	0.1698***	0.1869***
lambda2	0.9733***	0.8847***	0.1836	0.7265***
Log likelihood	11 924.25	218.3364	6 259.55	801.1651
Number of observation	970	889	519	472
白噪声检验				
Portmanteau Q statistic	72.8423	45.8689	84.5301	47.3530
Prob>chi2	0.0012	0.2419	0.0001	0.1976

表 4-6 日度频率的回归结果

	有美元	去美元	有美元	去美元
	断点前		断点后	
在岸人民币汇率				
L1. ldmusdcny	−0.3150***	−0.1602***	0.7942*	0.1874
L1. ldhclose	0.2266***	0.0633	−0.7057***	−0.3566
ARCH				
L1. arch	0.3999***	1.2346***	0.3428***	0.2452***
L1. garch	0.4617***	−0.0478***	−0.2420***	0.4893***
L1. ldusdxm 美元指数	334.09***		34.1894	
cons	−14.674***	0.2387***	−11.791***	0.1561***
离岸人民币汇率				
L1. ldmusdcny	−0.0769	0.0939*	1.1862***	0.2295
L1. ldhclose	0.1335	−0.0723	−1.0952***	−0.2919

（续表）

	有美元	去美元	有美元	去美元
	断点前		断点后	
ARCH				
L1. arch	0.3383***	3.2277***	0.2656***	0.2369***
L1. garch	0.4993***	−0.0044	−0.1857	0.9567***
L1. ldusdxm 美元指数	−79.187***		62.207***	
cons	−13.545***	0.1254***	−11.775***	−0.0080*
corr(ldmusdcny,ldhclose)	0.9434***	0.9929***	0.9839***	0.9931***
时变方程系数				
lambda1	0.0188	0.5529***	0.1341	0.3378***
lambda2	0.9308***	0.3671***	0.6608***	0.3736***
Log likelihood	1 415.415	−157.2204	801.3086	−3.8613
Number of observation	136	109	75	65
白噪声检验				
Portmanteau Q statistic	32.3278	0.0865	6.5242	21.0718
Prob>chi2	0.8006	0.7687	0.8362	0.9940

再次，总体上看美元因素的"异方差"对在岸人民币汇率冲击更大。从"有美元"的两地汇率回归中的美元因素的异方差系数看，美元因素的异方差对在岸人民币汇率的影响大于其对离岸人民币汇率的影响。美元因素在贬值区间的影响大于其在升值区间的影响。在美元指数疲软期间，美元指数先影响在岸人民币汇率，推动在岸人民币升值，再引发离岸人民币汇率跟进"升值"。这也印证了前期文献的部分结论，在岸市场的"驱动力"依然存在。

最后，"去美元"因素后的两地汇率互动更紧密和平稳。在美元指数强势的"断点"前，"去美元"因素后的在岸人民币的影响大于离岸人民币；在"断点"后，离岸人民币的影响则大于在岸人民币。这与上述第三个结论似乎不协调，但至少"去美元"因素后的显著个数比"有美元"因素后的多。"去美元"因素后两地汇率的相关性（corr）也大于"有美元"因素后的情况。换句话说，美元因素的存在反而降低了在岸与离岸人民币汇率之间联动的相关性。再结合图4-2来看，"去美元"后的离岸汇率波动比"有美元"因素后的情况下更平稳。

早期文献突出了离岸市场没有波幅限制和利率更加市场化，随着研究的开展，研究重心开始转向离岸市场对在岸市场的影响上来，研究显示当时离岸流动性放大时，离岸市场对在岸市场的影响变大。事实上，对于"同根生"的两地人民币汇率来说，都排除不了受到美元因素干扰的影子，美元因素的作用要强于利率因素（Lee，2018）。美元因素扮演的角色与"白噪音"类似，根据"去美元"因素后的总体结果来看，由于在岸汇率即期交易量是离岸的若干倍,在岸人民币(驱动货币)影响离岸人民币(参照货币)的格局在样本内成立。

五、结论和未来研究

在岸与离岸人民币汇率互动中,将美元作为公分母势必会出现"白噪音",尤其会在高频数据回归中出现。在互联网高度发达的今天,美国市场每分钟的变化必然会"干扰"外汇市场交易员的报价。随着频率的降低,市场交易员对接受的"指令流"的判断会更加理性化,随之将"白噪音"清理出去。为此,未来"去除"美元因素的干扰的研究还是将频率降低到 5 分钟以上为妥。高频数据确实带有大量的信息,但是否使用高频汇率作为研究对象要根据研究目的和频率依赖决定。

随着中国人民币国际化的推进,要研究两地汇率互动发展状况,必须高度重视"去美元"的"白噪音"在两地汇率互动中的影响。实际上,在"去除"美元因素后,两地汇率互动更加密切是一个不争的事实,而且波动的周期结构并非与美元指数完全一致。

第二节 外汇市场指令流和成交量

一、引 言

2010 年 7 月以来,以中国香港为代表的离岸人民币市场迅速发展,并对在岸人民币市场产生积极的推动作用。当前,在岸人民币市场与离岸人民币市场的发展总体呈现出以下两个明显趋势:一是离岸人民币市场不断扩大,业务种类日趋丰富;二是在岸汇率形成机制不断优化,尤其是 2015 年 8 月 11 日对人民币汇率中间价形成机制进行了市场化改革之后。然而,人民币在岸与离岸市场的发展同时也扩大了人民币对美元在岸即期汇率(CNY)与人民币对美元离岸即期汇率(CNH)间的汇率差,造成了人民币市场的持续波动,引起了大量的投机和套利行为。2016 年 1 月 6 日,在国际投机资本的冲击下,离岸人民币市场持续贬值,两市场间价差创下 1600 点的新纪录。仅在一周内,CNH 贬值达到 2.28%,CNY 也贬值了 0.8%。随后,在央行、香港金融管理局等多方干预之下,CNY 与 CNH 间的价差才得以收窄。上述事件发生后,人民币在岸与离岸市场间的联动效应引起了国内外研究者的广泛讨论。与此同时,两市场间的互动关系也日益成为影响央行制定货币政策、实施汇率管理的关键因素。

CNY 与 CNH 的联动关系主要通过以下三种渠道形成:一是无本金交割远期外汇交易(NDF)市场,即在岸金融机构与离岸金融机构通过各自的远期市场与 NDF 市场进行套汇,进而导致 CNY 和 CNH 趋同。二是引导市场预期,即市场交易者根据经济预期、政府信号等因素,为了规避汇率风险或者投资而进行外汇市场操作。例如,离岸市场投资者收到的内地经济增长信息不足可能引发 CNH 贬值,CNH 贬值又会降低交易者对 CNY 的信心,从而带动 CNY 同向变化。三是跨境贸易结算,当 CNH 弱于 CNY 时,跨境进口企业倾向于在岸市场交易,因为同样数额的美元支出可以支付更少的人民币,进口企业在在岸市场出售人民币、买入美元的行为会使在岸人民币贬值,同样,跨境出口企业在离岸市场上卖出美元、买入人民币会使离岸人民币升值,这些交易最终会使 CNY 与 CNH 的价差缩小。通过上述分析可以发现,无论是远期合约的交割、跨境贸易的结算还是外汇市场操作,每种渠道都会引发人民币成交量的变化。

从在岸成交量数据来看,2012 年 5 月在岸外汇每日成交量在 110 亿美元左右,而 2015 年 8 月该数值一度超过 500 亿美元(见图 4-3)。同时,研究发现,"8·11 汇改"是一个重要分水岭,其前后人民币在岸汇率成交量以及在离岸汇率价差均出现了明显变化。"8·11 汇改"后,CNY 与 CNH 价差扩大、波幅增加的同时,在岸市场的人民币成交量也有了明显增加,这反映了"8·11 汇改"后人民币在岸与离岸市场间联动的新动向(见图 4-3)。成交量因素已成为影响人民币在岸与离岸市场联动的关键因素。

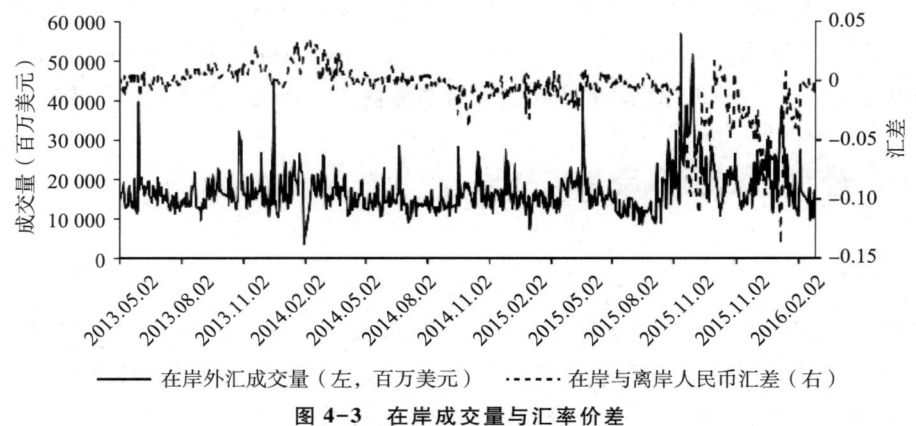

图 4-3 在岸成交量与汇率价差

关于 CNY 和 CNH 联动关系的讨论主要基于价格视角,市场与价格的引领者以及主导权是学者们关注的重点议题。近年来大量研究认为,人民币在岸市场汇率、香港离岸市场汇率、离岸远期汇率相互影响,形成了一个动态的传导机制。然而,在主导权(如定价权)归属问题上,学者们存在大量争议,始终未能形成统一的定论。事实上,由于外汇市场处于不断变化的发展过程中,尤其是在"8·11 汇改"后,由于价差变动的幅度和方向变得难以确定,人民币价格的影响路径已愈发难以预测,两地市场间的联动机理日益复杂。因此,仅仅考虑价格因素已难以展现当前两市场的整体联动现状。加之"8·11 汇改"后,成交量的不断增加和积累已成为影响价格形成的重要因素。可见,为了厘清 CNY 和 CNH 联动的新特征,引入成交量因素十分必要。由于成交量与价格之间往往表现为互相引导的关系特征,因此对成交量数据的解读将有助于为"8·11 汇改"后人民币价格的形成提供新的解释思路。

基于上述思考,本节创新性地将成交量引入 CNY、CNH 与 NDF 的联动效应讨论之中,并考虑沪港通、两市场汇率差所引发的资本流动,以及外汇市场微观交易信息在该机制中的作用。本节的结论将为央行更合理地明确、制定汇率管理目标提供有用的借鉴与参考。

二、外汇市场微观结构与指令流

1995 年，Lyons 首次在马克对美元的外汇市场上使用了微观结构模型进行实证检验，结果非常显著，从而开创了外汇市场微观结构研究的先河。本节将 2000 年作为分水岭，将外汇市场微观结构理论的发展分为 2000 年前和 2000 年至今。之所以这样划分，是因为 2000 年前后外汇市场微观结构理论研究的侧重点有所不同：1997—2000 年，外汇市场微观结构研究的主流是检验外汇市场上是否存在不对称信息，交易者是否异质（如外汇市场参与者的交易意图是否有区别等），外汇市场的交易机制是否对定价产生影响；2000 年至今，外汇市场微观结构理论的发展重点是放在指令流的再分解上。因此，本节从指令流的角度对近几年这一领域的主要研究成果进行分类总结，包括指令流的解释能力，不同部分指令流的解释力度，客户指令流与短期汇率波动正相关的原因，指令流、宏观基本面信息以及汇率三者的关系，指令流与中短期汇率波动高度正相关的原因，等等。

（一）指令流的解释能力

指令流是微观金融领域的一个重要概念。它是指带符号的交易量（区别于传统的、不带符号的交易量）。比如，如果你跟一个交易员（做市商）联系，然后你决定卖给交易员 10 单位，那么交易量就是 10，但指令流是 -10。指令流带负号是因为这笔交易的发起人处于卖方，而报价的交易员则是被动接受（交易量的符号是由发起的那一方决定的）。因此，指令流衡量的是在某一段时间内买方或卖方发出的带符号的交易量之和。一个负的总量意味着在该时期是净卖出，正的总量则代表了净买入。

Evans and Lyons(2002)用饱含信息的指令流设计了一个汇率决定的简单模型。根据这个模型，日汇率变化是由利率的差异和带符号的指令流决定的。用公式表示为：

$$\Delta s_{t+1} = \beta_i \Delta(i_t - i_t^*) + \beta_z z_t \tag{1}$$

其中，Δs_{t+1} 指的是在 t 天内外汇价格对数的一阶差分，即 $s_{t+1} - s_t$；$\Delta(i_t - i_t^*)$ 指的是利率微分的一阶差分；z_t 指在 t 天内的净购买数量（指令流）。正的 z_t 表示购买指令的数量超过了卖出指令的数量，同时意味着大部分交易者认为该种外汇被低估了。这种不平衡反映了所有的信息，包括宏观告示、数据泄露等。这些信息到达外汇市场并促使交易者去修正他们对外汇收益率的估计并进一步修正他们的资产组合。

Evans and Lyons(2002)所用的数据是从 1996 年 5 月 1 日到 8 月 31 日马克对美元即期汇率和日元对美元即期汇率，数据来源于路透 2000 电子交易系统。数据集表明，对于任意一个汇率的交易，发起交易的那一方决定了相应的交易方向（也就是一个买或卖的指令）。Evans and Lyons(2002)发现，在马克对美元即期汇率和日元对美元即期汇率的回归中，正的指令流均意味着汇率的升值。据他们估计，在德国马克方程中，指令流前面的估计系数系数是 2.1，这意味着在一天内多购买 1 000 美元将会使德国马克的价格上涨 2.1%。假设按样本中的平均交易量是 390 万美元，这意味着净购买 1 亿美元会使马克相对于美元的价格上涨 0.54%，如果即期汇率是 1.5 马克/美元，那么德国马克的价值将增大 0.08 马克，即即期汇率波动与交易内部交易市场的指令流是正相关的。这是外汇市场微观结构理论中较有发展前景的结论之一。

(二) 不同部分指令流的解释力度有差异

指令流与需求是不同的,指令流是传递信息的一个媒介,因此当指令流被分解成不同部分时,每一部分指令流所包含的信息强度(information intensity)是互不相同的,因而各个部分的指令流对价格形成的影响也是有差异的。Carpenter(2003)针对不同外汇市场参与者对价格的影响进行了实证检验。他认为价格影响反映了不同的投资群体交易的信息内容,从而反映了外汇交易私有信息的来源。Carpenter运用了高频数据(tick-by-tick data)对"交易商定价和他以前(包括现在)交易的关系"进行实证检验,数据来源是2002年澳大利亚某重要银行的澳元对美元以及欧元对美元即期外汇市场上45天的数据。同时,他将客户交易和银行间交易进行更加细致的分类,客户被分成中央银行、非银行金融机构和非金融公司。Carpenter的研究得出了两个重要结论:第一,中央银行的指令流对价格的影响最大,其次是非银行金融机构(如避险基金、共同基金),而非金融公司对交易商定价的影响最小;第二,在银行间市场,拥有更多私人信息的交易商会选择低透明度的直接交易。通过经纪人的间接交易是向市场公开的,对价格几乎没有影响。

Marsh and O'Rourke(2005)也表明指令流的不同组成部分对汇率波动的影响不同,尤其是来自非金融公司客户的指令流与汇率变化负相关,来自金融公司的指令流与汇率波动正相关。这表明,如果存在流动性效应的话,它不会是客户指令流与汇率波动正相关的理由,否则不同客户的指令流对汇率的影响应该是相同的。Marsh and O'Rourke(2005)还发现,汇率变化和客户指令流的关系本身与包含信息的交易量的概率高度正相关。

(三) 指令流、宏观基本面信息与汇率

指令流是微观结构研究中决定中短期汇率变化的核心变量,宏观汇率模型中的宏观基本面的变量则决定了长期汇率的走势。那么指令流是否传达了宏观基本面的信息?宏观基本面信息是否通过指令流来影响汇率波动?这方面的问题也是近几年微观研究者们关注的焦点。

Love and Payne(2008)认为,微观结构层面的分析与传统汇率决定理论的一个最关键的不同在于,同样的信息是否被所有的市场参与者共享,或者说是否被不同的参与者按不同的方式解读。他们所用的数据包括10个月内美元对欧元、英镑对欧元以及美元对英镑的交易层面的汇率信息,欧元区的信息,以及英国和美国的宏观告示,目的是要检验意料之外的告示是否对指令流和价格都有系统而显著的影响,他们将价格对告示的反应分成两部分,一部分是直接的,另一部分是有指令流作为中介的。结论如下:在1分钟频率的样本中,宏观信息发布对指令流和汇率的交易价格都有系统性的影响。在发布一个利好信息后,不仅汇率出现升值趋势,而且指令流也是正的,说明购买的机构数量超过出售的机构数量。而且他们发现,在宏观信息发布后的一段时间内,指令流对汇率决定的影响要比一般时期强。Love and Payne(2008)构造了一个关于交易价格变化的多变量VAR模型,将带符号的受宏观信息变量影响的指令流放在回归方程的右边,通过这个模型来确定宏观基本信息通过指令流影响价格的程度。他们得出如下结论:大约50%—66%的价格对宏观信息的反应是通过指令流机制来完成的。也就是说,即使宏观基本面

信息是公开的且同时向所有市场参与者发布,它们对价格的大部分影响仍然是通过微观结构理论中决定价格的核心变量——指令流来传递的。

Evans and Lyons(2012)为了确定交易流(transaction flow)是否确实传递了宏观基本面的有关信息,使用花旗银行在六年半的时间内所处理的货币交易中的所有终端客户的数据,构建模型,同时用上述数据进行实证检验,在该模型中,经济的基本面信息是微观层面首先要考虑的变量,并且汇率会将币场信息包含在内。用公式表示如下:

$$s_t = F_t + U_t = F_t + X_t + Z_t \tag{2}$$

其中,s_t 表示名义汇率的对数形式。$F_t \equiv E_t \sum_{i=0} b^i f_{t+i}$ 表示能被标准的宏观基本面解释的部分,$U_t = E_t \sum_{i=0}^{\infty} b^i U_{t+i}$ 表示无法被标准的宏观基本面解释的部分,E_t 表示权数,b^i 表示折扣因素,f_{t+i} 表示标准的宏观基本变量,U_{t+i} 表示无法被标准的宏观变量解释的因素。X_t 表示没有被宏观基本面解释的未来基本面的现值信息,Z_t 表示对宏观基本面产生冲击的因素。他们得出以下结论:①指令流能预测未来宏观变量,如产出增长率、货币供给增长率以及通货膨胀率;②相比即期汇率,指令流能够更加准确地预测宏观变量;③指令流能预测未来即期汇率;④虽然指令流可以反映关于未来基本面的信息,但大部分这类信息不能及时的包含到即期汇率中,一般会在一个季度以后才能在即期汇率中体现出来。

三、文献综述

随着人民币在国际上使用规模与范畴的逐步扩大,国内外学界针对人民币在岸与离岸市场联动关系的探讨逐渐增多,研究主要集中在离岸 NDF 市场与在岸外汇市场间的联动与信息传导(代表性研究如黄学军和吴冲锋,2006;徐剑刚等,2007;代幼渝和杨莹,2007;王曦和郑雪峰,2009;严敏和巴曙松,2010;徐晟等,2013)。2010 年 7 月,香港人民币离岸 CNH 市场形成以后,人民币在岸与离岸市场间的联动机制引起了学者们更为广泛的关注。其中,关于人民币价格发现、报酬溢出以及波动溢出过程中的市场主导权问题在学界依旧存在很大争议。

部分研究强调人民币在岸市场的主导地位。代幼渝和杨莹(2007)指出,人民币在岸远期汇率、即期汇率、境外 NDF 汇率只在期限较短的品种上存在协整关系,在岸远期汇率对离岸 NDF 存在报酬溢出效应。伍戈和裴诚(2012)运用 AR-GARCH 模型研究认为,在岸和离岸汇率之间互相影响,在岸汇率对离岸汇率的影响更为显著。贺晓博和张笑梅(2012)运用 Granger 因果检验证明在岸汇率价格能够引导离岸汇率价格。周先平和李标(2013)、陈云(2014)等借助 VAR-MVGARCH 分析指出,人民币在岸与离岸即期汇率的互动过程中,前者对后者的影响更为突出。部分研究则持相反观点。严敏和巴曙松(2010)借助 Granger 因果检验考察人民币对美元即期市场、在岸银行间远期市场与境外 NDF 市场间的报酬溢出关系,指出境外 NDF 市场在其中居于价格信息的中心地位。阙澄宇和马斌(2015)考察指出,离岸汇率波动对在岸汇率波动的影响在两者的波动溢出中表现得更为显著。

另外一些研究则强调人民币在岸与离岸市场间的影响关系并非是单向的,在强调 CNY、CNH 与 NDF 三个变量之间互动关系的复杂性的同时,对联动机制形成的关注视角也变得日趋多样。王曦和郑雪峰(2009)运用向量自回归模型(VAR)研究发现,在岸和离岸远期市场之间的信息传导机制从离岸市场向在岸市场的单向传导逐步转向在岸与离岸市场之间双向传导。修晶(2012)通过 DCC-MVGARCH 模型研究指出,CNY、CNH、NDF 三个市场汇率之间存在交互关系。Maziad and Kang(2012)通过 Bivariate-GARCH 模型分析认为,在岸人民币即期汇率和离岸人民币即期汇率之间没有价格发现关系,但在岸人民币即期汇率与离岸人民币 NDF 汇率之间存在价格发现关系,香港离岸人民币外汇市场对境内人民币外汇市场呈现出一定的波动溢出效应。与之相类似,Ding et al.(2014)考察认为,CNH 市场与 CNY 市场之间不存在价格发现机制,但 CNY 市场与 NDF 市场之间则存在价格引导关系,这一关系在 CNH 市场开放后变得更为紧密。李政等(2017)采用滚动协整迹检验探讨人民币汇率定价权归属问题,指出在岸市场从总体上拥有即期定价权,离岸市场掌握远期定价权,且相比价格层面,在岸与离岸市场在波动层面的联系更为密切,波动风险比价格信息更易于传导。

根据上述梳理可知,尽管迄今已有研究基于不同的实证方法和分析视角对人民币在岸和离岸市场的联动关系进行了较为详细的讨论,但仔细分析后不难发现,长期以来学界的考察重点集中于对人民币联动机制中主导权因素的分析。然而,香港离岸市场形成后,境内外人民币外汇市场发展迅速,业务种类日趋丰富,市场间联动的形成机制与早期相比已变得十分复杂多变。尤其在"8·11汇改"后,随着人民币市场成交量规模的显著上升,成交量已成为影响人民币价格走向的不可忽视的关键变量。这使通过成交量探讨两市场间的联动效应具有了一定的现实意义。

此前受到高频数据采集的限制,成交量在人民币在岸和离岸两市场联动机制中的作用比较有限,尤其缺乏关于汇率价格与成交量间关联性的研究。作为本节的主要参考,Evans and Lyons(1999)首次将微观的订单流[①](order flow)作为分析变量引入汇率的决定性因素考察之中,并通过构建多元货币模型(multi-currency model,9 种货币),指出订单流与多个市场的价格形成机制间存在联动效应(Evans and Lyons,2002)。在此基础上,Evans(2010)集中考察了交易量(transaction flow)与汇率机制间的动态关系,通过微建立一般平衡模型(microfounded general equilibrium)构建理论框架,探明不同市场汇率的形成与交易量有着高度关联性。Zhang et al.(2013)采用向量自回归(VAR)模型对中国外汇市场微观动态结构研究,并发现订单流反映了人民币外汇交易市场上的过度需求,影响人民币汇率的长期水平和短期波动。Cheung and Rime(2014)将订单流作为重要变量引入人民币在离岸联动的研究之中,他们选取路透 D2000-2 平台的数据,发现订单流与 CNH 及 CNY 汇率的形成(短期、长期市场)之间均存在联动关系。尽管以上研究仅限于香港离岸市场且其研究采用的数据仅限于单个做市商,并不能反映整个外汇市场的成交总量,但这为本节深入考察人民币在岸与离岸市场联动提供了新的思路和视角。

基于学界已有的研究成果,本节结合我国外汇市场的实际现状,创新性地对成交量

---

① 订单流量反映了市场中交易者所有的订单情况,包括订单的买卖方向、报价、规模,但并不是所有的订单流都会成交,一些经纪商通过场外 OTC 市场获得的订单流量信息难以代表整个外汇市场的成交量。

因素在人民币两市场联动中的功能定位进行集中考察,旨在完善在岸、离岸人民币汇率动态机制的解释框架。本节的创新与贡献具体体现在以下方面(见图 4-4):首次将成交量纳入 CNY、CNH、NDF 的动态影响机制的探讨之中,并充分考虑了沪港通以及外汇市场微观结构等因素在该机制中的作用。从研究方法来看,结构议程模型(structural equation model,SEM)法是一种建立、估计和检验因果关系模型的有效方法,它能提高回归结果的有效性与稳健性,本节创新性地将 SEM 法下 MLMV 模型运用到人民币外汇市场研究,尝试研究成交量在不同市场联动中的功能,为学界深入考察在岸与离岸市场汇率形成机制提供新的思路,发掘不同于以往研究中关于 CNY 和 CNH 间的互动关系的特征,为央行掌握外汇定价权、推动人民币国际化提供参考与借鉴。

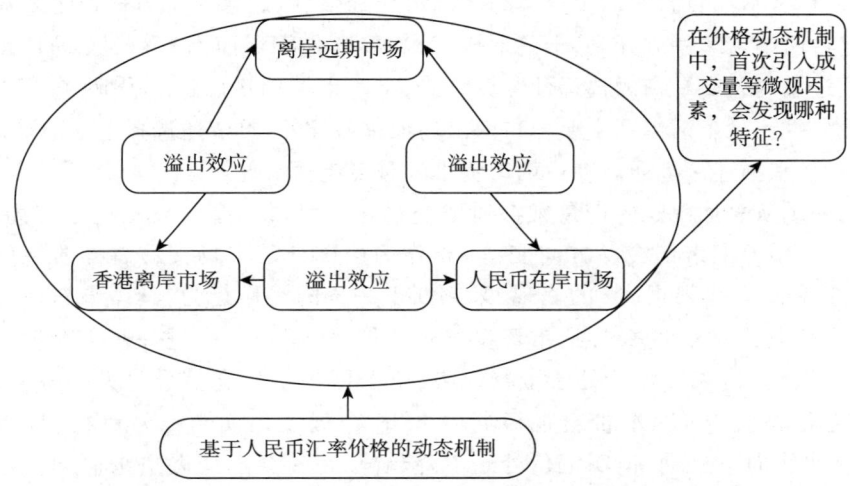

图 4-4　本节对在岸和离岸汇率研究的边际贡献

四、实证研究方法

根据经济学原理,在任何市场中,价格和成交量都是内生性因素,它们不仅有着"自我实现"的惯性,而且还有着互相作用后实现均衡价格的功能。然而,在以往的研究中,由于缺乏离岸与在岸市场的成交量的汇总数据,难以基于成交量深入研究两个市场的价格形成。此前,Cheung and Rime(2014)尝试在汇率研究中引入成交量的数据,然而由于他们的数据来源局限于单个交易商,并不能代表整个外汇市场。在本节中,中国外汇交易中心(CFETS)提供的成交量汇总数据为本节深入探讨人民币价格与成交量的关联性提供了重要的数据基础。

(一) 模型建立与变量选择

自香港离岸市场成立以来,大量学者研究在岸汇率与离岸汇率之间的联动性。结果表明,在岸汇率与离岸汇率之间存在相互影响的机制,只是影响的程度和方向有所不同。因此,在 CNY、CNH 与 NDF 的动态影响机制下(见图 4-4),本节可以得到在岸汇率的影响函数:

$$cny = F(ndf, cnh, \varepsilon)$$

同理,离岸汇率的影响函数如下:

$$cnh = F(ndf, cny, \varepsilon)$$

其中,cny 代表在岸人民币汇率,cnh 代表香港离岸人民币汇率,ndf 代表离岸远期汇率,ε 代表影响汇率的其他冲击项。在冲击项的变量选择上,不可忽视的是两个问题:一是沪港通的成立引发的大量资本跨境流动;二是外汇市场的市场化持续推进后,交易者的异质性对汇率价格的影响。

在研究香港离岸市场时,沪港通的启动是本节不能忽视的一个重要因素,因为沪港通的本质是两岸资本的跨境流动。从概念上讲,汇率是指两国货币单位购买力的比价,比较的是本币所在国与其他货币主权国的总体物价水平,故理论上不存在离岸汇率定价权。由于内地资本项目管制以及资本跨境流出受到限制,这意味着人民币进入离岸市场后,人为地将两个市场割裂开来,于是形成了 CNY 与 CNH。而当 CNY 与 CNH 出现较大价差时,通过境内外交易商的选择性结算方式,将两市场价格拉近。因此,在资本流动代理变量的选择上,除了两岸利率差异与两市场汇率差异外,本节还选择上证沪港通 AH 溢价指数收盘价来描述沪港通启动后两岸资本的跨境流动情况。

同时,为了从更加微观的视角来探讨成交量在人民币在岸与离岸汇率市场的功能,本节选取人民币外汇市场交易方向变量 sar 作为中国外汇市场交易者异质性的代理变量[①],不同的交易者会根据 sar 的表现,来判断下一步的操作行为,具体来看,一方面,当货币处于升值且汇率超过 sar 时,市场发出建仓信号;而当汇率进一步上升时,sar 曲线也持续向上波动,这说明汇价处于上行趋势,市场即发出加仓信号。另一方面,当货币开始贬值且汇率低于 sar,汇价会在短期内下滑,市场发出卖出信号;而当货币进一步贬值且 sar 曲线向下运动,说明汇价处于下降趋势,市场会选择做空来盈利。在上述情景分析的基础上,本节根据供给需求理论,构建成交量和外汇价格之间相互影响的模型如下:

$$cny = F(ndf, cnh, cp, sar, q)$$
$$cnh = F(ndf, cny, cp, sar, q)$$
$$q = F(ndf, \Delta r, cnh, cp, sar, cny, ed) \tag{3}$$

其中,cp 表示上证沪港通 AH 溢价指数收盘价的对数,q 表示在岸人民币成交量的对数,Δr 表示上海与香港银行间同业拆借利率之差的对数,ed 表示在岸与离岸人民币汇率收盘价差价的对数(详见下表 4-7)。

(二)提出假设

为了探究成交量在人民币汇率动态机制中扮演的角色,本节通过提出假设并进行验证的研究方法来考察汇市中的量价关系,以此发现实证结果与逻辑假设的异同。

假设 1:在岸人民币市场的成交量对在岸人民币汇率收盘价的影响大于其对离岸人民币汇率收盘价的影响。

---

① SAR(stop and reverse)是美国技术大师 WELDER 分析系统中最简便常用的分析工具,属于时间与价格并重的系统。它是通过对外汇价格振幅及时间的分析研究,随时设立停损点以观察外汇卖出时机的一种技术指标。它可使投资者有效地保障利润限制损失。

第四章 影响人民币汇率的微观市场因素

假设2：汇率相对自由浮动后才能对成交量发生作用，"8·11汇改"后的两个市场的汇率对成交量的影响效果大于"8·11汇改"之前。

假设3：资本流动和汇率价格预期首先作用于外汇市场成交量，然后成交量再作用于两市场的汇率。也就是说，资本流动的驱动力源于CNY对CNH的汇率价差等因素，同时，两地银行间同业拆借利率也有可能作为外生变量作用于资金成本和杠杆。此外，共同影响两市场价格预期的NDF，首先作用于成交量，然后再通过成交量作用于两地汇率。

鉴于上述假设，本节尝试建立如下模型。为了便于后面的理解，在此将所有使用的变量的符号简称归纳在表4-7中。

表4-7 模型与实证中运用的变量符号与解释

模型符号	实证变量符号	变量解释
py	lclosecny	在岸人民币汇率收盘价（差分，对数）
ph	lclosecnh	离岸人民币汇率收盘价（差分，对数）
pn	lcloseendf1m	无本金交割人民币1月远期（对数，差分）
q	lcnyv1	在岸人民币成交量（日，对数）
ed	lecnycnhd	在岸与离岸人民币汇率收盘差价（对数）
rd	lrcnycnh	上海与香港银行间同业拆借利率之差（对数）
sy	lsarcnh	在岸人民币汇率停损指标（差分，对数）
sh	lsarcnh	离岸人民币汇率童孙指标（差分，对数）
cp	lstocksh	上证沪港通AH溢价指数收盘价（对数）

下面对时间分段予以说明（见表4-8）。

表4-8 "8·11汇改"前后汇率与成交量变化

	2015年 8月10日	2015年 8月11日	2015年 8月12日	2015年8月 10—12日涨跌幅
在岸汇率收盘价 （CNY）	6.2097	6.3231	6.3870	−2.85%
离岸汇率收盘价 （CNH）	6.2148	6.4027	6.4488	−3.77%
在岸市场成交量	137.49亿美元	257.92亿美元	568.03亿美元	313.14%
港交所期货合约 成交量	不足1 000张 合约	8 061张合约， 名义价值8.1亿美元	5 816张合约， 5.8亿美元	约581.60%

数据来源：港交所期货合约成交量数据来源于港交所；其余数据来自中国外汇交易中心。

如表4-8所示,考虑到"8·11汇改"使得两市场的联动以及与成交量间的互动发生了根本性的变化,本节将时间序列的数据划分为两个时间段(见图4-5)。

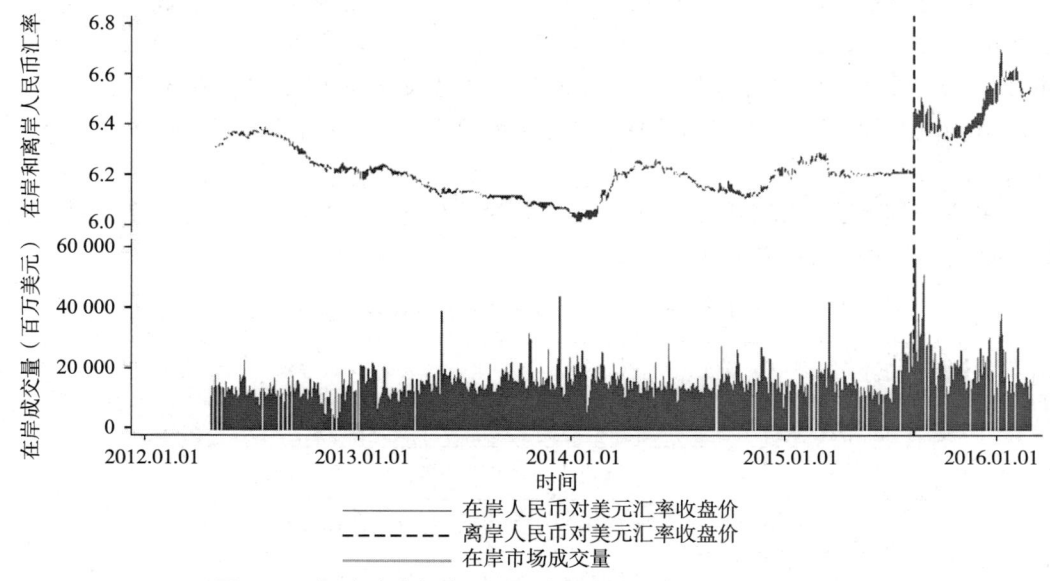

图 4-5 在、离岸市场人民币汇率收盘价与在岸成交量变化图

注:(1)上半部是离/在岸市场人民币汇率收盘价比较(单位:美元的人民币价格),黑柱越长表示差价越大;(2)下半部是在岸市场人民币成交量(单位:百万美元);(3)上下贯穿的虚线表示2015年8月11日宣布的人民币中间价汇率改革。

(三)回归模型选择

根据上述原假设及模型式(1),本节设立了联立方程式如下:

$$\begin{aligned}
py_t &= \partial_{1t} + \beta_{11} py_{t-1} + \beta_{12} ph_{t-1} + \beta_{13} pn_{t-1} + \beta_{14} q_t + \beta_{15} sy_t + \beta_{16} p_t + \varepsilon_{1t} \\
ph_t &= \partial_{2t} + \beta_{21} py_{t-1} + \beta_{22} ph_{t-1} + \beta_{23} pn_{t-1} + \beta_{24} q_t + \beta_{25} sy_t + \beta_{26} p_t + \varepsilon_{2t} \\
q_t &= \partial_{3t} + \beta_{31} py_{t-1} + \beta_{32} ph_{t-1} + \beta_{33} pn_{t-1} + \beta_{34} q_{t-1} + \beta_{35} sh_t + \beta_{36} cp_t + \beta_{37} ed_t \\
&\quad + \beta_{38} rd_t + \varepsilon_{3t}
\end{aligned} \tag{4}$$

根据式(4)的结构需要,本节选用了SEM来验证成交量与在岸、离岸人民币汇率收盘价之间的结构关系。该模型具有以下几个特点:①可以同时考虑并处理多个因变量、允许自变量和因变量含测量误差,以及可以同时估计因子结构和因子关系;②SEM允许更大弹性的测量模型,与之相比传统回归难以通过一个变量回归区分出多个因子的影响;③SEM能估计整个模型的拟合程度,而传统的回归分析只能估计每一路径(变量间关系)的强弱。

由此可见,SEM是一种建立、估计和检验因果关系模型的方法。它可以替代多重回归、路径分析、因子分析、协方差分析等方法,清晰分析单项指标对总体的作用和单项指标间的相互关系。

此外,在SEM框架下,本节进一步运用了MLMV方法。MLMV方法可以从包含缺漏值的数据里尽可能多地挖掘出有用信息。比如,对于一个10×10的时间序列,如果其中一个变量是缺漏值,那么在 ML、QML、ADF 方法下,无论这一行其他 9 个数据是内生还是外生,整个一行的数据都无法回归。而在 MLMV 法下,即使有一个缺漏值,这一行其他 9 个数据还可以进行回归分析。因此,从这个角度讲,它比 SEM 模型中的 ML、QML、ADF 估计方法更为合理。

五、实证结果与分析

鉴于 CNH 成交量数据的可得性,本节选取了 2012 年 4 月 30 日至 2016 年 2 月 26 日共 1 161 个样本数据。所有的变量都通过单位根稳定性检验。在 SEM 回归前,本节首先对所有变量进行统计描述(见表 4-9)。

表 4-9 成交量与离/在岸价格等变量全时段的统计描述

变量符号	观察值	均值	标准误.	最小值	最大值
lclosecny	1 158	0.0000315	0.0011192	−0.0061858	0.0180970
lclosecnh	1 160	0.0000331	0.0017445	−0.0149241	0.0297862
lcnyv1	1 159	9.6229580	0.3154633	7.8846770	10.9473400
lclosendf1m	1 160	0.0000342	0.0018332	−0.0149744	0.0408057
lsarcny	1 158	0.0000355	0.0006674	−0.0046588	0.0074477
lsarcnh	1 158	0.0000259	0.0011882	−0.0077393	0.0162782
lcpriceshkah	328	4.8923320	0.0694503	4.6302700	5.0240460
lecnycnhd	1 159	−0.0005460	0.0031399	−0.0208860	0.0061835
lrcnycnh	1 159	3.6137880	0.3812807	2.4347310	5.0806040

式(2)的回归结果如表 4-10 所示。

表 4-10 SEM 回归结果

	8·11 前	8·11 后	全期
在岸人民币收盘价令			
L.lclosecny/在岸人民币收盘价	−0.130**	−0.295	−0.075
(滞后一期)	(−2.87)	(−1.33)	(−1.51)
L.lclosecnh/离岸人民币收盘价	0.293***	0.194	0.233***
(滞后一期)	(7.18)	(1.13)	(4.94)
L.lclosendf1m/NDF1 月远期收盘价	−0.023	0.13	0.079
(滞后一期)	(−0.55)	(0.63)	(1.59)
lcnyv1/在岸人民币成交量	−0.152*	1.055***	0.634***
	(−2.08)	(4.49)	(6.16)
lsarcny/在岸人民币停损指标	−0.178***	−0.125*	−0.134***
	(−5.99)	(−2.12)	(−6.13)
lcpriceshkah/上证沪港通 AH 溢价指数	−0.217	0.224*	0.110*
	(−3.90)	(2.06)	(2.12)

（续表）

	8·11 前	8·11 后	全期
离岸人民币收盘价令			
L.lclosecny/在岸人民币收盘价	0.247***	−0.284	0.131*
（滞后一期）	(5.85)	(−1.22)	(2.52)
L.lclosecnh/离岸人民币收盘价	−0.053	−0.026	−0.078
（滞后一期）	(−1.38)	(−0.15)	(−1.57)
L.lclosendf1m/NDF1月远期收盘价	0.007	0.017	0.007
（滞后一期）	(0.19)	(0.08)	(0.13)
lcnyv1/在岸人民币成交量	0.005	1.233***	0.748***
	(0.08)	(5.20)	(6.65)
lsarcnh/离岸人民币停损指标	−0.205***	−0.466***	−0.354***
	(−7.73)	(−7.74)	(−15.55)
lcpriceshkah/上证沪港通AH溢价指数	−0.003	0.223*	0.164**
	(−0.06)	(1.99)	(2.89)
在岸人民币成交量令			
lclosecny/在岸人民币收盘价	0.168**	−0.536**	−0.242***
	(2.91)	(−2.84)	(−3.54)
lclosecnh/离岸人民币收盘价	−0.03	−0.994***	−0.599***
	(−0.61)	(−4.38)	(−6.39)
lclosendf1m/NDF1月远期收盘价	−0.046	1.184***	0.546***
	(−1.36)	(5.38)	(6.73)
L.lcnyv1/在岸人民币成交量	0.637***	0.491***	0.608***
（滞后一期）	(22.4)	−4.35	−16.63
lsarcny/在岸人民币停损指标	−0.044	−0.182	−0.135***
	(−1.69)	(−1.55)	(−3.63)
lcpriceshkah/上证沪港通AH溢价指数	−0.041	−0.101	−0.152**
	(−0.81)	(−1.24)	(−2.88)
lecnycnhd/在岸人民币对离岸人民币汇率价差	−0.056	−0.608***	−0.297***
	(−1.53)	(−4.30)	(−6.48)
lrcnycnh/沪港银行同业拆借利率差价	0.073*	−0.123	0.007
	(2.47)	(−1.57)	(0.23)
观测值	1 016	143	1 159
Loglikelihood	49 842.93	5 984.3958	52 465.383

注：(1) 括号里是 t-值；(2) ***、**、* 分别表示在 1%、5%、10% 的置信水平下显著。

(一) CNY 和 CNH 互动影响分析

从全样本区间看,CNY 与 CNH 相互影响,但 CNH 对 CNY 的影响因子大于 CNY 对 CNH 的影响因子(0.233>0.131),而 NDF 对 CNY、CNH 的影响并不显著。这与多数的前期研究结果有所不同,本节发现 NDF 并不直接作用于 CNY 和 CNH,那是否会通过其他因素间接作用于 CNY 和 CNH?

分区间来看,"8·11 汇改"后,CNY 和 CNH 的互动影响均变得不显著。可能是因为"8·11 汇改"后,央行初步形成"收盘汇率+一篮子货币汇率变化"的机制,人民币中间价定价机制使得在岸汇率出现了收敛于中间价的特性,这避免了在岸汇率过度偏离中间价,使得市场对在岸汇率的贬值预期减弱。与此同时,交易者对在岸汇率的信心加强,引导 CNH 向 CNY 收敛。但短期内离岸市场成交量的骤然放大以及境外机构的投机操作,使得 CNH 和 CNY 的直接互动逐渐减少,成交量成为重要的信号传递渠道。

(二) 成交量对 CNY、CNH 的影响分析

从全样本区间看,在岸成交量对 CNH 的影响要大于对 CNY 的影响(0.748>0.634),这也就拒绝了假设 1(本地成交量对本地价格影响最大),反映了市场化程度更高的市场中成交量对价格的影响更明显。

分区间来看,"8·11 汇改"以前成交量对在岸汇率的影响要大于其对离岸的影响(即便这种影响比较微弱),这符合假设 1。"8·11 汇改"后成交量对 CNY 和 CNH 影响的显著性明显提高,主要是因为汇改后在岸汇率的双向波动弹性明显增强,市场化程度更高的机制使得成交量对 CNY 和 CNH 的影响均显著增强。

然而出乎意料的是,成交量对 CNY 的影响因子出现了逆转(由 -0.152 变为 1.055),这说明"8·11 汇改"前,由于成交量基数较低,前一天成交量的放大会提升市场对人民币升值的预期(直接标价法下 CNY 数值减小),使两者之间呈现负相关关系。而"8·11 汇改"后,在岸市场成交量迅速放大,CNY 双向波动更剧烈,外汇市场更加市场化。前一天成交量的放大意味着市场对美元的需求旺盛,需求的增加导致美元价格的走强(直接标价法下 CNY 数值变大)。中间价机制的出现后,成交量的迅速放大使得市场对 CNY 的预期发生了变化。

(三) CNY、CNH 对成交量的影响分析

从全样本区间看,成交量具有明显的"惯性"特征,即前期的成交量会对当期的成交量产生显著的影响。本节还发现,CNH 和 CNY 对成交量的影响系数为负,表明汇率贬值(直接标价法下 CNY 和 CNH 数值变大)会驱动成交量走低,而且发现 CNH 对成交量的影响略高于 CNY 对成交量的影响(0.599>0.242)。与之相对,NDF 对成交量的影响系数为正,表明贬值趋势(远期)越明显的 NDF 价格(直接标价法下 NDF 数值变大),越容易导致在岸成交量放大。

具体分阶段来看,"8·11 汇改"前,CNY 对在岸市场成交量具有显著的影响,而 CNH 对成交量的影响则并不显著。而在"8·11 汇改"以后,CNY、CNH 对成交量影响均显著提高。但与成交量对 CNY 的影响(-0.152 变为 1.055)相似,CNY 对在岸成交量的影响在"8·11 汇改"前后也发生逆转(0.168 变为 -0.536)。这也佐证了之前的分析,"8·11 汇

改"前由于成交量基数小,CNY 波动幅度小,前一天 CNY 的贬值(直接标价法下数值变大)带动成交量的上升;而"8·11 汇改"后,成交量基数上升,CNY 双向波动,中间价机制稳定了市场对价格的预期,成交量下降。

与此同时,再从互动角度来看,当期的 NDF、CNY 与 CNH 价差以及前期的成交量都同时作用于在岸成交量,其中 NDF 对成交量的作用最大。而这种现象在"8·11 汇改"前则基本看不到。这说明,由于中国国内股市波动和"8·11 汇改"前后国际游资唱衰人民币,汇率价差对成交量的影响更加显著,而成交量又再对后一天的两市场汇率收盘价产生影响。这也就满足了原假设 2 和部分原假设 3 的内容。同时,这也说明了 NDF 是通过远期市场的交割影响了成交量,成交量再作用于 CNY 和 NDF。

(四) SAR、沪港通对联动机制影响分析

就全过程看,SAR 对离岸汇率、在岸汇率与交易量都有显著的影响,这也反映了人民币在岸汇率包含了市场微观结构的信息,更直观地反映了市场的变化(如交易方向的变化),而 SAR 变化对成交量的影响呈现负作用,意味着当 SAR 增加时,外汇市场的具体反映为汇率处于上行趋势,汇率升值(直接标价法下 CNY、CNH 走低),市场上会出现更多的通过趋势来做多或做空的交易者,导致成交量增加。

而沪港通 AH 溢价指数对 CNY、CNH 的影响因子为正,对成交量的影响因子为负。这意味着 A 股市场与 H 股市场价格水平收敛,两市场通过股市套利的驱动减弱,资金流向外汇市场,令成交量增加。而大量资金的涌入也导致外汇市场活跃度上升,直接标价法下 CNY、CNH 走低。

本节进一步观察后发现,"8·11 汇改"后的成交量放大导致离岸市场人民币贬值力度(直接标价法下影响因子为正)大于在岸市场人民币(1.2333>1.055)。这也从一个侧面反映了近期资本外流的压力。再进一步缩短到"8·11 汇改"的两天内,港交所期货合约中,抛售人民币的成交量在"8·11 汇改"后第一天增长了 8 倍,第二天则增长了近 6 倍。同时,在岸市场的人民币成交量在"8·11 汇改"后的第一天增长了近 2 倍,第二天扩大到 4 倍。可见,香港离岸市场对"8·11 汇改"的反应要大于在岸市场。

在岸市场成交量与人民币在岸汇率、离岸汇率之间都有着密不可分的关系,为了更清晰地比较实证结果与原假设的异同,本节通过表 4-11 进行归纳。

表 4-11 实证结果与原假设

假设 1	拒绝:虽然"8·11 汇改"前,在岸市场成交量对于在岸汇率影响更大,但"8·11 汇改"后,在岸市场成交量对离岸汇率影响更大
假设 2	部分接受:"8·11 汇改"后,在岸汇率、离岸汇率对成交量的影响比汇改前更大
假设 3	部分接受:"8·11 汇改"后,远期离岸汇率首先作用于成交量,然后再通过成交量作用于两地汇率。总体上看,汇率价差、沪港通 AH 溢价指数均作用于在岸成交量,但两岸利率差对成交量影响并不明显

六、结论与后续研究

本节基于中国外汇交易中心提供的人民币在岸成交量数据,在供需理论以及价格溢出模型的基础上,将成交量纳入 CNY、CNH 与 NDF 的动态影响机制研究之中。为了规避内生性,本节引入了 SAR 与沪港通 AH 溢价指数,以分别代表外汇市场微观结构指标与两地资本流动。同时,鉴于高频数据不平衡的特点,本节选用 SEM 法下的 MLMV 模型,分析了引入成交量后 CNY、CNH、NDF 的价格引导与形成机理中所展现的新特征。从统计和显著性两个方面验证了成交量影响下在离岸市场联动过程的复杂性。

基于上述实证探讨,本节得出了一些不同于以往研究的结论:①总体上,CNY 和 CNH 之间长期相互影响,而在"8·11 汇改"后,CNY 和 CNH 之间的联动关系出现了弱化的迹象,与之相比,成交量对两者的影响则不断加强。原因一是人民币汇率中间价机制的引入使得 CNY 呈现收敛态势;二是成交量的放大使得 CNY 和 CNH 之间信息传递出现新的介质——成交量。另一方面,NDF 对 CNY、CNH 的直接作用并不明显,而是通过作用于在岸成交量,间接对两市场汇率价格产生影响。②成交量本身具有"惯性"特征,即前一期的成交量会影响当期的成交量;CNH 对成交量的影响大于 CNY 对成交量的影响;"8·11 汇改"前后,CNY 对在岸成交量的影响方向和成交量对 CNY 的影响方向均发生了变化,这也体现了成交量与 CNY 的关系复杂多变。③本节还发现,两地汇率差也会直接影响到在岸市场成交量,尤其在"8·11 汇改"后,这种波动更为剧烈。沪港通开通后,两地股市的溢价收敛情况通过作用于两地资本流动,对成交量、CHY 和 CNH 均产生作用。外汇市场微观结构指标 SAR 的变化也会通过影响外汇市场交易趋势对成交量、CNY 和 CNH 产生作用。

第三节 人民币参照指数系列分类

一、引 言

目前,国际货币基金组织(IMF)、国际清算银行(BIS)、经济合作与发展组织(OCED)、欧洲央行等多个国际经济组织都定期公布包含不同数目国家或地区货币汇率指数,而且,英格兰银行、澳大利亚储备银行、新加坡金管局等一些发达国家中央银行也都定期公布本国及其他国家或地区货币汇率指数。由此可见,科学准确地测算各个国家或地区货币汇率指数已经成为分析汇率综合变动状况、货币总体波动幅度以及在国际贸易中总体地位的重要方向标,是各国汇率问题研究以及制定科学汇率政策的重要参考依据。

本节首先对现有国内外汇率指数的编制进行梳理和总结,并进行相应的评述;然后,对国内外人民币汇率指数编制的经验进行总结评析;最后,明确提出 CFETS 汇率指数的改进方法。

二、人民币指数编制现状与比较

本节首先对国际上部分著名人民币汇率指数进行介绍,力求在总体上把握汇率指数的编制特点,为后续研究奠定基础。

(一) BIS 汇率指数编制

BIS 于 1993 年开始发布 27 个发达经济体从 1964 年起的汇率指数,包括名义汇率指数和实际汇率指数,简称"窄口径汇率指数"。其最初主要选取经济体 i 与另一经济体 j 贸易额占经济体 i 总贸易额的比重作为指数权重。但是,随着世界经济和贸易格局的不断快速发展与变化,BIS 编制了另一组宽口径汇率指数,即在原有 27 个发达经济体的基础上,增加了亚洲、中东欧和拉丁美洲等新兴市场国家和地区,该宽口径汇率指数总共包括了 52 个经济体。而且,国际清算银行也对指数权重的计算方法进行了进一步修订,指数权重每 3 年调整一次,逐月分别公布宽口径和窄口径的名义汇率指数和实际汇率指数,基期定在 2000 年,基期点数为 100 点。

1. BIS 汇率指数的成分货币

BIS 编制的汇率指数按其样本国范围不同,可分为窄口径汇率指数和宽口径汇率指数。窄口径汇率指数主要包括 27 个较为发达的经济体,从 1993 年开始公布,其指数起点为 1964 年。而宽口径汇率指数主要包括了 52 个经济体,不仅包括了上述 27 个发达经济体,同时还增加了亚洲、中东欧和拉丁美洲等新兴市场国家和地区,使得汇率指数更加具有市场代表性。考虑到多数新兴市场国家或地区数据的可获得性问题,宽口径汇率指数的编制起点为 1994 年。由此可见,窄口径汇率指数主要代表了发达市场之间的竞争力关系,而宽口径汇率指数包含了新兴市场国家和地区,因而具有更大的全球代表性。

2. BIS 汇率指数的权重

鉴于当前世界经济和贸易格局的快速发展与变化,一成不变的指数权重无法科学地反映各个国家和地区货币的竞争力。因此,BIS 对指数权重的计算方法进行了修订,对窄口径汇率指数和宽口径汇率指数每 3 年调整一次指数权重。窄口径汇率指数使用的权数是从 1990 年开始每 3 年平均贸易额的比重,而对 1964—1992 年的窄口径汇率指数则采用固定的指数权重。宽口径汇率指数使用的权数是从 1993 年开始每 3 年平均贸易额的比重。

BIS 采用的时变动态指数权重是基于汇率变化对国际贸易发展产生相应影响而修订的,考虑了不同时期贸易伙伴的重要性变化情况。同时,这一权重计算方式是在一段相对长的时期中使用基于某 3 年均值计算的权重,反映的是中长期的水平,从而可以滤去短期较大波动对权重的影响。然而,由于 BIS 的指数权重调整是每 3 年调整一次,比如编制 2010 年汇率指数,仍然使用 2005—2007 年之间的贸易权重,所以其指数权重仍然存在一定的时滞性,无法及时反映各国贸易结构的动态变化情况。

BIS 人民币指数的成分和权重如表 4-12 所示。

表 4-12 BIS 货币篮子

币种	权重	币种	权重	币种	权重
美元	0.1780	阿根廷比索	0.0040	墨西哥比索	0.0230
欧元	0.1870	保加利亚列弗	0.0010	挪威克朗	0.0040

(续表)

币种	权重	币种	权重	币种	权重
日元	0.1410	巴西雷亚尔	0.0140	秘鲁索尔	0.0030
港币	0.0080	智利比索	0.0090	菲律宾比索	0.0070
英镑	0.0290	哥伦比亚比索	0.0030	波兰兹罗提	0.0090
澳元	0.0150	捷克克朗	0.0070	罗马尼亚列伊	0.0020
新西兰元	0.0020	丹麦克朗	0.0040	沙特里亚尔	0.0100
新加坡元	0.0270	阿尔及利亚第纳尔	0.0010	瑞典克朗	0.0080
瑞士法郎	0.0140	克罗地亚库纳	0.0010	土耳其里拉	0.0080
加元	0.0210	匈牙利福林	0.0040	新台币	0.0560
马来西亚林吉特	0.0220	印度尼西亚盾	0.0130	委内瑞拉玻利瓦尔	0.0020
俄罗斯卢布	0.0180	以色列新锡克尔	0.0040	南非兰特	0.0060
泰铢	0.0210	印度卢比	0.0220		
阿联酋迪拉姆	0.0070	韩元	0.0850		

(二) SDR 汇率指数编制

SDR 亦称"纸黄金",最早发行于 1969 年,是国际货币基金组织根据会员国认缴份额分配的,可用于偿还国际货币基金组织债务、弥补会员国政府之间国际收支逆差的一种账面资产。其价值目前由美元、欧元、人民币、日元和英镑组成的一篮子储备货币决定。会员国在发生国际收支逆差时,可用它向基金组织指定的其他会员国换取外汇,以偿付国际收支逆差或偿还基金组织的贷款,还可与黄金、自由兑换货币一样充当国际储备。因为它是国际货币基金组织原有的普通提款权以外的一种补充,所以称为特别提款权。

最初发行时,每 1 单位等于 0.888 克黄金,与当时的美元等值。发行 SDR 旨在补充黄金及可自由兑换货币以保持外汇市场的稳定。

1. SDR 汇率指数的成分货币

1970 年,美国紧缩的货币政策使全球范围内的外汇储备流动性匮乏。为了弥补美元储备资产的短缺,1970 年 1 月 1 日,IMF 首次发行了 30 亿 SDR 分配给其成员国。其后的 1971 年和 1972 年,IMF 每年继续分配 30 亿 SDR。3 年之后,SDR 在世界非黄金储备资产中占比达到 9.5%。但是在 1971 年,美国国内经济增长停滞迫使美国联邦储备委员会(以下简称"美联储")实行了宽松的货币政策,向全球释放了大量的流动性。这种货币政策与金本位下的固定汇率体系不再匹配,美元这一"货币锚"过于疲弱。时任美国总统尼克松宣布美元价值与黄金脱钩。至 1973 年,多数其他主要货币对美元的固定汇率先后被放弃,布雷顿森林体系解体。IMF 在讨论是否需要继续增加 SDR 分配时,考虑美国的收支逆差使全球储备货币增加,SDR 作为补充性储备资产的功能不再那么重要,因此决定不再增加 SDR。与此同时,随着固定汇率体系被打破,SDR 开始与一篮子货币挂钩,起初是 16 个货币,后改为美、英、德、法、意五国货币。日元在 1980 年被纳入 SDR 篮子。欧元在

1999 年出现后,代替三个欧洲大陆国家货币,与美元、英镑、日元一起组成了新千年前后 15 年内的货币篮子。2015 年 11 月 30 日,IMF 正式宣布人民币将于 2016 年 10 月 1 日加入 SDR。

2. SDR 汇率指数的权重

2015 年前,SDR 中各种货币权重的计算使用的是 1978 年制定的方法。具体来说是在确定了 SDR 的货币篮子后,IMF 首先计算在评估时点前 5 年时间里货币篮子中的货币发行国或地区平均的年出口规模,以及全球以这些 SDR 篮子货币作为储备资产的总规模,并将两者相加得总规模,再计算 SDR 货币篮子中每种单一货币发行国 5 年平均的出口规模与全球以该货币为载体的储备资产规模之和,并将其与前述总规模相除,确定单一货币占 SDR 货币篮子的权重。具体可以用式(1)表示:

$$\omega_{it} = \frac{\sum_{t=T-6}^{T-1} x_{it}/5 + R_{it-1}}{\sum_{i=1}^{N}\sum_{t=T-6}^{T-1} x_{it}/5 + 5 + \sum_{i=1}^{N} R_{it-1}} \tag{1}$$

其中,ω_{it} 代表 t 时期第 i 个篮子货币在 SDR 中的初始权重,x_{it} 代表 t 时期第 i 个篮子货币发行国或地区出口规模,R_{it-1} 代表 t 时期第 i 个篮子货币作为载体表示的储备资产规模,N 代表篮子货币的个数。

为了解决贸易变量权重过大和权重内生性的问题,IMF 在 2015 年进行 SDR 定值审查的时候更换了 SDR 篮子货币权重的计算公式。IMF 在 2015 年定值审查中是这样表述的:执行董事们支持采用出口和金融变量具有相等权重的公式,金融变量包括官方持有的外汇、外汇市场交投总额以及国际银行负债和国际债务证券之和,三者所占比例相同。他们认为,该公式简单透明,同时能够维持篮子构成的基本稳定和定值方法的连续性。该公式可以表示为:

$$\omega_{it} = \frac{\sum_{t=T-6}^{T-1} x_{it}}{\sum_{i=1}^{N}\sum_{t=T-6}^{T-1} x_{it}} + \frac{1}{6} \times \left(\frac{R_{it}}{\sum_{i=1}^{N} R_{it}} + \frac{F_{it}}{\sum_{i=1}^{N} F_{it}} + \frac{D_{it}}{\sum_{i=1}^{N} D_{it}} \right) \tag{2}$$

其中 ω_{it},x_{it},R_{it-1} 表示含义同上,$F_{i,t-1}$ 表示 t 时期第 i 个篮子货币在国际外汇市场交投总额,D_{it-1} 国际银行负债和国际债务证券总额。

SDR 人民币指数的成分和权重如表 4-13 所示。

表 4-13 2015 年后最新 SDR 货币篮子

币种	权重	币种	权重	币种	权重
美元	0.4173	欧元	0.3093	人民币	0.1092
日元	0.0833	英镑	0.0809		

(三) CFETS 汇率指数编制

2015 年 8 月 11 日,央行宣布调整人民币对美元汇率中间价报价机制,提高中间价形成市场化程度,启动新一轮汇改。2015 年 12 月,央行第一次正式公布一篮子货币的构成,推动人民币汇率形成机制进一步透明化。外汇交易中心首次发布了 CFETS 人民币汇率指数,包含 13 种在 CFETS 挂牌的货币。其中,美元、欧元、日元比例最高,分别为 26.40%、21.39% 和 14.60%,其次为港币(6.55%)和澳元(6.27%)。样本货币权重采用考虑转口贸易因素的贸易权重法计算而得,篮子货币指数代表的贸易量占中国对外贸易量的比率达到 60.4%(见表 4-14)。

表 4-14　2015—2016 年 CFETS 货币篮子

币种	权重	币种	权重	币种	权重
美元	0.2640	澳元	0.0627	马来西亚林吉特	0.0467
欧元	0.2139	新西兰元	0.0065	俄罗斯卢布	0.0436
日元	0.1468	新加坡元	0.0382	泰铢	0.0333
港币	0.0655	瑞士法郎	0.0151		
英镑	0.0386	加元	0.0253		

2016 年年底,央行再次调整了货币篮子的组成,篮子中的货币数量从 13 种扩大为 24 种,这样新货币篮子代表的中国对外贸易额,约占中国同期全部对外贸易总额的 74%,相较于旧指数有了大幅上升,新的 CFETS 指数更具有代表性。其中,美元权重从 26.4% 下降至 22.4%,加上与美元挂钩的港币,美元权重达 26.7%。而欧元和日元的合计权重达到了 27.8%。欧元和日元汇率对该货币指数的影响超过了美元(见表 4-15)。

表 4-15　2017 年 1 月 1 日前后的人民币汇率指数(CFETS)与美元指数的比较

币种	2017 年 1 月 1 日前			2017 年 1 月 1 日后		
	CFETS	美元指数	权重差	CFETS	美元指数	权重差
美元	0.264	—	—	0.224	—	—
欧元	0.214	0.576	-0.362	0.163	0.576	-0.413
日元	0.147	0.136	0.011	0.115	0.136	-0.021
港币	0.066	—	0.0655	0.043	—	0.0428
英镑	0.039	0.119	-0.080	0.032	0.119	-0.087
澳元	0.063	—	0.0627	0.044	—	0.0440
新西兰元	0.007	—	0.0065	0.004	—	0.0044
新加坡元	0.038	—	0.0382	0.032	—	0.0321
瑞士法郎	0.015	0.036	-0.021	0.017	0.036	-0.019
加元	0.025	0.091	-0.066	0.022	0.091	-0.069
马来西亚林吉特	0.047	—	0.0467	0.038	—	0.0375
俄罗斯卢布	0.044	—	0.0436	0.026	—	0.0263
泰铢	0.033	—	0.0333	0.029	—	0.0291
瑞典克朗	—	0.042	-0.0420	0.005	0.042	-0.037
南非兰特				0.018		0.018

(续表)

币种	2017年1月1日前			2017年1月1日后		
	CFETS	美元指数	权重差	CFETS	美元指数	权重差
韩元				0.108		0.108
阿联酋迪拉姆				0.019		0.019
沙特里亚尔				0.020		0.020
匈牙利福林				0.003		0.003
波兰兹罗提				0.007		0.007
丹麦克朗				0.004		0.004
挪威克朗				0.003		0.003
新土耳其里拉				0.008		0.008
墨西哥比索				0.017		0.017

数据来源：中国外汇交易中心。

三、人民币参照指数比较

通过三种货币篮子之间的横向对比，可以发现以下几个显著的特征：第一，尽管CFETS货币篮子和BIS货币篮子的权重都是依据贸易权重的方法计算得到，但是前者使用的权重是考虑转口贸易因素的贸易权重法，而BIS货币篮子的权重是根据前三年的进出口贸易额（不涉及转口贸易）计算所得。因此，在CFETS货币篮子中美元的权重要高于欧元，港币的权重也比较高；而在BIS货币篮子中，欧元的权重比美元的高，港币的权重则很低。第二，CFETS货币篮子所选择的24个币种对应的都是与中国贸易联系十分密切的经济体。相反，BIS货币篮子选择了40种货币，对货币的选择更加全面，但是其中也包括一些与中国贸易联系不太密切以及汇率制度并不灵活的经济体小币种，这可能会使得以BIS货币篮子为基准的人民币汇率指数对美元、欧元、日元等币种的变动反应不充分。第三，与前两种货币篮子不同，SDR货币篮子只包括美元、欧元、日元、英镑和人民币这五种在国际使用中最为频繁的货币。与此同时，其权重的确定不仅涵盖贸易因素，还会参考金融使用和储备货币地位，这使得权重能够更加充分地反映货币在国际使用中的供求变动。

第四节　全球因素对在岸与离岸人民币汇率冲击

一、引　言

2008年金融危机后，投资者的风险偏好开始受到一系列全球风险事件的影响。而在外汇市场上存在着诸多影响外汇涨跌的因素。就主导力量而言，全球经济贸易局势和各国货币政策等相关因素的重要性在不断地发生变化。

一方面，美国作为全球最大的经济体，美元与其他主要货币存在博弈关系，很多外汇交易者都认为美元指数是影响人民币汇率短期变动的重要因素,美元指数的强弱在很大程度上影响着全球金融市场的稳定。20世纪90年代以来发生的多次金融危机都伴随着美元指数的快速上涨。美元指数的涨跌会影响市场交易主体对于资金流动的预期,进而影响投资者对资产组合的选择。而比美元指数更能体现全球货币之间系统性变化的是美元因素(dollar factor)和套利因素(carry factor)①,这两个因素共同构成了全球汇率变动的"系统性变化的共同成分"(share of systematic variation),研究结论显示在发达国家中,套利因素只能解释日度汇率变动的2%至17%,而美元因素解释了13%至84%的汇率变化,是全球冲击中最为关键的元素(Verdelhan,2018)。

另一方面,2011年以来,随着人民币国际化和资本市场对外开放的不断推进,人民币汇率变动在国内和国际都受到密切关注。离岸市场的快速发展也为研究人民币汇率变动提供了新的研究视角。由于我国国内资本管制的存在以及在岸市场和离岸市场的交易机制不同,人民币外汇交易形成了两个基本分割的市场。与在岸人民币相比,离岸人民币的汇率受到央行干预较小,价格形成机制也有所不同。在岸的人民币交易以官方中间价和交易区间为基础,而离岸人民币汇率自由浮动,由离岸市场参与者决定。因此,离岸市场提供了部分没有交易区间和资本管制的情况下有关人民币定价的信息。前期研究也显示人民币离岸和在岸市场流动性差异和参与者预期差异对于两个市场的定价差异及波动具有显著影响(严兵等,2017)。目前围绕汇率变动的关键讨论关键有:①汇率制度的改革是否有利于消除套利行为的影响;②中美货币政策调整引发的中美利率差的变动是否会引发套利因素传导到汇市;③汇率变动中包括美元因素在内的全球冲击因素扮演着怎样的角色。

经过多年的改革与发展,国内外汇市场的市场结构和汇率形成机制得到了很大的改善,外汇市场化程度不断提高,为人民币国际化奠定了良好的基础。然而,受到"实需原则"的限制,在岸人民币市场的深度和成熟度还没有达到很高的水平。随着离岸人民币市场的不断发展,离岸人民币市场上的金融产品日益丰富,离岸人民币债券市场的规模也在快速成长。这些变化客观上为在岸人民币市场与离岸人民币市场间联动的逐步增强提供了条件,但同时也会产生新的外汇风险传染路径。在全球宏观环境波诡云谲和美联储货币政策多变的背景下,研究在岸和离岸人民币汇率间联动的动态变化特征可以为扩大我国的金融市场对外开放、推动人民币的国际化以及金融风险防范提供重要的参考决策和理论依据。本节旨在探讨"8·11汇改"前后美元因素、套利因素在在岸市场和离岸市场汇率变动中扮演的角色,以及去除这些因素后两个市场间的波动溢出特征。

本节的其余部分安排如下:第二部分为文献综述部分,第三部分讨论了影响双边汇率变动的全球"系统性变化的共同成分"——美元因素和套利因素,在理论框架基础上分析了美元因素和套利因素在在岸和离岸汇率联动中的作用。第四部分运用VECM-BEKK-GARCH模型评估在岸人民币、离岸人民币的汇率变动差异决定因素并分析均值溢出和波动溢出效应,并报告分析了相关的实证结果。第五部分是研究的结论及政策含义。

---

① 在本节中,美元因素是指美元对所有其他国家货币的平均变化,而套利因素是指高利率和低利率篮子货币汇率变化之差。

二、文献综述

随着中美经济基本面和全球"系统性变化的共同成分"驱动能力的变化,在岸人民币和离岸人民币汇率之间的差异也发生了变化。这两个外汇市场汇率间相互作用的同时也会受到其他外部因素的影响。

国内学者对于在岸人民币汇率同离岸人民币汇率间的联动关系进行了丰富的探讨。根据分析方法、市场以及样本时间段的选取标准不同,研究的结果也呈现出多样性。2009 年,香港成为第一个人民币离岸中心,起初关于在岸人民币市场和离岸人民币市场联动的研究主要集中在市场的定价权归属以及变动上(朱钧钧和刘文财,2012;陈波帆,2012;安佳等,2013),多数研究采用了格兰杰因果检验的方法。部分学者研究认为在岸人民币市场对离岸人民币市场具有引导作用,在岸人民币市场仍然具备人民币汇率定价的主动性(伍戈和裴诚,2012;孙欣欣和卢新生,2017)。在价格和波动两个层面上,周先平和李标(2013)研究发现在岸人民币汇率升(贬)值对离岸人民币汇率升(贬)值的影响要远远大于离岸人民币汇率升(贬)值对在岸人民币汇率升(贬)值的影响。李政等(2017)采用滚动协整检验的方法研究表明在岸市场总体上拥有即期定价权,离岸市场掌握远期定价权。后期学者研究的关注点从两市场人民币汇率之间的线性关联拓展到了非线性影响的范畴,李仲飞等(2014)表明在岸市场和离岸市场面对冲击时会发生不同类型的变动:面临人民币升值和贬值冲击时,两个市场的同步程度基本对称;在面临外部冲击时,1 月期和 3 月期的短期外汇远期产品会产生一定程度的非对称性并呈现出"贬值冲击时的同步性高于升值冲击时的同步性"。阙澄宇和马斌(2015)综合考察在岸与离岸汇率的波动溢出效应和非对称效应,研究表明离岸汇率波动对在岸汇率波动的影响大于后者对前者的影响。王芳等(2016)根据在岸和离岸人民币汇差的门限值将样本划分为"均衡区制"和"偏离区制",采用误差修正模型研究了央行如何根据两个市场间的长期均衡关系实现汇率政策目标。郭立甫(2017)采用 copula 函数研究了在岸人民币和离岸人民币之间的尾部风险传递关系,在岸和离岸人民币都对于贬值更为敏感,在岸市场受到离岸市场的影响更大。白晓燕和王书颖(2018)采用门限自回归模型研究两地市场汇差,并得到如下结果:汇差存在门槛效应,长期内汇差更易受美元指数、汇率预期、全球风险偏好的影响,短期内更易受流动性的影响,人民币升贬值周期汇差的影响因素存在非对称性,流动性、全球风险偏好、汇率预期、美元指数等因素对汇差的影响在人民币贬值周期大于人民币升值周期,而利差的影响则与之相反。

诸多学者对"8·11 汇改"前后在岸人民币汇率同离岸人民币汇率联动关系进行了研究,从均值和波动层面来看,影响在岸与离岸汇率联动性的因素有风险偏好差异、汇率差异、利率差异等,以"8·11 汇改"为代表的人民币定价机制改革显著提升了在岸与离岸汇率的联动性(叶亚飞和石建勋,2016),范莉丽和杨升(2017)研究表明汇改后在岸市场对离岸市场汇率波动的影响和解释能力有所减弱。李政等(2017)发现在岸市场拥有即期定价权,离岸市场拥有远期定价权,"8·11 汇改"后两个市场在波动层面的联系更为紧密。谭小芬等(2019)通过一个 VAR-GARCH(1,1)-BEKK 模型研究了在岸、离岸即期汇率和远期汇率间的关系:在即期汇率上,在岸市场和离岸市场间存在双向溢出效应,而在远期汇率上,离岸市场向在岸市场单向溢出;"8·11汇改"后,离岸市场对于在岸市场的影响也在变大,两个市场的联动性在加强。

从国外研究来看,Craig et al.(2014)利用阈值自回归(TAR)模型测试人民币在岸和离岸市场一体化程度,发现两个市场间存在大量的套利机会,资本管制和全球市场情绪的变化在很大程度上解释了在岸和离岸人民币汇率的差异。Cheung and Rime(2014)的研究表明离岸人民币汇率对在岸人民币汇率的影响越来越大,对官方人民币中间价汇率具有显著的预测能力。Funke et al.(2015)使用扩展的GARCH模型探讨了与人民币国际化相关的基本面、全球因素和政策在推动在岸和离岸汇率间价格差异上的作用,研究结果表明两个市场的流动性差异在解释差异水平方面有重要作用,全球风险规避情绪的上升倾向于增加差异的波动性,允许跨境人民币外流的措施对减少两个市场之间价差的波动具有特别明显的影响。

随着国内外汇市场的改革发展,将美元相关因素纳入人民币汇率研究的前期文献也逐渐丰富。初期使用的基本是各类的美元指数。马丁(2014)描述了美元指数对全球货币市场的影响。刘健(2017)总结了人民币与美元走势的规律,提出"人民币汇率走势要摆脱'美元升,人民币快贬;美元贬,人民币难升'的震荡贬值的尴尬局面"。汪晶晶(2017)进一步将美元指数与在岸、离岸人民币汇率互动结合起来,研究表明,美元指数与境内外汇差之间存在短期的正向冲击关系,利差与境内外汇差之间存在先负后正的冲击关系。谭小芬等(2019)发现美元指数对于在岸市场和离岸市场汇率影响显著,但不影响两个市场间的联动。Evans and Lyons(2002)在首创微观结构方法时候也强调了订单流量在确定汇率时所捕获的净需求压力的作用,而美元指数在一定程度上影响短期资本的自由流动,因而可能影响到人民币的净需求。把美元指数再上升到综合的"美元因素"是对汇率变动研究的拓展和提升。Verdelhan(2018)的研究结果表明美元因素可以解释13个发达国家之间月度双边汇率变化的绝大部分,美元因素在解释各国双边汇率波动中不可或缺,核心思想是包含美元因素和套利因素在内的"系统性变化的共同成分"[①]。Lee(2018)对该理论进行了检验应用,研究发现欧元对美元汇率的波动方差和相对影响力存在很强的联系,这种强纽带源于两个事实:①美元因素是系统性变化中的主要驱动力;②美元因素又与欧元对美元汇率变化具有很强的正相关关系。

综上所述,在岸人民币市场和离岸人民币市场间持续的定价偏差不仅来源于中美两国的基本情况,还要考虑到全球经济的变动。仅仅基于基本面和时间序列特征的标准VAR模型在综合描述短期和中期汇率变化方面存在不足。而仅仅将在岸与离岸人民币汇率进行回归来判定哪一个汇率起主导作用漏掉了全球系统性变化这个因素。在两者中加入美元指数作为控制变量,也只是局限于美元参照物上。只有通过分析"系统性变化的共同成分",剥离出美元因素和套利因素后再分析汇率联动中的主导作用才更接近现实。本节的创新有以下几点:①在对在岸与离岸人民币汇率进行联动分析的基础上更进一步,控制全球系统性变异的共同成分后使用VECM-GARCH-BEKK模型框架分析两

---

① 美元因素和套利因素的波动取决于两个不同的状态变量,故而两个因素的波动没有共同的构成因素,美元因素抓住了美国的特质冲击,而套利因素专注于不包含美国的全球风险波动。

个市场在均值和波动率上的关联特性,将汇率的均值溢出和波动溢出效应研究同全球风险因素结合起来分析。②纳入了前人研究较少考虑的美元因素和套利因素,比较了美元因素、套利因素在解释在岸、离岸人民币汇率上的能力差异,审视了在岸与离岸人民币汇率变动中套利因素和美元因素的相对影响。③研究了完整样本期和以"8·11汇改"划分的两个子样本期内在岸和离岸人民币汇率之间的联动关系。

三、理论基础与实证研究准备

(一) 理论基础

为了捕捉双边汇率中全球因素冲击的影响,本节借鉴 Verdelhan(2018)的模型考虑了两类变量:美元因素和套利因素。参考 Cox(1985)的研究,本节认为每个对数正态的随机贴现因子遵循一个双因素过程:

$$-m_{i,t+1} = \alpha_i + \chi_i\sigma_{i,t}^2 + \tau_i\sigma_{w,t}^2 + \gamma_i\sigma_{i,t}u_{i,t+1} + \delta_i\sigma_{w,t}u_{w,t+1} + \kappa_i\sigma_{i,t}u_{g,t+1} \tag{1}$$

其中,$m_{i,t}$ 为定价核,模型包含了两类冲击:一类为国家特质的冲击($u_{i,t+1}$),不同国家之间的冲击不相关,另一类为全球冲击($u_{w,t+1}$,$u_{g,t+1}$)。这些冲击都是独立同高斯分布的,均值为 0,标准差为 1。每个对数随机贴现因子的方差设定为时变的形式,若非如此,无套补利率平价理论条件将被满足。因此,每个高斯冲击对对数随机贴现因子的影响需要乘以一个时变波动率,波动率服从自回归伽玛过程。$\sigma_{i,t+1}^2 = \varphi_i\sigma_{i,t}^2 + v_{i,t+1}$,$\sigma_{w,t+1}^2 = \varphi_w\sigma_{i,t}^2 + v_{w,t+1}$ 其中,$v_{i,t+1}$,$v_{w,t+1}$ 来源于伽玛分布,确保波动率为正。为保证套利因素和美元因素是不相关的,假设约束:①对除美国之外的其他国家 i 而言,有 $\chi_i = \frac{1}{2}(\gamma_i^2 + \kappa_i^2)$;②$\chi < \frac{1}{2}(\gamma^2 + \kappa^2)$,$\overline{\delta_i} = \delta$。第一个限制性条件表明,外国无风险利率不依赖于国别特质的波动,即国别冲击的跨期和替代效应相互平衡抵消;国外无风险利率仅仅受全球波动的敞口影响。对于美国经济而言,他国与美国平均的利率差异有很强的逆周期性。第二个限制性条件表明,针对全球冲击,美国的随机贴现因子的负荷等于全体国家的随机贴现因子的平均负荷。

在此对数贴现率服从高斯分布的假设下,有 $r_t = -E_t(m_{t+1}) - 0.5\text{Var}_t(m_{t+1})$,$r_t$ 为对数无风险利率,对非美国经济体:$r_{i,t} = \alpha_i + \left(\tau_i - \frac{1}{2}\delta_i^2\right)\sigma_{w,t}^2$,对美国有:$r_t = \alpha_i + \left(\chi - \frac{1}{2}(\gamma^2 + \kappa^2)\right)\sigma_t^2 + \left(\tau - \frac{1}{2}\delta^2\right)\sigma_{w,t}^2$,他国与美国的平均利率差异为:

$$\text{AFD}_t = \frac{1}{N}\sum_i(r_{i,t} - r_t) = \overline{r_{i,t}} - r_t = \overline{\alpha_i} - \alpha - \left(\chi - \frac{1}{2}(\gamma^2 + \lambda^2 + \kappa^2)\right)\sigma_t^2 + \left(\overline{\tau_i} - \tau - \frac{1}{2}(\overline{\delta_i^2} - \delta^2)\right)\sigma_{w,t}^2 \tag{2}$$

其中,N 表示的是货币样本的数量,本节中的 N 为 27。对汇率而言,假设市场是完全的,东道国同他国 i 之间的名义汇率为 $\Delta s_{i,t+1}$,$\Delta s_{i,t+1} = m_{t+1} - m_{i,t+1}$,其中,$m$ 和 m_i 表示本国和他国 i 投资者的对数名义随机贴现因子。汇率以每单位的美元兑换的他国货币数量表示。

$$\Delta s_{i,t+1} = \alpha_i - \alpha + \chi_i \sigma_{i,t}^2 - \chi \sigma_t^2 + (\tau_i - \tau)\sigma_{w,t}^2 + \overbrace{\gamma \delta_{i,t} u_{t+1}^i}^{\text{国家}i\text{特定的冲击}} - \underbrace{\gamma \sigma_t u_{t+1}}_{\text{美国特质的冲击}} + \underbrace{(\delta_i - \delta)\sigma_{w,t} u_{w,t+1} + (\kappa_i \sigma_{i,t} - \kappa \sigma_t) u_{g,t+1}}_{\text{全球冲击}} \quad (3)$$

根据定义 $\text{dollar}_{t+1} = \frac{1}{N}\sum_i \Delta s_{i,t+1}$，$\text{carry}_{t+1} = \frac{1}{N_H}\sum_{i \in H}\Delta s_{i,t+1} - \frac{1}{N_L}\sum_{i \in L}\Delta s_{i,t+1}$。$\text{dollar}_{t+1}$ 为美元因素，carry_{t+1} 为套利因素，N_H 为高利率货币组合中的货币数量，N_L 为低利率货币组合中的货币数量。代入 $\Delta s_{i,t+1}$ 得到具体的表达式：

$$\text{dollar}_{t+1} = \overline{\alpha_i} - \alpha + \overline{\chi_i \sigma_{i,t}^2} - \chi \sigma_t^2 + \overline{\gamma_i \sigma_{i,t} u_{i,t+1}} - \gamma \sigma_t u_{t+1} + (\overline{\kappa_i \sigma_{i,t}} - \kappa \sigma_t) u_{g,t+1} \quad (4)$$

$$\text{carry}_{t+1} = \overline{\alpha_i}^H - \overline{\alpha_i}^L + \overline{\chi_i \sigma_{i,t}^2}^H - \overline{\chi_i \sigma_{i,t}^2}^L + (\overline{\tau_i}^H - \overline{\tau_i}^L)\sigma_{w,t}^2 + \overline{\gamma_i \sigma_{i,t} u_{i,t+1}}^H - \overline{\gamma_i \sigma_{i,t} u_{i,t+1}}^L + (\overline{\delta_i}^H - \overline{\delta_i}^L)\sigma_{w,t} u_{w,t+1} + (\overline{\kappa_i \sigma_{i,t}}^H - \overline{\kappa_i \sigma_{i,t}}^L) u_{g,t+1} \quad (5)$$

因此理论上，美元因素受美国的特定冲击和全球共同冲击的影响，套利因素是美元中性的，不依赖于美元的对数随机贴现因子。全球冲击是这些冲击中的关键元素，因为它们包含了不能被分散化的隐含的风险溢价。在大样本条件下，样本量 N 趋向于无穷大时，高利率的国家同低利率的国家呈现出一样的国家特质波动 $\lim_{N \to \infty}\overline{\sigma_{i,t}}^H = \lim_{N \to \infty}\overline{\sigma_{i,t}}^L$，同时这也是假定每个国家的利率水平不依赖于国别波动的直接结果。套利因素同样不取决于国别的冲击（$u_{i,t+1}$）以及全球冲击（$u_{g,t+1}$）。同样在大样本条件下有 $\lim_{N \to \infty}\overline{u_{i,t+1}} = 0$，因此大样本条件下的美元因素和套利因素变为：

$$\lim_{N \to \infty}\text{dollar}_{t+1} = \overline{\alpha_i} - \alpha + \overline{\chi_i \sigma_{i,t}^2} - \chi \sigma_t^2 - \gamma \sigma_t u_{t+1} + (\overline{\kappa_i \sigma_{i,t}} - \kappa \sigma_t) u_{g,t+1} \quad (6)$$

$$\lim_{N \to \infty}\text{carry}_{t+1} = \overline{\alpha_i}^H - \overline{\alpha_i}^L + (\overline{\tau_i}^H - \overline{\tau_i}^L)\sigma_{w,t}^2 + (\overline{\kappa_i \sigma_{i,t}}^H - \overline{\kappa_i \sigma_{i,t}}^L)\sigma_{w,t} u_{w,t+1} \quad (7)$$

对应的汇率波动为：

$$\text{Var}_t(\Delta s_{i,t+1}) = \gamma_i^2 \sigma_{i,t}^2 + \gamma^2 \sigma_t^2 + (\delta_i - \delta)^2 \sigma_{w,t}^2 + (\kappa_i \sigma_{i,t} - \kappa \sigma)^2 \quad (8)$$

$$\text{Var}(\lim_{N \to \infty}\text{dollar}_{t+1}) = \gamma^2 \sigma_t^2 + (\overline{\kappa_i \sigma_{i,t}} - \kappa \sigma_t)^2 \quad (9)$$

$$\text{Var}(\lim_{N \to \infty}\text{carry}_{t+1}) = (\overline{\delta_i}^H - \overline{\delta_i}^L)^2 \sigma_{w,t}^2 \quad (10)$$

美元因素和套利因素的波动分别依赖于不同的状态变量 σ_t^2，$\sigma_{w,t}^2$。在两个服从伽玛分布的冲击 $v_{w,t+1}$，v_{t+1} 相互独立的条件下，美元因素和套利因素是正交的。因此，美元因素能刻画美国特质的冲击 u_{t+1} 和全球冲击 $u_{g,t+1}$，而套利因素则刻画全球冲击 $u_{w,t+1}$。美元因素和套利因素可以用来描述双边汇率的系统性变化，也就是可以使用双边汇率在美元因素和套利因素上做回归。

$$\beta^i_{\lim_{N \to \infty}\text{dollar}_t} = \frac{\text{cov}(\Delta s_{t+1}^i, \lim_{N \to \infty}\text{dollar}_{t+1})}{\text{Var}_t(\lim_{N \to \infty}\text{dollar}_{t+1})} = \frac{\gamma^2 \sigma_t^2 + (\overline{\kappa_i \sigma_{i,t}} - \kappa \sigma_t)(\kappa_i \sigma_{i,t} - \kappa \sigma_t)}{\gamma^2 \sigma_t^2 + (\overline{\kappa_i \sigma_{i,t}} - \kappa \sigma_t)^2} \quad (11)$$

$$\beta_{\lim_{N\to\infty}\text{carry}_{t+1}}^i = \frac{\text{cov}_t(\Delta s_{t+1}^i, \lim_{N\to\infty}\text{carry}_{t+1})}{\text{Var}_t(\lim_{N\to\infty}\text{carry}_{t+1})} = \frac{\delta_i - \delta}{\delta_i^H - \delta_i^L} \quad (12)$$

不同国家特质的 $\kappa_i\sigma_{i,t}$ 和不同的因子载荷 δ_i 分别决定了不同的美元因素贝塔系数和套利因素贝塔系数(回归方程系数的影响因素从贝塔表达中可窥见一斑)。基于套利因素风险的解释,模型中高无风险利率的国家对应着较低的全球风险敞口(δ_i),在面临不利的全球冲击时($u_{w,t+1}<0$),根据 $\Delta s_{i,t+1}$ 的表达可以判断,这些国家的货币倾向于贬值。另外,不同国家有着不同的偏好参数 α_i 和 τ_i。在这种情况下,收益的不同仅仅源于内在的利率方面的差异。基于美元因素贝塔系数的组合收益可以解释为在相对较高的美元特质波动条件下($\overline{\kappa_i\sigma_{i,t}} < \kappa\sigma_t$),较高的美元因素贝塔系数对应着较低的国家特质波动($\kappa_i\sigma_{i,t}$),根据 $\Delta s_{i,t+1}$ 的表达可以判断,这些国家的货币面临不利的全球冲击时倾向于贬值。当美国特质的波动相对较高时,美元的无风险利率往往较低,投资者倾向于持有高美元因素贝塔系数的货币。而在美国无风险利率较低时,美元特质的波动较低($\overline{\kappa_i\sigma_{i,t}}$ 倾向大于 $\kappa\sigma_t$),高的美元贝塔国家对应着相对较高的国家特质的波动($\kappa_i\sigma_{i,t}$),在不利的全球冲击下($u_{g,t+1}<0$),这种国家的货币倾向升值。这就说明投资具有较高美元贝塔风险敞口的国家会取得较大的平均收益补偿。

(二)美元因素、套利因素的构建

参考 Verdelhan(2018)的处理方法,本节根据 SWIFT 所公布的数据选取了交易量最大的 27 种货币(具体见表 4-16)。本节使用这 27 种货币的即期汇率和一个月远期对美元汇率数据来计算美元因素和套利因素。根据抛补利率平价(CIP),本节使用 $f_{i,t} - s_{i,t} \approx r_{i,t} - r_t$(其中 $f_{i,t}$ 为远期汇率,$s_{i,t}$ 为即期汇率,$r_{i,t}$ 为 i 国的利率,r_t 为在本节中为同期的美元利率)来计算双边汇率对应的两国之间的无风险利差数据。对于所有的汇率收益率采用对数差分的形式,乘以 100 处理。以在岸人民币为例最后使用的数据就是 $\text{dlCNY}_t = 100 * (\ln\text{CNY}_t - \ln\text{CNY}_{t-1})$。

表 4-16 数据基本情况表

编号	国家(地区)	货币名	简称	标价方法	远期代码
1	澳大利亚	澳元	AUD	间接标价法	AUD1m
2	欧元区	欧元	EUR	间接标价法	EUR1m
3	日本	日元	JPY	直接标价法	JPY1m
4	韩国	韩元	KRW	直接标价法	KRW1m
5	丹麦	丹麦克朗	DKK	直接标价法	DKK1m
6	英国	英镑	GBP	间接标价法	GBP1m
7	加拿大	加元	CAD	直接标价法	CAD1m
8	新西兰	新西兰元	NZD	间接标价法	NZD1m

（续表）

编号	国家（地区）	货币名	简称	标价方法	远期代码
9	瑞典	瑞典克朗	SEK	直接标价法	SEK1m
10	瑞士	瑞士法郎	CHF	直接标价法	CHF1m
11	印度	印度卢比	INR	直接标价法	IRO1m
12	印度尼西亚	印度尼西亚卢比	IDR	直接标价法	IHO1m
13	马来西亚	马来西亚林吉特	MTR	直接标价法	MRO1m
14	菲律宾	菲律宾比索	PHP	直接标价法	PPO1m
15	新加坡	新加坡元	SGD	直接标价法	SGD1m
16	中国台湾	新台币	TWD	直接标价法	NTO1m
17	泰国	泰铢	THB	直接标价法	THB1m
18	阿联酋	阿联酋迪拉姆	AED	直接标价法	AED1m
19	沙特	沙特里亚尔	SAR	直接标价法	SAR1m
20	科威特	科威特第纳尔	KWD	直接标价法	KWD1m
21	波兰	波兰兹罗提	PLN	直接标价法	PLN1m
22	挪威	挪威克朗	NOK	直接标价法	NOK1m
23	土耳其	新土耳其里拉	TRY	直接标价法	TRY1m
24	匈牙利	匈牙利福林	HUF	直接标价法	HUF1m
25	捷克	捷克克朗	CZK	直接标价法	CZK1m
26	墨西哥	墨西哥比索	MXN	直接标价法	MXN1m
27	南非	南非兰特	ZAR	直接标价法	ZAR1m

第一，为了刻画美元的强弱程度，本节使用 27 种货币对美元汇率的平均对数收益率[①]作为美元因素（dollar）序列，同时选取 ICE 的美元指数收益率作为替代变量进行稳健性检验。为了刻画外汇市场的风险因素，我们将 27 种货币按照其利率每日进行排序，并按分位数动态分为 5 个投资组合，将最高利率组合对美元汇率平均收益率减去最低利率组合对美元平均收益率作为套利因素（carry）序列。

第二，本节参照 Verdelhan（2018）的研究构建了四因素模型（见表 4-17）。其中 Rate_CNY 和 RATE_CNH 分别代表在岸和离岸人民币国债利率与美国国债利率的一个月利差，carry 代表套利因素，dollar 代表美元因素，crosscny 为套利因素和在岸利差的乘积，crosscnh 是套利因素和离岸利差的乘积。

---

① 均采用直接标价法，间接标价法的货币转换为直接标价法后使用。

表 4-17　四因素模型估计结果

变量	(1) dlcny	(2) dlcny	(3) dlcny	(4) dlcnh	(5) dlcnh	(6) dlcnh
L.Rate_CNY	−0.0202 (−1.178)		−0.0297 (−1.637)			
crosscny	0.0738** (2.163)		0.133*** (3.715)			
carry	−0.0172 (−1.587)		−0.0445*** (−3.938)	0.00819 (0.434)		−0.071*** (−3.443)
dollar	0.200*** (14.63)	0.205*** (15.18)		0.345*** (20.92)	0.343*** (21.24)	
L.Rate_CNH				−0.0680* (−1.886)		−0.0472 (−1.167)
crosscnh				−0.0125 (−0.186)		0.210*** (2.826)
Constant	0.00635 (1.194)	0.00252 (0.588)	0.0105* (1.867)	0.0155* (1.657)	0.000662 (0.129)	0.0148 (1.410)
观测值	1 698	1 698	1 698	1 698	1 698	1 698
R^2	0.123	0.120	0.012	0.212	0.210	0.008

注:(1)括号内是 t 值;(2)***、**、*分别表示在 1%、5%、10%的置信水平下显著。下同。

由表 4-17 中(2)(5)可以看出,美元因素均能够很好地解释在岸和离岸市场汇率变动。(1)(4)分别为解释在岸人民币汇率变动及离岸人民币汇率变动的四因素模型,美元因素仍具有显著的影响汇率变动的作用,套利因素的直接影响作用不显著。因此,在岸/离岸汇率变动中更为主要的因素为美元因素。

四、在岸和离岸人民币互动实证研究

(一)数据的选取和处理

针对人民币在岸和离岸市场即期汇率互动的研究,考虑到国内人民币汇率改革的实际情况以及数据的可得性,本节选取了 2012 年 1 月至 2018 年 12 月间的人民币对美元的日度收盘数据。在岸数据的来源为中国外汇交易中心,而对于境外外汇市场,其特殊性在于不存在一个统一的交易市场,所以本节选用彭博(Bloomberg)发布的离岸人民币汇率。

由图 4-6 可知,在岸、离岸人民币汇率与美元指数在"8·11 汇改"前后均存在较大差异,本节后续以此节点进行了分样本的研究。由于原始汇率数据不平稳,本节对两个汇率序列分别进行对数差分后乘以 100 得到其对数收益率序列。表 4-18 为在岸和离岸即期人民币汇率收益率的描述性统计,其中 dlcny 为在岸人民币对美元汇率的对数收益率,dlcnh 为离岸人民币对美元汇率的对数收益率。

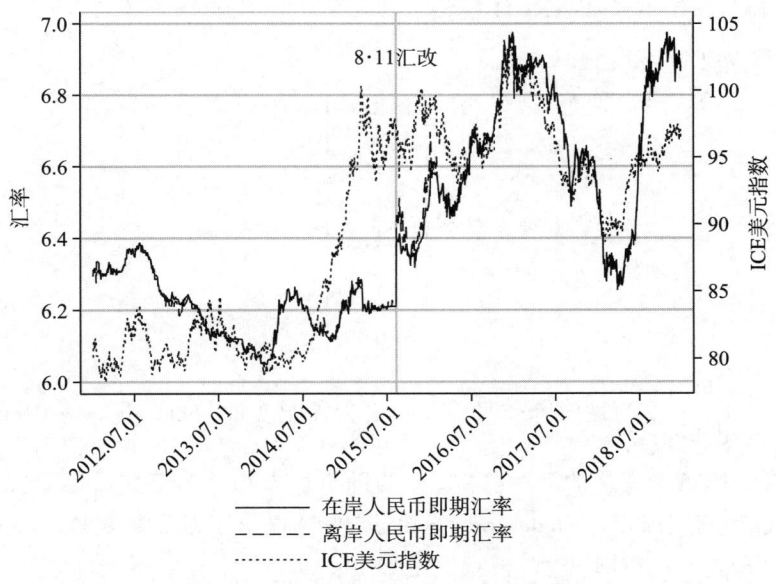

图 4-6　在、离岸人民币汇率与美元指数

表 4-18　在岸和离岸人民币即期汇率收益率的描述性统计

变量	观测数	均值	标准差	最小值	最大值	1 分位数	99 分位数	偏度	峰度
dlcny	1 698	0.005	0.188	−1.195	1.833	−0.58	0.601	0.314	13.53
dlcnh	1 698	0.005	0.238	−1.471	2.747	−0.74	0.678	0.347	18.25

从表 4-18 看出,在岸和离岸人民币汇率收益率均呈现一定的尖峰厚尾形态,从 J-B 检验的结果来看,两者也不符合正态分布。

对在岸离岸汇率数据进行单位根检验,从表 4-19 可以看出对在岸人民币即期汇率和离岸人民币即期汇率取对数后,两者(lcny、lcnh)仍为不平稳序列,而取对数差分后的收益率序列均为一阶单整序列。

表 4-19　在岸离岸人民币即期汇率单位根检验

变量	ADF 检验	
	统计量	p 值
lcny	−1.538	0.8157
lcnh	−1.881	0.6644
dlcny	−40.086	0
dlcnh	−40.5	0

根据平稳性检验的结果,为了进一步说明在岸、离岸人民币汇率的互动关系,本节引入 VECM-BEKK-GARCH 模型来刻画两者间的联动效应。

(二) VECM-BEKK-GARCH 模型

均值方程 VECM(p):

$$\varepsilon y_t = \alpha' \begin{Bmatrix} 1 \\ ect_t \\ \varepsilon y_{t-1} \\ \dots \\ \varepsilon y_{t-p} \\ control_t \end{Bmatrix} + u_t, \tag{13}$$

其中 $y_t = \begin{pmatrix} \text{dlcny}_t \\ \text{dlcnh}_t \end{pmatrix}$ 为被解释变量,$control_t$ 为控制变量,$ect_t = \text{lcny}_t - \beta\text{lcnh}_t$ 为误差修正项。p 为自回归解释变量的滞后阶数,u_t 为随机误差项。本节在后续研究中的控制变量为美元因素和套利因素。Engle and Kroner(1995)提出了对参数实施正定性限制的假设从而得到 BEKK-GARCH 模型,模型设定如下:

$$\boldsymbol{H}_t = \boldsymbol{CC}' + \sum_{k=1}^{K}\sum_{i=1}^{q} \boldsymbol{A}_{ik}\varepsilon_{t-i}\varepsilon'_{t-i}\boldsymbol{A}'_{ik} + \sum_{k=1}^{K}\sum_{i=1}^{p} \boldsymbol{B}_{ik}\boldsymbol{H}_{t-i}\boldsymbol{B}'_{ik} \tag{14}$$

其中,$\boldsymbol{H}_t$ 为条件协方差矩阵,$\boldsymbol{C}$, $\boldsymbol{A}_{ik}$, $\boldsymbol{B}_{ik}$ 为 N 阶矩阵。截距矩阵被分解成 $\boldsymbol{CC}'$,$\boldsymbol{C}$ 为下三角的矩阵。$\boldsymbol{CC}'$ 为半正定的矩阵。ARCH 项系数矩阵 $\boldsymbol{A}$ 用来衡量滞后阶残差项对本期条件方差的影响,GARCH 项系数矩阵 $\boldsymbol{B}$ 用来衡量滞后阶条件方差对本期条件方差的影响简化起见,将 K 设定为 1。GARCH(1,1) 模型为:$\boldsymbol{H}_t = \boldsymbol{CC}' + \boldsymbol{A}_1\varepsilon_{t-1}\varepsilon'_{t-1}\boldsymbol{A}'_1 + \boldsymbol{B}_1\boldsymbol{H}_{t-1}\boldsymbol{B}'_1$。

假定 $\boldsymbol{C}$ 的对角线元素都为正,a_{11} 和 b_{11} 都为正。

对于 $N=2$,MGARCH(1,1)-BEKK 模型设定为:

$$\boldsymbol{H}_t = \boldsymbol{CC}' + \begin{bmatrix} a_{11} & a_{12} \\ a_{21} & a_{22} \end{bmatrix} \begin{bmatrix} \varepsilon^2_{1t-1} & \varepsilon_{1t-1}\varepsilon_{2t-1} \\ \varepsilon_{2t-1}\varepsilon_{1t-1} & \varepsilon^2_{t-1} \end{bmatrix} \begin{bmatrix} a_{11} & a_{12} \\ a_{21} & a_{22} \end{bmatrix}, \\ + \begin{bmatrix} b_{11} & b_{12} \\ b_{21} & b_{22} \end{bmatrix} \begin{bmatrix} h_{11t-1} & h_{12t-1} \\ h_{21t-1} & h_{22t-1} \end{bmatrix} \begin{bmatrix} b_{11} & b_{12} \\ b_{21} & b_{22} \end{bmatrix}, \tag{15}$$

方差方程中,矩阵 $\boldsymbol{A}$,$\boldsymbol{B}$ 反映了在岸人民币汇率市场同离岸人民币汇率市场间的价格波动溢出效应。其中,矩阵 $\boldsymbol{A}$ 对角元素反映各自市场的 ARCH 效应,矩阵 $\boldsymbol{B}$ 对角元素反映各自市场的 GARCH 效应。$h_{11,t}$ 是在岸汇率收益率的方差,$h_{12,t}$ 为两地汇率收益率的协方差,$h_{22,t}$ 为离岸汇率收益率的方差,矩阵 $\boldsymbol{A}$ 中对角线元素反映 ARCH 波动溢出效应(波动聚集性),次对角线元素 a_{12} 反映在岸汇率对离岸汇率的冲击传导,a_{21} 反映离岸汇率对在岸汇率的冲击传导。矩阵 $\boldsymbol{B}$ 的主对角线元素反映各自市场的波动持续效应。b_{12} 反映在岸汇率对离岸汇率的波动传导,b_{21} 反映离岸汇率对在岸汇率的波动传导。矩阵 $\boldsymbol{A}$ 和

矩阵 **B** 的非对角元素是否显著不为零共同决定了在岸人民币市场和离岸人民币市场间的波动溢出效应。

（三）全样本实证结果分析

根据 SBIC 准则，在岸人民币汇率和离岸人民币汇率的对数序列（lcny, lcnh）两者构成的 VAR 模型的最优滞后阶数设定为 3，而协整模型会对原始变量进行一阶差分，故而最终确定协整模型的滞后阶数为 2 阶。而根据 Johansen 协整检验的结果，在岸人民币（lcny）和离岸人民币（lcnh）之间只存在一个协整关系，两者之间存在长期均衡关系。

本节使用 BEKK-GARCH 模型对 VECM 模型得到的残差序列进行估计，结果如表 4-20 到表 4-23 所示。

表 4-20 全样本均值方程估计结果

	原始方程		控制美元因素和套利因素方程	
	dlcny	dlcnh	dlcny	dlcnh
L.ect	−0.0685***	0.045**	−0.057***	0.065***
	(−4.056)	(2.062)	(1.590)	(1.943)
L.dlcny	−0.194***	0.0753	−0.201***	0.0623
	(−5.019)	(1.508)	(0.0362)	(0.0442)
L2.dlcny	−0.103***	−0.0487	−0.115***	−0.0718*
	(−2.763)	(−1.015)	(0.0348)	(0.0425)
L.dlcnh	0.214***	−0.0110	0.213***	−0.0126
	(6.885)	(−0.273)	(0.0291)	(0.0356)
L2.dlcnh	0.0427	−0.0354	0.0620**	−0.00174
	(1.396)	(−0.895)	(0.0287)	(0.0350)
Constant	0.0000	0.0001	0.201***	0.346***
	(0.889)	(1.047)	(0.0133)	(0.0162)
dollar			0.00103	0.00325
			(0.00853)	(0.0104)
carry			0.00267	0.000773
			(0.00417)	(0.00510)
协整方程	lcny−1.0005139lcnh+0.00116137		lcny−0.997943lcnh−0.003463	
R^2	0.0542	0.0105	0.1679	0.2224

注：原始方程指没有在均值方程中加入美元因素和套利因素的结果，控制美元因素和套利因素方程指在均值方程中加入美元因素和套利因素的结果，下同。

表 4-21　全样本均值方程联合检验结果

原假设	原始方程	控制美元因素和套利因素方程
在岸市场对于离岸市场不存在均值溢出效应	4.39	6.52*
离岸市场对于在岸市场不存在均值溢出效应	48.14***	53.41***

注:表中为 Wald 检验的卡方统计量,下同。

由表 4-20 和表 4-21,从均值上看,全样本区间上在岸市场汇率并没有显著影响离岸市场汇率,而在岸市场汇率则会受到离岸市场汇率的显著影响,总体上看当滞后一期的离岸人民币汇率变动率上升 1%,在岸人民币汇率变动率上升 0.214%。本节利用 Wald 检验对于均值方程的系数进行联合检验也得到了一致的结果,在即期汇率市场上只存在离岸市场向在岸市场的单向均值溢出效应,也就是说,总体上看,即期市场上离岸人民币汇率的走势会引导在岸人民币汇率的走势。另一方面,根据表 4-20 的原始方程估计结果,在岸和离岸人民币间的长期均衡关系可以表述为 ect = lcny - 1.0005139lcnh + 0.00116137。事实上,离岸汇率的系数接近于 1,粗略将两者间的长期均衡关系理解为两个市场的对数汇差为 0.00116137,汇差说明在岸市场和离岸市场间存在不完全一体化情况。但这和前期王芳等(2016)使用周度数据得到的研究结果(在岸汇率和离岸汇率的对数汇差为 -0.04)是相反的。本节在后续研究中将样本以"8·11"汇改作为分界点划分为两个阶段进行检验和比较。

表 4-22　全样本条件方差估计结果

	原始方程	控制美元因素和套利因素方程
α_{11}	0.1813***	0.176***
	(8.14369)	(6.8325)
α_{22}	0.27553**	0.4601***
	(6.48905)	(12.11)
β_{11}	0.971***	0.996***
	(130.89)	(129.7)
β_{22}	0.9447***	0.8279***
	(56.74)	(36.18)
α_{12}	-0.1629***	-0.2111***
	(-4.31)	(9.716)
α_{21}	-0.0801***	0.0428
	(-3.953)	(1.424)
β_{12}	0.051***	0.0815
	(3.148)	(5.755)
β_{21}	0.0221***	-0.0505***
	(3.339)	(-3.013)

注:α_{12} 刻画的是在岸人民币市场对离岸人民币市场的 ARCH 波动效应,α_{21} 正好相反;β_{12} 刻画的是在岸人民币市场对离岸人民币市场的 GARCH 波动效应,β_{21} 正好相反。

表 4-23 全样本波动溢出效应联合检验结果

原假设	原始方程	控制美元因素和套利因素
在岸市场对于离岸市场不存在波动溢出效应	19.27***	36.31***
离岸市场对于在岸市场不存在波动溢出效应	15.63***	14.47***

注：表中为 Wald 检验的卡方统计量，下同。

根据表 4-23 中联合检验的结果，在岸人民币市场和离岸人民币市场间存在显著的双向波动溢出。这说明，两个市场过去的异常冲击都会对各自的条件波动率产生影响，这也和人们的一般认识相符合，因为两个市场交易的货币对其实是"同根生"，受到的冲击也基本相同。而从 ARCH 效应的系数上看，当在岸市场受到冲击时，离岸市场的波动率溢出更大，表明在岸人民币市场汇率受到冲击时会显著提高离岸市场的波动率，这可能是由于在岸市场相较于离岸市场具有更为稳定的机制安排。但当控制住美元因素和套利因素后，离岸市场向在岸市场的 ARCH 型溢出消失，说明美元因素和套利因素确实可以吸收离岸市场向在岸市场的冲击传导。同时，控制住美元因素和套利因素后在岸市场向离岸市场的 GARCH 型溢出消失，说明美元因素和套利因素吸收了在岸市场向离岸市场的波动传导。

（四）分段实证结果分析

从结果上看，样本期间内，在"8·11"汇改前得到的结果和前期研究一致，可以简单理解为在长期均衡关系中离岸人民币汇率低于在岸人民币汇率，而"8·11"汇改后，两者间的均衡关系发生了逆转，故而本节的后续研究加入美元因素和套利因素，着重考虑了汇改前后的变化情况。从汇差大小来看，"8·11 汇改"的确增强了在岸市场的市场化程度，很大程度上缩小了在岸市场和离岸市场间的偏差。

表 4-24 "8·11 汇改"前均值方程估计结果

变量	原始方程		控制美元因素和套利因素方程	
	dlcny	dlcnh	dlcny	dlcnh
L.ect	−0.0271	0.131***	−0.0434	0.1443***
	(−1.116)	(−4.51)	(−0.85211)	(−5.6869)
L.dlcny	−0.192***	0.122**	−0.2012***	0.0859*
	(−4.225)	−2.25	(−4.4381)	(−1.6806)
L2.dlcny	−0.135**	−0.0798	−0.1384***	−0.0940**
	(−3.160)	(−1.570)	(−3.2699)	(−1.9847)
L.dlcnh	0.276***	0.0161	0.2809***	0.0363
	(−7.235)	(−0.353)	(−7.3892)	(−0.8704)
L2.dlcnh	0.0365	−0.0792*	0.047	−0.041
	(−0.98)	(−1.781)	(−1.2656)	(−0.9722)

（续表）

变量	原始方程		控制美元因素和套利因素方程	
	dlcny	dlcnh	dlcny	dlcnh
dollar			0.0378***	0.139***
			（-0.0109）	（-0.0122）
carry			-0.00621	-0.0087
			（-0.00749）	（-0.00839）
Constant	-0.0000	-0.0000	-0.00276	-0.00465
	（-0.675）	（-0.117）	-0.00331	-0.00371
协整方程	lcny-0.973936lcnh-0.477981		lcny-0.967546lcnh-0.059455	
R^2	0.0808	0.0576	0.0943	0.1822

表 4-25 "8·11汇改"后均值方程估计结果

变量	原始方程		控制美元因素和套利因素方程	
	dlcny	dlcnh	dlcny	dlcnh
L.ect	-7.27***	0.0532*	-0.0605***	0.07209***
	（-2.950）	（-1.672）	（-2.813）	（-2.774）
L.dlcny	-0.211***	0.023	-0.209***	0.027
	（-3.767）	（-0.318）	（-4.273）	（-0.4595）
L2.dlcny	-0.107**	-0.0655	-0.133***	-0.105*
	（-1.978）	（-0.941）	（-2.824）	（-1.8445）
L.dlcnh	0.187***	-0.00926	0.165***	-0.0434
	-4.147	（-0.159）	（-4.188）	（-0.9135）
L2.dlcnh	0.0402	-0.0297	0.0665*	0.00986
	（-0.908）	（-0.520）	（-1.721）	（-0.2113）
dollar			0.356***	0.542***
			（-16.156）	（-20.339）
carry			0.0281**	0.0394**
			（-2.098）	（-2.4374）
Constant	0.0001	0.000102	0.00028	0.000092
	（-0.915）	（-0.967）	（-0.9494）	（-1.073）
协整方程	lcny-1.036515cnh+0.0697527		lcny-1.035331lcnh+0.067852	
R^2	0.0481	0.0126	0.2789	0.346

表 4-26 "8·11 汇改"前后均值方程联合检验结果

原假设	"8·11 汇改"前		"8·11 汇改"后	
	原始方程	控制美元因素和套利因素方程	原始方程	控制美元因素和套利因素方程
在岸市场对于离岸市场不存在均值溢出效应	10.92***	9.96***	1.21	4.33
离岸市场对于在岸市场不存在均值溢出效应	54.51***	56.34***	17.42***	18.00***

根据表 4-24 和表 4-25,在"8·11 汇改"前,前一期的均衡误差只对离岸人民币具有显著的影响。这说明当在岸和离岸的汇率价差扩大时,只有更为市场化的离岸汇率才能进行自发调整,使得两个市场重回均衡关系。但在"8·11 汇改"后,这一现象发生了改变。当两地长期均衡误差项缩小后,汇差会对在岸市场和离岸市场都产生显著影响。也就是说,当在岸市场和离岸市场的价差扩大后,两个市场都会主动调整价格水平来重新达到平衡,这也从另一个方面说明了汇改后在岸人民币市场市场化程度明显地增强。另外,观察表 4-26 中联合显著性检验的结果,可以发现汇改前在岸人民币对离岸人民币收益率的均值溢出效应是显著的,在岸人民币和离岸人民币之间存在双向均值溢出效应,说明汇改前在岸人民币汇率和离岸人民币汇率存在一种相互引导的互动关系,在大幅波动时在岸人民币汇率会牵制离岸人民币汇率。而在汇改后只存在离岸人民币汇率向在岸人民币汇率的单向均值溢出效应。总体上看,在汇改前,在岸人民币汇率与离岸人民币汇率相互影响,在岸人民币起到了"锚"的作用,保持离岸人民币在一定范围内波动。而汇改后,随着在岸人民币汇率中间价管制的逐渐放松和人民币对美元汇率浮动范围的扩大,在岸汇率市场化程度得到了提高。这使得在岸人民币汇率"锚"的作用减弱,离岸人民币凭借自身更大的交易量和更强的价格发现能力开始在均值水平上引导在岸人民币汇率的走势。

控制了美元因素和套利因素的影响后,本节得到的结果依然是稳健的。一方面,在"8·11 汇改"前,在岸和离岸人民币市场的均衡重构主要是由离岸市场来进行调整的,而在汇改后这一均衡的重构是两个市场一起来完成的。另一方面,总体上看,离岸市场对在岸市场有显著的引导作用。在美元因素方面,美元因素对于人民币对美元汇率的影响十分显著,美元因素是人民币汇率的方向指标。美元在全球走强会压制人民币汇率。由于离岸市场的自由化程度较高,这种压制效应在离岸市场更为明显,而随着在岸人民币汇率市场化的不断推进,这种压制效应在在岸市场也越来越明显。而对于套利因素而言,汇改前套利因素对解释人民币汇率并不显著。这就说明对于市场参与者而言,人民币对美元汇率在汇改前并不能对套利因素代表的全球冲击产生反应。但在汇改后套利因素开始影响人民币对美元汇率。当全球风险放大时,投资者会倾向于抛售人民币资产,进而导致人民币贬值,而这种现象在离岸市场的反应要更为明显。这也验证了 Verdelhan(2018)对于新兴市场经济国家的两个重要研究结果:第一,美元因素通常解释了汇率动态的很大部分,并且也包括了很大部分的跨国差异;第二,套利因素通常解释了较小的部分,然而套利因素的贝塔值是显著的,并对多数国家来说是时变的。

表 4-27 "8·11汇改"前后条件方差估计结果

	"8·11汇改"前		"8·11汇改"后	
	原始方程	控制美元因素和套利因素方程	原始方程	控制美元因素和套利因素方程
α_{11}	0.4816***	0.4169***	0.1246***	0.178***
	(8.548)	(7.138)	(3.394)	(5.161)
α_{22}	0.2499**	0.2698***	0.539***	0.606***
	(6.615)	(7.495)	(11.732)	(12.28)
β_{11}	0.8324***	0.8537***	1.009***	0.975***
	(26.44)	(27.27)	(137.563)	(40.81)
β_{22}	0.975***	0.969***	0.8201***	0.7889***
	(68.55)	(65.95)	(61.306)	(25.26)
α_{12}	0.1082*	0.0308	-0.312***	-0.135**
	(1.740)	(0.540)	(-5.49)	(-2.503)
α_{21}	-0.011	0.0356	0.0767***	0.19***
	(-0.234)	(0.629)	(2.81213)	(4.94)
β_{12}	-0.0532**	-0.0236	0.1325***	0.0246
	(-2.030)	(-0.985)	(14.29)	(0.6137)
β_{21}	0.0406***	0.0411**	-0.0417***	-0.097***
	(2.180)	(2.013)	(-11.22)	(-4.99)

表 4-28 "8·11汇改"前后波动溢出效应联合检验结果

原假设	"8·11汇改"前		"8·11汇改"后	
	原始方程	控制美元因素和套利因素方程	原始方程	控制美元因素和套利因素方程
在岸市场对于离岸市场不存在波动溢出效应	4.12	1.33	219.74***	3.52
离岸市场对于在岸市场不存在波动溢出效应	6.74**	8.29**	287.46***	28.71**

从表4-27的估计结果来看,当本节控制美元因素和套利因素后,一方面在岸市场向离岸市场的 GARCH 型波动溢出(波动传导)消失,另一方面离岸市场向在岸市场的

ARCH 型波动溢出（冲击传导）消失。这进一步说明了两者是影响在岸市场向离岸市场波动传导以及离岸市场向在岸市场冲击传导的重要因素。

而从表 4-28 的联合检验结果上来看，"8·11 汇改"前由于在岸人民币的波动幅度较小，且受到央行的管制较为严格，并不存在在岸人民币市场向离岸人民币市场的波动溢出效应，离岸市场对于在岸市场的波动溢出效应也较弱。而在汇改后，两个市场间则表现出了很强的双向波动溢出效应。从波动溢出的角度来看，"8·11 汇改"确实显著提升了在岸市场对于离岸市场的波动传导能力，在岸人民币市场和离岸人民币市场间的一体化程度得到了极大的加强，相互影响更为紧密。引入美元因素和套利因素后，在岸汇率对离岸汇率的波动溢出效应消失，在岸市场对离岸市场不再有波动溢出效应。这可能是由于离岸市场能对美元因素和套利因素更快地做出反应。

从分段研究的结果上看，随着在岸市场管制的放开，交易量更大、参与主体更为丰富的离岸市场对信息的消化吸收能力开始逐渐体现，离岸市场对新的信息所做出的价格和波动的反馈要快于在岸市场，在岸市场跟随离岸市场的现象越发明显。得益于在岸人民币中间价管制的放开和汇率浮动范围的扩大，在岸市场和离岸市场间出现了双向波动溢出现象，在岸市场人民币汇率也能更多地反映外部冲击。但总体上来看，离岸人民币中反映的外部冲击因素（无论是美元因素还是套利因素）要更为丰富，离岸市场的溢出能力依然要强于在岸市场。

五、结论与政策思考

本节利用 VECM-GARCH-BEKK 模型分析在岸人民币汇率同离岸人民币汇率之间的长期均衡和短期互动关系。与前期研究不同的是，本节引入了美元因素和套利因素。结果发现，由于受到的管制较少，与世界金融市场联系更为紧密，交易量相对于在岸人民币市场更大，以及市场参与者更加多元化等原因，离岸人民币市场能更好地反映全球的风险变化，所以在日度频率上离岸人民币市场对在岸人民币市场一直存在显著的均值溢出和波动溢出效应。

"8·11 汇改"前，在岸人民币市场更多起到了"锚"的作用，当在岸市场和离岸市场的均衡关系出现偏离时，均衡的重新构建基本是由离岸市场独自完成的，但汇改后随着在岸市场市场化程度的提高，全球风险开始显著地影响在岸人民币汇率，均衡重构已经转由两个市场共同完成。从波动溢出的角度来看，汇改前由于在岸人民币的波动幅度较小，且受到央行的管制较为严格，并不存在在岸人民币市场向离岸人民币市场的波动溢出效应，离岸市场对在岸市场的波动溢出效应也较弱。汇改后，则出现了显著的双向波动溢出效应，两个市场的一体化程度得到了极大的加强。

本节在模型中加入美元因素和套利因素后则会给人另一种思考。从均值效应中可以看到美元因素起着主导作用，但在汇改后，套利因素也开始显著地影响在岸人民币市场。在岸人民币汇率和离岸人民币汇率间的波动溢出效应存在美元因素和套利因素的影响。控制美元因素和套利因素后，离岸市场向在岸市场的冲击传导消失，在岸市场向离岸市场的波动溢出效应消失。这说明"美元因素"和"套利因素"确实可以吸收部分在岸市场和离岸市场的波动溢出。去除美元因素和套利因素后，在岸和离岸人民币汇率间的波动溢出效应弱化了,这可能和离岸市场能对美元因素和套利因素更快做出反应有关。这和Verdelhan(2018)的研究一致,即美元因素和套利因素可以解释新兴市场经济体的部分汇率动态。

就本节研究的发现提出以下政策研究思考:有必要将美元因素和套利因素两个全球风险因素引入到汇率变动的动态研究中,美元作为计价货币的风险因素解释了绝大部分汇率动态。这些风险因素负荷量以及"系统性变化共同成分"不同的跨国货币差异似乎与资本流动相联动。从本节的研究结果来看,随着在岸人民币汇率市场化程度的不断加深,在岸人民币市场和离岸人民币市场的一体化程度在不断上升,离岸人民币汇率对在岸人民币汇率的均值溢出效应越发明显,全球风险因素对于人民币对美元汇率的影响也越来越大,适时引入逆周期因子虽然可以熨平在岸市场汇率的波动,但代价过高,应当尽快在境内推出人民币期货等衍生品,方便境内实体对冲汇率风险。

本章小结

汇率的宏观决定和微观决定之间往往存在间隙,对汇率决定理论的考察不能仅仅关注购买力平价等长期决定理论,对外汇市场微观结构的分析也至关重要。本书第二章对汇率的宏观决定理论做了全面分析,本章则对汇率决定的微观机制进行分析。本章主要结论如下:

第一,分析汇率需要关注高频汇率中外汇市场微观结构和成交量。短期甚至超短期汇率形成取决于外汇市场,在一个成熟的外汇市场中,各种宏微观信息对汇率的影响首先反映在外汇市场指令流和成交量的变化上。指令流的正负可以反映外汇市场买卖的情况,为正,则表示净买入,往往意味着汇率升值;反之,则表示净卖出,汇率贬值。随着在岸人民币汇率的进一步市场化和交易体量的不断扩大,成交量成为影响在岸和离岸汇率的重要因素;远期汇率也是通过成交量间接影响在岸和离岸汇率。

第二,美元因素是研究人民币汇率微观决定不可或缺的重要因素。美元作为计价货币的风险因素解释了人民币汇率动态中的绝大部分。随着在岸人民币汇率的市场化程度的不断提升,在岸和离岸人民币市场一体化程度加强,离岸人民币汇率对在岸人民币汇率的均值溢出效应越发明显,全球风险因素对人民币对美元汇率的影响也越来越大。应当尽快在境内推出人民币期货等衍生品,方便境内实体对冲汇率风险。

第三,CFETS汇率指数是目前最具有代表性的人民币汇率指数。虽然相关人民币汇率指数多种多样,但在CFETS篮子指数推出之前,其他指数代表性均有所不足。CFETS货币篮子依据与中国发生实际贸易额的大小而确定,同时剔除了转口贸易的影响,是目前最适合中国的人民币汇率指数。人民币汇率指数的构建需要综合对外贸易、金融往来等多种指标,CFETS还有继续完善的空间。

第三篇

人民币汇率研究新动态

第五章

新趋势下人民币汇率研究

经济和科技水平的进步对国际金融学研究提出新的要求与挑战。首先,金融科技的出现使数字货币成为可能,对未来货币和汇率管理提出挑战。近年来,伴随区块链、大数据与云计算等金融科技的发展,数字货币成为世界各国关注的焦点。区块链技术已经被应用到生活中的各个行业领域,法定数字货币也成为众多国家新的竞争高地。然而每一项新技术的使用都会对现行制度造成一定的冲击,如果数字货币未来被广泛使用,那么其对现有货币体系的影响将是亟待考虑的问题。

其次,大数据和智能技术的发展带给我们探索问题的新思路与新方法,汇率学研究也逐步走向复杂化和微观化。一方面,随着人民币汇率市场化改革程度的逐步加深,汇率变化与经济基本面的联系应该会更加紧密。探讨经济基本面与人民币汇率关系问题,采用新的智能技术方法评价基本面模型对人民币汇率的预测效果,对探索人民币汇率的形成机制将有着重大的理论意义和现实价值。另一方面,对汇率研究微观化的需求催生了对行业汇率、企业汇率等中微观层面汇率以及省际和市际汇率等地区汇率的研究。

最后,随着中国经济进入新常态,经济增速的趋势性下降和债务规模的较快增长引起了政界和学界对中国潜在风险的关注。党中央、国务院做出推进供给侧结构性改革的决策部署,其中降杠杆成为供给侧结构性改革"三去一降一补"的重要任务之一。汇率与杠杆率之间有重要关系,汇率变化会通过影响企业盈利能力和债务结构从而对杠杆率产生影响,对结构性降杠杆过程中的汇率效应进行深入探究成为目前研究的新趋势。

经济进入新常态,金融科技、智能技术迅猛发展已成为必然趋势,探讨这些新趋势对人民币汇率的影响已经成为一项十分必要的工作。为此,本章将具体分析智能化新趋势可能带来的冲击,以及新常态下汇率效应在供给侧结构性"降杠杆"中所发挥的作用,以期为开放条件下降杠杆的结构性改革和汇率政策制定提供有益的参考。其中,第一节简要介绍数字货币和区块链技术及其影响,第二节运用神经网络等大数据分析方法对传统的汇率决定理论进行验证,第三节重点说明不同层面汇率指数构建及市际有效汇率的构建,第四节和第五节对汇率升值的降杠杆效应进行理论和实证分析。

第一节　数字货币和区块链技术的发展与冲击

一、区块链技术的发展现状

2008年10月31日,一个自称中本聪(Satoshi Nakamoto)的人在metzdowd.com网站上的一个密码学圈子发表了论文《比特币:一种点对点的电子现金系统》(*Bitcoin: A Peer-to-Peer Electronic Cash System*)。在这篇论文中,作者对其创建的电子现金系统的架构理念进行了介绍,该系统的核心技术包括非对称加密技术、点对点传输技术(P2P)和哈希现金算法机制。中本聪很快将理论应用于实践,2009年1月3日,他在芬兰的一个小型服务器上创建了第一个区块——创世区块(Genesis Block),同时获得了由系统产生的50个比特币(Bitcoin)的奖励,这标志着比特币的诞生;2009年1月9日,系统上第二个区块被创建并与创世区块连接形成了一条链——区块链(Blockchain),这是区块链诞生的标志。

近年来,区块链技术获得了长足的发展,同时这项新技术也给世界经济、政治甚至文化都带来了很大的影响。区块链科学研究所的创始人梅兰妮·斯万(Melanie Swann)认为,区块链本质上是一个公开账簿,拥有成为登记、编册和转让所有资产(这些资产不仅仅包括资金)的全球性的、去中心化记录的潜力,也可应用于诸如股票、软件、健康数据和思想等各类财产和无形资产。区块链技术的发展经历了三个重要阶段:以比特币为代表的"数字货币"区块链1.0阶段,以以太坊(Ethereum)为代表的"智能合约"区块链2.0阶段,以HyperLedger项目为代表的"超级账本"区块链3.0阶段。通过梳理区块链技术发展的三个重要阶段,我们可以看到区块链技术应用发展的脉络、现状及未来。

(一)区块链1.0阶段

区块链1.0阶段到来的重要标志是比特币的诞生。在这一阶段,区块链技术提供了一个去中心化记录的货币支付方案。传统的货币支付手段是通过一个或多个第三方交易平台或金融机构,以实物货币或电子货币的形式进行交易。这种方式往往交易成本较高且时间延迟较久,跨境交易尤为明显。而比特币作为一种数字货币,通过点对点的传输技术实现了去中心化记录的支付系统,交易者可以在任何时间与指定的交易对手直接发生交易,大大减少了交易成本和缩短了交易完成的时间。

区块链实际上是一个由全世界的网络节点共同维护和监督的交易记录账本,这个账本是公开透明的,并有"矿工"不断更新它的长度。这使得整个数字货币交易系统不仅是去中心化记录的,同时还是分布式和全球化的。以比特币为代表的区块链货币在区块链1.0阶段实现了交易的发起,并完全在两个独立的个体之间完成,这种技术对当前金融行业尤其是跨境贸易的交易结算产生重大冲击,各国央行已经开始尝试开发以区块链为技术基础的法定数字货币。因此,区块链技术成为全球金融机构和科研单位的一个重点研究方向。

(二)区块链2.0阶段

1995年,计算机科学家、法律学者尼克·萨博(Nick Szabo)提出了"智能合约"(smart contract)的概念,一个智能合约是一套以数字形式定义的承诺(commitment),包括合约参与方可以在上面执行这些承诺的协议。区块链技术通过计算机脚本,为智能合约的实现提供了可能的方案。举一个例子,如果 A 要给 B 转 1 个比特币,发送方 A 向比特币网络发送一则广播,其内容为"我要转账 1 个比特币给接收方 B,并且我能提供一个脚本,这段脚本作为钥匙可以打开我的这 1 个比特币上锁;同时,我根据接收方 B 的要求为这 1 个比特币加上一把新的锁"。比特币网络上各节点收到广播并运行脚本,发现 A 提供的脚本确实能够打开这 1 个比特币,于是根据 A 的指令给这个比特币换上一把只有 B 才能打开的新锁,当 B 想使用这个比特币的时候,只要提供一段脚本作为钥匙打开这把新锁就可以了。可以看到,比特币的这种脚本交易方式为我们提供了很大的想象空间,这段脚本不仅仅是"开锁"和"解锁",它可以要求接收方只有在未来的某个时间才能支配使用这个比特币——延迟支付,它还可以要求接收方必须取得多个账户签名才能获得这个比特币——担保交易。

区块链 2.0 阶段的核心概念是智能合约。区块链利用脚本语言实现交易的特点使其能够应用于非货币领域,使用脚本语言可以编写出灵活多样的合约,这使得尼克·萨博的智能合约概念能够真正落地应用。在这一阶段,区块链技术的应用范围拓展至股票、票据、债券、保险、众筹、产权等更大范围的经济金融领域。

(三) 区块链 3.0 阶段

如果说区块链 1.0 阶段是数字货币应用阶段,区块链 2.0 阶段是可编程货币应用阶段,那么区块链 3.0 阶段就可以说是可编程社会应用阶段。如果将区块链技术应用于支付和交易,那么以比特币为代表的数字货币就可以当作一个去中心化应用(decentralized application, Dapp);如果将区块链上的节点与企业对应,那么就可以组成一个去中心化自治公司(decentralized autonomous corporation, DAC)系统;如果利用智能合约将复杂的组织连接在区块链网络,那么这些组织就是去中心化自治组织(decentralized autonomous organization, DAO)。如果所有的 Dapp、DAC 和 DAO 相互连接组成一个生态系统,那么这个生态系统将会是完全自治的,这使得社会形态最终变成去中心化自治社会(decentralized autonomous society, DAS)。在区块链 3.0 阶段,许多人类前所未有的合作形态将会通过区块链实现,例如举办一次超大规模的全球人民公投活动,构建一个可以记录公民身份信息、分配社会资源、解决公共事务争端的智能化政务系统,等等。

二、比特币

(一) 比特币的发行与交易

比特币系统本质上是一个基于区块链技术的去中心化记录的账本,每一个区块都可以看作这个账本的一页,去中心化记录要求比特币网络上的所有节点共同维护系统的正常运作,但是进行这项工作要耗费一定成本,如电力、算力等。比特币的产生实际上是一个"挖矿"的过程,为了鼓励网络上的节点积极参与到"记账工作",每生成一个区块就会产生 50 个比特币,每生成 21 万个区块,这个数量就会减半,这些新产生的比特币会奖励给第一个满足记账要求的"矿工"。

由于比特币的产生存在一个减半机制,比特币的产量将会越来越少。通过计算,在比特币系统运行的前四年,一共产生了1 000万个比特币,大约在2140年前后,所有的比特币将全部被挖出来,比特币的总数量在那时将稳定在约2 100万个。此时,"矿工"的"挖矿"奖励将只由比特币交易的手续费来提供,系统还是可以继续运作下去。

比特币通常还被称作加密数字货币,这是因为比特币的交易和支付依赖于区块链技术的非对称密码算法。在交易之前,参与者需要建立一个交易账号,这个账号包括公钥和私钥,公钥是公开的部分,私钥是非公开的部分。如果一个账户A要给另一个账户B转入一定数量的比特币,A需要用自己的私钥对自己账户内所要支付的比特币和B的公钥进行签名,这笔交易会被发送到整个比特币网络进行广播,网络上的节点会对这笔交易进行验证和确认,在经过足够多的节点的验证和确认后,这笔交易就会被记录在区块上,B就可以使用A转来的比特币了。

(二) 比特币的优势和缺陷

相较于传统货币,比特币具备独有的优势。第一,区块链技术去中心化的特性使得比特币能够实现真正意义上的P2P支付,避免了传统交易中各种由金融中介机构产生的交易摩擦,提高了交易效率;第二,因为账户是加密的,使用比特币进行交易可以极大地保护交易隐私;第三,比特币系统是由全球网络节点共同维护的,如果有人想篡改账本或伪造比特币,那么他必须掌握全球至少50%的算力,这几乎是不可能的,因此比特币是无法被伪造的;第四,因为比特币是去中心化记录的数字货币,它的发行不会受到中央银行的干扰,不会遭受货币政策的冲击。

有利就有弊,比特币的缺陷伴随其优势而产生。第一,目前来看,比特币具有较大的投机风险,图5-1是比特币2010—2019年的价格走势,可以看到比特币价格的振幅达到了2万美元,特别是2017年后,比特币经历了多次暴涨暴跌,其币值极其不稳定;第二,比特币交易的匿名性在保护交易隐私的同时,也为洗钱和各种违法交易提供了一个渠道,使用比特币进行非法交易可以在很大程度上规避政府有关部门的监管;第三,比特币的发行机制将比特币的总量限制在了2 100万个,这使得比特币成为紧缩性的货币,导致数字货币无法适应经济的发展,甚至使经济陷入衰退。

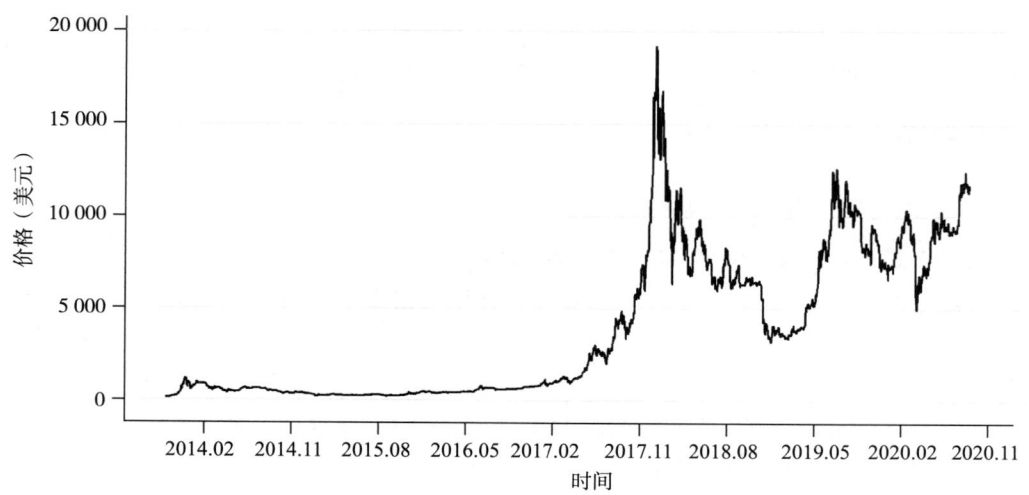

图5-1 比特币价格走势

虽然比特币相较于传统货币有很多优势,但是由于其特殊的设计机制,比特币无法成为法定数字货币。

首先,比特币的发行机制没有与现实经济相联系,没有稳固的价值基础。比特币是由"矿工挖矿"产生的,是完全脱离现实经济发展的货币发行机制,这使得比特币很难有一个稳定的币值。传统货币发行通常是以国家信用为基础的,央行会根据复杂的经济环境适当使用调节工具以保证货币的稳定,使货币能够更好地履行交易媒介和支付手段等职能;而比特币没有这样的信用基础,所以不会有任何人、国家或机构为比特币提供稳定的支持。

其次,比特币加密匿名的特性是一把"双刃剑"。虽然采用这种交易机制可以大大保护交易的隐私,但与此同时,它也会让各种违法犯罪活动获得交易的渠道。比特币自发行以来,已逐渐成为暗网上的主要交易媒介,为走私、军火交易、毒品交易、洗黑钱等非法行为提供了交易手段。法定数字货币难以监管的属性是不能被任何国家接受的。

再次,比特币的发行依赖于一种工作量证明算法(proof of work,PoW),"矿工"如果想要获得一个区块的记账权及其带来的比特币奖励,需要不断地对区块的头部信息做哈希算法计算,直到结果满足给定数量前导0的哈希值。这个过程需要做大量的随机数计算,但是这些计算是毫无意义的,耗费了大量的算力和电力。同时,分布式账本要求网络上每一个节点都要保存一份账本并更新,随着比特币交易量不断增加,这个账本所占的存储空间不断变大,并且同一个内容的账本在全世界所有的节点都要保存一份,大大浪费了存储空间。

最后,比特币总量是固定的,使其没有办法实现货币政策功能。随着经济总量的不断增长,比特币的数量却没有继续增长,如果比特币作为一个国家甚至世界的法定数字货币,那么比特币将会持续升值,以至于人们越来越不愿意花掉手中的比特币,使流通中的比特币大大减少,进而导致经济衰退。作为一种紧缩性的数字货币,比特币永远无法成为法定数字货币。

三、Facebook 的 Libra

(一) Libra 与传统数字货币的区别

Facebook 于 2019 年 6 月 18 日发布了 Libra 白皮书,宣称要发行稳定数字货币 Libra,其稳定性体现在实际购买力的相对稳定。和比特币一样,Libra 也是在区块链技术的基础之上实现的,也具有去中心化、点对点交易等特征。但是和比特币不同的是,Libra 在设计之初就针对以比特币为代表的传统数字货币的缺陷进行了大量的改进。

首先,Libra 的数字货币发行机制与比特币是完全不同的。Libra 货币根据市场需求而发行,只有当货币需求者使用法定货币兑换 Libra 数字货币时,对应的数字货币才会被发行。这与比特币等传统数字货币的"挖矿"发行机制相比更加节能。同时,Libra 的共识机制采用的是拜占庭容错机制而不是 PoW 机制,因此 Libra 区块链需要的网络节点数量相对少很多,这使得 Libra 的交易处理能力更高、速度更快、更加有效率。

其次,Libra 并不是完全的去中心化。Libra 系统存在一个 Libra 发行监管机构(LA),总部设在日内瓦,目前由 28 个成员公司或组织构成,包括支付、电信、通信等多领域的国际巨头。LA 的职能类似于"中央银行",其成员并不直接参与交易,而是作为区块链的验证节点,对数字货币的兑换和交易进行验证和监管。LA 的存在使 Libra 不会像比特币那样成为国际违法犯罪交易的温床。

最后,Libra 是一种稳定币,不会像比特币出现币值暴涨暴跌剧烈波动的情况。Libra 使用类似于 SDR 的一篮子货币作为储备资产,并以此为基础发行数字货币。Libra 实际上是锚定了这一篮子货币,主要包括美元、欧元、日元和英镑,这些法定货币都是由国际主要的主权国家发行的,因此 Libra 很难具备投机的属性,这与比特币等传统数字货币不同。

(二) Libra 的理论基础与可行性

事实上,Libra 并不是世界上第一个稳定的数字货币,在 Libra 白皮书发布之前就已经有了 USDT、TUSD、GUSD、BitUSD 等锚定美元的稳定数字货币。和它们不同的是,Libra 锚定的是一篮子法定货币,并且采用 1∶1 储备金发行的方式,其价格波动只会与货币篮子价格的波动相关,这种发行机制也使 Libra 没有独立的货币政策。Libra 协会在整个 Libra 系统内扮演者"中央银行"的角色,LA 授权中间经销商与终端交易者进行货币的兑换和交易,其本身并不直接参与交易,经销商将储备金交给 LA,同时 LA 发行对应数量的数字货币给经销商,当经销商从 LA 提取储备金时,LA 也会回收对应数量的数字货币并予以销毁。本质上,Libra 是一种以法定货币作为抵押而发行的数字货币,这种方式在第二次世界大战结束后的布雷顿森林体系中就被运用了。众所周知,布雷顿森林体系的内部矛盾是特里芬两难,又称"信心与清偿力两难"。这一观点认为,布雷顿森林体系建立在美国的经济基础上,以美元作为主要的国际储备和支付货币,如果美国国际收支保持顺差,那么国际储备资产就不能满足国际贸易发展的需要,就会发生美元供不应求的短缺现象——美元荒;但如果美国的国际收支长期保持逆差,那么国际储备资产就会发生过剩现象,造成美元泛滥——美元灾,进而导致美元危机并危及布雷顿森林体系。特里芬两难决定了布雷顿森林体系的不稳定性和崩溃的必然性。在 Libra 体系中,Libra 数字货币相当于布雷顿森林体系中的美元,一篮子货币储备相当于布雷顿森林体系中的黄金。

尽管去中心化和锚定一篮子货币的机制会使 Libra 在一定程度上避免像布雷顿森林体系那样瓦解的命运,但是如果真的将 Libra 作为一种"国际货币"使用,其局限性也是非常明显的。

首先,Libra 并不是一个完全的去中心化数字货币,LA 的存在事实上违背了区块链技术去中心化的初衷,Facebook 最初选择的 LA 创始成员大多是美国企业,由这些企业共同管理储备金和发行数字货币的方式是否合理、合法,能否得到世界各国的支持等基础问题目前还没有得到明确的回应,可见 Libra 的全球推广使用短期内还无法实现。

其次,Libra 是一种只针对购买力稳定的数字货币,并没有独立的货币政策,可见 Libra 是通过 LA 的职能对数字货币进行控制的,虽然 LA 的管理采用公平投票的方式,但其中充斥大量的企业巨头,怎样保证它们不是只考虑自己的利益来管理 Libra 系统?这需要打一个大大的问号。

再次,Libra 系统并不是完全无风险的,尽管有监管功能,但区块链技术具有匿名性和加密性的特性,使其无法完全杜绝洗钱、诈骗和恐怖融资等交易风险。

最后,Libra 的目标是成为全球最主要的货币支付手段之一,这对其交易的速度和处理能力提出了巨大的要求。Libra 协议最初的设定仅仅支持 1 000TPS(transaction per second,每秒事务处理量),这对于全球数十亿的用户来说是远远不够的,这个级别的处理能力甚至无法满足中国"双十一"天猫购物节的网购交易需求。综合以上,Libra 很难成为全球国家、机构和个人均认可的数字交易货币。

四、数字货币对现有货币体系的冲击与应用

(一) 数字货币对货币供应量的影响

一国的货币供应量是一个存量概念,是指在某一个时间点上流通的现金量和存款量的总和。如果一个国家要发行主权法定数字货币,那么在初始阶段,所谓的数字货币一定只能是以一种法定货币代币的形式存在,这种情况下数字货币对一国货币供应量的影响十分有限。但如果大规模推广和使用数字货币,其对货币供应量的影响就未必是可以忽视的,由于当前世界上并没有哪一个国家真正意义上大规模、大范围地使用数字货币替代法定货币,我们无法看到数字货币对货币供应量的真正影响,但可以通过 21 世纪以来中国电子货币大量使用,类比数字货币大规模应用对货币供应量的影响。

近年来,随着互联网技术的发展,在线支付、移动支付逐渐成为中国大部分地区的主流支付手段,在真实交易的过程中往往不需要真正的纸币,而是通过电子银行的方式将货币的所有权在交易各方之间进行转移。当电子货币大量使用的时候,一方面,电子货币相较于传统的纸质货币几乎不存在物理损耗的情况,同时电子货币可以很方便地存在电子银行里并且可以随时在线支付使用,使流通中的现金货币大量减少;另一方面,大量的电子货币存在电子银行中,使得银行的存款准备金也相应地增加,通过货币乘数效应,基础货币也会进一步增加。综合以上分析可以看到,数字货币对货币供给的影响并不是单一方向的,而是从不同方面产生相反的影响效应,最终的影响方向还要看哪一个效应更强。

(二) 数字货币对利率政策的影响

利率是货币政策中的重要变量,利率变化对货币的需求和供给乃至其他经济方面都有着较大的影响。电子货币在初始使用阶段会导致货币需求的不稳定,从而使利率发生较大的波动,这会使央行的利率政策很难起到作用(王鲁滨,1999)。但当电子货币的使用更加普及之后,货币需求会逐渐趋于稳定,这使得电子货币对利率政策的影响较小,但是电子货币的使用会使利率的决定机制更加复杂,应当小心以利率为核心的货币政策的应用(赵海华,2005)。肖赛君(2006)通过 IS-LM 模型,分析认为在普及电子货币之后,央行选择稳定利率的政策对稳定货币市场的作用将更加明显。GDP 增长率受到利率变动的影响具有较长的滞后效应,因此有关货币政策对 GDP 影响的不确定性将会更大,电子货币的应用加大了货币政策中介目标的不确定性,使利率的形成机制变得更加复杂,因此价格型货币政策调控实现最终目标的难度将大大增加(贾丽平等,2019)。

从上面的分析可以看到,数字货币的发行和流通对利率政策的影响非常复杂,具有

很大的不确定性,不仅是在数字货币应用时间阶段上有不同的影响效果,最终利率政策实现也会因为数字货币的应用而使利率形成机制变得更加复杂,从而使货币政策效果变得更加不确定。

(三) 数字货币的应用

2016年,英国央行宣布研发全球第一个基于区块链技术的法定数字货币系统——RSCoin。RSCoin并不是完全去中心化,而是受到英国央行的控制,以便英国央行能够更好地进行宏观调控。这套系统与传统数字货币系统相比有两个核心的区别:一是货币的发行和交易总账的维护是分开的,央行负责统一发行数字货币,而交易数据则采用分布式存储的方式;二是RSCoin系统没有采用比特币系统所使用的工作量证明的共识机制,而是采用一种两阶段提交的共识机制进行分布式记账,这种机制大大提高了系统的交易容量和速度,理论上可以达到每秒处理2 000笔交易。虽然RSCoin系统还没有正式上线,但它的出现为后续的探索者提供了一个法定数字货币的参照,具有重要的意义。

2017年3月9日,我国招商银行宣布将区块链技术应用于直联跨境支付。同年9月22日,招商银行使用区块链直联跨境支付应用技术,为境外客户在上海自贸区分账核算单元中开立的FTN账户,向其中国香港同名账户实施了一笔港币汇款,这次跨境支付的成功标志着招商银行完成了首笔自由贸易区块链跨境支付业务。招商银行的直联跨境支付业务具有以下特点:第一,充分利用了区块链分布式的特性,与跨境金融业务紧密联系,实现了点对点的传输。该系统把上海自贸单元作为一个独立的节点,直接与境外清算行联通,减少了中间环节,大大节省了人力成本和时间成本;第二,分布式账本使自贸单元的结算和总行的外币支付体系能够在不同的账本上分开核算,避免了二者的混淆,同时更加方便监管;第三,分散式的节点在个别节点遇到故障时不会影响到系统的运行,新的节点部署十分简便快捷。招商银行将区块链技术与自贸账户跨境支付相结合的尝试获得了意想不到的效果,为区块链技术在金融领域的应用起到了很好的引领作用。

通过上述案例和对区块链技术的分析,我们可以看到,就目前的技术水平而言,以区块链技术为基础的数字货币很难成为真正意义上的法定数字货币,尽管最新的共识机制可以达到监管控制的目的,但区块链技术的处理速度仍然无法满足大量交易者的同时使用,因此数字货币在短时间内依然无法成为普及使用的货币。然而,如果将使用范围圈定在一个特定的行业领域内,如跨境支付、医疗、保险、知识产权等,区块链技术的优势将得到极大的体现。

第二节　汇率货币模型的非线性协整关系检验

一、引　言

汇率变动不仅从宏观层面上影响一国的政策制定,还从微观角度影响投资者的收益。因此,汇率货币模型的研究无论是对经济理论还是对政策实践都有着重大的意义。学术界有关宏观基本面影响汇率波动的研究可以追溯到20世纪70年代中期,Frenkel

(1976)、Mussa(1976)和 Bilson(1978)提出了弹性价格货币模型(FPMM 模型),从理论上分析了货币供给、实际收入及长期利率水平对汇率造成的影响。在此之后,很多文献基于 FPMM 模型及其变体进行了实证研究,但并没有得到一致的结论。支持方普遍认为,货币模型对某些国家某个时间段的检验是有效的,且使用面板数据能够较好实现汇率与经济基本面之间的长期均衡关系,无约束下的货币模型胜过随机游走模型及其他模型(Wong, 2004; Gebreselasie et al., 2005; Cerr and Saxena, 2010; MacDonald and Taylor, 1994)。而反对方(Meese and Rogoff, 1983a, b; Cheung et al., 2005)则指出,货币模型的解释力非常小。Dinçer(2015)对经济合作与发展组织成员国进行了协整检验,也指出传统货币模型存在不足。

总体来看,有关汇率货币模型的研究,无论是支持方还是反对方、短时间检验或者长时期测度,现有文献主要关注汇率与经济基本面之间的长期线性关系。而在线性协整检验结果不理想的情况下,学术界倾向于认为货币模型存在失效问题。但协整检验结果不理想,是否表明线性方法并不足以捕捉宏观基本面和汇率之间的关联?宏观基本面变量和汇率之间是否有可能存在非线性协整关系?用非线性协整函数能否更好地实现汇率基本面模型对人民币汇率的预测?

检验非线性协整的关键在于非线性协整模型的构造。为此,张喜彬等(1999)提出使用神经网络来构造非线性协整模型,这为多变量非线性均衡关系的研究提供了理论工具。相关文献使用神经网络对 1999—2001 年的上证综合指数(SH)和深证成分指数(SZ)进行非线性协整检验,发现检验结果比线性协整检验结果好,在线性协整未找到协整关系的情况下,运用神经网络方法捕捉到两指数之间的长期非线性协整关系(樊智和张世英,2005;史代敏,2002)。

近年来,随着智能时代的来临以及金融数据分析需求的提升,深度学习已成为金融领域的应用前沿(苏治等,2017)。深度学习中对时序数据具有较强记忆与智能逼近能力的长短期记忆(long short-term memory, LSTM)神经网络、门控循环单元(gated recurrent unit, GRU)神经网络等循环神经网络模型,为构建非线性协整模型,探讨长时间序列货币模型的非线性均衡关系提供了一条新思路。譬如,Xiong et al.(2015)运用 LSTM 神经网络模拟标准普尔 500 指数的波动性,其预测结果的平均绝对百分比误差为 24.2%,相对于 GARCH 模型(31%的误差),LSTM 模型大大降低了预测误差。曹赢(2017)则使用 LSTM 神经网络实证分析了美国量化宽松货币政策对中国通货膨胀的影响,与 VAR 模型的实证对比表明,深度 LSTM 神经网络具有强大的学习能力,在经济数据建模上有着较大的优势。相对于深度 LSTM 模型,GRU 模型继承了自主学习长时间依赖信息的优点,同时内部构造更简单,具有更高的效率(Cho et al.,2014)。

为此,本节运用深度 GRU 神经网络对弹性价格货币模型(flexible price monetary model)、前瞻性货币模型(forward-looking monetary model)和实际利率差模型(real interest differential model)三个经典理论货币模型进行非线性协整检验,考察浮动汇率制国家的汇率和宏观基本面之间是否存在长期非线性均衡关系。基于理论模型是小国经济体且资本自由流动的前提假设,本节选择三组韩元货币对,同时考虑到与一般文献较多选择美元货币对的情况形成对比,还选择了三组美元货币对。所以,本文研究的六组货币对所对应的国家分别为:美国与英国、美国与日本、美国与欧盟、韩国与澳大利亚、韩国与加拿大、韩国与墨西哥。研究发现 GRU 神经网络较好地找到了汇率与基本面序列间的长期非线性均衡关系,汇率货币模型在非线性条件下是有效的。

二、汇率货币模型

(一)汇率货币模型介绍

本节介绍三种经典的汇率货币模型,分别为:弹性价格货币模型(FPMM)、前瞻性货币模型(FLMM)和实际利率差模型(RIDM)。除非特别说明,本部分所有带 * 的变量代表国外变量。

第一,弹性价格货币模型简称 FPMM 模型或 Frenkel-Mussa-Bilson 模型①。主要基于凯恩斯货币需求函数和购买力平价(PPP)为理论基础所构造的,其具体数学表达式为:

$$e_t = (m_t - m_t^*) - k(y_t - y_t^*) + \alpha(r_t - r_t^*) \qquad (1)$$

其中,e_t、m_t 和 y_t 分别为取自然对数后的汇率、货币供给和国内收入;r_t 为利率;k 和 α 分别为货币需求对收入和利率的弹性,并且假定国内外相等。

第二,前瞻性货币模型简称 FLMM 模型,是在 FPMM 模型的基础上进行修正,并且假定理性汇率预期,其数学表达式为:

$$e_t = (m_t - m_t^*) - k(y_t - y_t^*) \qquad (2)$$

第三,实际利率差模型简称 RIDM 模型,是 Dornbusch(1976)和 Frankel(1979)在 FPMM 模型和 FLMM 模型的基础上进行修正,其数学表达式为:

$$e_t = (m_t - m_t^*) - k(y_t - y_t^*) - \frac{1}{\rho}(s_t - s_t^*) + \alpha(l_t - l_t^*) \qquad (3)$$

其中,s_t、l_t 分别为短期利率和长期利率。

(二)对三个模型的思考

本节的分析显示,三个经典模型中,汇率与宏观基本面变量之间存在非线性关系。但技术发展的不足,使得文献在进行相关探讨时,往往采用取自然对数一阶展开的方式得到线性关系,以便允许经典线性计量工具(如线性回归、线性协整等)能够对模型进行验证。较多文献对式(1)、式(2)、式(3)进行的线性实证检验结果都不能令人满意,如表 5-1 所示。

表 5-1 相关货币模型实证研究失效的情况

文献	研究对象	理论模型	实证方法	实证结论
Meese and Rogoff (1983)	美元货币对(英镑、日元、马克)	FPMM、RIDM	线性回归及向量自回归预测	货币模型预测能力低于随机游走模型

---

① 参见 Frenkel(1976)、Mussa(1976)和 Bilson(1978)。

（续表）

文献	研究对象	理论模型	实证方法	实证结论
Baillie and Selover（1987）	美元货币对（英镑、日元、马克、加元、法郎）	RIDM	OLS、VAR 预测，Johansen 线性协整	预测结果不理想，未通过线性协整
Kearney and MacDonald（1990）	澳元/美元	FLMM、FPMM、RIDM	Johansen 线性协整	未通过线性协整
Cheung et al.（2005）	美元货币对（英镑、日元、马克、加元、瑞士法郎）	FPMM 及其变形（含生产力差异等）	线性回归预测，Johansen 线性协整	货币模型预测能力低于随机游走模型
陈平和李凯（2010）	人民币/美元	RIDM	滚动线性回归预测	货币模型预测能力低于随机游走模型
Dinçer（2015	OECD 成员国货币	FLMM、FPMM、RIDM	Johansen 线性协整	大部分货币对未通过线性协整

随着计量经济学和电脑技术的发展，学术界可以使用新的计量方法（如非线性回归、非线性协整等）寻找不同变量之间的相关性。那么，我们是否有可能在前人研究的基础上，利用新技术，找到汇率与宏观基本面之间的长期非线性关系？GRU 等循环神经网络模型的发展，使得人们可以对数据进行深度学习，进一步挖掘时间序列数据中的记忆功能。为此，本节尝试利用深度 GRU 神经网络探讨汇率与宏观基本面之间的长期非线性协整关系。

三、基本方法

非线性协整检验方法主要有推广的 E-G 两步法、秩检验法、记录数协整检验及神经网络等。其中，神经网络方法可以无限逼近未知的非线性结构，较其他方法具有更好的检验效果。为此，借鉴张喜彬等（1999）、樊智和张世英（2005）、许启发等（2007）、黄超和黄丽丽（2014）用神经网络构建非线性协整函数的方法，试图找寻理论所预测的汇率与基本面之间的非线性协整关系。首先，对序列数据进行长记忆特性检验，因为如果数据序列之间存在非线性协整关系，那么意味着序列数据必须具备长记忆特性。其次，具体采用深度 GRU 神经网络方法构建非线性协整函数。深度 GRU 神经网络继承了一般神经网络自主学习、智能逼近的能力，同时还具有普通神经网络所不具备的传递记忆功能，更具有对时间序列数据挖掘上的优势。最后，检验所构建的 GRU 模型残差是否为短记忆序列。若残差为短记忆序列，则说明 GRU 较好地吸出了序列间的非线性特性，证明序列间存在非线性协整关系。

(一) 时间序列的长记忆特性及检验

1. 时间序列的长记忆特性

长记忆指的是序列在时间间隔相差较远的观测值之间存在持续的依赖关系,历史事件在较长时间内仍对未来产生影响。用数学语言表示:若时间序列 X_t 的自相关函数 $r(t)$ 随着滞后阶数 t 的增加呈现双曲线形式缓慢衰减,则称 X_t 序列为长记忆序列(long memory in mean,LMM);若 $r(t)$ 随着滞后阶数 t 的增加呈现几何形式迅速衰减,则 X_t 序列为短记忆序列(short memory in mean,SMM),此时历史事件的影响在较短时间内就会消失。例如谢赤和岳汉奇(2012)利用 2005 年 7 月 21 日—2011 年 8 月 31 日的人民币汇率和欧元汇率数据,验证人民币汇率收益率和汇率收益波动率都具有显著的长记忆特性,认为人民币汇率在很长时间内影响其未来走势;而欧元汇率收益波动率具备长记忆特性,欧元汇率收益率不具备长记忆特性,认为欧元汇率收益率的历史信息影响较弱。

2. 时间序列长记忆特性的检验

对于长记忆序列的检验,最早由 Hurst(1951)提出用重标极差分析法(rescaled range analysis,R/S)分析时间序列的长记忆特性,即用时间序列的最大离差和最小离差之差除以标准差得到统计量 R/S。对于时间序列 $x_t(t=1,2,\cdots,T)$,将时间序列划分为 $l=\text{int}\left[\dfrac{T}{n}\right]$ 个子样本区间,每个子样本区间含有 n 个观测值,i 表示第 i 个子样本区间,其中 $1\leqslant n\leqslant T(i=1,2,\cdots,l)$,$\text{int}[\cdot]$ 表示取整数,计算出每个子样本的极差 $R^i(n)$ 和标准差 $S^i(n)$。

$$R^i(n) = \max_{1\leqslant n\leqslant T}\sum_{j=1}^{n}(x_{ji}-\bar{x}_i) - \min_{1\leqslant n\leqslant T}\sum_{j=1}^{n}(x_{ji}-\bar{x}_i)$$

$$S^i(n) = \left[\frac{1}{n}\sum_{j=1}^{n}(x_{ji}-\bar{x}_i)^2\right]^{\frac{1}{2}}$$

其中,$\bar{x}_i = \dfrac{1}{n}\sum_{j=1}^{n}x_{ji}$ 为子样本 i 的均值。可以计算每个子样本的 R/S 统计量 $Q_n^i = \dfrac{R^i(n)}{S^i(n)}$,进而计算得到 l 个 R/S 检验统计量 Q_n^i 的均值,即当子样本序列为 n 时 R/S 检验统计量为:

$$Q_n = \frac{1}{l}\sum_{i=1}^{l} Q_n^i = \frac{1}{l}\sum_{i=1}^{l}\frac{R^i(n)}{S^i(n)} \qquad (4)$$

Lo(1991)和 Chueng and Lai(1995)发现经典 R/S 分析法包含短记忆序列,在异方差情况下也不稳健,Lo(1991)提出用修正 R/S 统计量 $F(\bar{Q})$ 进行检验。将标准差 $S^i(n)$ 替换为 $\sigma_n^i(q)$,则得到:

$$\bar{Q}_n = \frac{1}{l}\sum_{i=1}^{l}\bar{Q}_n^i = \frac{1}{l}\sum_{i=1}^{l}\frac{R^i(n)}{\sigma_n^i(q)} \qquad (5)$$

其中，$\sigma_n^{i\,2}(q) = \frac{1}{n}\sum_{j=1}^{n}(x_j^i - \bar{x}^i)^2 + \frac{2}{n}\sum_{j=1}^{q}\omega_j^i(q)\left[\sum_{k=j+1}^{n}(x_k^i - \bar{x}^i)(x_{k-j}^i - \bar{x}^i)\right] = S^{i2}(n) + 2\sum_{j=1}^{q}\omega_j^i(q)\gamma_j^i$ 且 $\omega_j^i(q) = 1 - \frac{j}{q+1}$，$q$ 为滞后期，γ_j^i 为第 i 个子样本区间的自协方差估计值。代入不同的 n 值可以得到修正的 R/S 统计量序列，一般令序列只划分为 1 个区间，即 $n = T$，得到修正 R/S 统计量。

在 $\{X_t, t = 1, 2, \cdots, n\}$ 为短记忆序列的零假设下，修正 R/S 统计量 $F(\bar{Q})$ 具有分布函数 $F(\nu) = 1 + 2\sum_{k=1}^{\infty}(1 - 4k^2\nu^2)e^{-2(k\nu)^2}$，其中 ν 为分位数。通过该分布函数可以得到任意显著性水平下的临界值，$F(\nu)$ 越大说明序列属于长记忆序列的概率越大。普遍认为，若 $F(\bar{Q})$ 值超过 90%，则序列为长记忆序列；$F(\bar{Q})$ 值低于 90%，（即显著性水平高于 10%），则序列为短记忆序列。

Lloyd et al.(1966) 和 Mandelbrot(1972) 的研究表明，当 n 无限增大时，重标极差统计量 Q_n 可用经验公式表示为：

$$Q_n = R/S = \alpha n^H \tag{6}$$

其中，α 为常数，H 为 Hurst 指数。对(3)式两边取对数，得到：

$$\log(R/S) = \log(\alpha) + H\log(n) \tag{7}$$

绘制 log-log 图，用 OLS 拟合点列 $(\log(R/S), \log(n))$，就可以求出 Hurst 指数。Hurst 指数一般大于 0，并以 0.5 为临界点。当 Hurst 指数小于 0.5 时，说明序列倾向于即时记忆、反持续性；当 Hurst 指数大于 0.5 时，说明序列具有长记忆性，各变量间不是互相独立的，而是相关的。

彼得斯(1999)指出，Hurst 指数与差分阶数 d 存在如下关系：$H = 0.5 + d$。因此，通过 Hurst 指数可以求得差分阶数 d。若所得 d 为分数（$0 \leq d \leq 1$），则认为序列具有长记忆特性。

为了更精确地判断序列的长记忆特性，在检验各序列的长记忆特性时将对比验证运用 $F(\bar{Q})$ 值、Hurst 指数及差分阶数 d 三种不同方法测度的长记忆检验结果。

（二）深度 GRU 神经网络构建非线性协整函数

GRU 神经网络由 Cho et al.(2014) 提出，用于序列数据建模。GRU 神经网络将隐藏节点修改为记忆单元，一方面保持误差在沿时间反向传递的过程中不衰减，提高网络的学习能力，另一方面使得前面的状态能够在前向传递过程中不衰减，实现对不同滞后期的建模(曹赢，2017)，能够更好地对时间序列上的变化进行建模。

1. 深度 GRU 神经网络建模

根据非线性协整系统的特点，构建图 5-2 所示的 GRU 神经网络模型。

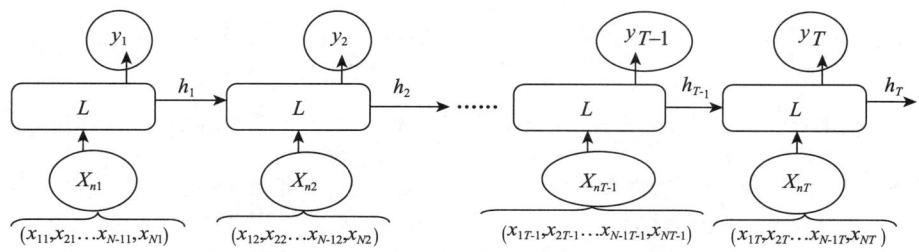

图 5-2　用于非线性协整建模的 GRU 神经网络模型

在每个时刻 $t(t=1,2\cdots,T)$，网络分为输入层、隐藏层和输出层，输入层与隐藏层、隐藏层与输出层之间用不同的权重值来连接。其中，输入层 $X_{nt}=(x_{1t},x_{2t},\cdots,x_{Nt})$ 表示 N 维输入向量 $(n=1,2\cdots,N)$；隐藏层神经元数为 m 个 L 模块（图 5-2 表示每个时刻有 $m=1$ 个神经元 L 模块，多个神经元只需重复叠加，并用不同权重连接输入向量和输出向量即可），其中 $m=1,2\cdots,M$；输出层为 1 维 y_t。在 FLMM 模型中，设置输入层由两国汇率、货币供给之差、收入之差构成的三维 $(n=3)$ 输入向量 $X_{3t}=(e_{1t},m_{2t},y_{3t})^T$；在 FPMM 模型中，设置输入层由两国汇率、货币供给之差、收入之差及长期利率差构成的四维 $(n=4)$ 输入向量 $X_{4t}=(e_{1t},m_{2t},y_{3t},l_{4t})^T$；在 RIDM 模型中，设置输入层由两国汇率、货币供给之差、收入之差、短期利率差及长期利率差构成的五维 $(n=5)$ 输入向量 $X_{5t}=(e_{1t},m_{2t},y_{3t},s_{4t},l_{5t})^T$；基于隐藏层神经元数不超过观测值的 2/3 及极小化误差的原则，将隐藏层神经元数控制在 150$(m=1,2\cdots,M,M\leq 150)$ 以内进行调试；输出层为 1 维 y_t。

在 t 时刻，从 n 维输入层向量到 m 个隐藏层神经元 L 模块的连接权重为 v_{nmt}，从 m 个隐藏层神经元 L 模块到输出层 y_t 的连接权重为 $\omega_{mt}(t=1,2\cdots,T;n=1,2\cdots,N;m=1,2\cdots,M)$，因此 FLMM、FPMM 及 RIDM 模型中需要学习的主循环参数向量分别为：$(v_{11t},v_{21t},v_{31t},v_{12t},v_{22t},v_{32t},\cdots,v_{1Mt},v_{2Mt},v_{3Mt};\omega_{1t},\cdots,\omega_{Mt})$，$(v_{11t},v_{21t},v_{31t},v_{41t},v_{12t},v_{22t},v_{32t},v_{42t},\cdots,v_{1Mt},v_{2Mt},v_{3Mt},v_{4Mt};\omega_{1t},\cdots,\omega_{Mt})$，$(v_{11t},v_{21t},v_{31t},v_{41t},v_{51t},v_{12t},v_{22t},v_{32t},v_{42t},v_{52t},\cdots,v_{1Mt},v_{2Mt},v_{3Mt},v_{4Mt},v_{5Mt};\omega_{1t},\cdots,\omega_{Mt})$。

设初始值 $h_s=0$。经典循环神经网络 L 模块只是一个 tanh 函数，通过自主学习以上主循环的参数向量，输出层记忆单元 $h_{mt}(m=1,2\cdots,M)$，同时输出层输出 t 时刻的 $y_t=\sum_{m=1}^{M}\delta(\omega_{mt}*h_{mt})$。其中，$\delta$ 为激活函数（调试网络，选择非线性的 sigmoid 函数或 tanh 函数）；在 $t+1$ 时刻，输入向量 X_{nt+1} 和来自 t 时刻的记忆单元 h_{mt} 共同作用于下一时刻的 L 模块进行学习，输出记忆单元 $h_{mt+1}(m=1,2\cdots,M)$ 再影响下下一时刻，同时输出层输出 $y_t=\sum_{m=1}^{M}\delta(\omega_{mt+1}*h_{mt+1})$。以此类推每一时刻的记忆学习。网络学习按极小化误差实现：

$$E=\frac{1}{2}\sum_{t=1}^{T}(D_t-y_t)^2 \qquad (8)$$

其中输出层指导值序列 $\{D_t\}$ 选择以序列样本 X_{nt} 的平均值为均值的白噪声时间序列（许启发等，2007）。当极小化误差较大时，网络会反向调节各个权重值，重新进行学习。如此反复进行，直到实现极小化误差，这个过程也称误差反向传播。

GRU 神经网络 L 模块是复杂的门限结构（见图 5-3），网络不仅要自主学习并调节以上主循环的参数向量,还要学习每个单元门限结构中重置门、更新门及候选记忆单元中的参数向量,能够更有效地挖掘数据中的记忆功能。以隐藏层神经元节点为1(即 $m=1$)时分析(多个隐藏层节点只需加总即可),其实现的单个 L 模块单元映射关系如下:

重置门: $z_t = \delta(W_{nzt}X_{nt} + W_{zt}h_{t-1} + b_{zt})$

更新门: $r_t = \delta(W_{nrt}X_{nt} + W_{rt}h_{t-1} + b_{rt})$

候选记忆单元: $\hat{h}_t = \tanh(W_{rht}(r_t h_{t-1}) + W_{nrht}X_{nt})$

当前时刻记忆单元: $h_t = (1-z_t)h_{t-1} + z_t\hat{h}_t$

输出层: $y_t = \delta(\omega_t h_t)$

其中,δ 为激活函数(调试网络,选择非线性的 sigmoid 函数或 tanh 函数);z_t 和 r_t 分别为重置门和更新门。$W_{nzt} = (W_{1zt}, W_{2zt}, \cdots, W_{Nzt})$ 和 $W_{nrt} = (W_{1rt}, W_{2rt}, \cdots, W_{Nrt})$ 分别表示重置门 z_t 和更新门 r_t 中输入向量 $X_{nt} = (x_{1t}, x_{2t}, \cdots, x_{Nt})$ 的权重,W_{zt} 和 W_{rt} 分别表示重置门 z_t 和更新门 r_t 中上一时刻记忆单元 h_{t-1} 的权重,b_{zt} 和 b_{rt} 分别表示重置门 z_t 和更新门 r_t 中的偏置(截距项),W_{rht} 和 $W_{nrht} = (W_{1rht}, W_{2rht}, \cdots, W_{Nrht})$ 分别表示候选记忆单元中上一时刻的记忆信息 $r_t h_{t-1}$ 和当期输入向量 $X_{nt} = (x_{1t}, x_{2t}, \cdots, x_{Nt})$ 的权重。因此,FLMM、FPMM 及 RIDM 模型在 L 模块单元中需要学习的权重向量和偏置分别为:$(W_{1zt}, W_{2zt}, W_{3zt}; W_{1rt}, W_{2rt}, W_{3rt}; W_{zt}, W_{rt}; W_{rht}; W_{1rht}, W_{2rht}, W_{3rht}, b_{zt}$ 和 $b_{rt})$,$(W_{1zt}, W_{2zt}, \cdots, W_{4zt}; W_{1rt}, W_{2rt}, \cdots, W_{4rt}; W_{zt}, W_{rt}; W_{rht}; W_{1rht}, W_{2rht}, \cdots, W_{4rht}, b_{zt}$ 和 $b_{rt})$,$(W_{1zt}, W_{2zt}, \cdots, W_{5zt}; W_{1rt}, W_{2rt}, \cdots, W_{5rt}; W_{zt}, W_{rt}; W_{rht}; W_{1rht}, W_{2rht}, \cdots, W_{5rht}, b_{zt}$ 和 $b_{rt})$。其中,$t=1,2\cdots T$。通过自主学习并调节主循环权重和每个 L 模块单元中的权重,能够较好地实现网络误差极小化,实现对过往信息的深度记忆学习,从而构建有效的非线性协整函数。

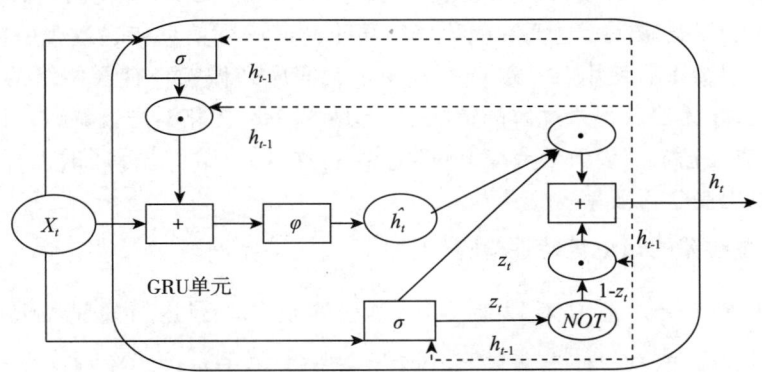

图 5-3 GRU 内部单元结构

2. 极小化误差函数方法

如何反向传播调节各个参数以实现误差函数最小化目标是网络运作的关键,本节主要采用梯度下降法的变体 RMSprop 优化器来实现,在无法获得最优解的情况下,选用 Nadam 优化器进行调试。

从上面的分析可知,式(8)误差函数 $E = \frac{1}{2}\sum_{t=1}^{T}(D_t - y_t)^2$ 是关于大量未知权重和偏

置的,为方便阐述,我们用 $\boldsymbol{\theta}=(\boldsymbol{\theta}_1,\boldsymbol{\theta}_2,\cdots,\boldsymbol{\theta}_\zeta)$ 向量代表所有的权重向量 $\boldsymbol{\nu}_{nmt}$、$\boldsymbol{\omega}_{mt}$、W 及偏置 b,其中 ζ 为所有权重向量及偏置的总和数。误差函数可以写成:

$$E(\boldsymbol{\theta})=\frac{1}{2}\sum_{t=1}^{T}(D_t-y_t)^2 \tag{9}$$

如何调节参数向量 $\boldsymbol{\theta}=(\boldsymbol{\theta}_1,\boldsymbol{\theta}_2,\cdots,\boldsymbol{\theta}_\zeta)$ 实现误差函数最小化,类似于站在山坡上,考虑如何走每一步到达山谷。令初始向量 $\boldsymbol{\theta}=(0,0\cdots,0)$,$E(\boldsymbol{\theta})$ 离最小化误差值(山谷)有着一段距离,沿着最陡的方向走是最容易找到山谷的,数学上可以用误差函数 $E(\boldsymbol{\theta})$ 对各参数分量求偏导所组成的方向即为最陡方向 $\left(\frac{\partial E(\boldsymbol{\theta}_1)}{\partial \boldsymbol{\theta}_1},\frac{\partial E(\boldsymbol{\theta}_2)}{\partial \boldsymbol{\theta}_2}\cdots\frac{\partial E(\boldsymbol{\theta}_\zeta)}{\partial \boldsymbol{\theta}_\zeta}\right)$,$\frac{\partial E(\boldsymbol{\theta}_i)}{\partial \boldsymbol{\theta}_i}$ 称为 $\boldsymbol{\theta}_i$ 的梯度($i=1,2,\cdots,\zeta$),沿着最陡方向走一步所站的位置为 $\boldsymbol{\theta}_i'=\boldsymbol{\theta}_i-\eta\frac{\partial E(\boldsymbol{\theta}_1,\boldsymbol{\theta}_2,\cdots,\boldsymbol{\theta}_\zeta)}{\partial \boldsymbol{\theta}_i}$($i=1,2,\cdots,\zeta$),$\boldsymbol{\theta}_i'$ 为新的参数向量值,η 为步长(即学习率)。如果将 $\boldsymbol{\theta}_i'$ 代入误差函数已经实现最小化,即抵达波谷,那么网络完成最优化,参数向量 $\boldsymbol{\theta}_i'$ 即为最优网络模型参数。若没有抵达波谷,则站在新的位置,考虑走第二步(即第二次迭代),同样的方法,按误差函数对新的参数向量求偏导所组成的最陡方向走,走第二步所站的新位置为 $\boldsymbol{\theta}_i''=\boldsymbol{\theta}_i'-\eta\frac{\partial E(\boldsymbol{\theta}_1',\boldsymbol{\theta}_2',\cdots,\boldsymbol{\theta}_\zeta')}{\partial \boldsymbol{\theta}_i'}$。若 $\boldsymbol{\theta}_i''$ 实现了最小化误差,则停止迭代;若没有,则继续迭代,直到实现最小化误差。整个迭代过程也称梯度下降的权重向量学习过程。当网络误差比较小时,我们常常设置最大迭代次数来终止网络的学习。本节采用设置最大迭代次数的方法终止网络学习。

考虑到学习效率有可能会衰减问题,Geoff Hinton 提出了 RMSprop 优化器,即将学习率 η 替换为 η 除以平方梯度的指数衰减平均值;Dozat 提出了 Nadam 优化器,对学习率和梯度方向都添加了衰减项。这两种优化器能防止时间序列信息传递过程中的衰减难题,具有更高的学习效率。使用时一般选择常用于时间序列做循环神经网络的 RMSprop 优化器进行运作,在无法获得最优解的情况下,选用 Nadam 优化器进行调试。同时,为了提高学习效率,应在输入层设置丢弃率 dropout(维持在 0.2—0.3 进行调试),即暂时丢弃个别神经单元以提高学习效率。

(三)模型残差的短记忆特性检验

采用修正 R/S 统计量 $\overline{Q}$ 对以上 GRU 模型的残差序列进行短记忆特性检验。当 $F(\overline{Q})$ 值低于 90%,即显著性水平高于 10%,拒绝原假设为短记忆序列出错的概率较大,则残差序列为短记忆序列,否则为长记忆序列。若残差序列为短记忆序列,则说明汇率与基本面序列之间具有长期非线性协整关系,GRU 所构建的神经网络模型为长期非线性协整函数。

四、实证研究

(一)数据的选取及基本描述

根据第二部分的汇率货币模型和第三部分的基础方法,本节分别对 FLMM、FPMM、

RIDM 三个理论模型进行非线性协整检验。我们选取美国与英国（USA-UK）、美国与日本（USA-JP）、美国与欧盟（USA-EU）、韩国与澳大利亚（KOR-AUS）、韩国与加拿大（KOR-CAN）、韩国与墨西哥（KOR-MEX）六组典型浮动汇率制国家（地区）的货币对进行实证检验，并基于月度数据进行分析。M1 和工业生产指数分别为理论模型中的货币供给数据（M）和实际收入数据（Y），并经过季节性调整。理论模型中的短期利率和长期利率均来自 OECD 官网给出的长短期利率数据。

所有数据来自 OECD 官网，除了墨西哥长期利率用墨西哥央行提供的 3 年期国债收益率替代，美元与欧元汇率由 Wind 数据库给出的日度数据取均值得到。此外，考虑到数据的可得性，有韩元参与的货币对样本区间统一为 2000 年 10 月—2017 年 10 月，美国与英国的样本区间为 1986 年 10 月—2017 年 11 月，美国与日本的样本区间为 2002 年 4 月—2017 年 11 月，美国与欧盟的样本区间为 1999 年 1 月—2017 年 11 月。

除利率外，对所有数据取自然对数，考虑到数据量纲不同及数量级差别较大，会影响神经网络训练精度，在此基础上再对所有数据进行归一化处理：

$$x_t' = \frac{x_t - x_{\min}}{x_{\max} - x_{\min}} \tag{10}$$

其中，x_t 为某一指标每月实际数值；$x_{\min}$ 和 $x_{\max}$ 分别表示某一指标在所有月份中的最小值和最大值；x_t' 为指标归一化后的值；e_t、m_t、y_t、s_t、l_t 分别表示两国汇率、货币供给 M1 之差、实际收入（工业产出指数）之差、短期利率之差和长期利率之差，并已完成归一化处理。

本文运用常规 Johansen 线性秩检验方法对三种理论模型的六组货币对进行线性协整检验。表 5-2 汇报了线性协整秩检验的迹统计量结果（最大特征值检验结果相同，受篇幅所限没有汇报，有需要的读者可向作者索要）。由表 5-2 可知，韩元和澳元货币对的三个理论模型，美元和英镑货币对、韩元和加元货币对、韩元和比索货币对的部分理论模型均没有通过线性协整检验，这说明仅用线性检验方法不足以捕捉宏观基本面和汇率之间的关系。因此，我们有必要进一步探究序列间的非线性协整关系。

表 5-2　线性协整检验结果

理论模型	原假设	货币对	特征值	迹统计量	5%临界值	P 值	货币对	特征值	迹统计量	5%临界值	P 值
FLMM	None	美元/英镑	0.046	25.403	29.797	0.148	美元/日元	0.165	50.591	29.797	0.000
FLMM	At most 1	美元/英镑	0.017	8.068	15.495	0.458	美元/日元	0.084	17.236	15.495	0.027
FPMM	None*	美元/英镑	0.101	69.912	47.856	0.000	美元/日元	0.178	73.294	47.856	0.000
FPMM	At most 1*	美元/英镑	0.055	30.645	29.797	0.040	美元/日元	0.125	36.940	29.797	0.006
RIDM	None*	美元/英镑	0.109	85.966	69.819	0.002	美元/日元	0.185	88.176	69.819	0.001
RIDM	At most 1	美元/英镑	0.063	43.198	47.856	0.128	美元/日元	0.123	50.248	47.856	0.029

(续表)

理论模型	原假设	货币对	特征值	迹统计量	5%临界值	P值	货币对	特征值	迹统计量	5%临界值	P值
FLMM	None*	美元/欧元	0.182	57.691	29.797	0.000	美元/韩元	0.044	17.668	29.797	0.591
	At most 1		0.045	12.385	15.495	0.139		0.034	8.6756	15.495	0.396
FPMM	None*		0.214	83.488	47.856	0.000		0.101	38.899	47.856	0.264
	At most 1		0.080	29.421	29.797	0.055		0.037	17.562	29.797	0.599
RIDM	None*		0.222	97.178	69.819	0.000		0.138	64.266	69.819	0.128
	At most 1		0.095	40.769	47.856	0.196		0.087	34.471	47.856	0.476
FLMM	None	韩元/加元	0.074	24.574	29.797	0.177	韩元/墨西哥元	0.080	23.560	29.797	0.220
	At most 1		0.037	9.101	15.495	0.356		0.031	6.717	15.495	0.611
FPMM	None*		0.131	54.233	47.856	0.011		0.154	58.763	47.856	0.003
	At most 1		0.083	25.705	29.797	0.138		0.077	25.064	29.797	0.159
RIDM	None*		0.154	84.124	69.819	0.002		0.145	73.357	69.819	0.025
	At most 1*		0.117	50.184	47.856	0.030		0.120	41.825	47.856	0.164

注:原假设 None 表示没有协整向量,原假设 At most 1 表示最多有 1 个协整向量。

(二)序列的长记忆特性检验

参照樊智和张世英(2005)、许启发等(2007)、黄超和黄丽丽(2014)通过值来判断序列的长记忆特性的方法,本节利用 Lo(1991)提出的修正统计量对序列进行 LMM 检验,运用 MATLAB 2016 编程,对时间序列 e_t、m_t、y_t、s_t 和 l_t 进行长记忆特性检验,结果如表 5-3 所示。

表 5-3 汇率及宏观经济基本面序列的长记忆特性检验

货币对(国家)	检验参数	e_t	m_t	y_t	s_t	l_t
美元/英镑	$\overline{Q}$	4.1532	5.2545	9.5426	8.2434	7.9930
	$F(\overline{Q})$	1	1	1	1	1
	显著性水平	0	0	0	0	0
美元/日元	$\overline{Q}$	4.2511	5.2333	3.2827	3.0424	4.6032
	$F(\overline{Q})$	1	1	1	1	1
	显著性水平	0	0	0	0	0

（续表）

货币对(国家)	检验参数	e_t	m_t	y_t	s_t	l_t
美元/欧元	$\bar{Q}$	3.7538	4.1352	4.1123	2.8590	5.8039
	$F(\bar{Q})$	1	1	1	1	1
	显著性水平	0	0	0	0	0
美元/澳元	$\bar{Q}$	5.0489	3.7904	7.3167	4.9899	2.5260
	$F(\bar{Q})$	1	1	1	1	1
	显著性水平	0	0	0	0	0
美元/加元	$\bar{Q}$	5.8984	4.1241	7.3479	4.1166	4.1543
	$F(\bar{Q})$	1	1	1	1	1
	显著性水平	0	0	0	0	0
美元/墨西哥元	$\bar{Q}$	3.2799	4.5105	7.1266	4.3424	7.7891
	$F(\bar{Q})$	1	1	1	1	1
	显著性水平	0	0	0	0	0

由表5-3可知，零假设为短记忆的显著性水平均为0，说明拒绝原假设的出错概率为0，六组货币对的汇率及经济基本面各序列都为长记忆序列。

钟正生和高伟(2009)、谢赤和岳汉奇(2012)等认为，采用值来判断序列长记忆特性是不够的，应继续求Hurst指数以判断序列是否为长记忆序列。为此，基于第三部分的基础方法，我们进一步通过OLS对点列进行拟合(见图5-4)，其中纵坐标为修正统计量序列取对数，横坐标为对应的子样本序列数取对数。由图5-4可知，最小二乘法较好地拟合了点列。根据式(6)，Hurst指数为拟合函数的斜率，图5-4显示所有Hurst指数(函数斜率)均大于0.5，说明六组货币对的汇率与各经济基本面序列均为长记忆序列。

Baillie et al.(1996)、钟正生和高伟(2009)等认为，还应进一步用差分阶数验证序列的长记忆特性。为此，根据彼得斯(1999)提出的关系式，得到差分阶数如表5-4所示。

表5-4 样本序列差分阶数

货币对	e_t	m_t	y_t	s_t	l_t
美元/英镑	0.3356	0.8022	0.6361	0.4874	0.5592
美元/日元	0.4771	0.5134	0.4664	0.5182	0.6724
美元/欧元	0.4808	0.6825	0.3220	0.2402	0.4540
韩元/澳元	0.5725	0.4902	0.6553	0.5518	0.4520
韩元/加元	0.5985	0.5715	0.6382	0.4170	0.5110
韩元/墨西哥元	0.4959	0.7607	0.6718	0.4302	0.5202

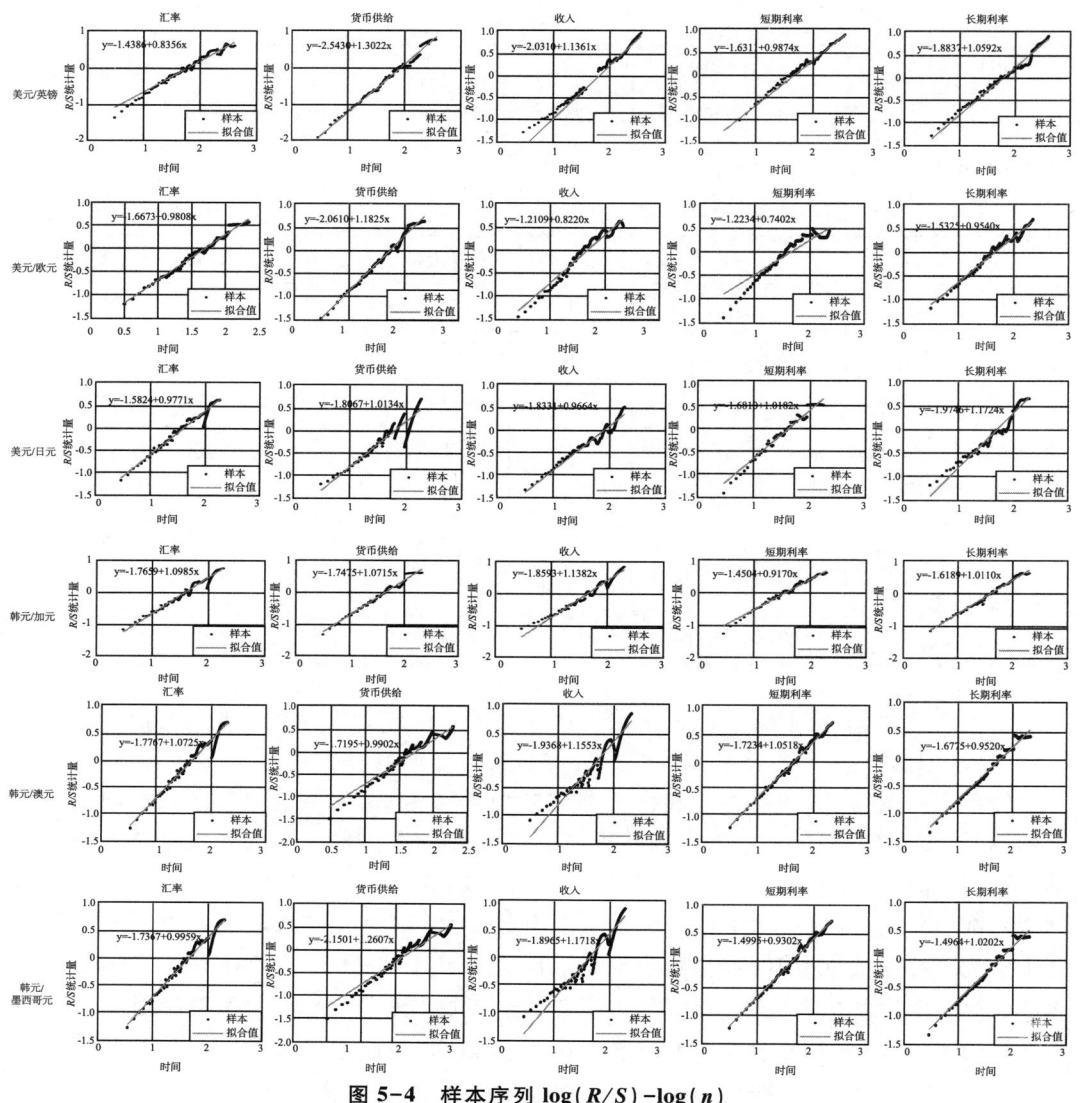

图 5-4　样本序列 $\log(R/S)$-$\log(n)$

注：横纵坐标均取对数。

表 5-4 显示，六组货币对的汇率与各经济基本面序列的差分阶数不是整数，而是分数，并且差分阶数各不相同，说明各序列为长记忆序列。

我们使用以上三种方法验证了归一化后六组货币对的汇率与各经济基本面序列都具有长记忆特性，依据现有文献的观点，线性协整理论将不再适用，应运用非线性协整理论探讨汇率与经济基本面的关系。

（三）非线性协整检验

接下来运用 GRU 神经网络探讨序列之间是否存在非线性协整关系，分别对六组货币对序列数据的 FLMM、FPMM、RIDM 三个理论模型进行非线性协整检验。

1. 非线性协整模型的构建

本文在 Python 的 pycharm 软件上构建 GRU 基本网络模块，并实现对网络的训练和学习。根据第三部分的基础方法,选用非线性激活函数调节隐藏层神经元数,主要选择 rmsprop 优化器,在无法实现最优时尝试 namth 优化器,输入层选用丢弃率 dropout,同时调节教师指导值$\{D_t\}$,最终实现了最大迭代次数(1 000 次)下的极小化误差,具体如表 5-5 所示。

表 5-5 各国最优深度 GRU 协整模型

货币对(国家)	理论模型	神经元数	激活函数	丢弃率	优化器	极小化误差
美元/英镑	FLMM	150	sigmoid,tanh	0.2	rmsprop	0.02750
	FPMM	120	sigmoid,tanh	0.2	rmsprop	0.00026
	RIDM	120	sigmoid,tanh	0.3	rmsprop	0.00005
美元/日元	FLMM	130	tanh,tanh	0.3	rmsprop	0.00067
	FPMM	150	tanh,tanh	0.3	rmsprop	0.00392
	RIDM	150	tanh,tanh	0.3	rmsprop	0.01060
美元/欧元	FLMM	120	sigmoid,tanh	0.3	rmsprop	0.00344
	FPMM	100	sigmoid,tanh	0.2	rmsprop	0.00411
	RIDM	120	sigmoid,tanh	0.2	rmsprop	0.00221
韩元/澳元	FLMM	110	sigmoid,tanh	0.3	rmsprop	0.00101
	FPMM	140	sigmoid,tanh	0.3	namth	0.00070
	RIDM	120	tanh,tanh	0.2	rmsprop	0.00282
韩元/加元	FLMM	130	sigmoid,tanh	0.3	rmsprop	0.00639
	FPMM	150	sigmoid,tanh	0.3	namth	0.00057
	RIDM	130	sigmoid,tanh	0.2	rmsprop	0.00812
韩元/墨西哥元	FLMM	140	sigmoid,tanh	0.3	rmsprop	0.00617
	FPMM	130	sigmoid,tanh	0.3	rmsprop	0.00361
	RIDM	120	sigmoid,tanh	0.2	rmsprop	0.00094

从表 5-5 可以看出,各模型的极小化误差都在 0.03 以下,并且时间序列残差波动较为平缓,除 USA-UK 的 FLMM 模型残差值的标准差是 -0.0121 外,其余所有模型残差值的标准差都是四位小数,这些结果说明模型得到较好的训练,汇率与各经济基本面序列的拟合较好。另外,在调试模型的过程中,激活函数曾尝试选用线性函数 linear,但误差值都较大,而改用非线性激活函数 sigmoid 或 tanh 后,误差值大大降低了,再次说明汇率与各经济基本面序列间是非线性关系,而不是线性关系。

2.残差的短记忆检验

接下来检验 GRU 模型拟合后的残差序列是否为 SMM 序列。按照理论,若是 SMM

序列,则说明它们之间存在非线性协整关系,否则不存在非线性协整关系。依然采用 Lo(1991)提出的修正统计量(见表 5-6),六组货币对的三个理论模型拟合后的残差序列的显著性水平都高于 10%,拒绝原假设为短记忆序列出错的概率较大,有的甚至达到 100% 的概率,即在 10% 的显著性水平下都不显著,因此拒绝备择假设,接受原假设,可判断各残差序列为 SMM 序列。这说明汇率与经济基本面序列间存在非线性协整关系,所构建的 GRU 网络为非线性协整函数。从另一个层面来讲,GRU 神经网络强大的非线性时序数据逼近能力,为汇率货币模型找到了长期均衡的非线性关系。

表 5-6 残差的短记忆检验

货币对	检验参数	FLMM	FPMM	RIDM
美元/英镑	$\bar{Q}$	0.1226	1.4939	0.8398
	$F(\bar{Q})$	0	0.8173	0.0382
	显著性水平	1.0000	0.1827	0.9618
美元/日元	$\bar{Q}$	1.1570	0.7167	0.6047
	$F(\bar{Q})$	0.4003	0.0045	0.0002
	显著性水平	0.5997	0.9955	0.9998
美元/欧元	$\bar{Q}$	0.4540	0.7311	0.9345
	$F(\bar{Q})$	0	0.0062	0.1065
	显著性水平	1.0000	0.9938	0.8935
韩元/澳元	$\bar{Q}$	0.8339	1.2240	0.5319
	$F(\bar{Q})$	0.0353	0.5008	0
	显著性水平	0.9647	0.4992	1.0000
韩元/加元	$\bar{Q}$	0.5770	1.4055	0.5589
	$F(\bar{Q})$	0	0.7345	0
	显著性水平	1.0000	0.2655	1.0000
韩元/墨西哥元	$\bar{Q}$	0.9572	0.8377	0.9335
	$F(\bar{Q})$	0.1292	0.0372	0.1056
	显著性水平	0.8708	0.9628	0.8944

(四)对比分析

为了更好地说明本节所提方法的有效性,接下来将线性协整检验结果和非线性协整检验结果进行对比分析(见表 5-7)。由表 5-7 可知,针对部分货币对,某些理论模型无法通过线性协整检验,但所有模型均通过 GRU 非线性协整检验。这意味着汇率和经济基本面之间存在线性协整检验所无法捕捉到的非线性协整关系。本节运用先进的 GRU

智能技术,较好地找到了汇率与宏观经济基本面之间的非线性协整关系,验证了理论模型的有效性。

表 5-7 线性协整与非线性协整的检验结果对比

货币对	理论模型	线性	非线性	货币对	理论模型	线性	非线性
美元/英镑	FLMM	未通过	通过	美元/日元	FLMM	≤2	通过
	FPMM	≤2	通过		FPMM	≤2	通过
	RIDM	≤1	通过		RIDM	≤2	通过
美元/欧元	FLMM	≤1	通过	韩元/澳元	FLMM	未通过	通过
	FPMM	≤1	通过		FPMM	未通过	通过
	RIDM	≤1	通过		RIDM	未通过	通过
韩元/加元	FLMM	未通过	通过	韩元/墨西哥元	FLMM	未通过	通过
	FPMM	≤1	通过		FPMM	≤1	通过
	RIDM	≤2	通过		RIDM	≤1	通过

注:≤1 和未通过分别表示在 0.05% 的置信度水平上,最多存在 1 个线性协整方程和不存在线性协整方程。

与已有文献进行比较,我们发现针对本书所使用的三组美元货币对,已有文献在进行协整检验时,往往未得出统一结论。例如,Georgoutsos and Kouretas(2017)发现美元与欧元货币对的 FLMM 模型不存在协整关系,加入需求和生产力因素后则存在协整关系。Dinçer(2015)发现美元与欧元货币对的 FLMM 模型和 FPMM 模型都不存在协整关系,但 RIDM 模型存在协整关系。Cerra and Saxena(2010)发现美元与日元、美元与英镑货币对的 FLMM 模型存在协整关系,但 Baillie and Selover(1987)发现这些货币对的 RIDM 模型不存在协整关系。本节在进行线性协整检验时,发现美元与欧元、日元、英镑货币对的 FPMM 模型、RIDM 模型存在线性协整,美元与日元、欧元货币对的 FLMM 模型也存在线性协整,而美元与英镑货币对的 FLMM 模型不存在协整关系;但是,当使用 GRU 神经网络进行检验时,所有货币对均存在非线性协整关系。

五、结 论

汇率货币模型一直是学术界和理论界探讨的焦点,至今仍有较多学者对汇率货币模型进行线性协整检验,但结果并不令人满意。非线性协整理论是线性协整理论的扩展,能够更好地刻画多变量序列间的非线性均衡关系。我们首次基于非线性协整的视角考察汇率与宏观经济基本面之间的非线性关系,发现归一化后的原序列是存在长记忆特性的,适合采用非线性协整理论进行分析。

非线性协整函数的构建是一个重要难题。为此,本节运用人工智能方法,用 GRU 神经网络逼近非线性协整函数,对六组典型浮动汇率制国家货币对(美元/英镑、美元/日元、美元/欧元、韩元/澳元、韩元/加元、韩元/比索)进行非线性协整检验,考察 FPMM、

FLMM 和 RIDM 三个理论模型在非线性条件下的有效性。研究结果显示:汇率与宏观经济基本面序列都是长记忆序列,GRU 神经网络较好地找到了汇率与基本面序列间的长期非线性均衡关系,因此在非线性条件下,汇率货币模型是有效的。通过与传统线性协整检验结果及已有文献进行对比,本节不仅验证了深度 GRU 技术在非线性协整分析中的有效性,还凸显了具有强大学习能力的深度 GRU 技术在经济建模中的优势。

本节侧重于探讨 GRU 智能技术检验汇率货币模型的有效性,在后续的工作中,我们将进一步探究和检验该模型是否具有一定的预测能力。另外,我们也会考虑将 GRU 技术运用于新兴市场等其他国家(地区)货币对的检验和预测,以进一步验证本节所提方法在实践上的普遍意义。

第三节 不同区域有效汇率指数的编制

一、编制市际有效汇率的必要性

本节通过一个估计出口汇率弹性的简单例子来说明,在实证研究尤其是区域经济研究中使用区域有效汇率的必要性。我们认为,采用加总的有效汇率在使用加总数据的经验研究中是合适的,可以得到关于汇率影响的一致估计;但是,一旦用于微观或者中观层面(如企业层面或区域经济层面)的研究,就会使估计结果产生一定的偏误。因此,对于与有效汇率相关的经验研究,需要用对应层面的有效汇率才可以得到汇率影响的一致估计。需要指出的是,出口汇率弹性仅仅是一个特例,本节所讨论的这一问题适用于研究汇率对经济各个方面(如就业、工资、生产率等)的影响。

考虑一个简单的跨期经济,经济中有两个区域,分别叫作 A 与 B,其中区域 A 仅出口到美国,区域 B 仅出口到日本。为方便说明,本节进行以下假设:(1)出口对汇率的真实弹性为 1,且对所有货币均相等。因此,人民币对美元或日元升值均会导致区域出口下降 1%。(2)在第 1 期,区域 A 与区域 B 的出口额之比为 4:6,因此整个经济体出口到美国与日本的份额分别为 0.4 与 0.6(但对于区域 A 而言,出口到美国的份额为 1,出口到日本的份额为 0;对于区域 B 而言,出口到日本的份额为 1,出口到美国的份额为 0)。(3)在第 2 期,人民币对美元升值 10%,但对日元贬值 10%。由于出口对汇率的真实弹性为 1,因此区域 A 的出口会下降 10%,区域 B 的出口会上升 10%。

下面来检验采用加总的有效汇率能否得到关于出口汇率弹性的一致估计。首先使用宏观层面的加总数据进行检验,然后使用各区域的数据进行分析。

(一)加总数据

从总体来看,经济体的贸易情况如下:第 1 期,本国出口到美国与日本的份额分别为 0.4 与 0.6;第 2 期,人民币对美元升值 10%,但对日元贬值 10%。假定汇率弹性为 1 且汇率能够实现完全传递,中国对美国的出口下降 10%,对日本的出口上升 10%。

我们使用加总的有效汇率衡量汇率的变化,按照定义,出口汇率弹性可由本国出口总额变动的百分比与加总的有效汇率变动百分比相除得到,即

$$\varepsilon = -\frac{\varepsilon \ln EX}{\varepsilon \ln AEER} \tag{1}$$

其中，$\varepsilon\ln EX$ 为本国出口总额变动率，$\varepsilon\ln AEER$ 为加总的有效汇率变动率。由于出口汇率弹性均为1，因此本国对美国的出口会下降10%，而对日本的出口会上升10%，由此得：本国出口总额的变动率 $\varepsilon\ln EX = 0.4 \times (-10\%) + 0.6 \times (10\%) = 2\%$，而加总的有效汇率变动 $\varepsilon\ln AEER = 0.4 \times (10\%) + 0.6 \times (-10\%) = -2\%$，即 $\varepsilon = 1$，与真实汇率弹性一致。

这说明，在使用加总数据时，用加总的有效汇率衡量经济中汇率变动情况是有效的，可以得到出口汇率弹性的一致估计。

（二）区域层面数据

接下来考虑区域层面数据，各区域的贸易情况为：第1期，区域A出口到美国的份额为1，出口到日本的份额0；区域B出口到日本的份额为1，出口到美国的份额为0。第2期，人民币对美元升值10%，对日元贬值10%；区域A对美国的出口下降10%，区域B对日本的出口上升10%。对于区域的出口汇率弹性，本节采用一阶差分模型来估计：

$$\varepsilon\ln EX_{it} = \alpha + \beta\ln AEER_t + \varepsilon_{it}$$

其中，$\varepsilon\ln EX_i$ 为区域 i 在时间 t 的出口额（取对数），$\ln AEER_t$ 为用加总的贸易份额（即美国0.4、日本0.6）加权后得到的有效汇率，ε_{it} 为误差项。由OLS性质，易得 β 的估计值为：

$$\hat{\beta} = \frac{\sum_i (\ln EX_{it} - \ln EX_{it-1})(\ln AEER_t - \ln AEER_{t-1})}{\sum_i (\ln AEER_t - \ln AEER_{t-1})^2} = 0$$

也就是说，使用这种估计方法得到的出口汇率弹性为0，而在这个例子中，真实的出口汇率弹性为1。因此，错误地使用加总的贸易份额、加权的有效汇率来衡量每个区域的汇率变动情况会使估计结果产生偏误。通过分析可以发现，这一偏误源于在估计出口汇率弹性时，本质上衡量的是区域A与B的贸易变动与汇率变动的平均相关性，这要求估计时应选用区域的贸易变动数据与区域所面临的汇率变动数据。在本节所举的例子中，区域A与B所面临的汇率变动刚好相反，但我们在用加总的有效汇率进行估计时却假定区域A与B所面临的汇率变相同，这种错误的假定自然会使得估计系数产生偏误。

正确的做法如下：使用每个区域各自的贸易权重（区域A对美国权重为1、对日本权重为0，区域B对日本权重为1、对美国权重为0）计算每个区域的有效汇率，并代入回归式右侧进行估计，可以解决上述的估计偏误问题。将回归方程变为：

$$\varepsilon\ln EX_{it} = \alpha + \beta\ln FEER_{it} + \varepsilon_{it}$$

其中，$\ln FEER_{it}$ 表示用区域到各国的贸易份额为权重的区域有效汇率。可以求得：

$$\hat{\beta}' = \frac{\sum_i (\ln EX_{it} - \ln EX_{it-1})(\ln FEER_{it} - \ln FEER_{it-1})}{\sum_i (\ln FEER_{it} - \ln FEER_{it-1})^2} = -1$$

可以看到，采用区域层面的有效汇率，可以得到出口汇率弹性的无偏估计。

从以上例子可以看出，在分析区域经济问题时，盲目使用加总有效汇率会造成出口弹性的估计偏误，而使用对应区域层面的有效汇率可以解决这一问题。在这个例子中，盲目使用加总有效汇率带来的估计偏误并不只限于出口汇率弹性，事实上，在汇率对经济产生影响的很多方面(如就业、工资、生产率等)都会存在。

通过分析可以得出,估计偏误的大小取决于不同区域有效汇率的变动在各区域间的差异程度,有效汇率在区域间的差异越大,采用加总有效汇率带来的估计偏误就越大。如果区域 A 和区域 B 的出口对象完全相同,或者出口到汇率变动完全相同的不同国家,那么加总的有效汇率就能同时准确地反映出区域 A 和区域 B 各自面临的汇率变动,这时使用加总有效汇率就不会产生偏误。然而,由于对外开放程度不同,汇率变动对不同区域(或省份)进出口贸易的影响很可能显著不同,即人民币汇率变动对省际进出口效应存在异质性。从国内已有的基于省际数据研究汇率变动影响进出口贸易的文献来看,在选择汇率指标时,基本上采用全国层面的汇率指数开展研究。更具体地说,主要采用国际货币基金组织公布的人民币名义有效汇率或人民币实际有效汇率作为代理变量,或者基于国家层面选择我国主要贸易国家或地区编制有效汇率作为各省份统一的汇率指标。然而,不同区域的主要贸易伙伴不同,基于国家层面的有效汇率指数开展研究掩盖了不同城市的贸易伙伴不同和汇率特征不同的事实,因而针对不同城市编制不同的汇率指标开展研究更符合现实。鉴于此,本节利用海关数据库中的实际进出口数据,编制实际名义有效汇率。

二、已有关于有效汇率的编制方法

现有的主流机构仅公布基于国家层面的实际有效汇率,常见的有效汇率公布机构有国际货币基金组织、国际清算银行和经济合作与发展组织等,而它们的测算方法各有不同。在国内研究中,李亚新和余明(2002)、万正晓(2004)等率先基于消费者物价指数计算了实际有效汇率;王慧敏等(2004)、马丹和许少强(2006)、黄薇和任若恩(2008)利用单位劳动成本作为价格指标计算了人民币实际有效汇率。他们的方法在一定程度上能够更准确地度量中国的相对国际竞争力,但是上述研究都着眼于加总层面的实际有效汇率。

真正将实际有效汇率的度量转向行业方向的研究始于 Goldberg(2004),他利用美国的分行业贸易数据构造了 20 个产业的实际有效汇率,以此度量美国不同行业的相对国际竞争力差异。但是,该研究仅在贸易加权时选择行业层面的数据,价格水平的选取仍然是加总层面的,因此也无法准确度量行业竞争力。Lee and Yi(2005)明确批评了这一点,认为仅仅利用贸易差别估算分行业实际有效汇率是不充分的。徐建炜和田丰(2013)、戴觅和施炳展(2013)测算了我国行业层面与企业层面的市际有效汇率,并相继分析了其对行业出口及企业出口的影响。Yang et al.(2016)基于中国海关统计的省级年度贸易数据测算出各省份贸易的时变权重,作为涵盖了进口和出口的有效汇率权重指标,选取中国前 40 位贸易伙伴国 1999 年 1 月至 2016 年 10 月的月度名义汇率数据,计算得到中国省际有效汇率指标。赵文军(2014)考虑到贸易数据的连续性和可获得性,选取国研网中的省际贸易数据计算出权重,并基于 2005 年中国排名前 20 的贸易对象,加入各省份的 CPI 指标计算得到中国总体和地区的实际有效汇率指数。在总结已有研究的基础上,中国社会科学院世界经济与政治研究所于 2016 年 12 月推出了行业层面人民币有效汇率(IEER)、企业层面人民币有效汇率(FEER)、行业层面基于增加值的人民币有效汇率(GVCEER)和省际层面人民币有效汇率(PEER)四个有效汇率子数据库并定期更新,但在实际应用中,尤其是在区域经济的研究中,仅有省级层面的人民币有效汇率可能依旧无法刻画不同地区有效汇率的波动情况,因此有必要编制人民币市际有效汇率。

三、市际有效汇率编制方法

实际汇率是国际金融领域的一个关键变量,反映了一国的国际竞争力水平,对国际收支状况和宏观经济活动产生重要影响。因此,实际汇率的变动对一国宏观经济政策具有重要的指导意义。实际汇率不可以在现实中直接观测得到,需要通过计算,由各省份与其主要贸易伙伴的双边实际汇率加权得到。在实际应用中,名义有效汇率(NEER)的编制方法主要有两种,即算术加权平均法与几何加权平均法。

(一)算术加权平均法

算术加权平均法的测算公式为:

$$\text{NEER} = \sum_{i=1}^{n} w_i \, \text{NER}_i$$

其中,w_i 表示 i 国的竞争力权重,一般用本区域与 i 国的贸易量占本区域总贸易量的比重来替代;n 表示 n 个贸易伙伴国及竞争国;NER_i 表示我国与 i 国之间样本期的双边名义汇率。需要注意的是,这里的双边名义汇率用间接标价法表示,这意味着有效汇率与本币币值波动情况一致,这种方向的一致性便于研究分析。

在此基础上,考虑到国内外价格水平的变动会对有效汇率产生影响,人们又设计了实际有效汇率。实际有效汇率是剔除了国内外价格水平变动对购买力的影响后得到的实际汇率指数,反映了一国相对于贸易伙伴国和竞争国的竞争力。实际有效汇率(REER)的具体测算公式为:

$$\text{REER} = \sum_{i=1}^{n} w_i \, \text{NER}_i^* \, \frac{P}{P_i}$$

其中,P 和 P_i 分别表示本国和第 i 国民在样本期的居民消费价格指数。同样,双边名义汇率是用间接标价法表示的。

在实际测算中,我国的学者大多采用算术加权平均法。如魏巍贤(1999)、俞乔(2000)、李亚新和余明(2002),但是他们加权的方法略有差异:魏巍贤、俞乔首先计算人民币对各个贸易伙伴国的双边实际汇率,然后将这些双边汇率乘以各国的贸易权数再相加,从而得到加权算术平均的实际有效汇率指数。而李亚新首先求得名义有效汇率,然后用本国价格指数与贸易加权平均得到的国外价格指数的比值乘以名义有效汇率得到实际有效汇率。显然,上述两种方法得到的结果是完全不同的,比较两者的算法,前者的算法是先求得双边实际汇率然后算术加权得到实际有效汇率,其意义比较清晰,更具科学性和准确性。

(二)几何加权平均法

以国际货币基金组织为代表的国际组织在计算有效汇率时,通常采取几何加权平均法,权数的选择也是采用双边贸易在本国贸易所占比例,具体公式为:

$$\text{NEER} = \prod_{i=1}^{n} (\text{NER}_i)^{w_i}$$

实际有效汇率就是在名义有效汇率的基础上进行价格调整,计算公式为:

$$\text{REER} = \prod_{i=1}^{n} \left(\text{NER}_i * \frac{P}{P_i} \right)^{w_i}$$

其中,P 和 P_i 分别表示本国和第 i 国样本期的居民消费价格指数。

经过推导可得,由该方法得到的实际汇率 REER 可以直接在 NEER 的基础上进行调整,即:

$$\text{REER} = \text{NEER} * p * \prod_{i=1}^{n} (P_i)^{w_i}$$

由上式可以看出,几何加权平均法可直接在名义有效汇率的基础上进行价格调整得到实际有效汇率,这一点与算术加权平均法的结果不同,这也是目前主流机构均采用几何加权平均法的一个重要原因,即测算结果不依赖于指标的选择。

还有一点需要说明的是,样本国一般选择测算国的主要贸易伙伴国及竞争国或地区,权数的大小依据双边贸易总额占该国对外贸易总额的比例来得到。对于选定多少贸易伙伴国和竞争国没有明确的要求,很多学者的选择不同,一般在 20 个国家以上。理论上,选取的样本国越多得到的结果越准确。在本节中,关于汇率指数的编制和处理,对各省份贸易伙伴权重的计算,不再采用全国统一的贸易伙伴国或地区,而是用各市与其主要贸易伙伴国或地区的进出口贸易额除以这些国家或地区出口至全国所有城市的贸易总额得到,各省市份与主要贸易国家或地区的数据来自海关数据库。如前所述,以往基于区域数据研究汇率与贸易关系的文献,要么采用国际货币基金组织公布的名义有效汇率或实际有效汇率作为人民币汇率的替代变量,要么统一采用全国前几大主要贸易伙伴国作为各省份共同的贸易伙伴国,以双边贸易数据作为权重自行编制汇率指标。本节对汇率指数的编制做了很大的改进,根据海关数据库真实的进出口数据确定贸易权重,这样能避免各地因贸易伙伴国存在的较大差异所导致的进口权重差异问题,与现实情况更加吻合。另外,在理论上,有效汇率指标还存在时间维度的"加总谬误",要想获得更加精确的估算,应该利用高频数据。但是,考虑到绝大多数经验研究(包括后面关于汇率和贸易关系的讨论)都是基于年度汇率数据,因此本节仅提供年度结果。不过,本节提供的计算方法很容易推广至月度乃至日度,可以解决"加总谬误"问题。

四、分区域市际有效汇率总体情况

国内虽然已有研究部门定期发布省际层面人民币实际有效汇率,但随着研究的不断深入,人们对市际甚至县际层面人民币汇率的需求不断提高。考虑到县级层面进出口数据不完整,本文构建了分区域市际人民币有效汇率指数。按照前文介绍的编制方法,本节按照我国区域将各省市有效汇率进行了分组,如表 5-8 至表 5-14 所示。需要指出的是,部分城市在样本期间(2000—2016 年)对外贸易量过少,因此没有列入本节所编制的数据。

总体来看,各省的名义有效汇率的稳定性与其经济发展程度基本一致,大多数经济发达地区的名义有效汇率的波动较小,并且在整个样本期内有效汇率没有出现大幅上升或下降。当然,这一情况也有例外,最典型的便是湖南省长沙市及广东省深圳市,其名义有效汇率数值及其波动性在全省甚至全国均处于较高水平。当然必须注意,有效汇率波动较大的地区均集中在各省份较不发达的地区,如陕西省铜川市、甘肃省白银市、云南省普洱市、云南省临沧市、辽宁省葫芦岛市等。总体来看,本节编制的有效汇率较为可信。

表 5-8 西北地区市际名义有效汇率的描述性统计

省份及城市	观测值	均值	标准差	最小值	最大值
甘肃省白银市	16	191.92	58.07	115.89	341.19
甘肃省定西市	14	134.81	56.75	82.91	243.80
甘肃省嘉峪关市	17	183.04	54.36	109.82	300.60
甘肃省金昌市	12	188.96	55.29	123.65	304.02
甘肃省酒泉市	15	143.97	35.26	100.00	210.79
甘肃省兰州市	14	179.81	129.77	98.69	479.84
甘肃省陇南市	15	126.52	21.32	100.00	171.49
甘肃省平凉市	16	148.73	46.75	91.34	244.32
甘肃省天水市	16	144.65	32.10	106.41	240.54
甘肃省武威市	17	146.68	38.15	97.76	237.10
甘肃省张掖市	17	154.60	34.00	100.00	223.45
宁夏回族自治区固原市	16	143.19	46.30	96.61	236.85
宁夏回族自治区石嘴山市	16	167.47	94.45	109.23	444.89
宁夏回族自治区吴忠市	16	148.69	44.40	91.44	244.37
宁夏回族自治区银川市	16	145.94	54.41	105.53	263.29
青海省海东市	17	172.37	81.05	102.89	327.58
青海省西宁市	17	153.03	63.15	94.88	285.96
陕西省宝鸡市	16	187.03	116.89	102.64	470.89
陕西省汉中市	17	156.25	41.05	95.07	246.34
陕西省商洛市	14	148.82	26.89	93.53	187.50
陕西省铜川市	15	211.10	77.09	129.41	429.25
陕西省渭南市	16	156.36	44.62	111.21	270.79
陕西省西安市	17	160.37	88.78	96.08	442.28
陕西省咸阳市	17	163.71	94.65	95.49	442.79

（续表）

省份及城市	观测值	均值	标准差	最小值	最大值
陕西省延安市	17	136.58	47.88	99.23	272.12
陕西省榆林市	17	165.01	55.62	87.99	270.28
新疆维吾尔自治区昌吉回族自治州	16	161.60	91.57	101.30	472.88
新疆维吾尔自治区克拉玛依市	15	185.42	51.09	99.76	330.23
新疆维吾尔自治区石河子市	17	148.05	48.65	102.05	268.41
新疆维吾尔自治区乌鲁木齐市	17	160.83	94.94	97.82	407.80

表 5-9　西南地区市际名义有效汇率的描述性统计

省份及城市	观测值	均值	标准差	最小值	最大值
贵州省贵阳市	17	153.08	60.46	98.03	306.93
贵州省六盘水市	14	207.09	52.69	104.60	309.41
贵州省铜仁市	15	221.87	111.26	100.12	495.53
贵州省遵义市	17	175.22	68.04	115.33	373.59
四川省巴中市	17	131.58	51.83	97.34	323.74
四川省成都市	17	124.92	21.32	100.06	161.52
四川省达州市	16	168.25	37.19	116.09	221.56
四川省德阳市	17	167.63	81.67	98.42	366.36
四川省广安市	17	217.56	85.88	101.70	396.92
四川省广元市	17	172.05	37.65	114.17	257.32
四川省乐山市	17	169.56	93.61	97.63	423.41
四川省泸州市	17	188.64	70.90	99.39	325.55
四川省眉山市	17	179.44	68.90	115.03	353.53
四川省绵阳市	17	161.85	68.21	105.89	377.14
四川省内江市	15	188.86	111.45	112.80	478.21
四川省攀枝花市	16	174.50	71.02	110.80	305.39

（续表）

省份及城市	观测值	均值	标准差	最小值	最大值
四川省遂宁市	17	172.94	45.45	109.53	264.25
四川省雅安市	17	180.91	89.73	93.25	468.79
四川省宜宾市	17	226.08	105.02	100.00	441.96
四川省资阳市	17	171.54	55.51	106.82	306.30
四川省自贡市	17	143.33	24.33	101.67	185.18
西藏自治区拉萨市	17	133.81	28.57	101.04	191.34
云南省保山市	15	188.91	107.83	108.00	439.75
云南省昆明市	13	143.86	81.25	101.11	402.79
云南省丽江市	17	191.23	50.75	98.31	297.09
云南省临沧市	12	120.32	19.00	92.30	158.73
云南省普洱市	15	179.66	67.05	107.68	331.86
云南省曲靖市	14	191.68	57.18	149.00	363.60
云南省玉溪市	14	182.38	39.50	121.63	245.54
云南省昭通市	13	149.41	58.81	101.05	281.69

表 5-10 华中地区市际名义有效汇率的描述性统计

省份及城市	观测值	均值	标准差	最小值	最大值
河南省安阳市	17	151.86	51.66	109.32	254.52
河南省鹤壁市	17	146.35	37.07	108.88	217.27
河南省焦作市	17	153.40	56.22	103.42	300.93
河南省开封市	17	200.61	84.61	106.87	386.62
河南省洛阳市	14	167.64	131.58	94.92	493.48
河南省漯河市	17	169.70	64.39	101.96	294.83
河南省南阳市	17	173.28	68.49	97.09	312.47
河南省平顶山市	17	158.90	39.24	101.44	272.53
河南省濮阳市	17	196.02	91.51	105.34	379.43
河南省三门峡市	17	166.32	64.75	100.62	282.60
河南省商丘市	17	214.44	103.84	124.50	491.11
河南省新乡市	17	156.74	56.41	99.00	275.09

（续表）

省份及城市	观测值	均值	标准差	最小值	最大值
河南省信阳市	17	197.76	69.15	104.23	334.69
河南省许昌市	17	155.89	48.87	102.78	234.93
河南省郑州市	17	136.93	30.86	100.53	227.86
河南省周口市	17	168.28	79.95	103.43	415.02
河南省驻马店市	17	162.46	54.18	104.91	317.69
湖北省鄂州市	15	138.86	32.03	104.93	222.22
湖北省黄冈市	17	150.83	40.60	105.78	229.56
湖北省黄石市	17	157.02	68.93	97.97	349.90
湖北省荆门市	12	175.11	106.52	117.29	496.46
湖北省荆州市	17	168.65	67.58	96.93	338.88
湖北省沙市市	17	147.35	31.60	102.06	207.46
湖北省十堰市	12	179.90	50.88	93.06	301.44
湖北省随州市	15	178.40	43.34	108.53	268.55
湖北省武汉市	15	126.74	30.35	99.47	200.78
湖北省咸宁市	17	140.13	39.91	105.24	242.33
湖北省襄阳市	16	150.87	43.19	103.26	253.28
湖北省孝感市	17	149.08	40.51	100.60	246.86
湖北省宜昌市	17	166.82	71.03	99.38	356.39
湖南省常德市	17	162.19	64.65	104.77	378.29
湖南省郴州市	17	180.82	82.23	113.43	442.19
湖南省衡阳市	17	182.95	82.51	105.64	380.89
湖南省怀化市	15	167.09	67.02	120.15	323.20
湖南省娄底市	16	176.91	38.73	133.74	258.39
湖南省邵阳市	17	168.24	33.72	125.71	226.70
湖南省湘潭市	17	156.95	63.27	106.42	335.81
湖南省益阳市	17	143.63	31.10	106.65	216.10
湖南省永州市	16	144.47	22.54	111.23	187.11
湖南省岳阳市	17	156.63	65.30	105.80	334.57
湖南省张家界市	17	179.79	37.95	117.55	250.64
湖南省长沙市	17	157.30	69.89	100.85	306.34
湖南省株洲市	17	146.52	53.96	103.65	294.72

表 5-11 华南地区市际名义有效汇率的描述性统计

省份及城市	观测值	均值	标准差	最小值	最大值
广东省东莞市	17	121.37	26.05	98.99	176.58
广东省佛山市	17	145.01	61.50	99.13	275.92
广东省广州市	17	127.06	30.14	100.40	188.53
广东省河源市	17	119.52	20.75	98.09	159.93
广东省惠州市	17	119.66	18.84	98.94	154.15
广东省江门市	17	131.04	32.20	98.63	189.22
广东省茂名市	17	133.29	36.64	97.00	206.70
广东省梅州市	17	129.20	28.88	100.06	187.83
广东省清远市	17	175.56	86.36	98.24	353.63
广东省三亚市	17	136.62	40.57	98.28	203.04
广东省汕头市	17	150.56	60.07	102.25	299.89
广东省汕尾市	17	120.05	20.24	99.42	159.30
广东省韶关市	17	130.95	23.80	102.76	171.50
广东省深圳市	16	125.44	32.49	99.97	197.62
广东省阳江市	17	148.23	43.83	105.13	248.04
广东省湛江市	17	196.54	86.20	101.32	359.00
广东省肇庆市	17	128.42	31.40	101.43	198.78
广东省中山市	17	120.40	21.67	98.77	162.60
广东省珠海市	16	207.20	101.78	100.28	461.83
广西壮族自治区百色市	17	159.07	88.57	101.11	477.15
广西壮族自治区北海市	17	168.30	89.69	101.11	378.42
广西壮族自治区防城港市	17	134.79	39.65	96.78	215.87
广西壮族自治区贵港市	17	174.15	39.46	111.27	270.69
广西壮族自治区桂林市	16	151.84	87.28	100.41	411.74
广西壮族自治区贺州市	17	167.43	64.85	102.10	330.93
广西壮族自治区柳州市	12	145.03	32.55	104.02	202.24
广西壮族自治区南宁市	17	143.14	37.25	102.06	221.37
广西壮族自治区钦州市	17	164.72	39.72	115.86	225.76
广西壮族自治区梧州市	17	146.00	47.38	103.31	258.90
广西壮族自治区玉林市	15	163.58	49.36	110.20	270.71
海南省海口市	17	149.10	78.32	103.75	407.98

表 5-12　华东地区市际名义有效汇率的描述性统计

省份及城市	观测值	均值	标准差	最小值	最大值
安徽省安庆市	17	175.92	84.58	102.59	394.30
安徽省蚌埠市	17	194.72	98.66	113.66	441.56
安徽省亳州市	17	167.76	31.86	119.73	218.75
安徽省巢湖市	17	161.00	64.36	108.25	336.06
安徽省滁州市	17	150.86	33.27	114.39	214.98
安徽省阜阳市	17	156.21	61.36	102.10	337.84
安徽省合肥市	17	153.68	51.17	104.41	267.85
安徽省淮北市	17	166.29	32.69	122.87	237.22
安徽省淮南市	15	159.27	50.79	115.14	282.89
安徽省黄山市	17	124.76	77.00	62.52	295.17
安徽省六安市	16	160.11	35.77	114.80	231.14
安徽省马鞍山市	17	152.14	48.80	104.81	243.49
安徽省宿州市	17	158.94	61.36	102.76	326.17
安徽省铜陵市	17	160.47	47.57	106.39	266.86
安徽省芜湖市	16	180.22	98.40	107.16	412.17
福建省福州市	17	132.60	37.05	101.20	223.21
福建省龙岩市	17	181.59	72.00	97.23	353.81
福建省南平市	17	150.16	52.07	98.70	256.78
福建省宁德市	16	170.65	71.97	100.65	365.73
福建省莆田市	17	132.68	32.15	99.66	195.86
福建省泉州市	17	148.34	49.95	102.47	275.78
福建省三明市	17	175.20	85.83	107.72	394.34
福建省厦门市	17	135.65	37.39	100.65	205.97
福建省漳州市	17	139.51	40.98	97.13	238.37
江苏省常州市	17	142.94	55.46	100.53	273.65
江苏省淮安市	17	139.75	30.18	105.84	201.40
江苏省连云港市	17	144.74	41.02	103.90	243.47
江苏省南京市	17	129.89	36.31	96.77	208.19
江苏省南通市	17	140.29	43.43	102.98	241.42
江苏省苏州市	17	115.20	17.33	96.49	148.12

（续表）

省份及城市	观测值	均值	标准差	最小值	最大值
江苏省宿迁市	17	146.26	31.85	103.26	212.44
江苏省泰州市	17	170.57	58.14	103.90	259.84
江苏省无锡市	17	118.92	21.66	99.46	164.35
江苏省徐州市	17	154.25	47.61	100.19	249.02
江苏省盐城市	17	173.65	81.39	104.11	356.80
江苏省扬州市	17	130.88	28.16	102.00	193.94
江苏省镇江市	17	136.04	40.03	101.55	227.19
江西省抚州市	17	165.56	80.56	107.22	409.60
江西省赣州市	9	149.43	114.09	94.29	449.44
江西省吉安市	17	168.20	68.58	101.21	303.84
江西省景德镇市	17	180.20	63.72	115.01	319.43
江西省九江市	17	157.89	56.96	103.54	300.26
江西省南昌市	17	172.18	77.36	100.71	364.62
江西省萍乡市	17	202.29	71.01	102.46	390.29
江西省上饶市	15	174.41	50.96	123.76	314.91
江西省新余市	17	175.88	55.32	97.82	330.10
江西省宜春市	17	165.57	61.28	106.73	304.04
江西省鹰潭市	17	204.70	82.55	99.30	442.30
山东省滨州市	17	187.01	83.73	102.68	329.89
山东省德州市	15	177.05	96.44	98.84	438.79
山东省东营市	17	196.73	102.72	98.88	395.21
山东省菏泽市	17	148.53	41.48	101.53	233.35
山东省济南市	16	185.39	109.50	100.42	417.70
山东省济宁市	17	159.44	51.65	96.33	265.08
山东省莱芜市	14	146.48	59.66	97.12	316.79
山东省聊城市	17	181.22	91.52	99.47	390.36
山东省临沂市	17	183.66	117.04	99.92	471.18
山东省青岛市	17	146.27	59.25	98.84	285.24
山东省日照市	17	183.94	107.52	93.68	404.08
山东省泰安市	17	158.24	53.22	92.01	283.04

（续表）

省份及城市	观测值	均值	标准差	最小值	最大值
山东省威海市	17	142.80	50.64	95.80	278.03
山东省潍坊市	17	143.15	59.18	98.09	290.42
山东省烟台市	17	123.47	25.21	97.67	186.17
山东省枣庄市	17	149.62	41.01	99.51	234.03
山东省淄博市	17	159.52	76.48	100.02	319.38
上海市	17	121.96	26.50	97.51	178.70
浙江省杭州市	17	152.32	54.58	100.45	242.33
浙江省湖州市	17	140.20	35.62	105.82	206.61
浙江省嘉兴市	17	163.58	65.75	98.61	289.40
浙江省金华市	17	155.27	60.76	100.84	302.76
浙江省丽水市	17	141.95	46.91	98.72	253.30
浙江省宁波市	17	147.53	62.78	101.85	329.28
浙江省衢州市	15	142.58	64.13	97.60	346.85
浙江省绍兴市	17	170.62	52.58	103.66	250.22
浙江省台州市	17	164.57	62.63	93.00	306.66
浙江省温州市	17	149.24	51.17	105.47	264.69
浙江省舟山市	17	158.85	58.38	94.84	263.97

表 5−13　东北地区市际名义有效汇率的描述性统计

省份及城市	观测值	均值	标准差	最小值	最大值
黑龙江省大庆市	17	171.12	51.66	110.05	273.32
黑龙江省哈尔滨市	17	149.74	60.64	94.08	312.88
黑龙江省黑河市	17	158.49	66.64	100.22	299.50
黑龙江省鸡西市	17	155.73	59.29	104.09	294.46
黑龙江省佳木斯市	17	173.74	89.31	100.25	395.90
黑龙江省牡丹江市	17	138.25	51.49	99.36	271.18
黑龙江省七台河市	17	165.46	67.66	96.70	323.32
黑龙江省齐齐哈尔市	17	149.53	64.84	97.74	366.57
黑龙江省双鸭山市	17	165.72	77.32	100.00	360.20
黑龙江省绥化市	15	175.61	87.44	103.88	342.09

(续表)

省份及城市	观测值	均值	标准差	最小值	最大值
黑龙江省伊春市	17	150.97	50.60	105.31	251.16
吉林省白城市	17	128.29	24.52	100.42	182.05
吉林省白山市	17	128.48	22.43	105.63	186.46
吉林省吉林市	17	132.38	35.38	96.56	240.82
吉林省辽源市	17	144.65	26.25	111.43	199.88
吉林省四平市	15	169.63	103.15	102.97	499.00
吉林省松原市	17	150.22	57.91	104.61	277.91
吉林省通化市	17	167.70	38.13	108.36	229.85
吉林省长春市	17	151.25	67.36	97.79	355.94
辽宁省鞍山市	17	127.97	35.11	94.09	220.03
辽宁省本溪市	17	152.37	43.48	104.73	242.60
辽宁省朝阳市	15	157.27	63.54	104.32	337.29
辽宁省大连市	17	152.39	49.22	100.43	244.62
辽宁省丹东市	17	131.95	41.23	98.02	256.02
辽宁省抚顺市	16	166.34	89.75	97.49	363.16
辽宁省阜新市	17	179.69	61.32	106.65	284.91
辽宁省葫芦岛市	16	174.19	98.88	110.25	417.13
辽宁省锦州市	16	217.05	133.43	99.71	433.00
辽宁省辽阳市	17	156.56	61.73	100.18	342.72
辽宁省盘锦市	15	182.76	74.29	103.66	329.42
辽宁省沈阳市	17	138.98	51.03	97.58	264.46
辽宁省铁岭市	17	189.50	91.92	100.09	389.87
辽宁省营口市	17	153.32	65.83	100.18	322.53

表 5-14 华北地区市际名义有效汇率的描述性统计

省份及城市	观测值	均值	标准差	最小值	最大值
河北省保定市	17	139.85	38.22	107.50	222.09
河北省沧州市	17	146.64	50.63	103.77	256.36
河北省承德市	17	150.35	49.76	102.38	238.88
河北省邯郸市	17	143.67	35.34	107.94	254.49
河北省衡水市	17	171.14	90.24	102.90	401.52

（续表）

省份及城市	观测值	均值	标准差	最小值	最大值
河北省廊坊市	17	173.37	97.56	101.76	415.07
河北省秦皇岛市	16	138.40	35.33	101.53	224.09
河北省石家庄市	17	143.44	56.34	96.99	277.82
河北省唐山市	16	176.22	113.22	103.23	452.00
河北省邢台市	17	160.42	64.75	100.65	295.56
河北省张家口市	17	176.30	57.47	114.97	264.81
内蒙古自治区巴彦淖尔市	13	172.06	91.63	104.48	462.49
内蒙古自治区包头市	16	156.76	84.18	96.65	375.53
内蒙古自治区赤峰市	17	178.96	74.86	113.31	427.32
内蒙古自治区鄂尔多斯市	17	146.70	66.52	100.14	311.39
内蒙古自治区呼和浩特市	17	136.23	39.87	104.54	242.13
内蒙古自治区呼伦贝尔市	13	147.56	42.99	103.52	231.63
内蒙古自治区通辽市	17	152.67	49.67	102.39	259.25
内蒙古自治区乌海市	14	194.33	90.39	98.11	443.23
内蒙古自治区乌兰察布市	17	202.67	99.50	113.49	482.77
山西省大同市	17	142.98	45.17	101.24	242.40
山西省晋城市	17	141.65	35.01	106.31	224.45
山西省晋中市	6	139.78	57.31	100.00	214.29
山西省临汾市	17	165.36	45.43	108.16	259.00
山西省吕梁市	17	165.99	41.70	122.07	292.73
山西省朔州市	17	134.31	21.43	113.66	177.94
山西省太原市	14	125.78	25.15	101.64	168.43
山西省忻州市	17	145.97	31.92	110.53	219.34
山西省阳泉市	16	175.34	40.23	131.41	259.12
山西省运城市	17	159.20	39.77	106.92	252.20
山西省长治市	14	147.75	34.44	117.50	249.04
河北省保定市	17	139.85	38.22	107.50	222.09
河北省沧州市	17	146.64	50.63	103.77	256.36
河北省承德市	17	150.35	49.76	102.38	238.88
河北省邯郸市	17	143.67	35.34	107.94	254.49
河北省衡水市	17	171.14	90.24	102.90	401.52
河北省廊坊市	17	173.37	97.56	101.76	415.07

（续表）

省份及城市	观测值	均值	标准差	最小值	最大值
河北省秦皇岛市	16	138.40	35.33	101.53	224.09
河北省石家庄市	17	143.44	56.34	96.99	277.82
河北省唐山市	16	176.22	113.22	103.23	452.00
河北省邢台市	17	160.42	64.75	100.65	295.56
河北省张家口市	17	176.30	57.47	114.97	264.81
内蒙古自治区巴彦淖尔市	13	172.06	91.63	104.48	462.49
内蒙古自治区包头市	16	156.76	84.18	96.65	375.53
内蒙古自治区赤峰市	17	178.96	74.86	113.31	427.32
内蒙古自治区鄂尔多斯市	17	146.70	66.52	100.14	311.39
内蒙古自治区呼和浩特市	17	136.23	39.87	104.54	242.13
内蒙古自治区呼伦贝尔市	13	147.56	42.99	103.52	231.63
内蒙古自治区通辽市	17	152.67	49.67	102.39	259.25
内蒙古自治区乌海市	14	194.33	90.39	98.11	443.23
内蒙古自治区乌兰察布市	17	202.67	99.50	113.49	482.77
山西省大同市	17	142.98	45.17	101.24	242.40
山西省晋城市	17	141.65	35.01	106.31	224.45
山西省晋中市	6	139.78	57.31	100.00	214.29
山西省临汾市	17	165.36	45.43	108.16	259.00
山西省吕梁市	17	165.99	41.70	122.07	292.73
山西省朔州市	17	134.31	21.43	113.66	177.94
山西省太原市	14	125.78	25.15	101.64	168.43
山西省忻州市	17	145.97	31.92	110.53	219.34
山西省阳泉市	16	175.34	40.23	131.41	259.12
山西省运城市	17	159.20	39.77	106.92	252.20
山西省长治市	14	147.75	34.44	117.50	249.04

第四节 人民币汇率和企业杠杆率

一、引　言

　　汇率变动对一国实体经济的影响一直是学术界和政策界关心的重要问题。2005 年 7 月央行宣布开启人民币汇率改革之后，人民币汇率进入了一段较长的升值通道，同时学术界也涌现了许多有关人民币汇率变动对中国经济影响的研究(卢向前和戴国强,2005;李宏彬等,2011;许家云等,2015;王雅琦和卢冰,2018)。这些研究普遍认为:对于出口企业,人民币升值在一定程度上会降低产品价格,从而使得企业盈利空间缩小;对于进口企业,人民币升值会使企业进口成本下降、研发投入增加,有利于提升产品质量和企业盈利水平。

近年来,降杠杆成为了供给侧结构性改革"三去一降一补"的重要任务之一,中国企业的杠杆率问题吸引了众多研究人员的关注。李扬等(2012)从宏观杠杆率(债务/GDP)的角度指出,2008年以来我国非金融企业杠杆率快速攀升。Chivakul and Lam(2015)的实证结果表明利润上升20%,企业杠杆率会相应下降25%,并认为中国实体经济的平均负债风险基本可控,但结构性问题严重。也有学者开始从微观层面对企业杠杆率(债务/资产,债务/市值)进行探讨。纪敏等(2017)发现微观杠杆率与宏观杠杆率出现了背离;汪勇等(2018)表明过去几年国企杠杆率在上升,而民企杠杆率却出现了下降;钟宁桦等(2016)、陈卫东和熊启跃(2017)对中国企业的杠杆率进行了系统梳理,发现大部分工业企业已经显著降杠杆,工业企业资产负债率低于全球水平;谭小芬等(2018)进一步指出制造业部门杠杆率整体呈下降态势,且盈利能力和杠杆率呈反向变动关系。本节使用中国制造业上市企业数据,再次证实2005年后制造业企业的微观杠杆率呈现下降趋势。值得注意的是,人民币汇率也在2005年汇改后进入了长期升值的阶段,这就使人深思,人民币汇率与企业杠杆率存在怎样的联系?由融资优序理论(Myers,1984;Myers and Majluf,1984)和权衡理论(Myers,1977)这两个经典的资本结构理论可知,盈利水平的变动会对企业融资决策产生重要的影响。受此启发,人民币升值带来的盈利水平变动是否也会影响企业融资决策,进而导致企业调整杠杆率?如果是这样,那么这种影响又有多大?对异质性企业的影响又是怎样的?

本节首次将企业杠杆率问题拓展到国际金融贸易领域,重点研究人民币汇率变动影响企业杠杆率的内在机理,这将丰富公司金融、国际金融、国际贸易相关理论,是对交叉学科分析问题的一个有益探索。降低企业杠杆率是中国供给侧结构性改革的重要任务之一,考虑到制造业企业在我国占据重要地位,研究汇率变动对我国制造业企业杠杆率的影响有着重大的意义。

与本研究相关的文献主要分为两方面:一方面是汇率变动与对外贸易的研究。不少学者(Campa and Goldberg,2004;Gopinath and Rigobon,2008;Hellerstein,2008;Berman et al.,2012;丁剑平和刘敏,2016)研究了汇率的价格传递和汇率对出口的影响,但现有文献大多关注出口获利下降致使出口商盈利水平下降的问题(Berman et al.,2012;张欣和孙刚,2014;梁中华和余淼杰,2014),未考虑本币升值对进口成本下降的影响,或者较少考虑进口行为因素的影响。刘富江和江源(2010)曾指出,人民币升值3%,出口企业整体利润率只会下降0.6%,并认为人民币升值对出口企业的负面影响被放大了。实际上,很多出口企业存在进口行为(王雅琦和卢冰,2018),因此有必要考虑冰山成本、国外营销成本(Berman et al.,2012;Manova,2013)和进口成本等在本币升值过程中对不同类型企业盈利水平的影响。

另一方面是有关资本结构决定的研究,即决定杠杆率的影响因素。该领域研究的重点是基于融资优序理论(Myers,1984;Myers and Majluf,1984)和权衡理论(Myers,1977)讨论一国企业资本结构的决定因素。例如,Booth 等(2001)研究了 10 个发展中国家公司资本结构决定因素;Akhtar(2005)则讨论了澳大利亚公司资本结构的决定因素。国内也有学者对中国上市公司资本结构的决定因素进行了实证分析(肖泽忠和邹宏,2008;苏冬蔚和曾海舰,2009;宋献中等,2014)。大多数观点认为企业规模、盈利水平、成长性、有形资产比率、非债务税盾是决定资本结构的重要因素。虽然部分指标在不同国家、不同时间段的实证结果有差异,但盈利水平指标的大量实证结果表明盈利能力强的企业由于拥有更多的留存收益来满足融资的需求,因而会有较低的杠杆率水平(Wessels,1988;Rajan and Zingales,1994;Huang et al.,2011;Chen et al.,2014;Chivakul and Lam,2015),更支持融资优序理论的预测。近年来,学者们开始基于常规资本决定因素,讨论金融稳定、货币政策、财政政策等宏观因素对杠杆率的影响(纪敏等,2017;汪勇等,2018;李建军和张书瑶,2018),但都是在国内封闭经济范畴内进行讨论。

本节的主要贡献分为两部分:①在理论模型方面,我们综合考虑了冰山成本、营销成本和进口成本,将汇率和中间产品要素(Berman et al.,2012)嵌入 Melitz(2003)模型,结合融资优序理论构建了企业杠杆率变动的汇率传导机制模型。研究揭示了汇率变动影响企业杠杆率的内在机理:汇率变动影响出口企业杠杆率的正负效应,具体取决于收益和成本效应的大小,其中对净出口企业的影响因成本效应的降低而减弱;汇率变动影响进口企业杠杆率的负效应主要源于成本效应,故本币升值有助于降低杠杆率;汇率变动还会对国内非进出口企业杠杆率产生影响,主要原因在于汇率变动会带来国内相同产品竞争及生产要素的重新配置。②在实证研究方面,我们利用中国制造业上市公司数据对理论模型推导的四种行为企业分别进行了验证,发现模型预测结果得到了有力的支持;考虑到行业实际汇率可能存在内生性,本节对中国 2005 年汇改和 2015 年汇改分别进行自然实验,并构建企业层面的汇率指标进行检验,证明本节所得结论是稳健的;在所有制结构、技术与生产率水平、融资约束等异质性情况下,本节研究了汇率变动影响企业杠杆率的差异。

二、理论模型

汇率变动会通过影响贸易品价格影响进出口企业的盈利水平,也会通过产品竞争、资源重新配置影响国内企业的盈利状况,而盈利水平的升降又会影响企业杠杆率的变动。根据这一思想,我们可用以下式(1)复合函数描述企业杠杆率(Leverage)与盈利(π_{ij})、实际汇率($e_{ij} = \dfrac{\varepsilon_{ij}\omega_i}{\omega_j}$)的关系:

$$\text{Lev}(\pi_{ij}(e_{ij})) \tag{1}$$

其中,i、j 分别表示出口国和进口国,ε_{ij} 为用间接标价法表示的名义汇率,ω_i、ω_j 分别为出口国和进口国的工资率,e_{ij} 为出口国和进口国的实际汇率(实际汇率上升,出口国货币升值)。为研究汇率变动对不同行为企业杠杆率的影响,先对复合函数求偏导:

$$\frac{\partial \mathrm{Lev}(\pi_{ij}(e_{ij}))}{\partial e_{ij}} = \frac{\partial \mathrm{Lev}}{\partial \pi_{ij}} \times \frac{\partial \pi_{ij}}{\partial e_{ij}} \tag{2}$$

显然,得到的 $\frac{\partial \pi_{ij}}{\partial e_{ij}}$ 表示汇率对盈利的影响, $\frac{\partial \mathrm{Lev}}{\partial \pi_{ij}}$ 表示盈利对杠杆率的影响。

融资优序理论指出:盈利能力较强的企业更有能力首先利用留存收益进行内源融资,其次是债务融资和股权融资(Myers,1984;Myers and Majluf,1984;Fama and French,2002)。融资优序理论指出,企业盈利水平上升会减少债务融资,进而会降低杠杆率,从理论上分析可得盈利水平与杠杆率成反比,即 $\frac{\partial \mathrm{Lev}}{\partial \pi_{ij}} < 0$。因此,汇率变动对杠杆率的影响是增还是减,主要取决于 $\frac{\partial \pi_{ij}}{\partial e_{ij}}$ 是正还是负,即汇率对企业盈利水平的影响。

(一)厂商供给

本节假定存在国内 $m(i=1,2\cdots,m)$ 个出口企业,并且每个出口企业只生产一种商品,企业异质性主要体现在生产效率的不同以及国外 n 个进口国($j=1,2\cdots,n$)。因此,本节构建的模型为垄断竞争的市场结构。在出口企业部分,以国内第 i 个出口企业出口到第 j 个国家为讨论对象。在进口企业部分,方式一样,以国内进口企业为讨论对象,国内第 j 个进口企业和第 i 个国外出口企业都带"*"。

同时,假定短期内不考虑资本存量和技术进步,并借鉴 Berman et al.(2012)处理固定成本函数的思想,以进口国劳动力的投入份额为中间品要素,将其引入柯布—道格拉斯生产函数,进一步拓展 Melitz(2003)模型,可得出口企业的生产函数为:

$$q_{ij}(\varphi) = \varphi_i l_i^{\beta} l_j^{1-\beta} \tag{3}$$

其中, φ_i 表示全要素生产率; l_i^{β} 为本国劳动力投入份额, $0 \leq \beta \leq 1$; $l_j^{1-\beta}$ 为进口的中间品在第 j 国的劳动力投入份额。企业可通过配置 l_i、l_j 来最小化生产成本($\omega_i l_i + \frac{\omega_j l_j}{\varepsilon_{ij}}$),即:

$$\underset{l_i,l_j}{\mathrm{Min}} \omega_i l_i + \frac{\omega_j l_j}{\varepsilon_{ij}} \tag{4}$$

$$s.t. \varphi_i l_i^{\beta} l_j^{1-\beta} \geq q_{ij}$$

由此,可以得到企业的生产成本和边际成本分别为:

$$c_i = \frac{q_{ij}(\varphi)}{\varphi_i} \left(\frac{\omega_i}{\beta}\right)^{\beta} \left(\frac{\omega_j}{\varepsilon_{ij}(1-\beta)}\right)^{1-\beta} = q_{ij}(\varphi) \beta^{-\beta} (1-\beta)^{\beta-1} \varphi_i^{-1} \omega_i e_{ij}^{\beta-1} \tag{5}$$

$$mc_i = \frac{1}{\varphi_i} \left(\frac{\omega_i}{\beta}\right)^{\beta} \left(\frac{\omega_j}{\varepsilon_{ij}(1-\beta)}\right)^{1-\beta} = \beta^{-\beta} (1-\beta)^{\beta-1} \varphi_i^{-1} \omega_i e_{ij}^{\beta-1} \tag{6}$$

依据 Berman et al.(2012)的做法,本节假定进行国际贸易的企业还存在其他三种贸易成本:冰山运输成本为 τ_{ij},在 j 国分销的营销成本为 $l_j \omega_j$,进入出口市场的固定成本为 $F_{ij}(\varphi)$。冰山运输成本表示抵达 j 国 1 单位商品,需要生产 τ_{ij} 单位;营销成本用 j 国的 l_j 单位劳动乘以劳动力工资 ω_j 表示;固定成本 $F_{ij}(\varphi)$ 为满足出口国和进口国劳动力投入的柯布—道格拉斯生产函数：

$$F_{ij}(\varphi) = \gamma_i \left(\frac{\omega_i}{\varphi_i}\right)^{\alpha} \left(\frac{\omega_j}{\varepsilon_{ij}}\right)^{1-\alpha} = \gamma_j \varphi_i^{-\alpha} \omega_i e_{ij}^{\alpha-1} \tag{7}$$

这里，$\gamma_i > 0, 0 \leq \alpha \leq 1$，出口国的生产率影响固定成本，进口国的份额是外生的，抵达 j 国 1 单位商品的价格可以表示为：

$$p_{ij}(\varphi) = \varepsilon_{ij} p_i(\varphi) \tau_{ij} + l_j \omega_j \tag{8}$$

其中，$p_{ij}(\varphi)$ 为来自 i 国的商品，用 j 国货币表示的消费者在 j 国购买时的价格；$p_i(\varphi)$ 为生产价格。因此，生产 $q_{ij}(\varphi)\tau_{ij}$ 单位商品的总成本可以表示为：

$$\begin{aligned}c_i(\varphi)^{\text{Total}} &= \beta^{-\beta}(1-\beta)^{\beta-1}\varphi_i^{-1}\omega_i e_{ij}^{\beta-1} q_{ij}(\varphi)\tau_{ij} + F_{ij}(\varphi) \\ \varepsilon &= \beta^{-\beta}(1-\beta)^{\beta-1}\varphi_i^{-1}\omega_i e_{ij}^{\beta-1} q_{ij}(\varphi)\tau_{ij} + \gamma_i \varphi_i^{-\alpha}\omega_i e_{ij}^{\alpha-1}\end{aligned} \tag{9}$$

（二）消费者对商品的需求量

根据 Dixit and Stiglitz(1975) 和 Melitz(2003) 的研究框架，可用连续商品集 Ω 的 CES 效用函数表示第 j 个进口国消费者的偏好：

$$U = \left[\int_{\Omega} q(\varphi)^{1-\frac{1}{\sigma}} d\varphi\right]^{\frac{1}{1-\frac{1}{\sigma}}} \tag{10}$$

其中，$q(\varphi)$ 为消费者对商品的需求量，σ 为两种商品之间的替代弹性且 $\sigma > 1$。进一步模型化消费者行为，可以得到第 j 个进口国最优的商品需求量为：

$$q_{ij}(\varphi) = Y_j P_j^{\sigma-1}[p_{ij}(\varphi)]^{-\sigma} = Y_j P_j^{\sigma-1}[\varepsilon_{ij} p_i(\varphi)\tau_{ij} + l_j \omega_j]^{-\sigma} \tag{11}$$

其中，$q_{ij}(\varphi)$ 表示 j 国消费者对 i 国出口产品的最优需求量，Y_j、P_j 分别为第 j 个进口国的收入水平和价格指数。

（三）均衡条件

根据式(6)企业边际生产成本和式(11)最优的商品需求量，可得企业最大化的生产利润为：

$$\operatorname*{Max}_{l_i, l_j} \varepsilon p_i(\varphi) q_{ij}(\varphi) - mc_i q_{ij}(\varphi) \tag{12}$$

于是得到最优的定价策略为：

$$p_i(\varphi) = \frac{mc_i}{1 + \frac{1}{\eta_i}} = (1 + \mu_i) mc_i \tag{13}$$

其中，η_i、μ_i 分别表示企业面临的需求价格弹性和供给成本加成。根据式(11)，可得需求价格弹性为：

$$\eta = \frac{\partial q_{ij}}{\partial p_i}\frac{p_i}{q_{ij}} = -\sigma \left[\varepsilon_{ij} p_i(\varphi)\tau_{ij} + l_j \omega_j\right]^{-1} \varepsilon_{ij}\tau_{ij} p_i(\varphi) \tag{14}$$

将式(6)和式(14)代入式(13)，可得生产商的最优定价为：

$$p_i(\varphi) = \frac{\sigma}{\sigma-1}\left[\frac{l_j \omega_i}{\sigma e_{ij}\tau_{ij}} + \beta^{-\beta}(1-\beta)^{\beta-1}\varphi_i^{-1}\omega_i e_{ij}^{\beta-1}\right] \tag{15}$$

再根据式(11)和式(15)可得企业收益为：

$$R(\varphi) = \frac{p_{ij}(\varphi) q_{ij}(\varphi)}{\varepsilon_{ij}} \quad (16)$$

$$\varepsilon = \left\{ Y_j P_j^{\sigma-1} \omega_i \omega_j^{-1} e_{ij}^{-1} \left[\tau_{ij} \frac{\sigma}{\sigma-1} \left(\frac{l_j \omega_j}{\sigma \tau_{ij}} + \beta^{-\beta} (1-\beta)^{\beta-1} \varphi_i^{-1} e_{ij}^{\beta} \right) + l_j \omega_j \right]^{1-\sigma} \right\}$$

为分析汇率变动对收益的影响，对上式求导可得收益效应为：

$$\frac{\partial R_{ij}}{\partial e_{ij}} = (-1) \left[\sigma Y_j P_j^{\sigma-1} \omega_i \omega_j^{-1} e_{ij}^{-1} \varepsilon_{ij} \tau_{ij} \beta^{-\beta+1} (1-\beta)^{\beta-1} e_{ij}^{\beta-1} + R(\varphi) e_{ij}^{-1} \right] < 0 \quad (17)$$

为分析汇率变动对总成本的影响，对式(9)求导可得成本效应为：

$$\frac{\partial c_i(\varphi)^{\text{Total}}}{\partial e} = \beta^{-\beta} (1-\beta)^{\beta-1} \varphi_i^{-1} \omega_i e_{ij}^{\beta-2} \tau_{ij} \left[(\beta-1) q_{ij}(\varphi) + e_{ij} \frac{\partial q_{ij}(\varphi)}{\partial e} \right] + (\alpha-1) \gamma_i \varphi_i^{-\alpha} \omega_i e_{ij}^{\alpha-2} < 0 \quad (18)$$

其中，

$$\frac{\partial q_{ij}(\varphi)}{\partial e} = \frac{-\sigma q_{ij}(\varphi) \tau_{ij} \frac{\sigma}{\sigma-1} \beta^{-\beta+1} (1-\beta)^{\beta-1} \varphi_i^{-1} e_{ij}^{\beta-1}}{\left[\tau_{ij} \frac{\sigma}{\sigma-1} \left(\frac{l_j \omega_j}{\sigma \tau_{ij}} + \beta^{-\beta} (1-\beta)^{\beta-1} \varphi_i^{-1} e_{ij}^{\beta} \right) + l_j \omega_j \right]} < 0$$

由式(17)和式(18)可得汇率变动对杠杆率的影响为：

$$\frac{\partial \text{Lev}(\pi_{ij}(e_{ij}))}{\partial e_{ij}} = \frac{\partial \text{Lev}}{\partial \pi_{ij}} \times \frac{\partial \pi_{ij}}{\partial e_{ij}} = \frac{\partial \text{Lev}}{\partial \pi_{ij}} \left(\frac{\partial R_{ij}}{\partial e_{ij}} - \frac{\partial c_i(\varphi)^{\text{Total}}}{\partial e} \right) \quad (19)$$

因此，当收益效应大于成本效应时，即 $\left| \frac{\partial R_{ij}}{\partial e_{ij}} \right| > \left| \frac{\partial c_i(\varphi)^{\text{Total}}}{\partial e} \right|$，汇率对杠杆率的影响为正，即 $\frac{\partial \text{Lev}(\pi_{ij}(e_{ij}))}{\partial e_{ij}} > 0$；当收益效应小于成本效应时，即 $\left| \frac{\partial R_{ij}}{\partial e_{ij}} \right| < \left| \frac{\partial c_i(\varphi)^{\text{Total}}}{\partial e} \right|$，汇率对杠杆率的影响为负，即 $\frac{\partial \text{Lev}(\pi_{ij}(e_{ij}))}{\partial e_{ij}} < 0$。根据上述分析我们得到以下命题：

命题1：对于出口企业，汇率变动影响杠杆率的正负效应，取决于收益效应和成本效应的大小。

当可变成本的投入全部来自本国的劳动力，即无进口中间品时，则式(18)中的 β 取1，这使得成本效应大大地降为 $\left| \frac{\partial c_i(\varphi)^{\text{Total}}}{\partial e} \right| = \left| (\alpha-1) \gamma_j \varphi_i^{-\alpha} \omega_i e_{ij}^{\alpha-2} \right|$。由此可知汇率变动只对固定成本 $F_{ij}(\varphi)$ 造成影响，得到以下推论：

推论1：对于净出口企业（无进口中间品），汇率对杠杆率的影响效应将弱化。

进口企业接收国外1单位商品的价格可以表示为：$p_{i^*j^*}(\varphi) = \frac{p_{i^*}(\varphi) \tau_{i^*j^*}}{\varepsilon_{ij}} + l_{j^*} \omega_{j^*}$。

同理，根据国内出口企业的最优定价理论推导，可得国外生产企业的最优定价为：

$$p_{i^*}(\varphi) = \frac{\sigma^*}{\sigma^*-1} \left(\frac{l_{j^*} \omega_{i^*} \omega_{j^*}^2 e_{ij}}{\sigma^* \tau_{i^*j^*}} + \beta^{*-\beta^*} (1-\beta^*)^{\beta^*-1} \varphi_{i^*}^{-1} \omega_{i^*}^{2\beta-1} \omega_{j^*}^{1-\beta} e_{ij}^{1-\beta^*} \right) \quad (20)$$

由式(20)的最优定价可求出进口企业接收到的价格为：

$$p_{i^*j^*}(\varphi^*) = \frac{\sigma^*}{\sigma^*-1}\left(\frac{l_{j^*}\omega^2_{i^*}\omega_{j^*}}{\sigma^*\tau_{i^*j^*}} + \beta^{*-\beta^*}(1-\beta^*)^{\beta^*-1}\varphi_{i^*}^{-1}\omega_{i^*}^{2\beta}\omega_{j^*}^{-\beta}e_{ij}^{-\beta^*}\right)\tau_{i^*j^*} + l_{j^*}\omega_{j^*}$$

(21)

为了分析汇率对价格的影响,对上式求导可得:

$$\frac{\partial p_{i^*j^*}(\varphi^*)}{\partial e_{ij}} = -\frac{\sigma^*}{\sigma^*-1}\beta^{*1-\beta^*}(1-\beta^*)^{\beta^*-1}\varphi_{i^*}^{-1}\omega_{i^*}^{2\beta}\omega_{j^*}^{-\beta}e_{ij}^{-\beta^*-1} < 0 \quad (22)$$

由式(22)可知:当本币升值(即汇率 e_{ij} 上升)时,商品的进口价格 $p_{i^*j^*}(\varphi^*)$ 下降,从而降低了商品的进口成本,这有助于提升企业的利润, $\frac{\partial \pi_{j^*}}{\partial e_{ij}} > 0$,降低杠杆率, $\frac{\partial \text{Lev}(\pi_{j^*}(e_{ij}))}{\partial e_{ij}} < 0$,故得到命题2:

命题2:对于进口企业,本国货币升值有助于降低企业杠杆率。

对于国内非进出口企业,可从两方面进行讨论:一方面,本币升值,进口商品变得便宜,从而加剧国内同类产品生产企业之间的竞争。这有可能导致企业商品价格下降或市场份额占有率减少,这些都会导致国内非进出口企业的盈利水平下降。另一方面,本币升值,可能会引起生产要素的重新配置,使得国内非贸易部门的相对价格和利润得到同步提升(Goldberg et al.,1999;Moser et al.,2008),这有助于国内非进出口企业的盈利上升。所以,汇率变动也会间接影响国内非进出口企业的获利能力,进而影响其杠杆率水平,得到以下推论:

推论2:对于国内非进出口企业,汇率变动也会影响企业杠杆率。

三、计量方法和样本数据

(一)计量方法

首先,为验证以上命题和推论,本节设计如下基准计量模型:

$$\text{leverage}_{ibt} = \delta_0 + \delta_1\text{exchange}_{bt} + \delta_2\text{Types} + \delta_3\text{exchange}_{bt} \times \text{Types} + \delta_4\text{age}_{ibt} + \delta_U U_{ibt-1} + \vartheta_t + \lambda_b + \chi_{ibt}$$

(23)

其中,被解释变量 leverage_{ibt} 表示 b 行业中的 i 企业在 t 年的杠杆率。资本结构相关研究(如 Rajan and Zingales,1994;Booth et al.,2001;Fama and French,2002)通常使用账面杠杆率和市值杠杆率,本节将短期和长期杠杆率一起考虑进来,具体考察六种杠杆率,分别是总账面杠杆率(leverage1)、长期账面杠杆率(leverage2)、短期账面杠杆率(leverage3)、总市值杠杆率(leverage4)、长期市值杠杆率(leverage5)和短期市值杠杆率(leverage6)。exchange_{bt} 表示人民币的行业汇率,exchange_{bt} 上升表示人民币升值;Types 表示不同行为企业的虚拟变量,分别取进出口企业(exportimport)、净出口企业(nexport)、进口企业(import)、国内企业(domestic)四种类型,具体含义见表5-15。例如,若企业为进出口企业,则 exportimport = 1,否则 exportimport = 0;以此类推其他3个虚拟变量的取值。$\text{exchange}_{bt} \times$ Types 表示人民币汇率与不同行为企业虚拟变量的交乘项。因此,人民币汇率变动对杠杆率的影响取决于系数 δ_1 和 δ_3。

为规避内生性问题,可以将相关财务指标滞后一期(肖泽忠和邹宏,2008)。U_{ibt-1} 表示滞后一期控制变量向量组,包括企业规模($size_{ibt-1}$)、企业成长机会(mtb_{ibt-1})、企业有形抵押品($collateral_{ibt}$)、非债务税盾($ndtaxshield_{ibt}$)及企业年龄(age_{ibt}),具体变量的英文缩写和含义如表 5-15 所示。ϑ_t、λ_b、χ_{ibt} 分别表示年份的哑变量、行业的哑变量及误差项。

其次,进行稳健性检验。对中国在 2005 年和 2015 年的两次汇改分别进行自然实验、分样本回归,以及构建企业层面实际有效汇率进行稳健性检验。借鉴李宏彬等(2011)、王雅琦和卢冰(2018)的方法,构建 s 企业在 t 期的出口实际有效汇率($exchange\_export_{it}$)和进口实际有效汇率($exchange\_import_{it}$),分别为:

$$exchange\_export_{st} = 100 \times \prod_{j=1}^{n} \left(\frac{\varepsilon_{jt}}{\varepsilon_{j0}} \times \frac{CPI_t}{CPI_{jt}} \right)^{\kappa_{sjt\_export}}, \sum_{j=1}^{n} \kappa_{j\_export} = 1 \text{ for } \varepsilon \text{ each } \varepsilon t \quad (24)$$

$$exchange\_import_{st} = 100 \times \prod_{j=1}^{n} \left(\frac{\varepsilon_{jt}}{\varepsilon_{j0}} \times \frac{CPI_t}{CPI_{jt}} \right)^{\kappa_{sjt\_import}}, \sum_{j=1}^{n} \kappa_{j\_import} = 1 \varepsilon \text{ for } \varepsilon \text{ each } \varepsilon t$$

(25)

其中,ε_{jt} 是 t 期 j 国外币对人民币的汇率,采用间接标价法,即 1 单位人民币兑换的外币。ε_{j0} 是基期 j 国外币对人民币的汇率,基期设定为 2002 年,居民消费价格指数的基期也设定为 2002 年。CPI_t 和 CPI_{jt} 分别为 t 期中国的消费者价格指数和 j 国的消费者价格指数。κ_{ijt_export} 和 κ_{ijt_import} 分别为 s 企业对 j 国出口价值占 s 企业当年总出口价值和 s 企业对 j 国进口价值占 s 企业当年总进口价值。因此,实际有效汇率上浮代表人民币升值,基于两种汇率分别对出口企业样本和进口企业样本进行分组实证检验。

最后,考虑四个异质性指标的计量结果,分别是国企(soe)、技术水平(distance)、生产率水平(distance_op)和融资约束(KZ 指数)。参考 Acemoglu et al.(2007),构建企业与其所处行业顶尖技术水平的差距(distance)衡量企业技术水平:

$$distance = \left| \ln x_{abt} - \ln x_{abt}^W \right| \quad (26)$$

其中,distance 表示技术水平;x_{abt} 表示 b 行业 a 产品 t 年的人均销售收入,用主营业务收入/员工数量表示;W 表示 b 行业第 99 百分位人均销售收入的自然对数。

生产率水平指标(distance_op)用全要素生产率 TFP 替代式(26)中的 x_{abt},本节主要采用 Olley and Pakes(1996)提出的半参数方法(简称 OP 法),测算得到全要素生产率 TFP。这一方法的主要特点是使用投资作为企业受到生产率冲击时的调整变量。此外,我们还尝试使用 Levinsohn and Petrin(2003)提出的方法(LP 法)进行测算,发现本节的核心结果没有发生实质性变化。[①] KZ 指数度量企业所面临的外部融资约束程度,KZ 指数越大,说明企业面临的融资约束越大。本节根据魏志华(2014)提出的适用于我国的 KZ 指数测度方法,计算所有样本企业每年的 KZ 指数,同时用 Kaplan and Zingales(1997)提出的方法进行验证,发现核心结果也没有发生本质上的改变。[②]

[①] TFP 测算过程中用到的数据包括主营业务收入(mbincome)、员工数量(num)、购入商品和劳务金额(gscash)、固定资产净额(fixedassets)、资本支出(capexpenditure),均来自 CSMAR 数据库。受篇幅限制,这里没有给出 OP 法与 LP 法测算企业生产率水平的具体步骤,感兴趣的读者可来函索取。

[②] KZ 指数测度用到的数据包括经营活动产生的现金流净额(oacash)、现金持有水平(现金及现金等价物净增加额,cash)、股利(dividends)、托宾 q 值(q),均来自 CSMAR 数据库。

表 5-15 不同行为企业的分类及变量含义

企业类型及变量		英文缩写	含义
出口企业	进出口企业	exportimport	既有出口行为也有进口行为的企业
	净出口企业	nexport	只有出口行为而无进口行为的企业
进口企业		import	有进口行为的企业
国内企业		domestic	既无出口行为也无进口行为的企业
总账面杠杆率		leverage1	总负债/总资产
长期账面杠杆率		leverage2	非流动负债/总资产
短期账面杠杆率		leverage3	流动负债/总资产
总市值杠杆率		leverage4	总负债/市值
长期市值杠杆率		leverage5	非流动负债/市值
短期市值杠杆率		leverage6	流动负债/市值
行业汇率		exchange	基于增加值人民币行业有效汇率
企业层面出口汇率		exchange_export$_{it}$	出口实际有效汇率
企业层面进口汇率		exchange_import$_{it}$	进口实际有效汇率
盈利水平		profitability	营业利润/总资产
企业规模		size	Log(总资产)
企业成长机会		mtb	(总市值+总负债)/总资产
企业有形抵押品		collateral	(固定资产净额+存货)/总资产
非债务税盾		ndtaxshield	(固定资产年折旧额+摊销额)/总资产
企业年龄		age	当年年份-企业成立年份
国企		soe	企业为国企则 soe 为 1,否则 soe 为 0
技术水平		distance	见式(26)
生产率水平		distance_op	TFP 替代式(26)中的 x_{abt}
融资约束		KZ	魏志华(2014)的测度方法

(二) 样本数据

本节使用的企业层面数据来自国泰安数据库(CSMAR)和锐思数据库(RESSET);人民币有效汇率数据来自中国社会科学院世界经济与政治研究所异质性有效汇率数据库(IWEP-HEER Database);消费者价格指数和名义汇率数据则来自世界经济发展数据库和经济合作与发展组织数据库。其中,企业层面数据除国企(soe)分类信息来自锐思数据库提供的企业实际控制人外,其余企业层面数据均来自国泰安数据库。由于国泰安数据库和锐思数据库均没有提供具体的企业层面进出口量,因此我们融合两大数据库提供的企业基础内容、企业营业收入和营业成本信息,然后按提取关键词对企业的进出口行为进行分类整理。我们使用的关键词分为三类:第一类为"出口""进口""进出口",第二类为 18 个大区域关键词①,第三类为 2018 年中国(大陆)对外贸易排名前 23 的国家和地区名称。②

本节使用的基于增加值的分行业人民币有效汇率数据是在 Bems and Johnson(2012)研究的基础上,考虑全球价值链视角测算得到的中国分行业汇率数据。因为本节所采用的企业层面数据囊括了制造业中的 29 个分行业,不同行业在全球价值链上的分工环节不同,汇率对其影响也不同,所以用分行业汇率数据更为合适。另外,一些文献开始构建企业层面汇率数据,但都只适用于进出口企业样本,按理论推导本节更适合用囊括非进出口企业的分行业汇率。在稳健性检验部分,我们也构建了企业层面实际有效汇率数据,对出口企业样本和进口企业样本分别进行了检验,得到了相似的结果。本节做的另一项细致工作是行业汇率与企业层面数据的匹配。我们将世界投入产出表(world input-output table,WIOT)、中国投入产出表 2002(IO02)、中国国民经济行业分类 2012 版(CIC12)、中国国民经济行业分类 2002 版(CIC02)进行相互转换,使得 29 个分行业各有一个 WIOT 分类下的行业汇率数据与其对应。

考虑到 2001 年中国加入 WTO 对进出口企业的影响,以及企业层面只能提供 2002 年及以后的进出口信息,本节选择 2002—2018 年中国制造业年度数据,删除年数据有缺失的样本,杠杆率大于 1 或者小于 0 以及非债务税盾为负数的奇异数据,最后得到全样本的非平衡面板数据,包含 29 个行业、2 067 家企业、17 年共计 15 898 个观测值。因为财务数据滞后一期,故实际观测值为 11 861 个。在稳健性检验部分,构建企业层面实际有效汇率数据进行匹配时删除缺失年数据样本,得到出口企业和进口企业的实际分样本数据分别为 5 735 个和 5 593 个;在异质性分析部分,同样删除新增财务数据缺失的样本,得到异质性全样本共 10 701 个实际观测值。

(三)统计描述

表 5-16 列出了不同行为企业行业汇率和杠杆率的均值与标准差,并具体比较了 2002—2018 年和 2006—2018 年两个时间段、2002—2018 年和 2016—2018 年两个时间段的统计差异。

表 5-16　行业汇率与杠杆率的描述性统计

变量名	2002—2018 年		2006—2018 年		2016—2018 年	
	均值	标准差	均值	标准差	均值	标准差
全样本汇率	103.6682	1.5682	107.4100	1.6948	119.1554	3.8453
出口企业行业汇率	103.6667	1.5674	107.4452	1.7013	119.3786	3.8942

---

① 大区域关键词包括"国外""国内外""海外""境外""国际""欧洲""澳洲""非洲""美洲""大洋洲""亚洲""东南亚""亚太""中亚""中东""东亚""西亚""南亚"。

② 根据海关统计数据,2018 年中国大陆对外贸易排名前 23 的国家和地区为美国、日本、韩国、中国台湾、德国、澳大利亚、越南、巴西、马来西亚、俄罗斯、欧盟、印度、荷兰、泰国、印度尼西亚、加拿大、新加坡、沙特阿拉伯、墨西哥、法国、菲律宾、意大利、英国。以上 23 个国家和地区的名称作为第三类关键词。其中第二类、第三类关键词,合并收入不为空为出口,合并成本不为空为进口。

（续表）

变量名	2002—2018 年		2006—2018 年		2016—2018 年	
	均值	标准差	均值	标准差	均值	标准差
进口企业行业汇率	103.6767	1.5602	107.4611	1.6908	119.4490	3.8526
国内企业行业汇率	103.6934	1.5702	107.4227	1.6917	119.0696	3.8256
全样本 leverage1	0.4004	0.1684	0.3899	0.1739	0.3480	0.1668
出口企业 leverage1	0.4063	0.1664	0.3950	0.1719	0.3606	0.1647
进口企业 leverage1	0.4072	0.1661	0.3951	0.1718	0.3623	0.1650
国内企业 leverage1	0.3952	0.1704	0.3851	0.1761	0.3427	0.1661
全样本 leverage2	0.0588	0.0723	0.0581	0.0721	0.0542	0.0662
出口企业 leverage2	0.0587	0.0710	0.0580	0.0711	0.0542	0.0647
进口企业 leverage2	0.0585	0.0709	0.0578	0.0709	0.0544	0.0642
国内企业 leverage2	0.0592	0.0734	0.0584	0.0729	0.0540	0.0660
全样本 leverage3	0.3416	0.1542	0.3318	0.1568	0.2938	0.1456
出口企业 leverage3	0.3475	0.1528	0.3370	0.1556	0.3064	0.1455
进口企业 leverage3	0.3487	0.1527	0.3373	0.1555	0.3079	0.1454
国内企业 leverage3	0.3360	0.1556	0.3267	0.1585	0.2888	0.1441
全样本 leverage4	0.3119	0.2317	0.2779	0.2279	0.2400	0.2223
出口企业 leverage4	0.3197	0.2358	0.2878	0.2325	0.2653	0.2367
进口企业 leverage4	0.3207	0.2358	0.2878	0.2327	0.2683	0.2384
国内企业 leverage4	0.3051	0.2278	0.2684	0.2235	0.2302	0.2146
全样本 leverage5	0.0476	0.0728	0.0436	0.0699	0.0397	0.0637
出口企业 leverage5	0.0479	0.0719	0.0445	0.0702	0.0437	0.0687
进口企业 leverage5	0.0478	0.0717	0.0444	0.0700	0.0444	0.0688
国内企业 leverage5	0.0478	0.0740	0.0433	0.0703	0.0381	0.0611
全样本 leverage6	0.2643	0.1992	0.2343	0.1936	0.2003	0.1860
出口企业 leverage6	0.2718	0.2027	0.2433	0.1977	0.2216	0.1960
进口企业 leverage6	0.2729	0.2028	0.2435	0.1978	0.2239	0.1966
国内企业 leverage6	0.2573	0.1953	0.2251	0.1885	0.1921	0.1802

观察前者我们可以发现，2005 年汇改前后，行业汇率和杠杆率都发生了变化。2005 年汇改后的人民币汇率均值和标准差都高于汇改前的均值和标准差。在杠杆率方面，所有类型的杠杆率均值在汇改后均有所降低，与人民币汇率呈反向变动关系。其中，长期

杠杆率（leverage2、leverage5）均值明显低于总杠杆率（leverage1、leverage4）均值和短期杠杆率（leverage3、leverage6）均值，这也可能是下文实证分析中长期杠杆率部分企业特质回归不显著的原因之一。之所以出现这种情况，一方面可能是银行考虑到贷款人的道德风险，为了降低信用风险而对发放长期贷款更加谨慎（Zou and Adams，2008），另一方面也有可能是某些企业循环使用短期债务而使得长期债务比率被低估（Xiao et al.，2004）。此外，对于总杠杆率和短期杠杆率，进出口企业的杠杆率明显较高，国内企业的杠杆率则相对较低，并且汇改前后的账面杠杆率和市值杠杆率上都存在这种现象；长期市值杠杆率也有相同的表现，但长期账面杠杆率的表现则相反。总体上，总账面杠杆率和短期账面杠杆率的表现趋同，总市值杠杆率和短期市值杠杆率的表现趋同。

观察后者我们可以发现，2015年汇改后，杠杆率均值仍然下降，而人民币汇率均值则上升。虽然2015年汇改时人民币汇率的日度值和月度值有贬值现象，但之后三年的年度值依然相对坚挺，与全样本均值相比也依然是升值的。这说明2005年汇改至2018年，人民币汇率的大趋势是升值的。因此，本节重点考察2005年汇改以来人民币升值对企业杠杆率的影响。

表5-17反映了各解释变量和六类杠杆率之间的相关系数。从中可以发现，除了长期账面杠杆率（leverage2），汇率与其余五类杠杆率之间都呈显著负相关关系，即人民币升值，杠杆率下降。获利能力（profitability）与杠杆率显著负相关，这正是下文微观渠道所要验证的融资优序理论的推论；企业规模（size）、抵押品（collateral）、非债务税盾（ndtaxshield）、国企（soe）都与杠杆率显著正相关，即企业规模越大、抵押品越多、国企越有能力负债；成长能力（mtb）与杠杆率显著负相关，即成长能力强企业的内源融资较多，负债率下降。这些都与已有的研究结果一致，唯独非债务税盾系数显著为正的发现与已有文献矛盾，其余四个变量的关系个别不显著或者影响方向不一致，有待下文进一步验证。

表5-17 变量间的相关系数

变量	leverage1	leverage2	leverage3	leverage4	leverage5	leverage6
exchange	-0.181***	-0.013	-0.195***	-0.245***	-0.083***	-0.258***
age	0.014	0.040***	-0.003	-0.019**	0.014	-0.027***
size	0.313***	0.290***	0.217***	0.409***	0.365***	0.353***
profitability	-0.297***	-0.147***	-0.264***	-0.299***	-0.176***	-0.289***
mtb	-0.237***	-0.138***	-0.201***	-0.536***	-0.310***	-0.520***
collateral	0.292***	0.165***	0.251***	0.281***	0.211***	0.256***
ndtaxshield	0.127***	0.141***	0.077***	0.166***	0.176***	0.133***
soe	0.221***	0.114***	0.195***	0.259***	0.165***	0.246***
KZ	0.192***	0.056***	0.188***	-0.028***	-0.021**	-0.026***
distance	-0.088***	-0.052***	-0.075***	-0.138***	-0.101***	-0.126***
distance_op	-0.013	0.011	-0.019**	-0.043***	-0.020**	-0.043***

注：*、**、***分别表示在10%、5%和1%的置信水平下显著。

四、回归结果分析

（一）基准回归结果

1. 验证命题 1 和推论 1

我们设置 types = exportimport（进出口企业），对式（23）进行回归，结果见表 5-18。由表 5-18 可知，汇率（exchange）系数对六类杠杆率都为负，除了短期市值杠杆率，其他五类杠杆率对汇率的系数均显著为负，说明人民币升值有利于企业下调杠杆率。进一步发现，六类杠杆率的进出口企业虚拟变量和汇率的交乘项 exchange×exportimport 都为负，且总账面杠杆率、短期账面杠杆率、总市值杠杆率的交乘项都显著为负，说明人民币升值会进一步降低进出口企业这三类杠杆率。这表明对于有进口行为的出口企业，人民币升值产生的收益效应小于成本效应，杠杆率会下降，命题 1 得证。另外，总账面杠杆率、短期账面杠杆率、总市值杠杆率、短期市值杠杆率这四类杠杆率的 exportimport 系数显著为正，说明相比于一般企业，进出口企业的杠杆率较高，倾向于债务融资；但当人民币升值时，其杠杆率的下降幅度也会更大。

表 5-18 进出口企业基准回归结果

变量	（1）leverage1	（2）leverage2	（3）leverage3	（4）leverage4	（5）leverage5	（6）leverage6
exchange	-0.00253***	-0.000846**	-0.00168**	-0.00239**	-0.00101***	-0.00138
	(0.000811)	(0.000338)	(0.000741)	(0.000995)	(0.000311)	(0.000875)
exportimport	0.0778***	0.0137	0.0641***	0.0588*	0.0088	0.0500*
	(0.0244)	(0.0114)	(0.0230)	(0.0316)	(0.0109)	(0.0283)
exchange×exportimport	-0.000678***	-0.000147	-0.000532**	-0.000479*	-9.32e-05	-0.000386
	(0.000222)	(0.000102)	(0.000208)	(0.000282)	(9.69e-05)	(0.000251)
常数项	-0.523***	-0.279***	-0.245**	-1.470***	-0.378***	-1.092***
	(0.110)	(0.041)	(0.101)	(0.169)	(0.041)	(0.148)
R^2	0.251	0.131	0.201	0.436	0.214	0.403
观测值	11 861	11 861	11 861	11 861	11 861	11 861
控制变量	是	是	是	是	是	是
行业固定效应	是	是	是	是	是	是
年份固定效应	是	是	是	是	是	是

注：为了更清晰地分析关键变量对杠杆率的影响，控制变量的回归结果未列示，备索。

我们设置 Types = nexport（净出口企业）进行基础回归，结果见表 5-19。由表 5-19 可知，所有杠杆率的汇率系数都显著为负，较为稳健；总账面杠杆率、短期账面杠杆率、短期市值杠杆率的交乘项 exchange×nexport 系数都为正，尤其是在 5% 的置信度水平上对短期账面杠杆率显著为正,说明人民币升值会弱化净出口企业对短期杠杆率的调整;尽管长期市值杠杆率交乘项系数显著为负,但由于人民币升值对长期杠杆率的影响比较小且交乘项系数的绝对值更小,因此总效应依然是较小的,推论1得证。事实上,下文自然实验中的交乘项系数全部为正,进一步验证了净出口企业杠杆率受汇率影响较小的推论。

此外,大部分长期账面杠杆率和长期市值杠杆率的交乘项都不显著。一方面,这可能是因为上文描述性统计中的长期杠杆率样本值较低;另一方面,不同类型企业的长期杠杆率因为负债期限都较长,没有体现出明显的企业特征。但是,长期杠杆率的 exchange 系数依然显著为负,只是系数绝对值较小。这说明人民币升值有助于企业小幅度降低长期杠杆率,只是不同类型企业没有表现出差异性。

表 5-19 净出口企业基准回归结果

变量	(1) leverage1	(2) leverage2	(3) leverage3	(4) leverage4	(5) leverage5	(6) leverage6
exchange	-0.00274*** (0.000804)	-0.000894*** (0.000337)	-0.00184** (0.000734)	-0.00248** (0.000983)	-0.00102*** (0.000308)	-0.00146* (0.000864)
nexport	-0.1450 (0.102)	0.0491 (0.044)	-0.1940** (0.093)	0.0118 (0.139)	0.1010** (0.051)	-0.0889 (0.119)
exchange×nexport	0.00134 (0.000948)	-0.000411 (0.000400)	0.00175** (0.000850)	-0.000119 (0.00124)	-0.000879** (0.000439)	0.000759 (0.00107)
常数项	-0.493*** (0.109)	-0.273*** (0.0411)	-0.220** (0.0998)	-1.453*** (0.1680)	-0.377*** (0.0409)	-1.076*** (0.1470)
R^2	0.251	0.130	0.201	0.435	0.214	0.402
观测值	11 861	11 861	11 861	11 861	11 861	11 861
控制变量	是	是	是	是	是	是
行业固定效应	是	是	是	是	是	是
年份固定效应	是	是	是	是	是	是

注:为了更清晰地分析关键变量对杠杆率的影响,控制变量的回归结果未列示,备索。

2. 验证命题2和推论2

我们设置 Types=import(进口企业),表 5-20 给出了回归结果。汇率的系数依然大都显著为负,并且汇率与进口企业的交乘项 exchange×import 都为负,且对总账面杠杆率、短期杠杆率、总市值杠杆率的交乘项系数都显著为负。这说明人民币升值有利于进口企业降低成本以增加净利润,有助于进口企业利用更多的留存收益进行内源融资,从而大幅降低企业杠杆率水平,命题2得证。另外,四类杠杆率的 import 系数显著为正,说明进口企业的杠杆率相对较高,但当人民币升值时,其杠杆率的下降幅度也是较大的。

表 5-20 进口企业基准回归结果

变量	(1) leverage1	(2) leverage2	(3) leverage3	(4) leverage4	(5) leverage5	(6) leverage6
exchange	−0.00253*** (0.000811)	−0.000846** (0.000338)	−0.00168** (0.000741)	−0.00239** (0.000994)	−0.00101*** (0.000311)	−0.00138 (0.000875)
import	0.0778*** (0.0244)	0.0134 (0.0114)	0.0644*** (0.0230)	0.0589* (0.0316)	0.00844 (0.0109)	0.0505* (0.0283)
exchange×import	−0.000678*** (0.000222)	−0.000144 (0.000102)	−0.000534** (0.000208)	−0.000480* (0.000282)	−9.03e−05 (9.69e−05)	−0.000390 (0.000251)
常数项	−0.523*** (0.110)	−0.279*** (0.041)	−0.245** (0.101)	−1.470*** (0.169)	−0.378*** (0.041)	−1.092*** (0.148)
R^2	0.251	0.131	0.201	0.436	0.214	0.403
观测值	11 861	11 861	11 861	11 861	11 861	11 861
控制变量	是	是	是	是	是	是
行业固定效应	是	是	是	是	是	是
年份固定效应	是	是	是	是	是	是

我们设置 Types=domestic(国内企业),结果见表 5-21。由表 5-21 可知,汇率的系数全部显著为负,交乘项 exchange×domestic 系数全部为正,其中总账面杠杆率、短期账面杠杆率、总市值杠杆率的交乘项系数显著为正。细致观察发现,前者系数的绝对值大于后者系数的绝对值,说明人民币升值有利于无进出口行为的国内企业下调杠杆率,只是下调幅度较小,推论 2 得证。再者,六类杠杆率的 domestic 系数都为负,其中总账面杠杆率、短期账面杠杆率、总市值杠杆率的 domestic 系数显著为负,说明国内企业杠杆率相对较低,当人民币升值时,其杠杆率下降的幅度也较小。此外,长期杠杆率的 exchange 系数依然显著为负,而两者交乘项的系数不显著,再次说明人民币升值有助于企业小幅降低长期杠杆率水平,而且没有特别明显的企业行为差异表现。

表 5-21 国内企业基准回归结果

变量	(1) leverage1	(2) leverage2	(3) leverage3	(4) leverage4	(5) leverage5	(6) leverage6
exchange	−0.00313*** (0.000818)	−0.00100*** (0.000343)	−0.00213*** (0.000748)	−0.00286*** (0.000988)	−0.00113*** (0.000314)	−0.00172** (0.000871)
domestic	−0.0699*** (0.0245)	−0.0160 (0.0114)	−0.0539** (0.0230)	−0.0601* (0.0318)	−0.0141 (0.0110)	−0.0460 (0.0285)

(续表)

变量	(1) leverage1	(2) leverage2	(3) leverage3	(4) leverage4	(5) leverage5	(6) leverage6
exchange×domestic	0.000604***	0.000165	0.000439**	0.000491*	0.000139	0.000352
	(0.000222)	(0.000102)	(0.000208)	(0.000283)	(9.69e-05)	(0.000252)
常数项	−0.452***	−0.264***	−0.189*	−1.412***	−0.366***	−1.046***
	(0.110)	(0.042)	(0.100)	(0.166)	(0.041)	(0.146)
R^2	0.251	0.131	0.201	0.436	0.214	0.403
观测值	11 861	11 861	11 861	11 861	11 861	11 861
控制变量	是	是	是	是	是	是
行业固定效应	是	是	是	是	是	是
年份固定效应	是	是	是	是	是	是

(二) 稳健性检验

1. 自然实验

中国在2005年和2015年分别进行了汇率制度改革,尤其2005年汇改后人民币进入了较长时间的升值历程。为此,本节重点对2005年汇改做自然实验进行考察。设置虚拟变量 reform,2006年及之后年份令 reform = reform05 = 1,其他 reform05 = 0。计量模型如下:

$$\text{leverage}_{ibt} = \delta'_0 + \delta'_1 \text{reform} + \delta'_2 \text{Types} + \delta'_3 \text{reform} \times \text{Types} + \delta'_4 \text{age}_{ibt} + \delta'_U U_{ibt-1} + \vartheta_t + \lambda_b + \chi_{ibt} \tag{27}$$

人民币汇率变动对杠杆率的影响主要看系数 δ'_1 和 δ'_3。

表5-22汇报了自然实验回归结果。虚拟变量 reform05 在四类企业的六大杠杆率中都显著为负,说明2005年汇改之后,人民币升值有助于我国制造业企业降低杠杆率,基准回归结果是稳健的。具体来看,进出口企业和进口企业的交乘项都为负数,净出口企业和国内企业的交乘项都为正数,并且大部分交乘项都显著,和基准回归结果相似。有趣的是,Type 的系数在进出口企业和进口企业中都显著为正,而在净出口企业和国内企业中都显示为负,这说明具有进口行为及进出口并举的企业更倾向于或者说更有能力进行负债融资,杠杆率较高;相反,净出口企业及国内企业的杠杆率较低。

值得注意的是,在自然实验中,除了净出口企业,其余三类企业的长期账面杠杆率和长期市值杠杆率交乘项由基准回归中的不显著变得显著,并且方向和基准回归中相应的方向相同,但系数值较其他杠杆率系数值低,说明人民币升值也有助于降低长期杠杆率,但影响较弱;净出口企业六大杠杆率的交乘项系数由基准回归中的不一致和不显著变得一致为正,且总账面杠杆率、短期账面杠杆率、短期市值杠杆率对应的交乘项系数显著为正。这再次验证理论模型的推论是正确的:对于净出口企业和国内企业,人民币升值降杠杆的效应较低。另外,净出口企业的总账面杠杆率和短期账面杠杆率的交乘项系数绝

表 5-22 自然实验回归结果

变量	(1) leverage1	(2) leverage2	(3) leverage3	(4) leverage4	(5) leverage5	(6) leverage6	(7) leverage1	(8) leverage2	(9) leverage3	(10) leverage4	(11) leverage5	(12) leverage6
	进出口企业(exportimport)						净出口企业(nexport)					
reform05	-0.0476*** (0.00798)	-0.00244 (0.00325)	-0.0451*** (0.00765)	-0.198*** (0.01220)	-0.0232*** (0.00378)	-0.174*** (0.01120)	-0.0623*** (0.00571)	-0.00677*** (0.00242)	-0.0556*** (0.00549)	-0.210*** (0.00885)	-0.0277*** (0.00274)	-0.182*** (0.00807)
exportimport	0.0335*** (0.00937)	0.00767 (0.00436)	0.0258*** (0.00919)	0.0316** (0.01450)	0.00883* (0.00506)	0.0228* (0.01340)						
reform05×exportimport	-0.0268*** (0.00983)	-0.00844* (0.00453)	-0.0183* (0.00959)	-0.0222 (0.01500)	-0.00885* (0.00518)	-0.0134 (0.01390)						
nexport							-0.0969*** (0.0292)	-0.000824 (0.0130)	-0.0961*** (0.0281)	-0.0665 (0.0520)	0.00532 (0.0173)	-0.0718 (0.0453)
reform05×nexport							0.105*** (0.0321)	0.00410 (0.0142)	0.101*** (0.0305)	0.0887 (0.0546)	0.00144 (0.0183)	0.0872* (0.0474)
常数项	-0.597*** (0.0447)	-0.346*** (0.0163)	-0.251*** (0.0410)	-1.335*** (0.0729)	-0.433*** (0.0182)	-0.902*** (0.0633)	-0.572*** (0.0443)	-0.342*** (0.0160)	-0.230*** (0.0408)	-1.310*** (0.0722)	-0.428*** (0.0178)	-0.882*** (0.0627)
R^2	0.208	0.122	0.159	0.341	0.194	0.303	0.207	0.122	0.159	0.340	0.194	0.302
	进口企业(import)						国内企业(domestic)					
reform05	-0.0473*** (0.00799)	-0.00250 (0.00325)	-0.0448*** (0.00766)	-0.197*** (0.01220)	-0.0233*** (0.00378)	-0.174*** (0.01120)	-0.0703*** (0.00693)	-0.0105*** (0.00326)	-0.0598*** (0.00678)	-0.217*** (0.01090)	-0.0319*** (0.00366)	-0.185*** (0.00989)
import	0.0339*** (0.00937)	0.00750 (0.00436)	0.0264*** (0.00919)	0.0319** (0.01450)	0.00863* (0.00506)	0.0232* (0.01340)						

（续表）

变量	(1) leverage1	(2) leverage2	(3) leverage3	(4) leverage4	(5) leverage5	(6) leverage6	(7) leverage1	(8) leverage2	(9) leverage3	(10) leverage4	(11) leverage5	(12) leverage6
reform05×import	-0.0272***	-0.00829*	-0.0189**	-0.0225	-0.00867*	-0.0138						
	(0.00983)	(0.00453)	(0.00959)	(0.01500)	(0.00518)	(0.01390)						
domestic							-0.0267***	-0.00746*	-0.0192**	-0.0270*	-0.00906*	-0.0179
							(0.00942)	(0.00436)	(0.00923)	(0.01460)	(0.00507)	(0.01350)
reform05×domestic							0.0195**	0.00806*	0.0115	0.0164	0.00872*	0.00768
							(0.00988)	(0.00453)	(0.00963)	(0.01500)	(0.00519)	(0.01390)
常数项	-0.597***	-0.346***	-0.251***	-1.335***	-0.433***	-0.902***	-0.567***	-0.339***	-0.228***	-1.306***	-0.424***	-0.882***
	(0.0447)	(0.0163)	(0.0410)	(0.0729)	(0.0182)	(0.0633)	(0.0445)	(0.0161)	(0.0409)	(0.0725)	(0.0179)	(0.0629)
R^2	0.208	0.122	0.159	0.341	0.194	0.303	0.208	0.122	0.159	0.341	0.194	0.303
观测值	11 861	11 861	11 861	11 861	11 861	11 861	11 861	11 861	11 861	11 861	11 861	11 861
控制变量	是	是	是	是	是	是	是	是	是	是	是	是
行业固定效应	是	是	是	是	是	是	是	是	是	是	是	是

对值略大于 exchange 系数的绝对值,进一步说明净出口企业杠杆率降低的作用非常小,甚至有可能出现正向调整。此外,2015 年汇改的自然实验结果也显示人民币升值有助于企业降低杠杆率,只是不同行为企业之间的差异受篇幅所限未展示,具体结果备索。

2. 分组回归

接下来对四类企业进行分组回归。从表 5-23 可以看出,exchange 系数大多为负数,并且进出口企业和进口企业的总账面杠杆率、短期杠杆率、总市值杠杆率、短期市值杠杆率的 exchange 系数都显著为负,尤其短期市值杠杆率由基础回归中的不显著变为显著为负,这些都说明人民币升值有助于企业降杠杆率,本节基础回归和自然实验的结果是稳健的。值得注意的是,国内企业的两类长期杠杆率(leverage2、leverage5)的 exchange 系数也显著为负,说明相比于其他三类企业,人民币升值更有助于国内企业降低长期杠杆率。

表 5-23 分组回归结果

变量	(1) leverage1	(2) leverage2	(3) leverage3	(4) leverage4	(5) leverage5	(6) leverage6
进出口企业(exportimport)						
exchange	−0.00292**	2.45e-05	−0.00295**	−0.00489***	−0.000330	−0.00456***
	(0.00123)	(0.00053)	(0.00115)	(0.00142)	(0.00048)	(0.00125)
R^2	0.288	0.150	0.229	0.466	0.234	0.430
观测值	5 820	5 820	5 820	5 820	5 820	5 820
净出口企业(nexport)						
exchange	−0.0105	−0.00284	−0.00768	−0.0118	−0.00179	−0.0100
	(0.00828)	(0.00306)	(0.00769)	(0.01010)	(0.00315)	(0.00884)
R^2	0.453	0.348	0.411	0.644	0.420	0.623
观测值	160	160	160	160	160	160
进口企业(import)						
exchange	−0.00291**	2.31e-05	−0.00293**	−0.00487***	−0.000330	−0.00454***
	(0.00123)	(0.000528)	(0.00115)	(0.00142)	(0.00048)	(0.00125)
R^2	0.288	0.150	0.229	0.466	0.234	0.430
观测值	5 822	5 822	5 822	5 822	5 822	5 822
国内企业(domestic)						
exchange	−0.00280**	−0.00153***	−0.00127	−0.00171	−0.00161***	−9.90e-05
	(0.00117)	(0.00048)	(0.00105)	(0.00142)	(0.00044)	(0.00124)
R^2	0.232	0.124	0.189	0.427	0.211	0.396
观测值	5 876	5 876	5 876	5 876	5 876	5 876

注:模型中均控制了基础回归中的所有控制变量以及行业和年份固定效应,但为节约篇幅,控制变量、固定效应和截距项没有汇报,备索。

3. 企业层面实际有效汇率回归

根据式(24)和式(25),我们构建了企业层面的出口实际有效汇率和进口实际有效汇率,分别对出口企业和进口企业进行回归,结果见表5-24。首先,我们发现在出口企业全样本中,出口实际有效汇率的系数大部分为负数,并且短期账面杠杆率、总市值杠杆率、短期市值杠杆率的系数都显著为负,表明人民币升值使杠杆率降低。具体到有进口行为和无进口行为的出口企业,我们发现交乘项 exchange_export×import 的系数都为负,交乘项 exchange_export×nexport 的系数都为正,并且部分交乘项系数显著;其中进出口企业中短期市值杠杆率交乘项的系数由基础回归和自然实验中的不显著变为显著,总市值杠杆率交乘项的系数不显著但方向相同,再次证明人民币升值会降低进出口企业杠杆率;而对净出口企业的影响减弱,尤其净出口企业的交乘项 exchange_export×nexport 的系数大于出口实际有效汇率的系数,和上文自然实验结果一致。再看进口企业样本,分析发现进口实际有效汇率的系数大部分为负,并且总市值杠杆率和短期市值杠杆率显著为负,表明人民币升值带来的利好会使得进口企业降低杠杆率,支持了本节的核心观点。

表 5-24 企业层面实际有效汇率回归结果

变量	(1) leverage1	(2) leverage2	(3) leverage3	(4) leverage4	(5) leverage5	(6) leverage6
出口企业全样本						
exchange_export	−0.000814	0.000156	−0.000970*	−0.00155**	−4.79e−05	−0.00150**
	(0.000562)	(0.000239)	(0.000501)	(0.000757)	(0.000249)	(0.000687)
R^2	0.284	0.148	0.226	0.466	0.232	0.429
观测值	5 735	5 735	5 735	5 735	5 735	5 735
进出口企业						
exchange_export	0.00178*	0.000448	0.00133	0.000260	−2.98e−05	0.000290
	(0.000984)	(0.000459)	(0.000928)	(0.00137)	(0.000499)	(0.00121)
import	0.329***	0.0301	0.299***	0.228	−0.00655	0.235*
	(0.101)	(0.0478)	(0.0970)	(0.150)	(0.0558)	(0.128)
exchange_export×import	−0.00261***	−0.000292	−0.00232***	−0.00182	−1.67e−05	−0.00180*
	(0.000823)	(0.000382)	(0.000773)	(0.00116)	(0.000431)	(0.000992)
R^2	0.285	0.149	0.227	0.466	0.233	0.429
观测值	5 735	5 735	5 735	5 735	5 735	5 735
净出口企业						
exchange_export	−0.000827	0.000156	−0.000983**	−0.00156**	−4.66e−05	−0.00151**
	(0.000563)	(0.000239)	(0.000501)	(0.000757)	(0.000249)	(0.000685)
nexport	−0.329***	−0.0301	−0.299***	−0.228	0.00655	−0.235*
	(0.101)	(0.0478)	(0.0970)	(0.150)	(0.0558)	(0.128)

(续表)

变量	(1) leverage1	(2) leverage2	(3) leverage3	(4) leverage4	(5) leverage5	(6) leverage6
exchange_export×nexport	0.00261***	0.000292	0.00232***	0.00182	1.67e−05	0.00180*
	(0.000823)	(0.000382)	(0.000773)	(0.00116)	(0.000431)	(0.000992)
R^2	0.285	0.149	0.227	0.466	0.233	0.429
观测值	5 735	5 735	5 735	5 735	5 735	5 735
进口企业全样本						
exchange_import	−0.000586	0.000176	−0.000762	−0.00137*	6.72e−05	−0.00144**
	(0.000603)	(0.000244)	(0.000514)	(0.000799)	(0.000229)	(0.000724)
R^2	0.287	0.149	0.229	0.466	0.232	0.430
观测值	5 593	5 593	5 593	5 593	5 593	5 593

(三) 企业异质性影响

继续对四类企业分别进行总样本和分组样本异质性影响分析，计量模型如下：

$$\text{leverage}_{ibt} = \delta_0'' + \delta_1'' \text{exchange}_{bt} + \delta_2'' \text{Heterogeneity}_{ibt} + \delta_3'' \text{exchange}_{bt} \times \text{Heterogeneity}_{ibt} + X \tag{28}$$

其中，$X = \delta_4'' \text{age}_{ibt} + \delta_U'' U_{ibt-1} + \vartheta_t + \lambda_b + \chi_{ibt}$，与等式(23)中相同。异质性指标 Heterogeneity$_{ibt}$ 包括国企(soe)、技术水平(distance)、生产率水平(distance_op)和融资约束(KZ 指数)。

1. 国企的估计结果

对加入国企因素的总样本进行回归。结果(见表 5-25)显示，所有类型杠杆率的 exchange 系数都显著为负，表明人民币升值使杠杆率下降，基础回归结果依然稳健。大部分杠杆率的 soe 系数显著为正，国企杠杆率相对较高，说明当控股股东为央企或地方国企时，控股股东可以通过施加影响帮助上市公司获得更多的贷款。这与肖泽忠和邹宏(2008)、Tian(2008)的观点相同。当加入国企与汇率的交乘项(exchange×soe)时，总账面杠杆率、短期账面杠杆率、总市值杠杆率、短期市值杠杆率的交乘项系数显著为正，说明当人民币升值时，国企调低这四类杠杆率的幅度变小。国企凭借固有的属性容易获得贷款，故人民币升值带来留存收益的增加并不会增强国企减少负债的意愿。

表 5-25　国企全样本回归结果

变量	(1) leverage1	(2) leverage1	(3) leverage2	(4) leverage2	(5) leverage3	(6) leverage3
exchange	−0.00273***	−0.00296***	−0.000918***	−0.000911***	−0.00181**	−0.00205***
	(0.000803)	(0.000803)	(0.000336)	(0.000336)	(0.000734)	(0.000734)
soe	0.00783**	−0.0978***	0.00303*	0.00657	0.00480	−0.104***
	(0.00334)	(0.0264)	(0.00157)	(0.0120)	(0.00315)	(0.0250)

（续表）

变量	（1） leverage1	（2） leverage1	（3） leverage2	（4） leverage2	（5） leverage3	（6） leverage3
exchange×soe		0.000980***		−3.28e−05		0.00101***
		（0.000244）		（0.000110）		（0.000229）
R^2	0.251	0.252	0.131	0.131	0.201	0.202
变量	leverage4	leverage4	leverage5	leverage5	leverage6	leverage6
exchange	−0.00254***	−0.00299***	−0.00106***	−0.00110***	−0.00148*	−0.00189**
	（0.000981）	（0.000972）	（0.000308）	（0.000307）	（0.000864）	（0.000858）
soe	0.0148***	−0.200***	0.00332**	−0.0154	0.0115***	−0.184***
	（0.00427）	（0.0360）	（0.00151）	（0.0119）	（0.00378）	（0.0319）
exchange×soe		0.00199***		0.000173		0.00182***
		（0.000330）		（0.000109）		（0.000291）
R^2	0.436	0.438	0.214	0.215	0.403	0.405

注：（1）国企的全样本观测值为11 861，分样本观测值分别为进出口企业5 820、净出口企业160、进口企业5 822、国内企业5 876；（2）技术水平、生产率水平、融资约束异质性的全样本观测值为10 701，分样本观测值分别为进出口企业5 173、净出口企业138、进口企业5 175、国内企业5 383。

进一步对以上四类杠杆率进行检验。结果（见表5-26）显示，除了净出口企业外，其余三类企业的exchange系数依然都显著为负，且交乘项exchange×soe也大部分依然显著为正；净出口企业样本量少且不显著；值得一提的是，国内企业的大部分杠杆率对应的交乘项也显著为正。这说明对于国企，无论是否有进出口行为，人民币升值带来的国企杠杆率调整具有一定黏性。这可能是因为国企凭借自身的属性可获得较多的贷款，当人民币升值带来利好时，没有强烈的动机去大幅度减少负债，杠杆率的小幅降低主要来自利润增加使资产和市值增加。

表5-26 国企因素分组回归结果

变量	（1） leverage1	（2） leverage3	（3） leverage4	（4） leverage6	（5） leverage1	（6） leverage3	（7） leverage4	（8） leverage6
	进出口企业（exportimport）				净出口企业（nexport）			
exchange	−0.00320***	−0.00327***	−0.00530***	−0.00495***	−0.0108	−0.00792	−0.0121	−0.0103
	（0.00123）	（0.00116）	（0.00142）	（0.00126）	（0.00767）	（0.00712）	（0.00940）	（0.00811）
soe	−0.122***	−0.141***	−0.179***	−0.172***	0.234	0.208	0.385	0.281
	（0.0358）	（0.0340）	（0.0478）	（0.0421）	（0.286）	（0.250）	（0.381）	（0.319）
exchange×soe	0.00123***	0.00137***	0.00176***	0.00168***	−0.00145	−0.00127	−0.00268	−0.00184
	（0.000334）	（0.000316）	（0.000442）	（0.000387）	（0.00263）	（0.00227）	（0.00342）	（0.00285）
R^2	0.290	0.232	0.468	0.432	0.476	0.436	0.663	0.641

（续表）

变量	(1)	(2)	(3)	(4)	(5)	(6)	(7)	(8)
	leverage1	leverage3	leverage4	leverage6	leverage1	leverage3	leverage4	leverage6
	进口企业（import）				国内企业（domestic）			
exchange	−0.00319***	−0.00325***	−0.00528***	−0.00493***	−0.00297**	−0.00139	−0.00227	−0.000552
	(0.00123)	(0.00116)	(0.00142)	(0.00126)	(0.00117)	(0.00105)	(0.00140)	(0.00123)
soe	−0.123***	−0.141***	−0.180***	−0.173***	−0.0709*	−0.0546	−0.212***	−0.181***
	(0.0358)	(0.0340)	(0.0478)	(0.0421)	(0.0404)	(0.0381)	(0.0549)	(0.0494)
exchange×soe	0.00124***	0.00137***	0.00176***	0.00168***	0.000684*	0.000517	0.00210***	0.00177***
	(0.000334)	(0.000316)	(0.000442)	(0.000387)	(0.000366)	(0.000344)	(0.000498)	(0.000445)
R^2	0.290	0.232	0.468	0.432	0.232	0.190	0.430	0.399

注：(1) 国企的全样本观测值为11 861，分样本观测值分别为进出口企业5 820、净出口企业160、进口企业5 822、国内企业5 876；(2) 技术水平、生产率水平、融资约束异质性的全样本观测值为10 701，分样本观测值分别为进出口企业5 173、净出口企业138、进口企业5 175、国内企业5 383。

2. 技术水平的估计结果

表5-27的全样本在加入技术水平因素后，exchange系数依然都显著为负。总账面杠杆率、短期账面杠杆率、总市值杠杆率、短期市值杠杆率的技术水平（distance）系数显著为正，交乘项（exchange×distance）系数显著为负，这是因为行业内技术水平偏低企业的留存收益较少，内源融资受限，故杠杆率偏高；当人民币升值带来盈利水平增加时，高杠杆企业因可获得的内源融资增加而大幅度减少外源融资，从而降低杠杆率。长期杠杆率由于本身受汇率变动影响小，技术水平的异质性影响不明显。对四类杠杆率进行分组回归，由表5-28可知，相关因素交乘项在进出口企业、进口企业及国内企业中都显著为负，说明技术水平异质性影响主要对这三类企业起作用。

表5-27 技术水平异质性全样本回归结果

变量	(1)	(2)	(3)	(4)	(5)	(6)
	leverage1	leverage2	leverage3	leverage4	leverage5	leverage6
exchange	−0.00374***	−0.000895**	−0.00284***	−0.00326***	−0.000958***	−0.00231**
	(0.000834)	(0.000355)	(0.000772)	(0.00102)	(0.000323)	(0.000907)
distance	0.0285**	−0.00315	0.0317***	0.0400***	0.00583	0.0342***
	(0.0115)	(0.00519)	(0.0109)	(0.0145)	(0.00484)	(0.0132)
exchange×distance	−0.000398***	7.43e-05	−0.000472***	−0.000442***	−1.65e-05	−0.000426***
	(0.000104)	(4.67e-05)	(9.70e-05)	(0.000129)	(4.26e-05)	(0.000116)
R^2	0.278	0.140	0.234	0.461	0.226	0.430

注：(1) 国企的全样本观测值为11 861，分样本观测值分别为进出口企业5 820、净出口企业160、进口企业5 822、国内企业5 876；(2) 技术水平、生产率水平、融资约束异质性的全样本观测值为10 701，分样本观测值分别为进出口企业5 173、净出口企业138、进口企业5 175、国内企业5 383。

表 5-28 技术水平异质性分组回归结果

变量	(1)	(2)	(3)	(4)	(5)	(6)	(7)	(8)
	leverage1	leverage3	leverage4	leverage6	leverage1	leverage3	leverage4	leverage6
	进出口企业 (exportimport)				净出口企业 (nexport)			
Exchange	−0.00337***	−0.00341***	−0.00414***	−0.00410***	−0.0246***	−0.0206***	−0.0270***	−0.0240***
	(0.00126)	(0.00119)	(0.00150)	(0.00133)	(0.00698)	(0.00639)	(0.00838)	(0.00658)
Distance	0.0216	0.0297*	0.0433**	0.0354*	−0.143	−0.199**	−0.106	−0.158
	(0.0162)	(0.0153)	(0.0211)	(0.0186)	(0.104)	(0.0813)	(0.130)	(0.108)
exchange×distance	−0.000329**	−0.000472***	−0.000479**	−0.000462***	0.00104	0.00153**	0.000853	0.00126
	(0.000148)	(0.000138)	(0.000187)	(0.000164)	(0.000933)	(0.000729)	(0.00116)	(0.000955)
R^2	0.308	0.256	0.476	0.441	0.551	0.556	0.712	0.742
	进口企业 (import)				国内企业 (domestic)			
exchange	−0.00335***	−0.00340***	−0.00412***	−0.00408***	−0.00403***	−0.00259**	−0.00365**	−0.00201
	(0.00126)	(0.00119)	(0.00150)	(0.00133)	(0.00120)	(0.00111)	(0.00148)	(0.00132)
distance	0.0215	0.0294*	0.0430**	0.0350*	0.0462***	0.0441***	0.0483**	0.0421**
	(0.0162)	(0.0153)	(0.0211)	(0.0186)	(0.0162)	(0.0154)	(0.0206)	(0.0192)
exchange×distance	−0.000328**	−0.000469***	−0.000477**	−0.000459***	−0.000541***	−0.000555***	−0.000487***	−0.000457***
	(0.000147)	(0.000138)	(0.000186)	(0.000164)	(0.000145)	(0.000136)	(0.000181)	(0.000168)
R^2	0.308	0.257	0.476	0.441	0.263	0.228	0.463	0.433

注:(1)国企的全样本观测值为 11 861,分样本观测值分别为进出口企业 5 820,净出口企业 160,进口企业 5 822,国内企业 5 876;(2)技术水平异质性的全样本观测值为 10 701,分样本观测值分别为进出口企业 5 173,净出口企业 138,进口企业 5 175,国内企业 5 383。平,融资约束异质性的全样本观测值为 10 701,分样本观测值分别为进出口企业 5 173,净出口企业 138,进口企业 5 175,国内企业 5 383。

3. 生产率水平的估计结果

下面我们具体分析生产率水平的异质性影响。同样,先进行全样本回归,由表 5-29 可知,除了长期账面杠杆率,其他五类杠杆率的 distance_op 系数都显著为正,进一步证明技术水平偏低(尤其是生产率水平偏低)的企业杠杆率水平偏高。总账面杠杆率、短期账面杠杆率、总市值杠杆率、短期市值杠杆率四类杠杆率的交乘项(exchange×distance_op)系数都显著为负。这说明行业内生产率水平较低的企业更有动机利用因汇率上浮而增加的留存收益,加大内源融资,从而减少外源融资,降低杠杆率水平;相反,行业内生产率水平较高的企业因人民币升值带来的预期盈利增加,更有能力和信心增加负债。由表 5-30 可知,分组回归中进出口企业、进口企业及国内企业的四类杠杆率的交乘项显著为负,也证明技术水平(尤其是生产率水平)对这三类企业的异质性影响较大。

表 5-29 生产率水平异质性全样本回归结果

变量	(1) leverage1	(2) leverage2	(3) leverage3	(4) leverage4	(5) leverage5	(6) leverage6
exchange	-0.00360*** (0.000845)	-0.000698* (0.000366)	-0.00291*** (0.000786)	-0.00282*** (0.00102)	-0.000750** (0.000327)	-0.00207** (0.000915)
distance_op	0.598*** (0.136)	0.0730 (0.0601)	0.525*** (0.127)	0.859*** (0.167)	0.174*** (0.0544)	0.685*** (0.152)
exchange×distance_op	-0.00447*** (0.00123)	0.000462 (0.000537)	-0.00493*** (0.00114)	-0.00592*** (0.00147)	-0.000546 (0.000477)	-0.00537*** (0.00133)
R^2	0.274	0.152	0.221	0.465	0.238	0.428

注:(1)国企的全样本观测值为 11 861,分样本观测值分别为进出口企业 5 820、净出口企业 160、进口企业 5 822、国内企业 5 876;(2)技术水平、生产率水平、融资约束异质性的全样本观测值为 10 701,分样本观测值分别为进出口企业 5 173、净出口企业 138、进口企业 5 175、国内企业 5 383。

4. 融资约束的估计结果

表 5-31 给出了四类企业的分组回归结果。和技术水平、生产率水平不同的是,融资约束(KZ 指数)对所有类型杠杆率都产生影响,包括长期杠杆率。我们发现,进出口企业、净出口企业、进口企业的 KZ 指数系数对六大杠杆率都为负,而且部分系数显著为负,表明融资约束越高,企业越不容易获得贷款,杠杆率越低。三类企业的交乘项(exchange×KZ)系数都为正,并且大部分显著,表明融资约束越高的企业对人民币升值越不敏感,因为人民币升值带来的利好不足以降低这类企业原来就不高的负债额度。唯独国内企业的表现比较离奇,本节给出的解释是,这类企业之所以融资约束高且杠杆率高,是因为这类企业在国企样本中占比(占总样本的 34.32%)较大,在融资约束高的环境下,国企依然可以凭借关系获得较多的贷款,杠杆率依然高企,而当人民币升值带来留存收益增加,进而资产、市值增加时,杠杆率水平会小幅度提高。因此,国内企业的 KZ 指数系数显著为正,交乘项 exchange×KZ 系数显著为负。

表 5-30 生产率水平异质性分组回归结果

变量	(1) leverage1	(2) leverage3	(3) leverage4	(4) leverage6	(5) leverage1	(6) leverage3	(7) leverage4	(8) leverage6
	进出口企业(exportimport)				净出口企业(nexport)			
exchange	-0.00277**	-0.00314**	-0.00346**	-0.00374***	-0.0258***	-0.0209***	-0.0264***	-0.0238***
	(0.00127)	(0.00122)	(0.00149)	(0.00133)	(0.00703)	(0.00656)	(0.00845)	(0.00680)
distance_op	0.749***	0.679***	0.973***	0.725***	-0.571	-0.482	0.447	-0.235
	(0.194)	(0.180)	(0.236)	(0.214)	(1.237)	(1.152)	(1.524)	(1.116)
exchange×distance_op	-0.00582***	-0.00650***	-0.00687***	-0.00586***	0.00666	0.00298	-3.68e-05	0.00308
	(0.00176)	(0.00161)	(0.00209)	(0.00188)	(0.0107)	(0.0100)	(0.0131)	(0.00976)
R^2	0.306	0.244	0.480	0.438	0.537	0.527	0.719	0.735
	进口企业(import)				国内企业(domestic)			
exchange	-0.00275**	-0.00312**	-0.00344**	-0.00372***	-0.00445***	-0.00315***	-0.00345**	-0.00193
	(0.00127)	(0.00122)	(0.00149)	(0.00133)	(0.00123)	(0.00113)	(0.00150)	(0.00134)
distance_op	0.746***	0.674***	0.969***	0.720***	0.449**	0.364**	0.768***	0.653***
	(0.194)	(0.180)	(0.235)	(0.214)	(0.191)	(0.178)	(0.241)	(0.223)
exchange×distance_op	-0.00580***	-0.00647***	-0.00684***	-0.00582***	-0.00311*	-0.00331**	-0.00516**	-0.00497**
	(0.00176)	(0.00161)	(0.00209)	(0.00188)	(0.00171)	(0.00159)	(0.00211)	(0.00194)
R^2	0.306	0.244	0.480	0.438	0.259	0.216	0.466	0.433

注:(1)国企的全样本观测值为 11 861,分样本观测值分别为进出口企业 5 820,净出口企业 5 822,国内企业 5 876;(2)技术水平、生产率水平、融资约束异质性的全样本观测值为 10 701,分样本观测值分别为进出口企业 5 173,净出口企业 138,进口企业 5 175,国内企业 5 383。

表 5-31　融资约束异质性分组回归结果

变量	(1) leverage1	(2) leverage2	(3) leverage3	(4) leverage4	(5) leverage5	(6) leverage6	(7) leverage1	(8) leverage2	(9) leverage3	(10) leverage4	(11) leverage5	(12) leverage6
	进出口企业(exportimport)						净出口企业(nexport)					
exchange	-0.00487***	-0.000155	-0.00472***	-0.00648***	-0.000451	-0.00603***	-0.0221***	-0.00403	-0.0181***	-0.0235***	-0.00249	-0.0210***
	(0.00174)	(0.000593)	(0.00158)	(0.00179)	(0.000544)	(0.00157)	(0.00604)	(0.00333)	(0.00596)	(0.00775)	(0.00332)	(0.00636)
KZ	-0.0947	-0.0279**	-0.0669	-0.122*	-0.0251**	-0.0969*	-0.282***	-0.0738*	-0.208***	-0.0938	-0.0409	-0.0529
	(0.0790)	(0.0128)	(0.0675)	(0.0660)	(0.0107)	(0.0561)	(0.0633)	(0.0339)	(0.0539)	(0.0725)	(0.0284)	(0.0554)
exchange×KZ	0.00110*	0.000302***	0.000800	0.00125**	0.000258***	0.000990**	0.00296***	0.000756**	0.00220***	0.00116	0.000450	0.000709
	(0.000654)	(0.000110)	(0.000559)	(0.000538)	(9.01e-05)	(0.000456)	(0.000665)	(0.000360)	(0.000566)	(0.000774)	(0.000297)	(0.000591)
R^2	0.345	0.167	0.275	0.483	0.247	0.443	0.606	0.376	0.576	0.723	0.401	0.745
	进口企业(import)						国内企业(domestic)					
exchange	-0.00485***	-0.000155	-0.00470***	-0.00646***	-0.000450	-0.00601***	-0.00260**	-0.00112**	-0.00148	-0.00280*	-0.00154***	-0.00126
	(0.00174)	(0.000593)	(0.00158)	(0.00179)	(0.000544)	(0.00157)	(0.00110)	(0.000470)	(0.00103)	(0.00143)	(0.000416)	(0.00129)
KZ	-0.0947	-0.0277**	-0.0670	-0.122*	-0.0249**	-0.0970*	0.153***	0.00922	0.144***	0.102***	0.000321	0.102***
	(0.0790)	(0.0128)	(0.0675)	(0.0659)	(0.0107)	(0.0560)	(0.0260)	(0.01000)	(0.0223)	(0.0249)	(0.00691)	(0.0223)
exchange×KZ	0.00110*	0.000300***	0.000801	0.00125**	0.000256***	0.000990**	-0.000910***	-1.36e-05	-0.000896***	-0.000639***	3.95e-05	-0.000679***
	(0.000654)	(0.000110)	(0.000559)	(0.000537)	(9.02e-05)	(0.000456)	(0.000244)	(8.99e-05)	(0.000205)	(0.000223)	(6.10e-05)	(0.000197)
R^2	0.345	0.167	0.275	0.483	0.247	0.444	0.373	0.147	0.320	0.484	0.231	0.453

注:(1)国企的全样本观测值为 11 861,分样本观测值分别为进出口企业 160、净出口企业 5 820、进口企业 5 173、国内企业 5 822,国内企业 5 876;(2)技术水平、生产率水平、融资约束异质性的全样本观测值为 10 701,分样本观测值分别为进出口企业 138、净出口企业 5 175、净出口企业 5 175、进口企业 5 383。

五、杠杆率影响的微观机制

上文理论机制中已说明本币升值通过影响企业盈利水平,进而影响企业对杠杆率的调整。整体计量回归结果证明了人民币升值有助于企业降低杠杆率,降低程度与企业行为有关,同时还验证了异质性因素的影响。然而,这些回归分析仅在整体上证实了本币升值会影响企业杠杆率调整,因此我们分离本币升值的盈利效应和盈利对杠杆率的调整效应,并做进一步分析。

(一) 盈利效应

实证检验发现人民币升值有助于企业降低杠杆率,其中进出口企业及进口企业下降程度较大,净出口企业和国内非进出口企业的杠杆率下降程度较小。理论推导表明汇率影响杠杆率的中介机制在于本币升值影响企业的盈利水平,而这种下降效应的主要原因在于人民币升值有利于提升企业盈利水平,且盈利效应对不同行为企业的影响存在差异性。为验证这一微观机制,设置如下计量模型:

$$\text{profitability}_{ibt} = \delta_0''' + \delta_1''' \text{exchange}_{bt} + \delta_4''' \text{age}_{ibt} + \delta_U''' U_{ibt-1} + \vartheta_t + \lambda_b + \chi_{ibt} \quad (29)$$

其中,$\text{profitability}_{ibt}$ 表示盈利水平,其余变量和基础回归模型相同。首先对(29)式进行全样本分析,考察人民币升值是否有助于企业提升盈利水平;然后对四类企业分别进行检验,进一步考察不同行为企业盈利效应的差异。

表 5-32 显示,全样本的 exchange 系数显著为正,表明人民币升值总体上有利于企业提升盈利水平。除了净出口企业,其余三类企业的 exchange 系数显著为负,说明人民币升值主要有利于提升进出口企业、进口企业、国内企业的盈利水平,且前两类企业较国内企业的 exchange 系数值更大,这是导致人民币升值更有利于降低前两类企业杠杆率的重要原因。净出口企业的 exchange 系数值不显著,说明人民币升值对该类企业的盈利效应不显著,进而导致人民币升值降杠杆的效应不明显。上述结果证明了理论推导,也对不同类型企业基础回归的差异性给出了微观解释。

表 5-32 盈利效应回归结果

	(1) 全样本	(2) 进出口企业 (exportimport)	(3) 净出口企业 (nexport)	(4) 进口企业 (import)	(5) 国内企业 (domestic)
exchange	0.00111 *** (0.000288)	0.00107 ** (0.000447)	0.00375 (0.00286)	0.00107 ** (0.000447)	0.00105 *** (0.000395)
R^2	0.164	0.196	0.384	0.196	0.158

注:(1)全样本观测值为 11 861 个,分样本观测值分别为进出口企业 5 820、净出口企业 160、进口企业 5 822、国内企业 5 876;(2)模型中控制了年份和行业固定效应及控制变量;(3)限于篇幅,省略观测值、截距项、固定效应和控制变量。

(二) 调整效应

本节理论推导的前提是融资优序理论成立,即盈利水平上升有助于企业下调杠杆

率。虽然现有文献证实了该推论,但为严谨并巩固本节研究结果,仍然有必要进行验证。考虑如下计量模型:

$$\text{leverage}_{ibt} = \varphi_0 + \varphi_1 \text{profitability}_{ibt-1} + \varphi_2 \text{age}_{ibt} + \varphi_U U_{ibt-1} + \vartheta_t + \lambda_b + \chi_{ibt} \quad (30)$$

表 5-33 给出了回归结果,显示六类杠杆率的滞后一期盈利水平系数(lag_profitability)都显著为负,说明盈利水平的提升有利于企业下调杠杆率,符合融资优序理论。仔细观察发现,总杠杆率(leverage1、leverage4)和短期杠杆率(leverage3、leverage6)的系数较大,都在 0.9 左右,长期杠杆率(leverage2、leverage5)的系数较小,说明当企业盈利增加时,内源融资增加,相比周期较长的负债,企业更倾向于减少短期负债,因而总杠杆率和短期杠杆率下降的程度更大,长期杠杆率下降程度较小。这也是导致上文实证分析中人民币升值更有利于降低总杠杆率和短期杠杆率的重要原因。

表 5-33 调整效应回归结果

变量	(1) leverage1	(2) leverage2	(3) leverage3	(4) leverage4	(5) leverage5	(6) leverage6
Lag_profitability	-0.891*** (0.0290)	-0.189*** (0.0127)	-0.701*** (0.0271)	-1.129*** (0.0509)	-0.201*** (0.0115)	-0.928*** (0.0452)
R^2	0.320	0.148	0.254	0.494	0.234	0.456

注:(1)全样本观测值为 11 861 个,分样本观测值分别为进出口企业 5 820、净出口企业 160、进口企业 5 822、国内企业 5 876;(2)模型中控制了年份和行业固定效应及控制变量;(3)限于篇幅,省略观测值、截距项、固定效应和控制变量。

六、结 论

首先,本节通过理论推导,揭示了汇率变动影响企业杠杆率调整的机制,并利用中国制造业企业数据进行检验,实证结果表明:人民币升值有利于企业降低杠杆率,并且主要有利于总杠杆率和短期杠杆率的下降,下降幅度会因企业进出口行为的差异而不同。多种测度方法的结果都表明该结论的稳健性较高。

其次,本节考察了国企、技术水平和生产率水平、融资约束等异质性因素对上述机制的影响,结果显示:技术水平和生产率水平较低企业的杠杆率较高,但其杠杆率调整的汇率弹性较大;融资约束越高企业的杠杆率越低,且杠杆率调整的汇率弹性越小;国企杠杆率较高,且杠杆率调整的汇率弹性较小。

最后,我们还发现企业盈利效应的差异是导致不同类型企业杠杆率下降程度差异的重要原因;调整效应的差异是影响不同类型杠杆率调整程度差异的重要因素。

本研究具有重要的政策含义。第一,本节从汇率视角研究了人民币升值可能对企业降杠杆带来的促进效应。研究结果显示,适度的人民币升值有利于企业降杠杆,从而提高供给侧结构性改革降杠杆的效率。第二,根据本节研究结果,"升值降杠杆"的效应在进出口企业和进口企业中更为显著。因此,召开中国国际进口博览会(China international import expo,CIIE),鼓励更多的企业加入"进口的队伍",将有利于供给侧结构性改革的有效实施。第三,随着我国对外贸易的不断扩大,汇率因素在企业融资决策中将发挥越来越重要的作用,而降杠杆是供给侧结构性改革的一项重要任务,因此汇率形成机制改革和其他方面的宏观调控都需要审时度势。

第五节 企业杠杆率调整的汇率效应:市场竞争视角

一、引 言

随着中国经济进入新常态,经济增速的趋势性下降和债务规模的较快增长,政策界和学术界对中国潜在风险开始关注并进行研究。为此,党中央、国务院做出推进供给侧结构性改革的决策部署,其中降杠杆成为供给侧结构性改革"三去一降一补"的重要任务之一。然而,随着宏观杠杆率(债务/GDP)的快速攀升(李扬等,2012),微观杠杆率(债务/资产)却呈下降趋势(宫汝凯等,2019)。钟宁桦等(2016)、陈卫东和熊启跃(2017)对中国企业的杠杆率进行了系统梳理,发现大部分工业企业已经显著地降杠杆,工业企业资产负债率低于全球水平。谭小芬等(2018)的研究进一步指出,制造业部门杠杆率整体呈下降态势,并且盈利能力和杠杆率呈反向变动关系。制造业上市公司的数据也再次证实,2005年后制造业企业微观杠杆率呈现下降趋势,而这个时期正是人民币汇率进入升值的阶段。由此引发的问题是:是什么因素引起了杠杆率的变动?人民币升值对杠杆率变动究竟产生了怎样的影响?又具有哪些结构方面的效应?

理论上,人民币升值能够影响进出口产品的相对价格及市场的竞争程度,从而影响企业的生产管理决策和盈利水平(卢向前和戴国强,2005;李宏彬等,2011;许家云等,2015;王雅琦和卢冰,2018),而盈利水平的变动又会对企业融资决策产生重要的影响(Myers,1984;Myers and Majluf,1984;Myers,1977)。因此,人民币升值引起的市场竞争可能会改变企业盈利水平,进而影响企业杠杆率。

尽管汇率和杠杆率都是具有现实意义的研究话题且两者存在理论关联,但目前系统研究两者之间关系的文献还未见到。考虑到一国产品市场既包括国外"进入企业"(进口),也包括本国"内销企业",本节将通过构建汇率影响"进入企业"产品价格,进而影响"内销企业"市场竞争力,最终体现为影响"内销企业"杠杆率调整的理论模型,分析一国汇率变动如何影响企业杠杆率的变动。随着进口博览会的顺利召开,扩大进口贸易已成为国家新的发展战略,因此研究"进入企业"竞争效应下汇率对一国企业经营绩效和融资决策的影响极具实践意义。

本节内容主要与两方面文献有关。一方面的文献涉及汇率变动与企业经营绩效,主要分为汇率变动对企业生产率的影响和汇率变动对企业盈利水平的影响。对于前者,大部分学者认为汇率上升能够促进企业提高生产率,因为升值能使企业通过技术创新提高竞争力(Schnabl and Baur,2002;Jeanneney and Hua,2011;许家云等2015)。个别学者认为汇率变动对全要素生产率的影响较小且呈反向关系(宗伟濠,2013)。汇率影响企业利润方面的文献侧重于研究升值对出口企业盈利的作用(刘沁清和邵挺,2011;Berman et al.,2012;张欣和孙刚,2014;梁中华和余森杰,2014),未考虑或者较少考虑市场竞争效应。Ekholm et al.(2012)指出,汇率变动不仅影响企业进出口行为,还会通过国内市场的进口竞争渠道影响企业经营绩效,国内企业主要受到汇率变动带来的竞争效应的影响。因此,当研究一国整体企业经营绩效,尤其是当纯内销企业占比较大时,有必要考虑市场竞争效应下的汇率效应。

另一方面是有关资本结构决定的文献,即决定杠杆率的影响因素。两个权威理论——融资优序理论(Myers,1984;Myers and Majluf,1984)和权衡理论(Myers,1977)对杠杆率决定的主要因素进行探讨,并且认为企业规模、盈利水平、成长性、有形资产比率、非债务税盾是影响杠杆率的重要因素。在后来的研究中,学者们对这些因素进行了实证分析,普遍认为虽然部分因素在不同国家、不同时间段的实证结果有差异,但有关盈利水平因素的大量实证结果一致认为获利能力强的企业能够使用较多的留存收益来满足融资需求,因而会有较低的杠杆率水平(Rajan and Zingales,1994;Huang et al.,2011;Chen et al.,2014;Chivakul and Lam,2015 等),更支持融资优序理论的预测。近年来,学者们开始基于常规的资本结构决定因素,讨论金融稳定、货币政策、财政政策等宏观因素对杠杆率的影响(纪敏等,2017;汪勇等,2018;李建军和张书瑶,2018),蒋灵多等(2019)则从贸易自由化角度探讨国企降杠杆的机理。那么,汇率在国际贸易中扮演着重要的角色,汇率变动是否有可能通过贸易渠道影响企业杠杆率?

本节首次将企业杠杆率问题拓展到汇率与贸易领域,重点研究人民币汇率变动对企业杠杆率的影响,丰富了公司金融、汇率、国际贸易等相关理论,是分析交叉学科问题的一个有益探索。研究的主要贡献分为两部分:(1)在理论建模方面,将汇率变动引入企业生产决策,构建杠杆率指标,拓展了 Manova(2012)和 Berman et al.(2012)的理论模型。相关的理论机制指出:本币升值迫使低生产率、高杠杆率的国内企业退出市场,从而降低了行业平均杠杆率;在长期均衡状态下,在位企业因盈利水平的上升而降低杠杆。(2)在实证研究方面,考虑到行业汇率可能存在的内生性,本节运用倍差法对理论模型预测进行基准检验和微观机制检验,发现实证结果较好地支持了理论模型预测。进一步对可能存在的结构异质性进行检验,结果表明:本币升值主要有利于国企中杠杆率较高的纯内销企业和非国企中杠杆率较高的出口企业降低杠杆率,且对前者具有"高杠杆高降幅"的资源配置效应;本币升值对于行业中生产率较低的高杠杆企业的杠杆率"降幅"较大,对于受融资约束较大的低杠杆企业"降幅"较小。

本节余下部分的内容如下:第二部分建立汇率传递理论模型;第三部分是计量方法的设计及样本数据的选择;第四部分是回归结果分析,主要包括基准回归结果、倍差法的适用性和稳健性检验、微观机制检验;第五部分是杠杆率调整的结构效应,主要包括结构性分析、资源配置分析和异质性分析;第六部分是结论。

二、理论模型

为分析本币升值影响企业杠杆率的具体理论机制,本节以 Manova(2012)和 Berman et al.(2012)构建杠杆率的汇率传递理论模型作为基础。

(一)企业杠杆率界定

假定 j 国生产者将产品出口到任意 i 国($j \neq i$),当 $j = i$ 认为 j 国生产者产品内销。根据 Manova(2012),本节假定共存在三种成本:冰山运输成本(τ_i)、沉没成本($\omega_j f_e$)和固定成本($\omega_j f_i$)。其中,冰山运输成本表示抵达i国1单位商品需要生产τ_i单位;沉没成本表示进入i国市场需要付出的沉没进入成本,可用j国劳动力工资衡量,其中a比例的沉没成本($a\omega_j f_e$)用于固定资产投资,该固定资产可用作企业外源融资抵押,一旦外源融资违约,企业的损失价值为$a\omega_j f_e$;固定成本为企业进入i国市场需要投入的成本,根据进入国市场条件的不同而不同,可用进入国(i国)劳动力工资衡量,同时假定只有$(1-b_i)$比例的固定成本可用企业利润(内源融资)支付,剩余b_i比例的固定成本($b_i\omega_j f_i$)需要在实现利润之前就支付,则企业就需要通过借债的方式获得,即外源融资。假定外源融资到期应还本息为$F(\varphi)$,履约率为$\lambda_j[\lambda_j \in (0,1)]$,若违约则损失$a\omega_j f_e$,违约概率则为$1-\lambda_j$。

因此,企业期末总资产可以用企业实现的利润与固定资产之和表示,即总资产=利润(π_j)+固定资产($a\omega_j f_e$)。企业总负责可以用借债总额表示,即$b_i\omega_j f_i$。根据企业账面杠杆率的定义,企业杠杆率=总负责/总资产,故企业杠杆率leverage_j公式为:

$$\text{leverage}_j = \frac{b_i\omega_j f_i}{\pi_j + a\omega_j f_e} \tag{1}$$

(二) 消费者需求

根据 Dixit and Stiglitz(1975)和 Melitz(2003)的研究框架,对于任意i国,消费者的偏好是由连续商品集Ω的 CES 效用函数给定:

$$U = \left[\int_\Omega q(\varphi)^{1-\frac{1}{\sigma}} d\varphi\right]^{\frac{1}{1-\frac{1}{\sigma}}} \tag{2}$$

$q(\varphi)$为消费量,两种商品之间的替代弹性满足$\sigma > 1$。进一步模型化消费者行为,可以得到i国消费者需求量$q_i(\varphi)$为:

$$q_i(\varphi) = Y_i P_i^{\sigma-1} \left[\frac{p_i(\varphi)\tau_i}{\varepsilon_i}\right]^{-\sigma} \tag{3}$$

其中,Y_i和P_i分别表示i国的国内收入水平和价格指数;$\frac{p_i(\varphi)\tau_i}{\varepsilon_i}$为$i$国消费者接收到的用$i$国货币表示的1单位商品价格,其中$p_i(\varphi)$为$j$国生产者的生产价格,$\varepsilon_i$为间接标价法下的汇率,即$\varepsilon_i$上升,进入市场国($i$国)货币升值。当$j=i$时,即$j$国生产者内销,则$\varepsilon_i=1$、$\tau_i=1$,即不存在货币兑换,也不存在冰山运输成本。相应的,i国生产者进入本国市场,也不受汇率和冰山运输成本的影响。

依据 Melitz(2003)、Berman et al.(2012)的观点,在线性生产函数条件下,生产者生产的边际成本(mc_j)与全要素生产率(φ)负相关,和劳动力工资(ω_j)正相关,即$mc_j = \frac{\omega_j}{\varphi}$。所以,$j$国生产者生产$q_i(\varphi)\tau_i$单位产品并卖给$i$国的消费者,总成本$c_j(\varphi)$可以表示为:

$$c_j(\varphi) = \frac{\omega_j q_i(\varphi)\tau_i}{\varphi} + \omega_i f_i \tag{4}$$

当存在外源融资约束(即固定成本中的$b_i\omega_i f_i$需要通过借债来支付)时,总成本可以具体表示为:

$$c_j(\varphi) = \frac{\omega_j q_i(\varphi) \tau_i}{\varphi} + (1-b_i)\omega_j f_i + \lambda_j F(\varphi) + (1-\lambda_j) a\omega_j f_e \quad (5)$$

（三）企业最大化利润

$$\max_{p_i, q_i, F} p_i(\varphi) q_i(\varphi) \tau_i - \left[\frac{\omega_j q_i(\varphi) \tau_i}{\varphi} + (1-b_i)\omega_j f_i + \lambda_j F(\varphi) + (1-\lambda_j) a\omega_j f_e\right] \quad (6)$$

$$s.t. \quad p_i(\varphi) q_i(\varphi) \tau_i - \frac{\omega_j q_i(\varphi) \tau_i}{\varphi} - (1-b_i)\omega_j f_i \geq F(\varphi) \quad (7)$$

$$\lambda_j F(\varphi) + (1-\lambda_j) a\omega_j f_e \geq b_i \omega_j f_i \quad (8)$$

式（7）表示在借款合同不违约的条件下，企业净收入不低于应还本息总额 $F(\varphi)$；式（8）表示贷方预期收入（$\lambda_j F(\varphi) + (1-\lambda_j) a\omega_j f_e$）不低于贷出金额 $b_i\omega_j f_i$。

一方面，当不存在信贷约束时，可求得类似 Melitz（2003）模型的最优生产价格 $p_i(\varphi)$、产量 $q_i(\varphi) \tau_i$、收入 $r_j(\varphi)$ 和利润 $\pi_j(\varphi)$：

$$p_i(\varphi) = \frac{\sigma}{\sigma-1} \times \frac{\omega_j}{\varphi} \quad (9)$$

$$q_i(\varphi) \tau_i = \tau_i Y_i P_i^{\sigma-1} \left[\frac{\sigma}{\sigma-1} \times \frac{\omega_j \tau_i}{\varphi \varepsilon_i}\right]^{-\sigma} \quad (10)$$

$$r_j(\varphi) = Y_i \left(\frac{\sigma}{\sigma-1} \times \frac{\omega_j \tau_i}{\varphi P_i}\right)^{-\sigma+1} \varepsilon_i^{\sigma} \quad (11)$$

$$\pi_j(\varphi) = \frac{1}{\sigma} r_j(\varphi) - \omega_j f_i = \frac{1}{\sigma} Y_i \left(\frac{\sigma}{\sigma-1} \times \frac{\omega_j \tau_i}{\varphi P_i}\right)^{-\sigma+1} \varepsilon_i^{\sigma} - \omega_j f_i \quad (12)$$

由式（1）和式（12）可知，对于 j 国企业进入任意 i 国市场，生产率的提升有助于企业降低杠杆率水平，即 $\frac{\partial leverage_j}{\partial \varphi} < 0$，故得到以下推论：

推论 1：低生产率企业具有高杠杆率，高生产率企业具有低杠杆率。

该推论与蒋灵多等（2019）的结论一致。此外，在实现均衡零利润条件下，即 $\pi_j(\varphi^*) = 0$，由式（11）和式（12）得到：

$$r_j(\varphi^*) = Y_i \left(\frac{\sigma}{\sigma-1} \frac{\omega_j \tau_i}{\varphi^* P_i}\right)^{-\sigma+1} \varepsilon_i^{\sigma} = \sigma \omega_j f_i \quad (13)$$

其中，φ^* 为不存在信贷约束时，企业零利润条件下的最低生产率，即门槛值为 φ^*；$\omega_j f_i$ 为不存在信贷约束时的固定成本。

当存在信贷约束，且信贷市场实现均衡时，两个约束条件取最小值，即式（7）和式（8）取等号，则收入可表示为：

$$r_j(\varphi^{**}) = Y_i \left(\frac{\sigma}{\sigma-1} \frac{\omega_j \tau_i}{\varphi^{**} P_i}\right)^{-\sigma+1} \varepsilon_i^{\sigma} = \sigma\left[\left(1-b+\frac{b}{\lambda}\right)\omega_j f_i - \frac{1-\lambda}{\lambda} a\omega_j f_e\right] \quad (14)$$

其中，φ^{**} 为存在信贷约束下进入市场的生产率门槛；$\left[\left(1-b+\frac{b}{\lambda}\right)\omega_j f_i - \frac{1-\lambda}{\lambda} a\omega_j f_e\right]$ 为存在信贷约束下的固定成本。根据 Manova（2012）的观点，令 $bf_i > af_e$，则有 $\left[\left(1-b+\frac{b}{\lambda}\right)\right.$

$\omega_j f_i - \frac{1-\lambda}{\lambda} a \omega_j f_e] > \omega_j f_i$。这说明在信贷约束条件下,进入市场的固定成本高于无信贷约束条件下的进入成本,即存在信贷约束下进入市场的生产率门槛 φ^{**} 大于不存在信贷约束下的生产率门槛 φ^*(Melitz,2003)。由式(14)可知,在其他条件不变的情况下,生产率门槛 φ^{**} 与汇率 ε_i 呈反向变动关系,即进入市场国货币升值,进入该市场的生产率门槛下降。

$$\frac{\partial \varphi^{**}}{\partial \varepsilon_i} = -\frac{\sigma^2 \omega_j \tau_i}{(\sigma-1)^2} \left[\frac{\left(1 - b + \frac{b}{\lambda}\right) \omega_j f_i - \frac{1-\lambda}{\lambda} a \omega_j f_e}{Y_i} \right]^{\frac{1}{\sigma-1}} < 0 \tag{15}$$

根据余淼杰和智琨(2016)的做法,假设 i 国和 j 国企业的生产率累积分布函数为 $G(\varphi) = 1 - \left(\frac{\varphi_{\min}}{\varphi}\right)^k$,服从 $[\varphi_{\min}, \infty]$ 上帕累托分布,其中概率密度函数为 $g(\varphi) = \frac{k\varphi_{\min}^k}{\varphi^{k+1}}$($k > 1$);并且假定在一国市场上销售的企业总数不变,即 i 国市场上企业总数 N_i 和 j 国市场上总数 N_j 不变,但相对数可变。例如,在 i 国市场上,i 国内销企业数量 N_{iD} 和 j 国出口至 i 国的企业数量 N_{jH} 可变,两者之和为总数 N_i:

$$N_i = N_{iD} + N_{jH} \tag{16}$$

根据生产率分布,进一步表示为:

$$N_{iD} = [1 - G(\varphi_D^{**})]N = \left(\frac{\varphi_{\min}}{\varphi_D^{**}}\right)^k N_i \tag{17}$$

$$N_{jH} = [1 - G(\varphi^{**})]N_j = \left(\frac{\varphi_{\min}}{\varphi^{**}}\right)^k N_j \tag{18}$$

由式(15)、(16)、(17)、(18)可知:

$$\frac{\partial \varphi_D^{**}}{\partial \varepsilon_i} > 0 \tag{19}$$

式(19)显示,一国货币升值会使得本国企业进入本国市场门槛上升,迫使本国低生产率企业退出市场。结合推论1,得到命题1:

命题1:本国货币升值,使得低生产率、高杠杆率企业被淘汰,进而降低市场平均杠杆率水平。

随着市场中低生产率、高杠杆率企业的退出,造成企业数量减少。根据余淼杰和智琨(2016)的观点,在长期均衡状态下,企业数量的减少意味着参与竞争的企业数量减少,从而使企业获得更多利润,即货币升值使得市场下的企业利润增加。假设各国市场具有对称性,各国企业行为方式相同,则有 $\frac{\partial \pi_{iD}}{\partial \varepsilon} > 0$,结合(1)式可知 $\frac{\partial leverage_{iD}}{\partial \pi_{iD}} < 0$,因此有:

$$\frac{\partial leverage_{iD}}{\partial \varepsilon} = \frac{\partial leverage_{iD}}{\partial \pi_{iD}} \frac{\partial \pi_{iD}}{\partial \varepsilon} < 0 \tag{20}$$

其中,下标 iD 表示 i 国的内销企业,得到命题2:

命题2:本国货币升值,有助于本国企业降低杠杆率。

三、计量方法及样本数据

(一) 计量方法

首先,我们构建倍差法(DID)计量模型考察汇率对企业杠杆率的影响。考虑到 2005 年 7 月汇改后人民币汇率进入了较长时期的升值通道,于是将此次汇改作为一次自然实验。借鉴 Lu and Yu(2015)的做法,发现汇改前汇率水平较低行业(指 2005 年汇率水平低于均值的行业)在汇改后升值幅度大于汇改前汇率水平较高行业(指 2005 年汇率水平高于均值的行业)的升值幅度,前者平均升值 3.71%,后者平均升值 3.44%。因此,将汇改后升值幅度较大行业设为处理组,汇改后升值幅度较小行业设为对照组,检验相比于对照组,汇改后人民币升值是否显著降低了处理组的杠杆率水平。表 5-34 为各变量缩写及含义。表 5-35 显示,处理组的三类杠杆率在汇改后的降幅明显高于对照组的降幅。说明人民币升值与制造业企业杠杆率成负相关关系。

更为准确地,构建双重差分模型如下:

$$\text{lev}_{igt} = \delta_0 + \delta_1 \text{post}_t \times \text{treat}_{igt} + \delta_U U_{igt-1} + \upsilon_g + \psi_t + \chi_{igt} \tag{21}$$

基于杠杆率的相关研究(Malatesta and Dewenter, 2001;纪洋等,2018),核心被解释变量 lev_{igt} 表示 g 行业中的 i 企业在第 t 年的杠杆率,定义为总负债/总资产。在稳健性检验中,我们还引入长期杠杆率(lev_l)和短期杠杆率(lev_s)分别作为被解释变量。post_t 为 2005 年汇改之后人民币升值的二值时间虚拟变量,2005 年之后年份取值为 1,否则取值为 0;treat_{igt} 为企业组别的二值虚拟变量,汇改后升值幅度较大行业企业(处理组)取值为 1,对照组取值为 0。此外,为降低遗漏变量所引起的估计偏误,借鉴以往研究资本结构的相关文献(Rajan and Zingales, 1994;Booth et al., 2001;Fama and French, 2002),我们还控制了可能影响企业的特征变量向量组(U_{igt-1}),包括生产率水平(tfp_{igt-1})、企业年龄(age_{igt-1})、企业规模(size_{igt-1})、成长机会(mtb_{igt-1})、有形抵押品($\text{collateral}_{igt-1}$)、非债务税盾($\text{ndtaxshield}_{igt-1}$)。为防止内生性,所有控制变量滞后一期,$\upsilon_g$、$\psi_t$、$\chi_{igt}$ 分别表示行业和年份的哑变量及误差项。具体变量的英文缩写和含义见表 5-34。

表 5-34 文中各变量缩写及含义

变量	英文缩写	含义
总杠杆率	lev	总负债/总资产
长期杠杆率	lev_l	非流动负债/总资产
短期杠杆率	lev_s	流动负债/总资产
行业汇率	exchange	基于增加值人民币行业有效汇率
盈利水平	profitability	营业利润/总资产
企业规模	size	Log(总资产)
成长机会	mtb	(总市值+总负债)/总资产
有形抵押品	collateral	(固定资产净额+存货)/总资产

（续表）

变量	英文缩写	含义
非债务税盾	ndtaxshield	（固定资产年折旧额+摊销额）/总资产
企业年龄	age	当年年份-企业成立年份
生产率	tfp	LP 法测算①
国企	soe	企业为国企，则 soe 为 1，否则 soe 为 0
生产技术水平	distance	见式（27）
KZ 指数	KZ	Kaplan and Zingales（1997）的方法

其次，我们采用多种方法对倍差法的适用性和基准回归结果的稳健性进行检验。前者包括预期效应、安慰剂检验、考虑产业特征时间趋势和二期倍差法检验，后者包括考虑政策因素和其他宏观经济因素的稳健性检验。第一，考虑贸易自由化的长期影响，引入最终品关税指标和中间品关税指标；第二，考虑 2003 年年底出口退税政策改革及 2005 年年初《多种纤维协议》（简称 MFA）政策的影响；第三，考虑 2008 年金融危机的影响以及市场竞争条件下企业进入退出的影响。中间品关税指标的计算公式为：

$$\text{industrytariff}_{gt} = \sum_k \left(\frac{\text{input}_{gk}^{2002}}{\sum_k \text{input}_{gk}^{2002}} \right) \times \xi_{kt} \qquad (22)$$

其中，$\text{industrytariff}_{gt}$ 表示 t 年 g 行业进口中间品的关税，ξ_{kt} 表示中间投入品 k 在第 t 年的关税税率。② 括号中的权重为中间投入品 k 在 g 行业产品生产中的成本份额，即行业对每种投入品的使用量占总投入品的比例。③

最后，基于基础回归结果和理论推导，我们分离企业退出机制和企业盈利机制，并对不同类型企业的回归结果进行分析。

一方面，为验证人民币升值带来的企业退出效应，将式（21）基础回归中的被解释变量替换为企业退出率 exity_{igt}，构建如下计量模型：

$$\text{exity}_{igt} = \delta_0 + \delta_1 \text{post}_t \times \text{treat}_{igt} + \delta_U U_{igt-1} + \upsilon_g + \psi_t + \chi_{igt} \qquad (23)$$

企业退出率 exity_{igt} 的测算参考了 Brandt et al.（2012）、臧成伟（2017）的方法。如果企业在第 t 年存在，而在第 $t+1$ 年及之后都不存在，则认为企业在第 $t+1$ 年退出。exity_{igt} 为 g 行业在第 t 年的退出率，以第 $t+1$ 年退出企业和第 t 年全部企业数量的比值作为退出率。

另一方面，为验证人民币升值提升企业盈利水平，进而降低企业杠杆率的内部机制，

---

① 生产率测算过程中所用的数据有主营业务收入（mbincome）、员工数量（num）、购入商品和劳务的金额（gscash）、固定资产净额（fixedassets）、资本支出（capexpenditure），均来自 CSMAR 数据库。受篇幅限制，这里没有给出 LP 法与 OP 法测算企业生产率的具体步骤，感兴趣的读者可来函索取。本节汇报了 LP 法的结果，OP 法的结果相似，备索。

② ξ_{kt} 为 g 行业所使用投入品 k 的平均关税，本节用加权平均法计算，算术平均结果相似。

③ 权重系数来自中国投入产出表（2002 年版）。选择 2002 年为固定权重值，主要是为控制内生性，为了排除关税随时间波动造成权重发生内生性变化，需要固定权重值。例如，当某年关税较高时，企业会降低进口，权重将随之下降，但并不意味着中间品对企业不重要。

本节借鉴 Baron and Kenny(1986)、蒋灵多等(2019)的中介效应分析方法,对连续存活超过 5 年的样本进行回归,构建如下计量模型:

$$\text{profitability}_{igt} = \delta_0 + \delta_1 \text{post}_t \times \text{treat}_{igt} + \delta_U U_{igt-1} + \upsilon_g + \psi_t + \chi_{igt} \quad (24)$$

$$\text{leverage}_{igt} = \delta_0 + \delta_1 \text{post}_t \times \text{treat}_{igt} + \delta_2 \text{profitability}_{igt} + \delta_U U_{igt-1} + \upsilon_g + \psi_t + \chi_{igt} \quad (25)$$

其中,$\text{profitability}_{igt}$ 表示企业盈利水平,其余变量含义不变。

(二) 样本数据

本节主要使用三套数据。第一套是国泰安数据库(CSMAR)和 RESSET 金融研究数据库提供的企业层面数据[①];第二套是中国社会科学院世界经济与政治研究所异质性有效汇率数据库(IWEP-HEER Database)提供的行业层面基于增加值的人民币有效汇率数据;第三套是世界银行 WITS 数据库提供的关税数据。其中,企业层面数据除了国企(soe)分类信息来自 RESSET 数据库提供的企业实际控制人信息,其余企业层面数据均来自 CSMAR 数据库。由于 CSMAR 数据库和 RESSET 数据库均没有提供具体的企业层面进出口量,因此融合两大数据库提供的企业基础内容、营业收入和营业成本信息,然后提取关键词进行企业出口行为的整理。关键词共分为三类:一类为"出口""进出口",二类为 18 个大区域关键词[②],三类为 2018 年中国对外贸易排名前 23 的国家和地区名称[③]。

为了降低直接回归分析中的内生性问题,本节主要采用倍差法进行计量分析。本节做的另一项细致工作是行业汇率与企业层面数据的匹配。将世界投入产出表(world input-output table,WIOT)、中国投入产出表 2002(IO02)、中国国民经济行业分类 2012 版(CIC12)、中国国民经济行业分类 2002 版(CIC02)进行相互转换,使得 29 个分行业各有一个 WIOT 分类下的行业汇率数据与其对应。最终品关税指标和中间品关税指标的构建需要对 HS02 关税、国际标准产业分类 ISIC(Rev3)、CIC02、CIC12、IO02 进行细致的转换、匹配和构建,最后得到 29 个行业层面的关税指标。

此外,考虑到 2001 年中国加入 WTO 前后对进出口企业的影响,以及企业层面只有 2002 年及以后的出口信息,本节选择 2002—2018 年中国制造业的年度数据。删除有缺失的企业年度数据,杠杆率大于 1 或者小于 0 以及非债务税盾为负数的奇异数据,最后得到全样本的非平衡面板,包含 29 个行业、2 067 家公司、17 年共计 12 998 个观测值。

(三) 描述性统计

表 5-35 列出了行业汇率和杠杆率的均值与标准差,并具体比较了 2002—2018 年和 2006—2018 年两个时间段的统计差异。分析发现 2005 年汇改前后,行业汇率和杠杆率都发生了变化。2005 年汇改后的人民币汇率均值和标准差都高于汇改前的均值和标准

[①] 一般情况下,一国大部分出口企业同时也是内销企业,故实证部分采用中国企业全样本代替中国内销企业,但在结构性机制分析部分依然针对非出口的净内销企业进行实证检验。

[②] 大区域关键词包括"国外""国内外""海外""境外""国际""欧洲""澳洲""非洲""美洲""大洋洲""亚洲""东南亚""亚太""中亚""中东""东亚""西亚""南亚"。

[③] 根据海关统计,2018 年中国对外贸易排名前 23 的国家和地区为:美国、日本、韩国、中国台湾、德国、澳大利亚、越南、巴西、马来西亚、俄罗斯、欧盟、印度、荷兰、泰国、印度尼西亚、加拿大、新加坡、沙特阿拉伯、墨西哥、法国、菲律宾、意大利、英国。将以上 23 个国家和地区的名称作为三类关键词,其中二类、三类关键词,合并成本不为空则为进口。

差,且处理组较对照组升值幅度大。杠杆率方面,用 3 种方法衡量的杠杆率均值在汇改后都有所降低,杠杆率和人民币汇率呈反向变动关系,且处理组杠杆率下降幅度大于对照组杠杆率下降幅度,说明人民币汇率与杠杆率存在负相关关系。

表 5-35　行业汇率与杠杆率的统计描述

变量名	组别	2002—2018 年		2006—2018 年		均值变动率（%）
		均值	标准差	均值	标准差	
行业汇率	全样本	103.6843	1.5556	107.4090	1.6778	3.59
	处理组	103.1549	1.5448	106.9777	1.8225	3.71
	对照组	104.4087	0.8953	108.0034	1.0035	3.44
lev	全样本	0.4056	0.1640	0.3963	0.1704	-2.29
	处理组	0.3931	0.1688	0.3805	0.1746	-3.20
	对照组	0.4233	0.1545	0.4187	0.1608	-1.09
lev_l	全样本	0.0602	0.0722	0.0595	0.0716	-1.16
	处理组	0.0617	0.0753	0.0601	0.0742	-2.62
	对照组	0.0582	0.0673	0.0585	0.0676	0.58
lev_s	全样本	0.3454	0.1503	0.3369	0.1540	-2.46
	处理组	0.3314	0.1532	0.3204	0.1569	-3.31
	对照组	0.3652	0.1430	0.3602	0.1462	-1.36

四、回归结果及机制讨论

（一）基准回归结果

基准回归结果基于式(21)进行回归。本节按照传统文献的做法,采用总杠杆率(lev)作为基准的杠杆率衡量方法,运用倍差法(DID)的计量结果见表 5-36。第(1)列中 post×treat 的回归系数显著为负,当加入企业特征变量时,第(4)列显示 post×treat 系数的绝对值变小但仍显著为负,说明人民币升值有助于企业下调杠杆率。

为进一步验证回归的稳健性,本节将长期杠杆率(lev_l)和短期杠杆率(lev_s)分别引入进行回归,如第(2)—(3)列所示,并加入企业特征变量,如第(5)—(6)列,交乘项 post×trea 系数依然都显著为负。其中,总杠杆率(lev)和短期杠杆率(lev_s)下降的幅度较大,在中国加入 WTO 之后显著下降了 0.028 个单位和 0.018 个单位。短期杠杆率(lev_s)较长期杠杆率(lev_l)下降幅度更大的原因可能在于,长期负债周期长,其变动没有短期负债变动灵活,当本币升值使留存收益增加,企业更愿意用留存收益来减少短期负债,因而短期杠杆率的下降幅度更大。总之,无论是考虑总杠杆率还是长期杠杆率与短期杠杆率,人民币升值导致企业下调杠杆率的效应均较为稳健。

此外,控制变量生产率(tfp)与杠杆率显著负相关,说明生产率越高,企业的杠杆率越低,推论 1 得证。企业年龄(age)的系数大都为正,个别显著,说明企业成立时间越久,越有能力利用债务融资。而非债务税盾(ndtaxhield)对总杠杆率和短期杠杆率显著为负,说明非债务税盾越大,没有应纳税所得的可能性越大,其期望所得税率越低,利息税盾作用的预期收益降低,故杠杆率下降(Fama and French,2002)。唯独长期杠杆率的系数显著为正,这可能是因为长期负债周期长,对长期利息税盾作用下的收益调整影响较小,对短期利息税盾作用下的收益调整则会产生正向冲击。此外,企业规模(size)、有形资产(collateral)的系数显著为正,成长机会(mtb)的系数显著为负,说明大型企业和拥有较多有形资产的企业一般会使用更多的债务,而成长性较好企业的杠杆率较低。该结果与Rajan and Zingales(1994)以7国集团为样本的研究结果以及肖泽忠和邹宏(2008)以1994—2000年中国上市公司为样本的研究结果相似。

表 5-36　DID 基准回归结果

变量	(1) lev	(2) lev_l	(3) lev_s	(4) lev	(5) lev_l	(6) lev_s
post×treat	−0.0357*** (0.00873)	−0.00847** (0.00415)	−0.0273*** (0.00841)	−0.0283** (0.0112)	−0.0102* (0.00539)	−0.0181* (0.0109)
Lag_tfp				−0.0337*** (0.00546)	−0.0295*** (0.00240)	−0.00422 (0.00500)
Lag_age				0.00227*** (0.000317)	0.000204 (0.000140)	0.00207*** (0.000298)
Lag_size				0.0535*** (0.00213)	0.0256*** (0.00102)	0.0279*** (0.00198)
Lag_mtb				−0.00940*** (0.00131)	0.000522 (0.000435)	−0.00992*** (0.00120)
Lag_collateral				0.283*** (0.0143)	0.0234*** (0.00635)	0.260*** (0.0133)
Lag_ndtaxshield				−1.215*** (0.141)	0.275*** (0.0625)	−1.490*** (0.134)
常数项	0.405*** (0.00485)	0.0639*** (0.00230)	0.341*** (0.00464)	−0.696*** (0.0410)	−0.377*** (0.0192)	−0.319*** (0.0382)
观测值	12 997	12 997	12 997	9 703	9 703	9 703
R^2	0.109	0.055	0.108	0.259	0.144	0.209
年份固定效应	是	是	是	是	是	是
行业固定效应	是	是	是	是	是	是

注:*、**、***分别表示在10%、5%、1%的置信水平下显著。

(二) 倍差法的适用性和稳健性检验

进行倍差法的前提条件是在政策实施之前,处理组和对照组的被解释变量(即企业杠杆率)应当满足相同的时间趋势变动,即满足共同趋势假设,因此有必要对倍差法的适用性进行检验。同时,还需要从多角度考虑,对基准回归结果进行稳健性检验。

1. 预期效应

首先对共同趋势假设进行预期效应检验。我们在倍差法模型的基础上引入两个新的交乘项 post04×treat 和 post03×treat,其中 post04 和 post03 分别表示汇改政策变量人为地提前到 2004 年和 2003 年。若新加入的交乘项系数显著不为 0,则说明企业在汇改之前就已形成人民币汇率上升的预期,进而对杠杆率水平调整产生预期,造成处理组和对照组在政策冲击之前不具有可比性,这就破坏了倍差法的前提条件——共同趋势假设。表 5-37 第(1)列汇报了加入 post04×treat 后的结果,表明新加入的交乘项系数没有通过显著性水平检验,但原倍差法下交乘项 post×treat 系数依然显著为负。表 5-37 第(2)列进一步加入 post03×treat,发现新加入的交乘项因估计系数较小而被剔除了,而倍差法下交乘项 post×treat 系数仍显著为负。这表明汇改之前并没有形成对杠杆率调整的预期,没有造成两类企业杠杆率趋势的显著差异,符合共同趋势假设。

表 5-37 倍差法估计的适用性检验

变量	(1) 预期效应 1	(2) 预期效应 2	(3) 安慰剂	(4) 产业时间趋势	(5) 二期倍差
post×treat	−0.0243*	−0.0243*		−0.0287**	−0.0160**
	(0.0128)	(0.0128)		(0.0112)	(0.00719)
post04×treat	−0.0142	−0.0142	−0.0119		
	(0.0239)	(0.0239)	(0.0226)		
post03×treat		—			
T				0.00117**	
				(0.000518)	
观测值	9 703	9 703	707	9 703	12 488
R^2	0.259	0.259	0.089	0.260	0.311
年份固定效应	是	是	是	是	是
行业固定效应	是	是	是	是	是

注:(1) *、**、*** 分别表示在 10%、5%、1% 的置信水平下显著;(2) 模型中均控制了基准回归中的所有变量,但为节约篇幅,控制变量和截距项未汇报,备索。

2. 安慰剂

为进一步确保倍差法估计结果的可靠性,我们进行安慰剂检验。采用 2002—2005 年的样本,假定汇改发生在 2004 年,处理组和对照组的划分不变。基本思路如下:这些样本不受汇改的影响,由此 post04×treat 的估计系数应当不显著,否则意味着可能存在其他非观测因素或相关政策对回归产生干扰,这就违反了共同趋势假设,那么之前的基准倍差法下的回归结果是有偏的。从表 5-37 第(3)列可以看到,post×treat 估计系数为负,但没有通过 10%水平的显著性检验,因此不能拒绝共同趋势假设,验证了本节倍差法估计结果的可靠性。

3. 控制产业时间趋势

在现实中,企业杠杆率往往会受到某些非观测的产业特定因素的影响,使得企业杠杆率在不同行业中具有不同的时间趋势,若存在这种情况,则无法满足共同趋势假设,将导致倍差法估计结果出现偏误。因此,我们借鉴 Liu and Qiu(2016)的研究,将产业特定的线性时间趋势项 T 作为控制变量,加入倍差法模型中进行检验。表 5-37 第(4)列显示,在控制产业时间趋势项后,核心变量 post×treat 系数依然显著为负。

4. 二期倍差法估计

多期倍差法往往存在序列相关性,从而高估倍差法估计量的显著性水平。为此,本节将时间段分为 2005 年之前和 2005 年之后,对每个时间段的企业特征变量取算术平均值,构建二期倍差法模型进行估计。表 5-37 第(5)列报告的二期倍差法结果与多期倍差法结果相似,核心变量 post×treat 系数依然显著为负。

5. 相关政策因素

首先,虽然中国是在 2002 年加入 WTO,并在 2005 年之前完成大部分进口商品关税的削减工作,但贸易自由化是一个长期的过程。为了更好地分析人民币汇率对杠杆率的影响,需要控制贸易自由化因素,本节分别引入最终品关税指标和中间品关税指标进行估计。从表 5-38 第(1)列和第(2)列可见,当引入最终品关税指标(findustrytariff)和进口关税指标(industrytariff)时①,DID 交乘项 post×treat 系数的绝对值比基准回归中略小,但依然显著为负。

表 5-38 DID 估计的稳健性检验

变量	(1) 最终品关税	(2) 中间品关税	(3) 出口退税	(4) 删除 MFA	(5) 金融危机	(6) 存活样本
post×treat	-0.0244** (0.0113)	-0.0244** (0.0113)	-0.0248* (0.0128)	-0.0281** (0.0115)	-0.0158* (0.00880)	-0.0355*** (0.0119)
findustrytariff	-0.00664*** (0.00222)	-0.00664*** (0.00222)				
industrytariff		-7.27e-06 (0.000145)				
after08					-0.0537*** (0.00558)	
观测值	8 823	8 823	9 508	9 297	9 703	7 934

---

① 2018 年的相关数据暂不可得,故贸易自由化数据统计到 2017 年,不影响分析结果。

（续表）

变量	(1) 最终品关税	(2) 中间品关税	(3) 出口退税	(4) 删除MFA	(5) 金融危机	(6) 存活样本
R^2	0.258	0.258	0.261	0.265	0.226	0.260
年份固定效应	是	是	是	是	否	是
行业固定效应	是	是	是	是	是	是

注:(1) *、**、*** 分别表示在10%、5%、1%的置信水平下显著;(2)模型中均控制了基准回归中的所有变量,但为节约篇幅,控制变量和截距项未汇报,备索。

其次,考虑到2003年年底中国还进行了出口退税政策改革,为了避免实施该政策对估计结果的影响,本节用出口退税政策改革后的年份进行倍差法检验。表5-38第(3)列的结果显示,倍差法交乘项系数依然显著为负。

最后,由于2005年年初废除《多种纤维协议》(MFA)后影响到服装纺织品的出口配额,进而影响企业的资源配置(Khandelwal et al.,2013;刘啟仁和黄建忠,2016),故本节将涉及的三类行业①剔除后再进行回归。表5-38第(4)列显示,倍差法交乘项系数比基准回归中略大且依然显著为负。综上表明,在控制各种政策影响后,本节倍差法估计结果依然稳健。

6. 其他稳健性检验

虽然为应对2008年金融危机的影响,中国实施了"四万亿"计划刺激经济,但危机还是对企业的运营产生了重大影响,不排除汇改之后杠杆率下调是源于金融危机的影响。因此,本节设置虚拟变量after 08(2008年及之后为1,否则为0),用于控制金融危机的干扰。表5-38第(5)列显示,金融危机变量after 08系数显著为负,说明金融危机是企业降低杠杆率的部分原因,但倍差法交乘项系数依然显著为负,表明基准回归结果是稳健的。

本币升值会一定程度地影响企业行为发生变化,竞争效应会导致企业存活的生产率下限提高,使得部分低生产率企业退出市场。为了更准确地考察企业杠杆率受人民币升值的影响,我们采用连续存活超过5年的企业样本进行回归。表5-38第(6)列的结果显示,核心变量post×treat系数比基准回归中略大且依然显著为负。

(三) 微观机制检验

以上基准回归结果显示,人民币升值将有效地降低企业杠杆率,接下来进一步探讨可能存在的微观机制。根据理论推导可知,本币升值通过提升生产率门槛,迫使低生产率、高杠杆率企业退出,从而降低行业平均杠杆率水平,进而提升企业盈利水平,以至于企业的内源融资能力增强,对外源融资需求减少,企业杠杆率得以降低。为此,我们分离企业退出机制和企业盈利机制,以做进一步的分析。

1. 企业退出机制

表5-39是企业退出机制的回归结果。由表5-39可知,除了有出口行为的国企,其余类型企业的post×treat系数都显著为正,并且出口企业及出口非国企的post×treat系数

---

① 三类行业分别为纺织业,纺织服装、鞋、帽制造业,皮革、毛皮、羽毛及其制品业。

值较小,说明人民币升值提高企业退出率的影响效应主要体现在非出口的企业。这可能是因为有出口行为的国企生产率较高(见图5-5),即便内销部分的生产率门槛提高,对其影响也不大;再加上出口部分的反向影响(人民币升值降低国外出口市场的生产率门槛),即便生产率偏低,但有出口行为的非国企退出率也不大。相对而言,非出口企业的 post×treat 系数较大,是因为生产率门槛上升对纯内销(非出口)企业产生直接的影响,尤其是生产率较低的非国企(见图5-5)退出率较高。值得关注的是,非出口国企的生产率较高(见图5-5),但人民币升值导致企业退出率也较高,且显著为正(见表5-39第(4)列)。本节给出的解释是,因存在"僵尸"国企[①],而这些"僵尸"国企具有低生产率、高杠杆率的特征(见图5-6和图5-7),故人民币升值带来生产率门槛上升主要对"僵尸"国企的退出起作用,命题1得证。

表5-39 企业退出机制检验

变量 (exity)	(1) 全样本	(2) 非出口企业	(3) 出口企业	(4) 非出口国企	(5) 非出口非国企	(6) 出口国企	(7) 出口非国企
post×treat	0.00232*** (0.000293)	0.00419*** (0.000575)	0.000666*** (0.000232)	0.00224*** (0.000580)	0.00642*** (0.00116)	0.000519 (0.000319)	0.000863** (0.000402)
观测值	8 832	4 243	4 589	1 362	2 879	1 748	2 840
R^2	0.749	0.770	0.724	0.721	0.785	0.716	0.731
年份固定效应	是	是	是	是	是	是	是
行业固定效应	是	是	是	是	是	是	是

注:(1) *、**、*** 分别表示在10%、5%、1%的置信水平下显著;(2)模型中均控制了基准回归中的所有变量,但为节约篇幅,控制变量和截距项未汇报,备索。

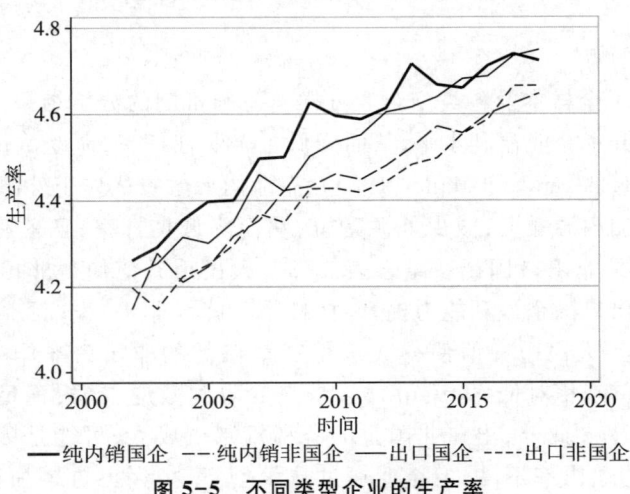

图5-5 不同类型企业的生产率

[①] 借鉴申广军(2016)、蒋灵多等(2019)的研究,本节定义至少3年及以上盈利为负数或零的企业为"僵尸"企业。

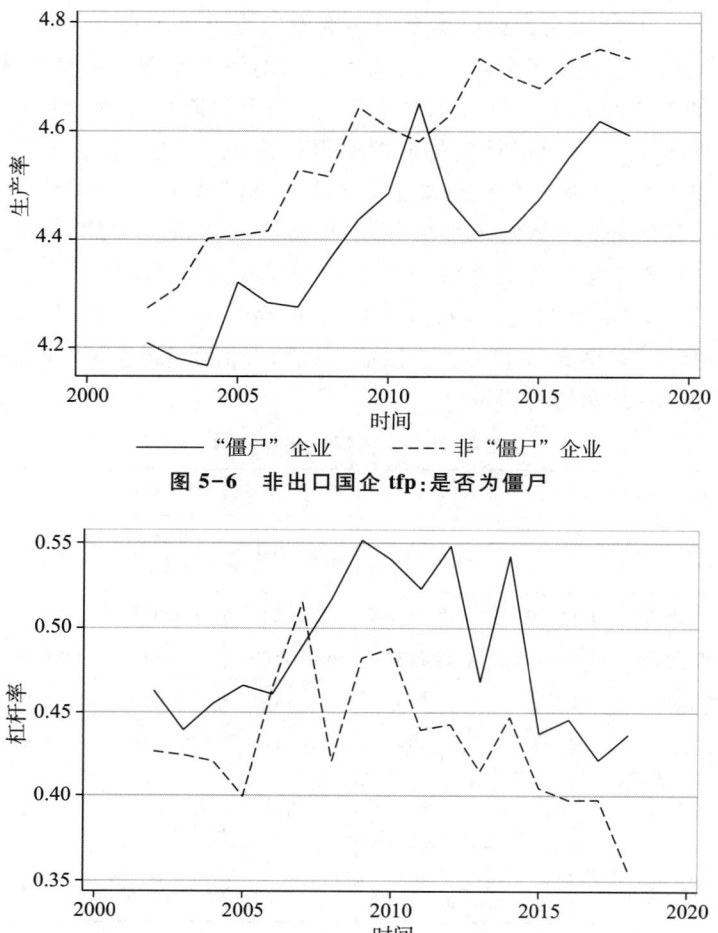

图 5-6 非出口国企 tfp：是否为僵尸

图 5-7 非出口国企杠杆率：是否为僵尸

2. 企业盈利机制

表5-40汇报了全样本及各类型企业分样本盈利机制的分析结果。第(1)、(2)列表明，人民币升值提升了企业盈利水平，从而降低了企业杠杆率，命题2得证。根据融资优序理论(Myers,1984;Myers and Majluf,1984)，企业内源融资优先于外源融资，当盈利水平提升时，企业会增加内源融资，减少外源融资，从而降低杠杆率，且盈利机制主要体现在非出口企业，尤其是非出口国企。结合表5-39，人民币升值使得非出口"僵尸"国企退出，从而有利于非出口国企盈利能力提升、杠杆率下降。非出口非国企的相关因素不显著的原因可能在于，人民币升值使得大量生产率偏低的非出口非国企退出，该类企业由于竞争力(生产率)相对低，人民币升值带来的盈利效应较弱，不足以支持其进行内源融资、降低杠杆率。此外，出口非国企的盈利机制也成立，可能是因为这类企业虽然在人民币升值后的退出率不高，但企业通过技术创新、扩大出口增加盈利，导致杠杆率下降。

表 5-40 企业盈利机制

变量	(1) profitability	(2) lev	(3) profitability	(4) lev	(5) profitability	(6) lev	(7) profitability	(8) lev
	全样本		非出口企业		出口企业		非出口国企	
post×treat	0.00859**	-0.0292**	0.00983*	-0.0411**	0.00757	-0.00718	0.0247***	-0.0423**
	(0.00413)	(0.0116)	(0.00573)	(0.0165)	(0.00599)	(0.0159)	(0.00764)	(0.0199)
profitability		-0.724***		-0.724***		-0.721***		-0.815***
		(0.0320)		(0.0460)		(0.0436)		(0.0739)
观测值	7 934	7 934	3 877	3 877	4 057	4 057	1 255	1 255
R^2	0.274	0.314	0.277	0.312	0.288	0.330	0.357	0.300
年份固定效应	是	是	是	是	是	是	是	是
行业固定效应	是	是	是	是	是	是	是	是

变量	(9)	(10)	(11)	(12)	(13)	(14)
	非出口非国企		出口国企		出口非国企	
post×treat	-0.00325	-0.0153	0.00227	0.00191	0.0147*	-0.0444*
	(0.0100)	(0.0342)	(0.00753)	(0.0197)	(0.00841)	(0.0238)
profitability		-0.723***		-0.544***		-0.817***
		(0.0587)		(0.0643)		(0.0601)
观测值	2 622	2 622	1 572	1 572	2 484	2 484
R^2	0.293	0.341	0.398	0.330	0.265	0.339
年份固定效应	是	是	是	是	是	是
行业固定效应	是	是	是	是	是	是

注:(1)*、**、*** 分别表示在 10%、5%、1% 的置信水平下显著;(2)模型中均控制了基准回归中的所有变量,但为节约篇幅,控制变量和截距项未汇报,备索。

五、杠杆率调整的结构效应

上文的理论分析和实证检验已证明本币升值有利于企业降杠杆的微观机制。分析发现人民币升值会使效率低下的纯内销非国企和非出口纯内销"僵尸"国企退出市场,提升非出口纯内销国企和出口非国企的盈利水平,从而降低杠杆率。为此,本部分将进一步探讨人民币升值影响杠杆率调整的结构效应。

(一) 结构性分析

我们从微观机制的讨论中发现,人民币升值应该只对部分企业杠杆率的调整起作用。为此,我们分样本进行回归,结果如表 5-41 所示。第(1)、(3)列的 post×treat 系数显著为负,说明人民币升值主要对非出口企业(尤其是国企)降杠杆起作用,人民币升值使非出口的"僵尸"国企退出市场,提升在位企业利润,从而降低杠杆率;第(2)列系数不显著,但第(6)列系数显著,说明人民币升值对出口企业杠杆率的调整不显著,但对有出口行为的非国企具有一定的效应,根据微观机制,主要归因于该类企业的盈利效应。

表 5-41 杠杆率调整的结构分析

变量(lev)	(1)	(2)	(3)	(4)	(5)	(6)
	非出口企业	出口企业	非出口国企	非出口非国企	出口国企	出口非国企
post×treat	−0.0267*	−0.0214	−0.0379*	−0.00387	−0.00742	−0.0571**
	(0.0162)	(0.0149)	(0.0198)	(0.0336)	(0.0183)	(0.0262)
观测值	4 927	4 776	1 513	3 413	1 801	2 974
R^2	0.247	0.287	0.226	0.259	0.299	0.276
年份固定效应	是	是	是	是	是	是
行业固定效应	是	是	是	是	是	是

注:(1) *、**、*** 分别表示在 10%、5%、1% 的置信水平下显著;(2)模型中均控制了基准回归中的所有变量,但为节约篇幅,控制变量和截距项未汇报,备索。

此外,对比不同类型企业杠杆率走势(见图 5-8)发现,国企杠杆率高于非国企杠杆率,这与肖泽忠和邹宏(2008)的结论一致。具体来说,国企中,非出口国企的杠杆率高于出口国企的杠杆率;非国企中,出口非国企的杠杆率高于非出口非国企的杠杆率。研究发现,人民币升值的降杠杆效应主要体现在国企中具有高杠杆率的非出口企业,以及非国企中杠杆率偏高的出口企业。

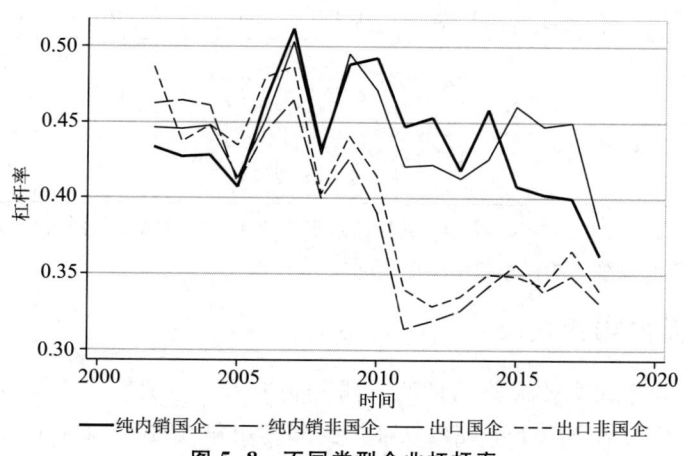

图 5-8 不同类型企业杠杆率

(二)资源配置分析

根据以上结构性机制分析可得,人民币升值降低了国企中杠杆率偏高的非出口企业的杠杆率,以及非国企中杠杆率偏高的出口企业的杠杆率。为了进一步分析人民币升值

可能带来的资源配置效应,探讨可能存在的结构性机制,我们对这几类企业进行分位数倍差法计量分析:

$$\text{分位数} \; x = \delta_0 + \delta_1 \text{post}_t \times \text{treat}_{igt} + \delta_U U_{igt-1} + \upsilon_g + \psi_t + \chi_{igt} \tag{26}$$

被解释变量为杠杆率的分位数 x,分别取值 5%、25%、50%、75% 和 95%,例如分位数 5% 表示第 5% 分位数杠杆率水平,依此类推。分位数越高,杠杆率水平越高。如果存在"高杠杆高降幅"的资源配置效应,那么分位数越高的交乘项系数 δ_1 显著为负且绝对值越大。表 5-42 汇报了回归结果,我们发现非出口企业和非出口国企中,从 50% 分位数开始,post×treat 系数都显著为负,并且系数值依次变大,说明人民币升值主要有利于非出口企业,尤其是非出口国企中杠杆率较高的企业降低杠杆率,并且杠杆率越高,其下降幅度越大,从而缩小了企业间杠杆率差距,实现"高杠杆高降幅"的优化资源配置效应。

表 5-42 资源配置效应检验

变量		(1)	(2)	(3)	(4)	(5)
		5%分位数	25%分位数	50%分位数	75%分位数	95%分位数
post×treat	非出口企业	-0.0139	-0.0214	-0.0308***	-0.0412***	-0.0492**
		(0.0231)	(0.0164)	(0.0112)	(0.0150)	(0.0220)
	非出口国企	-0.0301	-0.0370	-0.0446**	-0.0535**	-0.0621
		(0.0352)	(0.0238)	(0.0180)	(0.0264)	(0.0419)
	出口非国企	-0.0666	-0.0523	-0.0372	-0.0215	-0.00769
		(0.270)	(0.183)	(0.0922)	(0.0260)	(0.0956)

注:(1) *、**、*** 分别表示在 10%、5%、1% 的置信水平下显著;(2) 模型中均控制了基准回归中的所有变量,但为节约篇幅,控制变量和截距项未汇报,备索。

(三) 异质性分析

考虑异质性因素,对生产技术和融资约束分别进行异质性检验。构建倍差法计量模型:

$$\text{lev}_{igt} = \delta_0 + \delta_1 \text{post}_t \times \text{treat}_{igt} + \delta_2 \text{post}_t \times \text{treat}_{igt} \times \text{Heterogeneity}_{igt} + \upsilon_g + \psi_t + \chi_{igt} \tag{27}$$

异质性指标 $\text{Heterogeneity}_{igt}$ 分别取生产技术(distance)和融资约束(KZ 指数)进行检验。参考 Acemoglu et al.(2007)的做法,利用企业与该企业所处行业顶尖技术水平的差距(distance)衡量企业生产技术水平:

$$\text{distance} = |\ln x_{abt} - \ln x_{abt}^W| \tag{28}$$

distance 表示生产技术水平;x_{abt} 表示 b 行业 a 产品第 t 年的人均销售收入,用主营业务收入/员工数量表示;W 表示 g 行业 99% 分位的人均销售收入取自然对数;distance 越大表示技术水平越低;KZ 指数度量企业所面临的外部融资约束程度,KZ 指数越高说明企业面临的融资约束越大。本节根据 Kaplan and Zingales(1997)提出的 KZ 指数测度方法,计算所有样本企业每年的 KZ 指数①。

1. 生产率异质性

对加入生产技术(distance)的式(27)进行异质性回归。表 5-43 第(1)、(3)、(5)列显示,异质性交乘项 post×treat×distance 系数显著为负,说明人民币升值对处于行业生产技术较低企业的降杠杆效应更加明显。这可能是因为人民币升值淘汰了一部分低生产率、高杠杆率的企业,位于生产率门槛值附近的企业将因盈利效应而大幅降低原本高企的杠杆率水平。

2. 融资约束异质性

表 5-43 第(2)、(4)、(6)列报告了加入融资约束 KZ 指数后的回归结果。我们发现,异质性交乘项 post×treat×KZ 系数都显著为正,说明融资约束会减弱人民币升值降杠杆的效应。仔细观察发现,post×treat×KZ 系数绝对值小于 post×treat 系数绝对值,表明当存在融资约束时,人民币升值依然可以起到降低企业杠杆率的作用,但效果会"打折扣"。这可能是因为融资约束较大企业的杠杆率往往不高(融资约束越大,负债能力越低),人民币升值带来的利好不足以降低企业原本就不高的负债水平。

表 5-43 异质性检验

变量	(1)	(2)	(3)	(4)	(5)	(6)
	非出口企业		非出口国企		出口非国企	
post×treat	0.0121	−0.270***	0.00406	−0.366***	−0.0115	−0.246***
	(0.0187)	(0.0371)	(0.0262)	(0.0321)	(0.0290)	(0.0797)
post×treat×distance	−0.0134***		−0.0142**		−0.0160***	
	(0.00352)		(0.00628)		(0.00435)	
post×treat×KZ		0.140***		0.187***		0.110**
		(0.0195)		(0.0146)		(0.0456)
观测值	4 927	4 927	1 513	1 513	2 974	2 974
R^2	0.250	0.425	0.230	0.411	0.280	0.396
年份固定效应	是	是	是	是	是	是
行业固定效应	是	是	是	是	是	是

注:(1) *、**、*** 分别表示在 10%、5%、1% 的置信水平下显著;(2)模型中均控制了基准回归中的所有变量,但为节约篇幅,控制变量和截距项未汇报,备索。

六、结 论

本节在理论层面上通过理论推导揭示了汇率变动影响企业杠杆率调整的机制,结果表明,一国汇率上升使得进入该国市场的生产率门槛上升,低生产率、高杠杆率企业将被

---

① KZ 指数测度所用的数据包括经营活动产生的现金流净额(oacash)、现金持有水平(现金及现金等价物净增加额,cash)、股利(dividends)、托宾 q 值(q)均来自 CSMAR 数据库。

淘汰,行业平均杠杆率下降;在长期均衡状态下,竞争数量的减少将提升企业盈利水平,从而内源融资增加,外源融资减少,杠杆率下降。

本节运用中国制造业企业数据,利用2005年人民币汇改的自然实验验证了以上推论。首先,人民币升值使得企业杠杆率下降约2.83%,且微观机制检验发现人民币升值的降杠杆效应只对特定类型企业起作用。其次,人民升值主要对国企中杠杆率偏高的非出口企业及非国企中杠杆率偏高的出口企业杠杆率的下降产生影响,分位数倍差法进一步显示非出口国企具有"高杠杆高降幅"的资源配置效应。最后,人民币升值会使行业中低生产率、高杠杆率企业的"杠杆率降幅"增大,使受融资约束大、低杠杆率企业的"杠杆率降幅"减小,且该效应主要体现在纯内销企业,尤其是纯内销国企及有出口行为的非国企中。

2015年汇改后,人民币汇率小幅贬值,但本节的研究结果显示贬值不利于企业降杠杆。2018年11月5日,中国在首届中国国际进口博览会开幕式上向世界宣布"中国主动扩大进口,不是权宜之计,而是面向世界、面向未来、促进共同发展的长远考量"(魏浩等,2019)。随着越来越多的外国企业加入中国市场,人民币汇率变动对企业生产率门槛的影响将日益增大。根据本节的研究结果,人民币升值带来的门槛效应将使一部分低生产率、高杠杆率企业被淘汰,最终有利于高杠杆率非出口国企大幅降低杠杆率,实现资源的优化配置。降杠杆是供给侧结构性改革的一项重要任务,因此政府在实施人民币汇率形成机制改革和其他方面的宏观调控时应当审时度势。

本章小结

本章对金融科技及经济发展新趋势下的国际金融学研究做了简要介绍,主要聚焦于区块链技术和数字货币、深度学习等非线性处理方法、微观层面汇率指数构建企业杠杆率调整的汇率效应四个方面。通过本章的分析,我们可以得出以下基本结论:

第一,区块链是一项提高效率、节省成本的新技术,但基于区块链技术的数字货币缺陷较多,目前不能大规模应用。目前推出的主要数字货币(如比特币、Libra)均存在运算速度慢、国家主权缺失、监管难等一系列问题,英国央行推出的RSCoin的运算速度也不够快。这一系列问题的存在,使得数字货币不能得到大规模应用。但是,未来随着数字货币的推广应用,数量型和价格型的货币政策将会受到较大冲击,未来货币政策操作将更加复杂化。

第二,新的数据处理技术可以推动国际宏观理论的实证和发展。汇率与基本面的关系越来越复杂,这对汇率预测造成影响。由于GRU技术在深度学习中具有智能记忆、自主学习和强逼近能力等优点,本章提出使用GRU技术来判断基本面与人民币汇率之间的长期非线性关系的新方法。实证结果显示,该技术可以成功地找到汇率和基本面之间的非线性关系,对人民汇率的预测具有重要作用。

第三,中微观层面的汇率研究具有重要价值。由于加总谬误的存在,使用宏观数据(国家层面的汇率数据)进行微观研究存在不一致等重要问题,微观的汇率指数构建势在必行。目前,国内对行业和省际层面的有效汇率的研究已较为充分,并定期发布相关数据,但是更微观层面的市际人民币有效汇率还无人研究。本章利用算数加权方法和海关数据库相关数据,构建了 2000 年以来中国地级市层面的人民币有效汇率,弥补了国内该指标的空白。

第四,人民币汇率升值对企业降杠杆有重要作用。在目前国内降杠杆、国际"贸易摩擦"背景下,人民币汇率应该如何走是一个重要问题。本章研究显示,人民币升值显著降低了企业杠杆率,尤其是总账面杠杆率、短期账面杠杆率、总市值杠杆率。分类型来看,人民币汇率升值主要有利于国企中杠杆率偏高的非出口企业和非国企中杠杆率偏高的出口企业降低杠杆率,前者还具有"高杠杆高降幅"的资源配置效应。该结论对目前复杂的国内外环境下的汇率变动提供了政策启示。

第六章
新环境下人民币汇率研究进展

自 2016 年 10 月人民币正式加入 SDR 以来,国际政治经济形势出现了重大变化,主要集中在两个方面:一是个别国家在全世界发起了贸易摩擦,引发了国际贸易的萎缩和世界局势的紧张;二是贸易摩擦等进一步引发了世界经济增速下降和金融市场动荡,新兴市场国家货币危机频繁出现。

在这一新环境下,中国经济增速下滑,人民币汇率波幅扩大,这引发了我们对当前环境下汇率和贸易问题的思考。在美国全球征税的背景下,中国应如何应对美国的无端指责?在中美贸易受阻的情况下,如何进一步推进中国与欧洲国家的贸易?其次,银行业危机、货币危机和债务危机往往相互叠加,并对国内外经济造成负面影响。如何避免危机的发生和蔓延?最后,在全球避险情绪上升的同时,如何选择避险资产?本章将着重研究以上问题。

本章共分为四节:第一节分析汇率与贸易之间关系,对美国"汇率操纵国"指责进行反驳;第二节考察中欧双边贸易的规模效应;第三节研究银行业危机、货币危机和主权债务危机的三重叠加造成的影响;最后一节则对人民币的避险能力进行全面研究。这些研究可以对上述问题做出明确且科学的回答。

第一节 "潜在的反比较优势现象"与美国贸易逆差形成

一、引　言

汇率操纵是指一国通过大规模、单方面地干预汇率为本国牟利的行为。汇率操纵历来是美国发起贸易摩擦的重要借口,部分学术研究亦认为他国汇率操纵是美国贸易逆差产生的重要原因。20 世纪 80 年代中期,美国贸易逆差创历史新高,为减少贸易逆差,美国、日本和德国德签订了《广场协议》,日元和德国马克对美元大幅升值。21 世纪初,中国在加入 WTO 后,贸易顺差大幅提高,以美国为首的西方国家对中国汇率形成机制进行攻击,中国随后进行汇率制度改革,人民币汇率缓慢升值。2017 年,特朗普政府上台后,面对有增无减的贸易逆差,同样以他国汇率操纵和汇率失调为借口发起贸易摩擦。回顾历史我们发现,每当美国出现较大规模的贸易逆差,总会以同样的借口发起贸易纷争(指责他国进行汇率操纵,以低估的币值获得大量的贸易顺差优势),以此逼迫他国货币升值,从而改善贸易逆差。Preeg(2003)、Bergsten and Gagnon(2012)指出中国、日本、韩国等存在不同程度的汇率操纵行为,美国大量的贸易逆差是因他国操纵货币而产生的。Goldstein and Lardy(2006)指出,固定汇率制度的实行使得人民币汇率被严重低估,从而使中国造成大量贸易顺差。而时至今日,随着国际贸易尤其是中间品贸易的发展,汇率对经常性账户的影响早已不是简单的"上升下降",确定汇率与贸易逆差之间的关系需要基于更为细致的数据进行更为严谨的分析。

弹性分析法是研究汇率与贸易之间关系的重要分析方法,马歇尔-勒纳条件(Marshall-Lerner condition,简称"M-L条件")是重要的判别标准。根据M-L条件,如果进出口需求价格弹性绝对值之和大于1,那么本币贬值可以改善贸易逆差(Lerner,1944)。由于合同签订的时滞性和价格传递的不完全性,本币贬值当期可能不会改善贸易状况,滞后几期其效果才会逐渐显现,这被称为J曲线效应(Dornbusch,1976);而货币升值也会出现时滞的情况,被相应地称为逆J曲线效应。早期对M-L条件和J曲线效应的经验分析主要使用ARDL模型和协整方法对总体贸易数据进行分析,Rose(1991)和Rose and Yellen(1989)的研究结果显示美国M-L条件和J曲线效应均不成立,而金洪飞和周继忠(2007)指出中国(中美)不满足M-L条件。现在对汇率和贸易的研究已经进入更微观化的阶段,使用行业或者产品层面的数据进行异质性分析已逐渐成为主流。Bahmani-Oskooee and Bolhasani(2011)使用误差修正模型对美国和加拿大的行业层面双边贸易数据进行分析,结果发现在加总层面和行业层面M-L条件成立的证据都很微弱。为了进一步减少加总谬误,Bahmani-Oskooee and Baek(2015)进一步使用产品层面数据(SITC 10分位),对美国和韩国的双边贸易数据进行分析,结果显示有4个行业满足M-L条件,而这4个行业约占总市场份额的65%。本节针对美国与其五大贸易逆差来源国四分位行业数据的分析显示,总体来看美国所有行业的M-L条件和除矿产品之外所有行业的J曲线效应均不满足,即弱势美元政策不能改善美国的贸易逆差状况;分国家样本来看,只有中美之间满足M-L条件,美国与其他国家之间M-L条件成立和J曲线效应存在的证据十分少。可以说,汇率并不是影响美国贸易逆差形成的重要因素。

美国对外贸易中存在明显的"潜在的反比较优势现象"。鞠建东等(2012)对中国和美国,美国和印度,1989—2008年贸易结构的详细对比分析表明,美国在其具有比较优势的行业,对中国的出口额相对较少;且其生产率超过中国越多,该行业对中国的出口额占其世界总出口额的比例越低。这一反常现象被称为"反比较优势之谜"。早在1951年,Leontief就指出美国出口产品的资本密集度远小于进出产品的资本密集度,与要素禀赋理论相悖,被称为"里昂剔夫之谜",鞠建东等(2012)的研究在一定程度上验证了中美贸易存在"里昂剔夫之谜"。本研究结果表明,"反比较优势之谜"不仅在中美贸易中存在,在美国与德国、日本、墨西哥的贸易中也同样存在,因其范围广泛、性质特殊、实施隐蔽,我们将这种现象称为"潜在的反比较优势现象"。"潜在的反比较优势现象"既是"反比较优势之谜"的拓展,也是对现阶段"里昂剔夫之谜"的重新阐释。

"潜在的反比较优势现象"是贸易惯性、贸易结构和贸易政策相互叠加的结果,是美国经常性账户赤字形成的重要原因。周诚君等(2014)、刘建江(2017)指出,中美贸易不平衡是经济性因素、结构性因素和制度性因素相互叠加的结果。沈国兵(2006)指出美国对华技术出口限制的加强加剧了中美贸易失衡。王小梅等(2014)指出,自2008年金融危机以来,中国出口受到了贸易保护主义的显著冲击。所以说,中美贸易所呈现的"反比较优势现象"只是表象,其背后的结构性因素和制度性因素才是根本。王孝松和刘元春(2017)考察了美国高新技术产品(ATP)出口管制政策对美中贸易逆差所产生的影响,数据模拟显示,若美中之间ATP贸易达到平衡,则2014年美中贸易逆差将减少36%。

本节使用2008年金融危机后美国与其五大贸易逆差来源国HS四分位行业进出口贸易数据,考察美国贸易逆差形成的原因和汇率在其中所起的作用,分析结果不仅证实了"潜在的反比较优势现象"存在,更指出了相对于汇率因素,经济性因素、结构性因素和制度性因素对美国贸易逆差形成的作用更为重要。这不仅是对现有文献的有效补充,也是对美国汇率操纵指责的有效反驳。相对于其他文献,本研究的贡献有:第一,注重行业异质性分析,考察美国行业M-L条件和J曲线效应,得出总样本M-L条件不满足而中美之M-L条件满足的结论,具有一定的政策启示意义;第二,发现美国贸易中存在"潜在的反比较优势现象",进一步揭示结构性因素和制度性因素在美国贸易逆差形成中所起的作用。

本节后续内容的安排如下:第二部分是典型化事实;第三部分是模型设定和数据说明;第四部分是全样本回归结果分析;第五部分是分国家样本回归结果分析;第六部分是情景模拟分析;第七部分是主要结论与政策建议。

二、典型化事实

(一)美国进出口数据来源与处理

为反驳美国对其主要贸易逆差来源国的汇率操纵指控,揭示美国贸易逆差之谜,我们收集了2010年1月至2016年12月美国与中国、德国、日本、韩国、墨西哥、印度、马来西亚、瑞典八大贸易逆差来源国和潜在"汇率操纵国"的二分位数和四分位数行业进出口数据。由于韩国、马来西亚、瑞典的数据缺失严重,我们将之剔除,并最终形成两份数据:一份是美国与其五大贸易逆差来源国二分位行业进出口平衡面板数据,用于统计分析;另一份是美国与其五大贸易逆差来源国四分位行业进出口非平衡面板数据,用于回归估计。

我们对数据进行预处理。首先,我们剔除比较特殊以及占比极小的行业,分别是第71类(珍珠、宝石、贵金属及其制品)、第93类(武器、弹药及其零件、附件)、第97类(艺术品、收藏品及古玩)及第98类(特殊商品和未分类产品),最终获得93类二分位行业进出口数据及相应的四分位行业进出口数据;其次,我们按照不同行业之间的联系,将其进一步分为动植物产品、食品饮料、矿产品、化工产品、皮及皮制品、木及木制品、纺织品、石制品、贱金属制品、中高技术制品和杂项制品共11类。

(二)美国贸易逆差和实际汇率

图6-1中每张子图的左轴是各国对美元实际汇率,右侧是美国与各国的贸易逆差之比。经典理论告诉我们,货币升值与净出口负相关,即一国货币升值,会加剧本国贸易逆差。如图6-1所示,我们大体上可以看出,美国和墨西哥的情况基本符合经典理论,即美

元升值,美国贸易逆差扩大;而中国的情况是不论汇率如何变化,中美贸易逆差一直呈现扩大趋势;日本的情况则是不论汇率如何变化,美日贸易逆差基本上在均值附近波动,两国的实际汇率与贸易逆差无明显的关系;德国和印度的情况更为特殊,与经典理论相反,美元升值,相应的贸易逆差缩小。5 个国家竟然出现大相径庭的 4 种情况,我们猜测,汇率虽然是影响贸易逆差的因素,但显然不是重要因素,且汇率对贸易逆差的影响会随着国别而变化。

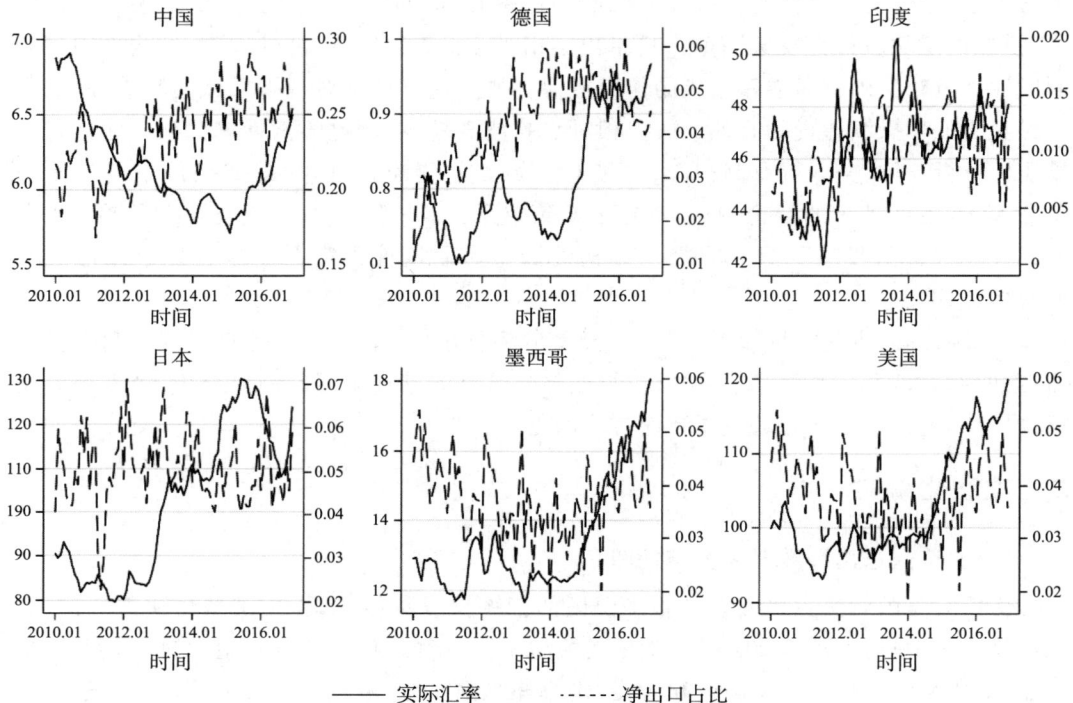

图 6-1　美国贸易逆差与各国实际汇率走势的比较

注:(1)图中实线是美元对各货币实际汇率,左轴显示,其中,美国是美元实际有效汇率;(2)虚线是各国在美国贸易逆差(净出口)所占比例,单位为%,右轴显示。

(三)美国贸易逆差和"潜在的反比较优势现象"

上文指出美国贸易逆差的形成与汇率的关联较弱,下文的实证分析也证实实际汇率并不是影响美国贸易逆差的主要因素,美元贬值并不能改善美国的贸易逆差状况。为了解释这一结果,本节进一步对美国贸易逆差的典型化事实进行梳理。表 6-1 统计了美国与各国贸易逆差比例数据。

表 6-1　美国与各国贸易逆差

时间	国家	所有行业	动植物产品	食品饮料	矿产品	化工产品	皮及皮制品
2010	中国	0.4231	−0.0150	0.0022	−0.0028	0.0145	0.0101
2016	中国	0.4822	−0.0198	0.0019	−0.0037	0.0238	0.0090
2010	德国	0.0534	−0.0014	0.0009	−0.0013	0.0077	0.0000

（续表）

时间	国家	所有行业	动植物产品	食品饮料	矿产品	化工产品	皮及皮制品
2016	德国	0.0843	-0.0006	0.0010	-0.0005	0.0210	0.0000
2010	印度	0.0093	0.0013	0.0002	0.0019	0.0009	0.0004
2016	印度	0.0216	0.0018	0.0006	0.0010	0.0055	0.0007
2010	日本	0.0961	-0.0105	-0.0029	-0.0026	0.0010	-0.0004
2016	日本	0.0950	-0.0128	-0.0024	-0.0032	0.0006	-0.0002
2010	墨西哥	0.0840	-0.0022	0.0040	0.0291	-0.0274	-0.0004
2016	墨西哥	0.0781	0.0042	0.0063	-0.0174	-0.0304	-0.0005
2010	中国	0.0043	0.0822	0.0068	0.0150	0.2318	0.0740
2016	中国	0.0058	0.0790	0.0090	0.0262	0.2714	0.0797
2010	德国	0.0005	0.0006	0.0001	0.0054	0.0400	0.0007
2016	德国	0.0007	0.0007	-0.0001	0.0052	0.0560	0.0011
2010	印度	-0.0009	0.0092	0.0004	-0.0020	-0.0045	0.0005
2016	印度	-0.0007	0.0113	0.0006	0.0015	-0.0018	0.0012
2010	日本	-0.0025	0.0004	0.0005	0.0038	0.1079	0.0014
2016	日本	-0.0019	0.0004	0.0006	0.0045	0.1088	0.0004
2010	墨西哥	-0.0057	-0.0051	0.0017	-0.0062	0.0897	0.0065
2016	墨西哥	-0.0055	-0.0014	0.0020	-0.0098	0.1176	0.0128

注：(1)数据正值表示美国对各国贸易逆差，负值则表示美国对各国贸易顺差；(2)为了节约篇幅，仅仅显示2010年和2016年两年的美国与各国贸易逆差比值。

美国对外贸易存在"潜在的反比较优势现象"。美国贸易逆差主要集中在中高技术制品、杂项制品和纺织品行业，且占比很大；贸易顺差行业主要集中在动植物产品、矿产品、木及木制品、化工产品和皮及皮制品行业，且占比很小。其中，三个逆差行业之和占美国2016年贸易逆差的73.73%，而所有顺差行业占比不过5%左右。美国贸易逆差所属行业中，中高技术制品和杂项制品中的大多数产品均为中高技术产品，是美国的比较优势所在；贸易顺差所属行业中，动植物产品、矿产品是初级产品，木及木制品、皮及皮制品是低技术产品，化工产品则是资源依赖型工业制品。本节将这一现象称为"潜在的反比较优势现象"，该现象的发现是对鞠建东等（2012）"反比较优势之谜"的肯定和拓展，也是对现阶段"里昂剔夫之谜"的重新阐释。"潜在的反比较优势现象"可能是汇率与美国贸易逆差间关联不显著的原因，贸易结构和进出口惯性是其重要体现。由表6-1可以看出，不同产业之间贸易逆差数值差别很大，且各行业自身存在很强的惯性。这种贸易结构的巨大差异和贸易惯性的存在是"潜在的反比较优势现象"的重要体现，通过对这两者的考察可以进一步确定美国贸易逆差存在的原因。

在整理美国贸易逆差典型化事实之后，我们发现，美国贸易逆差与主要逆差来源国实际汇率的关系较弱，美国对外贸易中存在"潜在的反比较优势现象"，表现为美国贸易顺逆差存在行业结构差异和巨大惯性。为了对这一判断进行验证,本节进一步构建计量模型,对美国进出口贸易逆差、实际汇率、进出口惯性进行分行业分析。

三、模型设定与数据说明

(一)模型设定与估计方法

1. 模型设定

基于以下两个原因,我们认为 M-L 条件适用。首先,我们使用 2008 年金融危机之后美国与其五大贸易逆差来源国的数据,这五大国的贸易体量足够大,可以将进出口供给弹性视为无穷大;其次,黄志刚(2009)发现在加工贸易经济中,企业的定价策略对短期 M-L 条件是否成立具有重要影响,只有当贸易产品更多地采用本币定价,本币贬值才会改善贸易逆差。现实中,我们发现美国与其他国家贸易所使用的主要是美元,符合这一条件。为了验证 M-L 条件、J 曲线效应以及影响贸易逆差的其他因素,我们借鉴 Mohsen and Brooks(1999)、李文军和张巍巍(2010)的做法,建立出口方程和进口方程如下:

$$EXPV = f(ER, L.ER, P, P^*, Y^*) \quad (1)$$

$$IMPV = f(ER, L.ER, P, P^*, Y) \quad (2)$$

其中,EXPV 是出口额,IMPV 是进口额,ER 是两国双边汇率,ER 前加符号 L 表示双边汇率的滞后期,P 是出口产品的本国价格,P^* 是本国出口产品的外国价格,Y^* 是外国收入或需求,Y 是本国收入或需求。

我们发现美国对外贸易存在很强的贸易惯性,而这种贸易惯性是"潜在的反比较优势现象"的重要体现,本节首先将贸易惯性加入模型。随着贸易全球化的发展,一些新的现象开始出现,使得贸易和汇率的关系发生变化,传统模型的解释力已有所下降。中间产品贸易已经成为全球贸易的重要组成部分,以美国最主要的贸易逆差来源国(中国)来说,2010 年以来,中国中间产品进口占进口品贸易总额的比例一直在 60% 以上,中间品出口占出口品贸易总额的比例一直在 40% 以上。随着中间品贸易的盛行,进出口和汇率之间的单调关系已经没有那么明显。因此,我们将中间产品贸易加入模型。另外,我们认为本国收入和外国收入会同时影响进出口,因此我们将本国收入加入出口方程,将外国收入加入进口方程。同时,参考卢向前和戴国强(2005)、Chinn and Ito(2008)、沈国兵(2015)等的研究,我们将政府支出变量、外汇储备作为控制变量。由此,修正后的模型为:

$$EXPV = f(ER, L.ER, EXPV(-1), IMPV^m, P, P^*, Y^*, Y, USFE, FORE) \quad (3)$$

$$IMPV = f(ER, L.ER, EXPV(-1), EXPV^m, P, P^*, Y^*, Y, USFE, FORE) \quad (4)$$

其中,$IMPV^m$、$EXPV^m$ 分别表示中间产品的进口额和出口额,USFE 和 FORE 分别表示美国政府支出和各国外汇储备。

我们将式(3)和式(4)中的价格因素做比,将所有名义变量变为实际变量,并将所有变量取对数,即

$$\ln expv_{ijt} = \beta_0 + \beta_{1i} \ln l.expv_{ijt} + \beta_{2i} \ln rer_{ijt} + \beta_{3i} \ln l.rer_{ijt} + \beta_{4i} \ln impv^m_{ijt} + \beta_{5i} \ln y_{ijt}$$
$$+ \beta_{6i} \ln y^*_{ijt} + \beta_{7i} \ln usfe_{ijt} + \beta_{8i} \ln fore_{ijt} + \varepsilon_{ijt} \quad (5)$$

$$\ln impv_{ijt} = \beta_0 + \beta_{1i}\ln l.expv_{ijt} + \beta_{2i}\ln rer_{ijt} + \beta_{3i}\ln l.rer_{ijt} + \beta_{4i}\ln expv_{ijt}^m + \beta_{5i}\ln y_{ijt}$$
$$+ \beta_{6i}\ln y_{ijt}^* + \beta_{7i}\ln usfe_{ijt} + \beta_{8i}\ln fore_{ijt} + \varepsilon_{ijt} \tag{6}$$

其中，lnexpv、lnl.expv、lnimpv、lnl.impv、lny、lny*、lnusfe、lnfore 分别表示以实际美元标价的美国出口额及其滞后、美国进口额及其滞后、本国 gdp 和美国 gdp、美国政府支出和他国外汇储备；lnrer、lnl.rer 分别表示双边实际汇率和实际汇率的三期和六期滞后；$lnexpv^m$、$lnimpv^m$ 分别表示中间产品的出口和进口，由于没有直接数据，我们使用进口额和出口额作为代理变量；ε 是误差项。

2. 估计方法

为了尽量减少回归过程中内生性问题的干扰，我们使用 GMM 方法进行估计。在估计过程中，我们仅仅将汇率的滞后期变量作为外生变量，其他宏观变量均当作内生变量，并使用其二阶滞后作为工具变量；同时，我们使用被解释变量的三阶滞后作为工具变量。在估计过程中，我们还使用稳健标准误，有效地解决了异方差造成的估计有效性问题。

(二) 数据说明

1. 数据来源与处理

被解释变量为美国四分位进出口贸易数据，核心解释变量是实际汇率和各国 GDP，以 2010 年为基期调整 CPI 得到实际汇率；为保持与模型一致，我们将季度数据除以 3 调整得到 GDP 月度数据。另外，我们使用美国财政支出数据和各国外汇储备数据作为控制变量。所有变量均利用各国 CPI 调整为实际量并取对数。所有变量的信息统计如表 6-2 所示。

表 6-2 各变量信息统计

变量类别	变量名	变量简称	数据来源
被解释变量	美国出口额	lnexpv	UN Comtrade
	美国进口额	lnimpv	UN Comtrade
汇率类变量	实际汇率	lnrer	OECD 数据库
	实际汇率的三阶滞后	lnl3.rer	OECD 数据库
	实际汇率的六阶滞后	lnl6.rer	OECD 数据库
收入/需求类变量	五国实际 GDP	lngdp	OECD 数据库+平滑
	美国实际 GDP	lnusgdp	OECD 数据库+平滑
控制变量	美国实际财政支出	lnusfe	iFinD 全球宏观数据库
	实际外汇储备（不含黄金）	fore	iFinD 全球宏观数据库

2. 相关性分析和描述性统计

变量相关性分析发现，实际汇率的三阶滞后和六阶滞后之间高度相关，考虑到现实中 J 曲线效应滞后半年左右，我们仅保留实际汇率的六阶滞后这一变量；除以上两个变量之外，其他变量之间的相关性都很低，不存在共线性问题。描述性统计分析发现：在四分位行业分类数据中，美国出口额的对数均值均小于进口额的对数均值，说明总体上看，美国处于贸易逆差状态；美国进口额的对数标准差大于出口额的对数标准差，说明美国进口额数值波动较大。就各解释变量而言，实际汇率的均值较小，但波动最大；美国GDP明显高于其他国家GDP，且波动最小。

四、全样本回归结果分析

为了验证M-L条件和J曲线效应是否成立以及贸易惯性、贸易结构、收入因素对进出口的作用，我们对全样本进行分行业回归。在回归过程中发现，美国政府支出这一变量基本不显著，且剔除该变量，对回归结果的系数及显著性水平无较大影响，因此我们在回归时剔除这一变量。

（一）出口模型的全样本回归分析

我们利用全样本数据对出口模型进行分行业回归，结果如表6-3所示。由表6-3可以看出：

第一，汇率不是影响美国出口的重要因素，且出口汇率弹性（双边实际汇率前面的系数）随着行业不同而大幅变化。总体来看，美国出口汇率弹性为正，即美元升值，出口增加，与传统理论不符。这一结果既与样本选择有关，也与中间产品贸易的繁荣有关。陈浪南和苏海峰（2014）的研究显示，加工贸易数量与出口汇率弹性正相关，当行业中加工贸易达到一定数量时，出口汇率弹性将会变为正数。分行业来看，仅有4个行业实际汇率的系数显著，且美国贸易逆差主要来源行业——中高技术制品行业的系数显著为正，可以说如果美国采取弱势美元政策，那么会进一步减少中高技术行业的出口，加剧贸易逆差。从实际汇率六阶滞后的系数来看，总体及两个分行业的系数依然为正，不同于传统的J曲线效应。这说明无论是当前还是未来，美元升值均会增加出口；相反，美元贬值均会减少出口。

表6-3 出口模型全样本回归结果

行业	所有行业	动植物产品	食品行业	矿产品	化工产品	皮及皮制品
出口惯性 L.lnexpv	0.247*** (13.91)	0.642*** (22.74)	0.562*** (13.75)	0.301*** (12.99)	0.500*** (7.413)	0.626*** (13.12)
进口额 lnimpv	1.315*** (34.53)	−0.0624 (−1.232)	0.464*** (9.571)	0.818*** (13.21)	0.239*** (5.334)	−0.0169 (−0.394)
实际汇率 lnrer	0.350*** (7.714)	−0.159** (−2.206)	0.255** (2.169)	−0.0689 (−1.271)	−0.0919 (−0.703)	−0.144 (−1.325)
汇率滞后 ln16_rer	0.0766*** (3.957)	0.0181 (0.394)	−0.0760 (−0.764)	0.0695*** (2.751)	0.109 (1.160)	0.0256 (0.303)
各国收入 lnusgdp	−0.526*** (−3.489)	0.869*** (3.825)	0.0962 (0.347)	0.427** (2.080)	0.174 (0.426)	0.613 (1.374)
他国收入 lngdp	−0.298*** (−2.602)	−0.648*** (−4.750)	−0.0560 (−0.282)	−1.128*** (−9.434)	−0.128 (−0.500)	−0.424 (−1.455)

（续表）

行业	所有行业	动植物产品	食品行业	矿产品	化工产品	皮及皮制品
外汇储备 lnfore	-0.422*** (-6.205)	0.350*** (4.510)	0.0460 (0.376)	0.343*** (4.599)	0.120 (0.817)	0.272* (1.740)
观测值	290 066	16 584	12 245	66 840	7 260	3 442
行业	木及木制品	纺织品	石制品	贱金属制品	中高技术制品	杂项制品
出口滞后 L.lnexpv	0.529*** (15.11)	0.379*** (11.40)	0.523*** (29.41)	0.501*** (13.30)	0.265*** (8.653)	0.570*** (12.50)
进口额 lnimpv	0.468*** (10.25)	0.570*** (8.060)	-0.146*** (-5.049)	0.284*** (5.266)	0.660*** (7.818)	0.212*** (4.180)
实际汇率 lnrer	0.00150 (0.0140)	0.152 (1.617)	-0.312*** (-5.433)	-0.0743 (-0.909)	0.300*** (3.090)	0.000112 (0.00106)
汇率滞后 ln16_rer	0.209*** (2.585)	0.0420 (0.721)	0.0275 (0.695)	0.0600 (1.207)	-0.0365 (-0.818)	0.0649 (0.865)
美国收入 lnusgdp	0.236 (0.896)	0.155 (0.446)	1.084*** (6.643)	0.932*** (3.964)	0.387 (1.367)	0.563** (2.534)
他国收入 lngdp	-0.254 (-1.539)	-0.0179 (-0.0798)	-1.303*** (-11.44)	-0.543*** (-3.793)	-0.154 (-0.728)	-0.289** (-2.023)
外汇储备 lnfore	-0.135 (-1.235)	-0.320** (-2.334)	0.693*** (10.06)	0.00877 (0.0908)	-0.362** (-2.495)	-0.122 (-1.195)
观察值	15 578	13 345	37 937	12 478	16 898	9 450

注：(1) 所有回归由 Stata15.0 软件完成，方法为一步系统 GMM 估计；(2) 括号内是修正过的 t 值；(3) ***、**、*分别表示在1%、5%和10%的置信水平下显著。

第二，收入因素对美国出口影响有限，且个别系数的符号与理论不符。总体来看，美国内部收入（即美国 GDP）的系数显著为负，与理论不符，我们将其理解为美国更加注重产品的内需而不是对外出口；外部收入（即各国 GDP）的系数显著为负，说明美国逆差来源国的经济发展由进口替代型部门主导，随着经济的发展，各国更加注重消费本国的产品。分行业来看，5 个对应行业的内部收入弹性显著为正，外部收入弹性显著为负，均符合理论。

第三，出口惯性、中间产品进口效应和产业结构是影响美国出口的因素。除个别行业外，出口惯性和中间产品进口的系数均显著为正，与理论相符。从系数的大小来看，八个行业的出口惯性大于 0.5，尤其是动植物产品、皮及皮制品、杂项制品行业系数相对较大，说明美国各行业出口存在较强的惯性，短时间内很难改变；5 个行业中间产品进口的系数接近或大于 0.5，这充分体现了国际贸易和产业链分工的作用，表明美国加工贸易的发展和中间产品的进口在一定程度上对美国的出口产生了重要的促进作用。总体和分行业回归结果显示,总体的回归结果与各行业的回归结果大相径庭,不仅数值大小不同,符号和显著性水平也有较大差异。这从侧面反映了出口结构在美国贸易中的作用,也说明仅进行总体回归是不充分的。

第四,美国贸易逆差集中行业受货币贬值及收入效应的影响较弱,"潜在的反比较优势现象"所体现的贸易惯性和贸易结构差异是影响美国贸易逆差的主要因素。美国的贸易逆差主要集中在中高技术制品、纺织品和杂项制品这3个行业。其中,纺织品行业既不受汇率影响,也不受内外部收入的影响;中高技术制品行业虽然受汇率影响,但它的出口汇率弹性却为正,美元贬值会降低其出口;杂项制品行业则不受汇率的影响。这三个行业存在明显的结构性差异且出口惯性较大,在一定程度上说明三个行业主要受自身出口惯性和贸易政策的影响,存在刚性逆差,弱势美元政策不可能改善逆差状况。

(二)进口模型的全样本回归分析

我们利用全样本数据对进口模型进行分行业回归,结果如表6-4所示。由表6-4可知:

第一,汇率因素对美国进口的影响高于出口,进口汇率弹性不论是当期还是滞后期均显著为负,美元贬值不利于改善贸易逆差。这一结论与常识不符,原因可能有两点:(1)中间产品贸易和加工贸易的繁荣及其占比上升;(2)所选时间段及国家的特殊性。我们选择2008年金融危机至2010年以来美国五大逆差来源国的数据,在此期间,美国已经通过货币政策和财政政策走出危机,逐渐恢复了强劲的进口需求;同时,虽然美元指数在一段时间内下降,但五国货币对美元的实际汇率均呈现贬值趋势。所以,在这段时间里,美元相对升值,而美国的贸易逆差却并未缩小。

表6-4 进口模型全样本回归结果

行业	所有行业	动植物产品	食品行业	矿产品	化工产品	皮及皮制品
进口滞后 L.lnimpv	0.461*** (44.39)	0.691*** (27.19)	0.549*** (15.03)	0.376*** (19.06)	0.343*** (6.242)	0.742*** (13.59)
出口额 lnexpv	0.289*** (10.36)	−0.0726 (−1.594)	0.169*** (3.526)	0.375*** (6.785)	0.179* (1.812)	−0.0385 (−0.713)
实际汇率 lnrer	−0.151*** (−7.252)	−0.162** (−2.316)	−0.282*** (−4.382)	−0.0155 (−0.407)	−0.114 (−0.739)	−0.0725 (−0.575)
汇率滞后 ln16_rer	−0.0181* (−1.663)	−0.0341 (−0.614)	0.0529 (1.563)	−0.0195 (−0.928)	−0.0432 (−0.468)	−0.0383 (−0.524)
美国收入 lnusgdp	0.566*** (8.784)	1.026*** (5.624)	0.867*** (3.827)	0.292** (2.102)	0.889* (1.756)	0.957** (2.426)
各国收入 lngdp	0.0658 (1.155)	−0.608*** (−4.926)	−0.406** (−2.335)	0.660*** (6.221)	−0.686** (−2.183)	−0.244 (−1.029)

（续表）

行业	所有行业	动植物产品	食品行业	矿产品	化工产品	皮及皮制品
外汇储备 lnfore	0.200*** (6.748)	0.335*** (4.846)	0.220** (2.238)	−0.146** (−2.468)	0.346* (1.937)	0.212 (1.435)
观测值	291 983	16 713	12 396	65 951	6 864	3 443
行业	木及木制品	纺织品	石制品	贱金属制品	中高技术制品	杂项制品
进口滞后 L.lnimpv	0.548*** (19.27)	0.608*** (17.68)	0.683*** (35.96)	0.473*** (10.02)	0.451*** (12.79)	0.686*** (16.66)
出口额 lnexpv	0.210*** (4.189)	0.262*** (4.601)	−0.239*** (−6.306)	0.125* (1.753)	0.543*** (9.637)	0.0642 (1.200)
实际汇率 lnrer	−0.311*** (−4.574)	−0.140** (−2.437)	−0.363*** (−6.802)	−0.202** (−2.417)	−0.256*** (−3.601)	−0.204*** (−2.980)
汇率滞后 ln16_rer	0.0447 (1.070)	−0.0237 (−0.710)	−0.0298 (−0.801)	−0.0831 (−1.641)	0.0178 (0.465)	−0.0614 (−1.335)
美国收入 lnusgdp	0.378** (2.012)	0.561*** (2.903)	1.265*** (8.979)	0.355 (1.524)	0.155 (0.696)	0.465** (2.312)
各国收入 lngdp	−0.166 (−1.113)	−0.173 (−1.367)	−1.269 (−11.84)	−0.139 (−0.701)	0.0356 (0.210)	−0.536*** (−3.200)
外汇储备 lnfore	0.325*** (3.516)	0.265*** (3.556)	0.839*** (13.67)	0.466*** (4.480)	0.333*** (3.359)	0.543*** (5.075)
观测值	15 536	13 741	40 689	12 615	16 999	9 625

注：(1)所有回归由 Stata15.0 软件完成；(2)括号内是修正过的 t 值；(3) ***、**、*分别表示在1%、5%和10%的置信水平下显著。

第二，收入尤其是美国内部收入是影响美国进口的重要因素。理论上，美国内部收入的增加会拉动对外需求，即美国进口的内部收入弹性为正，而回归结果确实如此。除个别行业外，总体及其他行业的系数均为正，且系数较高；相比出口而言，美国进口占GDP 的比例远高于出口（50%左右），这也使得美国内部收入对进口的影响较大。理论上，外部收入与美国进口的关系并不确定。表 6-4 显示，总体来看，外部收入的系数不显著；分行业来看，11 类行业中有 6 类行业显著，但符号不一致。

第三，进口惯性、中间产品出口效应和产业结构是影响美国进口的重要因素。不论是总体回归还是分行业回归，进口惯性和中间产品出口的系数均显著为正，与理论相符。就进口惯性系数大小而言，总体系数为 0.461，高于出口惯性系数，说明美国进口惯性要比出口惯性更高，从而助长了美国贸易逆差的形成和加剧；中间产品出口系数为 0.289，小于出口方程中的进口系数,这说明中间产品的进出口相互影响、相互联系,但样本国家的中间产品进口对出口的影响要大于中间产品出口对进口的影响。就中间产品出口效应而言,总体来说中间产品出口慢性的系数较小,但有 7 个行业的出口惯性大于 0.5,贸易逆差的主要来源行业(杂项制品行业和纺织品行业)的慢性系数均超过 0.6,进口惯性较强。总体和分行业回归结果显示出较大差异,从侧面反映了进口结构在美国贸易中的作用。

第四,中高技术制品行业的进口具有特殊性。从表 6-4 来看,中高技术制品行业对收入不显著,说明该行业存在刚性需求;同时,中高技术制品行业的进口汇率弹性为负,即美元升值,进口减少。真正影响行业进口的是进口惯性和中间产品出口效应,而进口惯性是美国贸易"潜在的反比较优势现象"及其背后贸易政策的体现。

(三) 全样本回归小结

M-L 条件反映的是汇率与贸易之间的长期关系,为计算 M-L 条件,我们需要将实际汇率与实际汇率六阶滞后的回归系数相加,若不显著则视为 0。计算发现,所有行业均不满足 M-L 条件,即美元贬值不能改善美国的贸易逆差。不仅如此,我们还发现美国出口汇率弹性为正、进口汇率弹性为负,即美元贬值会进一步恶化贸易逆差。这与 Baldwin and Krugman(1989)有相似之处,他们的研究表明在 1985—1987 年,美元贬值并未改善美国的赤字状况,反而引起赤字持续增加。

另外,我们发现贸易结构、贸易政策和贸易惯性是影响美国贸易逆差的重要原因。其中,贸易结构在一定程度上受到美国贸易政策的影响而扭曲,贸易惯性会强化这种扭曲,中间产品效应则会减弱汇率和收入等传统因素的作用。从回归结果来看,在美国贸易逆差的主要来源行业中,技术水平较高的中高技术制品和杂项制品两个行业受汇率因素和收入因素的影响较小。贸易结构和贸易惯性的背后是美国产业结构和产业政策,在"潜在的反比较优势现象"的背景下,美国减少技术含量高产品的出口并增加其进口,恶化了贸易逆差。而贸易逆差受贸易惯性的进一步影响,使得美国的贸易账户逐渐恶化。

五、分国家样本回归结果分析

全样本回归容易忽视样本数据中存在的结构性和异质性,尤其是对于本研究而言,中美贸易体量太大,可能会对总体回归结果产生重要影响。为了检验全样本回归结果的稳健性,同时更加细致地了解各个国家的情况,本节进一步进行分国家样本进行回归。

(一) 出口模型的分国家样本回归分析

我们利用分国家样本数据对出口模型进行分行业回归[①]并发现:

第一,汇率并不是影响美国出口的重要因素。总体来看,只有印度的出口汇率弹性显著为正,其他四国均不显著;分行业来看,大部分国家行业的汇率系数不显著,而显著的系数的符号也不相同。汇率的六阶滞后总体来看均不显著,分行业来看,仅个别国家

---

① 考虑到篇幅限制,并未报告这一结果,如有需要可与作者索要。进口模型分国家样本回归结果亦同。

的行业显著,说明其存在 J 曲线效应或者逆 J 曲线效应。就其大小而言,大部分汇率弹性的绝对值大于 1,但明显小于出口的收入弹性。

第二,收入效应对美国出口的影响较弱。就美国内部收入效应而言,总体来看,德国、印度、日本均显著为负,中国和墨西哥不显著;分行业来看,大多数国家行业的美国出口收入弹性不显著,显著的系数中,除个别行业系数为正外,其他的均为负。同时,纺织品、石制品和杂项制品行业的系数均不显著,说明这三类行业的出口具有刚性,不受美国收入的影响。就外部收入而言,总体来看,仅印度显著为正,其他国家均不显著;分行业来看,个别显著的行业在不同国家中的符号不相同。从系数大小来看,不论是美国内部收入弹性还是外部收入弹性,只要显著,其系数的绝对值就接近或者大于 1,说明各贸易行业对各国收入变化的反应比较敏感。

第三,出口惯性和中间产品进口效应均显著为正,数值较大,是影响美国出口的重要因素,而且随着国别和行业的不同而变化。分国家来看,中国、印度、墨西哥三个发展中国家的出口惯性高于德国、日本两个发达国家,尤其对于中美而言,较高的出口惯性不利于贸易不平衡的改善;相反,德国、日本两大发达国家中间产品进口的系数稍高于中国、印度、墨西哥三个发展中国家,说明发达国家参与和依赖国际分工的程度相对更深。分行业来看,各行业系数差异较大,但除个别行业外,其他行业的出口惯性均大于 0.5,而中间产品进口的系数较低。

第四,在美国贸易逆差的 3 个主要来源行业中,中高技术制品和杂项制品的出口均不受汇率因素和收入因素的影响,纺织品行业仅仅在中国、德国、墨西哥 3 个国家受汇率影响,且中国、德国两国的汇率弹性显著为正。所以,美元贬值,不会对中高技术制品和杂项制品的出口产生影响,同时会降低对中国的出口,反而会加剧美国的贸易逆差。同时,这 3 个行业的贸易惯性相对较高,不利于贸易不平衡的改善。

(二)进口模型的分国家样本回归分析

我们利用分国家样本数据对进口模型进行分行业回归并发现:

第一,实际汇率对美国进口的影响随国别不同而显著不同,对中国的显著性尤其高。总体来看,只有中国的系数显著为正,符合预期,其他各国均不显著;就汇率的六阶滞后而言,各国均不显著,即各国均不存在 J 曲线效应。分行业来看,中国大部分行业的美国进口汇率弹性显著为正且大于 1,但其他国家大部分行业的系数不显著,个别显著行业的系数也是负值。这说明美国若采取弱势美元政策,可以在一定程度上减少美国从中国的进口,但不会减少从其他国家的进口,甚至会因贸易替代和贸易转移而增加从他国的进口。

第二,收入是影响美国从中国进口的重要因素。就美国内部收入而言,总体来看,只有中国显著为正,日本显著为负;分行业来看,大部分中国行业显著为负,其他国家行业的显著性较弱且大部分为正。就外部收入而言,不论是总体还是分行业,只有中国收入显著为正,其他各国显著性较弱。就弹性大小来看,显著的弹性均大于 1,即受收入因素影响的行业对收入因素变化的敏感度较高。

第三,进口惯性和中间产品出口效应显著为正且数值较大,是影响美国进口的重要因素,而且随着国别和行业的不同而变化。分国家来看,中国、印度和墨西哥 3 个发展中国家的进口惯性高于德国和日本两个发达国家;而德国和日本两大发达国家和墨西哥中间产品出口系数均大于1,显著高于中国和印度两国。分行业来看,各行业的出口惯性和中间产品出口效应差异较大,其中贸易惯性的系数为0.17—0.9,中间产品出口效应的系数为0.1—0.6。

第四,美国贸易逆差集中的3个行业——中高技术制品、杂项制品和纺织品基本不受汇率因素和收入因素的影响(中国除外)且惯性很高。这说明依靠汇率手段解决贸易逆差的可能性较小。对于中国来说,各行业进口惯性很高,体现了美国对从中国进口存在天然的依赖,短时间内不能改变贸易逆差情形。

(三)分国家样本回归小结

第一,我们计算美国与不同国家的行业M-L条件,如表6-5所示。从表6-5中我们可以发现4个有趣的现象:首先,分国家来看,只有中国满足M-L条件,分国家行业来看,也只有中国的绝大多数行业满足M-L条件,体现了中美贸易的特殊性;其次,相对于发展中国家,发达国家满足M-L条件的比例较低,从侧面说明了发展中国家与美国的贸易更容易受汇率冲击的影响;再次,美国贸易逆差集中的中高技术制品行业、杂项制品行业和纺织品行业不完全满足M-L条件,弱势美元政策的效果有限;最后,与全样本分行业M-L条件均不成立相比,部分分国家样本部分M-L条件成立,这既说明考虑国家和行业异质性的重要性,也说明贸易转移对美国贸易弹性的重要影响。

表6-5 美国同不同国家的M-L条件统计表

行业	所有行业	动植物产品	食品行业	矿产品	化工产品	皮及皮制品	木及木制品
中国	2.624	2.291	3.900	3.690	0	6.515	5.687
德国	0	0	0	0	9.219	0.140	0
印度	0.915	0	0.331	0	15.808	7.882	2.837
日本	0	0	0	0.246	2.199	0.439	0
墨西哥	0.0512	1.143	1.666	0.108	1.588	0.348	0

行业	纺织品	石制品	贱金属制品	中高技术制品	杂项制品	P值	
中国	6.093	6.701	4.749	2.485	2.393	0.917	
德国	2.985	0.147	0.244	0	0.194	0.167	
印度	0	0	0	0	0	0.250	
日本	0.543	3.316	0	0	0	0.167	
墨西哥	2.251	0	1.7525	0	1.104	0.417	

注:(1)表格中数字表示美国长期进出口汇率弹性之和,若大于1则满足M-L条件;(2)在计算时,若系数不显著则记为0;(3)表格最后一列P值统计了各国满足M-L条件的行业占比。

第二,分国家样本回归结果进一步验证了全样本回归的结论,即美国贸易逆差主要是由美国长期以来的贸易结构所导致、由进出口贸易惯性所加强的。分国家样本回归结果显示,个别行业尤其是美国贸易逆差集中行业,均不受汇率因素和收入因素的影响,但均受贸易结构、贸易惯性和中间产品效应的影响,反映了"潜在的反比较优势现象"的作用。

六、情景模拟分析

总体样本和分国家样本分析显示,中美贸易具有特殊性,相比较而言,实际汇率对中美贸易尤其是美国对中国进口的影响较大且进口弹性为负,即人民币升值会改善美国的贸易逆差;但全样本分析结果显示,进口的汇率弹性为正,即样本国货币对美元升值,会增加美国的进口,恶化贸易逆差。那么,这两种效应有多大?我们需要进一步分析。

本节使用样本期内美国对中国和其他所有国家11个行业的进出口年度均值和回归系数,模拟货币升值对美国贸易的影响。就中美而言,样本期内人民币对美元汇率的均值为6.17,假设人民币升值5%,即人民币汇率下降到5.863,对中美贸易的影响如表6-6所示。表6-6同样报告了其他国家货币对美元汇率升值5%的进出口贸易结果。

第一,人民币升值有利于美国贸易逆差的改善,但考虑到现实中人民币汇率爬行变动的情况,这种改善效果较慢。总体来看,人民币升值5%之后,美国对中国出口的变化不显著,但从中国进口显著下降,降幅为98.85亿美元;分行业来看,美国从中国的进口和向中国的出口均出现下降,但出口变化相对不显著,而进口下降更为明显,尤其是中高技术制品行业、杂项制品行业和纺织品行业会出现较大的贸易改善。这3个行业也是美国对中国主要的贸易逆差所在,因此,人民币汇率升值能够在一定程度上改善美国的贸易逆差。但是多年统计数据显示人民币年升值或贬值幅度最大不过6%左右,即便是人民币年升值6%,美对中贸易逆差改善不过120亿美元,相对于3 000多亿美元的贸易逆差而言,体量依旧较小。

表6-6 人民币及样本国货币升值5%的模拟结果 (单位:亿美元)

贸易对象	贸易方式	所有行业	动植物产品	食品行业	矿产品	化工产品	皮及皮制品
中国	出口	—	—	—	−0.73	—	—
	进口	−98.85	−0.93	−0.93	−0.14	—	−5.71
	净出口	98.85	0.93	0.93	−0.59	—	5.71
世界	出口	−5.96	0.67	−0.24	—	—	—
	进口	20.14	0.31	0.37	—	—	—
	净出口	−26.10	0.36	−0.61	—	—	—

贸易对象	贸易方式	木及木制品	纺织品	石制品	贱金属制品	中高技术制品	杂项制品
中国	出口	−1.16	−1.29	−0.19	−2.24	—	—
	进口	−3.47	−10.19	−2.33	−4.69	−64.13	−12.86
	净出口	2.31	8.90	2.15	2.45	64.13	12.86

（单位：亿美元）（续表）

贸易对象	贸易方式	木及木制品	纺织品	石制品	贱金属制品	中高技术制品	杂项制品
世界	出口	—	—	0.11	—	-6.50	—
	进口	0.37	1.04	0.41	0.94	15.34	1.36
	净出口	-0.37	-1.04	-0.30	-0.94	-21.84	-1.36

注：(1)"—"表示不显著；(2)正号表示增加，负号表示减少，净出口等于出口变动减去进口变动，若净出口为正则表示美国逆差改善。

第二，样本国货币对美元汇率同时升值5%会进一步小幅加剧美国的贸易逆差。总体来看，贸易国货币升值5%，美国出口下降5.96亿美元，进口上升20.14亿美元，这进一步加大了美国的贸易逆差（逆差增加26.1亿美元）；分行业来看，逆差主要出现在中高技术制品行业，净出口下降21.84亿美元，占美国贸易逆差增量的83.7%，是美国贸易逆差的主要来源。因此，尽管中国和其他所有样本国货币对美元汇率同时升值，但美国在减少从中国进口的同时会大幅度增加从其他国家的进出口，总体的贸易逆差不会有明显改善。另外，鉴于贸易逆差主要集中在中高技术制品行业，我们不得不怀疑，这与美国的贸易结构和贸易政策有关。

七、主要结论与政策建议

（一）主要结论

汇率与贸易问题一直以来是人们研究的重点。本节以行业 M-L 条件为判别标准，对美元贬值与美国贸易逆差改善之间的关系进行判断，同时对美国贸易逆差形成的原因进行全面分析。主要结论如下：

第一，美国对外贸易存在"潜在的反比较优势现象"，这是新时代的"里昂惕夫之谜"。里昂惕夫的研究表明20世纪中期美国的对外贸易就存在违背要素禀赋理论的现象，即"里昂惕夫之谜"。进入21世纪之后，虽然当前的国际环境发生变化，但美国贸易的反比较优势现象依然存在。

第二，除中国之外，美国对其他国家 M-L 条件成立的证据很少；尽管中美之间 M-L 条件成立，但人民币汇率升值对美国贸易逆差改善的效果较弱；更重要的是，由于进出口弹性较低和贸易转移，总体来看弱势美元政策不仅不会改善，反而还会进一步恶化美国的贸易逆差。因此对美国而言，通过弱势美元政策或者逼迫他国货币升值来改善贸易逆差并不是理想的方式。这一现象的产生与中间产品贸易的繁荣有很大关系。中间产品贸易的发展弱化了汇率对国际贸易的影响，价值链分工加速了贸易惯性的形成。一方面，中间产品进口是为了加工出口；另一方面，中间产品出口是为了降低成本生产再进口。随着中间产品贸易的繁荣，汇率与贸易的关系越来越不明显，弱势美元政策的效果备受质疑。随着全球产业价值链分工的不断深化，国与国之间贸易体系的依赖性不断增强，这强化了各国的贸易惯性，使两国之间的贸易现状短期内难以改变。

第三，美国贸易逆差的形成不在于他国收入、汇率等外部因素，而在于美国自身，其自身贸易逆差的内生性使其逆差局面难以扭转。美国自身的进出口贸易结构、贸易惯性和潜在的贸易政策才是导致美国贸易逆差形成和恶化的原因。贸易结构和贸易惯性的背后是美国的产业结构和产业政策。贸易的发展受两方面的制约,一是根据比较优势自然形成的市场,二是受产业政策影响而扭曲的市场。美国技术出口限制等贸易政策的长期实施使得美国各行业的进出口发生扭曲,形成初级产品和低技术产品顺差、中高技术产品逆差的"潜在的反比较优势现象",而这种现象又受到各行业贸易惯性的强化,使得美国贸易逆差难以改善。

(二) 政策建议

我们站在美国角度对汇率和经常性账户差额这一问题进行研究,发现汇率并不是造成美国长期贸易逆差的原因,这对中美两国有重要启示。

对美国而言,应放弃逼迫他国货币升值来改善本国贸易逆差的手段。美国贸易逆差的形成在于其自身的贸易结构、贸易惯性和贸易政策。因此,要改善贸易逆差,美国需要"做加法",改善现有的出口贸易限制政策,减少高技术产品对外出口尤其是对中国出口的限制,通过增加对外出口的方式改善贸易逆差。

对中国而言,首先应放弃通过人民币贬值促进出口这一传统策略,保持人民币汇率相对稳定。2018年美国没有将中国列入"汇率操纵国"名单,说明中国政府没有放纵货币贬值以获取竞争利益。人民币升值也要依据"巴萨效应",货币升值必须建立在劳动生产率提高和商品国际定价能力提升的基础上,不要过度解读贸易阶段性顺逆差,而应更多"放眼量",尤其要放弃通过人民币贬值来促进出口和顺差的观念。随着美联储进一步加息,许多发展中国家和新兴市场国家的货币"跳水",中国要尽可能维持人民币汇率的相对稳定。其次要注重科技创新,稳住人才才是硬道理。贸易摩擦的背后是科技创新和人才竞争,要从中国的产业和贸易结构的视角出发,更多地将重心放在科技创新上,提高中国在高技术产业的竞争优势。人才是科技创新的原动力,人民币稳定是吸引国际人才的重要保证,人民币贬值会变相地降低全体国民收入,不利于人才引进和创新。

第二节 国际贸易引力模型中的规模效应研究

一、问题的提出

引力模型源于物理学中的万有引力定律,即任意两个物体间的引力与它们质量的乘积成正比、与距离的平方成反比。Tinbergon 于 1962 年首次利用引力模型解释双边贸易的影响因素,提出双边贸易量与两国 GDP 成正比、与距离成反比。之后,该思想被大量应用于各类涉及空间经济活动的研究中,无论是研究商品流动还是要素流动(如移民流、双边直接投资、证券投资等),都可以应用引力模型对数据进行分析。强大的经验有效性和稳定性使其可以分析各国数据,成为相关领域的基础模型。然而,由于缺乏理论基础,在 20 世纪 80 年代之前,引力模型一直没有在主流经济学界占到一席之地。

Anderson(1979)是为引力模型构建理论基础的第一人。他基于阿明顿假设(Armington assumption),认为每个生产国的产品都是完全分化的,没有两个国家完全等同,因而一国的产品在另一国所占的市场份额等于该国产品在世界上所占的市场份额,也即该国的经济总量在世界经济中的份额。Helpman(1987)和 Begstrand(1989)在新贸易理论(核心是垄断竞争和规模报酬递增)框架下建立了一个描述产业内贸易的模型,认为产业内贸易不仅随总收入水平的提高而增加,而且随贸易伙伴之间的相似性而增加,国与国越相似,相互间贸易就越多。Deardorff(1998)从供给市场的结构出发,考虑供给市场的自然禀赋结构,在 Hecksher-Ohlin 模型的框架下从"无摩擦世界"和"有摩擦世界"两个角度出发,对引力模型进行推导。Eaton and Kortum(2002)从供给效率的结构出发,基于 Ricardian 模型,假设市场上的国家和企业具有不同的技术和生产率,而生产率的异质性将导致这些国家和企业在国际市场上所占的份额不同,从而导出引力模型。Anderson and Wincoop(2003)从需求结构出发,基于完全分工假设和 CES 需求函数,引入"多边阻力"概念,指出双边贸易不仅受到两国间经济变量的影响,同时还受到其他国家的相对影响。该模型解释了 Mccallum(1995)提出的著名的"边界之谜",并成为了目前引力模型各类实证研究的主流理论基础。

从引力模型的理论发展来看,引力模型可以与各种理论框架相调和,只要确定了一国出口与总收入的关系,以及它的产品在另一国总支出中所占的份额,并将两者与价格和贸易成本结合起来,就可以推导出某种形式的引力方程。然而,无论理论模型如何变化,贸易成本始终是各类引力模型的核心变量。各类引力模型中的贸易成本源于"冰山成本","冰山成本"首先由保罗·萨缪尔森(Paul A. Samuelson)提出,后由保罗·克鲁格曼(Paul R. Krugman)修正,是指产品在区域间运输存在"冰山"形式的运输成本,即产品从产地运到消费地,其中有一部分在途中"融化"掉了,如 i 国厂商需装载 t_{ij} 单位产品方能保证 1 单位产品移送 j 国($t>1$)(Krugman,1980)。起初,贸易成本仅包括运输成本,由双边距离代表,距离越远,贸易成本越高。后来,学者们对贸易成本进行了扩展,从单纯的运输成本延伸到制度成本、信息成本、监管成本、汇率波动等。国内学者在运用引力模型对中国对外贸易进行实证研究时,使用丰富的经济变量来代表贸易成本(陈雯,2002;潘向东等,2005;陈静等,2009;行伟波和李善同,2010;祁飞等,2011;施炳展等,2012;韩金红,2013),包括经济自由度、区域性贸易协定、制度安排、关税、汇率变化、边界、双边距离、语言、是否相邻、殖民联系等。

回顾已有文献对贸易成本的研究,大多假设跨境贸易技术的规模报酬不变,即单位贸易成本不随运输数量的改变而变动。然而,这样的假设有悖于实际的经济运行情况。类比来看,厂商理论认为,企业随着生产规模的扩大,单位成本可能变小或变大,前者对应"规模经济",后者对应"规模不经济"。同样,在两国的双边贸易中,单位贸易成本可能随着两国间贸易量的改变而变动。一次完整的贸易流程涉及许多环节,而各个环节的计价与收费都离不开规模的影响。当规模不同时,面对的运输量、运输方式、保险费、到岸仓储成本、营销费用,甚至是否会触发对方的"反倾销"措施,都会有所不同。当行业的贸易环境呈现规模经济时,贸易量的增加会降低单位贸易成本;当规模效应恒定时,贸易量的增加对单位贸易成本没有影响;当贸易呈现规模不经济时,贸易量的增加反而会增加单位贸易成本。根据 Anderson and Wincoop(2003)的测算,发达国家的贸易成本等价于 170% 的关税,而贫穷国家则更高。面对如此高额的贸易成本,研究跨境贸易技术是否存在规模经济效应以降低单位贸易成本具有重要意义。

Anderson et al.(2014)在其 2003 年构建的结构化引力方程的基础上首次在贸易成本中添加规模效应项以调整贸易成本,并发现加拿大与美国的双边贸易中有 2/3 的贸易部门在贸易成本上具有规模经济特征,加拿大的进口量每提高 100%,单位贸易成本能降低 10.8%,同时美国的单位贸易成本降低 5.4%。受到 Anderson et al.(2014)的启发,考虑到入世以来中国对外贸易量持续增长,有的行业甚至面临市场饱和、贸易企业利润率持续下降的局面,我们必须思考:中国的对外贸易成本是否存在规模经济、规模恒定或规模不经济的现象?另外,不同的行业具有异质性。因此,对外贸易整体上可能具有规模经济效应,但是细化到局部,有的行业可能并不具备规模经济甚至已经规模不经济。那么,中国的各类进出口行业的对外贸易成本具有怎样的规模效应特征?最后,贸易具有方向性。如同罗来军等(2014)提出的观点,同样的因素在进口和出口两个方向会呈现不同的敏感性。同一个行业的产品从不同的起点流向不同的终点,其贸易成本也将具有不同的规模效应。

在运用引力模型研究中国对外贸易的规模效应的过程中,我们首先选取中国与欧盟基于 HS 分类行业的双边贸易作为研究对象,暂时没有选择中国和所有其他国家(地区)的双边贸易,理由如下:(1)欧盟是中国最大的贸易伙伴和战略合作伙伴,"一带一路"倡议终点也在欧洲,但两者间的贸易往来仍然受限于高昂的贸易成本(如运输成本、信息成本、关税等)。近年来,中国与欧盟的双边贸易增速趋缓,需要考察中国与欧盟的双边贸易技术是否存在规模效应以降低单位贸易成本。(2)中欧贸易结构存在互补性,中国输出劳动密集型和资源密集型商品,欧元区则输出资本密集型和技术密集型商品,研究中国对欧盟各行业的进出口规模效应有助于提出有针对性的区域贸易政策。(3)中规模效应的估算需要一个要素自由流动程度相对较高的经济区域作为比较基准,欧盟符合这一特征。对于中国与世界上其他国家(地区)之间进出口贸易的规模效应,我们将在今后的研究中进一步展开分析。

基于以上分析,我们基于 Anderson et al.(2014)的模型,挖掘中欧贸易间潜在的规模效应及其对贸易成本的影响途径及程度,并按照 HS 分类,从对欧盟国家进口和出口两个维度估算 21 类行业的规模效应,从而分析中欧双边贸易的发展潜力和发展方向。

本节的结构安排如下:第二部分是构建基于引力模型估算规模效应的理论框架,第三部分是实证方程与数据处理,第四部分是计量结果分析及检验,第五部分是结论与政策建议。

二、模型构建

(一)理论推导

Anderson et al.(2014)在 Anderson and Wincoop(2003)的基础上,将规模效应引入贸易成本,基于 CES 需求函数的结构化引力模型测算出跨境贸易成本中的规模弹性。

根据 Anderson and Wincoop(2003),贸易引力模型一般采用如下的形式:

$$X_{ij}^k = c\, x_i^k\, m_j^k\, (t_{ij}^k)^{1-\sigma_k} + \varepsilon_{ij}^k \tag{1}$$

其中,X_{ij}^k 是产业 k 从出发地 i 到目的地 j 的双边贸易额(为了避免符号的过度集中造成误读,下文将省略上标 k ,但所有分析仍然是基于产业 k 的),c 是常数项;x_i^k 和 m_j^k 分别是出口国和进口国的固定效应,代表出口国的潜在供应能力和进口国的潜在需求水平;σ 是替代弹性;ε_{ij}^k 是误差项;t_{ij}^k 是双边贸易成本乘数。根据已有的引力模型文献,$(t_{ij}^k)^{1-\sigma_k}$ 一般被设定为双边变量(如双边距离、是否相邻以及是否存在共同边界等)的对数线性函数。

在 Anderson et al.(2014)的模型中,贸易成本 t_{ij} 在原来"冰山成本"的基础上增加了规模效应和汇率传递两个对数线性成本项:

$$t_{ij} = \tau_{ij} V_{ij}^{\varphi_{ij}} r_{ij}^{\rho_{ij}} \tag{2}$$

τ_{ij} 是标准贸易成本因素,由各类传统的距离变量构成。

V_{ij} 表示 i 国居民对 j 国的出口数量。φ_{ij} 是规模弹性系数,表示出口量变化对贸易成本的影响。假设当贸易发生在国际间存在不同的规模效应。以往的文献默认 $\varphi_{ij} = 0$,即假设跨境贸易技术是规模报酬不变的。然而在实际经济活动中,双边贸易技术的规模报酬是变化的,即 $\varphi_{ij} = \varphi_j B_{ij}$,当贸易发生在一国内部时,$B_{ij} = 0$,当贸易发生在国际间时,$B_{ij} = 1$ 。$\varphi_j = 0$ 时,表示规模恒定;$\varphi_j < 0$,表示规模经济(increasing returns to scale, IRS),出口量的增加能降低单位贸易成本;$\varphi_j > 0$,表示规模不经济(decreasing returns to scale, DRS),出口量的增加提高单位贸易成本。

规模经济可能与目的地 j 海关对 i 商品的顺利通行,以及 i 商品在 j 市场还处于成长期有关。现有的实证研究表明,绝大部分行业处于规模经济状态。只有当出口充分饱和时,才会出现规模不经济现象,减少出口量反而会降低贸易成本。

$r_{ij,t}^{\rho_{ij}}$ 表示相对价格变化。i 国货币升值使得 j 国居民多支付了一部分价格,相当于提高了贸易成本。另外,汇率变化导致双边贸易量产生变化,又会进一步通过跨境贸易技术的规模报酬影响贸易成本。在已有的文献中,理论的结构化引力模型尚未处理过汇率效应,因为默认汇率的升值会完全传递到进口价格上,进而被控制了多边阻力的进口国和出口国的时间固定效应吸收。事实上,如果汇率并未完全传递,就会引起国际贸易和国内贸易相对价格不同,从而导致多边阻力产生变化,进而影响双边贸易流。尽管有些实证文献会涉及汇率因素,但只是简单地将汇率作为贸易成本的一个影响因素代入回归模型,缺乏理论基础。本模型从汇率传递出发,假定单位汇率变动并未导致进出口价格同比例变动,只是将汇率变化的一部分传递到进出口价格中。$r_{ij,t}$ 采用直接标价法,定义为 t 时期 i 国(出口国)对 j 国(进口国)汇率相对于上期的变化幅度(对数值),汇率表示为 1 单位 i 国货币对应的 j 国货币量,$r_{ij,t}$ 提高(降低)意味着 i 国货币升值(贬值)。ρ_{ij} 表示出口国 i 将汇率变动传递给进口国 j 的比例。$r_{ij,t}^{\rho_{ij}}$ 表示 j 国进口价格的变化幅度,反映汇率对贸易成本的直接影响。在出口国货币升值的情况下:$\rho_{ij} = 0$,表示货币升值对贸易成本没有影响;$\rho_{ij} > 0$,表示货币升值提高出口价格,贸易成本提高;$\rho_{ij} < 0$,表示货币升值反而降低出口价格[1]。

根据 Anderson et al.(2003)的界定,j 国居民从 i 国的进口量为 V_{ij} ,p_{ij} 是 j 国从 i 国的进口价格。假设 p_i 是 i 国未包括贸易成本的出厂价,由于存在贸易成本乘数 t_{ij} ,$p_{ij} = p_i$

---

[1] 当货币升值时,出口商由于担心其在进口国的市场份额变小,反而会降低出口价格以进一步巩固市场地位。

t_{ij},每一单位从 i 国运往 j 国的商品的贸易成本为 $t_{ij}-1$,出口商把所有的贸易成本转移给进口商。j 国支付的名义价格即为 $x_{ij}=p_iV_{ij}(p_iV_{ij}+(t_{ij}-1)p_iV_{ij})$,因而 $V_{ij}=\dfrac{x_{ij}}{p_it_{ij}}$。而 i 国货币升值又会使得 i 国出厂价格在转换成公共计价单位时变为 p_ir_{ij}。p_i 不可观测,Anderson(2003)将不可观测的 p_i 控制在多边阻力因素中。因此,以到岸价格计算的出口贸易 X_{ij} 与 V_{ij} 有如下关系:

$$X_{ij} = V_{ij} t_{ij} r_{ij} \tag{3}$$

将式(1)、(2)、(3)联立,可得贸易成本 t_{ij} 和出口量 X_{ij} 的表达式为:

$$t_{ij} = [\tau_{ij}(x_i m_j)^{\varphi_{ij}} r_{ij}^{\rho_{ij}-\varphi_{ij}}]^{1/(1+\sigma\varphi_{ij})}, \forall i,j \tag{4}$$

$$X_{ij,t} = c^{\frac{1+\varphi_{ij}}{1+\sigma\varphi_{ij}}} (x_{i,t} m_{j,t})^{\frac{1+\varphi_{ij}}{1+\sigma\varphi_{ij}}} \tau_{ij}^{\frac{1-\sigma}{1+\sigma\varphi_{ij}}} r_{ij,t}^{(\rho_{ij}-\varphi_{ij})(1-\sigma)/(1+\sigma\varphi_{ij})} \tag{5}$$

由于单个企业或者行业的进出口贸易量占总外贸量的比例都很小,我们假设行业的贸易量不能影响汇率水平,因此假设汇率变化 $r_{ij,t}$ 为外生变量,与 $X_{ij,t}$ 没有因果关系。

式(4)和式(5)展现了规模效应对引力模型各成分的修正机制。根据 Anderson 等(2013),市场均衡时有 $1+\sigma\varphi_{ij}>0$。而且现有的关于替代弹性系数的研究显示,σ 一般为 2—15,因此 $\dfrac{1-\sigma}{1+\sigma\varphi_{ij}}<0$。结合表 6-7,可以得到以下推论:

表 6-7 模型各成分的弹性系数

引力模型成分	弹性系数
两国固定效应 $x_{i,t},m_{j,t}$	$(1+\varphi_{ij})/(1+\sigma\varphi_{ij})$
标准贸易成本 τ_{ij}	$(1-\sigma)/(1+\sigma\varphi_{ij})$
货币升值 r_{ij}	$(\rho_{ij}-\varphi_{ij})(1-\sigma)/(1+\sigma\varphi_{ij})$

推论一: $\varphi_{ij}<0$,出口量的增加能降低单位贸易成本,呈现规模经济;$\varphi_{ij}>0$,出口量的增加会提高单位贸易成本,呈现规模不经济;$\varphi_{ij}=0$,出口量的变化不影响单位贸易成本,呈现规模恒定。

推论二: 跨境贸易间规模效应的存在会修正各引力因素对进出口的影响。

推论三: 在引力模型中,汇率变化对进出口的影响是由规模弹性系数 φ_{ij} 和汇率传递系数 ρ_{ij} 共同决定的。当 $\rho_{ij}-\varphi_{ij}\geq 0$ 时,出口国货币升值($r_{ij,t}>0$)会提高贸易成本,从而降低出口额 $X_{ij,t}$;当 $\rho_{ij}-\varphi_{ij}<0$ 时,出口国货币升值会降低贸易成本,从而提高出口额 $X_{ij,t}$。

这里还有一个有趣的推论:规模经济($\varphi_{ij}<0$)会恶化升值的负面影响,放大贬值的正面影响;而规模不经济($\varphi_{ij}>0$)则会缓解升值的负面影响,缩小贬值的正面影响。不同的行业处在不同的发展阶段,其 $\rho_{ij}-\varphi_{ij}$ 也会有所不同。

(二) 模型估计

我们设定集合 $\{R=i,j\}$ 表示目的地 i 国和 j 国。假设 i 国为一个高度统一、要素自由流动、使用统一货币的经济体,其内部贸易往来的贸易成本几乎为 0,即内部双边

贸易中 $B_{ij}=0$，所以 i 国内部的双边贸易 $X_{ij,t}=cx_{it}m_{jt}\tau_{ij}^{1-\sigma}$。假定 i 国内部各地出口到 j 国的规模效应相同，即 $\varphi_{ij}=\varphi_R B_{ij}$。为了建模方便，凡是 i 国和 j 国之间的跨境双边贸易都省去 $B_{ij}=1$，i 国内部贸易则默认 $B_{ij}=0$。这样，重新描述式(5)得到：

$$X_{ij,t}=\exp\left[k_R+\frac{1+\varphi_R}{1+\sigma\varphi_R}(\ln x_{i,t}+\ln m_{j,t})+\frac{1-\sigma}{1+\sigma\varphi_R}\ln\tau_{ij}+\frac{(\rho_R-\varphi_R)(1-\sigma)}{1+\sigma\varphi_R}\ln r_{ij,t}\right] \quad(6)$$

其中，$k_R=(1+\varphi_R)/(1+\sigma\varphi_R)\ln c$，$R=\{i,j\}$。

等式右侧的四项分别是截距项、固定效应、贸易成本和汇率效应。

1. 固定效应

$$\frac{1+\varphi_R}{1+\sigma\varphi_R}(\ln x_{i,t}+\ln m_{j,t})=\eta_{i,t}+\theta_{j,t}+\beta_{brdr}\text{Dim}_{j\_i} \quad(7)$$

根据 Anderson et al. (2003)，固定效应部分经泰勒展开后可以得到式(7)。其中，Dim_{j_i} 是 j 国出口到 i 国的虚拟变量，表示跨国贸易边界效应。$\eta_{i,t}$ 和 $\theta_{j,t}$ 分别是 i 国和 j 国的时变固定效应，以此控制两国经济规模、实际需求、物价水平等宏观因素（参照 Rose and Wincoop，2001；Krishna，2005；Baldwin and Taglioni，2006）。

当式(6)同时包含 i 国内部的进出口和 i 国对 j 国的进出口后，β_{brdr} 估计的不再是单一的 j 国出口到 i 国的跨国边界效应，而是 i 国出口到 j 国的边界效应和 i 国从 j 国进口的边界效应之和：$\beta_{\text{brdr}}=\beta_{\text{brdr\_imp}}+\beta_{\text{brdr\_exp}}$。因此，$\beta_{\text{brdr}}$ 其实衡量了 i 国和 j 国之间的进出口贸易主导地位。当 β_{brdr} 为正时，表示两国贸易以 j 对 i 国出口为主，j 国出口贸易量较大；当 β_{brdr} 为负时，表示了国贸易以 i 国出口 j 国为主，i 国出口贸易量较大。同时，我们发现式(7)中的进口国和出口国的固定效应会吸收常数项 k_R 的固定效应。

2. 贸易成本

$$\frac{1-\sigma}{1+\sigma\varphi_R}\ln\tau_{ij}=\gamma_1(1-\sigma)\text{Intra\_Dist}+\frac{\gamma_1(1-\sigma)}{1+\sigma\varphi_i}\text{Dist\_}i+\frac{\gamma_1(1-\sigma)}{1+\sigma\varphi_j}\text{Dist\_}j+$$
$$\frac{\gamma_2(1-\sigma)}{1+\sigma\varphi_j}\text{Contig\_}j+\frac{\gamma_3(1-\sigma)}{1+\sigma\varphi_i}\text{Contig\_}i+\frac{\gamma_4(1-\sigma)}{1+\sigma\varphi_R}\text{Internal}+$$
$$\frac{\gamma_5(1-\sigma)}{1+\sigma\varphi_R}\text{International\_}i\_j+\frac{\gamma_6(1-\sigma)}{1+\sigma\varphi_R}\text{International\_}j\_i \quad(8)$$

模型式(8)采用双边距离、是否相邻以及边界来表征标准贸易成本。考虑到进出口国的规模效应不同（$\varphi_i\ne\varphi_j$），进口和出口受到国际间距离的影响也会不同，我们利用虚拟变量将距离分解成目的地距离 Dist_i 和 Dist_j。由于假设 i 国内部贸易不存在规模效应，i 国内部贸易受距离的影响 Intra_Dist 应该不同于 i 国和 j 国双边贸易受距离的影响。Intra_Dist、Dist_i 和 Dist_j 都是双边距离的对数值。当贸易发生在 i 国内部时，距离即为 i 国内部各地区的双边距离 Intra_Dist，此时 Dist_j 和 Dist_i 都为 0；当各地出口到 j 国时，距离则为 Dist_j，Intra_Dist 和 Dist_i 为 0。Contig_j 是指 i 国的某个地区出口到 j 国且该地区与 j 国相邻时取 1，Contig_i 是指 i 国的某个地区从 j 国进口且该地区与 j 国相邻时取 1。

它的经济意义在于:在控制其他因素不变的情形下,i 国的某地与 j 国相邻时增加的彼此间贸易往来。Internal、International_i_j 时 International_j_i 捕捉的是边界对跨境贸易和内部贸易的影响。当贸易发生在同一国家时 Internal 取 1,i 国出口到 j 国时 International_i_j 取 1,j 国出口到 i 时,International_j_i 取 1。然而,所有的边界变量会被式(7)中的固定效应吸收,式(8)最后变为:

$$\frac{1-\sigma}{1+\sigma\varphi_R}\ln\tau_{ij} = \gamma_1(1-\sigma)\,\text{Intra}_{Dist} + \frac{\gamma_1(1-\sigma)}{1+\sigma\varphi_i}\text{Dist}_i + \frac{\gamma_1(1-\sigma)}{1+\sigma\varphi_j}\text{Dist}_j +$$

$$\frac{\gamma_2(1-\sigma)}{1+\sigma\varphi_j}\text{Contig}\_j + \frac{\gamma_3(1-\sigma)}{1+\sigma\varphi_i}\text{Contig}\_i \tag{9}$$

3. 汇率效应

汇率的弹性系数为 $\frac{(\rho_R-\varphi_R)(1-\sigma)}{1+\sigma\varphi_R}$,$i$ 国出口到 j 国的汇率弹性为 $\frac{(\rho_j-\varphi_j)(1-\sigma)}{1+\sigma\varphi_j}$,$j$ 国出口到 i 国的汇率弹性为 $\frac{(\rho_i-\varphi_i)(1-\sigma)}{1+\sigma\varphi_i}$,$i$ 国内部双边贸易由于使用同一货币而不存在汇率弹性。定义 $r_{i,t}$ 为 t 时期 1 单位 i 国货币对应的 j 国货币,$r_{i,t}$ 升高(降低)意味着 i 国货币升值(贬值),会降低 i 国出口,增加 i 国进口。对于 i 国来说,我们预期其出口弹性 $\frac{(\rho_j-\varphi_j)(1-\sigma)}{1+\sigma\varphi_j}$ 为负、进口弹性 $-\frac{(\rho_i-\varphi_i)(1-\sigma)}{1+\sigma\varphi_i}$ 为正。

将进出口方程合二为一,汇率效应项变为:

$$\frac{(\rho_R-\varphi_R)(1-\sigma)}{1+\sigma\varphi_R}\ln r_{i,t} = \beta_{er\_exp}\text{ER}\_i\_\exp + \beta_{er\_imp}\text{ER}\_i\_\text{imp}$$

$$= \beta_{er\_exp}\text{Dim}_{i\_j} \times r_{i,t} + \beta_{er\_imp}\text{Dim}_{j\_i} \times r_{i,t}$$

$$= \frac{(\rho_j-\varphi_j)(1-\sigma)}{1+\sigma\varphi_j}\text{Dim}_{i\_j} \times r_{i,t} - \frac{(\rho_i-\varphi_i)(1-\sigma)}{1+\sigma\varphi_i}\text{Dim}_{i\_j} \times r_{i,t}$$

$$= \left[\frac{(\rho_j-\varphi_j)(1-\sigma)}{1+\sigma\varphi_j} - \frac{(\rho_i-\varphi_i)(1-\sigma)}{1+\sigma\varphi_i}\right] \times \text{Dim}_{i\_j} \times r_{i,t} \tag{10}$$

Dim_{i_j} 代表 i 国出口至 j 国,反之亦然。由于两者共线性,因此剔除进口项,汇率效应项变为:

$$\frac{(\rho_R-\varphi_R)(1-\sigma)}{1+\sigma\varphi_R}\ln(r_{i,t}) = \beta_{er}\text{Dim}_{i\_j} \times r_{i,t} \tag{11}$$

此时,β_{er} 估计的不是单独的出口汇率效应,而是 i 出口汇率效应和 j 进口汇率效应之和:

$$\beta_{er} = \beta_{er\_exp} + \beta_{er\_imp} \tag{12}$$

估计 β_{er} 时需要注意,实际上估计出的系数 β_{er_exp} 是 $\text{Dim}_{i\_j} \times r_{i,t}$ 这个交乘项的系数,而不是 $r_{i,t}$ 的系数。因此,β_{er_exp} 估计的并不是汇率影响的全部,而是表示 i 单位汇率变化使 Dim_{i_j} 的系数 β_{brdr_exp} 增加的部分;同样,估计出的系数 β_{er_imp} 是指系数 β_{brdr_imp} 的增加部分,即

$$\beta_{er} = \beta_{er\_imp}\left(\frac{(\rho_j-\varphi_j)(1-\sigma)}{1+\sigma\varphi_j} - \beta_{brdr\_exp}\right)\left(-\frac{(\rho_i-\varphi_i)(1-\sigma)}{1+\sigma\varphi_i} - \beta_{brdr\_imp}\right)_{er\_exp} \tag{13}$$

又因为 $\beta_{brdr} = \beta_{brdr\_imp\,brdr\_exp}$，所以：

$$\beta_{er} + \beta_{brdr} = \frac{(\rho_j - \varphi_j)(1 - \sigma)}{1 + \sigma\varphi_j} - \frac{(\rho_i - \varphi_i)(1 - \sigma)}{1 + \sigma\varphi_i} \tag{14}$$

当 $\beta_{er} + \beta_{brdr} > 0$ 时，汇率变化的进口弹性大于出口弹性，即 i 国货币升值导致的进口增加幅度大于出口减少幅度。

当 $\beta_{er} + \beta_{brdr} < 0$ 时，汇率变化的出口弹性大于进口弹性，即 i 国货币升值导致的进口增加幅度小于出口减少幅度。

根据上文所述的引力模型建立线性回归方程：

$$\ln X_{ij,t} = \alpha_0 + \alpha_1 \text{Intra}_{\text{Dist}} + \alpha_2 \text{Dist}_i + \alpha_3 \text{Dist}_j + \alpha_4 \text{Contig}_j + \alpha_5 \text{Contig}_i + \beta_{brdr} \text{Dim}_{j\_i} + \beta_{er} \text{ER}\_i\_\exp + \theta_{i,t} + \eta_{j,t} + \varepsilon_{ij,t} \tag{15}$$

根据式(7)—(15)，可得出参数估计。

距离系数为：

$$\alpha_1 = \gamma_1(1-\sigma)\,;\ \alpha_2 = \frac{\gamma_1(1-\sigma)}{1+\sigma\varphi_i},\ \alpha_3 = \frac{\gamma_1(1-\sigma)}{1+\sigma\varphi_j}\ \alpha_4 = \frac{\gamma_2(1-\sigma)}{1+\sigma\varphi_j},\ \alpha_5 = \frac{\gamma_3(1-\sigma)}{1+\sigma\varphi_i} \tag{16}$$

规模弹性系数为：

$$\varphi_i = \frac{\alpha_1 - \alpha_2}{\sigma\alpha_2},\ \varphi_j = \frac{\alpha_1 - \alpha_3}{\sigma\alpha_3} \tag{17}$$

从式(17)可以得出**推论四**：进出口是规模经济还是规模不经济由双边距离弹性和内部距离弹性的相对值决定，替代弹性不改变规模弹性的显著性和正负性，只改变其大小。

三、实证方程与数据处理

（一）实证方程

本节将上述模型应用于中欧之间的双边贸易，探索中欧之间的贸易规模经济效应。我们选取欧元区国家作为欧盟中一个高度统一、要素自由流动、货币统一的经济体，将欧元区内部各国间的贸易视同国内贸易，不存在各类贸易壁垒，而国家联盟成员与中国的贸易则属于跨境交易。设定集合 $R = \{i = \text{EU}, j = \text{CHN}\}$，EU 代表欧元区各国，CHN 代表中国。

由于欧元区各国与中国并不接壤，在模型中剔除接壤因素，最后得到实证方程为：

$$\ln X_{ij,t} = \alpha_0 + \alpha_1 \text{Intra}_{\text{Dist}} + \alpha_2 \text{Dist}_{eu} + \alpha_3 \text{Dist}_{chn} + \beta_{brdr} \text{Dim}_{chn,eu} + \beta_{er} \text{ER}\_eu\_\exp + \theta_{i,t} + \eta_{j,t} + \varepsilon_{ij,t} \tag{18}$$

其中，α_1、α_2 和 α_3 反映了距离对贸易的影响，预估这些系数为负，且内部距离的估计系数 α_1 的绝对值应该小于国际距离 α_2 和 α_3。β_{brdr} 的估算值反映了中国对欧元区的出口贸易相对于进口贸易的跨国边界效应。当 β_{brdr} 为正时，表示两国贸易以中国对欧元区出口为主，中国出口贸易量较大；当 β_{brdr} 为负时，表示两国贸易以欧元区对中国出口为主，欧元区出口贸易量较大。β_{er} 估计的不是单独的出口汇率效应，而是欧元区出口汇率效应和欧元区进口汇率效应之和减去跨国边界效应。当 $\beta_{er}+\beta_{brdr}>0$ 时,人民币升值导致出口下降幅度大于进口上升幅度;当 $\beta_{er}+\beta_{brdr}<0$ 时,人民币升值导致的出口下降幅度小于进口上升幅度。$\eta_{i,t}$ 和 $\theta_{j,t}$ 分别是中国和欧元区的时变固定效应,以此控制不可观测的多边阻力因素。

国际上的研究中经常考虑自然变量(如地理距离、是否相邻、内陆或海洋等)、社会变量(如语言、历史、文化等)根据制度变量(如关贸协定、法制环境等)。在本研究中,由于是根据欧元区内部贸易和中欧双边贸易的差异估算双方进出口的规模效应,样本固定在中国和欧元区国家之间。欧元区作为一个国家联盟,其内部各国在法制环境、历史文化等方面比较相近,中国对其各国的进出口无法从这些因素上看出差异。同时,回归方程中已经使用了时变固定效应以控制各种不可观测的多边阻力因素,因此下文的变量选择仅增加进出口国的 GDP 以观察不同回归方程中各变量系数的变化。

(二)样本选择、数据来源和变量取值

本节选择欧元区十二国[1](奥地利、比利时、芬兰、法国、德国、希腊、爱尔兰、意大利、卢森堡、荷兰、葡萄牙、西班牙)与中国的行业双边贸易数据,并根据联合国《商品名称及编码协调制度的国际公约》(Harmonized System,HS)分类,剔除第 22 类"特殊交易品及未分类商品",最后共选择 21 类行业。HS 是系统的、多用途的国际贸易商品分类体系,它除了用于海关税则和贸易统计,在运输商品的计费、统计、计算机数据传递、国际贸易单证简化以及普遍优惠制税号的利用等方面提供了一套可使用的国际贸易商品分类体系。目前,全球贸易总量 98% 以上的货物是按 HS 分类的。在 HS 分类中,"类"基本以经济部门为基础进行划分,选用 HS 分类行业,可以更直观地反映国民经济中各行业的贸易特征。

数据来源是联合国 COMTRADE 数据库(http://comtrade.un.org),进出口数据是进口国申报的到岸价,样本期间为 2005—2013 年。各国之间的双边距离采用人口—权重双边距离,即根据主要人口或经济聚集地加权计算距离,数据来自 CEPII 数据库。汇率采用平均名义汇率,数据来自彭博金融终端。各描述性统计见表 6-8。

表 6-8 描述性统计

	变量	变量含义	样本数	均值	标准差	最小值	最大值
中国对欧元区出口	$\ln X_{ij}$	出口额(对数值)	108	22.910	1.6100	18.150	25.440
	Dist_eu	中国到欧元区国家的距离(对数值)	108	9.035	0.0970	8.812	9.214
	exgdp	出口国 GDP(对数值)	108	29.230	0.4740	28.450	29.880
	imgdp	进口国 GDP(对数值)	108	27.040	1.2010	24.330	28.950
	r_{ij}	出口国货币升值幅度	108	-2.238	0.0898	-2.344	-2.093

---

[1] 所选取的研究样本是从 2000 年开始的数据,剔除 2007 年以后加入欧元区的国家,因为这些国家与中国的双边贸易占比较小,不会影响研究结果。

（续表）

	变量	变量含义	样本数	均值	标准差	最小值	最大值
欧元区对中国出口	$\ln X_{ij}$	出口额（对数值）	108	21.940	1.6460	18.280	25.270
	Dist_chn	欧元区国家到中国的距离（对数值）	108	9.035	0.0970	8.812	9.214
	exgdp	出口国GDP（对数值）	108	27.040	1.2010	24.330	28.950
	imgdp	进口国GDP（对数值）	108	29.230	0.4740	28.450	29.880
	r_{ij}	出口国货币升值幅度	108	2.238	0.0898	2.093	2.344
欧元区内部贸易	$\ln X_{ij}$	出口额（对数值）	1 188	21.790	1.9840	15.340	25.500
	Intra_Dist	内部距离（对数值）	1 188	7.076	0.6340	5.081	8.127
	exgdp	出口国GDP（对数值）	1 188	27.040	1.1960	24.330	28.950
	imgdp	进口国（货币对数值）	1 188	27.040	1.1960	24.330	28.950

为了对各行业在中欧贸易间的重要程度有一个直观的认识，表6-9列出了2013年中国对全球和欧元区的进出口中各行业占比。2013年，中欧双边贸易达到5 583亿美元，占中国对外贸易总额的13.42%，中欧贸易在国民经济中的重要地位可见一斑。数据显示，在中国对欧元区的出口中，第16类产品（机电、音像设备及其零件、附件）占比最高，达到42.36%。具体来看，第16类产品包括核反应堆、锅炉、机械器具、机电、电气、音像设备及其零件等。排在第二位的是第11类产品（纺织原料及纺织制品），占比为14.77%。第三位是第20类产品（杂项制品），占比为8.44%。杂项制品包括家具、寝具、灯具、玩具、游戏或运动用品等。中国对欧元区的出口结构和对全球的出口结构大致相同。在欧元区对中国的出口中，排在第一位的也是第16类产品，占比为32.96%；排在第二位的是第17类产品（车辆、航空器、船舶及运输设备），占比为22.25%；排在第三位的是第6类产品（化学工业及相关工业的产品），占比为10.55%。值得注意的是，中国加入世贸组织时对欧元区的出口以纺织服装、鞋、箱包、玩具、收音机、组合音响、塑料制品等低附加值产品为主；而欧元区对中国的出口以资本货物为主，其次是运输设备和钢材等。但最近几年，中欧贸易结构得到改善，尤其是高新技术产品贸易快速增长，在中国对欧元区的出口中，机电、机械设备、化学工业、车辆船舶等比重不断上升。与此同时，中国的纺织类、鞋帽类、矿产品类等传统的劳动密集型产业仍然保持相对优势。

表6-9　2013年中国HS分类下对全球和欧元区的贸易分布　　（单位:%）

	占中国对全球出口的比例	占中国对欧元区出口的比例	占中国从全球进口的比例	占中国从欧元区进口的比例
第1类:活动物;动物产品	0.76	0.81	0.93	1.27
第2类:植物产品	0.90	0.67	2.87	0.23
第3类:动、植物油、脂、蜡;精制食用油脂	0.03	0.03	0.56	0.32

(单位:%)(续表)

	占中国对全球出口的比例	占中国对欧元区出口的比例	占中国从全球进口的比例	占中国从欧元区进口的比例
第4类:食品;饮料、酒及醋;烟草及制品	1.27	0.77	0.82	1.88
第5类:矿产品	1.70	0.67	24.04	2.40
第6类:化学工业及相关工业的产品	4.42	4.60	6.44	10.55
第7类:塑料及其制品;橡胶及其制品	3.84	3.60	4.73	4.64
第8类:革、毛皮及制品;箱包;肠线制品	1.57	2.18	0.57	0.51
第9类:木及制品;木炭;软木;编织品	0.65	0.82	0.96	1.62
第10类:木浆等;废纸;纸、纸板及其制品	0.90	0.83	1.21	2.08
第11类:纺织原料及纺织制品	12.40	14.77	2.07	1.80
第12类:鞋帽伞等;人造花;毛发制品	2.90	3.85	0.12	0.32
第13类:矿物材料制品;陶瓷品;玻璃及制品	2.06	1.92	0.49	0.70
第14类:珠宝、贵金属及制品;仿首饰;硬币	2.27	0.39	0.94	1.04
第15类:贱金属及其制品	7.06	6.23	5.35	7.70
第16类:机电、音像设备及其零件、附件	42.75	42.36	31.28	32.96
第17类:车辆、航空器、船舶及运输设备	4.55	3.79	5.15	22.25
第18类:光学、医疗等仪器;钟表;乐器	3.71	3.24	5.74	6.75
第19类:武器、弹药及其零件、附件	0.01	0.01	0.00	0.00
第20类:杂项制品	6.13	8.44	0.30	0.80
第21类:艺术品、收藏品及古物	0.05	0.02	0.04	0.08
第22类:特殊交易品及未分类商品	0.09	0.00	5.37	0.10

四、计量结果分析及检验

(一) OLS 与 PPML 的比较

第一步,运用普通最小二乘法(ordingry least squares,OLS)进行回归。第二步,采用 Silva and Tenreyro(2006)提出的泊松伪极大似然估计(poisson pseudo-maximum-likelihood,PPML)方法估算模型中的各项系数。根据 Silva and Tenreyro(2006)的做法,使用 OLS 方法估计异方差存在的引力方程,会夸大 GDP 和距离的作用,而采用 PPML 方法回归,几个变量的弹性均显著小于 OLS 方法的回归结果。两种回归方法的比较如表6-10所示。结果显示,使用 PPML 回归得到的变量弹性明显小于 OLS 回归结果。由于异方差现象比较明显,PPML 方法更加可取。在使用 PPML 的两个模型中,第(3)列使用 GDP 控制双边的供应和需求,不出意料,进口国和出口国的 GDP 对出口额有促进作用,双边距离都产生负向效应;第(4)列增加了时变固定效应以控制不可观测的"多边阻力",此时 GDP 数据随着时间变化,被时变固定效应吸收。Anderson and Wincoop(2003)引入"多边阻力"的概念,指出双边贸易不仅受到两国之间经济变量的影响,同时还受到其他国家的相对影响,想要获得距离和其他引力因素的无偏估计,可以使用时变固定效应来控制这些不可观测的阻力。我们发现,在加入多边阻力后,距离在中国对欧元区出口中的负向作用变得不显著了,同时回归的拟合度也得到了提高。在下文分行业的回归中,我们将使用模型式(4)估算引力系数并得出规模弹性。

表6-10 中欧贸易2005—2013年面板数据引力模型回归结果

变量名	(1) OLS	(2) OLS	(3) PPML	(4) PPML
Intra_Dist	−1.152***	−1.100***	−0.0525***	−0.0510***
	(0.0324)	(0.0427)	(0.00425)	(0.00552)
Dist_eu	−1.726***	−1.914***	−0.0805**	−0.0898
	(0.533)	(0.714)	(0.0319)	(0.0753)
Dist_chn	−1.642***	−3.361***	−0.0748***	−0.158***
	(0.210)	(0.394)	(0.00951)	(0.0459)
ER_eu_exp	2.039**	9.923***	0.0938**	0.469***
	(0.850)	(1.548)	(0.0384)	(0.180)
Dim_{chn_eu}	6.431	10.83*	0.310	0.512
	(4.829)	(6.445)	(0.290)	(0.680)
exgdp	0.972***		0.0446***	
	(0.0150)		(0.00197)	
imgdp	1.033***		0.0473***	
	(0.0182)		(0.00257)	
Constant	−24.28***	28.41***	0.965***	3.388***
	(0.766)	(0.299)	(0.107)	(0.0385)
时变固定效应	不控制	控制	不控制	控制
R^2	0.863	0.959	0.857	0.954
伪对数似然			−3 477.4522	−3 464.8302
样本数	1 404	1 404	1 404	1 404

(二) 2005—2013全样本的模型估计

表6-11显示了中国与欧元区双边贸易结构化引力模型的PPML估计结果包括变量的系数估计,以及基于系数的参数估计①。

---

① 本节使用 delta method 来估算系数间的非线性关系是否显著。

表 6—11 中国与欧元区双边贸易结构化引力模型的 PPML 估计

样本	系数估计				参数估计 ($\sigma = 2$)			
	α_1 Intra_Dist	α_2 Dist_eu	α_3 Dist_chn	β_{brdr} Dim_chn_eu	β_{er} ER_eu_exp	$\beta_{er}+\beta_{brdr}$	$\varphi_{chn \to eu}$	$\varphi_{eu \to chn}$
第 1 类：活动物；动物产品	-0.051***	-0.090	-0.158***	0.512	0.469***	0.981	-0.217	-0.339***
第 2 类：植物产品	-0.100***	0.125	-0.034	-1.788*	-0.170	-1.958	-0.900**	0.971
第 3 类：动,植物油,脂,蜡；精制食用油脂	-0.083***	0.062	-0.806***	-1.022	2.799***	1.776*	-1.170	-0.449***
第 4 类：食品；饮料,酒及醋；烟草及其制品	-0.127***	-0.291	0.705**	1.839	-3.326**	-1.487	-0.282	-0.590***
第 5 类：矿产品	-0.064***	0.029	-0.245	-0.764	0.718	-0.046	-1.603	-0.369***
第 6 类：化学工业及其相关工业的产品	-0.152***	0.061	-0.045	-1.562	-0.278	-1.840	-1.746	1.189
第 7 类：塑料及其制品；橡胶及其制品	-0.042***	0.029	-0.215**	-0.541	0.711*	0.170	-1.224	-0.402***
第 8 类：革、毛皮及其制品；箱包；肠线制品	-0.056***	-0.060	-0.073	0.173	0.103	0.276	-0.033	-0.116
第 9 类：木及其制品；木炭；编结品	-0.099***	-0.132	-0.239	0.757	0.720	1.478	-0.125	-0.293**
第 10 类：木浆等；废纸；纸板及其制品	-0.113***	-0.075	-0.041	-0.071	-0.213	-0.284	0.253	0.878
第 11 类：纺织原料及纺织制品	-0.082***	-0.135	-0.097	0.639	0.174	0.813	-0.196	-0.077
第 12 类：鞋帽、伞等；人造花；毛发制品	-0.060***	-0.152	-0.242***	1.080	0.766**	1.847	-0.302*	-0.376***
第 13 类：矿物材料制品；陶瓷品；玻璃及制品	-0.076***	-0.160	0.188	1.163	-1.087	0.075	-0.263	-0.702***
第 14 类：珠宝、贵金属及其制品；仿首饰；硬币	-0.085***	-0.028	-0.305	-0.259	0.916	0.657	1.018	-0.361***
第 15 类：贱金属及其制品	-0.085***	-0.094	-0.441	0.377	1.539	1.915	-0.048	-0.404***
第 16 类：机电、音像设备及其零件、附件	-0.079***	-0.055	-0.105	-0.035	0.176	0.140	0.218	-0.124
第 17 类：车辆、航空器、船舶及运输设备	-0.041***	-0.148	-0.228***	1.117	0.790***	1.907*	-0.361***	-0.410***
第 18 类：光学、医疗等仪器；钟表；乐器	-0.063***	-0.167*	-0.263***	1.107	0.919**	2.026**	-0.311**	-0.380***
第 19 类：武器、弹药及其零件、附件	-0.053***	-0.141*	-0.356***	1.002	1.247***	2.249***	-0.312***	-0.426***
第 20 类：杂项制品	-0.103***	-0.340*	-2.118***	2.341	7.849***	10.191***	-0.349***	-0.476***
第 21 类：艺术品、收藏品及古物	-0.088***	-0.199*	-0.165	1.309	0.334	1.643	-0.279*	-0.233
	-0.113***	-0.139	-0.136	0.637	0.076	0.713	-0.094	-0.085

注：***、**和*分别表示在 1%、3%和 10%的置信水平下显著。

从距离来看,所有的欧元区内部交易的距离 Intra_Dist 都在 1% 的置信水平上显著为负,符合预期。从中国对欧元区出口(Dist_eu)和进口(Dist_chn)两个方向来看,中国的出口和进口受到距离的影响不同。中国从欧元区进口总体上在 1% 的置信水平上显著为负,而中国对欧元区出口并没有受到距离的显著影响。分行业来看,中国出口的 21 个行业中有 3 个行业显著受到地理距离的负向影响,依次为第 20 类(杂项制品)、第 18 类(光学、医疗等仪器;钟表;乐器)和第 17 类(车辆、航空器、船舶及运输设备);而中国从欧元区进口中有 7 个行业显著受到地理距离的负向影响,依次为第 19 类(武器、弹药及其零件、附件)、第 2 类(植物产品)、第 18 类(光学、医疗等仪器;钟表;乐器)、第 17 类(车辆、航空器、船舶及运输设备)、第 16 类(机电、音像设备及其零件、附件)、第 11 类(纺织原料及纺织制品)和第 6 类(化学工业及相关工业的产品)。

进一步观察 Intra_Dist、Dist_eu 和 Dist_chn 三者之间的大小关系,可以发现大部分 Intra_Dist 的绝对值明显小于 Dist_eu 和 Dist_chn 的绝对值,表明中国对欧元区进出口的距离效应要大于欧元区内部的距离效应。这样的结果比较符合现实:高度一体化的区域间贸易更具有便利性,一旦跨越"国界",同样的因素就会产生更大的阻碍。而在 Dist_eu 和 Dist_chn 之间,一方面,中国进口显著受到距离负向影响的行业多于中国出口;另一方面,各行业中国进口的距离效应都大于中国出口的距离效应。可见,中国的出口贸易比起欧元区出口更具有优势,对距离略不敏感。

跨国边界效应 $Dim_{chn\_eu}(\beta_{brdr})$ 总体上并不显著,表明中国和欧元区的双边贸易中没有哪一方呈现明显的结构性主导地位。而在第 1 类行业(活动物;动物成品)中,跨国边界效应明显为负,表明该类产品以中国从欧元区进口为主。欧盟共同农业政策(Common Agricultural Policy, CAP)长期以来对农业提供价格支持、收入补贴以及对进口农产品征收差价税等,同时以保护国内消费者的身体健康为由,对进口食品、肉类等产品设置苛刻的卫生检疫标准,把外国许多产品挡在门外。因此,在第 1 类产品上,欧元出口占据显著的优势。

对于汇率变化,根据上文的理论分析,$\beta_{er} + \beta_{brdr}$ 为正,表示中国对欧元区汇率的出口弹性大于进口弹性,代表人民币升值时出口的下降幅度大于进口的上升幅度,贬值时出口的上升幅度大于进口的下降幅度;$\beta_{er} + \beta_{brdr}$ 为负表示中国对欧元区汇率的出口弹性小于进口弹性,代表人民币升值时出口的下降幅度小于进口的增加幅度,贬值时出口的上升幅度小于进口的下降幅度。根据表 6-11,中国对欧元区出口的汇率效应总体上并不显著,说明汇率变化对进出口的影响相当。从行业的角度看,植物产品、机电音像设备及其零件、光学医疗仪器、车辆、航空器、船舶、运输设备和武器弹药等都在 1% 和 10% 的置信水平下显著为正。这些行业总共占到中国对欧元区出口的 50% 左右。也就是说,当人民币升值时,有一半商品出口的减少会大于进口的增加。这对出口依赖型的中国经济构成了一定的冲击。剩余的行业中,进口的增加和出口的减少没有明显的差别。另外,我们使用一阶滞后汇率验证行业贸易额和汇率是否存在共生性,结果发现在分别使用一阶滞后汇率和当期汇率进行回归时,规模弹性系数、跨国边界效应、汇率弹性系数都没有发生显著的变化,可以认为汇率变化对行业贸易结构的影响非常微弱。

对于我们最关注的规模效应,表 6-11 的结果显示:无论是中国出口还是欧元区出口,均不存在规模不经济($\varphi > 0$)的行业。根据式(17),规模弹性系数的估计值取决于 α_1、α_2、α_3 和 σ,而 α_1、α_2 和 α_3 的估计值见表 6-11。对于替代弹性 σ 的选取,参考陈勇兵(2014,2011)的做法,采用 Broda et al.(2006)提供的中国和欧元区国家的 HS-3 位数产品内种类间的替代弹性,中国进口替代弹性的中位数为 3.4,欧元区国家进口替代弹性的中位数为 3.8;又根据 Benkovskis et al.(2011),产品间的替代弹性应小于产品内种类间替代弹性的中位数,同时结合 Romer(1994)的取值,最终确定 $\sigma=2$。整体上看,$\sigma=2$ 时,中国对欧元的出口呈现规模恒定特征。但是从行业看,占到中国出口 42% 的机电、音像设备及其零附件行业的规模弹性系数为 -0.36,即每增加 100% 的贸易量,就会降低 36% 的单位贸易成本。其他具备规模经济的行业有光学医疗等仪器、车辆、航空器、船舶及运输设备、武器、弹药及其零附件和杂项制品,而我国传统的优势产业纺织业的弹性系数为 -0.3,这些行业加起来占到中国出口量的 62%。这些具备规模经济的行业的 $\beta_{er}+\beta_{brdr}$ 基本为正,这与前文的推论一致:显著的规模经济效应是把"双刃剑",它既可以放大人民币贬值的正面影响,也可以恶化人民币升值的负面影响。

反观中国从欧元区的进口,整体上每增加 100%,单位贸易成本就会下降 33.86%;而且高达 80% 的行业具备规模经济。另外需要注意的是,欧元区对中国出口第二大行业是第 17 类(车辆、航空器、船舶及运输设备),恰恰是中国长期以来重点从欧洲进口并试图引进先进技术的行业。该行业的弹性系数是 -0.38,即在节省欧元区出口成本的同时可以降低中国 38% 的单位进口贸易成本,对我国的产业结构升级具有重要作用。

比较中国对欧进出口的规模效应,出口规模恒定,而进口呈现规模经济,这主要是因为目的地市场针对发货地商品的贸易环境和贸易政策有所不同。在过去的双边贸易关系中,中国和欧元区有着明显的互补特性,中国输出劳动密集型和资源密集型商品,欧元区则输出资本密集型和技术密集型商品。中国的廉价商品已对欧元区本土市场造成了一定冲击,欧元区对华贸易政策始终"易紧难松"。欧元区以环境保护、产品质量安全和社会福利等理由对华产品设置重重关卡,"反倾销"和"惩罚性关税"等成为主要"贸易防御工具"。在这样的贸易环境条件下,中国出口难以实现规模经济。而中国一直比较欢迎欧元区的高技术产品,对欧贸易出口条件相对宽松,所以中国从欧元区的进口具备规模经济,进口量的增加可以降低单位贸易成本,有助于国内产业升级。

为了考察不同 σ 值对规模弹性的影响,我们分别计算了 $\sigma=8$ 和 $\sigma=12$ 时规模弹性的大小,发现在不同取值下规模效应的性质(规模经济、规模不经济或规模恒定)并未改变。中国对欧元区的出口在不同 σ 值下均规模恒定,而进口都具备规模经济。当 $\sigma=8$ 时,进口的规模弹性系数为 -0.85;当 $\sigma=12$ 时,进口的规模弹性系数为 -0.056。由此可见,在规模效应性质不变的情况下,规模弹性会随着替代弹性的变大而变小。

(三) 2005—2008 年与 2009—2013 年的分样本回归

人民币汇率改革始于 2005 年,从原先的固定汇率转变为盯住一篮子货币、有管理的浮动汇率制。2008 年金融危机爆发后,欧元区经济受到重挫,货币贬值、失业率升高、对外需求降低,这一系列重大变化都可能导致中欧贸易产生结构性变化。因此,本节以 2008 年金融危机为时间节点,将全样本分为 2005—2008 年与 2009—2013 年两个分样本,考察结构化引力模型中各参数的变化,从而观察中欧之间各行业双边贸易的边界效应、汇率弹性和规模效应是否产生变化。

对发生变化的行业进行整理,得到表6-12。

表6-12　金融危机前后中欧双边贸易规模效应和汇率效应的变化

	中国对欧元区出口	中国从欧元区进口
规模效应的变化	贸易总量、动、植物油、生皮、皮革、鞋帽伞、人造花、石料石膏、水泥、光学、医疗等仪器、杂项制品:由规模经济到规模恒定 动物产品、车辆、航空器、船舶及运输设备:由规模恒定到规模经济	珠宝、贵金属及制品、贱金属及其制品、杂项制品:由规模经济到规模恒定
汇率效应的变化	植物产品:进出口汇率弹性相当,中国出口更容易受到货币升值的负面影响 杂项制品:中国出口更容易受到货币升值的负面影响,进出口的汇率弹性相当	

金融危机后,中国对欧元区出口受到较大的影响。2005—2008年,中国对欧出口总量上具有-0.292的规模弹性,但2009—2013年,中国对欧出口不再具备规模经济效应,贸易量的增加无法使贸易成本下降。2008年金融危机和2010年欧洲主权债务危机使得欧洲的复苏之路步履蹒跚。欧洲不得不实行贸易保护政策以提高本地商品竞争力,在这个过程中,中国出口无疑成为重点"防御"对象。2009年以后,6个行业受到影响:动、植物油、生皮、皮革、鞋帽伞、人造花、石料石膏、水泥、光学、医疗等仪器和杂项制品。这几个行业在金融危机前的规模弹性系数在-0.32左右,金融危机后变为规模恒定。出口占比最大的机电、音像设备及其零附件的规模弹性系数也从危机前的-0.392降到危机后的-0.348,但是第1类(活动物;动物产品)和第17类(车辆、航空器、船舶及运输设备)却从规模恒定变为规模经济。可见第1和第17两类行业在欧元区市场中正处在上升成长阶段,并未遇到过多抑制,可以进一步发展。而欧元区对中国出口中的第14类(珠宝、贵金属及制品)、第15类(贱金属及其制品)和第20类(杂项制品)从规模经济变为规模恒定。

至于中欧双边贸易的汇率效应,植物产品从进出口效应旗鼓相当变为中国出口更容易受到货币升值的负面影响,杂项制品从中国出口更容易受到货币升值的负面影响变为进出口的汇率弹性相当。杂项制品项下包括家具、寝具、灯具、玩具、游戏或运动用品等,是中国传统的出口产品,占到中国对欧出口的8%。该行业在规模效应从规模经济变为规模恒定的同时,受汇率影响却变小了,再一次验证了规模弹性数值的增大会缓解升值的负面影响,缩小本币贬值的正面影响。

(四)中国对欧贸易主要竞争对手的引力模型估计

为了进一步考察中国的贸易竞争对手与欧元区国家的双边贸易结构,我们选取美国、俄罗斯、巴西、印度和日本这5个国家对欧双边贸易的行业数据,分别进行模型估计,分析中国对欧贸易所面临的竞争。在这5个国家和地区中,美国和欧洲的经济体制与市场结构最接近,并且美国因巨大的消费市场而成为欧元区的净出口国。中国和俄罗斯都与欧元区国家在贸易上有着明显的互补性,中国和俄罗斯都向欧元区输出劳动密集型和资源密集型产品,欧元区则输出资本密集型技术密集型产品。日本凭借其强大的制造业,同样成为欧元区的净进口国。从汇率效应上看,俄罗斯的出口相对于进口更容易受到汇率波动的影响。从规模效应上看,中国和印度对欧洲的出口不具有规模经济效应,而进口仍然具有规模经济效应。美国、日本和俄罗斯对欧元区的出口仍然呈现规模经济,可以看出欧元区对三国出口产品的贸易条件比较宽松。美国和日本的大部分商品可以达到欧元区的质量检验要求,而俄罗斯以石油、天然气等重要资源出口为主,也不会受到欧元区的"挑战"。在这样的国际竞争环境下,中国对欧贸易的发展重点应该是保证产品质量、提升产品技术含量;国内产能过剩的行业转向出口时,要加强产业链管理,将省下的贸易成本用于品牌建设和市场推广,提升产品层次,重回欧洲市场。

表 6-13　其他主要国家与欧元区双边贸易结构化引力模型的参数估计

	$\beta_{brdr} + \beta_{er}$	$\varphi_{oth \to eu}$	$\varphi_{eu \to oth}$
美国	0.5862	−0.326***	−0.165
日本	1.135	−0.211***	−0.226***
中国	0.981	−0.217	−0.339***
俄罗斯	0.799***	−0.184***	−0.186***
印度	−0.452	−0.67	−0.232***
巴西	−0.123	−0.108	3.834

注:***、**和*分别表示在1%、3%和10%的置信水平下显著。

五、结论与政策建议

首先,我们运用在贸易成本中加入规模效应的引力模型,基于 HS 分类行业,对中欧的进口贸易和出口贸易两个方向上的规模效应进行了测算。我们发现:①中国从欧盟的进口中,有 67% 的行业(对应约 80% 的进口量)具备规模经济。其中第 17 类和第 18 类具有较高的规模经济性,这两个行业是中国重点引进先进技术、努力提升产能装备的行业,中国在进口这两个行业的商品时可以随着进口量的增加而降低成本。总量上,当替代弹性为 2 时,贸易量每增加 100%,进口单位贸易成本降低 33.9%。而中国对欧元区的出口中,只有 33% 的行业(对应 62% 的出口量)具备规模经济,分别是光学医疗等仪器、车辆、航空器、船舶及运输设备、武器、弹药及其零附件和杂项制品。中国对欧元区出口总量上已不具备规模经济。②就剔除边界效应后的汇率效应而言,总体上,中国出口的汇率效应大于进口的汇率效应。当人民币升值时,一半左右商品出口的减少幅度会大于进口的增加幅度。这些行业包括第 2 类、第 16 类、第 17 类和第 19 类。因此,我国应当重点促进这几个行业的产业升级,摒弃采用价格竞争方式开拓国际市场的旧思维,转向品牌的塑造和产业链的延伸,扭转始终处于国际产业分工底层的竞争格局。

其次,我们以 2008 年金融危机为时间节点,观察金融危机前后中欧贸易的特征变化,发现金融危机后,中国对欧元区的出口受到较大的影响。第 3 类、第 8 类、第 12 类、第 13 类、第 18 类和第 20 类等从 2005—2008 年的规模经济变为 2009—2013 的规模恒定,而动物产品、车辆、航空器、船舶及运输设备等行业则从规模恒定变为规模经济。在出口对汇率的反应上,金融危机后植物产品从进出口效应旗鼓相当变为中国出口更容易受到货币升值的负面影响,杂项制品从中国出口更容易受到货币升值的负面影响变为进出口的汇率弹性相当。

最后,我们横向比较中国与其在欧元区市场的主要竞争对手,发现美国、日本和俄罗斯对欧元区的出口呈现规模经济,欧盟对这三国出口产品的贸易条件比较宽松;而中国和印度对欧元区的出口已不具备规模经济,面临较多的贸易"防御"。

根据以上的研究,我们有几点建议:

第一,中国出口欧元区时应当更加注重对欧盟各项产品标准的研究,改变过去依靠低成本打开市场的传统思路,提升产品的质量和技术含量,增强品牌建设和市场推广,依靠产品品质占领市场。

第二,中国企业可以增加对欧元区的直接投资以延伸产业链的控制程度,提升国内出口和国外销售的衔接度,逐渐掌握产品销售的主动权,提高中国在产品产业链顶端的收益份额。

第三,中国可以适当放宽欧元区对中国资本项目投资的市场准入,通过资本投资的优惠条件获取贸易谈判筹码,要求欧洲降低贸易壁垒尤其是机电设备和纺织业的贸易壁垒,以此降低贸易成本,进一步扩大贸易规模。

第三节 货币危机、银行业危机和债务危机的传染及叠加效应研究

一、引　言

20世纪80年代以来,金融危机的阴影一直挥之不去,对世界经济发展造成了严重的阻碍,具体表现形式主要为银行业危机、货币危机、主权债务危机三种。在全球经济一体化程度不断深化的背景下,三类危机的爆发频率显著增加,并且表现出较强的传染性,导致局部危机也可能通过经济全球化传染至其他国家,甚至引发全球性危机。与此同时,各类危机的边界逐渐模糊,不同类型危机叠加爆发的现象愈加普遍。2007年的美国次贷危机以及受此影响于2009年开始的希腊主权债务危机就是银行业危机和主权债务危机叠加与传染的一次典型体现。次贷危机最初于2007年在美国爆发,随后迅速通过金融、贸易等多种渠道传染至世界其他各国,受此影响,希腊等欧洲国家发生了20世纪最大规模的主权债务危机,对欧洲及世界各国经济复苏及发展造成的负面影响时至今日仍在延续。2018年3月以来,受中美贸易摩擦的影响,我国贸易量明显下降,同时伴随着美元的持续走强,人民币汇率受到显著冲击,危机爆发风险悄然上升。在这一背景下,运用数量分析方法研究前述三类危机的传染与叠加效应,进而建立危机预警和防范机制具有重要的理论价值及现实意义。

目前,国际上对三类危机的定义基本一致,然而对于各类危机爆发的具体判断标准仍有争议,大致可分为按事件判断(如 Laeven and Valencia(2013)对银行业危机的判断标准)和按指标判断(如 Kaminsky and Reinhart(2000)对货币危机的判断标准)两种方法。在目前针对三类危机的研究中,货币危机是最受关注的。Frankel et al.(1996)认为,若一

国汇率出现大幅度波动的情况,则为发生了货币危机。一些新兴市场国家发生的货币危机,主要是过多的资本流入使得资本效率下降并出现不可持续经常账户逆差所导致的(金洪飞和李子奈,2001)。李志辉等(2012)将货币危机划分为三类,分别是政策失衡类危机、金融过度类危机和外部债务及突然停止类危机,实际货币升值和国内信贷扩张是有效预测金融危机的最重要指标。王道平等(2017)使用新兴市场与发展中国家的经验数据,从外汇市场微观结构理论角度进行实证分析,发现一国发生货币危机的概率与该国对外宣布的汇率制度弹性和容忍本国汇率波动幅度变动正相关,提高政府维护汇率稳定政策的可置信度有助于消除市场恐慌,防范货币危机发生。货币危机的发生往往伴随着其他危机,如银行业危机和主权债务危机等。刘莉亚和任若恩(2003)对银行业危机和货币危机之间的共生性现象进行了研究,发现银行业危机更趋向于作为货币危机发生的同步或预警指标。主权信用评级的变化不能显著预测货币危机的发生,但货币危机有助于预测主权信用评级的下降,即主权信用评级下降意味着该国发生主权债务危机的概率上升(刘莉亚,2006)。

针对上述三类危机的影响,目前已经有很多学者从危机成本角度进行了相关研究,如杜萌和马宇(2017)研究了新兴市场和发展中国家的主权债务危机成本,发现主权债务危机会导致经济增长速度下降大约3.8%,而"主动违约"国家在短期债务中的违约行为会降低经济增长速度,但长期来看,其GDP增速反而会比其他国家高约1%。Honohan and Klingebiel(2000)研究了40个国家的银行业危机,得出整顿金融系统的平均成本占GDP的12.8%;在发展中国家,该比例会更高,甚至能达到GDP的40%—55%。胡海峰和孙飞(2010)比较了美国储贷危机和次贷危机两次银行业危机的各项成本,发现次贷危机使2008年不良贷款率升至7.32%,远超过储贷危机,而造成的实际产出损失率是12.48%,约为储贷危机的3倍。在已有的研究中,鲜有文献就危机叠加效应展开研究,仅有少数文献指出"货币危机、银行业危机及主权债务危机的同时或相继爆发已成为现代金融危机的一个典型特征"(刘莉亚,2006)。

目前针对危机传染的研究主要有两种研究思路。一种思路是研究危机传染的影响,主要考察一国或地区的危机爆发对其他国家或地区的某一经济变量造成的影响。吴金光(2012)采用VAR模型研究欧洲主权债务危机对中国出口的影响,发现欧元区债务危机带来的GDP下降及失业率上升,会造成需求的减少及汇率的变动,进而影响中国的出口贸易。周舟等(2012)用VAR和DCC-MGARCH模型检验了欧洲主权债务危机在欧洲地区的传染效应。杨瑞朋(2013)选取欧洲经济景气指数和中国经济景气先行指数构建VAR模型,实证研究了欧洲主权债务危机对我国经济增长的影响,发现危机对中国的冲击强度在前三期呈现逐渐加强的态势,在第三期达到最大值后逐渐递减。陈浪南等(2015)用带有可变参数的SVAR模型研究了欧洲主权债务危机对我国经济增长的影响,发现我国经济受欧洲主权债务危机的冲击相对于其他国家较小。叶永刚等(2016)运用GVAR模型分析了在货币危机和主权债务危机的作用下,欧元区GDP冲击对欧元区自身以及与之贸易关系密切的英国、美国和中国的影响。

另一种思路是基于动态条件相关性分析,对两国之间是否出现危机传染进行检验。王永巧和刘诗文(2011)基于时变Copula,研究了次贷危机期间中国股市与国际主要股票市场之间的风险传染问题。蒋志平等(2014)运用 DCC-T-Copula 和 BB7-Copula 两类多元条件相关模型,对我国与欧美市场在次贷危机与欧债危机期间的不同金融传染情形进行了分析与比较。叶青和韩立岩(2014)使用二元 Logit 选择模型对次贷危机的传染机制进行了分析,证明金融和债务使用是危机传染的主要渠道。总体看来,这些研究均基于传统的计量经济模型,忽略了样本之间的依赖关系,尤其是在目前经济全球化愈演愈烈的背景之下,样本个体之间的联系日益加强,普通的线性回归模型已不能满足分析的要求。

为了摆脱这一限制,学术界开始运用空间计量方法研究危机的传染效应。如 Novo(2003)运用空间 Probit 模型考察 1992 年的欧洲货币危机有无区域传染效应。程棵等(2012)使用空间自回归模型(SAR)和空间误差模型(SEM)研究次贷危机的主要传染渠道,发现区域经济组织之间的传染性明显强于地理关系之间的传染。朱钧钧等(2012)在借鉴前人债务危机预警模型的基础上,构建空间 Probit 面板模型研究主权债务危机的传染效应,并发现在考虑传染效应后,已有模型的数据拟合力显著提升。李立等(2015)构建经济引力空间权重矩阵对欧债危机的传染机制进行研究,发现欧债危机是双向性传染和间接关系性传染合力的结果。

纵观目前关于危机传染效应的研究,主要有以下不足:(1)目前对于危机传染的研究大多侧重于利用金融市场关联程度的指标(如相关系数、Copula 传染指数等)分析危机传染情况,而对危机的传染效应研究不足。目前针对三类金融危机传染效应的研究大多从某一特定危机对其他特定经济体的影响这一角度展开,这种分析思路一方面无法全面分析危机的传染效应,另一方面忽略了对危机本地效应的分析;(2)在现有文献中,无论是对危机成本的对比分析研究,还是对危机传染影响的研究,大多从某一类危机或几类危机的单独影响入手,缺乏分析不同类型危机的叠加效应;(3)现有的有关空间计量的研究中,除了上述提及的不足,还有两方面有待改进。一方面,为探究不同空间矩阵对模型结果及其稳健性的影响,大部分研究以 GDP 为权重构建"经济矩阵",这一设定方式可能会产生较为明显的内生性问题;另一方面,已有研究所使用的空间计量模型大多忽略了解释变量的空间作用。这两个问题可能会影响模型的准确性及实证结果。

本节的主要贡献在于:首先,运用空间计量模型,全面分析了不同类型的危机在各经济主体间的传染效应与本地效应,并运用不同的空间距离矩阵对不同类型危机的传染效应进行对比分析;其次,将不同类型危机叠加纳入模型中,分析不同类型危机叠加的传染效应与本地效应;最后,合理设定空间计量模型的矩阵,避免了一般"经济矩阵"带来的内生性问题,并同时考虑了解释变量与被解释变量的空间作用,保证了结果具有较高的准确性,研究结论对当前背景下我国危机预警及防范具有重要意义。

本节其余部分安排如下:第二部分为理论分析与假设,第三部分为模型设计、数据选取及来源,第四部分为实证结果及分析,第五部分为结论与政策启示。

二、理论分析与假设

全球经济一体化的不断深入使得各国的政治、经济联系越发紧密,从而导致风险和危机极易在各市场间传染。2007 年的美国次贷危机引发了席卷全球的金融危机,使美国、日本、欧盟等世界主要经济体纷纷陷入衰退,其传染效应可见一斑。在这一背景下,学术界开始关注金融危机的传染效应,并在早期研究中将其定义为"在金融危机发生期间,不同国家和地区金融市场间的联动性显著加强"(Kaminsky and Reinhart, 2000)。按照这一定义,很多学者根据多种形式的相关系数的变化考察各类危机的传染情况。本研究沿用这一定义,将危机类型扩展到银行业危机、货币危机和主权债务危机,并在此基础上,将危机传染效应定义为"一国因危机传染而产生的实际经济影响"。

从经济理论上看,三类危机中,货币危机的研究最为完善。一方面是因为近几十年世界各国,尤其是新兴市场国家(地区)一直没有摆脱货币危机的威胁,另一方面是因为货币危机对经济的冲击相较于其他两类危机可能更加广泛,由此货币危机一直是学术界的研究重点。目前公认的货币危机理论研究成果至少有三代:第一代货币危机理论着重讨论经济基本面;第二代货币危机理论既关注基本面因素,又重点关注危机本身的性质、信息与公众信心引发的自我实现冲击;第三代货币危机理论的研究焦点则是金融体系与私人部门。如果我们将货币危机理论应用于危机传染领域,就可以发现一国危机带来的他国基本面因素的恶化以及对他国公众预期的影响是造成危机传染的主要原因。

根据危机传染原因,大体可以将危机传染分为基本面传染和溢出式传染两类。基本面传染主要是指当一国爆发危机时,该国对其他国家的经济基本面造成影响,进而导致危机爆发(Viale et al., 2014)。溢出式传染则是指单纯地通过股票市场、外汇市场等途径改变他国公众预期,将传染源国家的风险及危机向受传染国溢出(Durante et al., 2013)。根据这种分类方法,可以发现基本面传染往往需要更长的时间,而溢出式传染容易呈现爆发式传染。另外,基本面传染更容易"深入骨髓",对受传染国造成长久影响。

与危机传染原因类似,危机传染渠道也可以分为实体经济与虚拟经济两大类,即贸易渠道和金融渠道。贸易渠道是指一国爆发危机会恶化其与贸易伙伴的贸易关系,造成受传染国出现贸易逆差。这一方面会恶化该国的经济基础,另一方面会加大该国维持汇率稳定的难度,甚至引发国际投机冲击,从而导致危机传染(Goldfajn and Valdés, 1997)。金融渠道是指一国爆发危机会引发本国流动性不足,使得跨国金融机构及投资者利用多种金融工具及交易方式在其他国家实现资产出清,从而引发全球流动性风险,造成危机传染(Grilli et al., 2015)。

从危机传染渠道来看,不同国家与市场之间的贸易联系程度与金融联系程度无疑对危机的传染效应具有决定作用。伴随着全球经济的发展,各国实体经济与虚拟经济的发展速度并不一致,使得国与国之间的贸易联系紧密程度很可能与金融联系紧密程度不一致,因此不同类型危机的传染效应很可能不尽相同。从理论上说,贸易联系更紧密,两国的危机传染更容易表现为"基本面传染",而金融联系更紧密,两国的危机传染则更容易表现为"溢出式传染"。

从三类危机的特点来看,短期主权债务危机和银行业危机可能更符合"基本面传染",而货币危机既具有"基本面传染"特征,同时也具有"溢出式传染"特征。从基本面因素来看,一国汇率剧烈波动,尤其是重要经济体的汇率波动能够广泛影响他国经济基本面;从对他国公众预期的影响来看,由于汇率的波动相较于一国主权债务及银行业状况更容易观测,并且汇率对经济基本面的影响十分广泛,因此货币危机对他国公众预期的影响可能最明显。根据以上分析,货币危机的传染既可以通过贸易渠道实现,也可以通过金融渠道实现,因此相较于其他两类危机,货币危机传染效应很可能体现得更加明显。主权债务危机和银行业危机的短期影响可能更侧重于基本面因素,而对他国公众预期的影响相对较小,因此这两类危机通过贸易渠道传导的速度及力度明显强于金融渠道。

从以上分析可以看出,由于全球政治经济一体化程度的加深,各国市场变得更易遭受外部冲击,通过贸易和金融等渠道,各类危机的爆发及传染必将对全球经济复苏产生不利影响。根据前述理论,我们提出以下三个假设:

假设1 无论是银行业危机、货币危机还是主权债务危机,均会对经济产生负面的本地效应,并且危机传染效应也将表现为负面影响。

假设2 三类危机存在叠加效应,即危机叠加爆发时,其负面影响较单一危机影响更加显著。

假设3 主权债务危机和银行业危机的传染,通过贸易渠道传导实现的传染效应明显强于金融渠道;而货币危机的传染可从贸易和金融两种渠道实现传染,其传染效应较其他两类危机表现得更加明显。

三、研究设计

(一) 模型设计

如前文所述,对于各类危机的叠加与传染效应的研究,传统的线性回归模型忽略了样本之间的强依赖性,因此我们选取了空间计量模型进行研究分析。对于面板数据而言,常用的空间计量模型主要有空间自回归模型(SAR)、空间误差模型(SEM)、X 的空间滞后模型(SLX)、含空间自回归误差项的空间自回归模型(SAC)、空间杜宾模型(SDM)等。其中,空间杜宾模型(SDM)被 Elhorst、LeSage 等知名空间计量经济学家认为是最佳的空间计量起始模型,其模型形式如下:

$$Y_t = \delta W Y_t + \alpha I_N + X_t \beta + W X_t \theta + \mu + \xi_t I_N + \varepsilon_t, \varepsilon_t \sim N(0, \sigma^2 I_N)$$

其中,Y_t 是被解释变量,W 是根据实际需要设定的空间矩阵,X_t 是由解释变量与控制变量组成的矩阵,ε_t 是服从正态分布的 n 维向量。在其余的几个系数中,最重要的是 θ 外生交互效应以及 δ 内生交互效应。可以发现,SDM 的一大优点是同时考虑了样本间的外生交互效应与内生交互效应。事实上,如果忽略外生交互效应,SDM 就退化为 SAR:

$$Y_t = \delta W Y_t + \alpha l_N + X_t \beta + \mu + \xi_t l_N + \varepsilon_t, \varepsilon_t \sim N(0, \varepsilon \sigma^2 I_N)$$

如果忽略内生交互效应,SDM 就退化为 SLX:

$$Y_t = \alpha l_N + X_t \beta + \varepsilon W X_t \theta + \mu + \xi_t l_N + \varepsilon_t, \varepsilon_t \sim N(0, \varepsilon \sigma^2 I_N)$$

在上述模型中,μ 表示空间特定效应,ξ_t 表示间特定效应,类似普通面板回归,空间面板回归可以分为固定效应和随机效应两大类:固定效应模型将 μ 和 ξ_t 视为常数项,随机效应模型则将 μ 和 ξ_t 视为随机项。在建模之前,首先要对样本数据是否存在空间效应进行检验,通常用莫兰指数(Moran's I)等作为检验标准,随后要用空间 Hausman 检验确定面板空间计量模型是否存在随机效应。这里所选取样本数据的莫兰指数值均显著大于 0,证明空间计量面板模型的可行性与必要性。同时,LeSage and Pace(2009)指出,应选择 SDM 作为研究起点,并使用多种模型及估计方法对结果进行对比。因此,我们先选用 SDM 进行基础分析,再使用 SAR、SLX 进行进一步分析,作为不同模型的稳健性分析结果。

需要指出的是,目前许多使用空间计量模型的实证研究依旧按照非空间计量模型的思路,仅依据模型系数的点估计结果进行分析,进而得出所研究问题是否存在空间溢出效应的结论。LeSage and Pace(2009)指出,这种由非空间计量方法沿用的点估计分析方法可能导致错误结论。对于空间计量模型,更准确的方法是用解释变量的偏微分作为检验模型是否存在空间溢出效应的依据。具体来说,对于一个普通的空间模型:

$$Y = \delta WY + X\beta + WX\theta + R$$

可以将其改写为:

$$Y = (I - \delta W)^{-1}(X\beta + WX\theta) + R$$

根据上式,不难得出 Y 对 X 的偏导数矩阵可以写为:

$$(I - \delta W)^{-1} \begin{bmatrix} \beta_k & \omega_{12}\theta_k & \cdots & \omega_{12}\theta_k \\ \omega_{21}\theta_k & \beta_k & \cdots & \omega_{2n}\theta_k \\ \vdots & \vdots & & \vdots \\ \omega_{n2}\theta_k & \omega_{12}\theta_k & \cdots & \beta_k \end{bmatrix}$$

根据偏导数矩阵的性质,将一个特定单位解释变量变化带来的单位自身被解释变量的变化定义为直接效应(也称本地效应),而将其对其他单位被解释变量的影响定义为间接效应(也称溢出效应或传染效应)。根据这一定义,偏导数矩阵每一个对角线元素代表的是直接效应,而每一个非对角线元素代表的是间接效应。在实际应用中,为了报告的简洁性,用对角线元素的均值度量直接效应,用非对角线元素列之和的均值度量间接效应,并将直接效应与间接效应之和定义为总效应。根据不同的空间计量模型设定,直接效应和间接效应的对应情况如表 6-14 所示。

表 6-14　不同计量模型的直接效应和间接效应

计量模型	直接效应	间接效应
OLS	β_k	0
SAR	$(I-\delta W)^{-1}\beta_k$ 的对角线元素	$(I-\delta W)^{-1}\beta_k$ 的非对角线元素
SLX	β_k	θ_k
SDM	$(I-\delta W)^{-1}(\beta_k + W\theta_k)$ 的对角线元素	$(I-\delta W)^{-1}(\beta_k + W\theta_k)$ 的非对角线元素

本节按照 LeSage and Pace(2009)的方法,在分析各变量的点估计后,再分析各解释变量的直接效应、间接效应与总效应,检验各危机及其叠加的本地效应与传染效应。

(二)变量定义、数据来源及说明

本节选择世界主要 39 个国家和地区 1993—2017 年的相关数据作为样本,具体如表 6-15 所示,我们将其分为发达国家组与新兴市场国家组,以便后文进行稳健性检验。基于宏观数据的可得性,本节选取 GDP 增长率作为被解释变量。

表 6-15　国家列表

发达国家	新兴市场国家
澳大利亚、奥地利、比利时、加拿大、丹麦、芬兰、法国、德国、希腊、冰岛、爱尔兰、意大利、日本、荷兰、新西兰、挪威、葡萄牙、西班牙、瑞典、瑞士、英国、美国	阿根廷、巴西、中国、印度尼西亚、印度、韩国、马来西亚、墨西哥、菲律宾、波兰、罗马尼亚、俄罗斯、新加坡、南非、泰国、土耳其、委内瑞拉

1. 解释变量

核心解释变量共有 3 个虚拟变量(Crisis1、Crisis2、Crisis3),分别表示银行业危机、货币危机、主权债务危机是否发生。在各类金融危机的实证研究中,对危机虚拟变量的选择一直存在争议,主要原因是学界对各危机爆发的判断标准不一(较权威判断标准见表 6-16),而无论选择何种标准都会不可避免地存在主观性。本节综合考虑已有文献的各类标准,整理得到可信度较高的危机事件表。

表 6-16　不同金融危机爆发方判断标准

危机类型	危机爆发判断标准	提出者
银行业危机	出现以下任一事件: (1) 银行系统的不良贷款占总资产的比重超过 10%; (2) 援助经营失败银行的成本至少占国内生产总值的 2%; (3) 银行业问题导致大规模的银行国际化; (4) 出现范围较广的银行挤兑	Demirguc-Kunt and Detragiache(1998)
	同时出现以下两类事件: (1) 该国银行业出现明显的财务困境迹象(如重要银行破产、清算,银行业出现巨额亏损等); (2) 政府部门针对银行业巨额损失出台强干预政策(如大规模流动性支持、组织银行重组、银行国有化等)	Laeven and Valencia(2013)
货币危机	一国货币对美元汇率年贬值幅度大于 30%,且当年贬值幅度高于上年贬值幅度 10 个百分点以上	Frankel and Rose(1996)
	一国货币对美元汇率年贬值幅度大于 15%	Reinhart and Rogoff(2011)
	围绕利率、汇率、外汇储备等变量构造的外汇压力指数(EMP)大于 5%	Kaminsky and Reinhart(2000)
主权债务危机	一国被标准普尔公司认定为主权债务违约,或接受了超出该国份额(quota)额度的 IMF 贷款	Manasse et al.(2006)
	一国主权债券在国际债券市场上与美国国库券的息差超过 1 000bp	Sy(2004)

对于银行业危机爆发的判断标准,早期比较权威的标准由 Demirguc-Kunt and Detragiache(1998)提出。他们提出以下 4 种情况:①银行系统的不良贷款占总资产的比重超过 10%;②援助经营失败银行的成本至少占国内生产总值的 2%;③银行业的问题导致大规模的银行国际化;④出现范围较广的银行挤兑。只要出现上述 4 种情况中的任意 1 种即构成银行业危机,由于 Demirguc-Kunt and Detragiache 标准的临界值不随时间而变化,因此众多学者对这种定义提出了批评。在后续的研究中,尤其是 2007 年次贷危机后的研究中,学界较多参考的是 Laeven and Valencia(2013)的标准。他们认为银行业危机爆发时有以下两个重要特征:①一国银行业出现明显的财务困境迹象,如重要银行破产清算、银行业出现巨额亏损等;②政府部门针对银行业巨额损失出台强干预政策,如大规模流动性支持、组织银行重组、银行国有化等。当这两个特征同时出现时,即认为该国爆发了银行业危机。本节按照 Laeven and Valencia 的标准定义银行业危机。

三类危机中,针对货币危机的研究最丰富,因此货币危机的爆发标准也最多,目前制定的标准主要有两类。第一类是直接针对汇率的波动幅度确定临界值,代表研究有两种:第一种由 Frankel and Rose(1996)提出,当一国货币对美元汇率年贬值幅度大于 30%且当年贬值幅度高于上年贬值幅度 10 个百分点以上时,则认为该国存在货币危机;第二种由 Reinhart and Rogoff(2011)提出,当一国货币对美元汇率年贬值幅度大于 15%时,则可定义为货币危机。通过对比可以发现,Frankel and Rose 的标准较为严格,这与 20 世纪 90 年代初的货币危机期间,各危机爆发国货币贬值幅度较大有关。第二类是综合利率、汇率、外汇储备等变量构造外汇压力指数(EMP),根据外汇压力指数确定临界值。最经典的构建方法由 Kaminsky and Reinhart(2000)提出,其计算方法为:

$$\text{EMP} = \frac{\varepsilon Ex}{\text{std}(Ex)} + \frac{\varepsilon \text{Reserve}}{\text{std}(\text{Reserve})}$$

本节认为,虽然构建指数似乎能更加全面地反映一国货币的综合状况,但考虑到各国汇率制度差异以及货币危机本质等因素,第一类标准能更直接地展现一国货币在国际市场上的表现。结合当前的国际背景,本节认为 Reinhart and Rogoff 的标准更能反映各国货币的真实状况,这也与王道平等(2017)所用方法一致。同时,为全面反映各国货币币值的真实变化情况,本节对此标准进行了些许修改,将各国货币对美元汇率调整为各国货币对 SDR 汇率,对阈值不做修改。

相较于前两类危机,主权债务危机爆发的判断标准就更加众说纷纭,主要的判断标准与一国的主权债务违约及利率状况、主权信用评分、是否接受救援贷款等因素有关。Manasse et al.(2006)认为,一国如果被标准普尔公司认定为主权债务违约,或者接受了超出该国份额(quota)额度的 IMF 贷款,即被认定为出现了主权债务危机;Sy(2004)、Pescatori and Sy(2007)则从资本市场角度,认为如果主权债券在国际债券市场上与美国国库券的息差(spread)超过 1 000bp,即可以被认定为主权债务违约。总体来看,对于主权债务危机,国际上尚未对此制定出一个权威标准,本节根据 Manasse et al.(2006)、Sy(2004)、世界银行报告、IMF 报告、主要评级机构报告等提出的多种方法,确定样本国家的主权债务危机数据库,用以展示各国主权债务危机爆发情况。

在对 3 个虚拟变量进行回归的基础上,本节对这 3 个虚拟变量分别进行交互,并将不同种类的交互效应分别与单个危机效应进行对比,研究不同类型危机的叠加效应。

2. 控制变量

为保证模型的有效性和说服力,本节参照徐康宁等(2015)的做法,对原模型添加了一些重要的控制变量:被解释变量的滞后项(LGDP);资本(K),以资本形成总额占 GDP 比例表示;劳动(L),以国际劳工组织统计的劳动力参与率表示;第一、第二、第三产业发展水平(GDP1、GDP2、GDP3),分别以第一、第二、第三产业增加值占 GDP 比例表示。

综上,本节的实证模型(基础模型)如下:

$$Y_t = \delta W Y_t + \alpha l_N + X_t \beta_X + \varepsilon W X_t \theta_X + C_t \beta_C + \varepsilon W C_t \theta_C + \mu + \xi_t l_N + \varepsilon_t$$

$$\varepsilon_t \sim N(0, \varepsilon \sigma^2 I_N)$$

$$Y = \{GDP\}$$

$$X^1 = \{Crisis1, Crisis2, Crisis3\}$$

$$X^2 = \{Crisis12, Crisis13, Crisis23\}$$

$$C = \{K, L, GDP1, GDP2, GDP3, LGDP\}$$

其中,被解释变量为 Y,解释变量为 X^1 和 X^2,控制变量为 C。

3. 空间矩阵的构建

对于空间计量模型而言,描述样本中各单位空间分布状况的空间矩阵是模型的核心。在应用经济学中,通常将一般空间矩阵所反映的"地理"分布状况用"经济"分布状况代替,即将地理矩阵转化为经济矩阵。如前文所述,为避免经济矩阵元素与被解释变量相关而导致的内生性问题,在构建空间矩阵时,应尽量避免直接用经济变量矩阵(如 GDP 矩阵)左乘地理矩阵(邻接矩阵或距离矩阵)得到经济矩阵。在本节的研究中,主要根据两类不同的经济关系(国际贸易关系、汇率变化代表的货币政策关系)定义相应的空间矩阵,并使用地理距离矩阵检验其稳健性,以此全面考察各类危机及其叠加的传染效应,并对比分析验证不同危机的传染渠道是否存在差异。

首先,按照各国的地理距离构建空间矩阵 W_1 作为基础。事实上,由于现代通信及交通技术的快速发展,用地理距离衡量空间联系已经不再像过去具有那么强的代表性,因此 W_1 更多地用来进行不同空间矩阵的稳健性检验。

其次,根据国际贸易关系建立空间矩阵 W_2。为了充分反映两国在贸易方面的相互依存度,本节基于贸易结合度指数建立了空间矩阵 W_2,其计算公式为:$DTC_i^s = X_i^s \times M_W / X_i \times M_s$。其中,$X_i^s$ 表示 i 国对 s 国的出口额,X_i 表示 i 国出口总额,M_s 表示 s 国进口总额;M_W 表示世界进口总额。当贸易结合度大于 1 时,则认为两国贸易联系紧密,两国的贸易"距离"较近。从 DOTS 数据库中,我们得到样本国家相互之间的进出口贸易总额;随后根据进出口情况,计算各国的贸易结合度,并对样本期内的贸易结合度求均值。当平均贸易结合度大于 1 时,则认为两国在贸易"距离"上是邻接的,根据此法可得到空间矩阵 W_2。与直接利用各国相互间进出口量得到的贸易矩阵相比,空间矩阵可以有效避免因各国贸易总量不同而导致的真实贸易距离失真问题。在本节中,我们将 W_2 当作空间计量分析的基础矩阵,将其他矩阵用作对比分析及稳健性分析。

最后,根据各国汇率波动相关性建立空间矩阵 W_3。两国汇率的相关性在一定程度上反映了两国货币政策的相关性,对于贸易及经济联系密切的两国更是如此。为了维持汇率稳定,当一国采取宽松或收紧的货币政策时,另一国往往会采取方向一致的货币政策以冲销这一影响。为衡量各国之间的这种关系,我们建立一个 FLEX 指标,用以衡量汇率波动的大小。

$$\text{FLEX}_{it}^s = \frac{1}{12}\sum_{j=0}^{12}|\Delta e_{i,t-j}^s|$$

其中,$\Delta e_{i,t}^s$ 为 i 国对 s 国的双边汇率的自然对数。FLEX 越大,说明 i 国对 s 国汇率的变化程度越大,两国货币政策的联系可能越小。随后,与 W_2 类似,对该时期内所有的 FLEX 求均值,以反映两国在样本期内的平均汇率波动相关程度,从而得到空间矩阵 W_3。本节将用 W_3 得到的回归结果与基础回归进行对比,以检验不同传染渠道是否会对危机传染效应造成影响。

本节的所有数据均来自公开数据库,变量说明、来源请参见表 6-17。

表 6-17 (A) 变量描述与数据来源

	变量名称	变量代码	变量定义	数据来源
被解释变量	经济总体状况	GDP	GDP 增长速度	WDI 数据库
解释变量	银行业危机	Crisis1	发生银行业危机时=1,否则=0	Laeven and Valencia (2013)
	货币危机	Crisis2	发生货币危机时=1,否则=0	根据 IMF 数据自行整理
	主权债务危机	Crisis3	发生债务危机时=1,否则=0	从 IMF 等渠道收集整理
	银行业危机与货币危机叠加	Crisis12	Crisis1×Crisis2	
	银行业危机与债务危机叠加	Crisis13	Crisis1×Crisis3	
	货币危机与主权债务危机叠加	Crisis23	Crisis2×Crisis3	
控制变量	滞后项	LGDP	GDP 增长速度滞后项	WDI 数据库
	资本状况	K	资本形成总额占 GDP 比例	WDI 数据库
	劳动状况	L	劳动力参与率	WDI 数据库
	第一产业状况	GDP1	第一产业增加值占 GDP 比例	WDI 数据库
	第二产业状况	GDP2	第二产业增加值占 GDP 比例	WDI 数据库
	第三产业状况	GDP3	第三产业增加值占 GDP 比例	WDI 数据库

（续表）

被解释变量	变量名称	变量代码	变量定义	数据来源
	经济总体状况	GDP	GDP 增长速度	WDI 数据库
空间矩阵		W_1	地理距离矩阵	根据地图数据计算
		W_2	贸易关系矩阵	根据 IMF DOTS 数据库自行整理
		W_3	货币政策关系矩阵	根据 IMF IFS 数据库自行整理

表 6-17（B） 主要变量描述性统计

变量	观测值	均值	标准差	最小值	最大值
GDP	974	0.0517	0.1280	−1.011000	0.984
Crisis1	975	0.1470	0.3540	0	1
Crisis3	975	0.0195	0.1380	0	1
Crisis2	963	0.1210	0.3270	0	1
GDP1	928	0.0488	0.0496	0.000265	0.272
GDP2	928	0.2860	0.0748	0.137000	0.531
GDP3	924	0.7740	0.2450	0.354000	2.179
K	968	23.8200	5.6960	9.819000	47.690
L	975	62.1600	7.1790	42.600000	83.850

四、实证结果及分析

（一）基础模型及回归结果

1. 普通面板数据回归及分析

首先，对 39 个国家 1993—2017 年的面板数据采用一般的固定效应方法估计面板回归模型，并通过逐步添加控制变量的方式，得到如表 6-18 所示的回归结果。

表 6-18 普通面板数据回归结果

	（1）	（2）	（3）	（4）
Crisis1	−0.0393*** (−3.60)	−0.0396*** (−3.68)	−0.0420*** (−3.61)	−0.0433*** (−3.70)
Crisis2	−0.188*** (−14.34)	−0.188*** (−14.46)	−0.177*** (−12.64)	−0.183*** (−13.62)
Crisis3	0.107** (2.23)	0.104** (2.16)	0.120** (2.30)	0.0385 (0.87)

（续表）

	（1）	（2）	（3）	（4）
Crisis12	0.0196 (0.71)	0.0177 (0.64)	−0.0433 (−1.49)	−0.0430 (−1.54)
Crisis13	−0.0728 (−1.21)	−0.0761 (−1.27)	0.0403 (0.63)	0.0795 (1.34)
Crisis23	−0.282*** (−4.55)	−0.283*** (−4.57)	−0.231*** (−3.61)	−0.126** (−2.07)
LGDP	0.0615** (2.12)	0.0675** (2.34)	0.156*** (5.32)	
GDP1	1.297*** (5.05)	1.314*** (5.25)		
GDP2	0.848*** (5.21)	0.900*** (5.75)		
GDP3	−0.0744*** (−3.68)	−0.0800*** (−4.01)		
K	0.00163 (1.55)			
L	0.00134 (0.95)			
常数项	−0.288*** (−2.89)	−0.178*** (−4.19)	0.0730*** (16.42)	0.0817*** (19.97)
观测值	880	881	924	962

注：(1)括号内为 t 值；(2)***、**、*分别表示在1%、5%、10%的置信水平下显著；(3)第(1)、(2)、(3)、(4)列分别为添加不同控制变量得到的回归结果。

对面板数据回归结果进行分析，可以得到以下结论：

（1）银行业危机、货币危机对GDP的影响系数均显著为负，说明这两类危机均会对一国经济造成明显的阻碍作用。通过对比可以发现，货币危机相较于银行业危机，给本国经济增长带来的负面影响明显更大，与假设3相符。

（2）从危机叠加的系数上看，当主权债务危机和货币危机一同爆发时，会对一国经济产生明显的负面冲击，同时因为危机的叠加效应，这种负面冲击相较单独发生货币危机时更为明显。危机叠加下的结果与假设2一致。

然而，在分析简单面板数据中发现，主权债务危机对GDP的影响系数显著为正，这说明在忽略空间效应的前提下，一国发生主权债务危机反而会促进经济增长。这一结果虽然与假设1不符，但可以通过以下经济事实得到解释：一国如果发生主权债务危机，该国政府可以通过"赖账"行为逃避还债给本国带来的巨大经济压力。因此，主权债务危机的正面影响实际上是一种"以邻为壑"的结果。同时，经济全球化导致各国经济联系紧密，主要大国为防范小国主权债务危机对本国造成不利影响,大多试图通过救助计划或债务展期方式引导债务国提升还债能力,而无论何种救助方式,均会在短期内从客观上提升债务国的经济表现。然而,救助的经济效应究竟如何,还有待空间计量模型的检验,这也从侧面反映了在综合危机传染效应的基础上研究危机对各国经济的真实影响的必要性。

基于以上分析可以看到,三类危机及危机的叠加效应对各国经济增长产生了不同程度的影响。然而,正如前文所述,若想确认三类危机及其叠加效应是否会在国家间传导,还需要利用空间计量模型对空间依赖效应做进一步的探讨。

2. 样本数据空间相关性分析

本节采用 Moran's I 检验方法对 39 个国家的 GDP 增长率进行空间相关性分析,利用散点图展示 GDP 增长率的空间相关性。以 1998 年为例,图 6-2 将 39 个国家 GDP 增长率的空间分布划为四个象限,分别为高—高、高—低、低—低和低—高。高—高和低—低表示本地区经济增长较快且邻近地区经济增长也较快,或者本地区经济增长较慢且邻近地区经济增长也较慢,体现了经济增长的相互带动特征,即正的空间相关性;反之,高—低和低—高则体现了负的空间相关性。

图 6-2 为 39 个国家 1998 年 GDP 增长率的 Moran's I 散点分布,从中可以看出大部分国家处在高—高和低—低的象限位置,具有明显的空间正相关特点,即大部分国家 GDP 增长率较高而邻近地区 GDP 增长率也较高。因此,经济增长存在显著的空间自相关,运用空间计量方法检验三类危机对经济的影响是必要的。

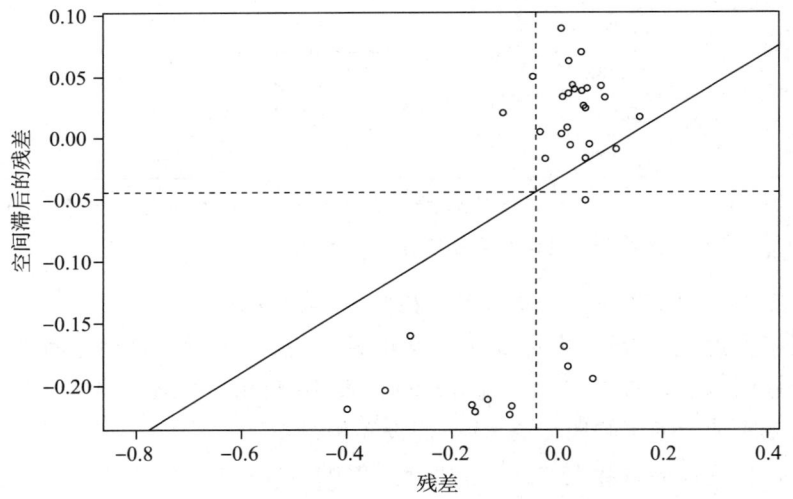

图 6-2 Moran's I 散点分布

3. 空间面板数据基础回归及分析

经济增长在地区间存在空间依赖效应,即一个地区的经济增长会影响邻近地区的经济增长,同时邻近地区的经济增长也可能会影响该地区的经济增长。为刻画这样的现象并探索银行业危机、货币危机和主权债务危机在地区间的传导效应,本节采用描述贸易依存度的空间权重矩阵,估计得到空间面板数据基础回归结果如表 6-19 所示。

表 6-19 空间面板数据基础回归结果

	(1)	(2)	(3)	(4)
Crisis1	0.0003 (0.03)	−0.000269 (−0.03)	−0.00370 (−0.34)	−0.00450 (−0.39)
Crisis2	−0.130 *** (−11.02)	−0.131 *** (−11.29)	−0.127 *** (−10.34)	−0.128 *** (−9.95)
Crisis3	0.0859 *** (2.77)	0.0826 *** (2.67)	0.0999 *** (3.04)	0.0890 *** (2.60)
Crisis12	−0.0621 *** (−2.87)	−0.0601 *** (−2.79)	−0.0969 *** (−4.30)	−0.0963 *** (−4.06)
Crisis13	−0.0762 * (−1.95)	−0.0795 ** (−2.04)	−0.0270 (−0.67)	−0.0166 (−0.40)
Crisis23	−0.372 *** (−8.80)	−0.375 *** (−8.88)	−0.388 *** (−8.77)	−0.387 *** (−8.36)
LGDP	0.0145 (0.69)	0.0204 (0.98)	0.0197 (0.91)	
GDP1	0.937 *** (4.78)	0.923 *** (4.75)		
GDP2	0.402 *** (3.66)	0.443 *** (4.15)		
GDP3	−0.0314 *** (−2.83)	−0.0335 *** (−3.03)		
K	0.00145 * (1.72)			
L	0.000544 (0.47)			
W×Crisis1	−0.0305 ** (−2.26)	−0.0311 ** (−2.32)	−0.0277 * (−1.94)	−0.0290 * (−1.91)
W×Crisis2	−0.0687 * (−1.78)	−0.0715 * (−1.86)	−0.0897 ** (−2.20)	−0.0917 ** (−2.14)
W×Crisis3	−0.331 *** (−3.34)	−0.331 *** (−3.34)	−0.320 *** (−3.06)	−0.354 *** (−3.23)
W×Crisis12	0.157 *** (2.71)	0.164 *** (2.84)	0.176 *** (2.84)	0.180 *** (2.76)
W×Crisis13	0.184 (1.53)	0.176 (1.46)	0.158 (1.22)	0.154 (1.14)

（续表）

	（1）	（2）	（3）	（4）
W×Crisis23	0.289**	0.290**	0.313**	0.340**
	(2.23)	(2.24)	(2.25)	(2.33)
W×GDP	0.668***	0.669***	0.670***	0.673***
	(19.47)	(19.52)	(18.91)	(17.90)
截距项	0.0615***	0.0616***	0.0664***	0.0699***
	(41.95)	(41.95)	(41.92)	(39.09)
观测值	936	936	936	819

注：（1）括号内为 t 值；（2）***、** 和 * 分别表示在 1%、5% 和 10% 的置信水平下显著。

通过分析，不难发现以下结论：

（1）经济增长的空间依赖系数显著为正，说明经济增长在地区之间存在较强的空间正相关性。也就是说，一个地区的经济增长会促进与其贸易依存度较高地区的经济增长，这充分说明贸易依存度的提高会使地区间的经济增长更趋于一致。

（2）观察空间依赖项系数后发现，银行业危机、货币危机和主权债务危机的系数均显著为负，这说明在考虑空间依赖效应后，三类危机均会对经济增长产生负向冲击。综合考虑空间依赖项与非空间依赖项的系数，可以发现三类危机中货币危机的负面影响是最显著的，与假设 3 吻合。

（3）与面板回归结果相比，在考虑了空间效应后，银行业危机与主权债务危机的相关系数出现了一些变化：一方面，银行业危机的非空间依赖项系数不再显著，而空间依赖项估计系数数值变小，这说明银行业危机通过实体经济渠道的传染性可能有限，进一步的确认需要考察其直接效应与间接效应，并需要更换空间矩阵，以对比考察结果的稳健性；另一方面，主权债务危机的空间依赖项系数显著为负，一定程度地验证了前文对面板回归部分的解释，说明主权债务危机的真实影响可能更侧重于传染效应而非本地效应。

从三类危机的叠加效应来看，三类危机相互之间叠加效应的非空间依赖项估计系数均显著为负。然而值得注意的是，包含货币危机的两类危机叠加效应的空间依赖项估计系数变为正值，说明各类危机的真实叠加效应有待对各危机进行直接效应与间接效应分析来进一步检验，这也从侧面反映了普通面板回归下危机的叠加效应可能并不具备较强的解释力。

表 6-20 展示了上述回归中银行业危机、货币危机和主权债务危机及其两两交互得到的叠加效应对经济增长的直接效应、间接效应和总效应。对于空间计量分析而言，这些效应比单一的相关系数更能充分反映解释变量对被解释变量的影响究竟是通过外部渠道还是自身渠道实现的。

表 6-20　三类危机及其叠加的直接效应、间接效应和总效应

		（1）	（2）	（3）	（4）
Crisis1	直接效应	-0.0026	-0.0033	-0.0066	-0.0076
	间接效应	-0.0883***	-0.0916***	-0.0887***	-0.0948***
	总效应	-0.0909***	-0.0948***	-0.0953***	-0.1024***
Crisis2	直接效应	-0.1448***	-0.1463***	-0.1444***	-0.1458***
	间接效应	-0.4530***	-0.4657***	-0.5139***	-0.5271***
	总效应	-0.5977***	-0.6120***	-0.6582***	-0.6729***
Crisis3	直接效应	0.0597*	0.0561	0.0755**	0.0603
	间接效应	-0.7962***	-0.8058***	-0.7415***	-0.8709**
	总效应	-0.7365**	-0.7497**	-0.6660**	-0.8106**
Crisis12	直接效应	-0.0511**	-0.0483**	-0.0861***	-0.0850**
	间接效应	0.3353*	0.3608**	0.3271*	0.3412*
	总效应	0.2841	0.3126*	0.241	0.2561
Crisis13	直接效应	-0.0635	-0.0677	-0.0135	-0.0027
	间接效应	0.3882	0.3583	0.4113	0.4224
	总效应	0.3247	0.2906	0.3978	0.4197
Crisis23	直接效应	-0.3681***	-0.3711***	-0.3829***	-0.3792***
	间接效应	0.1179	0.1141	0.1564	0.2367
	总效应	-0.2502	-0.2571	-0.2265	-0.1425

注：第（1）、（2）、（3）、（4）列为分别添加不同控制变量得到的回归结果。

通过分析，可以得到以下结论：

① 三类危机对经济增长的影响不尽相同，但其间接效应及总效应均显著为负，仅货币危机对经济增长始终存在负的直接效应，其他两类危机的直接效应并不始终显著，部分回归中主权债务危机的直接效应为正。经过对比可以发现，通过实体经济渠道实现的传染效应，主权债务危机最为明显，货币危机次之，银行业危机最弱。这一结果印证了假设1，结合对普通面板部分的分析，主权债务危机的确可能对本国经济产生正面的本地效应，但综合传染效应来看，主权债务违约无疑是一种"饮鸩止渴"的行为。

② 包含货币危机在内的两类危机叠加对经济增长的总效应均不显著，但负向的直接效应却十分显著，符合前文假设。但必须注意的是，银行业危机和货币危机的叠加对经济增长存在正向的间接效应。梳理数据发现，可能是因为两类危机同时发生的时间大多处于亚洲金融风暴末期，彼时正值全球经济回暖之际，危机叠加对各国的负面效应可能被其他利好事件掩盖。

（二）对比分析及稳健性分析

1. 关于空间矩阵的对比分析及稳健性分析

如前文所述，为了避免使用单一空间矩阵致使回归结果发生偏误，同时也为了检验

不同传染渠道是否会对危机传染效应造成影响,本节分别使用DTC空间权重矩阵(W_2)、地理距离空间权重矩阵(W_1)和货币政策关系空间权重矩阵(W_3)对模型进行估计,结果如表6-21所示。

表6-21 使用不同空间矩阵的空间面板数据回归结果

	(1)	(2)	(3)
Crisis1	0.000333	−0.00815	−0.0295***
	(0.03)	(−0.78)	(−3.16)
Crisis2	−0.130***	−0.132***	−0.150***
	(−11.02)	(−11.20)	(−11.91)
Crisis3	0.0859***	0.0802***	0.0849**
	(2.77)	(2.58)	(2.53)
Crisis12	−0.0621***	−0.0588***	−0.0564**
	(−2.87)	(−2.72)	(−2.45)
Crisis13	−0.0762*	−0.0747*	−0.0658
	(−1.95)	(−1.91)	(−1.57)
Crisis23	−0.372***	−0.377***	−0.361***
	(−8.80)	(−8.93)	(−7.96)
W×Crisis1	−0.0305**	−0.0120	−0.00176
	(−2.26)	(−0.85)	(−0.10)
W×Crisis2	−0.0687*	−0.239***	−0.301**
	(−1.78)	(−3.42)	(−2.45)
W×Crisis3	−0.331***	0.238	−0.0634
	(−3.34)	(1.03)	(−0.16)
W×Crisis12	0.157***	0.236**	0.484**
	(2.71)	(2.42)	(2.50)
W×Crisis13	0.184	−0.713**	−0.484
	(1.53)	(−2.36)	(−0.91)
W×Crisis23	0.289**	0.141	0.787
	(2.23)	(0.44)	(1.45)
控制变量	控制	控制	控制
观测值	936	936	936

注:(1)括号内为t值,***、**、*分别表示在1%、5%和10%的置信水平下显著;(2)第(1)、(2)、(3)列分别为使用W_2、W_1、W_3得到的回归结果。

通过对比,可以得到以下结论:

(1)当空间矩阵选用地理距离矩阵和货币政策关系矩阵时,经济增长的空间依赖系数依然为正。这说明无论是使用贸易距离、地理距离还是货币政策关系距离,经济增长在各地区之间的相互促进作用均显著存在。

（2）当选用货币政策关系矩阵时，模型估计结果所反映的银行业危机的空间依赖及非空间依赖估计系数与选用贸易距离矩阵相比有较大差异：空间依赖系数不再显著，而非空间依赖系数却变得显著为负，主权债务危机的空间依赖项系数也不再显著。对于银行业危机及主权债务危机的真实影响情况，还应当像前文一样分析其直接效应与间接效应。

表 6-22 为使用三个不同的空间权重矩阵的空间计量模型所得到的银行业危机、货币危机和主权债务危机及其叠加效应对经济增长的直接效应、间接效应和总效应的统计结果。

表 6-22 使用不同空间矩阵的三类危机及叠加的效应统计

		（1）	（2）	（3）
Crisis1	直接效应	−0.0026	−0.0093	−0.0307***
	间接效应	−0.0883***	−0.0478*	−0.0644
	总效应	−0.0909***	−0.0571**	−0.0950**
Crisis2	直接效应	−0.1448***	−0.1528***	−0.1712***
	间接效应	−0.4530***	−0.8951***	−1.1987***
	总效应	−0.5977***	−1.0478***	−1.3698***
Crisis3	直接效应	0.0597*	0.0988***	0.0846*
	间接效应	−0.7962***	0.8010	−0.0190
	总效应	−0.7365**	0.8998	0.0655
Crisis12	直接效应	−0.0511**	−0.0461**	−0.0327
	间接效应	0.3353*	0.5474**	1.3327**
	总效应	0.2841	0.5013*	1.3000**
Crisis13	直接效应	−0.0635	−0.1236***	−0.0938*
	间接效应	0.3882	−2.1048**	−1.5772
	总效应	0.3247	−2.2284**	−1.6710
Crisis23	直接效应	−0.3681***	−0.3839***	−0.3325***
	间接效应	0.1179	−0.2848	1.6264
	总效应	−0.2502	−0.6688	1.2938

注：第（1）、（2）、（3）列分别为使用 W_2、W_1、W_3 得到的回归结果。

从表 6-22 中可以得到以下结论：

① 当使用货币政策关系矩阵时，银行业危机的直接效应变得显著为负，间接效应不再显著，而此时主权债务危机的间接效应也不再显著，结合前文分析，可以验证本节假设3，说明主权债务危机和银行业危机的传导途径可能更依赖于贸易渠道。

② 主权债务危机与其他两类危机不同，其直接效应始终为正，结合普通面板回归部分的分析，说明主权债务危机本身很可能由于"以邻为壑"的效果对一国经济产生正面影响。

总体来看，当使用货币政策关系矩阵时，模型中与银行业危机及主权债务危机有关的部分结果发生了变化，印证了假设 3。除此以外，在使用不同的空间权重矩阵时，各类危机,尤其是与货币危机相关的危机叠加,各相关系数和其效应的正负方向及显著程度基本保持一致,验证了前文分析结果较为稳定可靠。

2. 关于空间计量模型的稳健性分析

选择不同的空间计量模型可能会影响结果的稳健性,为避免这一问题,我们分别用 SDM、SAR 和 SLX 模型进行回归分析,估计得到的回归结果如表 6-23 所示。表 6-24 为不同模型下的银行业危机、货币危机和主权债务危机及其叠加效应对经济增长的直接效应、间接效应和总效应统计结果。

表 6-23　使用不同空间计量模型的回归结果

	(1)	(2)	(3)
Crisis1	0.000333	-0.0118	-0.00455
	(0.03)	(-1.38)	(-0.37)
Crisis2	-0.130***	-0.118***	-0.159***
	(-11.02)	(-10.97)	(-11.52)
Crisis3	0.0859***	0.102***	0.0889**
	(2.77)	(2.73)	(2.43)
Crisis12	-0.0621***	-0.0183	-0.0513**
	(-2.87)	(-0.87)	(-2.01)
Crisis13	-0.0762*	-0.0568	-0.0771*
	(-1.95)	(-1.21)	(-1.67)
Crisis23	-0.372***	-0.294***	-0.356***
	(-8.80)	(-6.13)	(-7.13)
W×Crisis1	-0.0305**		-0.0643***
	(-2.26)		(-4.07)
W×Crisis2	-0.0687*		-0.360***
	(-1.78)		(-8.55)
W×Crisis3	-0.331***		-0.377***
	(-3.34)		(-3.23)
W×Crisis12	0.157***		0.128*
	(2.71)		(1.88)
W×Crisis13	0.184		0.105
	(1.53)		(0.74)
W×Crisis23	0.289**		0.0767
	(2.23)		(0.50)
控制变量	控制	控制	控制
观测值	936	936	936

注:第(1)、(2)、(3)列分别为使用 SDM、SAR 和 SLX 模型得到的回归结果。

表 6-24 使用不同空间计量模型的三类危机及其叠加效应

		（1）	（2）	（3）
Crisis1	直接效应	-0.0026	-0.0124	-0.0045
	间接效应	-0.0883***	-0.0209	-0.0643***
	总效应	-0.0909***	-0.0333	-0.0688***
Crisis2	直接效应	-0.1448***	-0.1243***	-0.1591***
	间接效应	-0.4530***	-0.2087***	-0.3597***
	总效应	-0.5977***	-0.3331***	-0.5189***
Crisis3	直接效应	0.0597*	0.1080***	0.0889**
	间接效应	-0.7962***	0.1813***	-0.3771***
	总效应	-0.7365**	0.2893***	-0.2883**
Crisis12	直接效应	-0.0511**	-0.0193	-0.0513**
	间接效应	0.3353*	-0.0324	0.1282*
	总效应	0.2841	-0.0517	0.0769
Crisis13	直接效应	-0.0635	-0.0600	-0.0771*
	间接效应	0.3882	-0.1008	0.1053
	总效应	0.3247	-0.1608	0.0282
Crisis23	直接效应	-0.3681***	-0.3112***	-0.3556***
	间接效应	0.1179	-0.5226***	0.0767
	总效应	-0.2502	-0.8338***	-0.2789*

注：第（1）、（2）、（3）列分别为使用 SDM、SAR 和 SLX 模型得到的回归结果。

与 SDM 模型相比，SAR 模型中银行业危机无论是直接效应还是间接效应均不显著，货币危机与主权债务危机的叠加效应既有较强的直接效应也有较强的间接效应；SLX 模型得到的结果与 SDM 模型相比基本接近，总体来看本节的模型设定较为稳健可靠。

五、结论与政策启示

本节从宏观角度，研究了银行业危机、货币危机和主权债务危机这三类危机的叠加效应，以及在当前经济全球化背景下，哪些危机具有明显的传染效应，并对世界上最主要的 39 个国家与地区 1990—2017 年的跨国面板数据进行了实证分析。研究发现：①银行业危机、货币危机和主权债务危机均会对经济发展带来明显的负面作用，并且三类危机中货币危机的负面作用最为明显；②三类危机中，主权债务危机和银行业危机的影响主要体现于通过贸易渠道传导的传染效应，并且其影响力度有显著区别，而货币危机对经济增长影响既有较强的本地效应，又有显著的传染效应，并且可通过多种渠道传导；③在考虑空间依赖性后，三类危机的叠加效应中的银行业危机和货币危机叠加，以及货币危机和主权债务危机叠加表现出显著为负的直接效应，但三类危机的叠加效应并未表现出明显的传染性。

本节的研究结论对我国的经济增长与金融稳定建设具有一定的指导意义。首先，空间计量的实证结果表明,经济增长在地区之间存在较强的空间正相关。贸易依存度的提高会使地区间的经济增长更趋于一致,需要注重防范由贸易渠道引发的"基本面危机"传染;其次,三类危机均会对本国经济发展造成不同程度的负面影响,尤以货币危机为甚,因此在人民币汇率改革进程中,不应放纵汇率完全自由过度波动,在汇率出现明显波动时应及时干预,避免货币危机对我国经济造成冲击;再次,尽管我国目前整体基本上不存在主权债务风险,但由于主权债务危机具有较强的传染性,因此我国在与"一带一路"国家与地区进行经济往来的同时,一定要注重防范其主权债务风险可能对我国造成的负面效应;最后,在当前的强美元周期中,我国应继续"修炼内功",注重加强自身稳定,在降杠杆的同时一定要确保企业的流动性,从而有效应对诸如贸易摩擦、货币危机风险上升等难题,开启中国经济更加独立的新局面。

第四节 人民币是避险货币吗?

一、引 言

套利交易是国际外汇市场的常见现象,具有明显的杠杆性和顺周期性(陈雷和范晓云,2017)。套利交易反转会造成外汇市场大幅波动,甚至会引发金融危机(Melvin and Taylor,2009;Kohler,2010;Menkhoff et al.,2012)。对中国来说,人民币在离岸市场的套利活动是造成2010年以后人民币汇率大幅波动的重要原因(何帆等,2011;余永定,2012;何诚颖等,2018;李曦晨等,2018)。2010年以后,由人民币升值的强烈预期引发的套利交易推动了人民币国际化进程(Garber,2012;McCauley,2013;张明和何帆,2012;胡方和丁畅,2018)。2012—2014年短短三年时间内,人民币国际支付份额由0.25%骤升至2.17%,国际支付排名也由第20上升至第5,并在2016年10月1日正式加入SDR。但2015年以后,人民币升值预期反转引起套利资金抽逃,进而引发"人民币汇率贬值—资本外逃"的恶性循环,人民币国际化进程遇阻。所谓"成也萧何,败也萧何",由套利交易所导致的"假的人民币国际化"[①]和"坏的人民币国际化"[②]在人民币汇率陷入贬值困境后大幅回落。正在走向国际化的人民币需要具备一定的避险能力,以避免套利逆转造成汇率大幅贬值。

避险(safe haven)和对冲(hedge)是避险资产的两种属性,两者具有显著的差异。根据Baur and Lucey(2010)、Joy(2011)、Reboredo(2013)等研究黄金资产避险属性的文献,我们发现避险资产是指在高风险时资产收益率与其他市场(如股票市场)收益率负相关的资产,而对冲资产则更具有平均意义。避险货币是指在高风险时货币收益率与其他市场(通常为股票市场)收益率负相关(Hossfeld and McDonald,2015)的货币。由于汇率本

---

① 胡方和丁畅(2018)提出,"假的人民币国际化"是"假的日元国际化"的推广,即在货币国际化过程中,货币升值伴随着大量的投机套利活动,一旦货币升值预期被打破,套利资金抽逃会降低货币国际化程度,以至于货币国际化陷入困境。

② 刘建丰和潘英丽(2018)认为,2009年开始推行的"贸易结算+离岸市场/资本项目开放"模式在人民币国际化进程中虽然取得重要成果,这种只注重结算、不注重计价权的方式加剧了离岸市场的套利现象,加剧了人民币汇率波动,放大了经济周期的影响,是"坏的人民币国际化"。

身是两种货币的比价,因此避险货币也可定义为高风险下获得正收益的货币(Grisse and Nitschka,2015)。对货币避险属性的研究需要区分避险和对冲两种性质,结合上述文献,本节将避险货币定义为:若在高风险情形下,一种货币取得正收益(零收益),则该货币是强(弱)避险货币;若在平均风险水平上,一种货币可以获得正收益(零收益),则该货币是强(弱)对冲货币。该定义不仅区分了避险货币和对冲货币,还对避险能力的强弱做了区分,有助于我们深入探讨人民币的避险属性。

国际上关于避险货币的研究显示瑞士法郎和日元具有明显的避险特征。表6-25列示了近年来涉及避险货币研究的大部分文献。从表6-25中我们发现:第一,对于避险货币的研究集中在2015年之后,目前正处于上升阶段,是国际经济的热点问题;第二,研究对象多为美元货币对;第三,文献中多采用股票市场波动指标,如VIX指数(标普500股指期权波动指数,又称恐慌指数)作为市场风险的代理变量;第四,主要研究方法是门限回归、事件分析等非线性分析;第五,研究结果显示瑞士法郎和日元是最稳健的避险货币,欧元具有一定的避险属性,英镑不是避险货币。

表6-25 有关避险货币的文献汇总

序号	文献	数据	风险指标	方法	结论
1	Cairns et al.(2007)	美元货币对	VIX指数、债券波动率	OLS	欧元、瑞士法郎和日元是避险货币
2	Ranaldo and Söderlind(2010)	美元货币对	VIX指数、FX波动率等	OLS和非线性模型	瑞士法郎、欧元和日元是避险货币,英镑不是避险货币
3	Cenedese(2015)	美元货币对	外汇市场压力指数	区制和相关性分析	低利率国家的货币具有一定的避险价值
4	Grisse and Nitschka(2015)	瑞士法郎货币对	VIX指数、TED价差	OLS	瑞士法郎可以作为除美元、日元之外大多数货币的避险货币
5	Hossfeld and Mac Donald(2015)	美元货币对	VXO指数	门限回归	瑞士法郎既是避险货币也是对冲货币,日元仅仅是避险货币
6	Bock and Irineu(2015)	美元货币对	VIX指数	事件分析、相关性分析	日元、瑞士法郎和美元是避险货币,新兴市场国家货币不是避险货币
7	Jäggi et al.(2016)	美元货币对	预期偏差	OLS	日元和瑞士法郎是避险货币
8	Wong and Fong(2013)	美元货币对	VIX等一系列股市波动率指标	分位数回归和MVAR	日元和港币具有明显的避险属性
9	Fatum and Yamamoto(2016)	美元货币对	VIX指数	门限回归	日元是避险货币

（续表）

序号	文献	数据	风险指标	方法	结论
10	Lee and Kang-Soek（2017）	美元货币对	股票收益率和波动率	MS-VAR	日元和瑞士法郎是避险货币
11	Fatum et al.（2017）	美元货币对	VIX 指数	谱分析	2010 年之后人民币不是避险货币
12	Yuki（2017）	美元货币对	VIX 指数	断点回归	日元是最稳定的避险货币，人民币在 2010 年之后避险属性较弱

资料来源：作者整理。

首先，相比于其他文献从不同市场互动角度研究某一货币相对于美元汇率的避险特征，Grisse and Nitschka（2015）使用瑞士法郎货币对作为对象研究了瑞士法郎的避险特征，更能体现该货币的避险特征。其次，Ranaldo and Söderlind（2010）、Hossfeld and MacDonald（2015）、Fatum and Yamamoto（2016）等文献使用门限回归或高市场风险虚拟变量交乘项等非线性方法关注避险货币的非线性特征。再次，Hossfeld and McDonald（2015）对避险货币和对冲货币做了区分，是唯一一篇对避险和对冲做明确区分的文献。最后，Fatum et al.（2017）、Yuki（2017）对人民币的避险属性进行了分析，结果均显示 2010 年之后人民币不具有明显的避险特征，但是 Fatum et al.（2017）、Yuki（2017）的研究存在以下问题：①仅使用人民币美元货币对，不能全面地刻画人民币对其他货币的避险特征；②仅使用 VIX 一个指标，不能刻画人民币对不同风险的避险特征；③没有考虑事件分析等非线性方法；④没有对背后原因做进一步探讨。这些缺陷使得对人民币避险属性的研究依旧十分必要。

目前国内几乎没有直接研究避险货币的文献，不过从一些研究市场联动的文献中我们可以得到一些启示。丁剑平等（2009）考察了亚洲国家（地区）两两之间股市和汇市的联动，甄别了"金融连接效应"，是国内较早研究国家（地区）间股市和汇市联动的文献。郑国忠和郑振龙（2014）首次分析了不同市态（即股市的牛市、熊市和震荡市）下人民币汇率、股市和债市收益率的动态相关性，研究显示：当股市处于熊市（2007 年 10 月 17 日—2008 年 10 月 28 日）时，股价收益率与人民币汇率收益率正相关，债券收益率与人民币汇率收益率负相关，这间接说明人民币汇率具有一定的避险特征；当股市处于震荡市（2008 年 10 月 29 日—2013 年 1 月 10 日）时，股价收益率与人民币汇率收益率负相关，债券收益率与人民币汇率收益率正相关，这说明人民币汇率在平均意义上并不具有对冲作用，即人民币不是股票的对冲资产。陈创练等（2017）的研究进一步证实了郑国忠和郑振龙（2014）的研究结论，显示股市冲击对汇市波动的影响在 2008—2013 年基本上为负，在 2014—2015 年为正。

通过文献综述我们发现，对货币避险属性的研究目前正处于上升期，但对人民币避险属性的研究少之又少且不完善。参考 Ranaldo and Söderlind（2010）、Grisse and Nitschka（2015）、Hossfeld and McDonald（2015）、Fatum and Yamamoto（2016）人的研究，本节以与人民币直接交易的五大货币对(人民币对美元、欧元、英镑、日元、港币)在岸汇率为研究对象,使用门限回归和事件虚拟变量交乘项等方法考察人民币的避险特征。本节将避险属性分为强避险、弱避险、强对冲和弱对冲四类,使用 VIX、VXO(标普 100 股指期货波动率)和经济政策不确定性指数(economic policy uncertainty index,EPU 指数)三个风险指标,更加清晰、系统地全面考察人民币的避险特征。另外,本节相应考察人民币避险能力背后的制度性因素。不论是将人民币货币对作为研究对象,区分不同的货币属性,选取多风险因子,还是对人民币避险能力背后的原因进行分析,均与 Fatum et al.(2017)、Yuki(2017)两篇研究人民币避险属性的文献有重要区别,并做出了很大改进。本节贡献如下:第一,将直接交易的人民币货币对作为研究对象,利用日度和月度数据,使用门限回归、事件分析等诸多方法对人民币避险属性进行系统分析,是国内较早全面研究人民币避险属性的论文;第二,本节研究显示人民币对英镑和欧元都具有明显的避险特征,打破了已有文献中人民币不是避险货币的结论;第三,本节进一步指出目前有管理的浮动汇率制度是人民币具有避险属性的重要原因,但不是唯一原因,说明人民币所表现的避险属性并不完全依赖于汇率管制措施。

本节其余部分安排如下:第二部分是数据特征与初步判断,对五大人民币货币对走势及三大风险因子进行分析,并对人民币的避险属性做出初步判断;第二部分是计量模型设计与人民币货币属性识别策略,详细介绍计量模型的推导和人民币避险属性的识别策略;第三部分是回归结果分析与人民币货币属性识别,在对不同回归结果进行分析的基础上判断人民币的避险属性;第四部分是人民币避险能力的原因探析,对汇率制度的三个表现形式进行分析;第五部分是主要结论和政策建议。

二、数据特征与初步判断

(一)五大人民币货币对的汇率走势分析

探讨人民币的避险属性,不仅要研究人民币对美元的避险属性,还要研究人民币对与其直接交易的所有货币的避险属性。自 2017 年 1 月 1 日 CFETS 货币篮子调整之后,人民币对外汇交易币种已达 24 个,但外汇交易中心数据显示,除人民币对美元、欧元、英镑、日元和港币交易数据可以延伸到 2006 年之外,其他绝大部分货币对交易都从 2014 年开始。我们要研究高市场风险下人民币的避险特征,数据需涵盖 2008 年金融危机期,因此本节最终的研究对象为人民币对美元(CNY/USD)、人民币对欧元(CNY/EUR)、人民币对英镑(CNY/GBP)、人民币对日元(CNY/JPY)和人民币对港币(CNY/HKD)5 大人民币货币对,时间(频度)分别为 2006 年 1 月—2018 年 7 月(月度)数据及 2007 年 4 月 10 日—2018 年 10 月 31 日①(日度)数据两部分。其中,日度数据是各货币对即期汇率买入价和卖出价的平均值,月度数据是月度即期汇率均值。日度数据更容易捕捉人民币的避险特征,而月度数据更容易说明原因和意义。

---

① (1)由于离岸数据仅能获得人民币对美元数据,本节未使用离岸数据;(2)对于日度数据而言,中国经济网统计数据库记录的数据从 2007 年 4 月 9 日开始,造成日度数据和月度数据不完全一致的问题。

图 6-3 报告了五大人民币货币对在样本期内的月度汇率走势情况。从图 6-3 中我们初步发现:第一,人民币对美元及人民币对港币走势基本一致,这与中国香港货币局制度有关;第二,除人民币对日元之外,人民币对其他货币汇率在 2015 年之前处于升值状态;第三,2008 年金融危机期间,人民币重新盯住美元,人民币对美元及人民币对港币汇率处于稳定状态;第四,2008 年金融危机期间,人民币对日元汇率贬值,一个直观的推断是日元是人民币甚至是美元的避险货币;第五,2008 年金融危机期间,人民币对欧元和人民币对英镑汇率升值,同样可以推断人民币对欧元和英镑具有一定的避险能力。当然,上述两个推断还需进一步的实证检验。

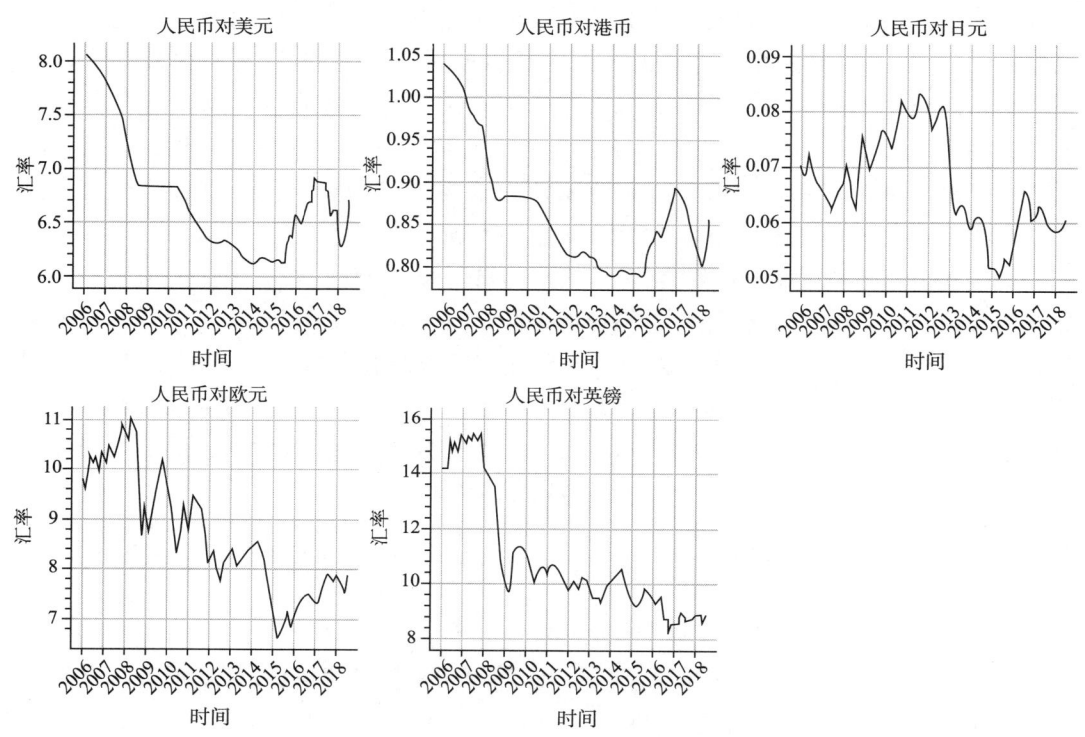

图 6-3 人民币五大货币对月度汇率走势

(二) 风险指标

高风险下的货币表现是货币避险能力的重要体现,因此如何衡量风险就成了研究的重中之重。众多文献显示,VIX 指数是衡量市场风险的重要指标(文献见表 6-25),它表示的是美国股票市场波动率,类似的指标还有 VXO 指数。个别文献用外汇市场波动率作为衡量市场风险的指标,但人民币日内波幅受限,对人民币汇率研究来说该指标并不合意。更为重要的是,本节认为风险不仅包括市场风险,还有其他风险,比如经济政策不确定性带来的风险。Baker et al. (2016) 提供了一套量化经济政策不确定性的指标,即 EPU 指数,该指数由报纸新闻关键词搜索得到,涵盖美国、欧盟、中国等几十个国家和地区,数据频度从日度到月度不等,是较好的衡量政策不确定性的指标之一。因此,本节选择 VIX 指数和 VXO 指数衡量市场风险,用美国 EPU 指数衡量全球的经济政策风险[①],并分别考察三种指标下五大人民币货币对的汇率表现。考虑到全球主要股票市场和外汇市场的联通性较强,来自美国的股市波动和政策不确定性会通过影响美国经济从而影响全球的资金流向,进而导致全球股市和汇市发生变化。当美国股市波动加剧时,全球资金为寻求避险,会转向具有避险能力的日元和瑞士法郎(Kohler,2010),所以使用美国的 VIX 指数和 EPU 指数是恰当的。

图 6-4 中报告了衡量美国股票市场波动性的 VIX 指数和 VXO 指数,同时也报告了衡量美国经济政策不确定性的 EPU 指数。我们发现:第一,VIX 指数和 VXO 指数高度相关(相关系数可达 0.996);EPU 指数与 VFX 指数和 VXO 指数的相关性也较高(相关系数几乎可达 0.4);第二,虽然三者衡量的是不同的风险,但走势有共同之处,比如 2008 年金融危机爆发时,三个指数同时达到顶点,说明三大指数可以同时抓住某些共同原因导致的风险;第三,EPU 指数和另外两个指数的走势有所不同,说明两者关注的风险不同,同时考察可以更好地识别风险。

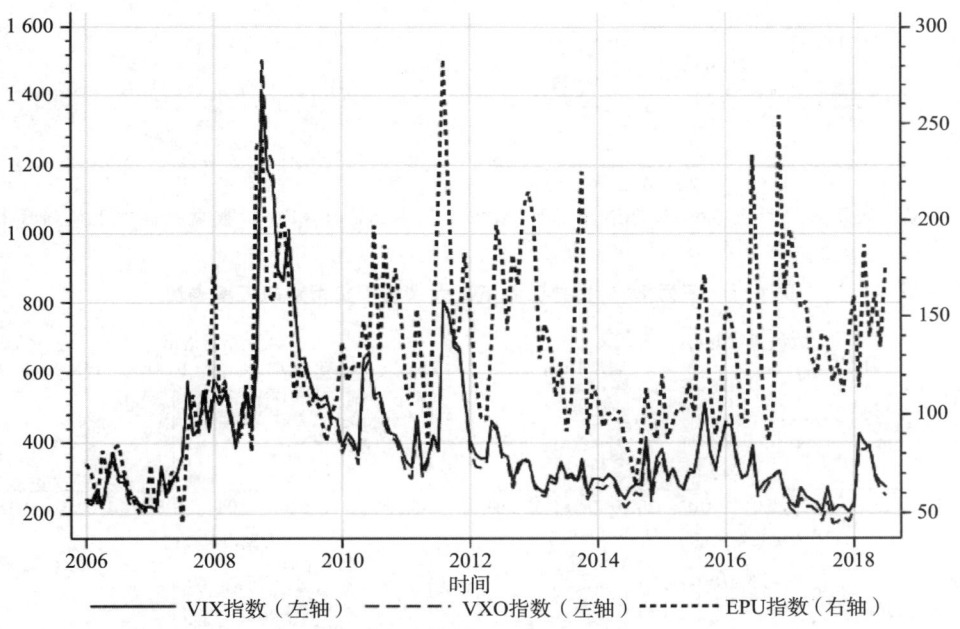

图 6-4 三大风险指标的走势

(三) 人民币货币属性初探

为了直观认识人民币的避险属性,本节参考 Hossfeld and McDonald(2015)的做法,对不同风险区制下五大人民币货币对的汇率表现做图分析,如图 6-5 和图 6-6 所示。图 6-5 中绘制了不同 EPU 指数区制下五大人民币货币对的汇率表现,图 6-6 中绘制了不同 VIX 指数区制下五大人民币货币对的汇率走势。考虑到 VXO 指数与 VIX 指数

---

① 依照文献惯例,我们使用美国的 VIX 指数和 VXO 来衡量全球市场的风险程度,用美国 EPU 指数衡量全球的经济政策不确定性。

的高度相关性,正文仅报告 VIX 指数结果,VXO 指数结果与之类似。在 Hossfeld and Mc-Donald(2015)的基础上改进了区分高低区制的方法,以 EPU 指数为例,将 EPV 指数及其收益率从高到低分别排序,各取 90%分位数及以上数据作为高风险区制,90%分位数(不含)以下则表示正常区制。

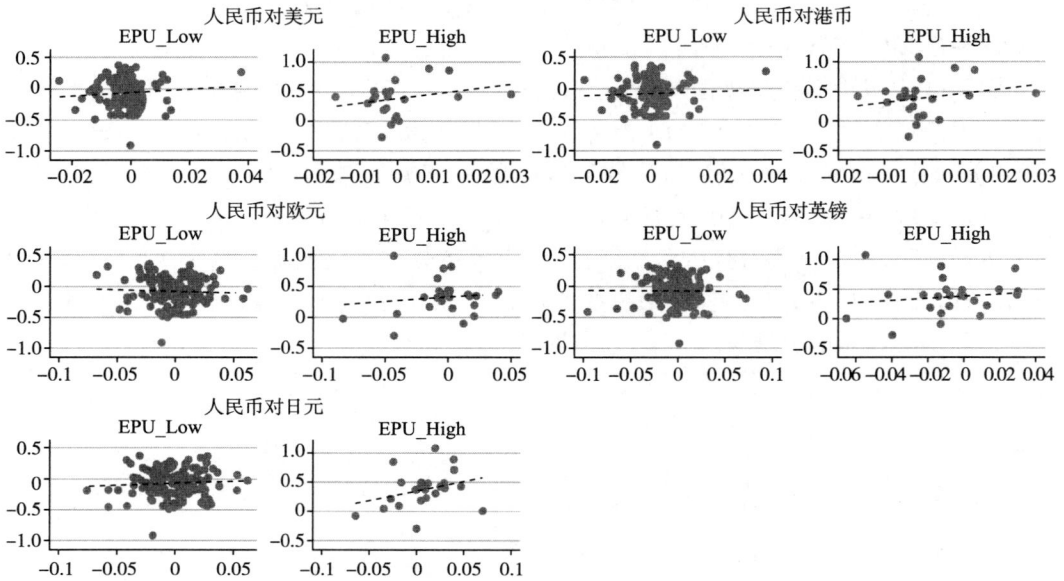

注:横轴表示人民币收益率,纵轴表示 EPU 指数收益率。若在 EPU 指数高收益率下两者负相关,则人民币具有避险能力。

图 6-5　不同 EPU 指数区制下五大人民币货币对的汇率表现

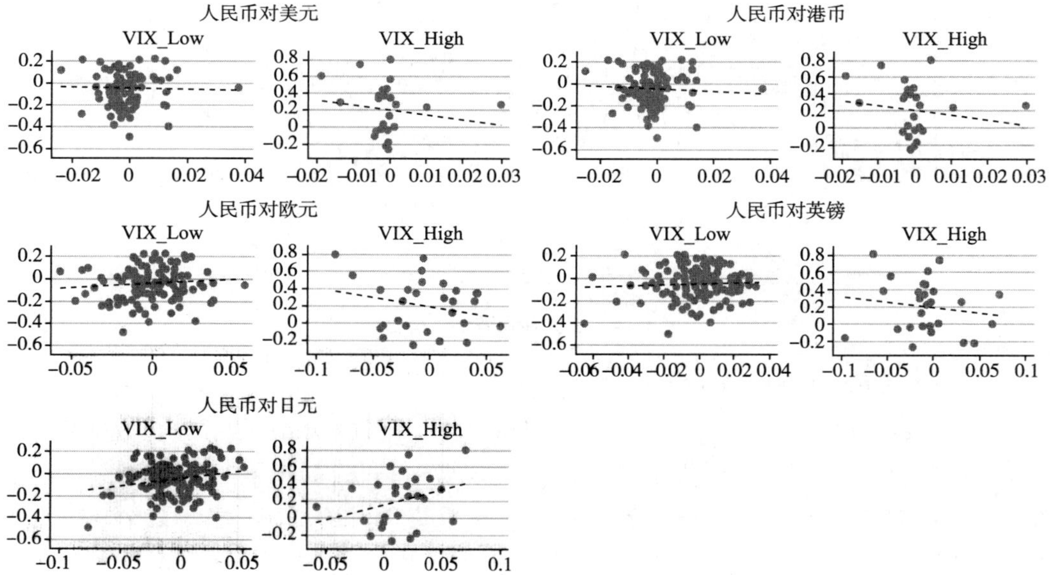

注:横轴表示人民币收益率,纵轴表示 VIX 指数收益率。若在 VIX 指数高收益率下两者负相关,则人民币具有避险能力。

图 6-6　不同 VIX 指数区制下人民币五大货币对的汇率表现

图 6-5 和图 6-6 的横轴表示人民币汇率收益率，纵轴表示不同风险因子收益率，两图皆包含高区制和低区制两个部分。直接标价法下汇率上升表示贬值，所以不论是高区制还是低区制，若人民币汇率收益率与风险因子的收益率都显著负（正）相关，则表示人民币是该货币（该货币是人民币）的对冲货币；若仅在高区制下人民币汇率收益率与风险指标的收益率显著负（正）相关，则表示人民币是该货币（该货币是人民币）的避险货币。由图 6-5 和图 6-6 可以看出，对于不同风险因子、不同风险区制，五大人民币货币对的汇率表现有所不同；不同 EPU 指数区制下，除人民币对日元在高区制下的汇率收益率与 EPU 收益率显著正相关外，其他情形下两者关系均不显著。但由图 6-6 来看，当 VIX 指数处于低区制时，人民币收益率与风险收益率不相关；但当 VIX 指数处于高区制时，除人民币对日元收益率与 VIX 收益率显著正相关外，其他均为负相关。直观上看，人民币是美元、港币、英镑和欧元的避险货币，日元是人民币的避险货币。

三、计量模型设计与人民币货币属性识别策略

（一）理论模型

非抛补利率平价（uncovered interest parity，UIP）条件是汇率定价的理论基础之一，可用公式表述如下：

$$1 + i_t = \frac{E_t S_{t+1}}{S_t}(1 + i_t^*) \tag{1}$$

其中，S_t 表示汇率，i_t 表示本国利率，i_t^* 表示外国利率。该公式从利率平价角度出发，指出汇率预期变化与两国利差有关，高利率货币未来倾向于贬值，而低利率货币未来倾向于升值。参考 Grisse and Nitschka（2015）的研究，本节构建了一个包含风险因子的汇率资产定价模型。该模型与 Grisse and Nitschka（2015）的唯一不同在于，Grisse and Nitschka（2015）使用抛补利率平价（covered interest parity，CIP）条件将 UIP 中的利率替换为远期汇率，考虑到人民币远期汇率市场较小且不成熟的现状，本节直接使用利差，而未考虑远期汇率。实际上，如果 CIP 条件成立，利差即可反映远期汇率的变化。

汇率资产定价模型将 UIP 条件看作一个投资策略，即以本币融资，投资外币以期在未来获得收益。如果两国资本自由流动，则该策略收益为零。定义式（1）左右两边之差为 x_{t+1}，则有 $E_t x_{t+1} = 0$。而现实中，UIP 条件并不成立（Fama，1984；Froot and Frankel，1989；肖立晟和刘永余，2016），我们可以根据标准的资产定价公式，将风险引入该条件，有：

$$E_t[x_{t+1} m_{t+1}] = 0 \tag{2}$$

其中，m 为主观贴现因子，表示风险，将式（1）代入式（2）中，根据期望公式展开并做简单推导，可以得到经风险调整的 UIP 条件为：

$$1 + i_t = (1 + i_t^*)\left[\frac{E_t S_{t+1}}{S_t} + \frac{\text{cov}(S_{t+1}/S_t, m_{t+1})}{E_t m_{t+1}}\right] \tag{3}$$

根据式（3），我们可初步得出计量模型：

$$\Delta \ln S_{t+1} = \alpha + \beta_1(i_t - i_t^*) + \beta_2 \Delta \ln r_{t+1} + \mu_{t+1} \tag{4}$$

式(4)指出汇率收益率与两国利差、风险因子收益率之间的关系。若 UIP 条件成立,则截距 $\alpha=0$,利差项系数 $\beta_1=1$,风险因子收益率前系数 $\beta_2=0$。当两国之间存在资本管制时,UIP 条件不成立,此时风险因子收益率前系数 $\alpha\neq 0$,$\beta_2\neq 0$。根据 Engle(2016),我们可知去外国投资会面临一定风险,形成风险溢价,即 $\alpha>0$,$\beta_3>0$。从避险货币角度来看,若融资货币具有避险能力,则 $\beta_3<0$。下文用小写字母表示相应变量的对数值。

(二)计量模型设计

为了充分利用数据,我们同时使用月度数据和日度数据进行分析。由于宏观经济变量多为月频(季度数据可以转换成月度数据),我们可以对回归结果的经济意义及原因进行深入分析;而日度数据可以很好地抓住风险因素和汇率的即时变化情况,能够更好地识别人民币的避险属性。

1. 基础模型

为了考察人民币是否为美元、欧元等五大交易货币的对冲货币,参考 Grisse and Nitschka(2015)、Fatum and Yamamoto(2016)等文献,本节设计计量模型如下:

$$\Delta s_t = \alpha + \beta_1(i_{t-1} - i^*_{t-1}) + \beta_2 \Delta risk_t + \beta_3(i_{t-1} - i^*_{t-1}) \times \Delta risk_t + \gamma RGDP_t + \mu_t \quad (5)$$

式(5)等号左侧表示汇率收益率,正数表示人民币贬值,等号右侧包含四部分。$i_t - i^*_t$ 是两国利差,若 UIP 条件成立,则其系数 β_1 应该显著为 1。$\Delta risk_t$ 表示风险因子收益率,数值变大表示风险上升。其中,风险因子有 VIX 指数、VXO 指数和 EPU 指数三个,考虑到多重共线性问题,分别将三个指数加入模型。若系数 β_2 显著为负,则表示人民币是其他货币的强对冲货币;β_2 不显著,则表示人民币与该货币之间是弱对冲关系;β_2 显著为正,则表示该货币是人民币的强对冲货币。两国利差和风险因子的交乘项有助于控制套利交易反转(详见 Grisse and Nitschka,2015)。若 β_3 显著为正,则表示在人民币利率高于他国利率的情况下,高风险下人民币汇率会大幅贬值,人民币是套利交易中的投资货币;若 β_3 显著为负,则相反,表示人民币为套利交易中的融资货币。考虑到理论上认为汇率变动由基本面决定,我们加入实际 GDP 增长率作为控制变量,在之后的模型中再控制其他变量。模型式(5)与以下两个模型均针对每一个货币对分别进行回归。

(2)门限回归模型

为了考察人民币是否为五大货币的避险货币,本节进一步构建门限回归模型如下:

$$\Delta s_t = \alpha_c + \beta_{c,1}(i_{t-1} - i^*_{t-1}) + \beta_{c,2} \Delta risk_t + \beta_{c,3}(i_{t-1} - i^*_{t-1}) \times \Delta risk_t + \gamma_c RGDP_t + \mu_t \quad (6)$$

其中,c 表示状态,分为高风险区制和低风险区制两种,分别用 H(高风险)和 L(低风险)表示。综合式(5)和式(6),识别策略如表 6-26 所示。

表 6-26 人民币避险属性的识别

货币属性	判别标准
人民币是强(弱)避险货币	$\beta_{H,2}$ 显著为负(不显著)
人民币是强(弱)对冲货币	β_2 显著为负(不显著),或者 $\beta_{L,2}$、$\beta_{H,2}$ 均显著为负(不显著)
人民币是融资货币	若 $i_{t-1} > i^*_{t-1}$,则 β_3 和 $\beta_{H,3}$ 显著为负;若 $i_{t-1} < i^*_{t-1}$,则 β_3 和 $\beta_{H,3}$ 显著为正

(续表)

货币属性	判别标准
人民币是投资货币	若 $i_{t-1}>i^*_{t-1}$,则 β_3 和 $\beta_{H,3}$ 显著为正;若 $i_{t-1}<i^*_{t-1}$,则 β_3 和 $\beta_{H,3}$ 显著为负
其他货币是强(弱)避险货币	$\beta_{H,2}$ 显著为正(不显著)
其他货币是强(弱)对冲货币	β_2 显著为正(不显著),或者 $\beta_{L,2}$、$\beta_{H,2}$ 中均显著为正(不显著)

(3) 交乘项模型

由于汇市和国债市场在周末及节假日不交易,从而形成不连续的日度数据,不能使用门限回归方法,我们引入高风险虚拟变量交乘项来解决这一问题。日度数据下的交乘项回归模型如下:

$$\Delta s_t = \alpha + \beta_1(i_{t-1} - i^*_{t-1}) + \beta_2 \Delta risk_t \times risk\_H_t + \beta_3(i_{t-1} - i^*_{t-1}) \times \Delta risk_t \times risk\_H_t + \beta_4 risk\_H_t + \mu_t \tag{7}$$

模型式(7)与线性模型的不同在于加入了风险因子与高风险虚拟变量 risk_H 的交乘项,通过系数 β_2 的正负及显著性水平就可以判断出人民币的避险属性;另外,通过利差、风险因子及高风险虚拟变量的交乘项系数 β_3 的正负及显著性水平就可以判断出人民币是否为套利交易中的投融资货币,判别标准如表 6-26 所示。

本节对于高风险虚拟变量的设定有两种方法:第一,与第三部分高区制虚拟变量的设定一致,设定高于(含)相应风险因子及其收益率 90% 分位数的部分为高风险部分,设为 1,其他部分为 0;第二,参考 Ranaldo and Söderlind(2010)、Bock and Irineu(2015)等的设定,以特定的风险事件作为高风险代理变量。考虑到这些风险性事件的影响具有持续性,本节设置三个总体的事件虚拟变量 event_1,event_3 和 event_7,分别对应事件发生后 1 天、1—3 天和 1—7 天,即若该事件发生,则发生事件当天、1—3 天和 1—7 天分别为 1,其他时间为 0。本节通过网络搜索方式查找了 2006 年以来主要国际风险事件,共计 60 件,详情如表 6-27 所示。参照 Ranaldo and Söderlind(2010)的做法,本节将风险事件进一步分为政治经济事件(pe)、自然灾害(nature)、战争和恐怖活动(tawa)三类,并分别对应 1 天、1—3 天和 1—7 天三个虚拟变量,对所有虚拟变量分别进行考察。

(三) 数据来源及预处理

本节涉及的五大人民币货币对的汇率数据来自中国外汇交易中心,衡量市场风险的 VIX 指数和 VXO 指数来自美联储圣路易斯分行(Federal Reserve Bank of St. Louis),衡量经济政策不确定性的 EPU 指数来自 Baker(2016),汇率和风险变量均取对数差分。值得注意的是,UIP 条件下的利率指的是短期利率,国外文献一般使用 3 个月 Libor,但由于中国 Shibor 利率定价机制与 Libor 有所不同,不能作比较,因此本节使用各国及地区 10 年期国债收益率作为代理变量,所有利率数据均处理为中国与其他国家和地区的利差的形式。中国香港不发行国债,我们使用 3 个月期 Hibor 利率代替,同时使用 3 个月期 Shibor 利率与其作差,利差走势如图 6-7 所示。另外,控制变量(月度实际 GDP 增长率)由季度数据经季节调整得到。所有数据的描述性统计如表 6-28 所示,其中相关系数显示各变量之间的相关系数均小于 0.2,不存在多重共线性问题。时间序列分析要求各变量

表 6-27 风险事件及其分类

序号	时间	事件	分类	序号	时间	事件	分类
1	2006年7月14日	原油价格大跌	1	31	2014年4月2日	智利大地震	2
2	2006年11月8日	巴以冲突	3	32	2014年4月16日	韩国岁月号沉船	3
3	2007年4月16日	美校园枪击	3	33	2014年7月17日	马航MH370坠毁	2
4	2007年8月14日	伊拉克炸弹袭击	3	34	2015年3月25日	法国A320坠毁	2
5	2007年8月16日	美次贷危机引发股市动荡	1	35	2015年4月2日	肯尼亚大学遭恐袭	3
6	2008年5月15日	尼日利亚输油管道爆炸	1	36	2015年4月25日	尼泊尔8.1级地震	2
7	2008年6月22日	台风致菲律宾轮渡沉没	2	37	2015年6月28日	美猎鹰火箭空中爆炸	2
8	2008年8月20日	马德里机场空难	2	38	2015年8月18日	泰国曼谷炸弹袭击	3
9	2008年9月15日	雷曼兄弟破产	1	39	2015年9月17日	智利大地震	2
10	2008年10月15日	泰国柬埔寨交火	3	40	2015年10月10日	土耳其恐袭	3
11	2009年5月25日	朝鲜二次核试验	3	41	2015年10月26日	巴基斯坦地震	2
12	2009年6月28日	洪都拉斯发生军事政变	3	42	2015年10月31日	俄客机遭恐袭在埃及坠毁	3
13	2009年7月9日	美韩政府网站遭受攻击	3	43	2015年11月13日	法国巴黎枪击爆炸案	3
14	2009年8月8日	台风莫拉克重创中国台湾地区	2	44	2015年11月24日	土耳其击落俄罗斯战机	3
15	2009年10月20日	希腊欧债危机爆发	1	45	2015年12月2日	美加州枪击案	3
16	2010年3月26日	韩国天安号警戒船沉没	3	46	2016年6月23日	英公投脱欧，首相辞职	1

（续表）

序号	时间	事件	分类	序号	时间	事件	分类
17	2010年5月6日	美股盘中崩盘	1	47	2017年5月22日	英国曼彻斯特遭恐袭	3
18	2010年5月9日	印尼地震	2	48	2017年6月14日	美国枪击案	3
19	2010年5月13日	泰国反政府武装枪战	3	49	2017年8月17日	巴塞罗那恐袭	3
20	2010年7月26日	维基解密泄露情报	1	50	2017年8月25日	飓风哈维登陆美国	2
21	2010年10月16日	法国游行示威抗议延迟退休	1	51	2017年9月8日	墨西哥8.2级地震	2
22	2011年3月11日	日本大地震	2	52	2017年10月31日	美曼哈顿恐袭	3
23	2011年3月19日	多国军事干预利比亚	3	53	2017年11月24日	埃及遭恐袭	3
24	2011年4月29日	美国龙卷风袭击	2	54	2018年3月15日	英俄间谍中毒事件	1
25	2013年4月15日	波士顿恐怖爆炸	3	55	2018年3月18日	俄驱逐英国外交官	1
26	2013年6月6日	美国"棱镜门"事件	3	56	2018年4月7日	叙利亚化武	3
27	2013年8月21日	叙利亚毒气弹事件	3	57	2018年7月28日	美加州山火	2
28	2013年10月16日	美政府关门	1	58	2018年8月31日	俄驱逐23国外交官	1
29	2013年10月26日	日本福岛地震核泄漏	2	59	2018年9月28日	印尼地震海啸	2
30	2013年11月22日	乌克兰危机	3	60	2018年10月2日	沙特记者失踪	3

注：在分类列中，1表示政治经济事件，2表示自然灾害，3表示战争和恐怖活动。其中，政治经济事件13起，自然灾害18起，战争和恐怖活动29起，三者共计60起。

满足平稳性的要求,否则会出现伪回归现象,因此本节对各变量进行单位根检验。检验结果显示,各变量均为平稳时间序列,可以做回归分析。

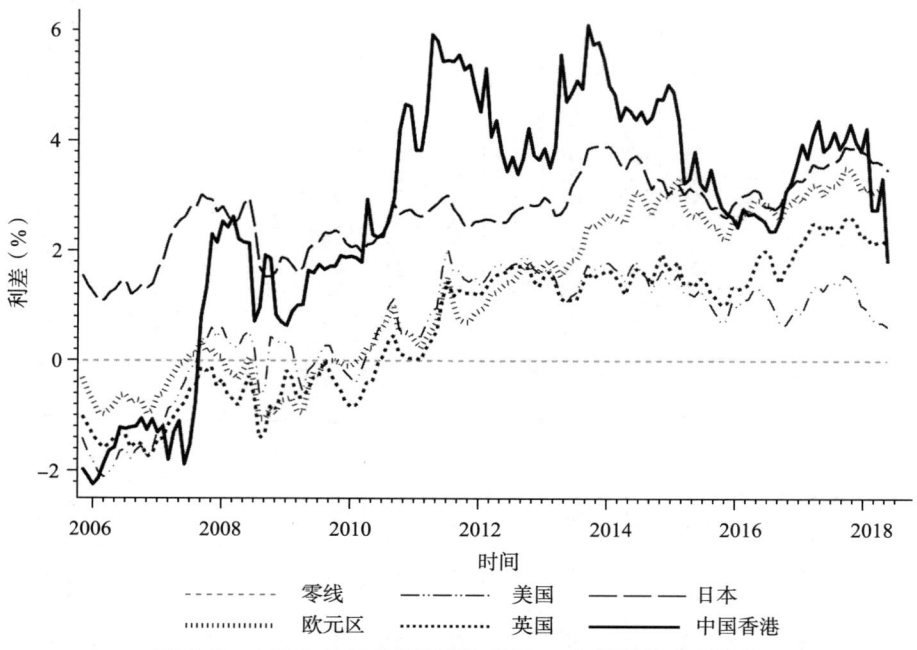

图 6-7 中国内地与其他国家和地区 10 年期国债利差走势

注:图中显示的是中国内地与美国、英国、欧元区、日本的 10 年期国债利差,以及中国内地 3 个月期 Shibor 利率与中国香港 3 个月期 Hibor 利率的利差。

表 6-28 变量描述性统计

变量名	变量简称	观测值	均值	标准差	最小值	最大值
月度数据						
人民币对美元收益率	rlnusd	150	−0.0012	0.0072	−0.0242	0.0377
人民币对港币收益率	rlnhkd	150	−0.0013	0.0073	−0.0251	0.0376
人民币对日元收益率	rlnjpy	150	−0.0010	0.0241	−0.0764	0.0699
人民币对欧元收益率	rlneur	150	−0.0015	0.0227	−0.0833	0.0620
人民币对英镑收益率	rlngbp	150	−0.0031	0.0225	−0.0959	0.0715
美国经济政策不确定性指数收益率	rlnusepu	150	0.0057	0.2892	−0.9189	1.0765
标普 100 股指期货波动率	rlnvxo	150	0.0004	0.2133	−0.5140	0.7693
标普 500 股指期货波动率	rlnvix	150	0.0009	0.2037	−0.4884	0.7956
中美 10 年期国债利差	dtrus	151	0.6355	1.0343	−2.1006	2.0382
中日 10 年期国债利差	dtrjpn	151	2.6944	0.7133	1.0876	3.8959
中欧 10 年期国债利差	dtreu	151	1.2311	1.4564	−1.0569	3.4888

(续表)

变量名	变量简称	观测值	均值	标准差	最小值	最大值
中英10年期国债利差	dtruk	151	0.6360	1.2485	−1.7289	2.6109
中国内地与中国香港银行间拆放利差	drhk	151	2.6934	2.1425	−2.2302	6.0746
中国实际GDP增长率	gdp	150	1.0144	0.9136	−1.9069	6.1636
日度数据						
人民币对美元收益率	rlnusd	2 812	0.0000	0.0081	−0.3024	0.3049
人民币对港币收益率	rlnhkd	2 812	0.0000	0.0007	−0.0048	0.0078
人民币对日元收益率	rlnjpy	2 812	0.0000	0.0029	−0.0239	0.0165
人民币对欧元收益率	rlneur	2 812	0.0000	0.0027	−0.0323	0.0146
人民币对英镑收益率	rlngbp	2 812	−0.0001	0.0028	−0.0257	0.0184
美国经济政策不确定性指数收益率	rlnusepu	2 812	0.0000	0.2246	−1.3673	1.3965
标普100股指期货波动率	rlnvxo	2 808	0.0000	0.0381	−0.1657	0.3298
标普500股指期货波动率	rlnvix	2 808	−0.0001	0.0339	−0.1523	0.3336
中美10年期国债利差	drus	2 805	0.8907	0.7072	−1.2471	2.3476
中日10年期国债利差	drjpn	2 807	2.8623	0.5804	1.3599	4.1002
中欧10年期国债利差	dreu	2 813	1.4907	1.3738	−1.3623	3.5697
中英10年期国债利差	druk	2 813	0.9262	1.0870	−1.7038	2.6890
中国内地与中国香港银行间拆放利差	drhk	2 730	2.8370	1.6292	−1.6744	6.2014

四、回归结果分析与人民币货币属性识别

（一）人民币货币属性识别：人民币是对冲货币吗？

1. 月度线性回归结果分析

月度线性方程(式(5))的主要回归结果如表6-29所示。可以发现：

第一，日元是人民币的对冲货币。由表6-29可知，三个风险因子中EPU指数的系数完全不显著，而VIX指数和VXO指数仅在人民币对日元中显著为正。这说明在市场风险上升时，人民币对日元会贬值，且这种贬值具有平均意义。

第二，人民币与英镑、欧元、美元、港币之间具有弱对冲关系。四大人民币货币对风险指标的系数均不显著，依据前文的判别标准，人民币与这四大货币是弱对冲关系。

第三，欧元和人民币、港币和人民币之间存在套利交易。由表6-29可知，对于欧元方程，两大市场风险因子（VIX指数、VXO指数）与利差交乘项的系数显著为正，而事实

上,2010年年中之后中欧利差由负变正,说明在此之前人民币是融资货币、欧元是投资货币,欧元易受到国际投机者资金回撤的冲击,较不稳定。对人民币与港币货币对而言,市场风险因子与利差交乘项的系数为负,而自2007年下半年开始,中国内地和中国香港地区的利差由负变正,人民币成为套利交易的投资货币。事实上,人民币在这一时间段(2007年下半年到2015年年初)一直处于升值状态,强烈的升值预期催生了大量的套利交易,众多文献(如余永定,2012;何诚颖等,2018)对这一时期的人民币在离岸套利现象进行了研究。

表6-29 月度线性回归结果

被解释变量	人民币/英镑	人民币/欧元	人民币/美元	人民币/港币	人民币/日元
VIX					0.058** (2.02)
VIX×DR		0.014** (1.98)		−0.001* (−1.83)	
VXO					0.053* (1.78)
VXO×DR		0.013* (1.95)		−0.001* (−1.74)	

注:(1)括号内是经异方差修正的 t 值,***、**、* 分别表示在1%、5%和10%的置信水平下显著;(2)分别将 EPU、VIX 和 VXO 三个风险因子放入模型中进行回归,无数据部分表示相应变量不显著,如果相应变量对所有货币均不显著,则删除该变量(EPU)。

2. 日度线性回归分析

表6-30统计了日度数据线性回归结果,从中可以直观地看到,日度数据结果与月度数据结果有较大差异。对于日度数据而言,人民币是英镑的对冲货币,人民币与美元、港币和日元之间是弱对冲关系,2010年之后人民币升值伴随大量的套利交易。

表6-30 日度线性回归结果

被解释变量	人民币/英镑	人民币/欧元	人民币/美元	人民币/港币	人民币/日元
EPU		0.001* (1.69)			
EPU×DR	−0.000* (−1.68)	−0.000* (−1.66)			
VIX	−0.010** (−2.21)	−0.008** (−1.99)			
VIX×DR	0.004** (2.30)				

（续表）

被解释变量	人民币/英镑	人民币/欧元	人民币/美元	人民币/港币	人民币/日元
VXO	−0.007* (−1.98)				
VXO×DR		0.003* (1.85)			

注：(1)回归由 Stata15.0 完成，小括号内是经异方差修正的 t 值，***、**、* 分别表示在 1%、5% 和 10% 的置信水平下显著；(2)分别将 EPU、VIX 和 VXO 三个风险因子放入模型中进行回归，无数据部分表示相应变量不显著，如果该变量对所有货币均不显著，则删除该变量。

（二）人民币货币属性识别：人民币是避险货币吗？

1. 月度门限回归结果分析

为了考察人民币的避险属性，我们进一步对门限模型式(6)进行回归，主要回归结果如表 6-31 所示。由表 6-31 我们可以得出：

第一，人民币不仅是英镑的强避险货币，也是英镑的强对冲货币。表 6-31 显示，对于人民币与英镑货币对而言，不论是低风险区制还是高风险区制，三大风险因子的系数基本显著为负。这说明不论是平均意义上还是市场风险较高的极端情形下，人民币对英镑均处于升值状态，图 6-3 中人民币对英镑汇率走势也确实如此。

第二，人民币是欧元的强避险货币，日元对人民币有避险作用。表 6-31 显示，对于欧元方程而言，三大风险指标均显著为负，表明在市场风险上升时，人民币对欧元汇率趋于升值，人民币对欧元具有避险作用。对于日元方程而言，VXO 的系数显著为正，说明日元是人民币的强避险货币。

第三，货币是否具有避险能力与其是否为套利交易中的融资货币关系密切。非避险货币往往是套利交易中的被投资方，当风险发生时，容易受到套利资金反转的冲击。结合表 6-31 和图 6-7 可以看出，2010 年之前，中英利差为负，英镑是套利交易中的投资货币；2010 年之后，中国 10 年期国债收益率高于其他 5 个国家和地区，同时受强烈的人民币升值预期的影响，人民币成为套利交易中的投资货币，国际投机者以低息借入英镑、日元和美元，然后进入中国市场，同时赚取利差和汇差。而一旦市场风险上升，升值预期转化为贬值预期，套利资金就会大量抽逃，人民币汇率波动加剧。

第四，不论是表 6-29、表 6-30、表 6-31 还是后文各个列表，我们均发现人民币对美元和人民币对港币方程风险因子的系数不显著（或显著的情况极少），这与中国的汇率形成机制有密切关系。目前中国实行"前日收盘价+一篮子货币+逆周期因子（有时可能会退出）"的人民币汇率形成机制，其中盯住一篮子货币占比依旧很高。一篮子货币本身就是相互参照、对冲或避险的。而一篮子货币中，美元是人民币的主要参照货币（美元占比为 22.4%，在 CFETS 货币篮子中排名第一），故人民币与美元货币对不显著，人民币和美元是互为避险的关系。另外，中国香港实行货币局制度，货币发行直接与美元挂钩，这导致港币的很多特性与美元类似,且港币在 CFETS 篮子中也占有较大比例(4.28%,排名第四),故人民币和港币也表现出互为避险的关系。

表 6-31 月度门限模型基础回归结果

被解释变量	人民币/英镑		人民币/欧元	人民币/美元	人民币/港币	人民币/日元	
	低区制	高区制	高区制	高区制	高区制	低区制	高区制
EPU	−0.270** (−2.35)	−0.021** (−2.46)	−0.083** (−2.40)				
EPU×DR	0.177** (2.10)	0.012* (1.73)					
VIX	−0.120* (−1.65)	−0.031** (−2.45)	−0.084*** (−3.25)		−0.049** (−2.14)		
VIX×DR	0.148*** (2.74)						0.038* (1.74)
VXO		−0.032*** (−2.64)	−0.109** (−1.99)				0.398*** (3.66)
VXO×DR	0.146*** (2.91)			−0.035** (−2.29)			−0.118*** (−2.98)

注:(1)小括号内是经异方差修正的 t 值,***、**、* 分别表示在 1%、5% 和 10% 的置信水平下显著;(2)分别将 EPU、VIX 和 VXO 三个风险因子放入模型中进行回归,无数据部分表示该变量不显著。

2. 日度数据交乘项回归结果分析

如本节第四部分所述,我们使用风险虚拟变量捕捉市场的高风险性。高风险虚拟变量有两个选择,一个是高于风险因子及其收益率 90% 分位数的部分,另一个是高风险国际事件虚拟变量。

(1)风险因子分位数虚拟变量回归结果分析。我们将每个风险因子及其收益率高于各自 90% 分位数的部分记为高风险部分,用虚拟变量 risk_H 表示。表 6-32 报告了模型式(7)中关于风险因子与高风险虚拟变量交乘项的部分回归结果,反映套利交易反转的交乘项并不显著,在此未予以报告。由表 6-32 可知,人民币在一定程度上是英镑和欧元的避险货币,美元和港币是人民币的强避险货币,日元的避险能力有所下降。

表 6-32 日度高风险虚拟变量交乘项的回归结果

被解释变量	人民币/英镑	人民币/欧元	人民币/美元	人民币/港币	人民币/日元
EPU×risk_H				0.000* (1.95)	
VIX×risk_H	−0.011 (−1.45)	−0.008 (−1.39)	0.002** (2.11)		

（续表）

被解释变量	人民币/英镑	人民币/欧元	人民币/美元	人民币/港币	人民币/日元
VXO×risk_H			0.002**		
			(2.34)		

注：(1) 小括号内是经异方差修正的 t 值，***、**、*分别表示在1%、5%和10%的置信水平下显著；(2) 分别将 EPU、VIX 和 VXO 三个风险因子放入模型中进行回归，无数据部分表示该变量不显著，如果相应变量对所有货币均不显著，则删除该变量。

（2）事件虚拟变量回归结果分析。考虑到大部分事件有一定的持续性，我们对每一类事件设置了 1 天、1-3 天和 1-7 天三个虚拟变量，并对每一种货币对、每个事件虚拟变量分别进行考察，回归结果整理如表 6-33 所示。表 6-33 统计了每一类事件与核心解释变量交乘项的符号，若不显著则无数据。

表 6-33 日度事件虚拟变量的回归结果

事件序号	方程变量	人民币/英镑			人民币/欧元			人民币/美元			人民币/港币			人民币/日元		
		1	3	7	1	3	7	1	3	7	1	3	7	1	3	7
所有事件	EPU			负												
	VIX	负	负	负	负	负	负							正		正
	VXO	负	负	负	负	负	负							正	正	正
	EPU*					负	负									
	VIX*		正	正		正			正					负		
	VXO*	正			正	正									负	
自然灾害	EPU							负						负	负	负
	VIX		负	负		负	负				正			正	正	正
	VXO		负	负		负	负				正			正	正	正
	EPU*						正							负	正	正
	VIX*		正	正		正	正				负			正	负	
	VXO*		正	正		正	正				负			负	负	
政治经济事件	EPU										正			正		
	VIX	负	负	负	负	负										
	VXO	负	负	负	负	负										
	EPU*					负		负	正		负					
	VIX*	正						正								
	VXO*				正			正								
战争和恐怖活动	EPU							正								
	VIX	负	负	负	负	负	负					正				
	VXO	负	负	负	负	负	负					正				
	EPU*							负								
	VIX*		正	正		正	正					负				
	VXO*		正	正		正	正					负				

注：(1) 1、3、7 分别表示相应事件 1 天、1—3 天和 1—7 天虚拟变量；(2) 无数据表示相应变量不显著；(3) 举例来说，对总体事件而言，VIX 表示总体事件虚拟变量与 VIX 交乘项，VIX* 表示 VIX、利差和总体事件虚拟变量三者的交乘项。

第一，就总体事件而言，人民币是英镑和欧元的强避险货币，日元是人民币的强避险货币，且这种避险属性不仅在当天成立，在7天内均成立。表6-33记录了所有事件情形下核心解释变量与所有事件交乘项的估计结果，这部分估计结果与月度数据门限回归结果十分接近。对于人民币与英镑货币对和人民币与欧元货币对而言，主要市场风险因子与总体事件交乘项的系数显著为负，表明当市场风险上升时，人民币对英镑汇率与人民币对欧元汇率升值；对于人民币与日元货币对而言，主要市场风险因子与总体事件交乘项的系数显著为正，表明当市场风险上升时，人民币对日元汇率贬值。

第二，对于不同类型事件虚拟变量而言，结果与总体事件大同小异，即人民币是英镑和欧元的强避险货币，日元是人民币的强避险货币。稍有不同的是，当发生自然灾害时，人民币的避险能力会更强一些。这可能与事件选择有关，我们所选择的事件更强调其国际性，国内风险事件（比如"5·12"汶川地震）就不在事件中，从而在一定程度上放大了人民币在发生自然灾害时的避险能力。

第三，美元、港币与人民币之间基本是弱避险关系，在具体的三类事件中，美元和港币对人民币的避险能力略强。总体事件估计结果显示，人民币与美元和港币货币对的核心解释变量均不显著，但在具体的某一类风险事件中，美元方程和港元方程中的个别风险因子与风险虚拟变量的系数显著为正。正如前文所述，这与中国实施的盯住一篮子货币政策有关。

第四，除日元方程之外，其他4个货币对的回归估计结果均显示，2010年之后人民币成为套利交易的投资货币，人民币汇率面临套利活动冲击。我们发现，两大市场风险因子、利差与风险事件虚拟变量三者交乘项的系数为正，而2010年之后中国国内利率高于其他国家利率，故人民币成为国际投机者的套利交易对象，当发生高市场风险时，高利率的人民币会发生大幅贬值。

（三）2010年之后人民币避险属性分析

一方面，上文回归结果显示，2010年之后存在大量基于人民币的套利交易，高风险下人民币容易受到资金抽逃的冲击而发生贬值；另一方面，Fatum et al.(2017)、Yuki(2017)均认为2010年之后人民币避险属性减弱甚至消失。因此，我们有必要对2010年之后的数据进行样本分析。由于2010年6月19日中国重新启动汇率形成机制改革，我们选择2010年6月之后的数据进行分析，而这段时间月度数据所含的样本量较少，不能进行门限回归，因此我们仅选用日度数据。

综合线性模型和风险虚拟变量交乘项回归结果，我们认为：第一，2010年6月以后，人民币的避险能力确实略有下降，尤其是对欧元而言下降较多，但人民币依旧是英镑的强避险货币和强对冲货币，这一发现有区别于Fatum et al.(2017)、Yuki(2017)的观点；第二，2010年6月以后，日元对人民币的避险能力有所下降，港币对人民币的避险能力有所上升；第三，2010年6月以后，人民币确实伴随着很多套利交易活动，但对不同货币而言，人民币不总是套利交易的投资货币，人民币汇率也不总是因套利资金的抽离而发生贬值。比如当发生重大政治经济风险事件时，欧元方程、港币方程和日元方程中的VIX、利差和总体事件虚拟变量三者交乘项为负，说明此时人民币有避险能力。

（四）回归结果小结

综合月度和日度的回归结果，我们发现：第一，人民币既是英镑的强避险货币，也是英镑的强对冲货币，且这种避险能力在 2010 年以后依然存在；第二，人民币在 2010 年以前是欧元的强避险货币，在 2010 年以后处于强避险和弱避险之间，即人民币对欧元有一定的避险能力；第三，日元在 2010 年以前是人民币的强避险货币和强对冲货币，在 2010 年以后这一效果略有减弱；第四，人民币与美元和港币之间是弱避险关系，但美元和港币的避险能力稍强，这与中国实施的盯住一篮子货币的汇率政策密切相关。另外，2010 年以后，基于人民币的套利交易增多，套利资金流向反转加剧了人民币汇率的波动。为了检验结果的稳健性，我们使用 3 个月期的 Shibor 和 Libor 利差替代 10 年期国债利差重新回归，两者结果几无差异，这表明本节计量结果非常稳健。

五、人民币避险能力的原因探析

本节第三部分分析发现，人民币是英镑的强避险货币和强对冲货币，是欧元的避险货币，而日元是人民币的强避险货币。为了进一步探究人民币避险属性的内在成因，我们针对三个时间序列做进一步分析。

目前，中国实施有管理的浮动汇率制度，汇率依照"前日收盘价+一篮子货币+逆周期因子"原则定价。本节认为，在这一体系中，有三个重要事实可能会影响人民币的避险能力，分别是一定程度地盯住美元、人民币对美元汇率日波幅限制和常态化汇率干预。首先，人民币汇率形成机制在多次改革后，逐渐降低了对美元的依赖，但一篮子货币中美元依旧占比最大，且在金融危机期间重新盯住美元。其次，自 2005 年 7 月人民币汇率制度改革以来，人民币对美元汇率日波幅经过三次调整。2007 年 5 月 21 日人民币对美元汇率日间波动幅度由 0.3% 扩大至 0.5%，2012 年 4 月 14 日又由 0.5% 扩大至 1%，2014 年 3 月 17 日进一步扩大至 2%。最后，在强烈汇率升贬值预期，尤其是贬值预期下，中国外汇交易中心会通过外汇市场操作，遏制人民币的大幅升值或贬值。因此，我们控制美元实际有效汇率以控制人民币汇率定价中的美元因素；用汇率波动幅度（即各货币对月内日度汇率标准差）作为汇率日波幅限制的代理变量；用外汇储备的对数差分作为外汇干预的代理变量，逐个加入月度数据门限回归模型重新回归，考察人民币具有避险能力的原因。回归结果如表 6-34、表 6-35 和表 6-36 所示。

表 6-34 月度门限模型中加入美元实际有效汇率的回归结果

	人民币/英镑		人民币/欧元		人民币/日元
	低区制	高区制	低区制	高区制	高区制
EPU				−0.081***	
				(−2.76)	
EPU×DR		0.011*		0.034**	
		(1.78)		(1.96)	

（续表）

	人民币/英镑		人民币/欧元		人民币/日元
	低区制	高区制	低区制	高区制	高区制
VIX				−0.037*	0.329***
				(−1.75)	(3.14)
VIX×DR		0.099**			−0.087**
		(1.99)			(−2.34)
VXO			0.022*		0.399***
			(1.66)		(3.77)
VXO×DR		0.112**		−0.055**	−0.118***
		(2.21)		(−2.41)	(−3.11)

注：(1) 小括号内是经异方差修正的 t 值，***、**、*分别表示在1%、5%和10%的置信水平下显著；(2) 分别将 EPU、VIX 和 VXO 三个风险因子放入模型中进行回归，无数据部分表示该变量不显著，如果相应变量对所有货币均不显著，则删除该变量。

由表 6-34 可知，在控制美国实际有效汇率指数收益率（即人民币汇率篮子中的美元因素）后，人民币的避险能力显著下降，且对英镑而言更为明显。回归结果显示，对这三个时间序列而言，美元收益率的系数均显著为负，这说明人民币对英镑的避险能力是由人民币盯住美元导致的，当市场风险上升时，美元升值，人民币会被动升值，导致人民币对英镑具有一定的避险作用，在控制这一因素后，人民币对英镑的避险能力减弱。我们还可以看到，不论是存在经济政策不确定性风险，还是存在市场风险的情况下，人民币依然是欧元的避险货币，而日元只有在市场风险较高时才是人民币的避险货币。

表 6-35 月度门限模型中加入汇率波动幅度的回归结果

	人民币/英镑	人民币/欧元	人民币/日元	
	高区制	高区制	低区制	高区制
EPU	−0.017**	−0.090***		
	(−1.99)	(−2.72)		
EPU×DR	0.012*			
	(1.77)			
VIX				
VIX×DR			0.038*	
			(1.75)	
VXO				0.377***
				(3.36)

（续表）

	人民币/英镑	人民币/欧元	人民币/日元	
	高区制	高区制	低区制	高区制
VXO×DR				−0.111*** (−2.71)

注：（1）小括号内是经异方差修正的 t 值，***、**、*分别表示在1%、5%和10%的置信水平下显著；（2）分别将 EPU、VIX 和 VXO 三个风险因子放入模型中进行回归，无数据部分表示该变量不显著，如果相应变量对所有货币均不显著，则删除该变量。

由表 6-35 可知，在控制汇率波动幅度以后，人民币的避险能力大幅下降，但并未消失。在英镑方程和欧元方程中，反映市场风险的 VIX 和 VXO 的系数变得不显著，说明人民币由强避险货币转变为弱避险货币；但反映经济政策风险的 EPU 的系数显著为负，说明人民币依然具有一定的避险能力。需要注意的是，在控制汇率波动幅度后，日元依然是人民币的强避险货币。

表 6-36　月度门限模型中加入外汇储备的回归结果

	人民币/英镑	人民币/欧元	人民币/日元		
	低区制	高区制	高区制	低区制	高区制
EPU	−0.229** (−2.02)	−0.020** (−2.33)	−0.086*** (−2.76)		
EPU×DR	0.160* (1.95)	0.014** (2.03)			
VIX	−0.121* (−1.70)	−0.025* (−1.95)			0.320*** (3.03)
VIX×DR	0.144*** (2.77)			−0.086** (−2.28)	
VXO		−0.022* (−1.93)			0.391*** (3.55)
VXO×DR	0.153*** (2.83)			−0.007*** (−2.74)	

由表 6-36 可知，在加入外汇储备后，核心解释变量估计结果变化较小，在欧元回归方程中，VIX 指数和 VXO 指数的系数变为不显著，说明只有人民币对欧元的避险能力在一定程度上会受外汇干预的影响，即外汇干预并不会明显提高人民币的避险能力。解释有二：一是用外汇储备变动作为外汇干预的代理变量有欠妥当，因为外汇储备变动受各种因素的影响，除外汇干预外，银行结售汇、外汇储备投资收益等均会影响外汇储备，所以这一指标不能真实地反映外汇干预情况；二是外汇储备变动可以真实地反映外汇干预

现状,但即使控制了外汇干预,人民币也依旧有较强的避险能力。为了区分这两种原因,我们使用外汇储备变动减去当月银行结售汇净值作为央行外汇干预的代理变量。银行结售汇主要是由市场力量推动的,是央行外汇储备变动的重要组成部分,减掉这部分后,剩余的外汇储备变动更能体现央行外汇干预的程度。我们作图分析每月外汇储备变动值与每月外汇储备变动减当月银行结售汇净值的情况。由图 6-8 可知,2010 年以后,两个变量的走势基本相同,相关系数达到 0.74,说明用外汇储备变动作为央行外汇干预的代理变量是恰当的。因此,本节更倾向于第二种解释。

总体来看,当前有管理的浮动汇率制度和人民币定价机制一定程度地提高了人民币的避险能力,但即使控制了汇率制度等因素,人民币也依旧是英镑和欧元的避险货币。具体而言,人民币在一定程度上盯住美元,尤其是在 2008 年金融危机期间,保持了人民币币值的稳定,提高了人民币的避险能力;人民币汇率的日波动幅度限制保证了人民币不会出现大幅升值和贬值,同样有利于人民币避险能力的提升;而外汇干预并没有从根本上改变人民币汇率的走势,对人民币避险能力的提升并没有起到显著作用。

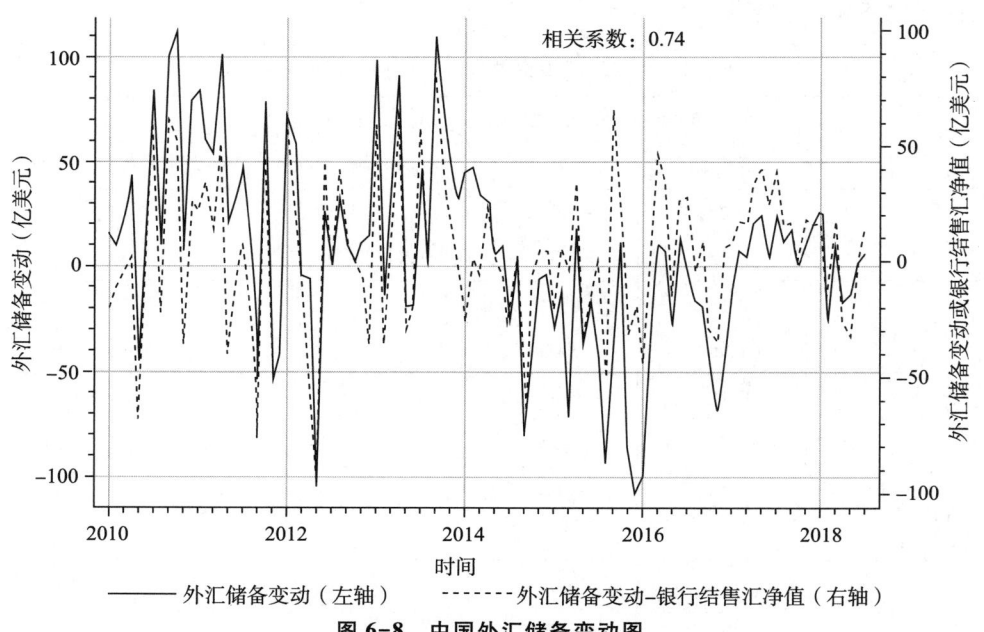

图 6-8 中国外汇储备变动图

六、主要结论和政策建议

逐步实现人民币货币职能是人民币国际化的本质。为实现人民币作为国际市场价值尺度、流通手段和储备货币的职能,人民币必须具备较为稳定的币值和较强的避险能力。如果不注重保持币值稳定、提高人民币避险能力,人民币国际化会因大量的套利交易而形成"假的人民币国际化"和"坏的人民币国际化"。

本节使用 2006 年以来人民币对英镑、欧元、美元、港币和日元 5 大人民币货币对的日度和月度数据,对人民币避险能力进行了全面考察。研究发现:第一,人民币是英镑的强避险货币和强对冲货币,是欧元的避险货币,对英镑和欧元而言,人民币具有较强的避险能力；第二，日元、美元和港币均对人民币具有一定的避险能力，尤其日元是人民币的强避险货币；第三，2010年以后，人民币避险能力有所减弱，且大量基于人民币的套利交易加剧了人民币汇率波动，当市场风险上升时，套利交易反转会导致人民币汇率贬值，不仅会加剧外汇管理难度，还会阻碍人民币国际化进程；第四，人民币的避险能力与当前的汇率制度和汇率形成机制有关，人民币一定程度地盯住美元以及人民币日波动幅度限制是人民币具有避险能力的重要成因，控制两者后，人民币的避险能力有所减弱但并未消失。

上述结论启示我们，国际化进程中的人民币必须具备一定的避险能力。为了增强人民币的避险能力，有必要保持人民币汇率相对稳定。人民币汇率应围绕均衡汇率水平上下波动，而均衡汇率的确定应当依据"巴萨效应"，即人民币币值的确定必须建立在符合劳动生产率水平和对商品国际定价能力的基础上。长期来看，人民币汇率形成机制改革能够使人民币汇率在合理、均衡的区间内更具弹性，只有保持人民币汇率相对稳定、使人民币资产价值长期稳定，从而成为保值增值可靠安全的国际资产，才能为人民币国际化进程做好铺垫。就目前而言，盯住一篮子货币仍然有必要。从美元逐步替代英镑成为世界主要国际货币的历史来看，美元是通过长期盯住英镑最后才取代了英镑，可见盯住强势国际货币有利于本国货币的稳定，即短期内有必要在一定程度上盯住美元。

为减少人民币套利交易，同样有必要保持人民币币值的相对稳定。货币当局对人民币汇率稳定的承诺能够引导市场预期，是打击套利活动的重要手段。另外，国内外债券市场利差和人民币在离岸市场汇差是诱发套利交易的根本原因，我国应当通过利率市场化和汇率形成机制改革，使国内外利率逐步实现平衡、在离岸汇率相互渗透，从根本上遏制基于人民币的投机活动。加强资本流动监管也是打击套利活动的重要手段。加强监管不等于延缓开放，要用严格的"管"保障有序的"放"。上海自贸区首创的自由贸易账户（FT账户）不仅能以接近离岸市场的价格自由兑换，还能通过本外币一体化的账户管理模式和跨境资金管理模式全面监管账户内资金流向，有效打击投机套利活动。目前FT账户已经在海南自贸港施行，未来会推广到更多的自贸区，这对加强资本监管、促进金融改革开放和人民币国际化具有重要的推动作用。

本章小结

本章针对当前复杂的国际环境对国际金融学研究提出的新问题进行了全面分析，并对中美贸易摩擦、汇率操纵、"一带一路"与中欧贸易、危机叠加传染以及避险货币需求等问题进行了细致的探讨。本章主要的研究结论和启示如下：

第一，汇率贬值不是中美贸易顺差乃至美国对外贸易失衡的主要原因，将中国归为"汇率操纵国"并无根据。美国多次指责中国通过汇率贬值（汇率操纵）来谋求不合理的顺差优势，导致美国严重的贸易逆差。事实上，汇率对贸易的影响十分有限，汇率贬值不可能导致美国如此大规模的贸易逆差。美国贸易逆差是自身产业结构和贸易结构失衡的结果，贸易政策的不合理加剧了这一结果。这启示我们应坚持自己的汇率政策和贸易政策，维持人民币汇率在合理均衡的水平上波动。

第二，在中美贸易摩擦没有解决之前，中国应加强与欧洲国家的贸易往来。研究显示,中欧之间的贸易往来在绝大多数行业之间存在规模经济效应,可以显著降低贸易成本。中国应加强与欧洲国家的贸易往来,通过对外投资、提高技术水平等方式把握贸易主动权。

第三,银行业危机、货币危机和主权债务危机不但本身对经济增长有负面影响,而且会产生叠加效应。主权债务危机和银行业危机主要通过贸易渠道产生传染效应,而货币危机对经济的影响既有较强的本地效应,又有显著的传染效应,并且可通过多种渠道进行传染。这启示我们汇率市场化改革应遵循渐进原则,当汇率出现大幅波动时,国家应当予以干预。另外,在与"一带一路"沿线国家和地区开展经济往来时,要注意防范其主权债务风险的传染。

第四,对欧元和英镑而言,人民币是避险资产。人民币是欧元和英镑的避险货币,这种属性不以是否盯住美元和进行汇率干预而改变。人民币的避险能力有助于未来人民币国际化的实现。

第四篇

人民币国际化

第七章

金融开放背景下的人民币国际化

人民币国际化是一项重要的国家战略,在国内金融市场加速开放的背景下,人民币国际化显得格外重要。自 2009 年央行正式启动人民币跨境结算已来,人民币国际化取得一系列重要成就,2015 年年末正式加入 SDR 是人民币国际化第一阶段的重要标志。

自 2017 年以来,中国金融开放进程逐步加快,截至 2019 年年末,包括银行、保险、证券、审计在内的主要金融市场基本开放。在金融开放的大背景下,人民币国际化面临机遇与挑战并存。一方面,根据依地定价原则,中国金融开放有助于人民币在债券、外汇市场上获得计价权和定价权;另一方面,美元是全球最主要的国际货币,目前主要的金融产品均以美元定价,阻碍了人民币国际化的发展。只有进一步推进人民币国际化,把握主要金融产品和大宗商品的定价权,中国才能在金融开放中把握主动,在金融开放过程中打一场胜仗。

本章重点探讨人民币国际化,包括人民币国际化的现状与未来、策略与手段等,同时对债券市场人民币计价、人民币账户和中国国际进口博览会(以下简称"进博会")进行分析,以达到连通人民币国际化与金融开放的目的。本章具体安排如下:第一节介绍目前人民币国际化现状、人民币国际化研究现状及未来的研究方向;第二节分析人民币汇率对大宗商品价格的预测能力,探讨大宗商品人民币计价的可能性;第三节探讨目前人民币国际化的重要抓手——人民币账户情况;第四节结合进博会情况,探讨利用进博会推进人民币国际化的可能性;最后一节分析人民币隐性锚指数,揭示人民币国际化的未来。

第一节 人民币国际化现状与文献综述

一、当前人民币国际化现状

人民币国际化是指人民币货币职能的国际化,逐步有序地推动人民币成为国际化的计价货币、结算货币和储备货币,是人民币国际化的本质所在。人民币国际化具有重要意义,它不仅可以降低中国对美元储备的依赖,减少美元贬值造成的损失,还能降低中国企业面临的汇率风险和汇兑成本。另外,人民币国际化还能反作用于国内的金融改革,促进金融开放。人民币国际化不论是对国家、政府,还是对企业、个人均具有重要意义。

2019 年 7 月 6 日,中国人民大学国际货币研究所发布的《人民币国际化报告 2019》

显示,进入 2017 年以来,人民币国际化进程触底反弹。本书通过分析相关数据发现,2018 年以来人民币国际化进程陡然加快,虽然距离 2015 年巅峰期还有一定距离,但进度很快,相信在"一带一路+自贸区金融改革+进博会"的三重推动下,人民币国际化将会抓住战略机遇期,获得高速发展。

1. 人民币国际化指数触底反弹,国际支付份额略有回升

如图 7-1 所示,不论是中国银行发布的中银人民币跨境指数(CRI),还是渣打银行发布的渣打人民币环球指数(RGI)均显示,进入 2017 年以后,人民币国际化进程逐渐触底反弹,这与中国人民大学发布的人民币国际化指数所反映的现象具有一致性。从图 7-1 来看,截至 2018 年第二季度,中银人民币跨境指数为 288,比 2017 年第一季度增长 25%,仅 2018 年前两个季度就增长 12%以上,可以看出人民币国际化在 2018 年迅速发展。从渣打人民币环球指数来看,人民币国际化进程在 2017 年中期之后出现反弹,截至 2018 年 6 月,渣打人民币环球指数已上升 7.9%。

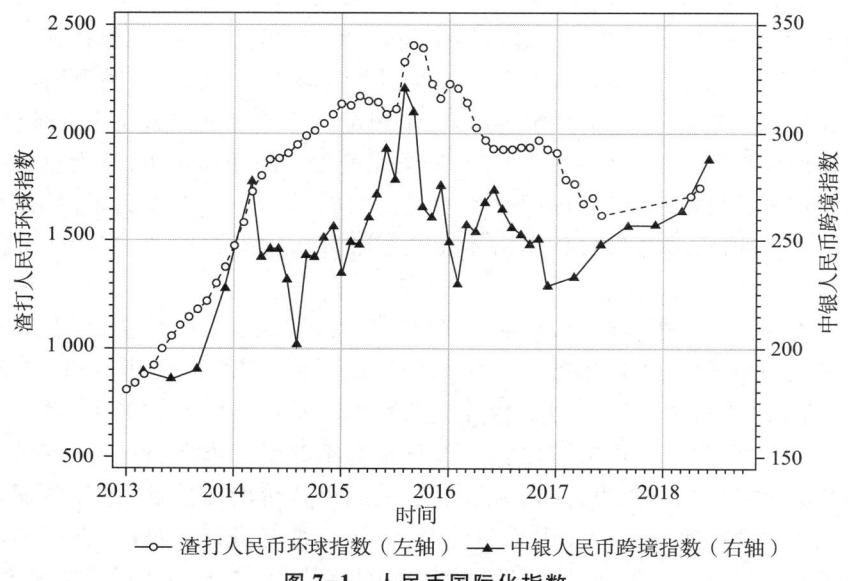

图 7-1 人民币国际化指数

注:渣打人民币环球指数和中银人民币跨境指数均无单位。

由图 7-2 来看,人民币国际支付份额在 2018 年年初降到 1.07%,达到 2014 年以来最低水平,国际支付排名也下降到第八。随后受人民币跨境支付和人民币直接投资回升的影响,人民币国际支付份额迅速回升,于 2018 年 8 月达到 2.01%,国际支付排名也重回第五。

2. 人民币跨境支付比例有所回升

图 7-3 记录了 2013—2018 年人民币跨境支付占中国进出口的比例。从中可以看出,该比例变化与人民币汇率走势具有显著的正相关关系。前期人民币汇率持续升值,人民币跨境支付比例不断上升;随着人民币不断贬值并进入振荡期,人民币跨境支付比例显著下降,2017 年达到低谷。进入 2018 年,人民币跨境支付比例显著回升,目前在

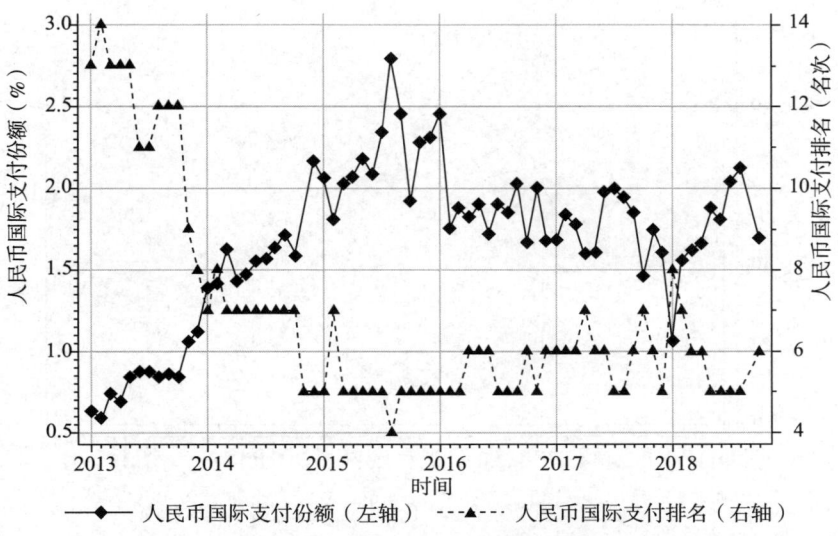

图 7-2 人民币国际支付份额及排名

15%和20%之间徘徊。由此可以看出,这种由人民币跨境支付而不是人民币计价推动的人民币国际化存在重大缺陷,人民币国际化受人民币汇率升值的严重约束。在人民币汇率持续升值期,人民币国际化进程稳步推进,但当人民币汇率贬值并引发持续的贬值预期时,人民币跨境支付份额会显著下降,人民币国际化进程也会相应地显著变缓。这是2015—2017年人民币国际化进程遇阻的重要原因。

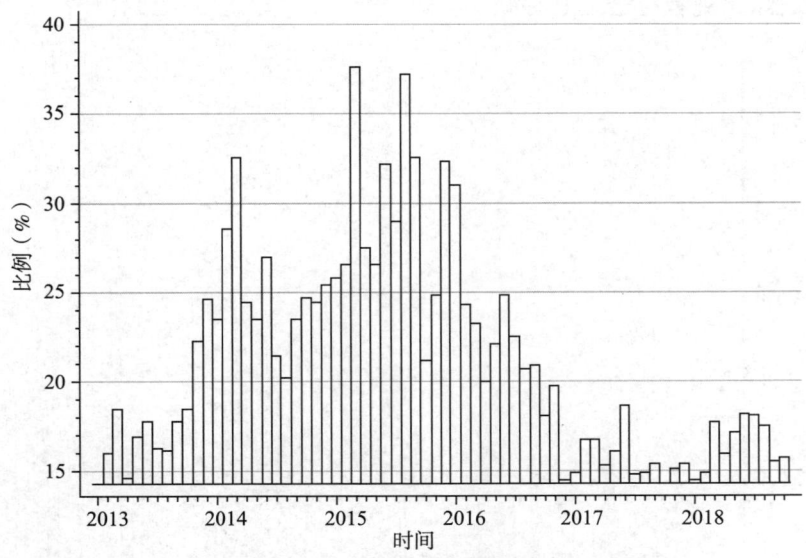

图 7-3 人民币跨境年份支付占进出口的比例

分部门来看(见图 7-4),人民币跨境支付中,服务贸易和货物贸易之比约为 3∶7,进入 2017 年以来服务贸易占比稳中有升,由 20%提升到 25%左右,但仅占总体跨境支付比例的 1/4,占比依然较小,受中美贸易摩擦和中国金融开放的双重影响,未来服务贸易占比将逐步提高。

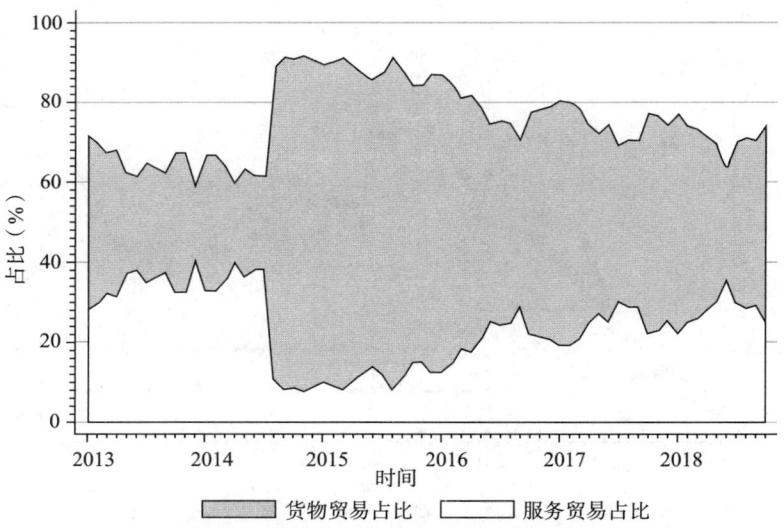

图 7-4　人民币货物及服务贸易跨境支付占进出口的比例

3. 人民币直接投资总额有所回升

如图 7-5 所示，2015—2016 年人民币直接投资总额达到有史以来的巅峰，但进入 2017 年后人民币直接投资大幅下降，不过这种状况在 2018 年有所改善。2019 年全年人民币直接投资总额 2.78 万亿元，超过历史最高水平。随着"一带一路"倡议的逐步发展，产业结构得到优化调整，大批企业走出国门，人民币对外投资应该会进入井喷期，人民币国际化进程也会显著加快。

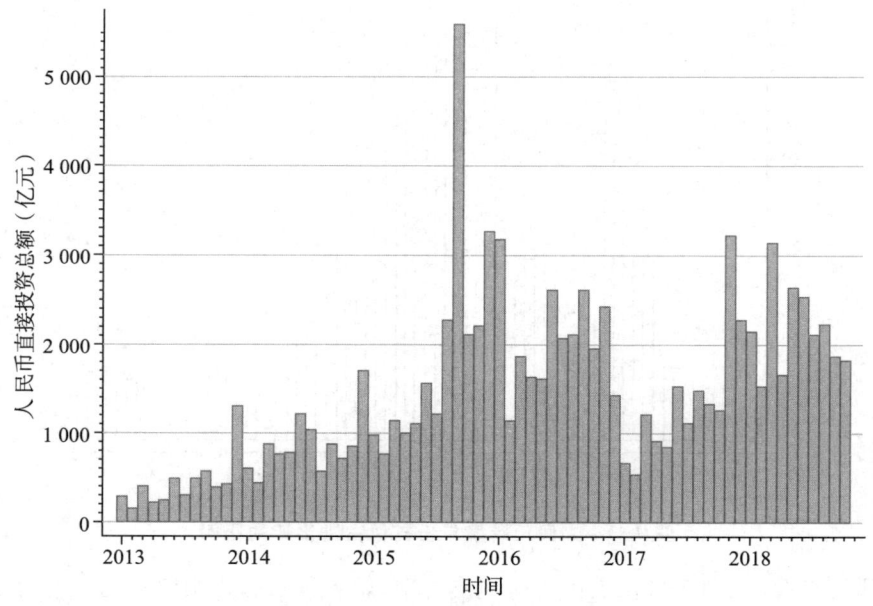

图 7-5　人民币直接投资总额

分类别来看,如图7-6所示,人民币外商直接投资(FDI)占主导,尤其在2015年之前,人民币汇率处于升值状态,人民币FDI占比一度达到90%上下,但在2016年回落到百分之五十多。这既有人民币汇率贬值引发人民币FDI减少的原因,也有随着共建"一带一路"倡议实施,人民币对外直接投资(ODI)数额增加的缘故。进入2018年后,人民币ODI有所回落,FDI有所上升,未来通过不断地对外投资并完善人民币回流机制,人民币ODI会显著上升,人民币FDI和ODI比例将趋于均衡。

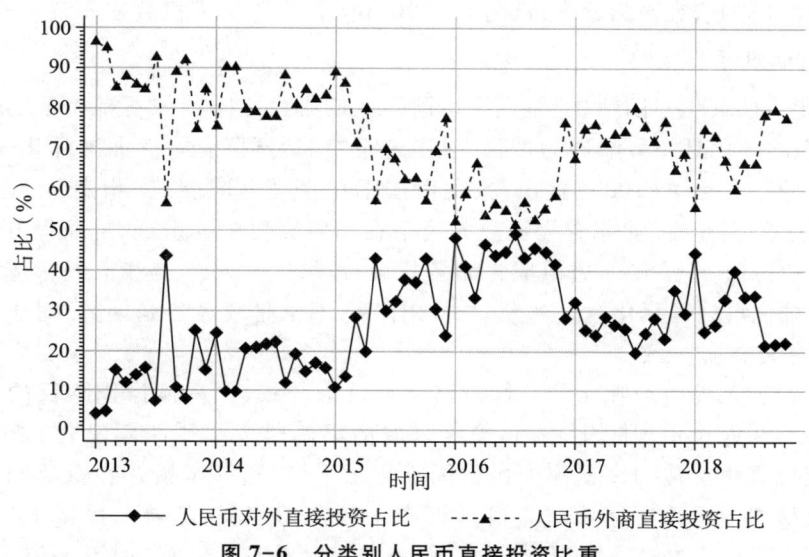

图7-6 分类别人民币直接投资比重

4. 小结

总体来看,在复杂的国际背景和国内经济增长的双重压力下,人民币国际化已走出困境。未来,随着中国企业进一步走出国门、进博会的召开、国内市场化改革以及人民币国际化策略的不断完善,人民币国际化将会进一步取得发展。

二、人民币国际化相关研究概述

(一)人民币国际化策略

1. 人民币国际化定位

2008年国际金融危机的爆发进一步暴露了美元本位制的结构性弊端。在提出质疑的同时,人民币国际化更加频繁地出现在决策与学术探讨之中,学界开始形成次贷危机是人民币实现国际化的绝佳机遇的观点。

中国对人民币国际化的定位一直比较一致,即未来人民币将会成为与美元和欧元并列的国际化货币。不论是中国人民银行等官方机构,还是从周小川等个人表态,我们都清楚地认识到人民币国际化不是为了替代美元,而是成为美元的有效补充,在美元没有充分发挥作用的"一带一路"相关区域进一步发挥人民币的货币职能。当然,对于这一问题的研究仅仅处于理论阶段,由于没有相关数据,我们不可能知道未来人民币国际化的具体水平。

至于未来何时人民币会成为与美元、欧元并列的国际化货币,学界并没有统一的认识。早在2008年,李稻葵和刘霖林就对各国央行国际储备、贸易结算以及国际债券中的各国货币比例进行量分析,指出在完全可兑换假设和最乐观的预测下,到2020年人民币在国际储备和国际债券中的比例可能达到20%,与美元和欧元形成"三足鼎立"的局面。但相比于李稻葵和刘霖林(2008)的乐观预计,其他研究则相对比较保守。李建军等(2013)以及Lee(2014)均指出,未来20年人民币可以达到10%的国际化水平,而石巧荣(2011)的研究更为悲观,认为未来20年人民币份额大概会在3.52%—6.62%。

2. 人民币国际化策略

"周边化—区域化—国际化"是人民币国际化的必由之路。陈雨露和张成思(2008)指出,人民币国际化是一个渐进的过程,应当遵循"周边国际化—亚洲国际化—国际化"这一发展路径。王元龙(2009)提出,人民币国际化要遵循职能"三步走"和地域"三步走"原则。职能"三步走"是指首先提升人民币在国际支付中的份额,进而提升人民币在国际定价中的份额,最终使人民币成为储备货币;地域"三步走"是指人民币应当遵循从周边化到区域化再到国际化这一过程。总体来看,不论是政界还是学界,对于人民币国际化的总体策略观点一致。

虽然文献对人民币国际化的总体策略观点较为一致,但具体操作路径的观点却存在较大差异。在人民币国际化之初,国家采取的措施是人民币跨境支付,通过提升人民币作为支付货币的能力来提高人民币国际化水平,但这一举措存在重要问题。过度依赖跨境贸易的人民币国际化与人民币汇率走势密切相关,随着人民币汇率贬值,人民币国际化进程也会减速。究其原因,这种依靠人民币跨境结算,而不是依靠"跨境结算+人民币计价+人民币对外投资"的国际化模式往往伴随着大量的套利交易,当人民币发生贬值时,套利交易反转,不仅会减缓人民币国际化进程,还会加剧人民币汇率波动和国内经济波动(李曦晨等,2018)。胡方和丁畅(2018)通过对日元国际化的形成进行研究,发现日元国际化初期伴随着强烈的日元升值预期,形成大量套利交易,后来随着日元贬值,套利活动逆转,日元国际化进程陷入停滞,并最终失败。近年来人民币国际化进程与日元国际化进程有很多类似的地方,因此要转变人民币国际化策略来推动人民币国际化进程。刘建丰和潘英丽(2018)指出,2009年采取的"贸易结算+离岸市场/资本项目开放"的人民币国际化推进模式在很大程度上只挣"面子"、不挣"里子",是低质量的人民币国际化方式。丁剑平(2015)指出,目前的人民币国际化进程是一种"负债型"人民币国际化,即中国通过增加进口让渡国内市场,同时支付人民币,让这些贸易对象国居民获得人民币所有权。处于长期升值趋势的人民币"负债型"国际化,加上本土与离岸的"利差",从某种角度说也是"补贴式"的本国货币国际化。若不及时转换模式,这将被证明"不可持续"。当人民币升值趋势减弱时,海外的非居民则失去了持有人民币的动机,人民币"负债型"国际化迅速减缓。因此,人民币国际化需要转变思路,由"负债型"转变为"负债资产平衡型",通过有质量的对外投资形成稳定的人民币需求。

(二)人民币国际化影响因素分析

目前,对货币国际化影响因素的研究主要集中在以下四个方面。

第一,影响一国货币成为国际货币并决定其在国际货币中占比的因素。在宏观因素方面,Chinn and Frankel(2007)指出,一国货币能否成为国际货币,以及在国际货币中占比由经济规模、货币币值的稳定性、金融市场的深度与流动性决定。与此类似,李稻葵和刘霖林(2008)指出,经济规模、通货膨胀率、真实利率水平、汇率升值及波动幅度等因素均会影响一国货币在国际货币中的占比。Flandreau and Jobst(2006)指出,贸易是美元取代英镑的主要原因。在微观因素方面,Ito et al.(2008、2010)利用对企业的调查数据进行实证检验,指出由于美元使用广泛,以及日本主要的贸易对象为欧美国家,东亚其他国家间的贸易仍用美元,并且进出口商为规避汇率风险仍将美元当作计价货币。Lim(2006)认为,人们持有一种国际货币的主要原因在于其币值的稳定。Goldberg et al.(2008)在Devereux et al.(2004)一般均衡模型的基础上提出了三货币模型,指出宏观经济变量与行业特征会影响计价货币的选择。肖鹞飞和肖婧莹(2012)指出,产品同质性较高会降低人民币作为计价货币的可能性。罗忠洲和徐淑堂(2012)使用日本的数据进行了实证分析,指出相对利率高的货币在计价货币中的比例相对更高。总结上述文献我们可以看出,一国的经济规模与贸易规模、利率与汇率、通货膨胀率甚至贸易对象均会影响货币的国际化程度,但上述实证研究忽略了这些因素的异质性,并且计量模型设定均为线性模型。但是,不同国家间的经济规模与贸易规模等因素差别很大,对应模型的参数会不同,从而可能存在非线性关系。Chinn and Frankel(2007)指出,国际货币占比与经济规模间可能存在非线性关系,并在回归过程中进行逻辑函数转换,但未考察这些因素的异质性(如不同国家、不同经济规模)对模型参数的影响。

第二,货币的网络外部性问题。网络效应具有四方面特征:一是,必须有大量的参与人;二是,越来越多的人使用某种货币(商品),这种货币(商品)对其他人的吸引力越来越大;三是,网络效应会引致多个且不稳定的均衡;四是,网络效应会导致市场失灵,即货币过度惯性(excess-inertia)。当一种货币成为主要的国际货币时,即使发行国的经济状况恶化,短期内也不会影响该种货币的国际地位。Devereux and Shi(2013)通过动态一般均衡模型(DSGE)指出,如果在多个独立货币基础上形成一个载体货币,就能够节约很多成本且中心国家是最大受益者,参与货币数量较少时,外围国家可能得不偿失;如果中心货币通货膨胀率过高,那么这个载体货币体系将会崩溃。该研究将固定成本与网络外部性引入模型,认为载体货币所节约的成本受独立货币的个数、发行载体货币国家的经济规模与货币政策三个因素的影响。

Eichengreen and Flandreau(2008,2012)指出,由于英镑首先成为国际货币,因而拥有网络外部性优势,美国虽然自19世纪90年代末成为贸易顺差国,国民生产总值(GNP)在1870年超过英国,出口贸易总额在1912年超过英国,成为世界最大的出口国,但除了对美国极度依赖的加拿大和菲律宾采用美元作为储备货币,其他国家并没有将美元作为储备货币;第一次世界大战爆发后,虽然美国的出口贸易扩大、贸易持续顺差,并且远离战争成为世界加工厂,由战前债务国成为战后债权国,为美元国际化打下了良好的基础,但美元并没有迅速成为主要的国际货币,直至20世纪20年代末才与英镑并肩成为国际主导货币。但"大萧条"发生后,英国凭借其殖民优势重占上风(政治原因而非经济因素）。第二次世界大战后,美国工业产值约占世界一半,黄金储备占世界的 2/3,美元超越英镑成为主要的国际货币。关于美元何时超越英镑成为主要的国际货币,Subramanian(2008,2011)指出,美元在 20 世纪 20 年代中期便超越英镑成为主要的国际货币。虽然对货币网络外部性的惯性有多强（美元何时超越英镑成为主要的国际货币）存在争议性,但不可否认的是,货币网络外部性对货币国际化程度的影响十分大。上述文献存在两点不足:第一,忽略了一国货币成为国际货币并获得网络外部性在不同历史阶段具有不同的特点。例如,在布雷顿森林体系成立之前与之后,美元作为国际货币获得网络外部性的方式是不同的。在布雷顿森林体系成立之后,美元通过盯住黄金与制度性因子（布雷顿森林体系）确立其主要国际货币发行国的地位;而在此之前,美元成为国际货币并获得网络外部性并未受到布雷顿森林体系这一制度性因素的影响。另外,布雷顿森林体系崩溃后,美元没有盯住黄金,但仍是主要的国际货币。第二,上述文献也没有分析一国货币成为国际货币后,货币的网络外部性对其货币国际化地位的非线性影响。

第三,在现行货币体系下,一国货币作为国际货币是否存在"特里芬两难"(Triffin Dilemma),及其对国际货币地位的影响。1960 年,美国经济学家罗伯特·特里芬(Robert Triffin)在《黄金与美元危机——自由兑换的未来》(Gold and the Dollar Crisis:The Future of Convertibility)一书中提出,由于美元与黄金挂钩,而其他国家的货币与美元挂钩,美元虽然取得了国际核心货币的地位,但是各国为了发展国际贸易,必须用美元作为结算与储备货币,这样就会导致流出美国的货币在海外不断沉淀,美国就会发生长期贸易逆差;而美元作为国际货币核心的前提是必须保持美元币值稳定与坚挺,这又要求美国必须是一个长期贸易顺差国。这两个要求互相矛盾,因此是一个悖论。这一内在矛盾称为"特里芬两难"。Obstfeld(2012)认为,美国的财政赤字政策是可持续的,并且古典的"特里芬两难"在资本自由流动的今天并不存在,因为新兴市场国家需要具有流动性和安全性特点的储备资产,而美国国债是唯一的选择。美国的财政赤字政策为世界提供了流动性,新兴市场国家经济的持续增长保证了美国赤字政策的可持续性。余永定(2011)指出,美国借助国际货币的地位,可以通过调整币种结构消除其负债,由债务国变为债权国。美国采用对外债权以外币计价、对外债务以美元计价、美元贬值和提高对外投资回报率等方式,从债务国转为债权国,维持其经常账户逆差和财政赤字政策的可持续性。陈建奇(2012)证明了一国信用货币若充当国际储备货币且保持稳定性,则该国的实际经济增长率应大于或等于通货膨胀率与货币收益率之和。张青龙和王舒婷(2011)探讨了人民币国际化不同阶段所要求的国际收支结构特征。从上述文献对现代国际金融体系下"特里芬两难"问题的探讨中可以看出,一国货币成为国际货币后,经济增长、汇率波动、币种结构调整（国际收支结构）等因子影响其货币国际化程度与地位。"特里芬两难"的落足点在于一国货币作为国际货币的地位稳定性与经济增长、国际收支结构间的关系,但上述文献并未对此进行实证研究。

第四,货币国际化与其影响因子间是否存在非线性关系。Chinn(2012)指出,一国货币能否成为国际货币及其在国际货币中占比由经济规模、货币币值的稳定性、金融市场的深度与流动性决定。由于美元是主要国际货币并存在网络外部性，一国货币在国际货币中的占比与上述因子并不存在线性关系。由于缺乏数据，上述因子与国际货币是否存在非线性关系及网络外部性效应并不能确定。Delatte(2012)对新兴市场国家外汇储备急剧增长的原因进行了实证检验，发现外汇储备急剧增长部分受到美国宏观经济失衡的影响，并且随着时间的变动外汇储备的增长与美国宏观经济变量之间，存在非线性关系。Baduel(2012)基于面板平滑转换模型的实证研究指出，新兴市场国家外汇储备急剧增长是其政策权衡的结果，这是它们面对国际货币发行国宏观经济变量变动导致国际流动性过剩状况下的选择。Gnimassoun(2013)针对发达经济体建立面板平滑转换模型并指出，发达经济体的经常账户失衡程度依赖于其货币国际化的程度，并且汇率偏差与经常账户失衡程度存在非常紧密的关系。

（三）人民币国际化水平度量

关于货币国际化水平的测算，一般分为"显性"和"隐性"两个方面："显性"是指按照国际货币职能分类测算的各货币的实际国际化水平，该结果反映某种货币在现实中的国际化程度；"隐性"则是指某种货币的"隐性锚"大小，"隐性锚"是指某国货币作为隐性参照货币的比例。之所以有"隐性锚"这一说法，是因为很多国家没有事先宣布其汇率走势与某一"隐性"货币篮子一致。对货币"隐性锚"的测算是识别事实汇率制度的重要方法。

1. 货币"显性"国际化水平度量

Chinn and Frankel(2005,2010)提出了一种估算国际储备货币份额的计量方法，用于估算不同国际化货币未来外储份额的变化。该方法成为以后测算和预测国际货币份额（货币"显性"国际化水平）的标准方法，之后被众多研究采用。

在 Chinn and Frankel(2005,2010)的基础上，众多研究对人民币国际化水平进行测算，并分析其影响因素。李建军等(2013)、Lee(2014)均指出，未来 20 年人民币可以达到 10% 的国际化水平；而石巧荣(2011)更为悲观，认为未来 20 年人民币货币份额为 3.52%—6.62%。

个别研究从其他角度、运用其他方法对人民币目前的国际化水平进行了分析。中国人民大学国际货币研究所从国际货币职能角度出发构建人民币国际化指数，并从 2012 年开始发布 2010 年以来的人民币国际化指数，但未公布各指标权重的确定方法。Frankel(2012)从美元、马克和日元国际化的历史角度出发，分析影响货币国际化的因素，并指出人民币国际化的条件。他指出，货币国际化是一个自发的过程，而不是政府和民族情绪推动的；经济规模、货币信心和金融市场深度是影响货币国际化的重要条件，人民币想要实现国际化需要开放资本账户和更灵活的汇率。Fratzscher and Mehl(2014)使用汇率因子模型对汇率变动的"中国支配论"进行检验，发现 2005 年汇改之后，人民币汇率可以显著影响全球汇率，成为亚洲地区货币汇率变动的主要推动因素。He et al.(2015)从国际投融资角度出发，对人民币国际化的现状和未来进行分析，指出人民币可以成为主流的国际投融资货币，但必须提高人民币汇率的灵活性、降低对美元的依赖。彭红枫和谭小玉(2017)从货币职能和差异化影响因素出发，利用主成分分析法构建货币国际化总量指数,并将其分解为绝对程度指数和相对程度指数。其研究结果表明,经济实力、贸易规模和币值稳定性等基本面因素是决定货币国际化总量指数的关键,资本账户开放度、金融市场发展程度、政治稳定性和军事实力等结构性因素能显著影响货币国际化程度。由于结构性因素不足,人民币在全球市场上的使用份额较低,因此完善中国的制度体系和金融市场等结构性因素是未来人民币国际化的关键。

2. 货币"隐性锚"份额测算

对货币"隐性锚"的测算起源于 Frankel and Wei(1994),他们构建了一个"隐性锚"模型来判断一国的事实汇率制度。Frankel and Wei(2008)、Frankel and Xie(2010)进一步完善 Frankel and Wei(1994)模型,加入外汇市场压力指数变量,并完善了估计方法。Frankel and Wei(1994,2008)提出的"F-W 模型"成为学术界研究事实汇率制度的重要方法。

众多研究使用 F-W 模型对人民币"隐性锚"进行估计,但所得结论并不一致。由于人民币在一定程度上盯住一篮子货币,在估计人民币"隐性锚"大小时,人民币与其他篮子货币之间存在共线性,不能准确地度量人民币"隐性锚"的大小。Chen et al.(2007)提出两步法,进一步解决了人民币汇率和美元汇率之间的多重共线性问题。两步法是指先使用各种主要驻锚货币对人民币进行回归得到残差序列,并将其作为人民币汇率的代理变量再进行 F-W 模型回归,研究结论如下:2005 年汇改之后,人民币篮子货币锚地位大幅提高。反事实模拟结果显示,如果人民币完全可兑换,人民币作为储备货币的潜力将与日元和英镑相当,该结论与丁剑平和杨飞(2007)、李婧和解祥优(2016)的结论一致。方霞和陈志昂(2009)、Subramanian and Kessler(2013)及 Ito(2017)的研究均显示,人民币越来越多地成为亚洲(东亚和东南亚)地区的参考货币,并超越美元占据主导地位。曹彤和赵然(2014)也指出,2012 年人民币在决定东盟国家货币汇率内在价值核心货币组合中的平均权重已经达到 34%,超过日元成为东盟地区仅次于美元的中度核心货币。丁剑平等(2018)使用 F-W 模型估计"一带一路"沿线国家和地区的货币"隐性锚"构成,结果显示中亚、独联体、东南亚国家货币篮子中人民币占比较大。但个别研究结论与之相反。徐奇渊和杨盼盼(2016)使用基于状态空间模型的时变参数回归方法和 F-W 模型对东南亚国家的货币"隐性锚"状况进行研究,结果显示美元依旧是东南亚最主要的驻锚货币,人民币"隐性锚"地位仅有小幅提升。

(四)人民币国际化理论建模

Obstfeld and Rogoff(1995)创立了新开放宏观经济学,在此基础上,Clarida et al.(2002)进一步构建了两国 DSGE 模型,Gali and Monacelli(2005)构建了小国 DSGE 模型,现在两国 DSGE 模型和小国 DSGE 模型已经成为研究开放宏观问题最为重要的框架。

计价货币的选择是研究货币国际化的重要建模思路。黄志刚(2009)在分析人民币汇率传递时假设经济中同时存在生产者货币定价(producer currency pricing,PCP)和出口地货币定价(local currency pricing,LCP)两种定价方式,并使用同时包含 PCP 和 LCP 的模型分析人民币汇率传递率;王胜和彭鑫瑶(2010)研究货币政策时分别分析 PCP 和 LCP 两种定价方式下的福利损失;项后军和吴全奇(2015)在研究出口企业依市定价行为(pricing to market,PTM)时也考虑了以美元计价和以人民币计价的差异。这些文献将定价货币引入开放经济研究,拓宽了研究视角。但是,他们的研究均将定价货币视为外生,因为其研究核心并非定价货币的选择,而只是将 PCP 和 LCP 定价方式当作两种不同情形分别讨论各自的研究主题。Gopinath et al.(2010)将定价货币选择内生化,研究汇率传递程度与定价货币选择的相互影响。其理论和经验分析表明:当汇率传递率小于 0.5 时,出口企业选择外币作为定价货币;当汇率传递率大于 0.5 时,出口企业选择本币作为定价货币。邓贵川和彭红枫(2019)构建了一个本币定价和外币定价共存的开放经济动态随机一般均衡(DSGE)模型,分析厂商自由选择定价货币对宏观经济周期的影响。其研究结果表明:本币定价比例随汇率自由变动会降低产出缺口、通货膨胀和实际汇率的波动,提高社会福利水平;若央行货币政策对汇率做出反应,则可以进一步降低产出缺口和通货膨胀波动,提高社会福利。

相对于计价货币选择,从篮子货币选择角度进行货币国际化建模的文献少之又少。多数早期文献(Flanders and Helpman 1979;小川英治和姚枝仲,2004)均在局部均衡框架下进行研究,少数文献在一般均衡框架下纳入一篮子货币。Turnovsky(1982)构建了小型开放经济的一般均衡宏观模型,分析了最优货币篮子的选择。Teo(2009)构建了一个三国黏性价格 DSGE 模型,探讨了美元计价对国家货币篮子选择的影响。其研究结果显示,与传统研究相反,美元计价下货币篮子中美元的权重应该下降。Yoshino et al.(2016)在小国 DSGE 模型框架下,研究了固定汇率、浮动汇率、一篮子汇率等汇率制度对宏观经济的影响。总体来看,未来针对人民币国际化进行理论建模是学界研究的重中之重。

(五)小结

我们从人民币国际化策略、影响因素、测度和理论建模四个角度对人民币国际化文献进行了综述。通过文献梳理可以发现:第一,当前国内对人民币国际化定位和国际化策略的观点比较一致,即未来人民币会成为与美元、欧元"三足鼎立"的国际化货币,"周边化—区域化—国际化"是人民币国际化策略;第二,经济实力、政治军事实力、金融发展水平和网络外部性是影响货币国际化的重要因素;第三,对人民币隐性锚的研究可以为人民币国际化的定位和策略提供实证依据;第四,已有文献对人民币国际化的理论建模不足,这是未来人民币国际化领域的研究重点。另外,通过分析我们发现,最初的人民币国际化策略只重视人民币结算,不重视人民币计价,这往往催生离岸套利活动,不利于人民币国际化的开展。未来的人民币国际化应该结算和计价并举,逐步推出大宗商品期货及债券产品的人民币计价,这对推动人民币国际化具有重要作用。

第二节 大宗商品人民币计价

一、引　言

2014 年以来,全球大宗商品价格饱受重创,其价格波动对大宗商品进出口国的经济产生重大影响,甚至引发国际金融危机的预警。大宗商品已成为世界经济的核心,但是世界经济结构突变和大宗商品市场的金融化导致大宗商品市场的基本面发生移动。例如中国等新兴经济体对大宗商品的需求增加,新供给来源与生产运输技术创新等使大宗商品价格受到不同方向的压力,从而加剧价格波动(Arezki et al.,2014)。中国是国际大宗商品最主要的消费国,大宗商品价格的波动对中国工业生产和通货膨胀等经济因素造成重大影响,如何预测国际大宗商品价格波动从而制定有效的应对措施来保障我国经济安全已成为重要的研究内容,同时对私人和机构投资者利用大宗商品相关金融产品对冲风险也有重要意义。

为了有效应对大宗商品价格波动,有必要对短期和长期大宗商品价格做出精确的预测,但大宗商品价格波动加剧使价格趋势及预测越发复杂。由于大宗商品期货市场的深度不够且大部分商品仍然受政府管制,基于期货市场的价格发现功能对即期价格的预测很不理想。Quan(1992)和 Moosa and Al-Loughani(1994)认为原油期货市场是无效的,Morana(2001)发现石油的远期比率经常指向错误的方向。相对于随机游走模型和自回归模型,大宗商品价格与汇率的联动对国际大宗商品价格的预测能力更好(Clements and Fry,2008;Chen et al.,2010)。这些研究文献对预测大宗商品价格具有重要的启发意义。

本节以现值模型为基础,以进口额为权重构建了国别大宗商品进口价格指数,选取中国、日本、韩国和印度四个世界最主要的大宗商品进口国为例,从国际大宗商品进口国视角分析了大宗商品价格与汇率间的动态关系。实证研究发现,在样本内和样本外预测中,中国和韩国的名义有效汇率对本国大宗商品价格具有稳健的预测能力,但日本和印度不显著,同时四国的名义有效汇率对国际大宗商品价格和国际原油价格具有很好的预测能力。本节也检验了相反方向的预测(基于大宗商品价格预测汇率),但是没有发现汇率具有显著的预测能力。

二、文献综述

有关大宗商品价格和汇率关系的国内外文献的研究内容主要包括二者相关关系、波动冲击响应、相互预测等,研究方法采用一般均衡方法、向量自回归(VAR)等。

(一)大宗商品价格和汇率相关关系

前期文献主要集中在大宗商品价格和汇率间相关关系和协整关系的研究上。Rudiger(1987)、Bhaska(1991)从理论角度分析了相对于汇率波动的商品价格波动效应。Robyn(2001)、Muhammad et al.(2012)和 Ehsan et al.(2014)都基于一个特定的大宗商品出口国,研究国别大宗商品价格指数和有效汇率指数间的关系。Ramazan et al.(2010)实证研究发现,大宗商品价格与欧元汇率波动间没有长期均衡关系,贵金属即期价格和欧元汇率短期内有紧密的联系。Chen et al.(2003)分析了澳大利亚、新西兰和加拿大三个大宗商品出口国汇率和国别出口大宗商品价格的协整关系。与上述研究方法不同,Garcia-Cebro and Varela-Santamaria(2007)采用两部门小型开放经济模型研究进口石油的价格对汇率的影响,得出石油价格上升导致汇率贬值的结论。

国内文献中,罗贤东(2011)和谭小芬等(2014)基于中国情况进行分析,前者研究人民币汇率与国内大宗商品、黄金和石油价格的相互关系,后者研究国际大宗商品价格的驱动因素及中国因素的相对重要性。肖林(2012)利用向量误差修正(VEC)模型,实证分析大宗商品价格与多个大宗商品输出国货币汇率的相关关系。

(二) 大宗商品价格和汇率波动冲击响应

一些学者在研究大宗商品价格和汇率相关关系时,进一步采用协整模型、误差修正模型、脉冲响应函数等方法,分析大宗商品价格波动和汇率波动对彼此波动的冲击响应程度与持续性(Fisher,1996;Ramazan et al.,2010;张晓莉和马赛,2013)。Bui and Pippenger(1990)在利率平价基础上,用频谱分析英镑、加元汇率和大宗商品价格波动之间的关系。Fisher(1996)分析澳大利亚和新西兰实际汇率和名义汇率波动对两国相对国内价格水平的冲击影响。Akram(2009)和Syed et al.(2012)则采用VAR模型,发现美元实际汇率的冲击能够有效解释大宗商品价格的波动。与上述学者不同,Dib(2006)和袁增霆(2010)采取一般均衡方法中的开放宏观经济模型,研究大宗商品价格与货币汇率的双向影响及相互冲击的重要性。Hatzinikolaou and Polasek(2005)采用卡尔曼滤波法研究大宗商品价格与货币汇率的双向影响及相互冲击的重要性,并分析商品市场和货币市场间的溢出效应。

(三) 大宗商品价格和汇率间预测

在上述文献的基础上,一些文献对大宗商品价格和汇率预测进行了研究。Peter(1992)、Hatzinikolaou and Polasek(2005)、Groenewold and Paterson(2013)、Bashar and Kabir(2013)和Jain and Ghosh(2013)对大宗商品价格和汇率等相关时间序列进行了双向格兰杰因果关系研究。而Chen(2004)和Chen et al.(2010)采用现值模型进行了样本内和样本外的预测研究,并与随机游走模型、带漂移的随机游走模型和自回归模型的预测效果进行比较,结果显示现值模型在样本内和样本外的预测效果优于随机游走等模型。

综上所述,前期研究存在不同程度的不足。具体而言,至少有两个问题值得进一步探讨:第一,从以上文献可以看出,对大宗商品价格预测的研究集中于大宗商品生产国和美元两个角度,缺乏考虑中国、日本等进口国宏观经济因素;第二,随着大宗商品市场的金融化,大宗商品具有了金融属性和商品属性,而前期文献只局限于大宗商品的一个属性,缺乏结合上述两个属性去研究大宗商品价格趋势的文献。

本节将延续Chen et al.(2010)的研究方法,更加深入地考察大宗商品进口国(既有浮动汇率制又有固定汇率制)货币汇率与大宗商品价格间的关系,为增加从大宗商品进口国汇率视角研究国际大宗商品价格的相关文献做出贡献。

三、数据描述与模型介绍

(一) 模型与实证设计

国际大宗商品价格是影响主要大宗商品进出口国贸易条件的重要因素,也是这些国家汇率定价的基础因素。汇率作为一种货币价格,是决定其价格的基础因素的预期贴现,所以这些国家的汇率与世界大宗商品价格及本国进出口大宗商品价格存在重要的联动关系(Cashin et al.,2004;Chen and Rogoff,2003)。

借鉴Chen et al.(2010)的研究方法,本节同样假定大宗商品价格相对于进口国的汇率是外生的,即表示进口国是大宗商品价格的接受者,使用将汇率e_t与基本经济因素f_t、

汇率的期望值 $E_t e_{t+1}$ 联系在一起的现值模型：

$$e_t = \gamma \sum_{j=0}^{\infty} \beta^j E_t(f_{t+j} \mid I_t) \tag{1}$$

其中，γ 和 β 是参数，E_t 表示基于信息集 I_t 的期望值算子。当 $f_t = cp_t$ 时，从式（1）就可以得出式（2）：

$$\varepsilon e_{t+1} = \gamma \sum_{j=1}^{\infty} \beta^j \varepsilon cp_{t+j} + z_{t+1} \tag{2}$$

其中 z 表示独立于大宗商品价格的决定汇率价格的其他基础因素，ε 表示一阶差分算子。上述现值模型表明汇率 e_t 是基础经济因素 f_t（包括 cp_t）的现值，意味着基于 e_t 和 f_t 的滞后期信息集上，前者是后者的格兰杰因，或者前者是后者现值和过去值的滞后分布（Campbell and Shiller,1987）。

本节实证部分采用 Stata 软件进行计量分析。首先，使用 DF 单位根检验和 Zivot and Andrews(2002) 提出的允许结构性突变的单位根检验验证所有时间序列的稳定性；其次，通过样本内预测和样本外预测，分析名义有效汇率和大宗商品价格间的动态预测关系。样本内预测使用全样本多元格兰杰检验；样本外预测使用滚动窗口，同时进行名义有效汇率和大宗商品价格间双向预测检验，并使用 Diebold and Mariano(2002) 提出的预测精度比较模型进行模型与基准预测的优劣比较。在对影响进口国汇率与大宗商品价格间的动态关系的结构性因素进行实证分析部分，采用面板固定效应回归进行估计。

（二）数据与变量描述

1. 名义有效汇率

本节以四个较大的大宗商品净进口国——中国、日本、韩国、印度为例，所有数据来自 Wind 数据库和国际货币基金组织数据库，且所有时间序列数值采用自然对数值，样本期间为 1997 年 1 月—2015 年 7 月。由于中国在 2005 年 7 月之前采取汇率管制，为了更好地从市场角度研究汇率和国际大宗商品价格之间的动态关系，同时也为了尽量避免美元的影响，本节采用月度名义有效汇率数据，而不是四国货币相对于美元的名义汇率。取对数后名义有效汇率相关变量分别为中国名义有效汇率（lcnneer）、日本名义有效汇率（ljpneer）、韩国名义有效汇率（lkrneer）、印度名义有效汇率（linneer）。

2. 大宗商品价格

本节选取每个国家进口商品中最主要的大宗商品，对其美元价格以 2005 年 9 月为基期进行指数化，并以相对进口额为权重，使用式（3）构建国别大宗商品价格指数。

$$pindex^i = \sum_{n=1}^{N} cp_n w_n \tag{3}$$

pindex 表示国别大宗商品价格指数，i 分别表示中国（cn）、日本（jp）、韩国（kr）、印度（in），cp_n 表示 i 国选取的第 n 个大宗商品价格指数，w_n 为 i 国选取的第 n 个大宗商品对应的权重，n 表示 i 国选取的大宗商品的数量。据此得到中国大宗商品进口价格指数（$pindex^{cn}$）、日本大宗商品进口价格指数（$pindex^{jp}$）、韩国大宗商品进口价格指数（$pindex^{kr}$）、印度大宗商品进口价格指数（$pindex^{in}$）。各个国家大宗商品价格指数的构成商品和权重如表7-1所示,其中金属权重由各国的有色金属和钢材进口额度加总得到。国际大宗商品价格指数(lpallindex)选自国际货币基金组织数据库。

表7-1　国别大宗商品价格指数的构成商品和权重

中国		日本		印度		韩国	
原油	0.532194	原油	0.4914794	原油	0.643099	原油	0.493975
铁矿石	0.225951	食品	0.2548250	黄金	0.170138	金属	0.249421
铜	0.112350	金属	0.0997413	金属	0.080015	天然气	0.122571
食品	0.108991	煤炭	0.0957799	煤炭	0.062427	煤炭	0.072287
橡胶	0.020515	铁矿石	0.0581744	食用油	0.033564	铁矿石	0.036713
				白银	0.010756	铜矿石	0.025033
合计	1.000000		1.000000		1.000000		1.000000

资料来源:International Financial Statistics(IFS)数据库及自行整理。

3. 结构性因素

根据已有文献,本节重点研究四个国家的汇率制度和贸易依存度两个结构性因素,采用1997年2月—2015年6月的月度数据,每个因素都以一个三类别变量(three-category variable)表示,使用三分类法是因为它比两分类法更精确。

(1)汇率制度。本节将汇率制度分为三类——固定、中间和浮动,分别取值为1、2、3。四国汇率制度数据来源于Ilzetzki et al.(2011)的汇率分类,他们按事实原则进行汇率分类。固定汇率包括货币挂钩(currency pegs)、狭小调整(narrow currency band)汇率制度;中间制度包括浮动盯住(crawling pegs)、管理浮动制度;浮动制度即自由浮动汇率制度。

(2)贸易依存度。贸易依存度也分为三类——封闭、中间、开放,分别取值为1、2、3。贸易依存度的取值为一国月度进出口总额与GDP月平均值的比值,来自Wind数据库,比值越大说明贸易依存度越高,本节借鉴Bodart et al.(2015)的做法,采用三分位数划定分类门限值,即贸易依存度的值小于0.30591则定义为封闭,大于0.5为开放,其余为中间。

四、进口国汇率与大宗商品价格间的预测

本节将深入考察大宗商品进口国(既有浮动汇率制又有固定汇率制)货币汇率与大宗商品价格间的预测关系。

(一)单位根与协整检验

本节对所有时间序列进行水平和一阶差分形式的单位根检验,其中DF单位根检验进行无趋势项和有趋势项的检验,由于在样本期内存在金融危机等一系列重大事件,时间序列可能发生结构性突变,本节同时采用允许有一个结构性突变的Zandrews单位根检验,本节中Zandrews单位根检验分别进行常数项突变和趋势项突变检验,结果如表7-2所示。

表 7-2 单位根检验

变量		DF		Zandrews	
		无趋势项	带趋势项	常数项突变	趋势项突变
$pindex^{cn}$	水平	0.7848	0.9937	-1.9330	-3.2920
	一阶差分	0.0000***	0.0000***	-11.4490***	-11.4870***
$pindex^{jp}$	水平	0.7897	0.9844	-2.4850	-3.5050
	一阶差分	0.0000***	0.0000***	-10.1960***	-10.1400***
$pindex^{in}$	水平	0.7712	0.9741	-2.7080	-3.6530
	一阶差分	0.0000***	0.0000***	-11.3150***	-11.2340***
$pindex^{kr}$	水平	0.7656	0.9946	-2.0930	-3.0330
	一阶差分	0.0000***	0.0000***	-11.0650***	-11.0310***
lpallindex	水平	0.7660	0.9685	-2.8610	-3.5510
	一阶差分	0.0000***	0.0000***	-10.3950***	-10.2980***
lcnneer	水平	0.9730	0.9768	-3.8110	-3.2230
	一阶差分	0.0000***	0.0000***	-10.4960***	-10.3920***
ljpneer	水平	0.3849	0.8929	-3.2160	-3.0740
	一阶差分	0.0000***	0.0000***	-11.5730***	-11.2840***
lkrneer	水平	0.1021	0.3695	-5.3600**	-3.2840
	一阶差分	0.0000***	0.0000***	-10.6190***	-10.5870***
linneer	水平	0.9432	0.5423	-4.6630	-3.6270
	一阶差分	0.0000***	0.0000***	-11.7690***	-11.7120***

注:(1)在 DF 单位根检验中,显示的是相应的 P 值,在 Zandrews 单位根检验中显示的是 t 统计量数值;(2)***、**、*分别表示在1%、5%、10%的置信水平下显著。

表 7-2 显示,所有序列都存在单位根,为一阶单整 I(1)序列,而一阶差分是稳定的,这与 Chen et al.(2010)得出的结论一致,因而本节使用 Johansen 协整检验中的迹统计量和最大根统计量对各国国别大宗商品价格指数与各国名义有效汇率进行了协整分析,实证结果显示不存在协整关系(受篇幅所限未列示相关实证结果)。从长期来看,大宗商品进口国汇率与大宗商品价格不存在均衡关系,在本节接下来的分析中,所有变量都采用对数的一阶差分值。

(二)预测能力检验

1. 汇率与国别大宗商品价格指数间预测检验

本节使用四个国家的名义有效汇率分别与各自国别大宗商品价格指数进行预测检验。

(1)样本内预测能力检验。本节中汇率决定的现值模型预示着汇率必须是大宗商品价格的"因",所以本节构建了模型式(4)与式(5),并对模型使用格兰杰因果检验进行样本内预测。本节首先利用式(4)进行四个国家的名义有效汇率对相应国别的大宗商品价格指数的格兰杰因果检验,再利用式(5)进行两个变量间相反方向因果检验,分别检验以下原假设 $\beta_1 = 0$ 和原假设 $r_1 = 0$。

$$E_t \Delta cp_{t+1} = \beta_0 + \beta_1 \Delta e_t + \beta_2 \Delta cp_t \tag{4}$$

$$E_t \Delta e_{t+1} = r_0 + r_1 \Delta e_t + r_2 \Delta cp_t \tag{5}$$

其中,Δcp_{t+1} 表示国别大宗商品价格指数对数差分值,Δe_{t+1} 表示名义有效汇率对数差分值。在滞后期的选择上,同时根据 AIC 与 BIC 准则,都选择滞后一期(在之后所有分析中,信息准则同样选择滞后一期,所以本节所有模型实证中的滞后期都选择一期),相应的格兰杰因果检验结果如表7-3所示。

表7-3 双向格兰杰因果检验

	中国	日本	印度	韩国
汇率预测大宗商品价格:$\beta_1 = 0$,模型:$E_t \Delta cp_{t+1} = \beta_0 + \beta_1 \Delta e_t + \beta_2 \Delta cp_t$				
	0.001***	0.5110	0.1700	0.0070***
大宗商品价格预测汇率:$r_1 = 0$,模型:$E_t \Delta e_{t+1} = r_0 + r_1 \Delta e_t + r_2 \Delta cp_t$				
	0.505	0.2990	0.1620	0.5050

注:表中数值为格兰杰因果检验的 P 值。

表7-3 显示了四国名义有效汇率和相应国别价格指数的格兰杰因果检验的 P 值,从中可以得出,在名义有效汇率预测相应国别大宗商品价格方面,中国和韩国在1%的置信水平下显著,表明中国和韩国汇率是本国大宗商品价格指数波动的因,而日本和印度不显著;在大宗商品价格预测相应名义有效汇率方面,四个国家的 P 值都在10%以上,检验结果不显著,表明大宗商品价格指数不是名义有效汇率的因。

(2)样本外预测能力检验。上面的样本内格兰杰因果预测是否可以传导到样本外预测?本节基于方程(4)和式(5),采用滚动预测程序,使用一个大小为总样本一半的滚动窗口,第1期窗口期为1997年3月—2006年4月,共110期。先使用等于总样本一半的滚动窗口估计模型参数,并产生提前一期的预测值,再利用 Diebold and Mariano (2002)提出的预测均方误差对比基准进行预测精度比较。其原理是将两个预测序列的预测均方误差相减,为负值则表示前者优于后者,为正值则后者优于前者。在对名义有效汇率预测大宗商品价格的研究中,本节首先进行方程式(4)和自回归基准模型($E_t \Delta cp_{t+1} = \beta_0 + \beta_2 \Delta cp_t$)的预测精度比较;其次进行不带被解释变量滞后项的方程式(4)与广泛使用的随机游走基准模型的预测精度比较。这里比较两个随机游走基准模型,一个是不带漂移项的模型 $E_t \Delta cp_{t+1} = 0$,另一个是带漂移项的模型 $E_t \Delta cp_{t+1} = r_0$。在大宗商品价格预测名义有效汇率的研究中,采取与上述同样的方法进行预测精度比较,相关检验结果如表7-4所示。

表 7-4　模型与基准的样本外预测精度比较

中国	日本	印度	韩国
\multicolumn{4}{c}{自回归基准模型}			
$E_t\Delta cp_{t+1}=\beta_0+\beta_1\Delta e_t+\beta_2\Delta cp_t$ vs. $E_t\Delta cp_{t+1}=\beta_0+\beta_2\Delta cp_t$			
−0.0002215	0.0000387	0.0000379	−0.0000961
$E_t\Delta e_{t+1}=r_0+r_1\Delta e_t+r_2\Delta cp_t$ vs. $E_t\Delta e_{t+1}=r_0+r_1\Delta e_t$			
0.00000135	0.00000445	0.000000394	0.00000724
不带漂移项的随机游走基准模型			
$E_t\Delta cp_{t+1}=\beta_0+\beta_1\Delta e_t$ vs. $E_t\Delta cp_{t+1}=0$			
−0.0003879	0.0000522	0.000099	−0.0001238
$E_t\Delta e_{t+1}=r_0+\Delta cp_t$ vs. $E_t\Delta e_{t+1}=0$			
−0.00000507	0.00000236	−0.00000515	0.0000179
带漂移项的随机游走基准模型			
$E_t\Delta cp_{t+1}=\beta_0+\beta_1\Delta e_t$ vs. $E_t\Delta cp_{t+1}=r_0$			
−0.0004394	0.0000151	0.0000421	−0.0001918
$E_t\Delta e_{t+1}=r_0+r_2\Delta cp_t$ vs. $E_t\Delta e_{t+1}=r_0$			
0.00000117	−0.00000319	0.000000229	0.0000163

注：表中数值是两个模型的预测均方误差的差值，负值表示设定模型优于基准模型，正值则相反。

表 7-4 的结果与样本内预测结果基本一致，在名义有效汇率样本外预测大宗商品价格方面，分析发现中国和韩国的名义有效汇率能稳健地预测大宗商品价格，预测均方误差的差值都为负，说明汇率现值模型预测优于自回归模型和两个随机游走模型，所以中国和韩国的名义有效汇率在样本内和样本外都具有稳健预测大宗商品价格的能力。而日本和印度的预测均方误差的差值较小，但为正值，表明其汇率无法较好地预测大宗商品价格，与样本内没有预测能力的实证结果一致。在大宗商品价格预测有效汇率方面，所有的预测均方误差的差值都为正，表明在样本内与样本外大宗商品价格对进口国汇率均没有预测能力。

2. 进口国汇率与国际大宗商品价格间预测检验

上述研究发现中国和韩国的名义有效汇率能较好地预测相应国别的大宗商品价格波动，那么作为国际大宗商品主要进口国的中国、日本、韩国、印度，它们的汇率是否可以预测国际大宗商品价格波动？本节选择国际货币基金组织数据库中的国际大宗商品价格指数，分别采用两种方法进行样本外预测能力分析：多元回归和单变量加权平均。多元回归模型利用四国汇率构成多元回归方程式（6），采用多元格兰杰因果检验进行样本内预测能力的检验，同样基于方程式（6）采用滚动窗口预测方法进行样本外预测。

$$E_t\Delta cp_{t+1}^w = \beta_0 + \beta_{11}\Delta e_t^{cn} + \beta_{12}\Delta e_t^{jp} + \beta_{13}\Delta e_t^{kr} + \beta_{14}\Delta e_t^{in} + \beta_2\Delta cp_t^w \tag{6}$$

其中，Δcp_{t+1}^w 表示国际大宗商品价格指数（对数一阶差分值），Δe_t^{cn}、Δe_t^{jp}、Δe_t^{kr}、Δe_t^{in} 分别表示中国、日本、韩国、印度名义有效汇率的对数一阶差分值。

单变量加权平均模型需要分别使用各国名义有效汇率,采用滚动窗口预测方法得出国际大宗商品价格预测值,再采用一定权重进行加权平均得到最终的国际大宗商品价格指数,具体模型见方程式(7)。

$$E_t \Delta cp_{t+1}^{wi} = \beta_0 + \beta_{11} \Delta e_t^i + \Delta cp_t^w \tag{7}$$

这里 i 分别代表中国(cn)、日本(jp)、韩国(kr)和印度(in)。

单变量加权平均方法的优点是能充分利用各个汇率所包含的有关国际大宗商品价格预测信息。本节在权重选择上遵循简单原则,采用相等权重加权平均得出国际大宗商品价格指数,具体见式(8):

$$E_t \Delta cp_{t+1}^w = (E_t \Delta cp_{t+1}^{wcn} + E_t \Delta cp_{t+1}^{wjp} + E_t \Delta cp_{t+1}^{wkr} + E_t \Delta cp_{t+1}^{win})/4 \tag{8}$$

多元回归模型中,表 7-5 中格兰杰检验结果的 P 值为 0.011,说明四个进口国汇率结合在一起对国际大宗商品价格波动具有稳健的预测能力。在样本外预测中,将多元回归模型再次与之前介绍的三个基准模型进行预测精度比较,结果如表 7-5 中的"样本外预测:多元回归模型"一栏所示。与三个基准模型相比,相关数值都为负值,表明多元回归模型优于三个基准模型,能较好地预测国际大宗商品价格,相关预测比较也能从图 7-7 中更直观地看出。图 7-7 中的 X 轴表示随机游走模型的预测值,模型预测是指本节设定模型的预测值,可以看出拟合效果优于 AR(1)(一阶自相关)模型和随机游走模型,较精确地沿着实际值波动。

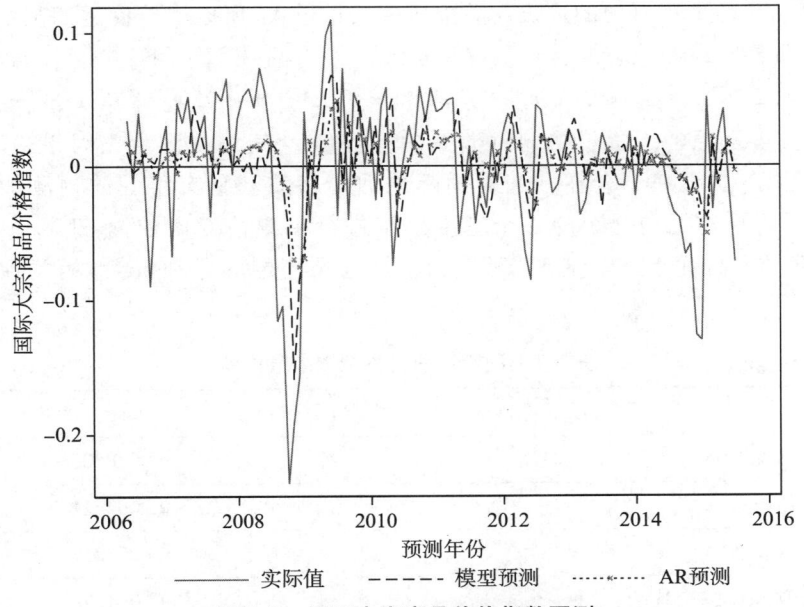

图 7-7 国际大宗商品价格指数预测

资料来源:Wind 数据库和国际货币基金组织数据库。

单变量加权平均预测模型中,本节将加权得到的国际大宗商品价格预测值与三个基准模型相比,结果如表 7-5 中"样本外预测:单变量加权平均"一栏所示,其数值均为负,同样表明模型得到的预测值比基准模型拟合得更好。

表 7-5　国际大宗商品价格预测效果检验

汇率预测国际大宗商品价格指数		
样本内预测：多元回归模型	多元格兰杰因果检验	0.0110000
样本外预测：多元回归模型	AR(1)基准	-0.0000160
	随机游走基准	-0.0002532
	带漂移项随机游走基准	-0.0002981
样本外预测：单变量加权平均	AR(1)基准	-0.0000428
	随机游走基准	-0.0005306
	带漂移项随机游走基准	-0.0005754

注：(1)样本内预测数值是对多元回归方程式(5)进行多元格兰杰因果检验的 P 值；(2)样本外预测数值是分别基于本节模型与基准模型预测的预测均方误差差值。

五、稳健性检验

由于上述研究采用大宗商品价格综合指数，且只进行提前一期的预测，因此在本部分稳健性检验中，首先以具体大宗商品现货价格替代大宗商品价格指数进行相关稳健性分析，其次将样本外预测分别延长至三期和六期，进行较长期的预测效果检验。

(一) 进口国汇率与国际原油现货价格间预测检验

因为原油在四个进口国的进口商品中所占权重最大，所以本节使用四国汇率预测国际原油现货价格。以布伦特原油现货离岸美元价格为例，模型如下：

$$E_t \Delta cp_{t+1}^{oil} = \beta_0 + \beta_{11}\Delta e_t^{cn} + \beta_{12}\Delta e_t^{jp} + \beta_{13}\Delta e_t^{kr} + \beta_{14}\Delta e_t^{in} + \beta_2 \Delta cp_t^{oil} \tag{9}$$

其中，Δcp_{t+1}^{oil} 表示原油现货价格的对数一阶差分值。表 7-6 格兰杰因果检验中，P 值为 0.002，说明四国汇率结合在一起对国际原油价格波动具有稳健的预测能力。在样本外预测中，再次与之前介绍的三个基准模型进行预测精度比较，表 7-6 中相关数值都为负，表明式(9)优于三个基准模型，能较好地预测国际原油价格，相关预测比较如图 7-8 所示。

表 7-6　国际原油价格预测效果检验

原油进口国汇率预测国际原油价格	
格兰杰因果检验	0.0020000
AR(1)基准	-0.0004321
随机游走基准	-0.0003257
带漂移项随机游走基准	-0.0004596

图 7-8 中，X 轴表示随机游走模型的预测值，模型预测是指本节设定模型的预测值，可以看出其拟合效果比 AR(1)模型和随机游走模型要好很多。本部分实证检验强化了本节先前结论的稳健性。

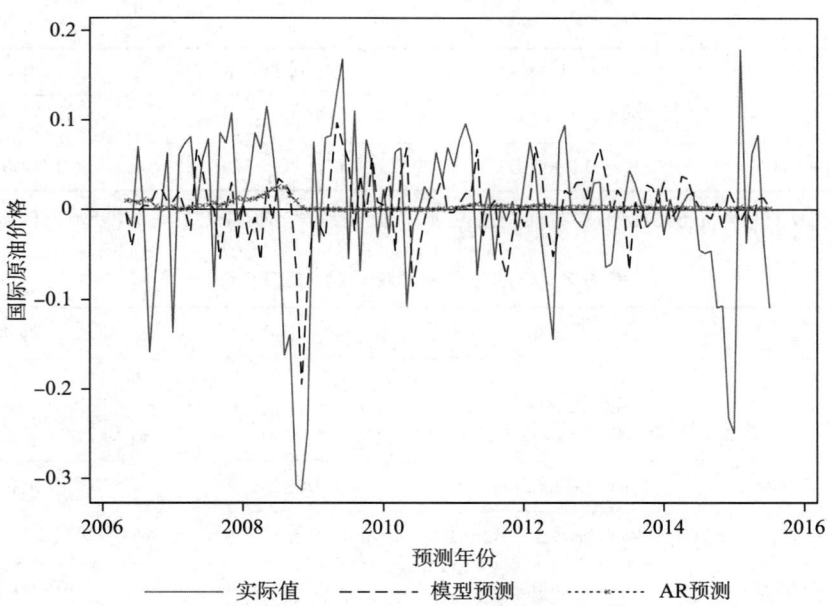

图 7-8 国际原油现货价格预测

(二) 中长期样本外预测能力检验

以名义有效汇率与国别大宗商品价格指数间样本外预测为例,采取相同方法将预测期分别延长至三期和六期,即一个季度和半年,检验结果分别如表 7-7 与表 7-8 所示。从表中可以看出,中长期预测与短期预测结果一致,证实本节先前的结论是稳健的。

表 7-7 样本外预测精度检验(预测三期)

中国	日本	印度	韩国
自回归基准模型			
$E_t \Delta cp_{t+1} = \beta_0 + \beta_1 \Delta e_t + \beta_2 \Delta cp_t$ vs. $E_t \Delta cp_{t+1} = \beta_0 + \beta_2 \Delta cp_t$			
-0.0001949	0.0000424	0.0000265	-0.0000864
$E_t \Delta e_{t+1} = r_0 + r_1 \Delta e_t + r_2 \Delta cp_t$ vs. $E_t \Delta e_{t+1} = r_0 + r_1 \Delta e_t$			
0.00000111	0.0000234	-0.0000014	0.00000368
不带漂移项的随机游走基准模型			
$E_t \Delta cp_{t+1} = \beta_0 + \beta_1 \Delta e_t$ vs. $E_t \Delta cp_{t+1} = 0$			
-0.0002877	0.0000154	0.0001149	-0.0000529
$E_t \Delta e_{t+1} = r_0 + \Delta cp_t$ vs. $E_t \Delta e_{t+1} = 0$			
-0.00000377	0.0000451	-0.000003	0.0000282
带漂移项的随机游走基准模型			
$E_t \Delta cp_{t+1} = \beta_0 + \beta_1 \Delta e_t$ vs. $E_t \Delta cp_{t+1} = r_0$			
-0.0003784	0.0000807	0.0000234	-0.0001563

中国	日本	印度	韩国
$E_t\Delta e_{t+1} = r_0 + r_2\Delta \mathrm{cp}_t$ vs. $E_t\Delta e_{t+1} = r_0$			
0.00000186	0.0000347	0.000000329	0.0000235

注：表中数值是两个模型预测均方误差的差值，负值表示设定模型优于基准模型，正值则相反。

表 7-8 样本外预测精度检验（预测六期）

中国	日本	印度	韩国
自回归基准模型			
$E_t\Delta \mathrm{cp}_{t+1} = \beta_0 + \beta_1\Delta e_t + \beta_2\Delta \mathrm{cp}_t$ vs. $E_t\Delta \mathrm{cp}_{t+1} = \beta_0 + \beta_2\mathrm{cp}_t$			
−0.0001888	0.0000289	0.00000957	−0.0000817
$E_t\Delta e_{t+1} = r_0 + r_1\Delta e_t + r_2\Delta \mathrm{cp}_t$ vs. $E_t\Delta e_{t+1} = r_0 + r_1\Delta e_t$			
0.000000978	0.0000331	−0.00000139	0.0000042
随机游走基准模型			
$E_t\Delta \mathrm{cp}_{t+1} = \beta_0 + \beta_1\Delta e_t$ vs. $E_t\Delta \mathrm{cp}_{t+1} = 0$			
−0.0002948	0.0001643	0.0000889	−0.0000518
$E_t\Delta e_{t+1} = r_0 + \Delta \mathrm{cp}_t$ vs. $E_t\Delta e_{t+1} = 0$			
−0.0000045	0.0000561	−0.00000263	0.0000261
带漂移项的随机游走基准模型			
$E_t\Delta \mathrm{cp}_{t+1} = \beta_0 + \beta_1\Delta e_t$ vs. $E_t\Delta \mathrm{cp}_{t+1} = r_0$			
−0.0003869	0.0000898	0.00000161	−0.0001572
$E_t\Delta e_{t+1} = r_0 + r_2\Delta \mathrm{cp}_t$ vs. $E_t\Delta e_{t+1} = r_0$			
0.000000404	0.000049	0.0000007	0.0000187

注：表中数值是两个模型预测均方误差的差值，负值表示设定模型优于基准模型，正值则相反。

六、影响预测关系的结构性因素

上述研究中，四个大宗商品进口国在汇率与国别大宗商品价格预测的结果存在差异，即在样本内和样本外预测中，中国和韩国名义有效汇率对本国大宗商品价格具有稳健的预测能力，但日本和印度不显著，本节将研究其背后的影响因素及机理。

（一）结构性因素选取

Bodart et al.（2015）认为，贸易占 GDP 比例会影响消费者的最终消费结构，比值越高，消费者对进口产品的消费比例越大，从而使大宗商品出口国的价格上涨更多地传递到进口国，引起通货膨胀和汇率变化。Chen and Rogoff（2003）认为，汇率制度对大宗商品价格与汇率的关系有一定影响,但是没有进行实证检验。本节将实证检验这两个因素对大宗商品进口国汇率与大宗商品价格预测关系的影响。

1. 汇率制度

根据 Ilzetzki et al.(2019)的汇率制度分类,在样本期间中国汇率制度基本为固定汇率制度,日本为浮动汇率制度,而韩国和印度为中间汇率制度。

2. 贸易依存度

四个国家的贸易依存度(trade)存在较大差异,描述性统计如表 7-9 所示。从中可见,韩国的贸易依存度最高,均值达到约 0.68,日本和印度的贸易依存度较低,均值分别约为 0.24 和 0.30。

表 7-9 四个国家的贸易依存度的描述性统计

	贸易依存度等级			贸易依存度平均值
	1	2	3	
中国	9	137	75	0.4690950
日本	176	45	0	0.2427423
印度	109	112	0	0.2992533
韩国	0	15	206	0.6768959

注:表中第 2—4 列中的数值表示在样本期间对应国家分别处于封闭、中间、开放等级的月份数量,样本期共 221 个月。

(二) 实证分析

本小节采用面板固定效应估计方法。面板回归不仅有更大的样本量,还能比时间序列有更好的检验效果。估计名义有效汇率与国别大宗商品价格指数间的回归方程为:

$$E_t \Delta \mathrm{cp}_{i,t+1} = \beta_0 + \beta_1 \Delta e_{i,t} + \varepsilon_{i,t} \tag{10}$$

其中,$\Delta \mathrm{cp}_{i,t+1}$ 是第 i 国在 t 时刻的国别大宗商品价格指数对数差分值,$\Delta e_{i,t}$ 是第 i 国在 t 时刻的名义有效汇率对数差分值。采用面板固定效应估计,结果如表 7-10 第(1)列所示。

表 7-10 影响预测关系的结构性因素回归结果

	(1)	(2)	(3)
β_1	0.0630	-1.271^{***}	
	(0.85)	(-4.72)	
$\beta_{\mathrm{exr},2}$		1.609^{***}	
		(5.67)	
$\beta_{\mathrm{exr},3}$		1.045^{***}	
		(3.46)	

（续表）

	（1）	（2）	（3）
$\beta_{\text{trade},2}$			−0.206
			(−0.93)
$\beta_{\text{trade},3}$			0.351*
			(1.97)
常数项	0.00377*	0.00466**	0.00375*
	(2.20)	(2.76)	(1.97)
N	884	884	884

注：(1)括号内为 t 统计量；***、**、*分别表示在0.1%、1%、5%的置信水下显著。

得到初步的估计结果后，接下来重点分析汇率制度和贸易依存度怎样影响大宗商品价格和汇率间的预测关系。汇率制度(exr)和贸易依存度(trade)是分类变量，可以使用固定面板计量方程(11)进行实证分析。方程式(11)是方程式(10)的扩展形式，增加了影响因素和汇率间的交乘项，交乘项由名义有效汇率与两个虚拟变量相乘而得，虚拟变量 D_2 代表汇率制度(exr)和贸易依存度(trade)的中间等级，D_3 分别代表汇率制度(exr)和贸易依存度(trade)的浮动汇率制度和开放等级，D_1 分别代表汇率制度(exr)和贸易依存度(trade)的固定汇率制度和封闭等级，作为基准对照，不进入回归方程。

$$E_t\Delta \text{cp}_{i,t+1} = \beta_0 + \beta_1 \Delta e_{i,t} + \beta_2 (D_{2,t} \times \Delta e_{i,t}) + \beta_3 (D_{3,t} \times \Delta e_{i,t}) + \varepsilon_{i,t} \quad (11)$$

方程式(11)中影响因素的作用通过检验参数 β_2 和 β_3 是否显著不等于零来确定（$H_0: \beta_2 = 0$ 或者 $\beta_3 = 0$）。

方程式(11)的估计结果如表7-10第(2)列和第(3)列所示。我们发现参数 β 的值在第一个回归中不显著，但在加入结构性因素后，结果发生改变。首先分析汇率制度，第(2)列中回归参数高度显著，说明汇率制度对进口国汇率与大宗商品价格间关系有重要影响。β_1 显示在固定汇率制度下，大宗商品价格和汇率的弹性最大且高度显著，中间等级的系数和为 0.338（$\beta_1 + \beta_{\text{exr},2}$），而实行浮动汇率制度时的系数和只有 −0.226（$\beta_1 + \beta_{\text{exr},3}$）且在5%的置信水平下不显著，表明随着汇率制度的灵活性提高，二者弹性越来越小。第(3)列显示了贸易依存度对名义有效汇率与大宗商品价格预测的影响，封闭等级下的系数不显著且非常小，中间等级下的系数绝对值增大，开放等级下的系数显著，这表明随着贸易依存度的增大，大宗商品价格与进口国汇率间的关系增强。

综上所述，汇率制度和贸易依存度对进口国汇率和大宗商品价格间关系具有重要的影响，这正好解释了前文中四国汇率预测的差异：中国汇率制度的灵活性最差，在样本期间实行固定汇率制度，而且贸易依存度高于日本和印度，韩国的贸易依存度最高，因而这两个国家的汇率与大宗商品价格间的关系更强，预测效果检验显著。日本实行自由浮动汇率制度，印度实行中间汇率制度，同时两国的贸易依存度在样本期间非常低，所以两国汇率与大宗商品价格间的关系较弱，预测效果检验不显著。本节还进行了面板随机效应分析，结果与面板固定效应一致，受篇幅所限未列示相关数据。

七、结论与启示

本节从大宗商品进口国的新视角实证分析了汇率和大宗商品价格间的动态关系。首先,在名义有效汇率与国别大宗商品价格的预测方面,对中国和韩国进行格兰杰因果检验,发现回归结果在1%的置信水平下显著。在样本外预测中,中国和韩国的名义有效汇率能稳健地预测各自大宗商品价格,且预测效果优于三个基准模型;与之不同的是,日本和印度的名义有效汇率的实证检验结果不显著。从相反方向对大宗商品价格预测进口国汇率进行检验,没有发现因果关系,其预测效果比三个基准模型的拟合效果差,表明大宗商品价格和进口国汇率的预测关系存在不对称性。四国汇率结合在一起能够对国际大宗商品价格进行稳健的预测。

其次,本节进一步研究了导致四个国家预测结果差异的结构性因素。实证结果说明,汇率制度和贸易依存度对大宗商品价格和进口国汇率间的关系具有重要的影响。随着汇率制度的灵活性提高,二者间弹性越来越小,固定汇率制度下二者关系最强;贸易依存度在开放等级下的系数最大也最显著,表明随着贸易依存度增大,大宗商品价格与进口国汇率间关系增强。

本节的相关结论为中国等国际大宗商品主要进口国分析国际大宗商品价格波动,应对这种波动给经济带来的负面冲击提供了新的理论指导,可考虑以下防范风险的措施:

(1)以人民币国际化推进人民币计价大宗商品。国际大宗商品价格多以美元计价,其价格随美元贬值而升高、美元升值而降低,两者负相关,计价货币的地位使美国获得了防范大宗商品价格波动的主动权。上海国际金融中心建设、自贸区扩围、"一带一路"倡议中都存在与大宗商品相关的问题,中国应以此为平台,逐步推进人民币在大宗商品交易活动中的计价、交易、结算、投资和储备货币等环节的广泛使用。

(2)警惕世界主要国家货币政策对大宗商品价格的影响。大宗商品价格同时受到大宗商品进口国、出口国及计价货币的汇率的影响,尤其是受美国等发达国家的货币政策影响。大宗商品价格的走势仍然受发达国家经济走势和流动性水平的影响,作为大宗商品进口大国,中国应当密切关注发达国家货币政策对大宗商品价格的影响。目前,四个进口国汇率与大宗商品之间还夹杂着美国货币政策的"噪音"。

(3)综合考虑影响汇率和大宗商品价格关系的结构性因素。结构性因素对进口国汇率与大宗商品价格的关系具有重要影响。中国的汇率制度缺乏弹性,贸易依存度也较高,这将加剧大宗商品价格对经济的冲击,因而我国应该加快汇率制度改革和经济结构调整,合理调整相关结构性因素,从而减弱大宗商品价格与汇率的被动联系,避免人民币汇率受大宗商品价格的冲击。

本节的结论深化了大宗商品进口国汇率与国际大宗商品价格之间动态关系的认识,但是仍然需要进一步的稳健性检验和创新。一方面,本节考察的四个大宗商品进口国在汇率与大宗商品价格预测的研究结果存在差异,其背后的原因和机理需要进一步探索与厘清,采取非线性模型也许会有新发现;另一方面,随着大宗商品市场的金融化,大宗商品具有了金融属性和商品属性,而前期文都只局限于分析大宗商品的某一个属性,本节从汇率角度出发,结合大宗商品的商品属性(商品市场)和金融属性(金融市场)共同考察大宗商品价格趋势。

第三节 自由贸易账户与人民币跨境支付

一、引言

人民币账户是便利人民币跨境支付、推进人民币国际化的重要抓手。目前,人民币账户体系十分复杂,涉及外币业务的既有境外机构境内外汇账户(NRA 账户),又有离岸账户(OSA 账户)。2015 年以后,上海自贸区又推出自由贸易账户(FT 账户)。FT 账户的推出具有重要意义。FT 账户总结了国内外账户的经验和教训,旨在打破中国复杂的账户体系,形成本外币一体化的账户新格局。如果未来 FT 账户或者以 FT 账户为蓝本的新账户得以全面推广,不仅有利于企业、银行和监管部门减负,也有利于推广人民币账户,推动人民币跨境支付。

鉴于推出 FT 账户的重要意义,我们有必要对 FT 账户进行全面分析,指出 FT 账户的优缺点,并为 FT 账户或者以之为蓝本的新账户体系的改善和推广提供政策建议。为此,我们多次对与人民币跨境支付相关的单位(如人民币跨境支付中心 CIPS、中国外汇交易中心、银行、相关企业等)进行走访调研,在了解实际情况的基础上提出改善和推广 FT 账户的相关建议。

二、FT 账户

FT 账户对于促进人民币国际化至关重要。FT 账户既可以方便企业进行国际融资投资,又可以进行贸易区内和国外人民币自由兑换,同时还能形成金融开放试点,对于加快国内金融改革、促进金融服务水平,方便对外投资和推动人民币国际化具有重要意义。那么,什么是 FT 账户?推广 FT 账户的重要意义又是什么?

(一) FT 账户

2014 年 5 月 21 日,央行上海总部正式发布《中国(上海)自由贸易试验区分账核算业务实施细则(试行)》(以下简称《细则》)。《细则》指出,FT 账户是金融机构根据客户需要在试验区分账核算单元开立的规则统一的本外币账户。FT 账户实施分账核算,各金融机构按照"标识分设、分账核算、独立出表、专项报告、自求平衡"的要求开展试验区分账核算业务。《细则》实施初期,FT 账户仅开放人民币业务,待时机成熟后开放外币业务。2015 年 4 月,FT 账户的外币服务功能正式启动。银行、证券、保险等金融机构和企业都可以接入这个系统,FT 账户可以同时提供经常项下和直接投资项下的外币服务,实现与境外金融市场的融通。

2015 年 10 月,《进一步推进中国(上海)自由贸易试验区金融开放创新试点、加快上海国际金融中心建设方案》(以下简称"金改 40 条")发布,"金改 40 条"总体要求坚持以服务实体经济、促进贸易和投资便利化为出发点,根据积极稳妥、把握节奏、宏观审慎、风险可控的原则,加快推进资本项目可兑换、人民币跨境使用、金融服务业开放和建设面向国际的金融市场,不断完善金融监管,大力促进自由贸易试验区金融开放创新试点与上海国际金融中心建设的联动,探索新途径,积累新经验,及时总结评估,适时复制推广,更好地为全国深化金融改革和扩大金融开放服务。"金改40条"具体内容包括率先实现人民币资本项目可兑换、进一步扩大人民币跨境使用、不断扩大金融服务业对内对外开放、加快建设面向国际的金融市场以及不断加强金融监管切实防范风险等方面。在"金改40条"的指导下,FT账户成为本外币一体化账户,提供包括跨境融资、跨境并购、跨境理财、跨境发债等在内的经常项和资本项下的本外币一体化金融服务。此外,FT账户还支持"黄金国际板"和自由贸易试验区航运指数及大宗商品衍生品中央对手清算业务等。简单地说,FT账户是一个本外币一体化、账户内可自由兑换的银行账户体系,是连接国外和区内、区内和国内的重要通道。

FT账户包含五类主体:(1)区内机构自由贸易账户(FTE账户),适用对象为区内机构和在试验区内注册的个体工商户;(2)境外机构自由贸易账户(FTN账户),适用对象为境外机构,只能在区内金融机构开立;(3)同业机构自由贸易账户(FTU账户),适用对象为其他金融机构的试验区分账核算单元和境外金融机构;(4)区内个人自由贸易账户(FTI账户);(5)区内境外个人自由贸易账户(FTF账户)。不同主体可以根据自身需要开立不同的FT账户。

(二) FT账户的优点和作用

1. FT账户的优点

FT账户最大的优点在于方便,既方便企业,也方便银行和监管机构;既方便融资,也方便对外投资,是国内账户方面具有革命性质的重要创新和实践。

(1) 本外币一体化。FT账户最大的特点是本外币一体化。所谓本外币一体化,是指将本币业务和不同外币业务统一到一个账户,通过一个FT主账户下不同币种和业务的分账户,实现本外币业务的统一,大大方便了账户内资金的划转和使用。要知道,中国的账户体系十分复杂,通常是针对不同的币种和业务设立专项账户。专项账户内资金专款专用,不仅降低资金使用效率,增加使用成本,也容易造成资本外逃,增加银行的经营成本和监管机构的监管成本,给企业、个人、银行、政府机关带来不便。FT账户将本外币业务一体化,降低了使用成本,提高了便利性。

(2) 利率市场化、汇率一体化。利率市场化和汇率一体化是FT账户的另一特点,是"金改40条"逐步实现利率和汇率市场化改革的重要尝试。自贸区内企业不仅可以通过FT账户从国内外进行借贷,充分使用国内外低廉资金,而且可以打破在离岸市场价差,以近乎离岸市场的价格获得资金,充分降低融资成本。

(3) 投资便利化。设立自贸区的目的之一就是"促进投资贸易便利化,并能够形成可复制、可推广的模式"。FT账户跨境投资进出较为便利,自贸区机构账户可实行与境外账户、境内区外账户的自由划转,个人也能开设自贸区资本账户,进行境外直接投资试点,这对于鼓励跨国企业对外投资、支持共建"一带一路"倡议具有重要意义。

2. FT账户的作用

FT账户发挥了重要作用。除了方便企业开展投融资交易及银行业务和监管部门监管,更重要的是有利于形成宏观审慎的监管模式,推动国内金融改革和人民币国际化进程。

（1）FT账户有利于构建宏观审慎的监管模式。FT账户实行"一线"放开、"二线"管住的监管原则,其中境外到区内被称为"一线",区内到境内被称为"二线"。"一线"放开是指从境外到自贸区之间的实体经济层面的本外币资金划转充分自由;"二线"管住是指从自贸区到境内之间只允许人民币有限渗透,外币则需兑换成人民币才能在境内进行投资。这种监管模式可以使央行以FT账户为监管渠道对涉及资金数量、流向、价格信息进行充分的监管,构建起一道坚实的宏观审慎监管墙,抑制投机活动,保证金融安全。

（2）FT账户有利于推动资本账户开放,倒逼国内金融体系改革。FT账户为加速资本账户开放、推动利率和汇率市场化改革、推动人民币国际化而设立,FT账户推广不仅可以积累经验,加速资本账户开放进程,还能反推国内金融改革,降低金融风险,提高金融效率。

（3）FT账户有利于人民币国际化进程。FT账户在人民币资金管理方面,除总行负责最终流动性以及为次日清算留下不超过10%的备付金外,各类FT账户日跨境收支的轧差净收额超过90%的比例必须返回境外市场并按月实现净流出,以保证境外人民币的流动性,有利于促进人民币国际化进程。此外,FT账户便利企业对外投资,有利于在境外形成稳定的人民币需求,保证人民币国际化的顺利进行。

三、FT账户存在的问题分析

FT账户本身是上海自贸区金融改革的重要举措,对于推动国内金融改革和促进人民币国际化进程具有重要意义。但不可否认,FT账户依旧存在一些短板。

1. 投资便利性依旧存在问题

虽然FT账户是本外币一体化账户,且允许企业通过FT账户进行对外融资和投资,但由调研结果可知,它对于资金出境等依然存在一定限制。这主要有以下三点原因:第一,自贸区账户资金出境的便利性差,"叶公好龙"现象突出。本来自贸区账户上的资金就应该自由进出,但由于人民币汇率贬值和外汇储备下滑压力等诸多因素,账户上的资金还是要通过再审核,自由贸易账户事实上并不自由。第二,FT账户的网银体验较差,结售汇等业务必须现场办理,为非居民客户带来诸多不便。在做FT的银团贷款时,之前很多银团贷款的牵头行是国际银行,参照国际银行惯例行事,而国内通常采取四六开的比例（即自有资金40%,银团贷款60%）,这样很多情况下,FT账户在国际银团中无法满足人们的要求。

2. 无税收优惠政策

就目前来看,境外人民币投资项目比较少且境外人民币存放境内银行,税务机关会免收其10%的预提税,如果是外资机构,则需要交税。对于这项税收,目前并无政策改革,包括自贸区、临港新片区,对外资银行也没有减免。但是可以开立自贸区账户的企业都基本有资格在香港开设账户,享受零税收优惠,因此没有必要专门来上海开立自贸区账户。施佳（2016）研究发现,2015年上海自贸区的贷款余额几乎没有增长,远远低于境外同期的银行业贷款余额的增长幅度。

3. 账户体系复杂

目前我国复杂、碎片化的账户体系是阻碍 FT 账户推广的重要原因。复杂的账户体系会大大增加交易成本,降低企业使用新账户的积极性。虽然 FT 账户具有本外币一体化的优势,但由于已经存在众多账户(如 NRA、OSA 账户),企业再开立 FT 账户的积极性会受到影响。另外,在人民币汇率处于贬值状态时,离岸人民币较在岸价格更低,企业利用外资的动力有限,限制了 FT 账户的推广。

4. 可能会出现"水至清则无鱼"的现象

自由贸易分账核算系统代表一体化账户管理模式,即通过开立一个主账户、下设不同币种和不同业务类别子账户的形式,成功地将现有管理模式下碎片式的基本户/一般户、资本金账户、外债账户等十余类账户的功能整合统一。限额管理也是分账核算业务的一大特色。分账核算和限额管理将会有效地遏制投机空间。调研结果显示,便利性是阻碍 FT 账户推广的重要原因(调查过程中发现 FT 账户存在许多监管和限制,便利性依旧不足,阻碍了 FT 账户的推广),但实际上 FT 账户相比其他账户要便利很多,因此很有可能是企业为逃避账户监管而选择不开立 FT 账户,即存在"水至清则无鱼"的现象。另外,自贸区账户上的人民币存款收益率可能不如其他账户高。企业临时存放的人民币资金的"活用"不如区外的账户(区外账户可以打"擦边球")。而由于 FT 账户的性质,这些问题难以在短时间内解决。

5. 流动性缺失

《上海自贸区分账核算业务境外融资与跨境资金流动审慎管理实施细则》设立的人民币(外汇)的系数是为了鼓励企业海外融资尽可能使用人民币,同时在总量上控制企业实收资本(或者股本)和资本公积的倍数。这在技术层面上有利于监管和企业操作,但具体落实情况有待观察。自贸区账户至今总量不大的原因,主要还是人民币流动性存在"短板",也就是国际收付电文系统(SWIFT)不如美元更方便,企业还是摆脱不了对美元的依赖。随着中国对外贸易额的下滑,跨境人民币业务总量还会不断减少。

6. 人民币境外需求较低

有三点原因造成人民币境外需求较低。一是目前人民币汇率波动较大,尤其是贬值压力较大,加之没有相关的衍生产品进行避险,境外机构和个人持有人民币的意愿比较低。二是人民币不能自由兑换。当人民币出现贬值时,即使没有相应的衍生产品进行避险操作,可自由兑换也可以降低汇率风险,但目前人民币兑换受限,进一步降低了境外机构和个人的持有意愿。三是海外与人民币相关的投资业务较少,不能形成产业链,持有人民币不能进行投资产生收益,或者进行投资需要兑换成美元又增加了汇兑成本。三者相互叠加,造成目前人民币境外需求低的问题。

7. 各部委对 FT 账户的解读和推广存在协调问题

自贸区刚刚推出的时候,银监会引导银行在自贸区开设网点,等到分账核算体系建立并通过央行批准,各银行才知道不用到自贸区开设网点。另外,目前进入自贸区的所有银行都没有进一步通过离岸业务的审批,和当初实施措施不符合。因此,FT账户的推广以及自贸区自身的具体问题,需要各个部门的协调配合。

8. 学习和维护成本高

目前,在上海的各大中外资银行为了导入自由贸易账户体系所发生的系统改造成本、维护成本都比较高。而在实务操作中,由于账户多以及相关的合规要求,所涉及操作流程的变革也较大。与此同时,现阶段自由贸易账户特有的业务种类仍然较少,许多业务可以由现有的非自由贸易账户体系替代。如果执行起来会出现几十个报文,自动执行太少、手工干预太多,为此需要投入的人工就会很多,成本会很高。另外,让企业增加结算货币非常困难,增加结算货币要修改企业结算系统,增加企业会计核算、财务管理等多项成本。

四、便利和推广 FT 账户的相关措施

便利和推广 FT 账户是便利人民币跨境支付的重要手段。FT 账户推广问题不仅仅需要改善自身,更是一项系统性工程。如前文所述,FT 账户目前存在很多问题,如不够便利、无税收优惠、监管过于严格、学习和维护成本高等,但最重要的问题是与人民币国际化相关的基础工作在制度层面没有做好,如人民币海外需求低、人民币不能自由兑换、人民币衍生产品不足等。这些才是根本问题,要推广 FT 账户,首先需要解决 4 个问题。

1. 便利和推广 FT 账户

FT 账户体系是上海自贸区设立后,于 2014 年 5 月开创的重要金融创新之一,对于探索投融资汇兑便利、扩大金融市场开放和防范金融风险具有重要意义。然而,根据调研结果及问卷情况可知,目前 FT 账户的使用及发展状况不甚乐观,设想中的人民币回流机制存在阻碍。一个最重要的原因是 FT 账户明确规定跨二线只能用人民币结算。为改善这种状况,同时确保在岸市场与离岸市场间保持一定距离,保证人民币市场稳定,可采取以下措施便利和推广 FT 账户:第一,采取类似"白名单"的措施,允许真正因实体经济活动而产生资金跨境需求的企业通过 FT 账户适度进行外币跨二线,建立通过实体经济而产生的海外人民币资金回流机制;第二,丰富 FT 账户的使用场景,进一步健全 FT 账户功能,提高非居民用户使用 FT 账户的积极性;第三,进博会是进一步推介 FT 账户的重要途径,办好进博会,向全世界贸易客户推广人民币账户和人民币支付,构建全球人民币账户服务中心;第四,以 FT 账户为试验田,推广全新的本外币一体化账户体系,终结复杂账户体系格局。在党中央的领导下,上海市委市政府、中国人民银行、国家外汇管理局等协调一致、相互配合,出台有利于 FT 账户推广的全新举措,并进行明确的政策解读以减少政策误读,切实降低银行及企业的成本。

2. 进一步丰富与健全人民币衍生品产品种类及市场主体

截至 2019 年 6 月,我国在岸人民币衍生品市场品种序列涵盖了从外汇期权到掉期在内的产品系列,从发展情况来看,人民币衍生品成交量,尤其是人民币掉期的交易量实现了翻倍甚至更多。但与离岸市场相比,无论是产品种类还是交易量仍有明显差距,有必要进一步丰富外汇避险工具种类(尤其是人民币汇率期货),帮助我国企业尤其是中小微

外贸企业规避汇率风险。同时,这也将进一步提升人民币在岸市场的竞争力,保证境内人民币外汇期货市场的流动性,有助于在人民币国际化进程中牢牢掌握人民币汇率定价权,减少离岸市场对在岸市场的影响,维护我国金融安全稳定,对于资本市场强国建设和人民币国际化建设具有重要意义。

目前人民币衍生品的市场主体还是较为单一,400多家市场参与主体中,银行占据绝大多数,"双非"企业(非金融机构和非金融企业)占比过小。造成这一现象的主要原因有两点:一是对于外资的使用,我国强调"实需原则"——实际总额由进出口贸易凭证作为支撑,但当企业产生风险对冲需求时,考核实需的难度增加,因此必须结合实际灵活地扩充实需内涵,更多考虑企业未来一定时期的需求;二是"双非"企业的风险意识有待提高。随着人民币汇率改革的推进,人民币汇率波动幅度近年来有所提升,人民币汇率走势更加多变。在这一背景下,一方面,监管部门要有步骤地放宽或解除跨境人民币结算和支付的"实需原则",否则将变相增加相关人民币金融衍生品的成本,降低用户使用人民币资产的意愿;通过金融开放和金融科技创新降低企业投融资成本,吸引更多的跨国企业建立人民币资金池,将上海打造成为真正的全球人民币金融资产定价中心和配置中心。另一方面,在会计、企业激励及社会宣传教育等多方面的努力下,企业要树立中性风险理念,更多地进行以套期保值为目的人民币衍生品交易。

3. 发展人民币跨境支付体系,进一步提高人民币跨境支付的便利性

境外人民币清算行和人民币跨境支付系统(CIPS)为境外市场主体提供了更多的跨境清算选择,有助于节省资金清算时间、提高清算效率、促进贸易和投资的便利化。中国愿意与"一带一路"沿线国家和地区分享经验,共同探索扩大本币在投融资中的使用,更好地满足市场的需求和经济发展的需要。2012年年初,中国人民银行决定组织建设CIPS(一期),以满足全球各主要时区人民币业务发展的需要。现在已经进入二期建设。CIPS对于个人境外交易而言,无须兑换货币,降低了换汇环节中可能产生的汇率风险。一方面,对国内企业的涉外交易而言,避免了换汇过程中的汇率风险;另一方面,对在境内外都拥有企业资金池的集团公司而言,人民币作为贸易本币,使企业无须存有大量外汇以备支付,可以进一步提高资金池闲置人民币的资金使用效率。上海可以依托并扩大在金融基础设施方面的优势,进一步整合金融要素,注重"软实力"建设,进一步吸引和带动全球股票和债券管理者尤其是跨国企业投资人民币资产,将目前人民币离岸"多资金池"统一在人民币跨境支付体系下。

必须注意的是,CIPS目前仍有不足。首先,与美国的纽约清算所银行同业支付系统(CHIPS)系统相比,我国的跨境支付系统在软硬件及技术实现等技术层面上处于领先,但在清算效率、结算模式、计算逻辑及业务处理能力上有明显差距。尤其在结算模式上,无论是实时全额结算模式、定时净额结算模式还是相混合的结算模式,都达不到美国的高比例清算效率(清算效率可以达到1∶17,即1美元在同一时间内可以发挥17美元的清算效率)。因此,CIPS还有较大的发展空间。其次,目前CIPS中的大部分交易仍然需要通过SWIFT系统进行,这相当于赋予美国某种霸权,一旦美国通过SWIFT对相关方国家实行管制,其造成的影响当下立见。为避免这种风险,一方面应在人民币国际地位逐渐提升的背景下,进一步推广CIPS的使用,逐渐建立自己的电文标准和不受他方监控的

通信线路,从而绕开 SWIFT 和美国的监管;另一方面要参考欧盟的做法,采用法律手段建立相关的隐私保护条例,避免信息在未被授权的情况下被他方随意调用。

4. 通过对外投资形成稳定的境外人民币需求

通过有效的资本输出,建立大量的跨国企业和境外产业园区,形成稳定的境外人民币需求是人民币国际化的重要渠道;同时,注意上下游投资,形成人民币产业链需求,提高人民币的吸引力。"一带一路"沿线国家和地区是人民币国际化的重点,共建"一带一路"倡议为人民币国际化提供了契机。"一带一路"沿线国家和地区相对来说经济较为落后,有利于中国国内产能输出,但这些国家的自然资源尤其是矿产资源较为丰富,有利于人民币定价权的执行。通过与"一带一路"沿线国家和地区进行产能合作和资本输出,中国可以在境外建立大量的跨国企业,形成对人民币的稳定需求,加快人民币国际化进程。

第四节 中国国际进口博览会与人民币国际化

一、引 言

逐步实现人民币国际化对于降低对美元的依赖、减少企业汇兑风险、维护国家信息安全具有重要作用。当前人民币国际化存在众多问题,如人民币外部接受度低、人民币支付的重要载体(人民币账户)使用量少等。中国国际进口博览会(以下简称"进博会")是中国举办的以进口为主题的盛会,该盛会不仅是让全世界分享中国发展成果的方式,也是借机推广人民币账户和人民币跨境支付的重要契机。根据依地定价原则,在哪国交易就使用哪国货币,进博会的持续举办有利于提高人民币接受度,推广人民币账户,推动人民币国际化。截至 2019 年,进博会已经举办两届,总结两届进博会的经验和不足对于以后进一步推广人民币账户有重要启示。

二、进博会参展企业分析

进博会由中华人民共和国商务部、上海市人民政府主办,旨在坚定支持贸易自由化和经济全球化、主动向世界开放市场。2017 年 5 月,习近平主席在"一带一路"国际合作高峰论坛上宣布,中国将从 2018 年起举办进博会。2018 年 11 月 5 日至 10 日,首届进博会在国家会展中心(上海)举行;截至 2021 年年末,进博会已成功举办四届。

未来进博会的核心是技术引进,发达国家(地区)的一流企业展品将很受欢迎。"创新经济+数字经济+服务经济"将成为上海未来产业的特色。同时,进博会将充当"巨型"生态平台,即多角度的联合共赢,综合与专业的融合,集聚和辐射的融合。本节将通过对前两届进博会相关情况的梳理对进博会和人民币国际化之间的关系进行说明。首届进博会参展国家(地区)和社会组织达到 120 多个,意向成交金额 578 亿美元;第二届进博会参展国家(地区)和社会组织超过 180 个,意向成交金额高达 711 亿美元。

(一)展区设置

进博会分为国家展和企业展两部分,我们重点关注企业展。企业展分为两大板块:

一个是货物贸易板块,是有形商品的展示板块;另一个是服务贸易板块,是无形贸易板块。货物贸易板块分为六大展区,其中首届进博会展区名称分别为服装服饰和日用消费品展区、消费电子和家电展区、食品和农业展区、智能和高端装备展区、医疗器械和医疗保健展区、汽车展区;第二届进博会展区名称又做了进一步归纳和升华,分别为品质生活展区、科技生活展区、食品和农产品展区、装备展区、医疗器械和医药保健展区、汽车展区。

表 7-11 记录了两届进博会的参展规模及展区企业分布情况。总体来看,不论是首届进博会还是第二届进博会,展会规模都相当大,展馆面积超过 30 万平方米;参展企业非常多,超过 3 600 家企业,其中世界 500 强及行业龙头企业超过 220 家。相比于首届进博会,第二届进博会的规模有较大提升,不论是展馆面积还是参展企业均有所突破。从展区企业分布来看,各行业企业均有所涉及,其中科技生活、医疗器械和医药保健、装备等高科技企业占比较高。相比于首届进博会,第二届进博会参展企业中大型企业(12 家全球 500 强及行业龙头企业)数量有所增加,科技生活、医疗器械和医药保健等高科技企业数量有所增加,但装备展区企业数量有所下降。

表 7-11　两届进博会规模及展区企业分布对比

指标	第一届	第二届	变化比例(%)
规模(展馆面积)(万平方米)	30	36	20.00
参展企业(家)	3 617	3 948	9.18
世界 500 强及行业龙头企业(家)	220	>250	>13.64
服务贸易板块	467	358	-23.34
科技生活(消费电子和家电)展区	93	164	76.34
品质生活(服装服饰和日用消费品)展区	748	843	12.70
汽车展区	69	58	-15.94
食品和农产品展区	1 519	1 822	19.95
医疗器械和医药保健展区	309	358	15.86
装备(智能和高端装备)展区	412	345	-16.26

注:括号内表示首届展区的名称。

(二) 参展企业和产品分布

由于进博会官网统计数据不完整,我们使用所获得的网络数据进行统计分析。从网络数据中可知,首届进博会有 120 多个国家(地区和组织)的 3 600 多家企业共计 20 000 多种产品参展,其中参展企业中去除没有国家(地区)归属的余下 2 083 家,去除没有产业统计的余下 1 909 家,另外有 58 个"一带一路"沿线国家和地区的 1 000 多家企业参展。第二届进博会虽然有 180 多个国家(地区和组织)3 800 多家企业参展,但其国家(地区)归属及参展产品数量无法获得。下面我们将从参展企业分布和参展产品分布两个方面进行分析。

1. 参展企业分布

(1) 企业国家和地区分布。我们对两届进博会前十大参展企业来源国和地区进行统计对比,结果如表7-12所示。从数据来看,首届进博会2 083家企业中,超过60%的企业来自前十大国家和地区。东亚及欧美是参展企业的集中来源地,其中日本、美国和韩国分居前三名,企业占比分别达到18.63%、9.12%和6.67%;亚洲国家和地区中,中国香港、中国台湾和泰国是参展企业的主要来源地之一;德国、法国、意大利等西欧国家是参展企业的主要来源国。这些国家和地区同时也是中国内地的主要贸易对象。除此之外,70个国家和地区的参展企业数量不足5个,38个国家仅有一个参展企业。考虑到这是首届进博会,这些国家和地区的到来具有重要的象征意义。

相对于首届进博会,第二届进博会数据更不完整。从表7-12可以看出,两届进博会参展企业前十大来源国家和地区几乎没有发生变化,相比于首届进博会,第二届进博会少了泰国、多了加拿大,当然这有可能是统计数据不全的原因。从这一结果来看,中国内地是东亚、东南亚、美国和欧盟的重要贸易伙伴。

表7-12 两届进博会参展企业国家和地区分布

序号	首届			第二届		
	国家和地区	参展企业(家)	占比(%)	国家和地区	参展企业(家)	占比(%)
1	日本	388	18.63	日本	139	8.18
2	美国	190	9.12	韩国	136	8.00
3	韩国	139	6.67	德国	129	7.59
4	德国	122	5.86	美国	127	7.47
5	中国香港	103	4.94	意大利	73	4.29
6	意大利	101	4.85	中国香港	71	4.18
7	澳大利亚	78	3.74	澳大利亚	59	3.47
8	中国台湾	71	3.41	法国	48	2.82
9	法国	53	2.54	加拿大	46	2.71
10	泰国	47	2.26	中国台湾	32	1.88
	合计	1 292	62.02	合计	860	50.59

(2) 企业行业分布。由于从网络收集的参展企业信息不完善,我们仅使用首届进博会发布的信息。从发布信息来看,首届进博会包含行业信息的企业一共有1 909家,涵盖制造业、服务业等一共12个行业,行业分布非常广泛,如表7-13所示。由表7-13可知,绝大多数企业来自制造业(日用品、电子品、医疗器械、汽车飞机、其他制造均属于制造业),制造业总体占比约为2/3,服务业总体占比约为1/4,其余为农产品行业。从细分行业来看,高端智能、电子品、医疗器械、汽车飞机等高技术产业占比为17.81%,相对来说比重较高,显示了首届进博会的高质量。

表 7-13　首届进博会行业分布

行业类型	企业数量(家)	企业占比(%)
制造业	809	42.28
服务业	300	15.72
高端智能	240	12.57
农产品	166	8.70
其他服务	123	6.44
日用品	103	5.40
电子品	46	2.41
金融业	34	1.78
医疗器械	28	1.47
汽车飞机	26	1.36
其他制造	23	1.20
信息媒体	11	0.58
合计	1 909	100.00

（3）企业资产类型分布。从参展企业是否上市来看，未上市企业占比很高，这就意味着参展企业资产负债表透明度不够；从参展企业融资结构比例来看，境内机构融资比例大，这意味着中国承受的风险更大；从资产负债比例来看，大部分企业负债少于资产；从参展企业对中国市场的熟悉程度来看，大多数参展企业已经进入中国，对中国内地市场相对熟悉，这也为中国今后进一步获取信息提供了方便。

2. 参展产品分布

首届进博会参展产品展区分布如表 7-14 所示。由表 7-14 可知，七大展区共计展览 20 000 余种产品，规模很大，数量很多。从产品分布来看，可获得数据显示医疗器械和医药保健展区的参展产品最多，达到 11 586 件，占总体比例达 55.46%。但我们对此数据表示怀疑，很有可能存在统计错误。食品和农产品展区、服装服饰和日用消费品展区的参展产品数量较多，分别达到 5 026 件和 2 168 件，占总体比例分别为 24.06% 和 10.38%。其他展区的参展产品占比较小，合计为 10% 左右。

表 7-14　首届进博会产品展区分布

展区	产品数量(件)	产品占比(%)
医疗器械和医药保健	11 586	55.46
食品和农产品	5 026	24.06
服装服饰和日用消费品	2 168	10.38
智能和高端装备	1 344	6.43
服务贸易	394	1.89

（续表）

展区	产品数量（件）	产品占比（%）
消费电子和家电	244	1.17
汽车	130	0.62
合计	20 892	100.00

（三）参展企业产业结构显示贸易"内生性"根深蒂固

从进博会参展企业产业结构来看，占比最高的是食品和农产品，其次是服装服饰和日用消费品，服务贸易排第三位，智能和高端装备、医疗器械和医药保健几乎并列居第四位，消费电子和家电位居第五位，汽车居第六位，呈现食、衣、务、医、行从低级到高级生活需求的排序。这符合中国目前收入结构和"一带一路"沿线国家和地区目前的产业结构与消费需求，同时也与这些国家和地区的发展有关。

从参展企业的地区分布来看，中国（包括内地和港澳台地区）与东亚（主要是日本）地区的企业占据半壁江山以上，符合国际贸易理论的引力模型。其次是那些离岸或多重身份（跨国参展企业）或难以确认国家归属的企业占据近四分之一。北美洲排第三位，这与农产品和飞机汽车采购相关。大洋洲紧接其后，位居第四，这可能与农业矿业相关。而"一带一路"的主要分布区域（非洲、中东欧、南亚、西亚、南美洲）占比很小。这说明来自发达地区以及与中国交通便利的参展企业是主流，即距离和交通设施是决定参展成本的关键要素。

进一步分析可知，东亚尤其是日本占据制造业参展企业的主角，欧洲为第二，北美洲为第三，这恰巧与汽车和大飞机项目的进口相关联。日本、欧洲和北美洲仍然是全球制造业三大巨头，其他国家和地区的相关产业几乎没有比较的空间，这是由科技与制造业相融合的内生性决定的。农产品企业分布与各大洲的区位优势相关，亚洲最大，欧洲、北美洲、澳洲并驾齐驱，非洲和中东欧相对小一些。

制造业是东亚参展商占比最大的行业，日本又是其中最多的。就日本参展企业来说，制造业是其他产业的两三倍，这表明自2018年李克强总理和安倍首相互访以来，中日关系得到一定的修复，这次日本参展企业中高智能和服务业占比也比较大。中日两国产业互补性也较强，日本企业与银行的关系最密切，产业链融资模式很值得中国借鉴。

从参展企业的资金供求角度看，虽然大企业基本上是上市公司，然而从企业总数来看，多数还是未上市的公司，依赖间接金融模式。中资金融机构是否予以间接融资还要看其产品的中国进口依赖度。从统计角度看，多数参展产品中国基本上能自己生产。除非具有高度的互补性，否则中资金融机构不会予以间接融资，因为风险较大。再从已有的参展企业融资结构看，多数已在境内建立了融资关系，依赖境外融资的参展企业相对较少。由此存在风险不对称性，中资金融机构承担的风险较为集中。然而，多数参展企业已经进入中国市场多年，与中资金融机构已有较长时间的磨合，彼此还是比较了解的，相对风险可控。

总之，根据进博会参展企业的属性判断是否予以产业链融资，对于那些互补性强，符合中国消费习惯，本来就已经与中资金融机构建立关系，又有新科技引领和区位优势的参展企业应予以融资便利，并推荐他们开立人民币 FT 账户。

三、便利进博会人民币跨境支付调查

进博会的召开具有重要的政治经济意义。作为迄今为止世界上第一个以进口为主题的国家级展博会，它是国际贸易发展史上的一大创举，举办进博会是中国着眼于推动新一轮高水平对外开放而做出的重大决策，是中国主动向世界开放市场的重大举措，是推动经济全球化和世界经济发展的重要举措。同样，中国可以以召开进博会为契机，推广人民币账户和人民币跨境支付，这是人民币国际化的重要突破口；中国还可以通过进博会，以中国进口重新定义全球产业链，重新配置供应市场。

由于人民币还在继续贬值，出口方不愿意接受人民币支付，要求中国支付美元，若中国妥协而支付美元则是帮助"美元国际化"，同时还会让美联储看到买卖双方的商务信息。考虑到自贸区账户是人民币国际化的重要助力，而进博会是推广自贸区账户的契机，我们与上海市金融学会及中国人民银行上海总部就如何便利进博会人民币跨境支付（即如何借进博会推广人民币账户）做了全面调研。调研涉及的主要问题如下：

第一，各商业银行开立人民币账户的情况如何？为了鼓励非居民（出口方）开立人民币账户，各商业银行有哪些优惠便利措施？进博会又是如何努力协调各商业银行完善支付方面的工作的？上海自贸区账户如何进入进博会？

第二，进博会目前的支付系统建设状况如何？商业银行是否使用人民币跨境支付系统（CIPS）？有多少商业银行还在继续使用 SWIFT 系统？CIPS 的效率怎样？CIPS 是否不如美国的 CHIPS，如何进一步改进？商业银行、银联等机构在具体操作时发现哪些问题？上海清算所、银联和支付宝等机构在进博会上如何相互协作？

为了了解以上几个方面的问题，我们设计了调查问卷，并在上海市金融学会和中国人民银行上海总部的协助下对 34 家上海主要商业银行和机构进行调研。问卷涉及人民币账户开立、人民币跨境支付、风险管理等 7 个问题；调研对象主要有华美银行、花旗银行、渣打银行、三菱日本银行 4 家外资银行，中国银行、交通银行、浦发银行等 17 家境内银行，银联、跨境银行间支付清算中心、黄金交易所等 13 家金融机构；调研会议于 2018 年 10 月 18 日在中国人民银行上海总部召开。

（一）调研结果分析

1. 关于人民币账户的开立

（1）人民币账户的开立情况。表 7-15 统计了调研对象客户开立人民币账户的情况。FTE 和 FTN 账户是上海自贸区推出的自由贸易账户。NRA 账户是指境外机构境内外汇账户，是境外机构按规定在境内银行开立的境内外汇账户，需要交纳准备金，所有国内银行都可以开立并受外管局管理。OSA 账户是指离岸账户，是境外机构按规定在依法取得离岸银行业务经营资格的境内银行离岸业务部开立的账户，不需要交纳准备金。具

有离岸银行业务资格的境内银行有招商银行、交通银行、浦发银行、平安银行,该账户受银保监会管理。

表 7-15　已开立人民币账户情况的调查统计

参加问卷调查的 34 个观测值	均值	标准误差
已有人民币账户——FTE+FTN	0.647059	0.485071
已有人民币账户——NRA	0.794118	0.410426
已有人民币账户——OSA	0.117647	0.327035
已有人民币账户——不涉及	0.147059	0.359491

从调研结果来看,已开立自贸区账户的银行为 22 家,占总数的 65%,开立比例排名仅次于 NRA 账户。考虑到 NRA 账户设立时间较早,FT 账户目前取得的成绩已经非常显著。需要注意的是,不涉及人民币账户的银行有 5 家,占比为 14.7%,目前上海市区内金融机构均有资格开立 FT 账户,为推广 FT 账户,这部分银行是重点。

(2) 尚未开户的人,准备开立什么账户?为了了解进博会期间不同银行客户开立人民币账户的情况,我们对这一问题进行了进一步调查。表 7-16 统计了银行客户准备开立人民币账户的情况。从中可以看出,80% 银行的主要客户会开立 FT 账户,占比将近 80%,说明 FT 账户拥有的便利性得到了企业的认可,激发了企业开立 FT 账户的热情。

表 7-16　客户准备开立人民币账户情况的调查统计

参加问卷的 34 个观测值	均值	标准误差
客户准备开立——FTE+FTN	0.794118	0.410426
客户准备开立——NRA	0.647059	0.485071
客户准备开立——OSA	0.088235	0.287902
客户准备开立——其他	0.088235	0.287902

(3) 影响客户犹豫不定开立自贸区账户的最大问题是什么?考虑到很多企业尚未开立 FT 账户,而调查结果显示个别银行也没有从事这样的业务。那么,为什么企业没有开立相对便利的 FT 账户呢?我们对这一原因进行了调查,结果如表 7-17 所示。由表 7-17 可知,企业不开立 FT 账户的最大问题在于资金出境的便利性,占到银行和机构的 64.7%,其他(如没有税收优惠政策、已有离岸账户、开户流程长、受汇率政策影响大等)仅占一定比例。

表 7-17　不开 FT 账户原因的调查统计

参加问卷调查的 34 个观测值	均值	标准误差
不开立 FT 最大问题——资金出境的便利性	0.647059	0.485071
不开立 FT 最大问题——受汇率政策影响大	0.205882	0.410426
不开立 FT 最大问题——没有税收优惠政策	0.382353	0.493270

（续表）

参加问卷调查的 34 个观测值	均值	标准误差
不开立 FT 最大问题——在香港等地区已有离岸账户	0.294118	0.462497
不开立 FT 最大问题——开户流程长	0.294118	0.462497
不开立 FT 最大问题——不涉及	0.058824	0.238833

2. 关于支付货币和支付模式

按照国际惯例，进口商一般使用进口国货币结算，进博会涉及大量的外国出口企业，这些企业期望用什么货币支付是我们关注的重点。为此，本次调查主要针对以下两个问题：

（1）关于支付货币。表 7-18 对参展企业期望的支付币种进行了调查，考虑到美元和欧元是主要的国际货币，我们增加了这两个选项，其他货币（如日元等）均放在供应商本地货币选项中。由表 7-18 可以看出，参展企业最希望使用的币种依然是美元，即将美元作为交易货币，该选项占比达到 80% 以上；选择使用人民币的仅占 56% 左右，考虑到调查对象中内资银行和金融机构居多，该比例可能有所高估。除此之外，欧元和供应商本地货币也是不可忽视的重要选择。

表 7-18　参展企业希望支付币种的调查统计

参加问卷调查的 34 个观测值	均值	标准误
参展企业希望支付货币——人民币	0.558824	0.503995
参展企业希望支付货币——美元	0.823529	0.386953
参展企业希望支付货币——欧元	0.352941	0.485071
参展企业希望支付货币——供应商本地货币	0.323529	0.474858
参展企业希望支付货币——其他货币	0.029412	0.171499

① 外资银行。我们发现人民币不是外资银行客户的主要选择。渣打银行和花旗银行的客户完全不选择人民币作为交易货币，华美银行选择人民币和美元作为交易货币，三菱日本银行选择人民币、美元和供应商本地货币（主要是日元）作为交易货币。由此可见，美元和出口商本地货币是外资银行客户交易的主要币种选择。如果提高调查对象中外资银行的比例，选择人民币作为交易货币的比例将明显下降。

② 境内银行。从调查结果来看，即便是境内银行的客户，选择使用人民币的也较少，美元依然是其主要选择。其中部分银行（如北京银行、恒丰银行和江苏银行）的客户完全不使用人民币。这对于 FT 账户和人民币跨境结算的推广既是不利之处也是潜力所在。

（2）关于支付模式。表 7-19 的统计结果显示，出口商不开立人民币账户的主要原因不在于账户自身的问题，而在于人民币接受度较低，但两者是互相矛盾的关系，人民币国际化需要较高比例的人民币跨境支付，而人民币跨境支付比例较低是因为人民币国际化不够。因此,我们必须从 CIPS 自身及人民币国际化策略等方面采取措施,以逐步增强人民币的国际认可度,提高人民币跨境支付比例。

表 7-19　人民币跨境支付弱点的调查统计

参加问卷调查的 34 个观测值	均值	标准误差
人民币跨境弱点——时间上不如美元快	0.176471	0.386953
人民币跨境弱点——办理手续烦琐	0.264706	0.447811
人民币跨境弱点——手续费问题	0.029412	0.171499
人民币跨境弱点——其他(接受度低等)	0.764706	0.430562

3. 关于金融机构给参展企业带来的融资便利措施和风险管理措施

(1) 有关融资便利措施。表 7-20 列示了金融机构为便利进博览会各参展企业所提供的融资措施。从调查统计结果来看,融资措施非常丰富,包含贷款、担保、按揭等各个方面,主要措施是应收/应付人民币账款和流动资金贷款。可以看出,为了借进博会推广人民币支付,各银行采取的主要措施是为参展企业提供贸易担保的人民币贷款。参展企业得到资金后,可以兑换成当地货币组织生产并将产品返销中国,获得资金并最终偿还贷款。

表 7-20　金融机构提供融资便利的调查统计

参加问卷调查的 34 个观测值	均值	标准误差
融资便利——应收/应付人民币账款	0.735294	0.447811
融资便利——现货抵(质)押融资	0.235294	0.430562
融资便利——租赁保理	0.352941	0.485071
融资便利——流动资金贷款	0.764706	0.430562
融资便利——银行承兑汇票	0.529412	0.506640
融资便利——保税仓及商业票据贴现	0.294118	0.462497
融资便利——终端客户按揭	0.058824	0.238833
融资便利——其他	0.058824	0.238833

(2) 有关风险管理措施。人民币汇率波动是影响参展企业使用人民币结算的重要原因,为了降低参展企业因人民币汇率波动而造成的损失,商业银行会采取一些风险管理措施。表 7-21 列示了银行采取的降低汇率风险的相关措施进行了调查。统计结果显示,远期互换等衍生品是对冲汇率风险的主要措施,占总体的 85.3%;其次是进出口都用人民币,这样可以避开人民币汇率波动,而进出口都用人民币也是人民币国际化的重要表现和优点。我们还发现,17.6%的银行并没有采取相应措施,在一定程度上说明人民币相关衍生品过少、人民币衍生品市场不发达,这是 FT 账户以后改进的方向。

表 7-21 降低汇率风险措施的调查统计

参加问卷调查的 34 个观测值	均值	标准误差
降低汇率风险措施——进出口都用人民币	0.676471	0.474858
降低汇率风险措施——远期互换等衍生品	0.852941	0.359491
降低汇率风险措施——财务中心对冲	0.411765	0.499554
降低汇率风险措施——其他风险管理	0.176471	0.386953

(二)调研结果总结

从对商业银行和金融机构的调研中我们发现:第一,FT 账户的推广已经取得重要成果,但覆盖面依旧不足;第二,FT 账户还存在投资便利性不足、开户时间长等诸多问题,一定程度地阻碍了 FT 账户的推广;第三,美元是外商的首选支付货币之一,人民币跨境支付有限的原因在于人民币接受度不高;第四,银行制定了抵押贷款等融资便利措施鼓励参展企业开立 FT 账户,并提供措施对冲汇率风险,但对冲手段不足。

四、进博会及银行配套措施存在的问题及解决措施

(一)进博会及银行配套措施存在的问题

1. 进博会后期工作存在的问题:相关数据统计不清晰

一个好的开端是成功的一半。在大数据时代,数据分析走在前面,为今后的统计和有目的的调整做好准备。其中,对参展企业的数据挖掘尤为重要,首届进博会既是摸索经验期,又是为之后设立统计标准打下基础的关键时期。除"有的放矢"让参展企业留下"轨迹"之外,统计及时跟进十分必要,以确保每一届进博会可以相互比较并得到完善。然而,就首届进博会来说,参展企业结构数据还不够细化,及时补漏显得特别重要。例如,据网络数据可知,首届进博会可获得企业名称的有 3 178 家,去除没有国家归属后余下 2 083 家,再去除没有产业属性后只余下 1 909 家;第二届进博会的国家、行业、产品统计均有缺失。数据的不完善将为"后补"留下很大"缺口",等参展企业到会后要"有的放矢"及时地补上。

2. 银行配套措施存在的问题

(1)银行信贷安全保障问题。提前给予参展企业或国外出口企业人民币信贷资金来鼓励其使用人民币是推动人民币账户和人民币跨境支付的重要手段。这是一种非常成熟的手段,也有比较规范的国际惯例。但是需要注意的是,对方能否提供担保,能否按时还款?大部分参展企业是中小企业,很多企业信息尤其是财务信息我们并不了解。尤其要注意的是,这里面存在"自选择效应",大企业一般不需要宣传,也不需要资金,那些参展的企业尤其是参展企业中需要贷款的企业很可能就是信息不完善、资产状况不好的小企业,而我们对这些企业完全不了解,无法保证它们能如期还款。

(2)汇率对冲产品不足,衍生品市场不完善。发达的衍生品市场对国外投资者进行多样化、多手段的人民币资产投资、套期保值、风险规避起着非要重要的作用。BIS 关于

2013年全球外汇市场的调查统计数据显示,以人民币计价的衍生品交易量占比几乎为零。本节调查结果显示,虽然大部分银行会提供人民币衍生品进行汇率风险对冲,但小部分银行没有此类业务,因此建立一个规范有序、高效运作的衍生品市场(包括以人民币计价的期权、期货、互换、掉期等市场),对于拓展金融市场的广度、深度和流动性极为重要。

(3) 积极推广人民币账户的政治压力如何?本次调查结果显示,美元依旧是大部分外商的首选,人民币因流动性差、接受度低等原因并不是外商的第一选择。如果我们强迫外商接受人民币,使用人民币账户,那么以后再办此类展会参加的企业就会很少。另外,还要考虑这样做的政治影响,西方媒体非常关注进博会,强制使用人民币结算可能会造成舆论的负面影响。

(二) 关于改善进博会和商业银行服务的相关措施

1. 对于进博会相关数据统计不完善的政策建议

(1) 留下"轨迹",为今后设立统计标准打下基础。数据的不完善将为"后补"留下很大"缺口",参展企业到会后要"有的放矢"地及时补上相关数据。需要完善的信息主要包括企业名称、企业规模、国家分布,以及企业产品竞争力信息、企业财务信息等。通过完善这些信息可以对参展企业有一个全面的了解,从而作为发放企业贷款的依据。未来可以适当提高对参会企业的要求,而不能只重面子、不重里子,只重政治、不重经济。

(2) 做好中方金融机构服务统计的"整合"。中国银行为进博会制订的金融服务解决方案,主要分为全覆盖的基础产品、差异化的特色产品和不一般的专属产品三个层次,涵盖进博会展前、展出、展中三个阶段。除把握基础产品以外,特色产品旨在提供差异化产品,涉及外汇、小微企业、互联网跨境电商等各领域。不一般的专属产品就是"合汇保融":"合"指跨境撮合对接服务;"汇"指支付,其中客户直接扫码进行现场跨境支付的产品还在推广过程中;"保"指专属保函服务;"融"指专属融资服务,通过大数据为小微企业预授信。这些创新服务都要注意留下"轨迹"。CIPS系统和银联是为境内外跨境电商、传统进出口企业打造的开放式跨境企业结算和服务平台,在提供进口业务和出口业务以及相应的配套管理服务的同时可以留下"轨迹",这为以后各方面数据的统计与分析提供了更为细化的基础。资金流和物流数据的"吻合"不仅确保了安全,而且为今后进博会统计整合建立了标准。

(3) 设置"唯一身份"与多部门对接空间。一个良好且具有可持续性的参展企业结构统计数据库取决于设计者对未来的预测空间。凡事预则立,不预则废。面对千变万化的参展企业,如何设置"唯一身份"以及延伸和派生等多身份,需要多部门专业统计人员的预测。我们建议以资金链为主、以展品链为辅来设置参展企业身份和结构系统数据库以应对各种变迁,各个高等科研院所和智库在此基础上可以推出各自的研究项目方向以便于交流。

2. 对于银行配套服务的相关建议

(1) 设计出口信贷保险产品,保障出口信贷安全。对于商业银行来说,通过出口信贷支持参展企业使用人民币的最大问题在于信贷风险。由于国内商业银行对参展企业相关情况不了解,信贷风险一定会存在。在这种情况下,除要求参展企业以实际出口产品作为抵押外,国家或者保险公司可以相应地推出与进博会和"一带一路"倡议等相关的进口信贷保险产品,让商业银行可以放心贷款。目前关于国内企业出口信贷保险产品较多,但进口信贷保险产品不足,可以仿照出口信贷保险设计进口信贷保险产品。

(2)与当地外资银行合作,共同分享客户信息。有关进博会企业的统计资料显示,大部分企业没有上市,尤其是农产品和日用品等企业的相关财务信息、诚信信息等均不完善,商业银行也不了解,在这种情况下进行放贷存在很高的信贷风险。我国商业银行应当与当地银行合作,分享客户的相关信息。为此,我国商业银行应当让渡一部分利益,以保证降低风险、合作共赢。

(3)核心厂商应配合商业银行控制风险。虽然坚持传统贸易模式中的"信贷保险"可以降低商业风险,但对于很多参展小国和小企业来说执行起来有难度。通过产业链融资的特点,可以让核心企业来承担风险责任,也就是让核心厂商配合银行进行风险控制。如果没有核心企业捆绑,供应商(应收人民币账款)和经销商(现货抵质押融资)可以作为担保要件。中国金融机构要从采购、生产、销售,到终端采购的完整金融产品链,为供应商、制造商、经销商及终端个体工商户和私营业主提供包括应收账款保理、租赁保理、流动资金贷款、银行承兑汇票、保兑仓、商票贴现、终端客户按揭等全流程金融服务。

(4)开立人民币账户,形成"自然对冲"以降低汇率风险。鼓励参展供应商开立人民币账户(自贸区账户),通过人民币资金池兑换成当地货币去结算。金融机构向境外参展企业提供贸易融资服务以后,它也可以寻求资金池进行再融资,进行流动性方面的管理。通过人民币资金池,收款和付款"自然"对冲,避免了货币兑换,也就从根本上消除了汇率风险。然而,目前自贸区账户在实操过程中碰到的最大阻碍是外币不能跨二线,这个可能会严重阻碍自贸区账户功能的拓展和使用。外币不能跨二线这一规定是为了确保实现设立自贸区账户的初衷——鼓励人民币跨境而不是鼓励外币跨境,有关部门应当适当调整监管要求,支持买卖双方走一条中间路线,既扩大自贸区账户的使用和功能,又能规避监管部门的担心。在全面解决这个问题之前,至少应该先编制一个可以跨二线的"白名单"。

(5)设法应对某些出口商的生产者货币计价行为。供应商凭借产品强势,要求支付相对强势(升值)的货币,这对于中国进口方来说有很大风险。尤其是国际名牌商品制造商,并非一定需要凭借展会开展营销,强制要求开立人民币账户会引起它们的反感。因此,及时沟通和服务到位显得十分重要,利用大数据挖掘人民币账户的便利并做好人民币的匹配账户,从而促使制造商转变原有的支付方式。国家外汇管理局对境内相关部门简化外汇贷款手续和适度放开管制也显得十分重要。

第五节 从人民币"隐性锚"指数看人民币国际化未来

一、引 言

2009年7月1日,中国人民银行公布了《跨境贸易人民币结算试点管理办法》,标志着人民币国际化正式进入实质性阶段。至今,人民币国际化战略已经进行了十余年。人民币国际化水平从无到有,取得重大突破,中国人民大学发布的《人民币国际化报告2019》显示,截至2018年年底,国际贸易的人民币结算份额为2.05%;在包括直接投资、国际信贷、国际债券与商业票据等在内的国际金融交易中,人民币计价的综合占比为4.90%;在全球官方外汇储备资产中,人民币占比为1.89%,人民币国际化指数达到2.95%,仅低于美元、欧元、日元和英镑,处于第五位。2016年10月,人民币以10.92%的权重正式被纳入SDR货币篮子,显示出人民币国际化已经取得初步成就。

但是,在人民币国际化取得重要成就的同时,还存在一些质疑和误解。首先,个别研究对人民币国际化能否成功存在质疑。村濑哲司和张虎(2011)指出,中国政府的货币三原则(主动、可控、渐进)与国际货币条件不太符合,货币管制问题有可能成为人民币国际化的阻碍因素。Frankel(2012)也指出,货币信心和金融市场深度是影响货币国际化的重要条件,人民币想要实现国际化就必须开放资本账户和实行更灵活的汇率制度。从现实数据来看,不论是渣打银行编制的渣打人民币环球指数(RGI)还是中国人民银行编制的人民币跨境指数(CRI),2016年后都出现回落,人民币国际化似乎已陷入困境。其次,个别研究对人民币国际化造成的影响产生担忧。Roubini(2009)认为,人民币的崛起必然使美元和美国受损。最后,个别研究对人民币国际化水平和人民币"隐性锚"大小存在误解。杨荣海和李亚波(2017)使用人民币"隐性锚"作为人民币国际化水平的代理变量,但人民币"隐性锚"大小是否与实际的人民币国际化水平相匹配则不得而知。

为回应以上质疑和误解,有必要判断人民币未来国际化程度,人民币"隐性锚"大小为未来人民币国际化水平提供隐性参照。本节使用Frankel and Wei(2008)提供的货币"隐性锚"模型和全球169个经济体2006年1月—2018年12月月度数据,对五大SDR货币的"隐性锚"水平进行分析,构建总体和分组的货币"隐性锚"指数,对以上问题做出清晰的回答。(1)人民币"隐性锚"指数高于日元、英镑和欧元,仅次于美元,未来在条件允许的情况下,人民币一定可以成为与美元、欧元"三足鼎立"的国际货币;(2)美元"隐性锚"指数与其实际国际化水平相匹配,人民币国际化不会对美元的国际地位造成影响;(3)目前人民币"隐性锚"指数大大超过实际人民币国际化水平,不能使用人民币货币锚作为人民币国际化水平的代理变量。另外,本节还为"周边化—区域化—国际化"的人民币国际化三步走策略提供了实证证据,研究显示中亚东欧、东南亚等"一带一路"沿线经济体的人民币"隐性锚"指数高于其他地区,人民币国际化应该从周边国家和地区开始。本节的主要贡献有:(1)首次构建全球货币"隐性锚"指数,全方位考察人民币"隐性锚"地位,对未来人民币国际化水平做出判断,为人民币国际化策略给予数据支撑;(2)在实证基础上对人民币国际化的影响做出定性判断,得出人民币崛起不会影响美元的国际地位而是美元的补充这一结论,具有重要的政策启示。

余下部分安排如下:第二部分是人民币"隐性锚"指数构建,对货币"隐性锚"指数的构建方法及数据进行详细说明;第三部分是人民币"隐性锚"的地位及思考,对人民币"隐性锚"指数进行全面分析,对以上三个问题做出回答;第四部分是主要结论和政策建议。

二、人民币"隐性锚"指数构建

(一) 模型选择

Frankel and Wei(1994,2008)提出了估算事实汇率制度,即货币"隐性锚"模型(F-W模型),成为估算货币"隐性锚"的标准模型。本节使用 F-W 模型估算五大 SDR 货币"隐性锚"的大小。

$$\Delta s_t = \alpha + \beta_1 \Delta \text{usd}_t + \beta_2 \Delta \text{eur}_t + \beta_3 \Delta \text{jbp}_t + + \beta_4 \Delta \text{gbp}_t + + \beta_5 \Delta \text{cny}_t + \gamma \Delta \text{fer}_t + \mu_t \quad (1)$$

如模型式(1)所示,εs_t 表示各国汇率收益率,εusd_t、εeur_t、εjpy_t、εgbp_t 和 εcny_t 分别表示五大 SDR 篮子货币汇率收益率,系数 β 分别表示各篮子货币"隐性锚"的权重;εfer_t 表示外汇储备收益率,系数 γ 表示外汇市场压力大小和汇率敏感性大小。

对于包含人民币因子的 F-W 模型而言,有两点需要注意:(1)如何选择基准货币?(2)如何处理人民币与其他货币的共线性问题?对于第一个问题,从文献综述中我们发现,SDR、瑞士法郎(CHF)是常见的基准货币,为保证结果的稳健性,本节同时使用 SDR 和 CHF 作为基准货币。对于第二个问题,由于中国实行有管理的浮动汇率制度(属于类爬行盯住汇率制度),人民币在一定程度上盯住以美元为代表的篮子货币,而其他货币是浮动汇率制度,无明显的货币篮子,因此我们认为仅人民币与其他货币之间存在共线性,其他篮子货币之间不存在共线性。为解决这一问题,我们使用 Chen et al.(2007)提出的两步法进行处理。首先使用模型式(2)将人民币与其他篮子货币做回归并取残差 v_t,其次使用该残差作为人民币汇率的替代变量进行 F-W 模型回归。使用该两步法可以将人民币汇率自身的变化和其他篮子货币汇率的变化独立开来,以便更好地测算人民币"货币锚"的大小。

$$\Delta \text{cny}_t = \theta_0 + \theta_1 \Delta \text{usd}_t + \theta_2 \Delta \text{eur}_t + \theta_3 \Delta \text{jpy}_t + \theta_4 \Delta \text{gbp}_t + v_t \quad (2)$$

(二) 数据和方法

为了全面了解五大 SDR 篮子货币的"隐性锚"地位,我们尽量使用更多样本进行回归,综合考虑数据可得性和汇率制度两大因素,我们最终使用全球 169 个经济体 2006 年 1 月—2018 年 12 月①汇率数据和外汇储备数据进行回归,各经济体名称如表 7-22 所示,数据来源均为 IFS 数据库。

表 7-22 样本经济体及分组情况

东亚(6)	南亚(7)	东南亚(11)	中亚东欧(13)	西欧(29)	大洋洲(10)	北美洲(2)
中国内地	孟加拉国†	文莱†‡	阿尔巴尼亚	捷克	澳大利亚†‡	美国†‡
中国香港	不丹†	柬埔寨	白俄罗斯†	丹麦	斐济	加拿大†‡
中国台湾	印度†	印度尼西亚†	波黑	欧元区(19)†‡	密克罗尼西亚	
日本†‡	马尔代夫†	老挝†	保加利亚†	匈牙利†	新西兰†	

---

① 由于人民币在 2005 汇改之前单一盯住美元,自身并不独立,也就无所谓"隐性锚",因此本节使用 2006 年 1 月之后的数据进行分析。

(续表)

东亚(6)	南亚(7)	东南亚(11)	中亚东欧(13)	西欧(29)	大洋洲(10)	北美洲(2)
韩国	尼泊尔	马来西亚	克罗地亚	冰岛	巴布亚新几内亚	
蒙古	巴基斯坦	缅甸	哈萨克斯坦	挪威	萨摩亚	
	斯里兰卡	菲律宾	吉尔吉斯斯坦	波兰†	所罗门群岛	
		新加坡	摩尔多瓦	圣马力诺	汤加	
		泰国	北马其顿	瑞典†	瓦努阿图	
		东帝汶	罗马尼亚	瑞士	基里巴斯	
		越南	俄罗斯	英国†		
			塔吉克斯坦			
			乌克兰			

西亚北非(21)		拉丁美洲(32)		撒哈拉以南非洲(38)		
阿尔及利亚	阿联酋	安圭拉	牙买加	安哥拉	肯尼亚	
亚美尼亚	也门	安提瓜和巴布达	墨西哥†	博茨瓦纳	莱索托	
阿塞拜疆		阿根廷	蒙特塞拉特	布隆迪	利比里亚	
巴林		阿鲁巴	尼加拉瓜	佛得角	马达加斯加	
埃及		巴哈马	巴拿马	喀麦隆	马拉维	
格鲁吉亚		巴巴多斯	巴拉圭	中非共和国	毛里塔尼亚	
伊拉克		伯利兹	秘鲁	乍得	毛里求斯	
以色列		玻利维亚	圣基茨和尼维斯	科摩罗	莫桑比克	
约旦		巴西	圣卢西亚	刚果民主共和国	纳米比亚	
科威特		智利†	圣文森特和格林纳丁斯	刚果共和国	尼日利亚	
黎巴嫩		哥伦比亚	苏里南	吉布提	卢旺达	
利比亚		哥斯达黎加	特立尼达和多巴哥	萨尔瓦多	塞舌尔	
摩洛哥		多米尼加共和国	乌拉圭	赤道几内亚	塞拉利昂	
阿曼		洪都拉斯	委内瑞拉	斯威士兰	南非	
卡塔尔		格林纳达	海地	埃塞俄比亚	圣多美和普林西比	

(续表)

西亚北非(21)		拉丁美洲(32)	撒哈拉以南非洲(38)	
沙特阿拉伯[1]		危地马拉	加蓬	坦桑尼亚
苏丹		几内亚	冈比亚	乌干达
突尼斯			加纳	赞比亚
土耳其[1]			圭亚那	津巴布韦

注:(1)括号内数字表示该组包含经济体数量;(2)†表示完全浮动汇率制度;(3)*表示发达经济体;(4)[1]表示"一带一路"沿线经济体。

为构建五大 SDR 篮子货币的"隐性锚"指数,本节分三步走:

第一步:以经济体为单位,以四年为窗口期,使用 OLS 回归对模型式(1)进行滚动回归,取各回归中五大货币的系数并取绝对值①。

第二步:以各国 GDP 为权重,用算数加权的方式计算各篮子货币的"隐性锚"指数,计算公式为:

$$\text{Index}_i = \frac{\sum_{j=1} \beta_{ij} \text{GDP}_j}{\sum_{i=1} \sum_{j=1} \beta_{ij} \text{GDP}_j}, i = \text{usd}、\text{eur}、\text{jpy}、\text{gbp}、\text{cny} \quad (3)$$

其中,i 表示篮子货币,j 表示经济体。

第三步:利用式(3)分组计算不同组别的货币"隐性锚"指数②。

对于上述步骤,有四点需要特别说明:(1) Frankel and Wei(2008)在估计篮子货币"隐性锚"时,以 3 年为时间段进行分段回归,考虑到 2009 年 7 月中国正式推动人民币跨境业务,以 3 年为窗口期刚好可以计算 2009 年以来人民币"隐性锚"指数,与现实对应;(2)个别回归参数为负,我们对其取绝对值,考虑到该指数仅反映各篮子货币国际化程度的隐性权重,该处理不会影响结果;(3) Fratzscher and Mehl(2014)在计算区域因子时,使用区内各国 GDP 进行加权,本节借鉴这一做法,以反映不同篮子货币对各国的真实影响;(4)本节按照经济发展水平③、汇率制度④和地理分区⑤将样本进行分组,具体分组情况及分组结果分别如表 7-22 和表 7-23 所示。

---

① 在对五大 SDR 篮子货币所在经济体进行回归时,解释变量不包含本国货币。比如,在对中国进行回归时,解释变量没有人民币,对其他篮子货币来说也一样。

② 由于本节以 4 年为窗口期进行滚动回归,因此所计算的各货币"隐性锚"指数从 2008 年 12 月开始。

③ 综合联合国开发计划署人类发展指数、世界银行高收入经济体和国际货币基金组织发达经济体得到,由于将欧盟作为整体加入,最终发达经济体样本有 43 个。

④ 考虑到仅仅固定汇率制度和中间汇率制度(按照国际货币基金组织汇率制度分类标准,中间汇率制度具体包括传统盯住汇率安排、水平波幅的盯住汇率制度、爬行盯住、爬行波幅和不事先公布干预路径(目标)的管理浮动)经济体存在显性或隐性的货币篮子,而自由浮动汇率制度经济体的汇率由供求决定,本节按照汇率制度将经济体分为浮动汇率制度经济体和非浮动汇率制度经济体。

⑤ 本节首先根据是否位于"一带一路"沿线将样本分为"一带一路"沿线经济体和非"一带一路"沿线经济体,然后,按照世界地理分区进行分类。

表 7-23　样本分组标准及结果

分组标准	分组结果
经济发展水平	发达经济体(43)、发展中经济体(126)
汇率制度	浮动汇率制度(27)、非浮动汇率制度(142)
地理分区	"一带一路"沿线经济体(41) 东亚(6)、东南亚(11)、南亚(7)、中亚东欧(13)、西亚北非(21)、撒哈拉以南非洲(38)、西欧(29)、大洋洲(10)、北美洲(2)、拉丁美洲(33)

注：表格中括号表示该组包含的经济体数量。

三、人民币"隐性锚"的地位及思考

(一) 人民币总体"隐性锚"指数分析

1. 各货币总体"隐性锚"指数及其均值分析

根据"隐性锚"指数构建步骤，本节计算了美元、欧元、日元、英镑和人民币的全球"隐性锚"指数。样本期内各指数走势如图 7-9 所示，均值如表 7-24 所示。同时，为了将各货币"隐性锚"指数与现实中各货币的国际化程度进行对比，图 7-9 和表 7-24 中还包含了代表国际贸易结算的 SWIFT 交易份额(体现国际货币的结算功能)和外汇储备货币份额(体现国际货币的国际储备职能)以及 SDR 篮子权重三个数据①。由图 7-9 和表 7-24 可知：

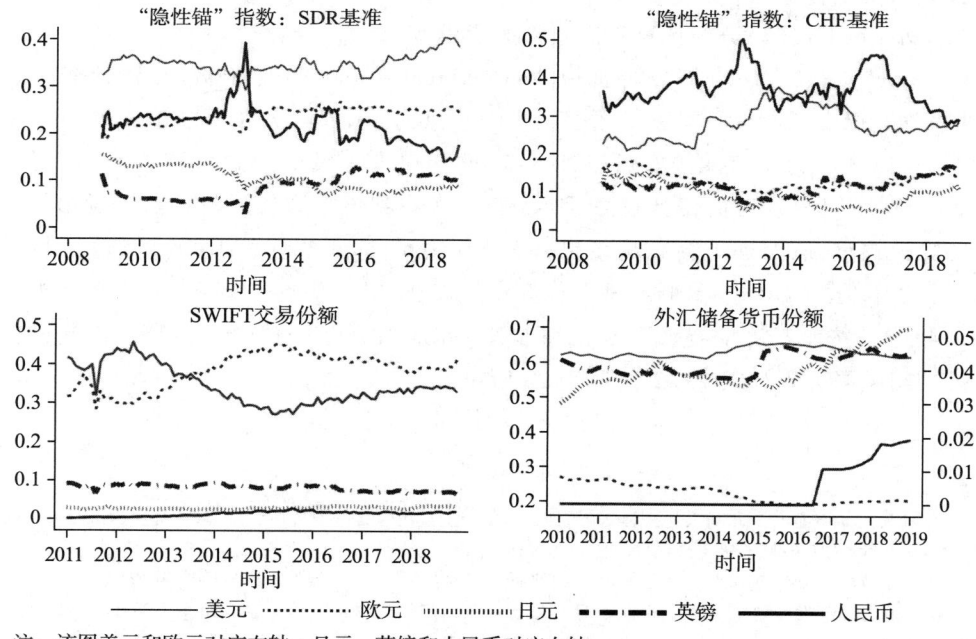

图 7-9　各货币"隐性锚"指数与国际化指标走势

---

① (1)我们可以根据篮子货币的国际职能找到很多对应的货币国际化衡量指标，比如官方外汇储备货币份额、国际贸易结算货币份额(SWIFT 交易份额)、国际银行业负债(IBL)、国际债务证券(IDS)、外汇市场交投总额、贸易融资等，由于国际贸易结算和外汇储备是两大最重要的国际货币职能，我们仅选用这两个指标。

表 7-24　各货币"隐性锚"指数与国际化指标的均值　　　　　　　　　　　单位:%

货币"隐性锚"指数:以 SDR 为基准(2008—2018 年)				
美元	欧元	日元	英镑	人民币
37.6	21.7	8.0	6.2	26.5
货币"隐性锚"指数:以 CHF 为基准(2008—2018 年)				
美元	欧元	日元	英镑	人民币
40.4	18.8	6.0	6.3	28.5
SWIFT 交易份额(2011—2018 年)				
美元	欧元	日元	英镑	人民币
38.4	34.5	2.9	8.2	1.4
官方外汇储备货币份额(2010—2018 年)				
美元	欧元	日元	英镑	人民币
63.1	22.4	4.0	4.0	1.4
SDR 货币篮子构成(2016 年后)				
美元	欧元	日元	英镑	人民币
41.73	30.93	8.33	8.09	10.92

第一,人民币、欧元和美元的"隐性锚"指数形成"三足鼎立"局面。美元在全球的"隐性锚"份额为37.6—40.4%,是第一大"隐性锚"货币;人民币"隐性锚"份额为26.5%—28.5%,欧元"隐性锚"份额为18.8%—21.7%,分别位列第二和第三;日元和英镑的"隐性锚"份额均较低,两者之和为12.3%—14.2%。

第二,当前人民币实际国际化水平与其"隐性锚"指数不匹配,不能使用人民币"隐性锚"指数表示人民币实际国际化水平。SWIFT 交易份额可以衡量各货币作为国际交易媒介的水平,外汇储备货币份额则表示该货币作为国际储备货币的水平。由表 7-24 来看,美元或欧元实际的国际化水平与其"隐性锚"指数相当或略高,人民币实际国际化水平则远小于其"隐性锚"指数。故人民币"隐性锚"指数仅能代表人民币国际化在未来的潜力,而不能反映人民币当前的国际化水平。

第三,在恰当的条件下,未来人民币国际化水平应该会超过日元和英镑,达到与美元和欧元"三足鼎立"的水平。从图 7-9 和表 7-24 各货币"隐性锚"指数与其实际国际化水平的对比来看,人民币虽有较高的隐性份额,但实际国际化水平过低。当然我们也要看到,不论是人民币的 SWIFT 交易份额还是人民币在国际储备中占比,近年来都在快速提升,未来在中国保持持续稳定的经济增长、金融市场不断深化、资本项目不断开放和人民币汇率制度趋于浮动等条件下,人民币可以实现相当程度的国际化,国际货币市场定会呈现美元、欧元和人民币"三足鼎立"的局面。考虑到人民币结算是人民币实现国际化的最基本功能,人民币在国际化的过程中可能会遭到欧元的挑战。

第四,人民币加入 SDR 虽然显示人民币国际化取得一定成效,但 SDR 篮子权重并不能表示目前人民币的国际化水平。根据国际货币基金组织确定的篮子货币权重测算方法,出口和金融指标各占一半,而金融指标中的外汇储备、外汇交投量、国际银行业负债(IBL)和国际债务证券(IDS)之和各占三分之一。从该测算方法可以看出,中国货物和服务贸易出口的总量优势大幅提升了人民币在 SDR 货币篮子中的权重,而现实中国际贸易货币份额(参看 SWIFT 交易份额)中人民币仅占 1.4%且各项金融指标排名均较低。因此,加入 SDR 仅是人民币国际化的第一步,未来通过改革提升各项金融指标中人民币份额,进一步提高人民币在 SDR 中的货币权重才是根本。

2. 各货币"隐性锚"权重的经济体分布

曹彤和赵然(2014)对核心货币或者"隐性锚"货币的份额进行划分,指出如果篮子货币 A 在 B 国的"隐性锚"份额为 0—5%,则该货币为 B 国的非核心货币。以此类推,5%—20%为低度核心货币,20%—50%为中度核心货币,50%以上为高度核心货币。为了对各货币"隐性锚"权重进行分析,以确认各篮子货币的隐性国际化水平,我们对模型式(1)的回归结果取均值,并用频数分布表示不同货币"隐性锚"的经济体分布情况,SDR 基准下的频数分布如图 7-10 所示。由于比较相似,且版面有限,CHF 基准下频数分布未列示。由图 7-10 可以发现:

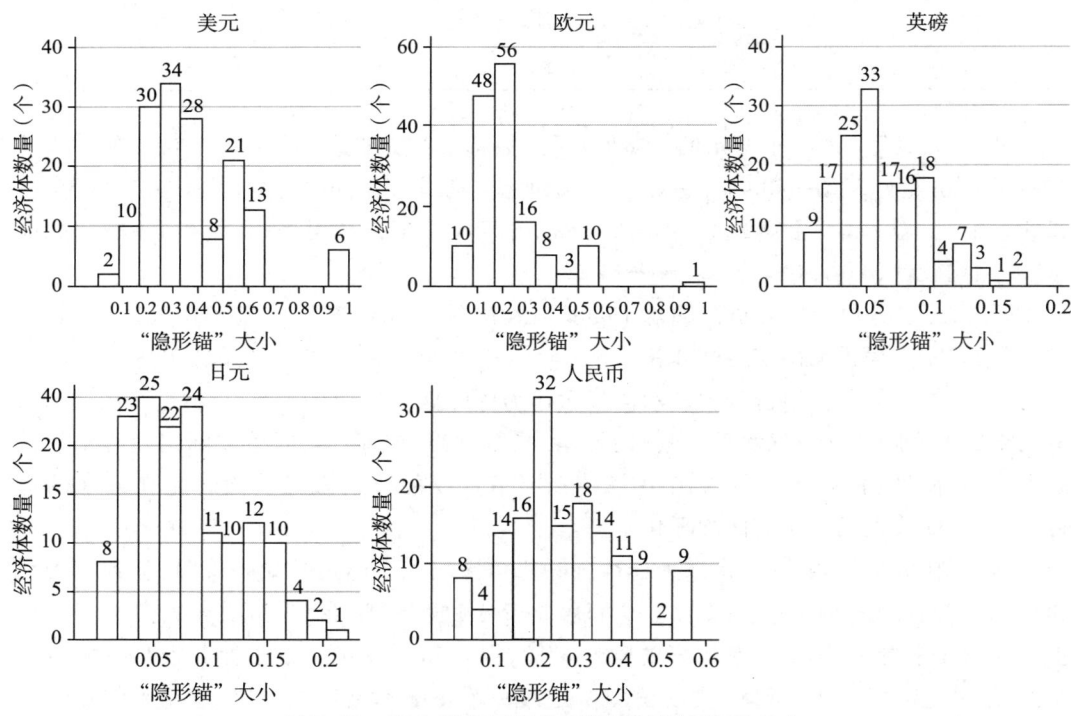

图 7-10 SDR 基准下各货币"隐性锚"经济体分布

第一,人民币、美元、欧元均存在大量"隐性锚"份额超过 20%的经济体,各自"隐性锚"指数均值超过 20%,是中度及以上核心货币。日元和英镑的"隐性锚"份额只集中在 10%左右,属于低度核心货币。

第二,从"隐性锚"份额超过 50%来看(即高度核心货币标准)来看,美元在 40 个经济体中属于高度核心货币,欧元在11个经济体中属于高度核心货币,人民币在10个经济体中属于高度核心货币。但细致来看,这些经济体中人民币和欧元的"隐性锚"份额主要为50%—60%,而美元在19个经济体中的"隐性锚"份额超过60%,其隐性国际化水平远高于欧元和人民币。

(二)人民币"隐性锚"指数分组分析

1. 按经济发展水平和汇率制度分组结果分析

为明确不同篮子货币尤其是人民币"隐性锚"的分布情况,本节按表7-22的标准对经济体进行分组,图7-11列示了SDR基准下五大货币按照经济发展水平、汇率制度等进行分组的情况(限于版面,CHF基准下情况未列出)。图7-11各子图中加粗黑色实线是人民币"隐性锚"曲线。由图7-11可知:

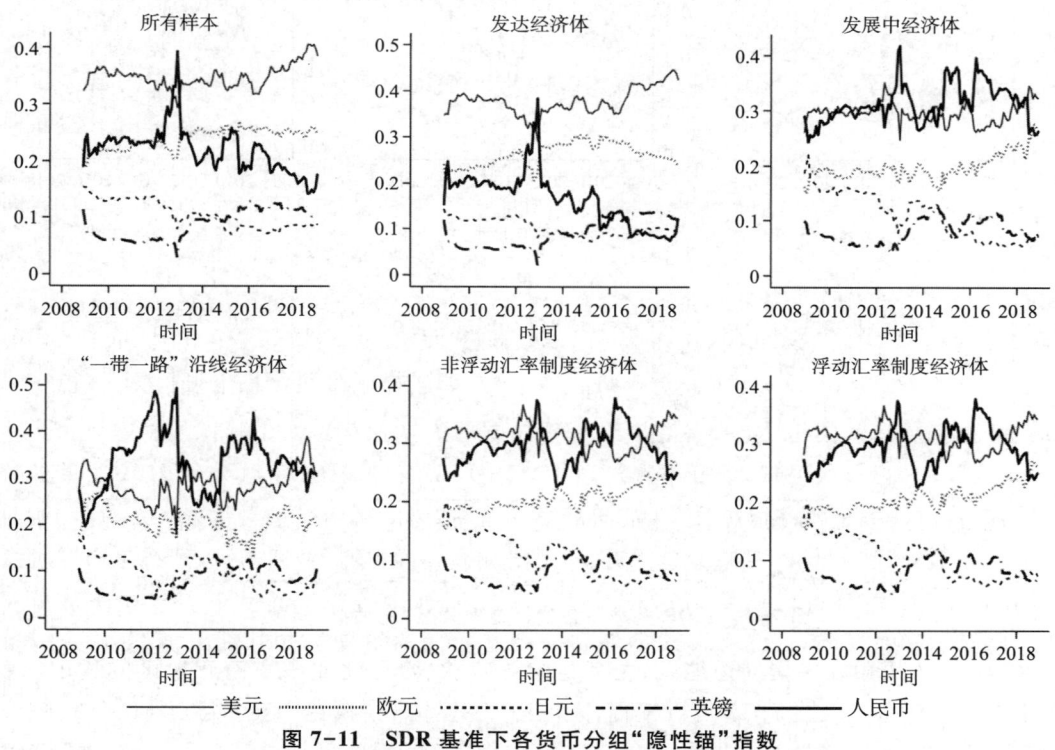

图7-11 SDR基准下各货币分组"隐性锚"指数

第一,按经济发展水平进行分组,发达经济体的人民币"隐性锚"指数低于发展中经济体的人民币"隐性锚"指数。虽然总体来看,人民币"隐性锚"指数与欧元相当,但发达经济体的人民币"隐性锚"指数一直较低,到2018年,人民币货币份额已经不足10%;在发展中经济体,人民币"隐性锚"指数与美元相当,一直维持在30%左右,表明发展中经济体应该是未来人民币实现国际化的主要方向。由"一带一路"沿线经济体子图来看,人民币在"一带一路"沿线经济体的货币"隐性锚"指数在样本期内持续高于美元和欧元,位列第一,表明"一带一路"沿线经济体是人民币国际化的重要突破口,符合"周边化—区域化—国际化"的人民币国际化策略。该结果是对陈雨露和张成思(2008)、王元龙(2009)等理论研究的数据支持。

第二,按汇率制度进行分组,我们发现相比于浮动汇率制度经济体,人民币"隐性锚"指数在非浮动汇率制度经济体中份额较高,与美元份额相比几乎不分上下。因此,实行中间汇率制度的发展中经济体是人民币国际化的主要对象。

2. 按地理分区分组结果分析

图7-12和图7-13记录了SDR基准下各篮子货币按世界地理分区分组后的"隐性锚"指数分布情况,由于比较相似且版面有限,CHF基准下分组情况未列。由图7-12和图7-13可知:

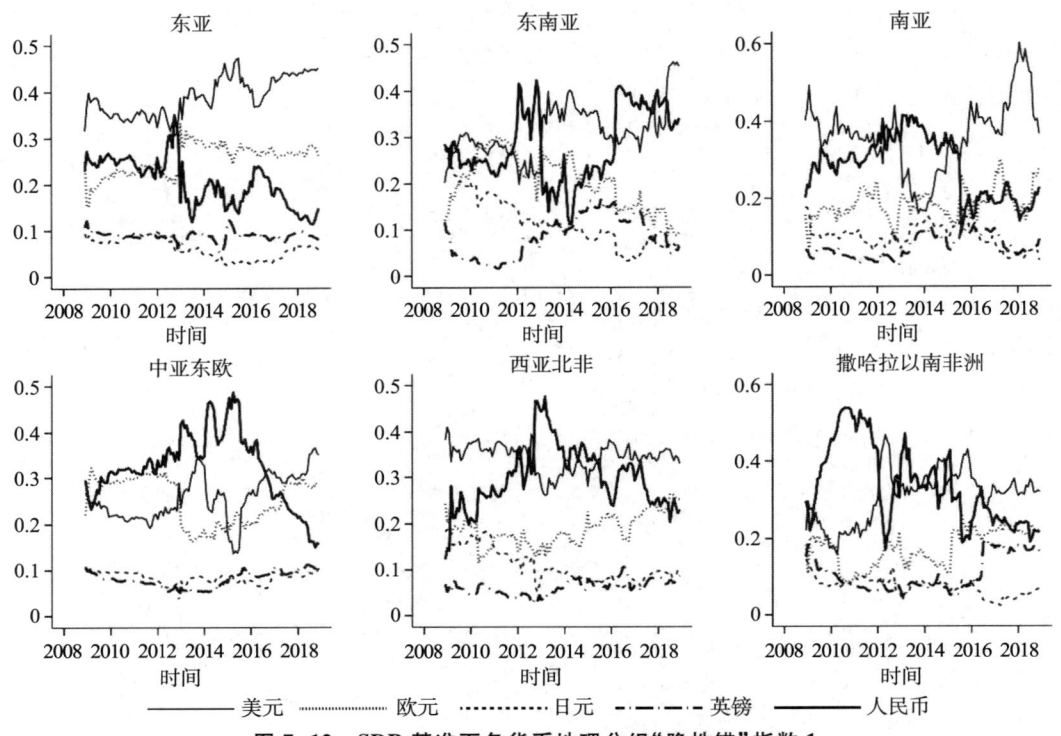

图7-12　SDR基准下各货币地理分组"隐性锚"指数1

第一,人民币在中国周边地区,尤其是中亚东欧、西亚北非和东南亚地区的货币"隐性锚"指数较高。由图7-12可以发现,人民币"隐性锚"指数在中亚东欧达到30%以上,高于美国位列第一;在西亚北非、东南亚等"一带一路"沿线区域,人民币"隐性锚"份额普遍在30%左右,可以与美元相抗衡。该发现与曹彤和赵然(2014)、Ito(2017)及丁剑平等(2018)的研究结果具有内在一致性,这再次启示我们,"周边化—区域化—经济体化"的人民币国际化策略是正确的和必须坚持的。

第二,除北美洲和西亚北非等个别区域外,美元在各分组均处于核心地位。综合图7-10和图7-13的分组结果,我们发现不论如何分组,美元"隐性锚"指数均处于第一位,且与其实际国际化水平相匹配。这间接说明即使人民币国际化完成,也只能形成与美元、欧元"三足鼎立"的局面,且人民币国际化不会对美元的国际货币地位造成较大影响,有力地驳斥了Roubini(2009)关于"人民币的崛起必然使美元受伤"的观点。

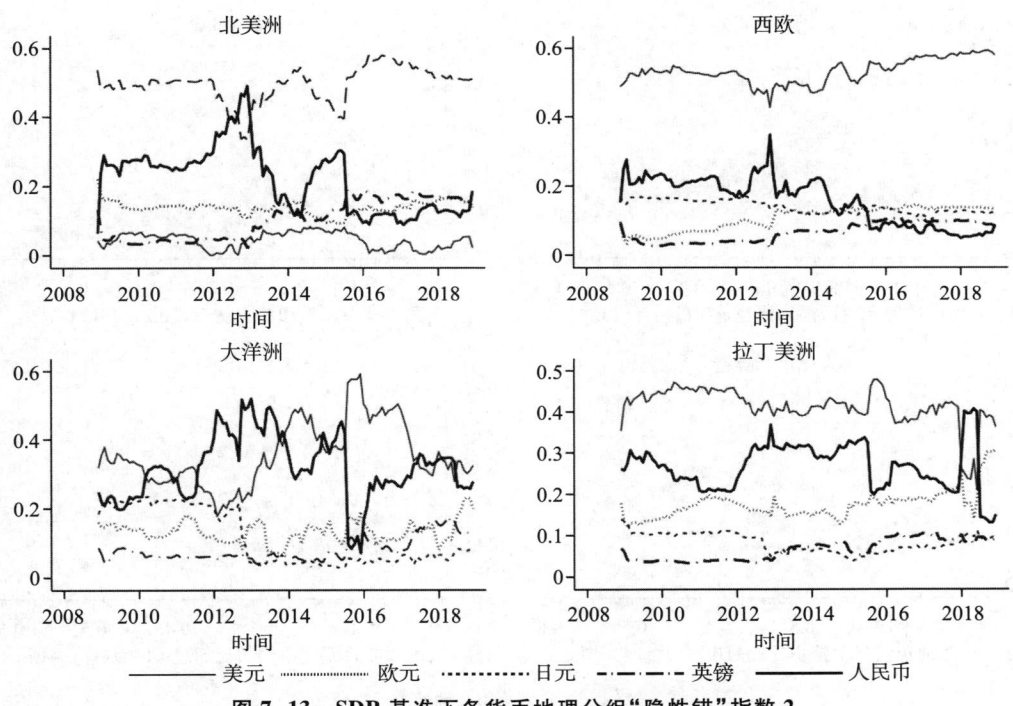

图 7-13 SDR 基准下各货币地理分组"隐性锚"指数 2

(三)人民币国际化的外部阻碍:各指数相关性分析

人民币国际化过程中会遇到很多阻碍,众多研究显示(Frankel,2012;李向阳和丁剑平,2014;彭红枫和谭小玉,2017),经济和贸易增长仅仅是人民币实现国际化的基本条件,金融市场发展程度、资本账户开放水平和汇率制度等才是决定人民币国际化水平的重要结构性因素。当然,以上文献指出的均是中国自身原因,而实际上,人民币要想实现国际化,还面临许多外部困难和挑战,在位货币的阻碍就是其中之一。为了验证在位货币(美元和欧元)对人民币造成的影响,我们对人民币与其他货币之间的关系进行图示分析。SDR 基准下人民币"隐性锚"指数与其他篮子货币关系如图 7-14 所示,对应的 CHF 基准下图形未列出。由图 7-14 可以发现:

第一,在位货币(美元和欧元)是人民币实现国际化的主要阻碍。从图 7-14 中可以发现,美元"隐性锚"指数始终与人民币负相关,欧元在人民币"隐性锚"指数达到 50% 之前与之负相关,这说明当前国际化水平最高的两大货币(美元和欧元)是人民币实现国际化的重要阻碍。He et al.(2015)为上述发现提供了理论解释:目前人民币受美元影响较大,在国际市场上,两者是替代关系,人民币要想实现较高的国际化水平就必须改革汇率制度,减少对美元的依赖。不过有一点需要说明的是,人民币与欧元"隐性锚"关系呈 U 形(在 CHF 基准下图形中更为清楚),在以人民币作为核心"隐性锚"的国家中,人民币与欧元呈正相关关系,即只要人民币"隐性锚"水平达到一定程度(这里是 50%),欧元就会对人民币国际化产生正向影响。

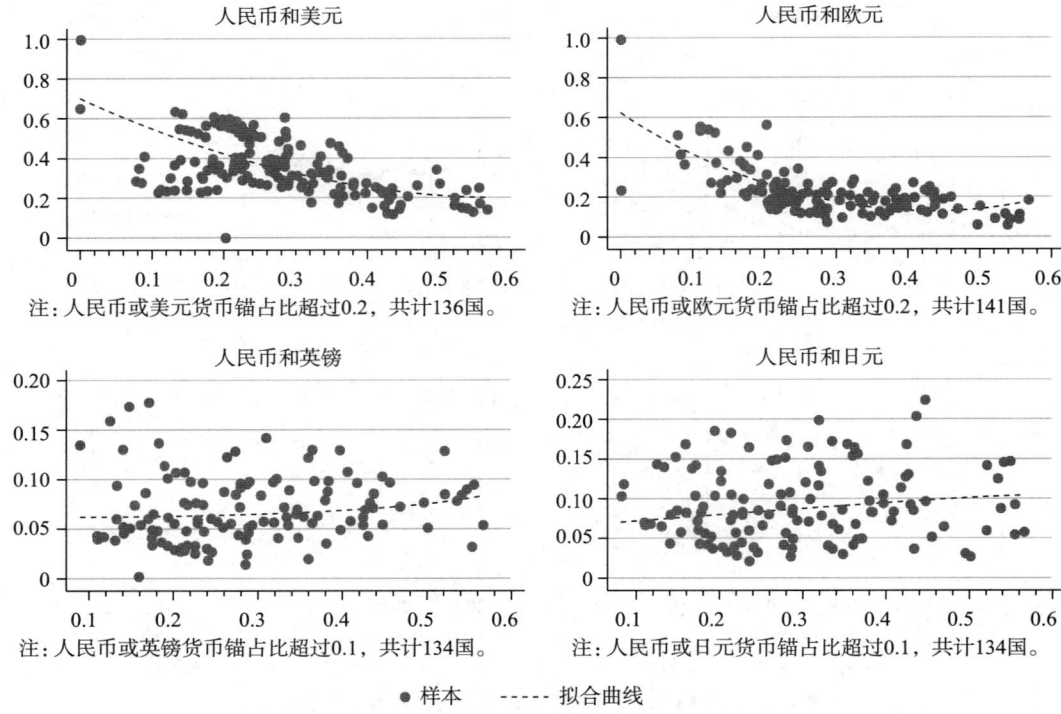

图 7-14　SDR 基准下人民币与其他篮子货币"隐性锚"指数关系

注：横轴为人民币，纵轴为其他货币。

第二，低度核心货币（日元和英镑）并不是人民币国际化的阻碍。由图 7-14 中可以发现，人民币与英镑、人民币与日元之间存在显著的正相关关系，考虑到日元和英镑的货币"隐性锚"指数较低且实实国际化水平也较低，两者不会成为人民币国际化的阻碍。

四、主要结论和政策建议

（一）主要结论

本节使用 F-W 模型构建了五大 SDR 篮子货币的货币"隐性锚"指数，对各指数特征进行分析，我们发现：

第一，货币"隐性锚"指数不能代表一个国家货币的国际化水平，对人民币来说尤其如此。研究显示，美元"隐性锚"指数均值与其国际贸易货币份额（SWIFT 交易份额）基本一致，在 40% 左右；欧元"隐性锚"指数均值在 20% 左右，低于其国际贸易货币份额（34.5%）；人民币的实际国际化水平仅为 1.4%，大大低于人民币"隐性锚"指数（25%—30%）。因此使用"隐性锚"作为人民币国际化水平的代理变量是对实际人民币国际化水平的严重高估。

第二，基于本节构建的货币"隐性锚"指数，人民币未来有可能与美元、欧元相抗衡。货币"隐性锚"指数可以看作该货币未来国际化水平的参照基准。通过对货币"隐性锚"指数的分析，我们发现美元、欧元和人民币的"隐性锚"指数显著高于日元和英镑，如果现实条件允许,那么人民币将顺利实现国际化,国际货币市场将会呈现人民币、美元和欧元"三足鼎立"的局面。

第三,"周边化—区域化—国际化"是可行的人民币国际化策略。通过对各篮子货币"隐性锚"指数的国家(地区)分布进行分析,我们发现中亚东欧、东南亚、西亚北非等"一带一路"沿线经济体的货币篮子中,人民币所占份额显著高于其他地区,这表明"一带一路"沿线经济体是中国实现人民币国际化的重要突破口。

第四,人民币国际化不会显著影响美元的国际地位,但美元和欧元是人民币国际化的重要阻碍。货币"隐性锚"指数是该货币可以实现的国际化水平的最大值,最理想的货币国际化水平应该是与货币"隐性锚"指数相一致的。从目前来看,美元的全球"隐性锚"指数与其实际国际贸易货币份额相一致,欧元超过而人民币大大不足。因此,人民币的崛起不会损害美元的国际地位,人民币是美元的重要补充,但美元和欧元是人民币实现国际化的重要阻碍。人民币与美元和欧元(当人民币"隐性锚"指数低于50%时)的"隐性锚"指数显著负相关,即人民币与美元和欧元之间是竞争关系,某地区美元和欧元的国际化水平越高,人民币在该地区实现国际化的难度就越大。

(二)政策建议

上述结论给予政策制定者的重要启示如下:

第一,人民币国际化的前景光明,但必须通过改革为人民币国际化创造条件。在货币实现国际化的条件中,金融市场深度和资本账户开放是重要条件。在SDR货币权重标准中,外汇储备、国际银行业债务、国际债务证券及外汇市场交易均是重要指标。虽然当前人民币国际化遇阻,但人民币具有达到与美元、欧元类似国际化水平的潜力。中国应当改革经济体制以促进经济发展,改革金融体制以提高国内金融发展水平,改革汇率形成机制以逐步摆脱对美元的依赖,实现人民币更大范围的双向浮动;再配合逐步提升的资本账户开放水平,人民币在SDR货币篮子中的权重会逐步提升,人民币国际化水平也会取得新成就。

第二,继续坚持"周边化—区域化—国际化"的人民币国际化策略,以"一带一路"沿线经济体作为突破口,逐步实现人民币国际化。人民币"隐性锚"指数在"一带一路"沿线经济体中较高,人民币国际化从"一带一路"沿线经济体起步具有隐性优势。在加大与"一带一路"沿线经济体开展国际贸易的同时,中国应当加强资本输出,让企业"走出去",创造稳定的人民币海外需求,从负债端和资产端同时实现人民币国际化。

第三,欧元是人民币国际化的另一个突破口。本节指出,现实中欧元的国际化水平(以SWIFT交易份额为代表)明显高于欧元"隐性锚"指数,人民币实现国际化的努力一定会影响欧元的国际地位。众多研究表明,欧元不是避险货币,而人民币是欧元的避险货币,从这一点来看,人民币是欧元的替代货币,在其他条件具备的情况下,人民币可以替代一部分欧元,提高人民币国际化水平。现实中,欧元区人民币跨境结算比例仅低于东南亚,位列第二,也是很好的例证。未来可以进一步提高欧元区以及较高欧元"隐性锚"指数国家的人民币跨境结算比例,提高人民币国际化水平。

本章小结

人民币国际化不仅仅是为了规避汇兑风险,更是应对金融市场全面开放的重要举措。面对复杂的中美关系变化和中国金融开放新格局,中国只有抓住机遇,推动人民币国际化,才能进一步降低风险、把握主动。

本章对人民币国际化的现状、未来、手段、举措等进行了全面分析,主要结论如下:第一,当前人民币国际化已经走出低谷,未来人民币将逐渐成为与美元和欧元相抗衡的三大国际货币之一。人民币国际化自起步到现在已取得举世瞩目的成就,当然,2016—2017年开始走入第一个低谷,但2018年后人民币国际化进程已经走出阴霾。从目前人民币"隐性锚"水平来看,只要改革得当,未来人民币一定能实现国际化。第二,"周边化—区域化—国际化"是人民币实现国际化的三个阶段,"一带一路"沿线经济体是人民币国际化的起点。第三,人民币账户(以FT账户为代表)是上海自贸区金融改革的重要尝试,对于推进利率市场化、汇率自由化、资本账户开放具有重要的探索性作用。但是,目前FT账户存在不便利、优惠低、学习成本高等问题,同时存在人民币不能自由兑换、海外需求低、回流渠道不畅、汇兑风险高等客观问题。第四,进博会是推广FT账户和人民币结算的契机,但人民币国际化的重点应是人民币计价和制度性问题的突破。

鉴于以上问题,为了推进人民币国际化,我国应当从以下两个方面着手:第一,进一步解决目前人民币国际化进程中遇到的客观问题。其一,根据国内发展的需要,逐步实现汇率市场化和人民币自由兑换,从根本上解决人民币需求低的障碍;其二,进一步推进对外有效投资,形成稳定的海外人民币需求;其三,大力推进人民币衍生品建设,降低人民币汇兑风险,提高人民币投资收益率;其四,进一步推进大宗商品以人民币计价,在国际竞争中把握定价权;其五,推进"沪伦通"建设,构建通畅的人民币回流渠道。

第二,进一步完善人民币国际化的重要抓手——FT账户。其一,在发生事实交易的基础上,适当放开"二线";其二,在保证国家安全的基础上,适当放松账户监管,提高投融资便利性;其三,给予账户企业一定税收优惠,提高FT账户的吸引力;其四,在改进FT账户的基础上进一步推广FT账户,扩大FT账户的使用范围。

第八章
共建"一带一路"与人民币国际化

共建"一带一路"倡议自 2013 年提出以来,中国与"一带一路"沿线国家和地区陆续签约了多个重要合作项目,伴随着第二届"一带一路"国际合作高峰论坛的圆满落幕,"一带一路"倡议迈入了新阶段。近年来中国经济实力获得很大提升,世界人民有目共睹,随着中国对外开放的大门越开越大,在"一带一路"沿线国家和地区出现"美元回流"的背景下,人民币在"一带一路"沿线国家和地区开始扮演越来越重要的角色,人民币国际化进程也在"一带一路"沿线国家和地区持续推进。

人民币国际化是人民币货币职能的国际化,逐步有序地推动人民币成为国际化的计价货币、结算货币和储备货币,是人民币国际化的本质所在。人民币国际化不仅可以减弱中国对美元储备的依赖,减少美元贬值造成的损失,还能降低中国企业所面临的汇率风险和汇兑成本。基于中国的经济体量及中国与"一带一路"沿线国家和地区的贸易往来,在"一带一路"沿线国家和地区推行与深化人民币国际化具有可行性与重要现实意义。

本章基于"一带一路"倡议的推行,分两节探讨了在"一带一路"沿线国家和地区推行人民币国际化的可行性与路径。第一节基于篮子货币选择模型考察了"一带一路"沿线国家和地区货币对人民币参照的"隐性锚"情况,并将各地区对人民币的参照进行了排序;第二节将宗教风险纳入中国"一带一路"投资分析,并总结了在"一带一路"国家和地区推行海外投资需考虑宗教和法律等非经济问题的启示。

第一节 "一带一路"国家和人民币"隐性锚"研究

一、引 言

从历史经验来看,一国经济地位的持续提升可以促进其货币从"被参照"变成"隐性锚"。随着汇率制度改革的推进以及中国对外贸易和投资的快速增长,人民币逐步成为许多国家货币汇率参照的"隐性锚"。中国 2001 年加入 WTO 后在保持国际收支顺差的同时积累了大量的外汇储备,人民币汇率形成机制的优化为人民币国际化提供了诸多有利条件,随着人民币正式被纳入 SDR 货币篮子,人民币在国际货币体系中的地位也在不断上升。对外投资方面,在"一带一路"倡议推进、美联储加息的背景下,"一带一路"沿线国家和地区面临"美元回流"的问题,人民币填补沿线国家和地区投资空缺"窗口"的机会出现。为此,客观了解人民币被"一带一路"沿线国家和地区作为"隐性锚"的现状,在贸易投资上最大限度地使用人民币,可以最大限度地降低中国企业的成本和汇兑风险。

国际货币体系中理想的货币锚的根本作用是降低一国在世界贸易和金融往来中的交易费用,对于锚货币国而言,本国的海外贸易、投资汇兑风险也能大幅降低(巴曙松和杨现领,2011)。一种货币被国外官方或私人部门持有大概有三种原因:储备价值、交易媒介和计价参照单位(Krugman,1984)。在人民币国际化的过程中,越来越多的国家开始接受以人民币作为计价、投资的工具,部分国家和地区开始将人民币列入外汇储备之列。然而,人民币国际化也出现过反复,很大程度上是因为人民币没有发挥好货币锚的作用。人民币是否已经成为"一带一路"沿线国家和地区的核心货币锚?如何强化人民币在"一带一路"沿线国家和地区的货币锚地位?本节通过对地区和经济体进行排序,梳理了人民币国际化的现状和问题所在。

二、文献综述

货币锚的理论研究源于蒙代尔的最优货币区理论,大量文献从要素流动水平、金融一体化程度和宏观经济因素趋同性三个角度构造系统理论框架并进行讨论。针对货币锚的实证研究始于Frankel(1992)有关日元对美元汇率的讨论。货币锚选择关注的是与潜在锚国家之间的贸易关联度。新兴市场国家往往是在对外贸易的基础上盯住一篮子货币(Ogawa and Shimizu,2007;Click,2009)。人民币已成为与中国有密切往来的国家的"隐性锚",进一步的资本账户开放会强化这种关系(杨荣海和李亚波,2017)。鉴于中国对实际资本账户持有稳健审慎的态度,在"一带一路"沿线国家和地区以SDR作为重要载体发挥人民币货币锚的作用具有可行性,可以成为人民币国际化的重要突破点(丁志杰,2017)。纳入人民币后的SDR也更具有稳定性和代表性(丁剑平等,2015)。SDR提供了比其他货币更稳定的计价单位和价值储存功能,由于一国国际贸易涉及多种货币,借鉴SDR参照一篮子货币可能比盯住单一货币更有优势。随着"一带一路"倡议的推进,越来越多的国内外学者开始关注与人民币有关的问题,从推进人民币国际化的角度来看,经济规模、贸易规模等是显著影响人民币国际化的因素(林乐芬和王少楠,2016)。货币锚的分析是建立在货币汇率变动关联性的基础上,考察某段时间内具体SDR货币篮子的主导作用。2008年金融危机之前东亚各经济体货币低频锚定美元,之后开始锚定人民币(方霞和陈志昂,2009)。中国与新加坡、马来西亚和泰国等国家已经形成一个较为有效的人民币圈(Henning,2012)。阙澄宇和马斌(2015)发现,21个国家或地区已经将人民币作为主要的货币盯住锚。杨雪峰(2015)在探讨人民币成为区域货币锚的可能性之后,在实证研究后认为中期内人民币不会成为亚洲区域内的单一锚,但可能会出现亚洲国家以人民币与美元"混合驻锚"的情况。一些学者通过实证研究表明美元依然是东南亚国家最为主要的货币锚(McKinnon and Schnabl,2004)。张银山等(2017)认为,经济基础、贸易联系、人民币国际化及美元流动性短缺为人民币成为"锚货币"创造了条件。多数学者赞同由传统主流国际货币、SDR以及新兴市场国家货币构成多元储备货币体系

(Frankel,2009;Bergsten,2011)。从美元区、马克区、英镑区对应货币国际化的历史经验来看,人民币国际化首先要发挥关联货币锚的作用。

"一带一路"建设主要通过贸易和投资的平台,活跃了欧亚板块的贸易。曹彤和赵然(2014)研究发现,决定东盟区核心货币地位的主导因素是目标国的经济规模和对核心货币发行国的贸易依存度。程贵和王琪(2016)实证分析区域化的经济基础,发现中国对中亚5国的进口具有正向影响、出口具有负向影响。Subramanian and Kessler(2013)发现国际货币地位的基本面决定因素不仅有经济体规模,还包括贸易规模和外部金融实力。汇率参照权重的变化实际上是被参照货币背后国家相对经济实力变化的结果。陈雨露和周晴(2004)认为,浮动汇率制度下的汇率、利率货币供给量都是重要的货币政策操作工具。

上述研究局限于东亚及中亚地区,而且研究结果基本上是静态的。本节将进一步扩展人民币货币锚研究的区域,在引入中国宏观经济因素变量的基础上综合比较静态分析和不同窗口期下的动态分析货币参照锚效应。本节的创新在于:(1)以区域作为整体考察人民币国际化路径中的"区域锚"层次;(2)在宏观层面结合汇率影响因素,比如中国自身的经济增长因素、进出口因素、货币供给因素,分析人民币作为区域货币锚的概况;(3)运用滚动回归方式并结合汇率制度改革以及"一带一路"倡议背景,对人民币货币锚进行动态分析。

三、模型设计

(一) 模型选择

Frankel and Wei(1994)(F-W模型)最早使用美元、日元和马克对东亚国家的货币汇率进行回归,下文的回归主要在其基础上,加入人民币及其他货币因素进一步研究。

$$\Delta\log\left(\frac{x}{\text{chf}}\right) = \alpha_0 + \alpha_1\Delta\log\left(\frac{\text{usd}}{\text{chf}}\right) + \alpha_2\Delta\log\left(\frac{\text{eur}}{\text{chf}}\right) + \alpha_3\Delta\log\left(\frac{\text{jpy}}{\text{chf}}\right) + \alpha_4\Delta\log\left(\frac{\text{gbp}}{\text{chf}}\right) + u \quad (1)$$

$$\Delta\log\left(\frac{x}{\text{chf}}\right) = \alpha_0 + \alpha_1\Delta\log\left(\frac{\text{usd}}{\text{chf}}\right) + \alpha_2\Delta\log\left(\frac{\text{eur}}{\text{chf}}\right) + \alpha_3\Delta\log\left(\frac{\text{jpy}}{\text{chf}}\right) + \alpha_4\Delta\log\left(\frac{\text{gbp}}{\text{chf}}\right) + \alpha_5\log\left(\frac{\text{cny}}{\text{chf}}\right) + u' \quad (2)$$

其中,chf为瑞士法郎,usd为美元,eur为欧元,jpy为日元,gbp为英镑,cny为人民币,u为误差项,x为本币。Frankel and Wei(1994)选择瑞士法郎作为参照货币是因为瑞士持中立立场,国内政治和经济局势稳定。随着欧盟的发展和欧元流通范围的扩大,瑞士法郎的作用逐步被削弱,2011年瑞士央行宣布瑞士法郎和欧元的最低兑换值(1.2:1)。因此,由瑞士法郎继续承担参照货币的职能存在缺陷。本节选取新西兰货币作为回归中的参照货币。新西兰作为和瑞士比肩的中立国,国内政治和经济具备高度的自主性,且新西兰货币在布雷登森林体系之后结束了与美元的挂钩,以小型经济开放体(新西兰)的汇率作为宏观经济变量的基准比较有可行性。

当前各国汇率在短期内都是盯住各自的货币篮子以实现自身的汇率波动。陈学彬(2016)认为各国货币相互盯住,以相互交叉重叠的一篮子货币取代黄金或单一货币为盯住锚,可以形成信用本位制下限制各国政府滥发货币、稳定币值和稳定汇率的机制。根据 2016 年的《汇兑安排与汇兑限制年报》,2008 年金融危机以来,SDR 篮子中的货币仍是盯住货币篮子的首选。

基于此,本节直接采用 F-W 模型思路进行月度数据回归,选定的参照锚货币是 SDR 货币篮子中的 5 类货币:

$$fx_{it} = a_{it} + \beta_1 cny_t + \beta_2 usd_t + \beta_3 eur_t + \beta_4 jpy_t + \beta_5 gbp_t \tag{3}$$

其中,fx_{it} 是经对数差分后的"一带一路"沿线各经济体货币参照新西兰元的汇率,cny_t、usd_t、eur_t、jpy_t 和 gbp_t 分别表示经新西兰元计价及对数差分的人民币、美元、欧元、日元和英镑的汇率。后文年度数据回归模型也是如此。相互盯住一篮子货币对于稳定汇率和价格的作用是显而易见的,但是如果单纯地盯住一篮子货币而忽略各国宏观实际经济情形,那么各国的汇率机制将变相地变为固定汇率制度,各国也就无法通过调节外汇来发展国内经济和跨境贸易,这样的汇率制度注定是不能长久的。长期来看,汇率波动的本质是对本国宏观经济变化的反映,因此长期模型中必须加入相应的宏观变量,打破相互盯住机制下的汇率固化。在参照已有文献的基础上,年度模型设定使用面板数据:

$$fx_{it} = a_{it} + \beta_1 cny_t + \beta_2 usd_t + \beta_3 eur_t + \beta_4 jpy_t + \beta_5 gbp_t + \beta_6 cny_t \times control_t \tag{4}$$

其中,控制变量 control 选择的是与中国宏观经济相关联的变量,包括如下内容:①中国出口商品与服务占 GDP 的比例;②中国进口商品与服务占 GDP 的比例;③中国以新西兰元衡量的 GDP;④中国年广义货币供给量(M_2)占 GDP 的比例;⑤中国年广义货币供给增长率。之所以如此选择,一方面是因为数据方便得到,另一方面是因为这些因素都是中国自主可控的,了解这些因素对人民币作为汇率参照锚的影响,可以使研究结果更具实践意义。

在回归中,因素①—⑤均乘以人民币汇率,衡量中国国内的宏观经济变化对人民币汇率的影响,以及对"一带一路"沿线国家和地区货币汇率产生的影响。①—③代表中国经济体量,其中①—②分别表示中国的进口和出口贸易,③表示中国整体 GDP,使用这 3 类数据主要是想衡量中国通过对外经贸渠道推动人民币成为"一带一路"当地货币锚的可行性;④—⑤代表中国国内货币发行现状,使用这类数据主要是想衡量中国采用金融手段推动人民币成为"一带一路"当地货币锚的可实现性。所有因素的描述性统计如表 8-1 所示。

表 8-1 中国的宏观经济变量

年份	出口/GDP(%)	进口/GDP(%)	GDP(千亿元)	M2/GDP(%)	M2 增长率(%)
2005	34.51	23.80	32.50	151.09	16.74
2006	37.18	24.40	42.40	157.49	22.12
2007	35.95	26.72	43.00	149.29	16.74
2008	32.02	24.93	65.40	147.10	17.78
2009	24.36	20.15	81.80	174.81	24.20
2010	26.27	22.62	84.40	175.74	18.95
2011	26.49	24.11	95.90	174.04	17.32
2012	25.41	22.70	106.00	180.28	14.39

(续表)

年份	出口/GDP(%)	进口/GDP(%)	GDP(千亿元)	M2/GDP(%)	M2增长率(%)
2013	24.50	22.06	117.00	185.89	13.59
2014	24.08	21.57	126.00	190.75	11.01
2015	21.97	14.90	159.00	202.06	13.34
2016	19.64	17.42	161.00	203.10	11.33

资料来源：WDI数据库，其中以新西兰元衡量的GDP由笔者计算而得。

由表8-1可知，中国近几年的经济体量有了较大增长，贸易占GDP的比例开始下滑，2005年净出口占GDP的比例达6.1%，这一数值在2016年下滑至2.2%。自2008年金融危机后，进口商品与服务占GDP比例及出口商品与服务占GDP比例在2011年分别到达24.10%、26.49%的高峰后开始回落，表明中国经济增长对贸易的依赖度降低。货币发行量近年来增长迅猛，2008年"四万亿"计划的推出使得货币发行增速达到了峰值，随着近几年"降杠杆"诸多政策不断推出，货币发行增速得到了相应的控制。广义货币供给增长率在2005年汇率制度改革到2008年金融危机前后保持在较高水平，2009年后呈现整体下降的趋势。

(二) 数据处理

月度频率回归的参照Subramanian and Kessler(2013)处理共线性的做法，本节剔除了人民币与美元相对固定的时期，选取2005年8月至2008年7月以及2010年7月至2017年10月的时间段。月度数据来自国际货币基金组织的IFS数据库，汇率是人民币相对于美元的期末汇率。2005年7月21日汇改后人民币变成相对管理浮动；2008年8月后为了应对国际危机，中国在近两年的时间内一直将人民币和美元双边汇率保持在6.83人民币/美元的水平；2010年6月19日央行宣布人民币重回管理浮动的轨道。由于汇率固定不足两年，为保证样本的连续性，年度样本保留为2005—2016年，年度数据来自世界银行的WDI数据库。模型设定中的汇率数据都经过了对数一阶差分处理。

(三) 分组回归

本节将样本"一带一路"沿线划分为6个区域(即东南亚、南亚、西亚北非、中亚、独联体、中东欧)，在整体回归基础上排列各个区域并分别回归，使得人民币在各个区域的权重分布变化更为清晰(见表8-2)。

表8-2 月(年)度回归样本的选择

所属区域	国家	国家数量
北亚	蒙古[①]	
东南亚	新加坡、马来西亚、印度尼西亚、缅甸、泰国、老挝、柬埔寨、越南、文莱、菲律宾	11
南亚	印度、巴基斯坦、孟加拉国、阿富汗、斯里兰卡、马尔代夫、尼泊尔、不丹	8

(续表)

所属区域	国家	国家数量
西亚北非	伊朗、伊拉克、土耳其、叙利亚、约旦、以色列、埃及、沙特阿拉伯、巴林、卡塔尔、也门、阿曼、阿拉伯联合酋长国、科威特、黎巴嫩、(塞浦路斯)②	15(16)③
中亚	哈萨克斯坦、塔吉克斯坦、吉尔吉斯斯坦、(乌兹别克斯坦、土库曼斯坦)	3(5)
独联体国家	俄罗斯、乌克兰、白俄罗斯、格鲁吉亚、阿塞拜疆、亚美尼亚、摩尔多瓦	7
中东欧	捷克、匈牙利、波兰、克罗地亚、阿尔巴尼亚、罗马尼亚、保加利亚、马其顿王国、(爱沙尼亚、拉脱维亚、立陶宛、斯洛文尼亚、黑山、塞尔维亚、斯洛伐克、比利时)	8(16)

注:(1)北亚只有蒙古一国,纳入东南亚区域作为中国周边进行集体考察,下文提及的东南亚区域包括北亚蒙古;(2)括号内的国家是年度回归样本较月度回归样本增加的国家;(3)括号内的数字是年度回归样本国家数。

(四) 回归方式选择——滚动回归

滚动回归是对解释变量与被解释变量间因果关系的动态特征进行描述刻画的解析方法,在估计线性方程时选择特定的回归窗口期将样本划分为若干个子样本,对每个子样本进行面板数据回归,得到对应子样本回归系数的估计值,从而可以比较因果关系的变化特征和敏感性。

月度频率2008年金融危机前后两段分别采取两年和三年的窗口期做滚动回归检验,危机前整体月度为36个月,故危机后选择36个月的月度滚动窗口期便于和危机前的人民币汇率参照进行比较。年度频率在基准回归的基础上,结合滚动回归和汇率宏观决定因素,以更细致地考察动态参照系数。2005年是中国汇率制度改革后开始尝试脱离盯住美元的年份,2013年是"一带一路"倡议提出的年份,从2005—2016年的8年滚动窗口期回归情况可以看出"一带一路"倡议实施规划后参照篮子货币的动态发展情况。

四、实证检验结果和分析

根据模型的需要,在对相关汇率数据进行统一"新西兰元化"和稳健性处理后,所有数据的描述性统计如表8-3所示。

表8-3 所有汇率数据的描述性统计

变量	均值	标准差	最小值	最大值	观测值
月度区间:2005年8月—2008年7月					
沿线国家(地区)货币	−0.0007978	0.0342083	−0.1364898	0.1799093	1 872
人民币	−0.0028602	0.0339790	−0.0952541	0.0638405	1 872
美元	0.0023577	0.0335249	−0.0935362	0.0704623	1 872
欧元	−0.0047194	0.0405116	−0.1283830	0.0651354	1 872
日元	0.0013326	0.0407420	−0.1169266	0.0715427	1 872
英镑	−0.0005539	0.0300932	−0.0879083	0.0648344	1 872

(续表)

变量	均值	标准差	最小值	最大值	观测值
月度区间:2010年7月—2017年10月					
沿线国家(地区)货币	0.0051796	0.0852927	-0.1856227	5.0055140	4 564
人民币	0.0004233	0.0351361	-0.1072813	0.0642666	4 576
美元	0.0007266	0.0361290	-0.1022897	0.0641568	4 576
欧元	0.0013241	0.0481642	-0.1394073	0.1066581	4 576
日元	0.0031155	0.0409659	-0.1201152	0.0971445	4 576
英镑	0.0016992	0.0328130	-0.0770381	0.1347161	4 576
年度区间:2005—2016年					
沿线国家(地区)货币	0.0320055	0.2021694	-0.2174830	4.7931770	754
人民币	-0.0142218	0.0932963	-0.1600219	0.1338164	840
美元	0.0040841	0.0921164	-0.1736112	0.1428076	840
欧元	0.0137151	0.0803785	-0.1124932	0.1905512	840
日元	0.0045452	0.1219567	-0.2174789	0.2135544	840
英镑	0.0294640	0.0723959	-0.0994002	0.1509686	840

表8-3显示了汇率变动的情况,从金融危机前的2005年8月至2008年7月的月度时间区间内,SDR货币篮子中英镑、人民币、美元、欧元、日元的汇率波动幅度均较"一带一路"沿线6个区域总体的波动幅度更大,而危机后的2010年7月至2017年10月,"一带一路"沿线国家和地区货币以及日元、英镑的汇率波幅扩大,人民币、美元、欧元的汇率波动幅度减小。年度频率上各国货币波动幅度较月度频率有一定程度的扩大。从汇率波动标准差来看,危机前后SDR篮子货币的汇率波动标准差变动不明显,沿线国家和地区总体汇率波动标准差变动较大,反映了SDR篮子的稳定性以及"一带一路"沿线国家和地区货币汇率变动参照SDR货币篮子的必要性。

(一)月度滚动回归参照人民币动态分析

在月度滚动回归中,本节选取了2005年8月至2008年7月及2010年7月至2017年10月这两个时间段,避开了人民币固定盯住美元的阶段,使用滚动回归方式进行实证检验。本节对2005年8月至2008年7月的时间段采用24个月的滚动窗口期,对2010年7月至2017年10月的时间段采用36个月的窗口期。

表8-4表明,2005年人民币汇改初期至2008年金融危机前,"一带一路"整体和南亚区域显著地加强对人民币的参照,但在危机前夕开始减弱。在危机前的时间段,东南亚区域对人民币参照的显著性逐年稳步增大;独联体区域则是参照人民币最显著的地区,但后期逐步减弱;西亚北非和中亚区域对人民币完全不显著。这说明危机前人民币还没有成为各国盯住的主要货币锚,仅仅一次汇改无法从根本上推动人民币国际化。总体上,2005年7月汇率制度改革后初期参照人民币的权重逐步上升,后期随着金融危机逐步到来,总体上参照人民币的权重减少不显著。这与徐奇渊和杨盼盼(2016)"作为驻锚货币,美元的影响力下降恰恰主要发生在金融危机之前。而在2008年金融危机之后,

美元和欧元在东亚的地位反而得到了增强,同时人民币和日元受到削弱。遭受短暂冲击后,人民币的权重很快回复,此后人民币的锚货币地位保持了上升趋势"的观点类似。

表 8-4　2005.08—2007.07 的滚动参照人民币回归结果

滚动回归区间	全体	中亚	独联体	东南亚	中东欧	南亚	西亚北非
2005.08—2007.07	0.242**	−0.308	0.102	−0.0678	1.272***	0.209	0.101
2005.09—2007.08	0.458**	−0.626	0.702*	0.236	0.182	1.108**	0.495
2005.10—2007.09	0.405**	−0.658	0.569*	0.18	0.138	1.074**	0.459
2005.11—2007.10	0.514**	−0.204	0.839**	0.199	0.277	1.178**	0.487
2005.12—2007.11	0.569***	0.255	0.782**	0.411	0.336	1.044**	0.513
2006.01—2007.12	0.501**	0.129	0.829**	0.555	0.927	0.0421	0.423
2006.02—2008.01	0.507***	−0.235	0.435	0.925**	1.507***	0.00386	0.169
2006.03—2008.02	0.185	−0.684	−0.00962	0.804***	0.158	0.0984	0.103
2006.04—2008.03	0.127	−0.736	−0.143	0.925***	0.149	−0.121	−0.0136
2006.05—2008.04	0.294*	−0.590	0.190	0.892***	0.958**	−0.0895	−0.0310
2006.06—2008.05	0.315*	−0.544	0.194	0.936***	0.960*	−0.0454	−0.0184
2006.07—2008.06	0.117	−0.446	0.304	0.463*	0.926**	−0.717*	−0.0955
2006.08—2008.07	0.185	−0.0197	0.400	0.0694	1.276***	−0.461	−0.0539

注:(1)括号内是 t 值;(2)***、**、* 分别表示在 1%、5%、10%的置信水平下显著。

表 8-5 表明,危机之后,尤其在 2013 年之后,各个区域参照人民币的显著性明显加强,这表明中国经济不断发展,各项人民币国际化措施的不断推进以及后期"一带一路"倡议的提出,使得参照人民币情况相对前期有了很大程度的改善。这点在东南亚、独联体及中亚区域表现得更为明显。其中,中亚是参照人民币最显著的区域,这与中亚的经济现状与中国在当地的金融货币合作基础有着紧密的联系。中亚国家存在外债高居不下、主权货币贬值、外汇储备缩水的状况,外来融资成本较高、融资需求大为人民币进入中亚国家提供了良好的机遇。自 2009 年跨境人民币结算业务试点以来,中国与中亚国家在深化货币合作、发展双边本币结算等方面取得了很多阶段性成果,呈现出良好的发展态势。

表 8-5　2010.07—2017.10 的滚动参照人民币回归结果

滚动回归区间	全体	中亚	独联体	东南亚	中东欧	南亚	西亚北非
2010.07—2013.06	0.263	−0.0247	−0.205	1.163	0.751**	−0.381	−0.0388
2010.08—2013.07	0.301	0.00189	−0.164	1.162	0.856**	−0.313	−0.0236
2010.09—2013.08	0.461	0.0157	−0.118	1.498	0.949***	−0.219	0.161
2010.09—2015.06	不显著	不显著	不显著	不显著	不显著	不显著	不显著
2012.07—2015.06	0.374	0.321	4.220***	−0.376	0.541	−1.263***	−0.0765
2012.08—2015.07	0.349	0.374	4.105***	−0.356	0.447	−1.249***	−0.0921

(续表)

滚动回归区间	全体	中亚	独联体	东南亚	中东欧	南亚	西亚北非
2012.09—2015.08	0.359	0.365	4.142***	−0.283	0.378	−1.270***	−0.0775
2012.10—2015.09	0.216**	1.971***	0.866*	0.374***	−0.805***	0.186	0.00766
2012.11—2015.10	0.205**	1.683***	0.921*	0.321***	−0.725***	0.145	0.0182
2012.12—2015.11	0.197*	1.694***	0.924*	0.302***	−0.772***	0.169	0.0126
2013.01—2015.12	0.214**	1.817***	0.955**	0.278**	−0.709***	0.203	−0.00204
2013.02—2016.01	0.225**	1.796***	1.166**	0.293***	−0.798***	0.202	−0.0219
2013.03—2016.02	0.217**	1.884***	1.231**	0.238**	−0.833***	0.202	−0.0374
2013.04—2016.03	0.273***	2.111***	1.102**	0.281***	−0.596***	0.194	0.0184
2013.05—2016.04	0.310***	2.142***	1.204**	0.338***	−0.545***	0.232*	0.00305
2013.06—2016.05	0.299***	2.111***	1.159**	0.331***	−0.548***	0.232*	−0.00149
2013.07—2016.06	0.280***	1.951***	0.971**	0.374***	−0.538***	0.230*	0.0172
2013.08—2016.07	0.306***	2.017***	1.044**	0.390***	−0.540***	0.273**	0.0261
2013.09—2016.08	0.311***	2.016***	1.046**	0.392***	−0.537***	0.278**	0.0363
2013.10—2016.09	0.318***	1.983***	1.044**	0.418***	−0.537***	0.302***	0.0388
2013.11—2016.10	0.329***	2.023***	1.106**	0.387***	−0.505***	0.308***	0.0421
2013.12—2016.11	0.272***	1.865***	0.888*	0.379***	−0.573***	0.268**	0.0401
2014.01—2016.12	0.411***	1.618***	0.934**	0.425***	−0.305***	0.313***	0.347**
2014.02—2017.01	0.383***	1.573***	0.913**	0.419***	−0.373***	0.285**	0.328**
2014.03—2017.02	0.375***	1.584***	0.892**	0.417***	−0.336***	0.262**	0.301**
2014.04—2017.03	0.390***	1.557***	0.916**	0.429***	−0.338***	0.270**	0.335**
2014.05—2017.04	0.396***	1.558***	0.908**	0.433***	−0.340***	0.296**	0.343**
2014.06—2017.05	0.394***	1.556***	0.912**	0.430***	−0.343***	0.293**	0.339**
2014.07—2017.06	0.396***	1.460***	0.900**	0.419***	−0.250**	0.273**	0.341**
2014.08—2017.07	0.390***	1.421***	0.844**	0.417***	−0.234**	0.271**	0.349**
2014.09—2017.08	0.382***	1.393***	0.817*	0.395***	−0.205*	0.263**	0.342**
2014.10—2017.09	0.400***	1.227***	0.836**	0.391***	0.0260	0.262**	0.311**
2014.11—2017.10	0.396***	1.185***	0.792**	0.388***	0.0794	0.278***	0.295**
2014.12—2017.11	0.398***	1.192***	0.799**	0.388***	0.0820	0.279***	0.292**

注：(1)括号内是 t 值；(2)***、**、* 分别表示在 1%、5%、10%的置信水平下显著。

总体上，人民币权重在 2015 年 9 月后得到恢复，以各区域滚动回归显著系数的均值为依据，危机后人民币被"一带一路"沿线国家和地区参照权重的排序为：中亚>独联体>东南亚>中东欧>南亚>西亚北非。

独联体区域参照人民币显著的部分原因是上海合作组织，还有部分原因在于中俄石油贸易。大宗商品贸易与上海合作组织是推动一国货币在当地货币锚地位上升的重要因素。人民币在东南亚地区成为货币锚的特征显著,因为这些国家与中国的经贸往来十分密切。由于中国是一个巨大的贸易体,其他具有类似收入和产出结构的经济体为降低风险成本,其货币需要锚定人民币。在人民币升值的背景下,灵活地盯住人民币可以使得竞争国通过升值货币以抑制通胀的同时保持竞争力。南亚区域人民币锚地位的弱势主要是受印度影响,印度作为南亚最主要的经济体,其货币是南亚各国货币的核心锚,人民币在当地货币锚权重的相对弱势也主要受此影响。中东欧区域大部分国家使用的是欧元或者盯住欧元,根据国际贸易中的引力模型理论,中东欧国家和地区与欧元区经济联系紧密,各国货币与欧元存在不同程度的挂钩,汇率走势与欧元高度相关;但人民币"隐性锚"的地位也在提升。

(二)危机前后人民币作为盯住锚的显著性比较

由表8-6可知,总体上看,"一带一路"沿线国家和地区参照人民币在后一时间段(后期)强于2005年刚开始汇改(前期)后的管理浮动汇率制度时间段。在六大区域中,人民币的"区域锚"地位在独联体、中亚及西亚有了显著的提高。这些国家货币参照人民币权重的提升建立在美元、日元及英镑权重减弱的基础上,人民币和欧元"隐性锚"地位的上升对应的是美元、日元、英镑权重地位的下降,这可能是因为"一带一路"国家和地区整体连接欧亚大陆,推动了人民币在欧元贸易投资中的使用。人民币在后期已经成为独联体和中亚地区超越美元的主要参照货币,并在西亚地区成为与美元"媲美"的主要参照货币。

表 8-6 前后时段月度参照货币篮子情况

人民币		美元		欧元		日元		英镑	
前期	后期	前期	后期	前期	后期	前期	后期	前期	后期
所有"一带一路"区域									
0.277***	0.333**	**0.460*****	0.317*	0.0228	**0.140*****	0.048***	−0.00753	**0.138*****	0.0670
中亚区域									
−0.222	**1.195*****	1.015***	−0.243	0.0618	0.0474	0.0193	−0.0229	0.0981	0.0209
独联体区域									
0.367**	0.845***	0.591***	−0.304	−0.0750*	0.224***	0.0263	0.0180	0.0765	**0.166***
中东欧区域									
1.379***	0.193	−1.437***	−0.044	0.0142	−0.0219	**0.168*****	0.0522	**0.792*****	0.455***
西亚北非区域									
0.126	**0.263****	0.824***	0.63***	0.0310	0.0231	−0.00374	**0.0627***	−0.00399	−0.00238
东南亚+蒙古区域									
−0.0172	0.166	**0.716*****	0.354	**0.105*****	0.471**	0.0680**	−0.132	0.0389	−0.144
南亚区域									
−0.0298	0.0534	0.998***	0.797***	−0.0256	0.0285	0.0251	**−0.0448***	−0.0460	0.0273

注:前期为 2005.08—2008.07,后期为 2010.07—2017.10。

(三)年度数据 8 年滚动窗口期的各模型回归结果及分析

从 2005—2016 年的 8 年滚动窗口期的年度样本回归情况可以看出"一带一路"倡议实施后参照各货币的动态发展情况。各国货币汇率相互参照在短期内主要是市场竞争的需要,从长期来看,其背后重要的宏观变量(协同效应)也应该加以探究,因此本节在年度回归上增加交乘项分析。

由表 8-7 可知,2005—2013 年、2006—2014 年阶段回归在各国参照人民币显著的情形下,进口商品与服务占 GDP 比例和出口商品与服务占 GDP 比例与人民币的交乘项也表现出很强的显著性,这表明可以通过进出口贸易活动使各国增强参照人民币。随着进出口占 GDP 比例的回落,在 2007—2015 年、2008—2016 年的回归区间内,以上两项宏观经济变量与人民币的交乘项变得不显著,而以新西兰元衡量的 GDP 与人民币的交乘项则表现出很强的显著性。这一方面说明本国的经济规模(GDP)是整体选择参照人民币的重要因素,另一方面也说明在全球经济贸易萎缩的背景下,强化自身的经济基本面,推进经济体制改革,改变过度依赖进出口的状况,并保持稳健的 GDP 增长,有利于"一带一路"沿线国家和地区整体参照人民币。另外,从中国广义货币供给量占 GDP 的比例和中国年广义货币供给增长率与人民币的交乘项的回归显著性来看,结合表 8-1,广义货币供给增长率在后期增速放缓,在中国 GDP 增速有质量地放缓的背景下,实施稳健中性的货币政策可以控制及弱化人民币汇率锚参照的负面效应。

表 8-7 添加交乘项后的"一带一路"沿线全体国家(地区)回归情况

时间段	人民币	美元	欧元	日元	英镑	交乘项 1
2005—2013	-3.324***	1.165**	1.554***	0.249	-0.224	0.0499**
2006—2014	-3.127**	0.993*	1.489***	0.223	-0.269	0.0526**
2007—2015	0.899	0.0978	0.597**	0.0222	-0.105	-0.0248
2008—2016	0.590	0.164	0.547**	0.0132	-0.107	-0.0131
时间段	人民币	美元	欧元	日元	英镑	交乘项 2
2005—2013	-4.430***	1.335**	1.631***	0.287*	-0.324	0.0987**
2006—2014	-4.320**	1.167*	1.564***	0.264	-0.363	0.105**
2007—2015	1.896	-0.0731	0.602**	-0.0114	-0.148	-0.0658
2008—2016	1.435	0.108	0.658**	0.0178	-0.137	-0.0562
时间段	人民币	美元	欧元	日元	英镑	交乘项 3
2005—2013	-0.851	0.992*	1.484***	0.206	-0.182	-0.0107
2006—2014	-0.160	0.740	1.401***	0.155	-0.261	-0.0146**
2007—2015	-1.141	0.246	0.988***	0.0973	-0.400	0.0105**
2008—2016	-1.356*	-0.127	1.130***	0.101	-0.423	0.0149**

（续表）

时间段	人民币	美元	欧元	日元	英镑	交乘项 4
2005—2013	1.571	5.870*	5.283***	1.219	-0.509	-0.0216**
2006—2014	0.868	5.832*	5.362***	1.192	-0.784	-0.0194*
2007—2015	-9.637	1.956	2.440*	0.573	-0.612	0.0112
2008—2016	-15.82	-0.871	2.761*	0.464	-0.916	0.0131

时间段	人民币	美元	欧元	日元	英镑	交乘项 5
2005—2013	-1.376*	1.976**	1.674***	0.489**	0.0378	-0.0790
2006—2014	-1.050	1.275	1.469***	0.345	-0.0979	-0.0452
2007—2015	-0.729	2.015**	1.595***	0.395	-0.473	-0.0974**
2008—2016	0.881	0.310	0.588***	0.0315	-0.276	-0.0384

注：(1)交乘项1-5分别表示人民币汇率×控制变量①-⑤，它们分别是①中国的出口商品服务占GDP的比例、②中国的进口商品服务占GDP的比例、③中国以新西兰元衡量的GDP、④中国的广义货币供给量占GDP的比例、⑤中国的年广义货币供给增长率；(2)***、**、*分别表示在1%、5%和10%的置信水平下显著。

从整体回归结果来看，影响人民币区域锚的三类中国宏观经济因素中，经济规模的增长在稳定人民币"隐性锚"方面扮演最重要的角色，对外贸易也是影响人民币货币锚地位的重要因素，过高的货币供给量占GDP的比例则不利于"隐性锚"地位的稳定。稳健性方面①，分区域的全时间段（2005—2016年）宏观经济变量整体回归同样表明三类宏观经济因素对人民币的区域地位具有重要影响。其中，经济规模因素最为显著，贸易依赖因素次之，货币供给量因素稍弱。将8年的滚动窗口期变为7年，将各滞后一期控制变量与人民币汇率变动作为新的交乘项进行稳健性检验，回归结果无论是符号还是显著性均具备较强的一致性，也说明本节的实证结果具有较强的稳健性。

将表8-7的方法类推到东南亚，回归结果表明中国对外出口是影响人民币在该区域货币锚地位的主要因素，进口商品与服务不显著。一个可能的解释是：与中国有类似收入和产出结构的经济体为减少与中国的竞争，选择将货币锚定人民币从而减少竞争成本差异。在人民币升值的背景下，灵活地盯住人民币可以使得竞争国通过升值货币抑制通货膨胀的同时保持竞争力。回归参照系数为负也说明了这一点。东盟国家对美国和欧盟市场的依赖大，参照美元和欧元理所当然，虽然它们对中国进口的依赖大，但没有提升本国货币参照人民币的比例。对于独联体及中亚经济体，在"一带一路"倡议提出并实施前的回归阶段（2005—2013年），中国广义货币供给量和中国年广义货币供给增长率对于人民币作为隐性锚具有显著影响，之后随着倡议的实施，这些货币市场方面的因素变得没那么重要了，重要的还是实体经济市场方面的变量（如GDP）和进出口方面的因素，即本国市场是人民币国际化的主要因素。独联体国家群体向中国出口较多，其货币参

---

① 限于篇幅，本节的稳健性检验及下文的类推回归结果未报告，有兴趣的读者欢迎来索。

照人民币比例在提高。东欧和西亚北非板块的滚动回归可以看作对表8-7回归结果的小样本稳健性检验。2005年汇改后阶段的年度回归表明,GDP和中国进出口均是影响人民币货币参照锚的显著因素,而广义货币供给占GDP比例及年广义货币供给增长率的影响不及前三类因素大。

从整体及各区域的回归结果来看,中国GDP的增长是推动人民币成为"一带一路"区域核心货币锚最重要的宏观变量,进出口对人民币成为货币锚起到较为积极的推动作用;但是,伴随着中国对外贸易权重的下滑,这一因素在部分地区的影响力略有下降,但在独联体和中亚这些存在大宗商品贸易的区域,其对人民币货币锚的显著性依然具有较大的影响,这为考察人民币国际化的未来走向提供了重要的思路。货币发行的相关变量在本节回归中的显著性相对较弱,从国际宏观经济发展的角度来看,在全球量化宽松的背景下,坚持稳健中性的货币政策,保持货币币值的稳定,承担大国责任,对一国货币国际化有着重要的推动作用。

五、结论和展望

首先,一国货币成为其他国家的货币锚,最根本的原因是该国拥有庞大的经济体量。中国经济规模显著地影响人民币货币参照权重,保持稳健的经济增长可以强化人民币在"一带一路"沿线国家和地区的货币锚地位,以贸易为首的一系列经济往来也是各国盯住货币锚的直接原因,贸易的背后则是货币锚国家的产出/收入。过高的货币供给量占GDP比例则不利于"隐性锚"地位的稳定,稳健中性的货币政策是当前条件下人民币走向"区域化"的重要条件。

其次,在政策方面,人民币汇率制度改革以及"一带一路"倡议的实施有助于人民币货币锚地位的提升。大宗商品美元计价区域和传统美元区的"惯性"短时间内难以改变,尤其是西亚北非区域。随着"一带一路"倡议的推进,人民币被沿线的国家和地区参照成为货币锚,人民币在中国周边的中亚和独联体已获得主要的货币参照锚地位,不过东南亚短时间内还是会参照美元。但是,只要中国经济稳定发展和市场规模不断扩大,"依市定价"自然会显示其"看不见的手"。

最后,参照货币篮子中"锚"权重与相关变量的关系是动态的。2005—2016年阶段滚动回归结果表明,随着滚动窗口向后推移以及全球贸易保护主义愈演愈烈,出口和进口商品与服务对"一带一路"沿线国家和地区参照人民币的影响减小,国内经济规模的影响扩大。人民币成为"一带一路"沿线国家和地区的"货币锚"是中国与沿线国家和地区共同选择及相互作用的结果。根据月度回归中人民币重归管理浮动、重获参照后的滚动回归显著系数均值,"一带一路"沿线国家和地区参照人民币权重的排序为中亚>独联体>东南亚>中东欧>南亚>西亚北非,在改革自身经济发展模式维持稳健增长的同时,人民币被"一带一路"沿线国家和地区普遍接受还必须进一步扩大与中东欧、南亚、西亚北非国家和地区的经贸联系。

本研究由于受到许多"一带一路"国家和地区数据缺失的制约,还不能放入更多变量进行检验,同时有些国家即便地理上属于同一个板块,但可能具有完全不同的属性,这些问题需要未来通过深入的研究进行完善。

第二节 "一带一路"中的宗教风险研究

一、引言

对外投资是国际经济分工的重要形式之一,对投资母国的产业结构转型以及东道国的经济发展都有着重要的影响。目前针对对外投资的研究主要围绕着投资东道国当地的经济实力、工资水平、汇率及出口量等经济因素,针对一国当地非经济因素的研究则十分稀少。事实上,在对外投资的过程中,以东道国当地宗教为首的各类非经济因素会对投资产生巨大的影响,尤其是在部分宗教色彩浓郁的"一带一路"沿线国家和地区之内。基于此,我们将探索东道国当地宗教对中国投资的影响。

"一带一路"倡议对中国现代化建设和产业结构调整具有深远的战略意义。在"一带一路"沿线国家和地区中,大多数国家的宗教色彩极为浓郁。梁永佳和李小云(2015)指出,宗教在"一带一路"国家和地区不仅仅是信仰问题,而且是这些国家政治经济和社会文化生活的核心。进入这些国家的前提就是承认、尊重并接受当地的宗教,只有这样,才可以发挥宗教的积极力量,促进母国在东道国的投资等经济活动。美国的亚太战略在中南亚地区受阻很大程度上也是缘于宗教冲突。因此,要想更好地推进"一带一路"倡议,就必须从"一带一路"沿线国家和地区当地的宗教入手。

本节在研究中国对"一带一路"沿线国家和地区投资的基础上加入宗教因素,使得模型更加契合东道国的实际情况,同时着重研究东道国本土宗教对投资的影响。研究发现:(1)作为一个重要的非经济因素,宗教对中国在东道国的投资有着重要的影响,宗教整体差异较小,国家之间的投资具有显著的相关性,形成显著的投资集聚效应;(2)本地宗教对中国的投资具有显著的促进作用,这主要是因为中国自身强大的文化包容性和宗教适应性,这也与中国一贯的对外文化交流政策密不可分;(3)在宗教被"法律化"的情形下,宗教会对投资产生一定的约束作用。我们对比政教合一与宗教未进行"法律化"的国家发现,法律才是对投资产生约束的根本原因。

本研究的特色主要如下:(1)"一带一路"倡议是一项重要的倡议,本节关注了"一带一路"倡议实施过程中可能存在的宗教风险,对于未来"一带一路"倡议的有效开展和企业的海外投资具有重要的意义;(2)本节将宗教风险纳入"一带一路"沿线国家和地区的投资分析,更加符合"一带一路"沿线国家和地区的实际情况,拓展了国际投资领域的相关研究;(3)已有研究对宗教影响效应的考察仅针对东道国当地的情况,本节使用空间计量模型分析了各国宗教差异对投资的影响,结论更加可信。

二、假设提出

(一)宗教对投资的集聚效应

外国直接投资理论的核心在于解释外国直接投资的成因、机制及后果。伴随着跨国投资的不断兴起,自20世纪50年代以来,关于外国直接投资及跨国公司的理论得到了充分的发展。投资影响因素分析一直是对外直接投资实证研究中的核心问题,国内外学者对此做了详尽的研究,主要围绕东道国与投资母国之间的经济状态和贸易往来展开。

尽管 Senior(1827)和 Cairnes(1874)很早就提出,贸易伙伴的语言、风俗和宗教等是除地理距离以外的重要决定因素,但是至今对于宗教等非经济因素的考量研究依然很少。Kogut and Singh(1988)发现母国更倾向于在宗教文化相似的东道国进行投资。孙鹏军和于鹏(2016)使用最小二乘虚拟变量模型对中国企业在"一带一路"沿线经济体的投资进行分析,发现中国不同类型的对外投资"偏好"不同的宗教文化。Williamson(2000)强调了在新制度经济学框架中宗教作为一类非正式制度的重要性。Berger(1967)认为宗教既是"世界维系"的力量,也是"世界动摇"的力量。上述研究认为,东道国的宗教环境是做投资决策时需要考量的重要因素,投资会选择其"偏好"的宗教环境。基于上述分析,我们提出以下假设:

假设 1 中国在"一带一路"沿线国家和地区的投资在宗教层面具有集聚效应。

(二)宗教对投资的影响

关于东道国宗教对投资活动的影响,相关研究主要从两个角度进行分析:一是宗教传统对一国社会秩序以及人们的行为准则产生影响,从而对当地的投资活动产生影响;二是宗教与法律相结合成为公权力的一部分,运用国家强制力对投资产生影响。这两个角度的区别在于,前者是社会软约束,后者有国家强制力保护,产生"法律化"。

"一带一路"沿线的不少国家带有典型的宗教色彩,在这些国家,宗教与法律一般约束着人们的行为,虔诚的教徒往往面临更大的限制(Conroy and Emerson,2004)。一定程度上,宗教约束可能会使得商业活动更加规范(吕大吉,1989)。已有研究表明,处于宗教氛围浓厚的地区的公司,代理成本更低,财务报告更规范,因而权益融资成本也会更低(Hilary and Hui,2009;Grullon et al.,2009),会对投资产生正面的促进作用。但是,当宗教约束过于强烈时,也可能会约束投资等经济活动的发展。在宗教对冤屈情绪有正向影响的同时,宗教的组织性降低了群体性事件的参与成本,可能会成为影响一国社会冲突的工具(阮荣平等,2014),加大了在当地投资的风险。Alon and Spitzer(2003)也提出,宗教与一国政权稳定有着紧密的关联。部分教义的规定也会影响当地投资效率,如宗教活动占据了工作时间,直接关乎投资成本问题。雷光勇等(2016)将企业投资与企业家的宗教信仰结合在一起,发现企业家不同的宗教信仰有其对应的投资类型。

针对中国的"一带一路"倡议,有关东道国本土宗教与母国投资的关系的文献大多停留在定性层面。朱宇杰(2016)提出,中国企业全球化的历程相对较短,对于宗教文化等因素的处理明显经验不足,需要企业、政府提高关注并发挥媒体、智库等各方面的积极作用。郑普建(2016)认为,宗教在"一带一路"倡议中有着重要的地位与影响,如果利用不合理,宗教将成为战略发展的掣肘,因此应从社会资本角度对其进行正确的解读、挖掘和使用。在短期内,对宗教主要以挖掘和积累为主,有意识地加强对宗教的重视和建设;在中长期内,宗教社会资本的功能和作用才会逐步体现。中国在"一带一路"宗教问题上有着古丝绸之路这一历史优势,但伴随着历史变迁,中国与沿线国家和地区的宗教现状都有了天翻地覆的变化。在"一带一路"倡议初期,政府、企业都应对东道国本土宗教进行系统的考量,并制定相应的文化冲突处理办法,后期还需要政府、企业不断花费人力、物力调整投资策略,为"一带一路"倡议提供及时的科学评估,发挥宗教的积极作用,避免宗教的消极作用,使得"一带一路"倡议更为顺利地实施。宗教的积极作用不仅仅体现在未来投资的便捷性上,还体现在当地员工的人力资源方面。譬如佛教中的"三法印"和"四无量心"要求像看护自己财产一样对待别人的财产(Pace,2013),可以使员工对投资项目充满责任心。杜兴强等(2016)的研究也表明,这可以减少管理者与所有者之间的代理冲突。卓新平(2016)提出,如果不能从真正意义上对宗教进行正确的积极引导,即使加大投资成本,宗教工作也依然会走向歧途,我们也可能因此进入宗教矛盾冲突的多事之秋。只有真正处理好"一带一路"宗教问题,才能保障"一带一路"倡议最终获得成功。基于上述分析,我们提出以下假设:

假设 2 "一带一路"沿线国家和地区的宗教会约束我国在当地的投资。

(三)宗教"法律化"对中国在当地投资的影响

伴随国际一体化的发展,宗教对政治的影响逐步减弱,但宗教力量依然有着极强的自我维持倾向和能力(Barro and McCleary,2003)。比如一旦宗教与国家公权力相结合,披上"法律"的外衣,成为国家强制力的一部分,必然影响该国的政治行为并对当地经济产生影响。尽管在西方社会,教会与政权之间的关联在不断被拉扯,但是政治与宗教之间的关联依然无法清除,甚至在部分国家的政治选举中,某一议员的宗教背景也可能成为其参与选举的重大优势。Beck et al.(2005)和Levine(2005)的研究表明,一国政权的模式与该国吸引外资能力之间具有相关性。我们发现,很大一部分"一带一路"沿线国家和地区的宗教与政治存在关联。有的在宪法中明确规定了国教的存在,有的在部分法律中直接引用宗教经典进行规范,有的存在正规的宗教政党并活跃在政坛上。他们的政策与宗教教条不可分割,东道国宗教对投资的影响进一步放大,企业在投资之前对于宗教的认识和了解也必须相应增加。如果不能更好地理解当地的宗教并融入其中,那么必然无法顺利地完成在当地的投资。结合假设2,我们提出以下假设:

假设 3 "一带一路"沿线国家和地区的宗教"法律化"会约束中国在当地的投资。

三、模型与变量

(一)模型构建与数据选取

本节使用空间计量模型中的 SARAR 模型(含空间自回归误差项的空间自回归模型,又称 SAC):

$$Y = \lambda \mathbf{W}Y + \beta \mathbf{X} + \mu \quad (1)$$

$$\mu = \rho \mathbf{M}\mu + \varepsilon \quad (2)$$

其中,式(1)是空间自回归模型,Y 是 $n \times 1$ 维决策变量,$\mathbf{W}$ 是 n 阶空间权重矩阵,λ 是空间计量的回归系数,$|\lambda|<1$ 表示变量 X 之间的空间依赖性所导致的空间相关性,X 表示 k 个解释变量之间的 $n \times k$ 阶矩阵,β 是 $k \times 1$ 维回归系数变量,μ 为空间自回归模型的干扰项。式(2)是空间自回归误差项的表达式,其中 $\mathbf{M}$ 为误差项的空间权重矩阵,ρ 为干扰项的自回归参数且 $|\rho|<1$,ε 为 $n \times 1$ 维创新变量。这里,我们令 $\mathbf{W}=\mathbf{M}$。

而空间权重矩阵 $\mathbf{D}$ 的选取为:

第八章 共建"一带一路"与人民币国际化

$$\mathbf{D} = d_{i,j} = \begin{cases} 1, \text{国家} i \text{和} j \text{有相同的边境} \\ 2, \text{国家} i \text{和} j \text{没有相同的边境或者} i = j \end{cases} \quad (3)$$

在假设 1 的检验过程中,我们在原空间计量模型的基础上,使用文化距离作为各国宗教差异的代理变量设置文化矩阵,检验"一带一路"沿线国家和地区的投资在宗教层面的集聚性。这样的做法主要基于两个原因:①宗教差异的数据缺失,而文化距离(culture distance)数据在相关研究中使用频繁(barkema et al.,1996;Nachum,2003);②宗教是文化的一个重要分支,以往的研究常常使用宗教作为文化的代理变量(McGuire,2012),宗教在"一带一路"沿线国家和地区文化中的权重更是进一步增大,两者在逻辑上具有显著的相关性。Kogut and Singh(1988)在文化维度的基础上,从个人主义/集体主义(individualism/collectivism)、权力距离(power distance)、不确定性规避(uncertainty avoidance)和刚性柔性(masculinity/femininity)四个维度提出文化距离的概念。我们利用两两国家在各个维度上的差异,计算出各国之间的文化距离 $cd_{-(i,j)}$。

$$cd_{-(i,j)} = \sum_{z=1}^{4} \{(I_{z,j} - I_{z,i})^2 / V_z\} / 4 \quad (4)$$

其中,$I_{-(z,i)}$ 是 i 国第 z 个文化维度的数据,$z = 1,2,3,4$。

基于各国之间的文化距离 $cd_{-(i,j)}$,我们定义文化权重矩阵 W 如下:

$$W_{i,j} = w_{i,j} = \begin{cases} \dfrac{\sum_{j=1}^{n} cd_{-(i,j)}}{cd_{-(i,j)}}, (i \neq j) \\ 0, (i = j) \end{cases} \quad (5)$$

(二)变量定义

在假设 1—3 的检验过程中,我们选取的被解释变量是中国 2006—2014 年在"一带一路"沿线国家和地区的承包工程业务完成营业额。之所以选择这一指标,主要是因为本节所采用的空间计量模型较为特殊,在回归中不允许出现数据的缺失,而中国对各东道国的对外直接投资数据有大量缺失值。另外,考虑到样本国家的商业环境,中国在当地主要投资基础设施承包工程,采用承包工程业务完成营业额数据能够更好地反映中国当年在该国的投资水平。

解释变量包括两部分:一部分是经济变量,另一部分是宗教变量。经济变量的选取来自以往的对外投资研究,主要包括东道国 GDP、中国与东道国的贸易往来、东道国的汇率变化以及东道国的工资水平。由于"一带一路"沿线大部分经济体体量较小,中国与东道国的出口贸易数据存在缺失问题,因此我们选用东道国的出口总额作为中国与东道国之间贸易往来的代理变量。原因如下:一方面,两者之间存在正相关关系;另一方面,"一带一路"沿线国家和地区主要分布在亚洲与中东欧,大部分国家的年出口总额较小,且与中国的贸易往来比较密切。本节采用人均国民收入(GNI)作为东道国工资水平的代理变量。人均 GNI 本身可衡量一国消费者的富裕程度,也可以间接度量当地工资水平。这是因为生产力水平与工资水平高度相关,也与人均 GNI 高度相关。综上所述,本节选取的经济变量包括如下内容:(1)各国实际国民生产总值(GDP);(2)各国年贸易出口总额(Export);(3)各国货币对美元汇率(Exch);(4)各国人均国民收入(GNIP)。

现有文献中衡量宗教的指标主要有三类：一是宗教自由度（religious freedom），由 Marshall（2000）根据各国宗教权力及自由性制定；二是宗教多样性指数（religious pluralism index），Barro and McCleary（2003）编制的指数等于各大宗教人口分数的平方和，是指一个特定国家内的随机个人属于同一宗教的概率；三是宗教人口占比，如 Stulz and Williamson（2003）就采用这个指标将宗教与金融联系起来。国内部分学者选取地方寺庙数量作为宗教的量化指标（陈冬华等，2013）。上述指标都可以反映东道国当地的宗教氛围。

除了上文提及的文化距离，本节还选取宗教自由度（Marshall，2007）、宗教多样性指数（Barro and McCleary，2003）的以及各国佛教、基督教和伊斯兰教的人口占比作为宗教的度量指标。此外，我们认为宗教对投资的影响伴随宗教的"法律化"而得到深化，于是设置虚拟变量（Belief）衡量宗教在一国的"法律化"程度。本节变量定义如表 8-8 所示。

表 8-8 变量定义

变量符号	变量定义
$Pro_{i,t}$	t 期中国对 i 国的承包工程业务完成营业额
$Export_{i,t}$	t 期 i 国的出口总额
$Exch_{i,t}$	t 期 i 国货币对美元汇率
$GNIP_{i,t}$	t 期 i 国的人均国民收入
$Freedom_i$	i 国的宗教自由度，依据《公民权利及政治权利国际公约》《欧洲人权公约》以及联合国《消除基于宗教或信仰原因的一切形式的不容忍和歧视宣言》制定，数值在 1 和 7 之间，数值越大说明公民宗教信仰越不自由
$Pluralism_i$	i 国的宗教多样性指数，等于一国各宗教人口占总人口比例的平方和。该指数数值越小，说明该国的宗教越多样。本节选取世界三大宗教（佛教、基督教和伊斯兰教）以及部分国家有一定规模的宗教种类（简称其他）的信教人口占比，计算得到相应的指数
$Belief_i$	i 国宗教的法律化程度，若满足以下任一条件（①宪法明确规定了国教；②部分或全部法律直接使用了宗教教条；③存在正规的活跃的宗教政党，国家制定法律法规时要考虑宗教政党的提案），则认为该国的宗教具有一定的法律化程度，变量取值为 1，否则为 0
$Muslim_i$	i 国穆斯林信徒占总人口比例，数据来自 Factbook（2012）
$Christianity_i$	i 国天主教信徒占总人口比例，数据来自 Factbook（2012）
$Buddhism_i$	i 国佛教信徒占总人口比例，数据来自 Factbook（2012）

（三）数据描述

本节采用中国 2006—2014 年在"一带一路"沿线国家和地区的承包工程业务完成营业额作为被解释变量，在剔除部分数据不完善的国家之后，得到 36 个国家的数据。36 个国家的宗教变量数据如表 8-9 所示。

表 8-9 样本国家宗教变量数据

国家	法律化	伊斯兰教[a]	基督教[a]	佛教[a]	宗教自由度[b]	宗教指数多样性[c]
	Belief	Muslim	Christianity	Buddhism	Freedom	Pluralism
阿尔巴尼亚	0	0.588	0.168	0	4	0.374
孟加拉国	1	0.891	0	0.100	6	0.814
保加利亚	0	0.078	0.594	0	3	0.362
克罗地亚	0	0.015	0.907	0	4	0.823
埃及	1	0.900	0.100	0	6	0.820
爱沙尼亚	0	0	0.283	0	1	0.08
匈牙利	0	0	0.528	0	1	0.279
印度	1	0.142	0.023	0	5	0.658
印度尼西亚	1	0.872	0.099	0	5	0.771
伊朗	1	0.994	0	0	7	0.988
伊拉克	1	0.990	0.008	0	7	0.980
以色列	1	0.175	0.020	0	3	0.595
约旦	1	0.972	0.022	0.005	4	0.945
科威特	1	0.767	0.173	0	5	0.622
拉托维亚	0	0	0.359	0	2	0.129
黎巴嫩	1	0.540	0.405	0	4	0.456
立陶宛	0	0	0.830	0	2	0.689
马来西亚	1	0.613	0.092	0.261	4	0.456
巴基斯坦	1	0.964	0	0	6	0.931
波兰	1	0	0.885	0	4	0.795
捷克	0	0	0.115	0	4	0.305
罗马尼亚	1	0	0.926	0	3	0.858
俄罗斯	0	0.125	0.175	0	4	0.046
沙特阿拉伯	1	1.000	0	0	7	1.000
塞尔维亚	0	0.031	0.906	0	4	0.822
新加坡	0	0.143	0.223	0.391	3	0.226
斯洛伐克	1	0.143	0.223	0.339	4	0.188
斯洛文尼亚	0	0.024	0.610	0	5	0.426
斯里兰卡	1	0.097	0.074	0.828	5	0.524
叙利亚	1	0.870	0.100	0	5	0.767

（续表）

国家	法律化	伊斯兰教[a]	基督教[a]	佛教[a]	宗教自由度[b]	宗教指数多样性[c]
	Belief	Muslim	Christianity	Buddhism	Freedom	Pluralism
泰国	1	0.049	0.012	0.936	3	0.879
菲律宾	1	0.050	0.874	0	3	0.767
土耳其	0	0.998	0	0	5	0.996
阿拉伯联合酋长国	1	0.760	0.090	0	7	0.608
乌克兰	0	0	0.950	0	2	0.903
越南	1	0.001	0.067	0.093	6	0.013

资料来源：a 来自 CIA Factbook（2012），b 来自 Marshall（2007），c 来自 Barro and McCleary（2003）。

各国宗教变量的统计性描述如表 8-10 所示。可以看到，36 个样本国家，宗教自由度均值为 4.25，且各国宗教自由度大多在 4 左右。这说明本节选取的 36 个"一带一路"沿线国家和地区都具有一定的宗教氛围。部分国家的宗教自由度为 7，如伊朗、伊拉克、沙特阿拉伯和阿拉伯联合酋长国，属于政教合一的伊斯兰教国家。从宗教多样性指数来看，均值为 0.5683，且存在指数为 1 的国家，这些国家的宗教信仰单一。36 个样本国家都存在全民信仰三大宗教中某一宗教的情况，"一带一路"沿线国家和地区中穆斯林信徒占比最大，基督教次之，佛教最小，且佛教信徒占比与穆斯林和基督教差距较大。

表 8-10 宗教变量描述性统计

变量	简称	观测值	均值	标准差	最小值	最大值
宗教自由度	Freedom	36	4.250000	1.607596	1.000000	7.000
宗教多样性指数	Pluralism	36	0.608085	0.299997	0.013139	1.000
法律化	Belief	36	0.611111	0.488252	0	1.000
伊斯兰教	Muslim	36	0.383111	0.408334	0	1.000
基督教	Christianity	36	0.301139	0.334305	0	0.950
佛教	Buddhism	36	0.082028	0.215975	0	0.936

四、实证结果分析

（一）集聚效应

我们在检验假设 1 时对空间计量模型进行了拓展，以文化距离作为各国宗教差异的代理变量来构建权重矩阵，分析投资在宗教层面的集聚效应。此外，我们还选取各国国内 FDI 总量进行对比，判断中国在"一带一路"沿线国家和地区的投资是否与国际投资相符。回归结果见表 8-11，其中第（1）列和第（2）列为地理权重矩阵下的结果，第（3）列和第（4）列为宗教权重下的结果。

表 8-11 投资在宗教层面的集聚效应

	(1) lnFdiworld	(2) lnPro	(3) lnFdiworld	(4) lnPro
β_0	3.443* (2.23)	3.925** (2.91)	-1.516 (-0.66)	2.107 (1.01)
GDP	-0.141 (-0.88)	-0.835*** (-5.91)	-0.466* (-2.07)	-0.0181 (-0.09)
Export	1.569*** (7.77)	1.722*** (10.26)	1.843*** (10.24)	1.017*** (5.44)
GNIP	-1.665*** (-7.66)	-0.642*** (-3.47)	-1.017*** (-5.19)	-1.076*** (-4.94)
Exch	-0.2833*** (-4.23)	-0.0241 (-0.43)	0.138 (1.54)	-0.0783 (-1.02)
λ	-0.0231*** (-8.72)	0.0009 (0.47)	0.0004*** (4.44)	0.0003*** (4.71)
ρ	0.0356*** (37.55)	0.0269*** (15.23)	0.000174 (0.20)	-0.00181** (-3.10)

注：***、**和*分别表示在1%、5%和10%的置信水平下显著。

从表 8-11 可以看到，中国对"一带一路"沿线国家和地区的投资方向与各国国内 FDI 总量的方向基本一致，中国在当地的投资基本符合市场化规律。λ 和 ρ 值分别表示空间自回归的相关系数和残差的空间相关系数，两者均可表征空间相关性。表 8-11 的结果表明，中国在"一带一路"沿线国家和地区的投资在地理和宗教层面上都具有显著的集聚效应，假设 1 成立。

（二）宗教对投资的影响

从表 8-12 中可以看到，宗教对投资的影响并不是假设所预期的阻碍作用，反而是促进作用，假设 2 不成立。这一结果表明中国在"一带一路"沿线国家和地区已经开始享受宗教带来的社会资本，这与中国两千多年来古丝绸之路的建设和中华人民共和国成立以来宗教政策的落实密不可分，但更多地与中国自身的宗教适应性相关。以在"一带一路"区域中影响最为广泛的佛教为例，中国是目前世界上唯一一个三大语系（汉语、藏语和巴利语）佛教并存的国家。同时，随着民族人口的增长和国家宗教优惠政策的实施，伊斯兰教信徒在中国的比例也在稳健增长，并伴随高考、就业等人口流动而得到扩散。国内基督教信徒也有了极大的增长。这些都反映出中国是一个对宗教适应性极强的国家。此外，"一带一路"沿线大部分国家和地区位于亚洲和东欧，同属亚欧板块，且其中部分与中国投资往来密切的国家和地区本身就处于中华文化圈，这些都是中国实施"一带一路"倡议中不可忽略的优势。

表 8-12　宗教对"一带一路"投资的影响

	（1）lnPro	（2）lnPro	（3）lnPro
β_0	-6.610***	-4.161**	-9.574***
	(-3.98)	(-2.54)	(-5.86)
GDP	-0.182	-0.642***	-0.321*
	(-1.07)	(-4.00)	(-1.99)
Export	1.588***	1.839***	1.873***
	(10.56)	(12.50)	(13.13)
GNIP	-0.699***	-0.592***	-0.429*
	(-4.01)	(-3.40)	(-2.55)
Exch	0.168*	0.205***	0.270***
	(2.47)	(3.48)	(4.61)
Freedom	0.818***		
	(9.20)		
Pluralism		4.876***	
		(8.75)	
Muslim			5.325***
			(9.92)
Christianity			2.684***
			(3.97)
Buddhism			3.120***
			(4.39)
λ	0.0001*	0.00007	0.0000853
	(2.40)	(1.28)	(1.70)
ρ	-0.00480***	-0.0013***	-0.00451***
	(-11.16)	(-5.41)	(-12.76)

注：***、**和*分别表示在1%、5%和10%的置信水平下显著。

（三）宗教"法律化"对投资的影响

为了检验假设3，我们将样本国家分为宗教对立法无影响（Belief=0）和宗教对立法有影响（Belief=1）两组，同时选取中东伊斯兰国家（middle east countries，MEC）为宗教完全法律化国家，三组样本的回归结果见表 8-13。中东国家均为伊斯兰国家，且国内宗教自由度与宗教多样性指数分别为 7 和 1，在分析这些国家时仅选取伊斯兰教且不考虑其宗教自由度和宗教多样性指数的变化（因为没有变化）。

表 8-13 结果显示，对于 Belief=1 样本组，虽然宗教对投资依然具有正向的促进作用，但系数及显著性与 Belief=0 样本组相比下降明显。作为最原始的约束，宗教对一国

的司法发展有着不可磨灭的影响。例如在中国,传统儒家学派的很多观点仍然对司法有着深刻的影响。这种社会影响转变为国家强制力会对中国在当地的投资产生约束,具有一定的阻碍作用。同时,在所选取的 10 个中东国家中,宗教对投资的促进作用远超过 Belief=0 样本组内,即在宗教完全法律化的地区,宗教并不会对投资产生阻碍作用。

表 8-13 宗教不同"法律化"程度下的回归结果

	Belief = 0			Belief = 1			MEC
β_0	19.69***	−14.778***	21.70***	−11.64***	−12.060***	−15.74***	1.397
	(4.82)	(−3.44)	(5.07)	(−5.14)	(−5.64)	(−4.44)	(1.05)
GDP	−4.961***	1.212*	−2.866***	0.392	0.213	0.599*	−0.977***
	(−4.89)	(1.89)	(−3.80)	(1.95)	(1.13)	(2.09)	(−7.21)
Export	4.944***	0.063	3.345***	1.736***	1.748***	1.716***	1.949***
	(6.96)	(0.11)	(5.09)	(14.39)	(15.92)	(14.74)	(12.27)
GNIP	−2.583***	0.668	−3.234***	−0.758***	−0.536***	−0.528**	−0.569**
	(−9.04)	(1.20)	(−7.04)	(−5.13)	(−3.66)	(−3.15)	(−3.27)
Exch	0.338	0.210	0.268*	0.0655	0.140**	0.0965	0.00822
	(1.70)	(1.36)	(2.48)	(1.01)	(2.53)	(1.54)	(0.16)
Freedom	1.566***			0.0678			
	(6.22)			(0.62)			
Pluralism		5.668***			2.304***		
		(4.58)			(4.76)		
Muslim			7.436***			1.560*	2.973***
			(5.94)			(2.51)	(6.87)
Christianity			−1.063			0.703	
			(−1.07)			(0.90)	
Buddhism			17.79***			1.493	
			(8.02)			(1.70)	
λ	0.00076***	−0.0002192	0.00079***	0.00053***	0.00039***	0.00039***	0.000601
	(3.37)	(−1.04)	(4.66)	(5.48)	(5.32)	(3.76)	(0.36)
ρ	−0.0121***	−0.0038***	−0.00216*	−0.0113***	−0.0112***	−0.0128***	0.0251***
	(−13.10)	(−10.37)	(−2.14)	(−33.10)	(−25.47)	(−21.05)	(9.92)

注:***、**和*分别表示在 1%、5%和 10%的置信水平下显著。

宗教对投资的影响来自两个层面:一是宗教自身的影响;二是宗教通过法律化,利用国家强制力所产生的影响。两者的差别在于,宗教是一种社会软约束,还是具有一定的强制力。从回归结果可以看到,在宗教法律化的国家,宗教对投资的促进作用减弱,表明宗教的"法律化"会对投资产生约束,此时宗教与法律呈现"互补"关系,即在现代法律之外还存在宗教的额外约束。而随着宗教"法律化"程度的加深,其本质是现代意义上的法律部分缺失,宗教与法律的关系逐渐出现从互补到替代的微妙转换。而在政教合一的中东伊斯兰国家,宗教最大限度地替代了现行法律,反而使投资在当地受到的约束变得单一而纯粹,促进了中国在当地的投资。尽管宗教对投资的"相对"约束主要来自其"法律化",但单纯地将传统意义上的法律与宗教做比较,对比 Belief=0 与 MEC 两组样本,我们发现宗教的约束力远不及法律,"一带一路"倡议海外法律风险的规避与对宗教风险的解读相关。

在当前的社会背景下,伊斯兰教是"一带一路"倡议实施中过程受到最多关注的宗教。根据本节的回归结果,我们认为在"一带一路"的建设过程中,伊斯兰教并不会成为阻碍中国在当地进行投资的因素。不少文献认为伊斯兰国家可能有更高的人均 GDP 增长率(Doppelhofer et al.,2004),人口的增加会提高当地的全要素生产率(Noland,2005)。Noland(2005)利用马来西亚进行个案检验,结果显示伊斯兰教对经济的负面影响只在特定的时段和部分地区存在,总体上并不明显。因此,我们应当用更加客观的态度看待伊斯兰教。

五、结　论

本节检验"一带一路"沿线国家和地区的宗教对中国在当地投资的影响,一系列的回归分析发现法律才是阻碍投资的根本原因,宗教对"一带一路"沿线国家和地区投资有着极大的影响,对于海外法律风险的规避可能与宗教风险的解读相关。中国企业在海外投资的过程中,应该较多地关注东道国的法律法规,当涉及当地宗教时,要重点关注被"法律化"的部分,这样不仅可以降低企业初期成本,还可以让企业的海外项目更好地实施。同时,国家应在现有的基础上加强与"一带一路"沿线国家和地区开展文化和宗教交流,扩大已有的优势,降低未知的风险,为海外投资企业提供一定的帮助。对中东伊斯兰国家的回归结果表明,伊斯兰教并不会阻碍中国在当地的投资。

本节从定量角度研究了"一带一路"倡议实施过程中需要考虑的宗教风险,对于未来"一带一路"倡议的继续开展和企业的海外投资都有着重要的意义。基于以上研究,本节提出以下两点建议:第一,在原有的基础上,我们应该进一步加大与"一带一路"沿线国家和地区在宗教等各方面的文化交流,用客观的视角看待宗教问题,减少双边的宗教文化隔阂,促进国家间友好往来,以保证"一带一路"倡议的顺利实施;第二,在关注宗教问题的同时,企业和政府应该进一步加大对"一带一路"沿线国家和地区法律法规的关注,法律往往是商业环境中最低也是最硬性的普适标准,同时也是与外国投资直接密切相关的,只有真正地了解并适应当地的法律,投资才具有可持续性。中国企业海外投资首要关注的是法律风险,其次是政策风险和跨国管理系统性风险。法律作为一国的成文准则,具有相当高的稳定性,修改与废止都需要权衡社会诸多方面的因素。中国企业在之前的海外投资中,由于对东道国法律不了解,产生冲突争执或者付出代价的情况不在少数,提高海外投资的法律风险意识是中国企业在"一带一路"建设投资中需要提高关注的地方。

本章小结

我们在第七章中提到"周边化—区域化—国际化"是人民币可行的国际化策略,而"一带一路"沿线国家和地区是人民币实现国际化的重点区域。本章以"一带一路"为代表,考察实施"一带一路"倡议对人民币国际化以及国内经济均衡发展的影响,得出以下主要结论:

第一,从"一带一路"沿线国家和地区货币"隐性锚"的分布来看,人民币占比较高,影响较大。研究显示,人民币被"一带一路"沿线国家和地区参照权重的排序为:中亚>独联体>东南亚>中东欧>南亚>西亚北非。人民币成为"一带一路"沿线国家和地区的货币锚是中国和沿线国家和地区共同选择与相互作用的结果。其中,中国庞大的经济体量和市场规模是影响人民币货币参照权重的主要原因。要维持和强化人民币在"一带一路"沿线国家和地区的货币锚地位,中国就应当保持平稳的经济增长和稳定的汇率水平。

第二,在对"一带一路"沿线国家和地区投资时需要注意当地宗教和法律的影响。通过对外投资形成稳定的海外资金需求是推广人民币的重要渠道,但在对外投资的过程中,尤其是对"一带一路"国家和地区的投资过程中,需要注意宗教和法律的影响。宗教对于"一带一路"沿线国家和地区投资有着极大的影响,但法律才是阻碍投资的根本原因,对于海外法律风险的规避可能与对宗教风险的解读相关。因此,中国企业在海外投资的过程中应该更多地考虑东道国的法律法规,当涉及当地宗教时,应该着重考虑被"法律化"的部分,这样不仅可以降低企业初期成本,还可以更好地实施企业的海外项目。

总体来说,实施"一带一路"倡议有利于人民币国际化的推进和国内经济的发展,我们应当在相互了解、相互合作的基础上降低风险、互利共赢。

参 考 文 献

[1] 安佳,逄金玉,张议,等.外汇市场的关联性——基于人民币在岸和离岸即期与NDF远期的实证研究[J].中央财经大学学报,2013,1:36-40.

[2] 安礼伟,杨夏.三角贸易模式对中国对美出口增长的影响[J].国际经贸探索,2012,4:16-24.

[3] 巴曙松,吴博,朱元倩.关于实际有效汇率计算方法的比较与评述——兼论对人民币实际有效汇率指数的构建[J].管理世界,2007,5:24-29.

[4] 巴曙松,杨现领.货币锚的选择与退出:对最优货币规则的再考察[J].国际经济评论,2011,1:141-154.

[5] 白晓燕,唐晶星.汇改后人民币汇率形成机制的动态演进[J].国际金融研究,2013,7:42-52.

[6] 白晓燕,王书颖.内地与香港人民币汇差的影响因素研究[J].金融理论与实践,2018,7:24-32.

[7] 彼得斯.资本市场的混沌与秩序[M].北京:经济科学出版社,1999.

[8] 卞志村.通货膨胀目标制:理论、实践及在中国的检验[J].金融研究,2007,9:42-54.

[9] 才国伟,曹昱葭,吴华强.中国经济改革与发展视角下的"一带一路"[J].广东社会科学,2015,5:16-26.

[10] 蔡惠茹.民国货币市场发展状况、特征及其原因分析[J].党史研究与教学.2005,5:82-85.

[11] 蔡彤娟,林润红.人民币与"一带一路"主要国家货币汇率动态联动研究——基于VAR-DCC-MV-GARCH-BEKK模型的实证分析[J].国际金融研究,2018,2:19-29.

[12] 曹彤,赵然.从多核心货币区视角看人民币国际化进程[J].金融研究,2014,8:47-63.

[13] 曹伟,左杨.人民币汇率水平变化、汇率波动幅度对进口贸易的影响——基于省际面板数据的研究[J].国际贸易问题,2014,7:42-52.

[14] 曹赢.量化宽松货币政策研究[D].杭州:浙江大学,2017.

[15] 陈波帆.香港离岸人民币市场与在岸人民币市场互动关系研究[J].新金融,2012,2:28-32.

[16] 陈创练,杨子晖."泰勒规则"、资本流动与汇率波动研究[J].金融研究,2012,11:60-73.

[17] 陈创练,张年华,黄楚光.外汇市场、债券市场与股票市场动态关系研究[J].国际金融研究,2017,12:83-93.

[18] 陈道富,王刚.比特币的发展现状、风险特征和监管建议[J].学习与探索,2014,4:88-92.

[19] 陈冬华,胡晓莉,梁上坤,等.宗教传统与公司治理[J].经济研究,2013,9:71-84.

[20] 陈奉先.中国参照一篮子货币的汇率制度:理论框架与实证考察[J].财经研究,2015a,41(2):27-40.

[21] 陈奉先.中国的实际汇率制度:基于BBC框架的动态考察[J].国际金融研究,2015b,11:3-13.

[22] 陈福中,陈诚.发达经济体利率与汇率交互效应的动态机制——基于美国和日本月度数据的实证考察[J].国际经贸探索,2012,28(11):55-67.

[23] 陈建奇.破解"特里芬"难题——主权信用货币充当国际储备的稳定性[J].经济研究,2012,4:113-123.

[24] 陈晋文,庞毅.现代化视阈下的民国经济发展(1912—1936年)[J].北京工商大学学报(社会科学版).2010,25(5):107-112.

[25] 陈静,Somnath Sen,胡昭玲,等.东亚零部件贸易影响因素及特点分析:基于引力模型的测算(1992—2006)[J].世界经济,2009,32(11):83-96.

[26] 陈浪南,黄寿峰.人民币汇率波动影响我国外汇储备变动的理论模型和实证研究[J].系统工程理论与实践,2012,32(7):1452-1463.

[27] 陈浪南,苏海峰.人民币汇率变动对中国出口的非对称影响研究[J].系统工程理论与实践,2014,34(9):2212-2219.

[28] 陈浪南,赵旭,罗融.欧洲主权债务危机对我国经济增长影响的实证研究——基于经济全球化的视角[J].国际金融研究.2015,2:45-54.

[29] 陈雷,范小云.套息交易、汇率波动和货币政策[J].世界经济,2017,40(11):73-94.

[30] 陈民.法币发行制度与通货膨胀[J].苏州大学学报.2000,4:87-90.

[31] 陈平,李凯.人民币汇率与宏观基本面:来自汇改后的证据[J].世界经济,2010,33(9):28-45.

[32] 陈卫东,谢峰.我国汇率制度未来改革及其面临的约束[J].国际金融研究,2018,6:3-11.

[33] 陈卫东,熊启跃.我国非金融企业杠杆率的国际比较与对策建议[J].国际金融研究,2017,2:3-11.

[34] 陈雯.试析东盟自由贸易区建设对东盟区内贸易的影响[J].世界经济,2002,12:40-46.

[35] 陈小文,蒋荣兵.东亚三角形国际分工网络的演变及趋向——以纺织服装产业为例的分析[J].国际贸易问题,2005,9:48-53.

[36] 陈学彬.具有自动平衡机制的交互钉住国际汇率体系的初步构想[J].国际金融研究,2016,345(1):69-82.

[37] 陈学彬,李华建.人民币参考一篮子货币汇率形成与调整机制研究[J].复旦学报(社会科学版),2017,3:140-153.

[38] 陈学彬,刘明学,董益盈.人民币实际汇率变动对我国贸易收支的影响——主要市场双边贸易收支的实证研究[J].复旦学报(社会科学版),2007,6:7-15.

[39] 陈彦光,刘继生.基于引力模型的城市空间互相关和功率谱分析——引力模型的理论证明、函数推广及应用实例[J].地理研究,2002,6:742-752.

[40] 陈仪,张鹏飞,刘冲.二元经济环境下的巴拉萨-萨缪尔森效应——对人民币实际汇率的再考察[J].金融研究,2018,7:1-17.

[41] 陈音峰,王东明.中国外汇市场冲销干预的有效性研究[J].现代管理科学,2013,2:82-84.

[42] 陈勇兵,李伟,钱学锋.中国进口种类增长的福利效应估算[J].世界经济,2011,12:76-95.

[43] 陈勇兵,赵羊,李梦珊.纳入产品质量的中国进口贸易利得估算[J].数量经济技术经济研究,2014,31(12):101-115.

[44] 陈雨露,张成思.全球新型金融危机与中国外汇储备管理的战略调整[J].国际金融研究,2008,11:4-11.

[45] 陈雨露,周晴.浮动汇率制度下货币政策操作模式及中国货币状况指数[J].世界经济,2004,7:24-28.

[46] 陈云.人民币离岸市场与境内市场之间收益率及波动的溢出效应研究[J].上海经济研究,2014,6:42-50+63.

[47] 程大中.中国服务业增长的特点、原因及影响——鲍莫尔—富克斯假说及其经验研究[J].中国社会科学,2004,2:18-32+204.

[48] 程贵,王琪.人民币中亚区域化经济基础的实证分析[J].亚太经济,2016,5:30-34.
[49] 程棵,陆凤彬,杨晓光.次贷危机传染渠道的空间计量[J].系统工程理论与实践.2012,32(3):483-494.
[50] 程细玉,张世英.向量分整序列的协整研究[J].系统工程学报,2000,3:253-266.
[51] 储殷,高远.中国"一带一路"战略定位的三个问题[J].国际经济评论,2015,2:90-99.
[52] 村濑哲司,张虎.中国的国际货币战略与地区合作[J].社会科学战线,2011,3:228-238.
[53] 大商所《我国铁矿石定价中心问题研究》书组.铁矿石期货对外开放将加速人民币国际化的进程[J].价格理论与实践,2018,2:19-21.
[54] 代幼渝,杨莹.人民币境外NDF汇率、境内远期汇率与即期汇率的关系的实证研究[J].国际金融研究,2007,10:72-80.
[55] 戴觅,施炳展.中国企业层面有效汇率测算:2000—2006[J].世界经济,2013,36(5):52-68.
[56] 邓贵川,彭红枫.货币国际化、定价货币变动与经济波动[J].世界经济,2019,42(6):20-46.
[57] 邓月.宏观经济信息、货币政策意外对汇率的影响研究[D].大连:大连理工大学,2015.
[58] 丁剑平,谌卫学.汇率非线性因素在部分亚洲货币汇率中的特征——检验购买力平价论的新方法[J].财经研究,2010,2:4-14.
[59] 丁剑平,方琛琳,叶伟."一带一路"区块货币参照人民币"隐性锚"分析[J].国际金融研究,2018,10:23-32.
[60] 丁剑平,方琛琳."一带一路"中的宗教风险研究[J].财经研究,2017,43(9):134-145.
[61] 丁剑平,胡昊.把握好中美汇率"对弈"中的关键开局[J].国际金融,2017,4:3-6.
[62] 丁剑平,黄海洋.2016年:全球金融危机离我们有多远——G20中国峰会可能的议题[J].国际金融,2016,4:3-7.
[63] 丁剑平,黄嬿.人民币汇率形成机制述评:基于与日元的比较[J].世界经济研究,2018,9:21-31+135.
[64] 丁剑平.汇率学[M].上海:上海财经大学出版社,2013.
[65] 丁剑平,刘健,于群.非贸易部门工资水平在实际汇率决定中的作用——误差修正模型对中国与日本汇率的检验[J].上海财经大学学报,2003,5:15-23+56.
[66] 丁剑平,刘敏.中欧双边贸易的规模效应研究:一个引力模型的扩展应用[J].世界经济,2016,39(6):100-123.
[67] 丁剑平,陆长荣,蔚立柱.人民币在岸与离岸汇率联动的新特征:基于成交量功能的讨论[J].上海金融,2018,8:1-9.
[68] 丁剑平.上海自贸试验区推进金融综合监管体制研究[J].科学发展,2017,10:91-107.
[69] 丁剑平.未来30年人民币国际化进程与上海国际金融中心建设[J].科学发展,2015,3:25-27.
[70] 丁剑平,蔚立柱.监管创新应对"明斯基时刻"——从自贸区账户全面推广开始[J].探索与争鸣,2018,1:84-90+143.
[71] 丁剑平,蔚立柱,陆长荣.中国货币政策反应规则研究——基于核心通货膨胀视角[J].金融经济学研究,2018,33(1):9-21.
[72] 丁剑平,吴文,陈露.从价值尺度的历史视角看货币国际化的机遇[J].国际金融研究,2012,9:11-22.
[73] 丁剑平,吴洋,鞠卓.货币危机、银行业危机和主权债务危机的传染及叠加效应研究[J].国际金融研究,2019,11:43-53.
[74] 丁剑平,向坚.从进口国汇率视角看国际大宗商品价格波动[J],国际金融研究,2016,8:48-59.
[75] 丁剑平,向坚,蔚立柱.纳入人民币的SDR汇率波动:稳定性与代表性的检验[J].国际金融研究,2015,339(12):3-10.

[76] 丁剑平,杨飞.人民币汇率参照货币篮子与东亚货币联动的研究[J].国际金融研究,2007,7:36-42.

[77] 丁剑平,赵晓菊.自贸区金融开放与改革的理论构思——基于要素流动速度不对称视角[J].学术月刊,2014,46(1):29-37.

[78] 丁剑平,赵亚英,杨振建.亚洲股市与汇市联动:MGARCH 模型对多元波动的测试[J].世界经济,2009,5:83-95.

[79] 丁志杰,严灏,丁玥.人民币汇率市场化改革四十年:进程、经验与展望[J].管理世界,2018,34(10):24-32+231.

[80] 丁志杰.在"一带一路"建设中寻找人民币国际化突破口[J].中国金融家,2017,8:85-85.

[81] 董强.香港人民币离岸市场与在岸市场互动关系的研究[D].大连:东北财经大学,2016.

[82] 杜德斌,马亚华."一带一路":中华民族复兴的地缘大战略[J].地理研究,2015,34(6):1005-1014.

[83] 杜萌,马宇.主权债务危机违约的成本分析——来自新兴市场国家和发展中国家的证据[J].国际金融研究.2017,8:33-42.

[84] 杜晓蓉.美国金融危机对中国溢出的传染渠道检验[J].数理统计与管理,2014,33(6):1070-1079

[85] 杜兴强,褰薇,曾泉,等.宗教影响、控股股东与过度投资:基于中国佛教的经验证据[J].会计研究,2016,8:50-57.

[86] 鄂永健,丁剑平.差别消费权重、生产率与实际汇率:动态一般均衡模型对巴拉萨-萨缪尔森假说的扩展[J].世界经济,2007,3:49-58.

[87] 鄂永健.市场结构与实际汇率——理论模型和对人民币/美元实际汇率的经验分析[J].财经研究,2008,34(12):16-27.

[88] 樊智,张世英.非线性协整建模研究及沪深股市实证分析[J].管理科学学报,2005,1:73-77.

[89] 范爱军,刘伟华.解析澳、美利率平价失衡对中国的启示[J].国际金融研究,2010,9:12-20.

[90] 范莉丽,杨升."8.11"汇改对人民币汇率中间价,在岸汇率和离岸汇率联动性影响的实证研究[J].金融理论与实践,2017,1:31-36.

[91] 范言慧.不确定条件下的资产调整与汇率波动[J].金融研究,2007,1:138-153.

[92] 方霞,陈志昂.基于 G-PPP 模型的人民币区域"货币锚"效应[J].数量经济技术经济研究,2009,4:57-69.

[93] 方颖,梁芳,牛霖琳.人民币汇率一篮子货币权重的内在形成机制——基于非参数时变系数的估计方法[J].世界经济文汇,2012,3:5-17.

[94] 房淑媛.人民币离岸市场与在岸市场的汇率变动关系研究[D].上海:华东师范大学,2014.

[95] 房维中.中华人民共和国经济大事记(1949—1980 年)[M].北京:中国社会科学出版社,1984.

[96] 冯玉梅,董合平.宏观经济信息宣告的股市收益及波动性效应——基于改进的 AR(1)-EGARCH(1,1)-M 模型的实证检验[J].数学的实践与认识,2007,16:64-71.

[97] 弗雷德里克·E.李.中国的货币、银行和金融[M].华盛顿:政府印刷局.1926.

[98] 付丽颖.伪满建国前东北地区的货币体系[J].外国问题研究.2013,2:17-24.

[99] 高芳英.第一次世界大战对美国经济的影响[J].苏州大学学报.1998,3:91-96.

[100] 葛天明,李治国,徐剑刚.解析逆周期因子[J].国际金融研究,2019,5:65-75.

[101] 宫汝凯,徐悦星,王大中.经济政策不确定性与企业杠杆率[J].金融研究,2019,10:59-78.

[102] 巩恩光.企业海外投资首要关注法律风险[EB/OL].(2015-04-26)[2021-07-12].http://finance.sina.com.cn/hy/20150426/143022046771.shtml.

[103] 谷克鉴.国际经济学对引力模型的开发与应用[J].世界经济,2001,2:14-25.

[104] 谷宇,王轶群,翟羽娜.中国央行汇率沟通的有效性及作用渠道研究[J].经济科学,2016,1:66-75.

[105] 顾标,周纪恩.真实汇率与真实利率差异——基于人民币真实汇率的实证研究[J].经济学(季刊),2007,7(1):283-296.

[106] 顾乃华,毕斗斗,任旺兵.中国转型期生产性服务业发展与制造业竞争力关系研究——基于面板数据的实证分析[J].中国工业经济,2006,9:14-21.

[107] 顾嵩楠.外汇市场冲销式干预有效性的研究[J].中国市场,2015,8:148-150+158.

[108] 郭建龙.中央帝国的财政密码[M].厦门:鹭江出版社,2017.

[109] 郭珺,滕柏华.人民币与欧元、美元、日元之间的汇率联动分析[J].经济问题,2011,7:95-99.

[110] 郭立甫.人民币国际化进程中在岸与离岸汇率的相关性研究[J].武汉金融,2017,11:7-11.

[111] 郭树华,袁天昂,王旭.开放条件下利率汇率联动与金融风险防范研究——以我国上市商业银行为例[J].时代金融,2009,7:46-49.

[112] 郭晓明.人民币汇率要不要锚定实体经济[J].瞭望,2017,2:44-45.

[113] 韩金红.东亚区域内最终产品需求的影响因素分析——基于面板数据的引力模型研究[J].世界经济研究,2013,2:80-86+89.

[114] 郝中.人民币汇率与中美利率联动机制分析[J].金融论坛,2015,1:37-42.

[115] 何诚颖,王占海,吕秋红,等.人民币套息交易:市场基础和收益风险特征[J].中国社会科学,2018,4:67-88+205-206.

[116] 何帆,张斌,张明,徐奇渊,郑联盛.香港离岸人民币金融市场的现状、前景、问题与风险[J].国际经济评论,2011,3:84-108+5.

[117] 何平,兰日旭,金星晔.全球化背景下中国货币结构体系与金融发展的历史透视——第18届世界经济史大会"中国货币金融史"专场讨论侧记[J].中国钱币,2018,6:47-51.

[118] 何平,钟红.人民币国际化的经济发展效应及其存在的问题[J].国际经济评论,2014,5:89-102+6.

[119] 何青,甘静芸,刘舫舸,张策.逆周期因子决定了人民币汇率走势吗[J].经济理论与经济管理,2018,5:57-70.

[120] 荷尼夫.走向世界的人民币[M].厦门:鹭江出版社,2018.

[121] 贺晓博,张笑梅.境内外人民币外汇市场价格引导关系的实证研究——基于香港、境内和NDF市场的数据[J].国际金融研究,2012,6:58-66.

[122] 胡春田,孙风,张颖.进口中间品与一篮子货币最优权重[J].世界经济,2013,2:64-77.

[123] 胡德宝,苏基溶.政府消费、贸易条件、生产率与人民币汇率——基于巴拉萨—萨缪尔森效应的扩展研究[J].金融研究,2013,10:42-54.

[124] 胡方,丁畅.外汇投机偏好对人民币国际化的冲击——基于日元衰退的实证分析[J].经济与管理评论,2018,34(2):94-108.

[125] 胡根华.人民币与国外主要货币的尾部相依和联动[J].统计研究,2015,5:40-46.

[126] 胡海峰,孙飞.美国两次银行业危机的成本比较[J].国际金融研究.2010,5:69-76.

[127] 胡援成,曾超.中国汇率制度的现实选择及调控[J].金融研究,2004,12:59-74.

[128] 黄超,黄丽丽.基于双正交小波支持向量机的变结构非线性协整研究[J].管理科学学报,2014,4:158-206.

[129] 黄河.公共产品视角下的"一带一路"[J].世界经济与政治,2015,6:138-155.

[130] 黄薇,任若恩.中国价格竞争力变动趋势分析:基于单位劳动成本的实际有效汇率测算研究[J].世界经济,2008,31(6):17-26.

[131] 黄宪,付英俊.汇率沟通、实际干预对人民币汇率与汇率预期的影响[J].经济管理,2017,39(2):181-194.

[132] 黄学军,吴冲锋.离岸人民币非交割远期与境内即期汇率价格的互动:改革前后[J].金融研究,2006,11:83-89.

[133] 黄益平.中国经济外交新战略下的"一带一路"[J].国际经济评论,2015,1:48-55.

[134] 黄兆玮等.基于GRU和注意力机制的远程监督关系抽取[J].计算机应用研究,2019,10:1-7.

[135] 黄志刚.加工贸易经济中的汇率传递:一个DSGE模型分析[J].金融研究,2009,11:32-48.

[136] 纪敏,严宝玉,李宏瑾.杠杆率结构、水平和金融稳定——理论分析框架和中国经验[J].金融研究,2017,2:11-25.

[137] 纪洋,王旭,谭语嫣,等.经济政策不确定性、政府隐性担保与企业杠杆率分化[J].经济学(季刊),2018,2:449-470.

[138] 贾丽平,张晶,贺之瑶.电子货币影响货币政策有效性的内在机理——基于第三方支付视角[J].国际金融研究,2019,9:20-31.

[139] 江春,司登奎,李小林.汇率预期、中美息差及央行外汇干预对股票价格的影响[J].国际金融研究,2016,350(6):36-51.

[140] 姜波克,莫涛.巴拉萨汇率理论的一个修正[J].金融研究,2009,10:1-6.

[141] 姜长青,李燕.建国初期的货币统一与财政统一[J].地方财政研究.2012,4:75-80.

[142] 蒋济续,卢欣生.人民币汇率对货币政策调整的高频反应研究——基于高频事件研究方法的实证分析[J].上海金融,2013,9:54-60+119.

[143] 蒋灵多,陆毅,纪珽.贸易自由化是否助力国有企业去杠杆[J].世界经济,2019,9:101-125.

[144] 蒋志平,田益祥,杜学锋.中国与欧美金融市场间传染效应的动态演变——基于欧债危机与次贷危机的比较分析[J].管理评论.2014,8:63-73.

[145] 蒋治平.人民币利率与汇率的动态相关关系:基于DCC模型的研究[J].软科学,2008,7:15-18+33.

[146] 金德平.对上世纪40年代"以金抑钞"的回顾[J].中国钱币,2019,1:15-23.

[147] 金洪飞,李子奈.资本流动与货币危机[J].金融研究.2001,12:43-50.

[148] 金洪飞,周继忠.人民币升值能解决美国对华贸易赤字吗?——基于1994—2005年间月度数据的贸易弹性分析[J].财经研究,2007,33(4):4-17.

[149] 靳庆鲁,孔祥,侯青川.货币政策、民营企业投资效率与公司期权价值[J].经济研究,2012,5:96-106.

[150] 鞠建东,马弘,魏自儒,等.中美贸易的反比较优势之谜[J].经济学(季刊),2012,3:805-832.

[151] 孔鼎音.民国时期的币制改革:废两改元与法币建立[J].中国银行业,2016,3:104-105.

[152] 孔庆峰,董虹蔚."一带一路"国家的贸易便利化水平测算与贸易潜力研究[J].国际贸易问题,2015,12:158-168.

[153] 寇明婷,杨海珍,汪寿阳.股票价格与宏观经济联动关系研究——政策预期视角[J].管理评论,2018,30(9):3-11.

[154] 雷光勇,刘茉,曹雅丽.宗教信仰、政治身份与企业投资偏好[J].财经研究,2016,6:110-120.

[155] 李稻葵,刘霖林.人民币国际化:计量研究及政策分析[J].金融研究,2008,11:1-16.

[156] 李桂花.上海自贸区账户监管模式、路径依赖与顶层设计创新[J].上海经济研究,2017,4:98-104.

[157] 李宏彬,马弘,熊艳艳,等.人民币汇率对企业进出口贸易的影响——来自中国企业的实证研究[J].金融研究,2011,2:1-16.

[158] 李继翠,裴旭东,肖继五.经济下行期我国利率与汇率联动协调研究[J].财经问题研究,2016,7:47-53.

[159] 李建军,张书瑶.税收负担、财政补贴与企业杠杆率[J].财政研究,2018,5:86-98.

[160] 李建军,甄峰,崔西强.人民币国际化发展现状、程度测度及展望评估[J].国际金融研究,2013,10:58-65.

[161] 李婧,解祥优.人民币是否已经成为东亚地区的锚货币?[J].四川大学学报(哲学社会科学版),2016,1:80-88.

[162] 李立,田益祥,张高勋,等.空间权重矩阵构造及经济空间引力效应分析——以欧债危机为背景的实证检验[J].系统工程理论与实践.2015,35(8):1918-1927.

[163] 李少昆.美国货币政策是全球发展中经济体外汇储备影响因素吗?[J].金融研究,2017,10:68-82.

[164] 李文军,张巍巍.人民币汇率变动的贸易效应——基于分国别(地区)面板数据的分析[J].数量经济技术经济研究,2010,4:34-47.

[165] 李曦晨,张明,朱子阳.资本流动视角的人民币国际化:套利还是基本面驱动?[J].世界经济研究,2018,2:26-37.

[166] 李向阳,丁剑平.人民币国际化:基于资本项目开放视角[J].世界经济研究,2014,5:10-15+87.

[167] 李小平,吴冲锋.利差交易、异质预期与汇率微观决定[J].管理科学学报,2018,6:1.

[168] 李新,张鑫."一带一路"视域下区域经济一体化发展探析[J].新疆大学学报(哲学社会科学版),2016,7:109-115.

[169] 李雪莲.基于门循环单元神经网络的中文分词法[J].厦门大学学报(自然科学版),2017,2:237-243.

[170] 李亚新,余明.关于人民币实际有效汇率的测算与应用研究[J].国际金融研究,2002,10:62-67.

[171] 李扬,张晓晶,常欣,等.中国主权资产负债表及其风险评估(上)[J].经济研究,2012,47(6):4-19.

[172] 李云峰.宏观经济信息有助于预测人民币汇率变动吗?——兼论"汇率脱离之谜"[J].上海金融,2013,1:13-16.

[173] 李云峰,李仲飞.汇率沟通、实际干预与人民币汇率变动——基于结构向量自回归模型的实证分析[J].国际金融研究,2011,4:30-37.

[174] 李云峰,李仲飞.中央银行沟通、宏观经济信息与货币政策有效性[J].财贸经济,2011,1:56-63.

[175] 李云峰.外汇市场中的干预效力:汇率沟通与实际干预[J].上海金融,2011,4:86-91.

[176] 李政."811汇改"提高了人民币汇率中间价的市场基准地位吗?[J].金融研究,2017,4:1-16.

[177] 李政,梁琪,卜林.人民币在岸离岸市场联动关系与定价权归属研究[J].世界经济,2017,5:98-123.

[178] 李志辉,聂召,郑亚楠.新兴市场国家货币危机的形成、演变和预警——基于二元分类模型的实证研究[J].金融研究.2012,12:107-121.

[179] 李仲飞,邓柏峻,张浩.市场分割、汇率期限结构与外汇市场变动的非对称性[J].中山大学学报:社会科学版,2014,54(5):198-208.

[180] 栗亮,盛雯雯.人民币国际化新路径:大宗贸易+对外投资+产业园区[J].新金融,2017,9:26-31.

[181] 梁永佳,李小云.实施"一带一路"战略要有宗教考量[EB/OL].(2015-05-04)[2021-07-12]. http://www.cssn.cn/zjx/zjx_zjsj/201505/t20150504_1718923.shtml.

[182] 梁中华,余淼杰.人民币升值与中国出口企业盈利能力——基于面板数据的实证分析[J].金融研究,2014,7:1-15.

[183] 廖丹.人民币汇率波动对我国进出口的影响[J].湖南税务高等专科学校学报,2003,2:17-18.

[184] 林华昌.上海自贸区自贸账户实践[J].中国金融,2016,12:81-82.

[185] 林建江.美国贸易逆差研究[M].北京:北京大学出版社,2017.

[186] 林乐芬,王少楠."一带一路"进程中人民币国际化影响因素的实证分析[J].国际金融研究,2016,346(2):75-83.

[187] 林念,徐建国,黄益平.汇率制度、实际汇率与服务业发展:基于跨国面板数据的分析[J].世界经济,2013,36(2):78-92.

[188] 林毅夫.关于人民币汇率问题的思考与政策建议[J].世界经济,2007,3:3-12.

[189] 刘富江,江源.人民币升值对我国出口企业利润和就业的影响[J].统计研究,2010,27(12):30-34.

[190] 刘国斌."一带一路"基点之东北亚桥头堡群构建的战略研究[J].东北亚论坛,2015,24(2):93-102+128.

[191] 刘慧,叶尔肯·吾扎提,王成龙."一带一路"战略对中国国土开发空间格局的影响[J].地理科学进展,2015,34(5):545-553.

[192] 刘建丰,潘英丽.人民币国际化的成功标志及其可行路径——一个"有保有压"具有中国特色的推进策略[J].国际经济评论,2018,2:52-67+5.

[193] 刘建江.美国贸易逆差研究[M].北京:北京大学出版社,2017.

[194] 刘健.美元指数与人民币汇率走势[J].清华金融评论,2017,3(40):62-64.

[195] 刘金全,毕振豫.不确定性会影响货币政策对房价的调控效应吗?——基于LT-TVP-VAR模型的实证检验[J].财经论丛,2018,238(10):37-46.

[196] 刘莉亚,任若恩.银行危机与货币危机共生性关系的实证研究[J].经济研究.2003,10:40-49.

[197] 刘莉亚.主权评级、债务困境与货币危机:对新兴市场国家的经验研究[J].世界经济.2006,12:18-27.

[198] 刘林姗.1994—2005年我国汇率走势与购买力平价理论[J].中国商界(下半月),2010,7:148.

[199] 刘璐,丁剑平.货币当局汇率沟通有效性及趋势研究:基于中美汇率沟通联动效应的实证分析[J].世界经济研究,2019,2:3-15+73+135.

[200] 刘洺嘉.离岸与在岸人民币市场间的溢出效应研究[D].长春:吉林大学,2017.

[201] 刘啟仁,黄建忠.人民币汇率、依市场定价与资源配置效率[J].经济研究,2016,51(12):18-31.

[202] 刘沁清,邵挺.人民币汇率变动对我国制造业的影响——基于投入产出表的分析和测算[J].上海经济研究,2011,8:54-62+113.

[203] 刘威,吴宏.中美两国利率与汇率相互影响效应的评估研究——基于抛补利率平价理论的实证检验[J].世界经济研究,2010,2:32-36.

[204] 刘卫东."一带一路"战略的科学内涵与科学问题[J].地理科学进展,2015,34(5):538-544.

[205] 刘晓峰,曹华.基于宏观信息发布的外汇风险度量VaR方法的改进[J].统计与决策,2012,3:30-34.

[206] 刘艳靖.国际储备货币演变的计量分析研究——兼论人民币国际化的可行性[J].国际金融研究,2012,4:69-76.

[207] 刘尧成,周继忠,徐晓萍.人民币汇率变动对我国贸易差额的动态影响[J].经济研究,2010,5:33-41.

[208] 刘影.人民币加入SDR问题研究[J].区域金融研究,2014,1:34-40.

[209] 刘淄,张力美.金融开放条件下利率与汇率的相互影响及其协调[J].国际金融研究,2003,1:43-46.

[210] 龙革生,曾令华,黄山.我国核心通货膨胀的实证比较研究[J].统计研究,2008,3:20-26.

[211] 卢锋,韩晓亚.长期经济成长与实际汇率演变[J].经济研究,2006,7:4-14.

[212] 卢锋,李昕,李双双等.为什么是中国?——"一带一路"的经济逻辑[J].国际经济评论,2015,

3:9-34.

[213] 卢锋,刘鎏.我国两部门劳动生产率增长及国际比较(1978—2005)——巴拉萨萨缪尔森效应与人民币实际汇率关系的重新考察[J].经济学(季刊),2007,2:357-380.

[214] 卢锋.人民币实际汇率之谜(1979—2005)——基于事实比较和文献述评的观察[J].经济学(季刊),2006,2:635-674.

[215] 卢向前,戴国强.人民币实际汇率波动对我国进出口的影响:1994—2003[J].经济研究,2005,5:31-39.

[216] 陆前进.人民币汇率增加弹性和参考一篮子货币汇率形成机制研究[J].数量经济技术经济研究,2011,11:83-97.

[217] 陆前进.新汇改以来人民币汇率参考一篮子货币权重的估计及经验验证[J].统计研究,2012,5:34-41.

[218] 吕大吉.概说宗教禁欲主义[J].中国社会科学,1989,5:159-174.

[219] 栾成凯.宏观经济指标及预期对我国股市影响研究[D].南京:南京财经大学,2011.

[220] 罗来军,罗雨泽,刘畅,等.基于引力模型重新推导的双边国际贸易检验[J].世界经济,2014,37(12):67-94.

[221] 罗贤东.汇率与大宗商品、黄金和石油价格的关系研究[J].财政研究,2011,1:20-22.

[222] 罗忠洲,李宁.日元实际汇率与长期实际利率的实证分析:1971—2002[J].金融研究,2006,1:99-108.

[223] 罗忠洲,徐淑堂.本币升值、出口竞争力和跨境贸易计价货币选择[J].世界经济研究,2012,1:27-32.

[224] 马丹,许少强.中国国际竞争力的历史变迁与冲击来源——来自"制造业单位劳动成本指数测算的人民币实际有效汇率"的证据[J].国际金融研究,2006,1:62-67.

[225] 马丁.如何利用美元指数决胜汇市[J].金融经济(上半月),2014,10:41-41.

[226] 马晔.上海自贸区试点资本账户开放背景下的金融监管模式选择[J].价格理论与实践,2015,3:96-98.

[227] 马宇,程道金.主权债务危机影响因素的实证研究及启示——对新兴经济体与发达经济体的比较[J].经济学家,2014,8:73-82.

[228] 毛日昇.中国制造业贸易竞争力及其决定因素分析[J].管理世界,2006,8:71-81.

[229] 梅兰妮·斯万等.区块链[M].北京:新星出版社,2018.

[230] 孟德友,陆玉麒.基于铁路客运网络的省际可达性及经济联系格局[J].地理研究,2012,31(1):107-122.

[231] 莫盛良.我国外汇储备与人民币汇率相关性研究[D].杭州:浙江大学,2011.

[232] 牛哲文,余泽远,李波等.基于深度门控循环单元神经网络的短期风功率预测模型[J].电力自动化设备,2018,38(5):36-42.

[233] 潘素昆,文婧.FDI对人民币实际汇率即期影响研究[J].中国管理科学,2012,20:404-408.

[234] 潘向东,廖进中,赖明勇.进口国制度安排与高技术产品出口:基于引力模型的研究[J].世界经济,2005,9:3-16+80.

[235] 庞瑞芝,邓忠奇.服务业生产率真的低吗?[J].经济研究,2014,12:86-99.

[236] 彭方平,连玉君,胡新明等.规模经济、卡甘效应与微观货币需求——兼论我国高货币化之谜[J].经济研究,2013,4:83-93.

[237] 彭红枫,谭小玉.人民币国际化研究:程度测算与影响因素分析[J].经济研究,2017,2:127-141.

[238] 彭信威.中国货币史(校订版)[M].上海:人民出版社,2020,713.
[239] 祁飞,李慧中."母市场效应":来自中国制造业对外贸易面板数据的证据[J].财经研究,2011,37(3):93-103.
[240] 钱文锐,潘英丽.SDR需要人民币:基于SDR定值稳定性的研究[J].世界经济研究,2013,1:3-9.
[241] 阙澄宇,马斌.人民币在岸与离岸市场汇率的非对称溢出效应——基于VAR—GJR—MGARCH—BEKK模型的经验证据[J].国际金融研究,2015,7:21-32.
[242] 任燕燕,邢晓晴.不同市场状态下中央银行汇率干预有效性分析[J].财政研究,2018,5:107-119.
[243] 任苑.香港人民币离岸市场的发展及对在岸货币供给和汇率的影响研究[D].成都:西南财经大学,2013.
[244] 阮荣平,郑风田,刘力.宗教信仰与社会冲突:根源还是工具?[J].经济学(季刊),2014,2:793-816.
[245] 尚荣.上海自贸区自由贸易账户体系的建立:自贸区政策的新突破[J].上海金融,2014,8:3-7.
[246] 申广军.比较优势与僵尸企业:基于新结构经济学视角的研究[J].管理世界,2016,12:13-24.
[247] 沈国兵.论汇率与利率关系:1993—2000年泰国事例检验[J].世界经济,2002,5:10-22.
[248] 沈国兵.美国出口管制与中美贸易平衡问题[J].世界经济与政治,2006,3:71-77.
[249] 沈国兵.美元弱势调整对中美双边贸易的影响[J].经济研究,2015,50(4):77-91.
[250] 盛桢.人民币在岸市场和离岸市场联动性研究[D].南京:南京理工大学,2017.
[251] 施炳展,冼国明,逯建.地理距离通过何种途径减少了贸易流量[J].世界经济,2012,7:22-41.
[252] 施佳.浅论我国自贸区金融监管法律制度的完善[J].广东经济,2016,5:62-65.
[253] 施琍娅.上海自贸区金改再回顾[J].金融博览,2018,11:10-13.
[254] 施琍娅.析人民币跨境问题上的五大认识误区[J].上海金融,2010,3:67-70.
[255] 施琍娅.自贸区跨境资金宏观审慎管理框架[J].中国金融,2015,11:29-31.
[256] 石巧荣.国际货币竞争格局演进中的人民币国际化前景[J].国际金融研究,2011,7:34-42.
[257] 史代敏.沪深股市股指波动的协整性研究[J].数量经济技术经济研究,2002,9:103-105.
[258] 舒晓惠.非线性协整时间序列的非参数方法及其应用研究[D].广州:暨南大学,2010.
[259] 宋献中,吴一能,宁吉安.货币政策、企业成长性与资本结构动态调整[J].国际金融研究,2014,11:46-55.
[260] 苏冬蔚,曾海舰.宏观经济因素与公司资本结构变动[J].经济研究,2009,44(12):52-65.
[261] 苏小和.百年经济史笔记[M].上海:东方出版社,2016.
[262] 苏治,卢曼,李德轩.深度学习的金融实证应用:动态、贡献与展望[J].金融研究,2017,5:111-126.
[263] 宿玉海,于海燕.人民币一篮子货币最优权重模型的构建[J].国际金融研究,2007,7:50-58.
[264] 孙健,钟凯,卢闯,等.货币政策不确定性对会计信息质量的影响研究[J].经济理论与经济管理,2017,8:34-45.
[265] 孙杰.跨境结算人民币化还是人民币国际化?[J].国际金融研究,2014,4:39-49.
[266] 孙路.论民国时期的几次重大金融改革[J].江苏社会科学.2009,5:71-77.
[267] 孙朋军,于鹏.文化距离对中国企业落实"一带一路"投资战略的影响[J].中国流通经济,2016,30(2):83-90.
[268] 孙朋军,于鹏.文化距离对中国企业落实"一带一路"投资战略的影响[J].中国流通经济,2016,2:83-90.
[269] 孙青华,张喜彬,张世英.非线性协整关系的存在性研究[J].管理科学学报,2000,3:65-88.
[270] 孙文珠."非真空"条件下宏观经济新闻对汇率波动的影响研究——基于境内即期汇率与境外

NDF 汇率的对比分析[J].经济研究导刊,2018,28:74-79+96.

[271] 孙欣欣,卢新生.美联储货币政策中性化背景下人民币外汇市场间均衡关系调整和溢出效应研究[J].世界经济研究,2017,1:41-59.

[272] 谭小芬,龚力丹,杨光.非贸易品相对价格能解释人民币双边实际汇率的波动吗[J].国际金融研究,2015,8:75-86.

[273] 谭小芬,李莹.人民币汇率制度改革的成就、困境与展望[J].国际贸易,2016,11:49-55.

[274] 谭小芬,刘阳,张明.国际大宗商品价格波动:中国因素有多重要——基于1997—2012年季度数据和VECM模型的实证研究[J].国际金融研究,2014,10:75-86.

[275] 谭小芬,尹碧娇,杨燚.中国非金融企业杠杆率的影响因素研究:2002—2015年[J].中央财经大学学报,2018,2:23-37.

[276] 谭小芬,张辉,杨楠,等.离岸与在岸人民币汇率:联动机制和溢出效应——基于VAR-GARCH-BEKK模型的分析[J].管理科学学报,2019,7:4.

[277] 唐东波.贸易开放、垂直专业化分工与产业升级[J].世界经济,2013,4:47-68.

[278] 唐旭,钱士春.相对劳动生产率变动对人民币实际汇率的影响分析——哈罗德-巴拉萨-萨缪尔森效应实证研究[J].金融研究,2007,5:1-14.

[279] 滕仁.卢布危机给中国敲响了警钟[J].欧亚经济,2016,1:53-56+125+127.

[280] 万正晓.人民币实际有效汇率的度量[J].中国经济问题,2004,2:73-80.

[281] 汪晶晶.境内外人民币汇率联动及影响因素研究[J].金融纵横,2017,5:37-45.

[282] 汪勇,马新彬,周俊仰.货币政策与异质性企业杠杆率——基于纵向产业结构的视角[J].金融研究,2018,5:47-64.

[283] 王爱俭,林楠.人民币名义汇率与利率的互动关系研究[J].经济研究,2007,42(10):56-67.

[284] 王博,李力,郝大鹏.货币政策不确定性、违约风险与宏观经济波动[J].经济研究,2019,54(3):119-134.

[285] 王博,刘翀.央行沟通的金融市场效应——来自中国的证据[J].经济学动态,2016,11:22-32.

[286] 王苍峰,岳咬兴.人民币实际汇率与中国两部门生产率差异的关系——基于巴拉萨—萨缪尔森效应的实证分析[J].财经研究,2006,8:71-80.

[287] 王道平,范小云,陈雷.可置信政策、汇率制度与货币危机:国际经验与人民币汇率市场化改革启示[J].经济研究.2017,52(12):119-133.

[288] 王道平,范小云.现行的国际货币体系是否是全球经济失衡和金融危机的原因[J].世界经济,2011,1:52-72

[289] 王德忠,庄仁兴.区域经济联系定量分析初探——以上海与苏锡常地区经济联系为例[J].地理科学,1996,1:51-57.

[290] 王芳,甘静芸,钱宗鑫,等.央行如何实现汇率政策目标——基于在岸—离岸人民币汇率联动的研究[J].金融研究,2016,4:34-49.

[291] 王国刚.金融脱实向虚的内在机理和供给侧结构性改革的深化[J].中国工业经济,2018,7:5-23.

[292] 王国刚."一带一路":基于中华传统文化的国际经济理念创新[J].国际金融研究,2015,7:3-10.

[293] 王慧敏,任若恩,王惠文.中国基于单位劳动成本的多边竞争力指标研究[J].国际金融研究,2004,11:4-16.

[294] 王开科,曾五一.基于CPI分类权重优化视角的我国核心通货膨胀率测算[J].数量经济技术经济研究,2014,31(9):92-106.

[295] 王林曦.Libra的基本特性和前景展望[J].金融市场研究,2019,9:30-38.

[296] 王鲁滨.电子货币与货币政策研究[J].金融研究,1999,10:71-74.

[297] 王胜,彭鑫瑶.不对称价格黏性下的货币政策和福利效应[J].世界经济,2010,33(5):101-117.

[298] 王恕立,胡宗彪.中国服务业分行业生产率变迁及异质性考察[J].经济研究,2012,47(4):15-27.

[299] 王维国,关大宇.中国出口商品生产效率结构与汇率关系的实证分析——新视角下巴拉萨—萨缪尔森效应的解释[J].数量经济技术经济研究,2008,25(12):26-36.

[300] 王曦,郑雪峰.境内外人民币远期汇率信息传导关系的演变:一个实证分析[J].国际金融研究,2009,11:45-54.

[301] 王小梅,秦学志,尚勤.金融危机以来贸易保护主义对中国出口的影响[J].数量经济技术经济研究,2014,31(5):20-36.

[302] 王孝松,刘元春.出口管制与贸易逆差——以美国高新技术产品对华出口管制为例[J].国际经贸探索,2017,33(1):91-104.

[303] 王雪珂,姚洋.两国相对生产率与巴拉萨-萨缪尔森效应:一个经验检验[J].世界经济,2013,36(6):18-35.

[304] 王雅琦,卢冰.汇率变动、融资约束与出口企业研发[J].世界经济,2018,41(7):75-97.

[305] 王永巧,刘诗文.基于时变Copula的金融开放与风险传染[J].系统工程理论与实践.2011,31(4):778-784.

[306] 王永中.外汇冲销理论研究进展[J].经济学动态,2012,11:111-119.

[307] 王宇,李季.持续性加权核心通货膨胀的测度及其货币政策涵义[J].国际金融研究,2012,4:24-31.

[308] 王元龙.关于人民币国际化的若干问题研究[J].财贸经济,2009,7:16-22.

[309] 王云升,杨柳.宏观经济统计数据公布对中国金融市场影响的实证研究[J].上海金融,2008,7:53-57.

[310] 王允贵,盛雯雯.汇率的利率平价决定理论:中国的现实检验[J].武汉金融,2015,3:4-7.

[311] 王泽填,姚洋.结构转型与巴拉萨-萨缪尔森效应[J].世界经济,2009,4:38-49.

[312] 王自锋,白玥明,何翰.央行汇率沟通与实际干预调节人民币汇率变动的实效与条件改进[J].世界经济研究,2015,3:15-25+127.

[313] 魏浩,白明浩,郭也.融资约束与中国企业的进口行为[J].金融研究,2019,2:98-116.

[314] 魏巍贤.中国名义与实际有效汇率的构造及应用研究[J].统计研究,1999,6:24-29.

[315] 魏英辉.宏观基本面新闻对人民币/美元汇率的影响研究——基于境内即期汇率与境外NDF汇率的比较分析[J].金融理论与实践,2009,5:30-35.

[316] 魏志华,曾爱民,李博.金融生态环境与企业融资约束——基于中国上市公司的实证研究[J].会计研究,2014,5:73-80+95.

[317] 温忠麟,张雷,侯杰泰,刘红云.中介效应检验程序及其应用[J].心理学报,2004,5:614-620.

[318] 吴金光.欧美主权债务危机及其对中国出口影响的实证检验[J].广东金融学院学报,2012,27(1):98-109.

[319] 吴念鲁,陈全庚.人民币汇率研究(修订本)[M].北京:中国金融出版社,2002.

[320] 吴桐,郭建鸾.Facebook加密货币Libra的经济学分析:背景、内涵、影响与挑战[J].贵州社会科学,2019,9:144-152.

[321] 吴鞾,缪海斌.中国产业结构调整对汇率变动的冲击效应分析[J].国际金融研究,2012,1:89-96.

[322] 吴新生.季风效应、制度空间依赖与欧债危机传染——基于空间面板数据模型的经验研究[J].世界经济与政治论坛,2012,3:96-105

[323] 吴秀波.人民币汇率中间价市场化改革的成效及挑战[J].价格理论与实践,2016,8:47-52.

[324] 伍戈,刘琨.探寻中国货币政策的规则体系:多目标与多工具[J].国际金融研究,2015,1:15-24.

[325] 伍戈,陆简.全球避险情绪与资本流动——"二元悖论"成因探析[J].金融研究,2016,11:1-14.

[326] 伍诚,裴诚.境内外人民币汇率价格关系的定量研究[J].金融研究,2012,9:62-73.

[327] 武剑.货币冲销的理论分析与政策选择[J].管理世界,2005,8:6-10.

[328] 西村友作,钊阳.国际投资者关注中国宏观经济信息发布吗[J].当代财经,2018,8:60-68.

[329] 项后军,吴全奇.垂直专业化、计价货币与出口依市定价(PTM)行为研究[J],管理世界,2015,4:66-78.

[330] 项后军,许磊.汇改后的人民币汇率传递、出口商品价格与依市定价(PTM)行为研究[J].金融研究,2013,8:16-29.

[331] 小川英治,姚枝仲.论钉住一篮子货币的汇率制度[J].世界经济,2004,6:3-11

[332] 肖奎喜,徐世长.广义泰勒规则与中央银行货币政策反应函数估计[J].数量经济技术经济研究,2011,28(5):125-138.

[333] 肖立晟,刘永余.人民币非抛补利率平价为什么不成立:对4个假说的检验[J].管理世界,2016,7:51-62+75+187-188.

[334] 肖林.大宗商品价格变化与汇率波动的动态关系——兼论中国外汇储备结构调整[J].财经科学,2012,289:10-19

[335] 肖赛君.电子货币对货币政策影响的研究[D].长沙:中南大学,2006.

[336] 肖鹞飞,肖婧莹.跨境贸易人民币结算问题研究——基于国际贸易结算货币选择理论的视角[J].广东金融学院学报,2012,27(5):100-114.

[337] 肖泽忠,邹宏.中国上市公司资本结构的影响因素和股权融资偏好[J].经济研究,2008,6:119-134+144.

[338] 谢赤,岳汉奇.汇率收益率及其收益波动率存在长记忆性吗?——基于人民币汇率和欧元汇率的经验分析[J].经济评论,2012,4:135-144.

[339] 谢洪燕,肖明,贺方毅.新汇改以来人民币汇率中货币篮子权重的测算及其与最优权重的比较[J].世界经济研究,2015,3:26-37+127.

[340] 行伟波,李善同.引力模型、边界效应与中国区域间贸易:基于投入产出数据的实证分析[J].国际贸易问题,2010,10:32-41.

[341] 修晶.人民币国际化进程中不同市场汇率关联性的实证研究——基于CNY、CNH和NDF市场的数据[J].南方金融,2012,8:17-22.

[342] 徐涵,徐炜.中美两国利率与汇率作用机制的实证分析[J].中国经贸导刊,2011,20:68-69.

[343] 徐建国.人民币贬值与服务业停滞[J].世界经济,2011,34(3):3-20.

[344] 徐建炜,田丰.中国行业层面实际有效汇率测算:2000—2009[J].世界经济,2013,5:21-36.

[345] 徐建炜,杨盼盼.理解中国的实际汇率:一价定律偏离还是相对价格变动?[J].经济研究,2011,46(7):78-90+115.

[346] 徐剑刚,李治国,张晓蓉.人民币NDF与即期汇率的动态关联性研究[J].财经研究,2007,9:61-68.

[347] 徐剑刚,唐国兴.汇率决定的新闻模型[J].数量经济技术经济研究,1998,11:53-58.

[348] 徐康宁,陈丰龙,刘修岩.中国经济增长的真实性:基于全球夜间灯光数据的检验[J].经济研究.2015,50(9):17-29.

[349] 徐明棋.上海自由贸易试验区金融改革开放与人民币国际化[J].世界经济研究,2016,5:3-

10+134.

[350] 徐奇渊,杨盼盼.东亚货币转向钉住新的货币篮子? [J].金融研究,2016,3:31-41.

[351] 徐奇渊,杨盼盼,刘悦.人民币有效汇率指数:基于细分贸易数据的第三方市场效应[J].世界经济,2013,5:37-51.

[352] 徐晟,韩建飞,曾李慧.境内外人民币远期市场联动关系与波动溢出效应研究——基于交易品种、政策区间的多维演进分析[J].国际金融研究,2013,8:42-52.

[353] 徐晟,唐齐鸣.中国参考盯住篮子货币干预的实证研究[J].国际金融研究,2008,9:68-72.

[354] 许家云,佟家栋,毛其淋.人民币汇率、产品质量与企业出口行为——中国制造业企业层面的实证研究[J].金融研究,2015,3:1-17.

[355] 许启发,蒋翠侠,张世英.基于小波多分辨分析的协整建模理论与方法的扩展[J].统计研究,2007,8:92-96.

[356] 许树信.中国革命根据地货币史纲[M].北京:中国金融出版社,2008.

[357] 许振明,赖嘉莹,张仓耀.中美利率与汇率因果关系之探究再审视:时间数列频率分析简[J].武汉大学学报:哲学社会科学版,2016,5:74-83.

[358] 严兵,张禹,刘娜.人民币离岸与在岸汇率差异及其波动研究[J].世界经济研究,2017,5:12-27.

[359] 严敏,巴曙松.人民币即期汇率与境内外远期汇率动态关联——NDF监管政策出台之后[J].财经研究,2010,36(2):15-25.

[360] 严泉.民国经济史研究的新视角——读《大萧条时期的中国:市场、国家与世界经济》[J].史学理论研究,2013,1:134-139.

[361] 杨承亮.人民币离岸市场与在岸市场联动关系研究[D].北京:中国社会科学院研究生院,2014.

[362] 杨帆.人民币汇率制度历史回顾[J].中国经济史研究,2005,4:59-64.

[363] 杨飞.次贷危机和欧债危机对新兴市场的传染效应研究——基于DCC-MVGARCH模型的检验[J].国际金融研究,2014,6:40-49

[364] 杨鸣京,程小可,钟凯.股权质押对企业创新的影响研究——基于货币政策不确定性调节效应的分析[J].财经研究,2019,2:139-152.

[365] 杨铭.美国货币政策不确定性与我国城镇居民消费的关系分析——基于资产财富效应渠道[J].商业经济研究,2019,2:41-44.

[366] 杨盼盼,徐建炜."全球失衡"的百年变迁——基于经验数据与事实比较的分析[J].经济学(季刊).2014,13(2):625-646.

[367] 杨全发,杨泽文,谭卫红.人民币内部真实汇率的测算及汇率失调分析——基于巴拉萨-萨缪尔森效应[J].南方经济,2008,10:45-53.

[368] 杨荣海.当前货币国际化进程中的资本账户开放路径效应分析[J].国际金融研究,2014,4:50-61.

[369] 杨荣海,李亚波.资本账户开放对人民币国际化"货币锚"地位的影响分析[J].经济研究,2017,1:136-150.

[370] 杨瑞朋.欧洲主权债务危机对中国经济增长的影响[D].南京:南京大学,2013.

[371] 杨小凯.民国经济史[J].开放时代,2001,9:61-68.

[372] 杨小玄,刘立新.人民币汇率波动率预测模型的比较研究[J].财贸研究,2016,27(3):80-90.

[373] 杨晓时.民国法币背景及其收藏[J].收藏界,2004,8:65-66.

[374] 杨晓时.民国末期的金圆券[J].收藏界,2006,1:63-64.

[375] 杨晓时.民国中央银行主要纸币史略[J].西安金融,1999,12:64-65.

[376] 杨雪峰.人民币会成为亚洲区域内的货币锚吗?——基于东南亚国家的实证检验[J].世界经济

研究,2015,5:23-29+127.

[377] 叶青,韩立岩.金融危机传染渠道与机制研究——以次贷危机为例[J].系统工程理论与实践.2014,34(10):2483-2494.

[378] 叶亚飞,石建勋.人民币在岸离岸汇率联动关系及其影响因素分析[J].中央财经大学学报,2016,12:37-44.

[379] 叶永刚,杨飞雨,郑小娟.国家信用风险的传导与影响研究——以欧元区债务危机为例[J].金融研究.2016,2:172-179.

[380] 伊楠,李婧.人民币盯住一篮子货币汇率制度演变的实证分析——基于BP检验和非参数估计方法[J].国际金融研究,2014,7:72-79.

[381] 尹鹏,李诚固,陈才.东北地区省际城市可达性及经济联系格局[J].经济地理,2014,34(6):68-74.

[382] 尤佳丽.在岸与离岸人民币市场的联动效应研究[D].徐州:中国矿业大学,2017.

[383] 于津平,顾威."一带一路"建设的利益、风险与策略[J].南开学报(哲学社会科学版),2016,1:65-70.

[384] 于友伟.汇率变化与贸易平衡——基于中国与亚太主要贸易体的研究[J].国际贸易问题,2011,7:156-162.

[385] 余湄,卢雪.汇改后外国直接投资对人民币实际汇率的影响研究[J].中国管理科学,2014,22:247-252.

[386] 余淼杰,智琨.进口自由化与企业利润率[J].经济研究,2016,51(8):57-71.

[387] 余秋玲,朱宏泉.宏观经济信息与股价联动——基于中国市场的实证分析[J].天津:管理科学学报,2014,17(3):15-26.

[388] 余永定.从当前的人民币汇率波动看人民币国际化[J].国际经济评论,2012,1:18-26+4.

[389] 余永定,肖立晟.论人民币汇率形成机制改革的推进方向[J].国际金融研究,2016,11:3-13.

[390] 余永定,肖立晟.完成"811汇改":人民币汇率形成机制改革方向分析[J].国际经济评论,2017,1:6+25-43.

[391] 余永定.再论人民币国际化[J].国际经济评论,2011,5:7-13+3.

[392] 俞乔.购买力平价、实际汇率与国际竞争力——关于测算我国加权实际汇率指数的理论方法[J].金融研究,2000,1:57-62.

[393] 喻坤,李治国,张晓蓉等.企业投资效率之谜:融资约束假说与货币政策冲击[J].经济研究,2014,49(5):106-120.

[394] 元惠萍.国际货币地位的影响因素分析[J].数量经济技术经济研究,2011,28(2):3-19.

[395] 袁佳.人民币在"一带一路"建设中的运用方式及路径[J].国际经济合作,2016,5:87-90.

[396] 袁卫秋,王海姣,于成永.货币政策、社会责任信息披露质量与商业信用模式[J].会计与经济研究,2017,1:30-44.

[397] 袁新涛."一带一路"建设的国家战略分析[J].理论月刊,2014,11:5-9.

[398] 袁增霆.全球化下的初级商品价格与实际汇率[J].国际金融研究,2010,7:51-57.

[399] 臧成伟.市场化有助于提高淘汰落后产能效率吗?——基于企业进入退出与相对生产率差异的分析[J].财经研究,2017,2:135-146.

[400] 张怀洋.人民币在、离岸汇差影响因素的理论分析与实证研究[D].苏州:苏州大学,2016.

[401] 张明,何帆.人民币国际化进程中在岸离岸套利现象研究[J].国际金融研究,2012,10:47-54.

[402] 张明.人民币汇率形成机制改革:历史成就、当前形势与未来方向[J].国际经济评论,2016,3:5

4-69.

[403] 张明,王永中.构建天然气人民币体系的可行性与人民币国际化[J].上海金融,2018,3:41-48.

[404] 张青龙,王舒婷.国际收支结构研究:基于人民币国际化视角的分析[J].国际金融研究,2011,5:36-40.

[405] 张锐."超主权货币"Libra的基本认知与前景判断[J].南方金融,2019,10:60-70.

[406] 张珊珊.香港人民币离岸金融市场价格形成机理及传导效率研究[D].上海:东华大学,2015.

[407] 张喜彬,孙青华,张世英.非线性协整关系及其检验方法研究[J].系统工程学报,1999,1:59-70.

[408] 张晓莉,马赛.汇率波动对大宗商品交易价格影响研究[J].上海理工大学学报,2013,2:140-146.

[409] 张欣,孙刚.汇率变动、生产率异质性与出口企业盈利能力研究——基于701家上市公司的实证检验[J].国际金融研究,2014,10:43-52.

[410] 张新知,王学文.伪满洲中央银行发行的纸币考证[J].哈尔滨商业大学学报(社会科学版),2011,5:115-121.

[411] 张亚光,朱紫云,周建波.近代中国金融恐慌的货币因素与政策启示——基于"白银风潮"和"金圆券"的比较分析[J].贵州社会科学,2015,11:157-162.

[412] 张延群.中国核心通货膨胀率的度量及其货币政策涵义[J].金融研究,2011,1:64-72.

[413] 张一,吴宝秀,李喆.新兴市场国家间的金融危机传染效应研究[J].管理评论,2016,28(5):23-34.

[414] 张银山,刘琦平,张栋.人民币作为中亚地区"锚货币"的思考研究[J].中国货币市场,2017,9:9-15.

[415] 张玉鹏,王茜.政策不确定性的非线性宏观经济效应及其影响机制研究[J].财贸经济,2016,37(4):116-133.

[416] 赵柏田.枪炮与货币:民国金融家沉浮录[M].武汉:长江文艺出版社,2019.

[417] 赵海华.电子货币对货币政策的影响研究[D].武汉:武汉大学,2005.

[418] 赵华,麻露,唐菲婕.跳跃、共跳和非预期宏观信息[J].管理科学学报,2017,20(10):17-30

[419] 赵华,秦可佶.股价跳跃与宏观信息发布[J].统计研究,2014,31(4):79-89.

[420] 赵华.人民币汇率与利率之间的价格和波动溢出效应研究[J].金融研究,2007,3:41-49.

[421] 赵进文,高辉,褚云皓.人民币参考篮子货币的测定与实证分析[J].财经研究,2006,32(1):20-35.

[422] 赵丽丽,赵茜倩,杨娟,等.财经新闻对中国股市影响的定量分析[J].山东大学学报(理学版),2012,47(7):70-75.

[423] 赵冉冉.人民币国际化背景下我国推动人民币加入SDR的动机及路径[J].国际金融研究,2013,3:49-57.

[424] 赵入坤.解放战争时期货币斗争述论[J].军事历史研究.2017,31(3):94-102.

[425] 赵天荣,李成.人民币汇率与利率之间的动态关系——基于VAR-GARCH模型的实证研究[J].统计研究,2010,2:72-76.

[426] 赵文军.实际汇率升值与经济增长方式转变——基于我国省际面板数据的实证研究[J].国际贸易问题,2014,3:131-143.

[427] 赵毅曼.人民币在岸与离岸外汇市场价格引导关系研究[D].南京:南京理工大学,2016.

[428] 赵振全,张宇.中国股票市场波动和宏观经济波动关系的实证分析[J].数量经济技术经济研究,2003,20(6):143-146.

[429] 甄峰.人民币国际化:路径、前景与方向[J].经济理论与经济管理,2014,5:22-31.

[430] 郑国,赵群毅.山东半岛城市群主要经济联系方向研究[J].地域研究与开发,2004,5:51-54+96.

［431］郑国忠,郑振龙.我国金融市场间动态相关及风险传染的异化分析[J].东南学术,2014,2:79-88+247.

［432］郑普建.发挥宗教在"一带一路"建设中的积极作用——基于区域宗教社会资本的视角[J].福建省社会主义学院学报,2016,3:84-91.

［433］中国人民大学国际货币研究所.人民币国际化报告2019[M].北京:中国人民大学出版社,2019.

［434］中国人民大学货币政策研究所.人民币国际化报告(2020)[M].北京:中国人民大学出版社,2020.

［435］钟宁桦,刘志阔,何嘉鑫,等.我国企业债务的结构性问题[J].经济研究,2016,51(7):102-117.

［436］钟伟等.数字货币[M].北京:中信出版集团股份有限公司,2018.

［437］钟正生,高伟.我国消费者价格指数长记忆性研究[J].财贸经济,2009,7:127-133.

［438］周诚君,傅勇,万阿俊.人民币升值是影响中国出口的主要因素吗——理论与实证研究[J].金融研究,2014,11:1-21.

［439］周诚君.关于我国银行账户体系的若干思考——兼论FT账户和海南自贸区(港)账户选择问题[J].上海金融,2018,11:1-6.

［440］周德才,贾青,李梓玮.基于我国货币政策不确定性的股市波动长短期成分测度研究[J].金融发展研究,2017,5:25-32.

［441］周继忠.人民币参照货币篮子:构成方式、稳定程度及承诺水平[J].国际金融研究,2009,3:16-22.

［442］周俊禹,丁肇勇.人民币跨境贸易结算存在的问题及成因[J].当代经济研究,2015,9:88-92.

［443］周念利.基于引力模型的中国双边服务贸易流量与出口潜力研究[J].数量经济技术经济研究,2010,27(12):67-79.

［444］周先平,李标.境内外人民币即期汇率的联动关系——基于VAR—MVGARCH的实证分析[J].国际金融研究,2013,5:4-14.

［445］周阳,原雪梅,范跃进.事实汇率机制名义锚与汇率制度弹性检验——基于人民币汇率数据的国际比较分析[J].经济学家,2012,8:34-42.

［446］周舟,董坤,汪寿阳.基于欧洲主权债务危机背景下的金融传染分析[J].管理评论,2012,24(2):3-11.

［447］朱道才,吴信国,郑杰.经济研究中引力模型的应用综述[J].云南财经大学学报,2008,5:19-24.

［448］朱娟.离岸与在岸市场人民币价格关系研究[D].上海:上海社会科学院,2016.

［449］朱军,蔡恬恬.中国财政、货币政策的不确定性与通货膨胀预期——基于中国财政—货币政策不确定性指数的实证分析[J].财政研究,2018,1:53-64.

［450］朱钧钧,刘文财.境外和境内人民币即期汇率:究竟谁发现了价格?[J].上海金融,2012,8:87-92.

［451］朱钧钧,谢识予,许祥云.基于空间Probit面板模型的债务危机预警方法[J].数量经济技术经济研究.2012,29(10):100-114.

［452］朱孟楠,闫帅.经济新闻的人民币汇率效应[J].国际金融研究,2018,375(7):80-87.

［453］朱宁,许艺煊,邱光辉.中央银行沟通对人民币汇率波动的影响[J].金融研究,2016,11:32-46.

［454］朱宇杰.关注"一带一路"沿线国家的宗教文化 中国企业"走出去"的必要考量[J].中国宗教,2016,9:42-43.

［455］朱振鑫,张叶.比特币:天使还是魔鬼?[J].金融市场研究,2014,2:127-134.

［456］卓新平.论积极引导宗教的现实意义[J].世界宗教研究,2016,1:1-9.

［457］宗伟濠.人民币实际有效汇率变动与我国内涵式经济增长[J].南京财经大学学报,2013,3:56-61.

［458］邹宏元,陈奉先,涂万春.预防性持有、攀比效应与亚洲经济体外汇储备囤积——基于1980—2009年的数据分析[J].数量经济技术经济研究,2011,28(7):18-35+63.

[459] 邹嘉龄,刘春腊,尹国庆等.中国与"一带一路"沿线国家贸易格局及其经济贡献[J].地理科学进展,2015,34(5):598-605.

[460] 左娜.为什么是自由贸易账户?[J].上海金融,2018,12:1-5.

[461] Acemoglu D, Aghion P, Lelarge C, et al. Technology, Information, and the Decentralization of the Firm. Quarterly Journal of Economics, 2007, 122(4): 1759-1799.

[462] Acemoglu D, Johnson S, Robinson J A, et al. Institutional Causes, Macroeconomic Symptoms: Volatility, Crises and Growth [J]. Journal of Monetary Economics, 2003, 50: 49-123.

[463] Akhtar S, Oliver B. The Determinants of Capital Structure for Australian Multinational and Domestic Corporations. International Review of Finance, 2005, 9(1-2): 1-26.

[464] Akram Q F. Commodity Prices, Interest Rates and the Dollar[J]. Energy Economics, 2009, 31: 838-851.

[465] Alon I, Spitzer J. Does Religious Freedom Affect country Sisk Assessment? [J]. Journal of International and Area Studies, 2003, 10(2): 51-62.

[466] Anderson J E. A Theoretical Foundation for the Gravity Equation[J]. American Economic Review, 1979, 69(1): 106-116.

[467] Anderson J E, Wincoop E V. Gravity with Gravitas: A Solution to the Border Puzzle[J]. American Economic Review, 2003, 93(1): 170-192.

[468] Anderson J E, Wincoop E V. Trade Costs[J]. Journal of Economic Literature, 2004, 42(3): 691-751.

[469] Anderson J, Vesselovsky M, Yotov Y. Gravity with Scale Economies[R]. NBER Working Paper, No. 18807, 2014.

[470] Anderson T G, Bollerslev T, Diebold F X, et al. Micro Effects of Macro Announcements: Real-Time Price Discovery in Foreign Exchange[J]. American Economic Review, 2003, 93(1): 38-62.

[471] Arezki R, Loungani P, Van der Ploeg R, et al. Understanding International Commodity Price Fluctuations[J]. Journal of International Money and Finance, 2014, 42: 1-8.

[472] Asea P K, Mendoza E G. The Balassa-Samuelson Model: A General-Equilibrium Appraisal[J]. Review of International Economics, 1994, 2(3): 244-267.

[473] Avdjiev S, Bruno V, Koch C. The Dollar Exchange Rate as a Global Risk Factor: Evidence from Investment [J]. IMF Economic Review, 2019, 67(1): 151-173.

[474] Aytuǧ H. Does the Reserve Options Mechanism Really Decrease Exchange Rate Volatility? The Synthetic Control Method Approach[J]. International Review of Economics & Finance, 2017, 51: 405-416.

[475] Bacchetta P, Wincoop E V. A Theory of the Currency Denomination of International Trade[J]. Journal of International Economics, 2005, 2: 295-319

[476] Baduel B. Global Liquidity and Reserves Accumulation in EmergingCountries[EB/OL]. (2012-05-01)[2022-08-30]. https://icmaif.soc.uoc.gr/~icmaif/Year/2012/papers/paper_1_51.pdf.

[477] Bahmani-Oskooee M, Baek J. The Marshall-Lerner Condition at Commodity Level: Evidence from Korean-US Trade. Economics Bulletin, 2015, 35(2): 1136-1147.

[478] Bahmani-Oskooee M, Bolhasani M. How Sensitive is US-Canadian Trade to the Exchange Rate: Evidence from Industry Data. Open Economies Review, 2011, 22(1): 53-91.

[479] Bahmani-Oskooee M. Unbiasedness and Time Varying Risk Premia in the Crude Oil Futures Market[J]. Energy Economics, 1994, 16: 99-105.

[480] Baig T, Goldfajn I. Financial Market Contagion in the Asian Crisis[J]. IMF Staff Papers, 1999, 46(2): 167-195.

[481] Baillie R T, Chung C F, Tieslau M A. Analysing inflation by the fractionally integrated ARFIMA-GARCH Model[J]. Journal of Applied Econometrics, 1996, 11(1): 23-40.

[482] Baillie R T, Kiliç R. Do Asymmetric and Nonlinear Adjustments Explain the Forward Premium Anomaly?[J]. Journal of International Money & Finance, 2006, 25(1): 22-47.

[483] Baillie R T, Selover D D. Cointegration and Models of Exchange Rate Determination[J]. International Journal of Forecasting, 1987, 3(1): 43-51.

[484] Baillie R T, Chung C F, Tieslau M A. Analysing Inflation by the Fractionally Integrated ARFIMA-GARCH Model[J]. Journal of Applied Econometrics, 1996, 11(1): 23-40.

[485] Baker S R, Bloom N, Davis S J. Measuring Economic Policy Uncertainty[J]. The Quarterly Journal of Economics, 2016, 131(4): 1593-1636.

[486] Balassa B. The Purchasing-power Parity Doctrine: A Reappraisal[J]. Journal of Political Economy, 1964, 72(6): 584-596.

[487] Balduzzi P, Elton E J, Green T C. Economic News and Bond Prices: Evidence from the U. S. Treasury Market[J]. Journal of Financial & Quantitative Analysis, 2001, 36(4): 523-543.

[488] Balduzzi P, Green E J E C. Economic News and Bond Prices: Evidence from the U. S. Treasury Market[J]. The Journal of Financial and Quantitative Analysis, 2001, 36(4): 523-543.

[489] Baldwin R E. Re-Interpreting the Failure of Foreign Exchange Market Efficiency Tests: Small Transaction Costs, Big Hysteresis Bands[R]. Cepr Discussion Papers, 1990.

[490] Baldwin R E, Taglioni D. Gravity for Dummies and Dummies for Gravity Equations[R]. CEPR Discussion Papers, 2006.

[491] Baldwin R, Krugman P. Persistent Trade Effects of Large Exchange Rate Shocks. The Quarterly Journal of Economics, 1989, 104(4): 635-654.

[492] Barkema H G, Bell J H J, Pennings J M. Foreign Entry, Cultural Barriers, and Learning[J]. Strategic Management Journal, 1996, 17(2): 151-166.

[493] Baron R M, Kenny D A. The Moderator-mediator Variable Distinction in Social Psychological Research: Conceptual, Strategic, and Stastical Consideration[J]. Journal of Personality and Social Psychology, 1986, 51: 1173-1182.

[494] Barro R J, McCleary R. Religion and Economic Growth[R]. Cambridge: Harvard University, 2003.

[495] Bashar O, Kabir S H. Relationship between Commodity Prices and Exchange Rate in Light of Global Financial Crisis: Evidence from Australia[J]. International Journal of Trade, Economics and Finance, 2013, 265-269

[496] Basurto G, Ghosh A R. The Interest Rate-Exchange Rate Nexus in the Asian Crisis Countries[R]. IMF Working Papers, 2006.

[497] Baur D G, Lucey B M. Is Gold a Hedge or a Safe Haven? An Analysis of Stocks, Bonds and Gold[J]. Financial Review, 2010, 45(2): 217-229.

[498] Beck T, Demirguc-Kunt A, Levine R. Law and Firms' Access to Finance[J]. American Law and Economics Review, 2005, 7(1): 211-252.

[499] Begstrand J H. The Generalized Gravity Equation, Monopolistic Competition, and the Factor-Proportions Theory in International TradeJ[J]. The Review of Economics and Statistics, 1989, 71(1): 143-153.

[500] Behandari J S. Experiments with the Optimal Currency Composites[J]. Southern Economics Journal, 1985, 3: 711-730.

[501] Beine M, Janssen G, Lecourt C. Should Central Bankers Talk to the Foreign Exchange Markets? [J]. Journal of International Money and Finance, 2009, 28(5):776-803.

[502] Bekaert G, Hoerova M, Duca M L. Risk, Uncertainty and Monetary Policy[J]. Social Science Electronic Publishing, 2010.

[503] Bems R, Johnson R. Value-Added Exchange Rates[J]. General Information, 2012.

[504] Benkovskis, Konstantins, Woerz, et al. How does Taste and Quality Impact on Import Prices? [J]. Review of World Economics, 2014, 150(4): 665-691.

[505] Berger P L. The Sacred Canopy: Elements of a Sociological Theory of Religion[M]. New York: Doubleday, 1967.

[506] Bergin P R, Glick R, Taylor A M. Productivity, Tradability, and the Long-run Price Puzzle[J]. Journal of Monetary Economics, 2006, 53(8): 2041-2066.

[507] Bergsten C F, Gagnon J E. Currency Manipulation, the US Economy, and the Global Economic Order[R]. Washington D C: Peterson Institute for International Economics, 2012.

[508] Bergsten C F. Why the World Needs Three Global Currencies[N/OL]. (2011-02-15)[2021-07-28]. https://www.piie.com/commentary/op-eds/why-world-needs-three-global-currencies.

[509] Bergstrand J H. The Generalized Gravity Equation, Monopolistic Competition, and the Factor-Proportions Theory in International Trade[J]. Review of Economics and Statistics, 1989, 71(1): 143-153.

[510] Berk J M, Knot K. Co-Movements in Long-Term Interest Rates and the Role of PPP-Based Exchange Rate Expectations[M]. Social Science Electronic Publishing, 1999.

[511] Berman N, Martin P, Mayer T. How Do Different Exporters React to Exchange Rate Changes[J]. Quarterly Journal of Economics, 2012, 127(1): 437-492.

[512] Bernanke B. Inflation Targeting: Lessons from the International Experience[M]. Princeton: Princeton University Press, 1999.

[513] Betts C, Devereux M B. Exchange Rate Dynamics in a Model of Pricing-to-market[J]. Journal of international Economics, 2000, 50(1): 215-244.

[514] Betts C M, Kehoe T J. US Real Exchange Rate Fluctuations and Relative Price Fluctuations[J]. Journal of Monetary Economics, 2006, 53(7):1297-1326.

[515] Betts C M, Kehoe T J. Real Exchange Rate Movements and the Relative Price of Non-traded Goods[R]. National Bureau of Economic Research, 2008.

[516] Bhaska V. Export Promotion, Exchange Rates and Commodity Prices[J]. Economic and Political Weekly, 1991: 1277-1288

[517] Bilson J F. Rational Expectations and the Exchange Rate[J]. Economics of Exchange Rates, 1978: 75-96.

[518] Blaydes L, Chaney E. The Feudal Revolution and Europe's Rise: Political Divergence of the Christian West and the Muslim World before 1500 CE[J]. American Political Science Review, 2013, 107(1): 16-34.

[519] Blinder, Alan S. Central Banking in Theory and Practice[M]. Cambridge MA: MIT Press, 1998.

[520] Bénassy-Quéré A, Capelle D. On the Inclusion of the Chinese Renminbiin the SDR Basket[R]. Documents de travail du Centre d'Economie de la Sorbonne, 2012, 139: 133-151.

[521] Bock R D, Irineu D. The Behavior of Currencies during Risk-off Episodes[J]. Journal of International Money and Finance, 2015, 53: 218-234.

[522] Bodart V, Candelon B, Carpantier J F. Real Exchanges Rates, Commodity Prices and Structural Factors in Developing Countries[J]. Journal of International Money & Finance, 2015, 51: 264-284.

[523] Booth L, Aivazian V, Emirguc-Kunt A D, et al. Capital Structures in Developing Countries[J]. The Journal of Finance, 2001, 56(1): 87-130.

[524] Brandt L, Biesebroeck J V, Zhang Y. Creative Accounting or Creative Destruction? Firm-level Productivity Growth in Chinese Manufacturing[J]. Journal of Development Economics, 2012, 97(2): 339-351.

[525] Brandt L, Hsieh C T, Zhu X. Growth and Structural Transformation in China[M]. Cambridge: Cambridge university press, 2005.

[526] Béreau S, Villavicencio A L, Mignon V. Currency Misalignments and Growth: A New Look Using Nonlinear Panel Data Methods[J]. Applied Economics, 2012, 27: 3503-3511.

[527] Bresser-Pereira L C. Exchange Rate Fix, Float, or Manage it? [R/OL]. 访问时间为[2021-07-28]. https://core.ac.uk/reader/6485442.

[528] Broda C, Greenfield J, Weinstein D. From Groundnuts to Globalization: A Structural Estimate of Trade and Growth[R]. NBER Working Paper No. 12512, 2006.

[529] Brunnermeier M K, Nagel S, Pedersen L H. Carry Trades and Currency Crashes[J]. NBER Macroeconomics Annual, 2008, 23(1): 313-348.

[530] Bui N, Pippenger J. Commodity Prices, Exchange Rates and Their Relative Volatility[J]. Journal of International Money and Finance, 1990, 9(1): 3-20.

[531] Cairnes J E. Some Leading Principles of Political Economy Newly Expounded[M]. London: Harper& Brothers, 1874.

[532] Cairns J, Ho C, McCauley R. Exchange Rates and Global Volatility: Implications for Asia-Pacific Currencies[J]. BIS Quarterly Review, 2007.

[533] Calvo G A, Reinhart C M. Fear of Floating[J]. Quarterly Journal of Economics, 2002, 117(2), pp. 379-408.

[534] Calvo G. A. Staggered Prices in A Utility-maximizing Framework. Journal of Monetary Economics[J], 1983, 12: 383-398.

[535] Campa J M, Goldberg L S. Exchange Rate Pass-Through into Import Prices[J]. CEPR Discussion Papers, 2004, 87(4): 679-690.

[536] Campbell J, Shiller R. Cointegration and Tests of Present Value Models[J]. Journal of Political Economy, 1987, 95: 1062-1088

[537] Canzoneri M B, Cumby R E, Diba B. Relative Labor Productivity and the Real Exchange Rate in the Long Run: Evidence for a Panel of OECD Countries[J]. Journal of International Economics, 1999, 47(2): 245-266.

[538] Caporale G M, Gil-Alana L A. Long Memory in US Real Output Per Capita[J]. Empirical Economics, 2013, 44(2): 591-611.

[539] Caporale G M, Spagnolo F, Spagnolo N. Macro News and Exchange Rates in the BRICS [J]. Finance Research Letters, 2017, 21: 140-143.

[540] Cardi O, Restout R. Unanticipated vs. Anticipated Tax Reforms in A Two-sector Open Economy[J].

Open Economies Review, 2014, 25(2): 373-406.

[541] Carpenter A, Wang J. Sources of Private Information in FX Trading[R]. Mimeo, University of New South Wales, 2003.

[542] Cashin P, Céspedes L F, Sahay R. Commodity Currencies and the Real Exchange Rate[J]. Journal of Development Economics, 2004, 75(1): 239-268

[543] Cashin P, Luis F, Ratna S. Commodity Currencies and the Real Exchange Rate[J]. Journal of Development Economics, 2004, 75: 239-268.

[544] Cenedese G. Safe Haven Currencies: A Portfolio Perspective[J]. SSRN Electronic Journal, 2015.

[545] Cerra V, Saxena S C. The Monetary Model Strikes Back: Evidence from the World[J]. Journal of International Economics, 2010, 81(2):184-196.

[546] Chen H, Peng W, Shu W. The Potential of the Renminbi as an International Currency[J]. China Economic Issues, Hong Kong Monetary Authority, 2007, 7(7): 1-20.

[547] Chen Y C, Rogoff K. Commodity currencies[J]. Journal of International Economics, 2003, 60(1): 133-160.

[548] Chen Y C, Rogoff K, Rossi B. Can Exchange Rates Forecast Commodity Prices? [J]. Quarterly Journal of Economics, 2010, 125: 1145-1194

[549] Chen Yu-chin. Exchange Rates and Fundamentals: Evidence from Commodity Economies[J]. Working Paper, 2004.

[550] Cheung Y W, Chinn M D, Garcia Pascual. An Empirical Exchange Rate Models of the Nineties: Are Any Fit to Survive? [J]. Journal of International Money and Finance, 2005, 24 (7): 1150-1175.

[551] Cheung Y W, Herrala R. China's Capital Controls-Through the Prism of Covered Interest Differentials[J]. Pacific Economic Review, 2014, 19(1): 112-134.

[552] Cheung Y W, Hui C H, Tsang A. The RMB Central Parity Formation Mechanism: August 2015 to December 2016[J]. Journal of International Money & Finance, 2018, 86(9): 223-243.

[553] Cheung Y W, Rime D. The Offshore Renminbi Exchange Rate: Microstructure and Links to the Onshore Market [J]. Journal of International Money and Finance, 2014, 49: 170-189.

[554] Chey H K. The Concepts, Consequences and Determinants of Currency Internationalization[R]. National Graduate Institute for Policy Studies, 2013

[555] Chey H K. Theories of International Currencies and the Future of the World Monetary Order1[J]. International Studies Review, 2012, 1: 51-77

[556] Chinn M. A Note on Reserve Currencies with Special Reference to the G20 Countries[R]. Written for the International Growth Centre (IGC), India Central Programme, 2012, 5: 1-26

[557] Chinn M D, Ito H. Global Current Account Imbalances: American Fiscal Policy Versus East Asian Savings[J]. Review of International Economics, 2008, 16(3): 479-498.

[558] Chinn M D. Sectoral Productivity, Government Spending and Real Exchange Rates: Empirical Evidence for OECD Countries[R]. National Bureau of Economic Research, 1997.

[559] Chinn M, Frankel J A. Why the Euro Will Rival the Dollar[J]. International Finance, 2010, 11(1): 49-73.

[560] Chinn M, Frankel J A. Will the Euro Eventually Surpass the Dollar as Leading International Reserve Currency? [J].European Economics: Macroeconomics & Monetary Economics eJournal, 2005.

[561] Chivakul M, Lam W. Assessing China's Corporate Sector Vulnerabilities[J]. IMF Working Paper,

2015, 15 (72): 1-27.

[562] Cho K, Merrienboer B V, Gulcehre C, et al. Learning Phrase Representations Using Encoder-decoder for Statistical Machine Translation[J]. Computer Science, 2014, 1724-1734.

[563] Choudhri E U, Khan M S. Real Exchange Rates in Developing Countries: Are Balassa-Samuelson Effects Present? IMF Staff Papers, 2005, 52(3): 387-409.

[564] Clarida R, Gali J, Gertler M. A Simple Framework for International Monetary Policy Analysis[J]. Journal of Monetary Economics, 2002, 49(5): 879-904.

[565] Clemente J, Montanes A, Reyes M. Testing for A Unit Root in Variables with A Double Change in the Mean. Economics Letters, 1998, 59: 175-182.

[566] Clements K W, Fry R. Commodity Currencies and Currency Commodities[J]. Resources Policy, 2008, 33: 55-73.

[567] Click R W. The ASEAN Dollar Standard in the Post-Crisis Era: A Reconsideration[J]. Journal of Asian Economics, 2009, 20(3): 269-279.

[568] Comunale, Mariarosaria. Dutch Disease, Real Effective Exchange Rate Misalignments and their Effect of GDP Growth in EU[J]. Journal of International Money and Finance, 2017, 73: 350-370.

[569] Connolly M B, Yousef A. Optimum Currency Pegs for Arab Countries[J]. The International Monetary System: Choices for the Future, Preager, New York, 1982: 135-155.

[570] Connolly M. The Speculative Attack on the Peso and the Real Exchange Rate: Argentina, 1979-1981. Journal of International Money and Finance, 1986, 5: S117-S130.

[571] Conroy S J, Emerson T L N. Business Ethics and Religion: Religiosity as a Predictor of Ethical Awareness among Students[J]. Journal of Business Ethics, 2004, 50(4): 383-396.

[572] Cook T Q, Korn S. The Reaction of Interest Rates to the Employment Report: The Role of Policy Anticipations[J]. Social Science Electronic Publishing, 1991, 9: 3-12.

[573] Coto-Martinez J, Reboredo J C. The Balassa-Samuelson Effect in an Imperfectly Competitive Economy: Empirircal Evidence for G7 Countries[EB/OL]. (2010-11-05)[2021-10-08]SSRN: http://repec.org/mmfc03/Coto-Martinez.pdf.

[574] Cox J C, Ingersoll J E, Ross A. A Theory of the Term Structure of Interest Rates[J]. Econometrica, 1985, 53(2): 385-407.

[575] Cox J C, Ingersoll J E, Ross A. A Theory of the Term Structure of Interest Rates[M]//Bhattacharya S, Constantinides G M. Theory of Valuation. 2nd Edition. Hackensack, NJ: World Scientific Publishing Company, 2005: 129-164.

[576] Craig R S, Hua C, Ng P, et al. Development of the Renminbi Market in Hong Kong SAR: Assessing Onshore-Offshore Market Integration[R]. Working Papers, 2014, 13: 268.

[577] Daniels J, Toumanoff P G, Ruhr M. Optimal Currency Basket Pegs for Developing and Emerging Economies[J]. Journal of Economic Integration, 2001, 3: 128-145

[578] Deardorff A V. Determinants of Bilateral Trade: Does Gravity Work in a Neoclassical World?[J]. The Regionalization of the World Economy, 1995: 7-32

[579] Dekle R, Kletzer K. Domestic Bank Regulation and Financial Crises: Theory and Empirical Evidence from East Asia[J]. Social Science Electronic Publishing, 2001, 1(63): 507-558.

[580] Dekle R, Vandenbroucke G. A Quantitative Analysis of China's Structural Transformation. Journal of Economic Dynamics and Control, 2012, 36(1): 119-135.

[581] Delatte A L, Fouquau J. What Drove the Massive Hoarding of International Reserves in Emerging Economies? A Time-varying Approach[J]. Review of International Economics, 2012, 1: 164-176.

[582] DeLoach S B. More Evidence in Favor of the Balassa-Samuelson hypothesis[J]. Review of International Economics, 2001, 9(2): 336-342.

[583] Demirguc-Kunt A, Detragiache E. The Determinants of Banking Crises in Developing and Developed Countries[J]. Staff Papers. 1998, 45(1): 81-109.

[584] Devereux M B, Engel C, Storgaard P E. Endogenous Exchange Rate Pass-through When Nominal Prices Are Set in Advance[J]. Journal of International Economics, 2004, 2: 263-291.

[585] Devereux M B. Real Exchange Rate Trends and Growth: A Model of East Asia[J]. Review of International Economics, 1999, 7(3): 509-521.

[586] Devereux M B, Shi S. Vehicle Currency[J]. International Economic Review, 2013, 1: 97-133.

[587] Dey R, Salemt F M. Gate-variants of Gated Recurrent Unit (GRU) Neural Networks[C]. International Midwest Symposium on Circuits and Systems, IEEE, 2017: 1597-1600.

[588] Dib A. Welfare Effects of Commodity Price and Exchange Rate [EB/OL](2006-05-24)[2021-10-08]. http://www.Bankofcanada.ca/adib.

[589] Diebold F X, Mariano R S. Comparing Predictive Accuracy[J]. Journal of Business & Economic Statistics, 2002, 20(1): 134-144.

[590] Dinçer A. The Failure of the Monetary Model of Exchange Rate Determination[J]. Applied Economics, 2015, 47(43): 4607-4629.

[591] Ding D K, Tse Y, Williams M R. The Price Discovery Puzzle in Offshore Yuan Trading: Different Contributions for Different Contracts[J]. Journal of Futures Markets, 2014, 34(2): 103-123.

[592] Dixit A K, Stiglitz J E. Monopolistic Competition and Optimum Product Diversity[J]. The Warwick Economics Research Paper Series (TWERPS), 1975, 67(3): 297-308.

[593] Dollar D. Outward-Oriented Developing Economies Really Do Grow more Rapidly: Evidence from 95 LDCs, 1976-1985 [J]. Economic development and cultural change, 1992: 523-544.

[594] Dominguez K M E, Frankel J A. Does Foreign Exchange Intervention Matter? The Portfolio Effect[J]. American Economic Review, 1993, 83(5): 1356-1369.

[595] Doppelhofer G, Miller R I, Huang K X D, et al. Determinants of Long-term Growth: A Bayesian Averaging of Classical Estimates (BACE) Approach[J]. American Economic Review, 2004, 94(4): 813-835.

[596] Dornbusch R. Expectations and Exchange Rate Dynamics[J]. Journal of Political Economy, 1976, 84: 1161-1176.

[597] Dunning J H. The Eclectic Paradigm of International Production: A Restatement and some Possible Extensions[J]. Journal of International Business Studies, 1988, 190(1): 1-31.

[598] Durante F, Foscolo E, Sabo M. A Spatial Contagion Test for Financial Markets[C]. Berlin, Heidelberg: Springer Berlin Heidelberg, 2013.

[599] Eaton J, Kortum S. Technology, Geography, and Trade[J]. Econometrica, 2002, 70(5):1741-1779.

[600] Edison H J, Vardal E. Optimal Currency Baskets for Small Developed Economies[J]. Scandanavian Journal of Economics, 1990, 4: 559-571

[601] Edison H J, Klovland J T. A Quantitative Reassessment of the Purchasing Power Parity Hypothesis: Evidence from Norway and the United Kingdom[J]. Journal of Applied Econometrics, 1987, 2(4):

309-333.

[602] Ehsan U, Choudhri, Lawrence L, et al. Productivity, Commodity Prices and the Real Exchange Rate: The long-run Behavior of the Canada-US Exchange Rate[J]. International Review of Economics and Finance, 2014, 29: 537-551

[603] Eichengreen B. Exorbitant Privilege: The Rise and Fall of the Dollar and the Future of the International Monetary System [M]. Oxford: Oxford University Press, 2011

[604] Eichengreen B, Flandreau M. The Federal Reserve, The Bank of England, and The Rise of the Dollar as An International Currency, 1914-1939[J]. Open Economies Review, 2012, 1: 57-87

[605] Eichengreen B, Flandreau M. The Rise and Fall of the Dollar, or When Did the Dollar Replace Sterling as the Leading International Currency? [R]. National Bureau of Economic Research, 2008

[606] Eichengreen B. The Euro as a Reserve Currency[J]. Journal of the Japanese and International Economies, 1998, 4: 483-506.

[607] Eichengreen B. The Real Exchange Rate and Economic growth [J]. Brookings Papers on Economic Activity, 2008: 365-412.

[608] Ekholm K, Moxnes A, Ulltveit-Moe K H. Manufacturing Restructuring and the Role of Real Exchange Rate Shocks[J]. Journal of International Economics, 2012, 86(1): 101-117.

[609] Elekdag S., Tchakarov I. Balance Sheets, Exchange Rate Policy and Welfare[J]. Journal of Economic Dynamics and Control, 2007, 12: 3986-4015.

[610] Elva B. Copper Boom and Bust in Zambia: The Commodity-Currency Link[J]. Journal of Development Studies, 2012, 768-782

[611] Em A, Ns B. Oil Market Structure, Network Effects and the Choice of Currency for Oil Invoicing-ScienceDirect[J]. Energy Policy, 2012, 44: 385-394.

[612] Engel C. Accounting for US Real Exchange Rate Changes[J]. Journal of Political Economy, 1999, 107(3): 507-538.

[613] Engel C. Exchange Rates, Interest Rates and the Risk Premium[J]. The American Economic Review, 2016, 106(2): 436-474.

[614] Engel C, Rogers J H. Violating the Law of One Price: Should We Make a Federal Case out of It? [EB/OL]. (1999-08-12)[2021-10-08]. https://www.federalreserve.gov/pubs/ifdp/1999/644/ifdp644.pdf

[615] Engle R F, Kroner K F. Multivariate Simultaneous Generalized ARCH[J]. Econometric Theory, 2000, 11(1): 122-150.

[616] Engle R F, Sheppard K. Theoretical and Empirical properties of Dynamic Conditional Correlation Multivariate GARCH[R]. NBER Working Papers, 2001.

[617] Estrin T S. Retained State Shareholding in Chinese PLCs: Does Government Ownership always Reduce Corporate Value? [J]. Journal of Comparative Economics, 2008, 36(1): 74-89.

[618] Evans M, Lyons R K. Exchange Rate Fundamentals and Order Flow[J]. Quarterly Journal of Finance, 2012, 2(4): 1-63.

[619] Evans M, Lyons R K. Order Flow and Exchange Rate Dynamics[J]. Journal of Political Economy, 2002, 170-181.

[620] Evans M. Order Flows and the Exchange Rate Disconnect Puzzle[J]. Journal of International Economics, 2010, 80(1): 58-71.

[621] Fama E F. Forward and Spot Exchange Rates[J]. Journal of Monetary Economics, 1984, 14(3): 319-338.

[622] Fama E F, French K R. Testing Trade-Off and Pecking Order Predictions About Dividends and Debt[J]. Review of Financial Studies, 2002, 15(1): 1-33.

[623] Faruqee H. Long-Run Determinants of the Real Exchange Rate: A Stock-Flow Perspective[J]. Staff Papers, 1995, 42(1): 80-107.

[624] Fatum R, Yamamoto Y. Intra-Safe Haven Currency Behavior during the Global Financial Crisis[J]. Journal of International Money and Finance, 2016, 66: 49-64.

[625] Fatum R, Yamamoto Y, Zhu G. Is the Renminbi a Safe Haven?[J]. Journal of International Money and Finance, 2017, 79: 189-202.

[626] Faust J, Rogers J H, Wang S Y B, et al. The High-frequency Response of Exchange Rates and Interest Rates to Macroeconomic Announcements[J]. Journal of Monetary Economics, 2007, 54(4): 1051-1068.

[627] Feenstra R C, Hanson G H. Intermediaries in Entrepot Trade: Hong Kong Re-Exports of Chinese Goods[J]. Journal of Economics & Management Strategy, 2004, 13(1): 3-35.

[628] Feldstein M, Sock J H. Measuring Money Growth When Financial Markets Are Changing[J]. Journal of Monetary Economics, 1996, 37(1): 3-27.

[629] Fisher L A. Sources of Exchange Rate and Price Level Fluctuations in Two Commodity Exporting Countries: Australia and New Zealand[J]. Economic Record, 1996, 72(219): 345-358.

[630] Flanders M J, Helpman E. An Optimal Exchange Rate Peg in a World of General Floating[J]. Review of Economic Studies, 1979, 46: 533-42.

[631] Flanders M J, Tishler A. The Role of Elasticity Optimism in Choosing an Optimal Currency Basket with Applications to Israel[J]. Journal of International Economics, 1981, 3: 395-406.

[632] Flandreau M, Jobst C. The Empirics of International Currencies: Historical Evidence[R]. CEPR Discussion Papers, 2006.

[633] Flood R P, Rose A K. Uncovered Interest Parity in Crisis[J]. IMF Staff Papers, 2002, 49(2): 252-266.

[634] Flood R P, Taylor M P. Exchange Rate Economics: What's Wrong With the Conventional Macro Approach?[M]. Chicago: University of Chicago Press, 1996.

[635] Forsberg L, Ghysels E. Why Do Absolute Returns Predict Volatility So Well?[J]. Social Science Electronic Publishing, 2007, 5(1): 31-67.

[636] Frankel J A, Galli G, Giovannini A. Introduction to "The Microstructure of Foreign Exchange Markets"[M]. Chicago: University of Chicago Press, 1996.

[637] Frankel J A. Is Japan Creating a Yen Bloc in East Asia and the Pacific?[R]. National Bureau of Economic Research, 1992.

[638] Frankel J A. On the mark: A Theory of Floating Exchange Rates Based on Real Interest Differentials[J]. American Economic Review, 1979, 69: 610-622.

[639] Frankel J A, Rose A K. Currency Crashes in Emerging Markets: An Empirical Treatment[J]. Journal of International Economics. 1996, 410(3): 351-366.

[640] Frankel J A, Rose A K. Empirical Research on Nominal Exchange Rates[J]. Handbook of International Economics, 1995, 3(5): 1689-1729.

[641] Frankel J A, Wei S J. Estimation of De Facto Exchange Rate Regime: Synthesis of the Techniques for Inferring Flexibility and Basket Weights[R]. IMF Staff Paper, 2008, 55: 384-416

[642] Frankel J A, Wei S J. New Estimation of China's Exchange Rate Regime[J]. Pacific Economic Review, 2009, 14(3): 346-360.

[643] Frankel J A, Wei S J. Yen Bloc or Dollar Bloc? Exchange Rate Policies of the East Asian Economies[M]. Chicago: University of Chicago Press, 1994.

[644] Frankel J A. What's in and out in Global Money[J]. Finance & Development, 2009, 46(3): 13-17.

[645] Frankel J A. Historical Precedents for Internationalization of the RMB [R]. New York: Council on Foreign Relations, 2011.

[646] Frankel J. Internationalization of the RMB and Historical Precedents[J]. Journal of Economic Integration, 2012, 27(3): 329-365.

[647] Frankel J, Wei S J. Estimation of De Facto Exchange Rate Regimes: Synthesis of the Techniques for Inferring Flexibility and Basket Weights[J]. IMF Staff Papers, 2008, 55(3): 384-416.

[648] Frankel J, Xie D. Estimation of De Facto Flexibility Parameter and Basket Weights in Evolving Exchange Rate Regimes[J]. American Economic Review, 2010, 100(2): 568-572.

[649] Fratianni M. The Future International Monetary System: Dominant Currencies or Supranational Money? An Introduction [J]. Open Economies Review, 2012, 1: 1-12.

[650] Fratzscher M. On the Long-term Effectiveness of Exchange Rate Communication and Interventions[J]. Journal of International Money & Finance, 2006, 25(1): 146-167.

[651] Fratzscher M. Communication and exchange rate policy[J]. Journal of Macroeconomics, 2008, 30(4): 1651-1672.

[652] Fratzscher M, Mehl A. China's Dominance Hypothesis and the Emergence of a Tri-polar Global Currency System[J]. The Economic Journal, 2014, 124(581): 1343-1370.

[653] Frederic E. L. China's Currency, Banking, and Finance[M]. Washington: Government Printing Office, 1926.

[654] Frenkel J. A monetary Approach to the Exchange Rate: Doctrinal Aspects and Empirical Evidence[J]. Scandinavian Journal of Economics, 1976, 76: 200-224.

[655] Friedman B M. The Role of Judgment and Discretion in the Conduct of Monetary Policy: Consequences of Changing Financial Markets[Z]. National Bureau of Economic Research, Inc, 1993.

[656] Froot K A, Frankel J A. Forward Discount Bias: Is It an Exchange Risk Premium? [J]. The Quarterly Journal of Economics, 1989, 104(1): 139-161.

[657] Froot K A, Rogoff K. The EMS, the EMU, and the Transition to a Common Currency[J]. NBER Macroeconomics Annual, 1991, 6: 269-317.

[658] Fry-McKibbin R A, Wanaguru S. Currency Intervention: A Case Study of an Emerging Market. Journal of International Money and Finance, 2013, 37: 25-47.

[659] Funke M, Shu C, Cheng X, et al. Assessing the CNH-CNY Pricing Differential: Role of Fundamentals, Contagion and Policy[J]. Journal of International Money and Finance, 2015, 59: 245-262.

[660] Funke M, Shu C, Cheng X, et al. Assessing the CNH-CNY Pricing Differential: Role of Fundamentals, Contagion and Policy [J]. Journal of International Money and Finance, 2015, 59: 245-262.

[661] Gali J, Monacelli T. Monetary Policy and Exchange Rate Volatility in a Small Open Economy[J]. The Review of Economic Studies, 2005, 72(3): 707-734.

［662］Garber P, Spence A M, Mallaby S. What Drives CNH Market Equilibrium［J］. Manuscript, Council on Foreign Relations and China Development Research Foundation, 2012.

［663］Garcia-Cebro J A, Varela-Santamaria R. Raw Materials World Price Changes and Exchange Rates in a Small Open Economy［J］. Economics Letters, 2007, 95: 132-139

［664］Georgoutsos D A, Kouretas G P. The Relevance of the Monetary Model for the Euro / USD Exchange Rate Determination: A Long Run Perspective［J］. Open Economies Review, 2017, 28(5): 1-22.

［665］Geweke J. Comment: Inference and Prediction in the Presence of Uncertainty and Determinism［J］. Statistical Science, 1992, 7(1): 94-101.

［666］Ghosh A R, Gulde A M, Ostry J D, et al. Does the Nominal Exchange Rate Regime Matter?［R］. NBER Working Paper, No. 5874, 1997.

［667］Giles D E. Some Properties of Absolute Returns as a Proxy for Volatility［J］. Applied Financial Economics Letters, 2008, 4(5): 347-350.

［668］Gnimassoun B, Mignon V. Current-Account Adjustments and Exchange-Rate Misalignments［R］. University of Paris West-Nanterre la Défense, Economic, 2013.

［669］Goldberg L. Industry Specific Exchange Rates for the United States. Economic Policy Review, 2004, 10(1): 1-16.

［670］Goldberg L S, Linda S, Cédric T. Vehicle Currency Use in International Trade［J］. Journal of International Economics, 2008, 76(2): 177-192.

［671］Goldberg L S, Tille C. Micro, Macro, and Strategic Forces in International Trade Invoicing［R］. National Bureau of Economic Research, 2009.

［672］Goldberg L, Tracy J, Aaronson S. Exchange Rates and Employment Instability: Evidence from Matched CPS Data. American Economic Review, 1999, 89(2): 204-210.

［673］Goldfajn I, Valdes R O. The Aftermath of Appreciations［J］. The Quarterly Journal of Economics, 1999, 229-262.

［674］Goldfajn I, Valdés R. Capital Flows and the Twin Crises: The Role of Liquidity［M］. International Monetary Fund, 1997.

［675］Goldstein M, Lardy N. China's Exchange Rate Policy Dilemma［J］. American Economic Review, 2006, 96(2): 422-426.

［676］Gopinath G, Itskhoki O, Rigobon R. Currency Choice and Exchange Rate Pass-Through［J］. American Economic Review, 2010, 100(1): 304-336.

［677］Gopinath G, Rigobon R. Sticky Borders［J］. Quarterly Journal of Economics, 2008, 123(2): 531-575.

［678］Granger C W. Modeling Nonlinear Relationships between Extended-memory Variables［M］. Cambridge, Cambridge University Press, 1995.

［679］Greenspan A. Opening Remarks: Monetary Policy and Uncertainty: Adapting to a Changing Economy［C］. Proceedings-Economic Policy Symposium-Jackson Hole. Federal Reserve Bank of Kansas City, 2003.

［680］Grilli R, Tedeschi G, Gallegati M. Markets Connectivity and Financial Contagion［J］. Journal of Economic Interaction and Coordination. 2015, 10(2): 287-304.

［681］Grisse C, Nitschka T. On Financial Risk and the Safe Haven Characteristics of Swiss franc Exchange Rates［J］. Journal of Empirical Finance, 2015, 32: 153-164.

［682］Groenewold N, Paterson J. Stock Prices and Exchange Rates in Australia: Are Commodity Prices the

Missing Link? [J]. Australian Economic Papers, 2013, 52(3-4).

[683] Grote C, Sibbertsen P. Testing for Cointegration in a Double-LSTR Framework[M]. Empirical Economic and Financial Research, Springer International Publishing, 2015: 437-450.

[684] Grullon G, Kanatas G, Weston J. Religion and Corporate (Mis) Behavior[R]. Houston: Rice University, 2009.

[685] Gu C, Kurov A. What Drives Informed Trading Before Public Releases? Evidence from Natural Gas Inventory Announcements[J]. Journal of Futures Markets, 2016, 38(9): 1079-1096.

[686] Gubler M, Sax C. The Balassa-Samuelson Effect Reversed: New Evidence from OECD Countries[J]. Swiss Journal of Economics and Statistics, 2019, 155(1): 1-21.

[687] Guzman M, Jose A, Stiglitz E, et al. Real Exchange Rate Policies for Economic Development [J]. World Development, 2018, 110: 51-62.

[688] Hansen B E. Threshold Effects in Non-dynamic Panels: Estimation, Testing, and Inference [J]. Journal of Econometrics, 1999, 2: 345-368.

[689] Hansen S, Mcmahon M. First Impressions Matter: Signalling as a Source of Policy Dynamics[J]. Review of Economic Studies, 2016, 83(4): 1645-1672.

[690] Harberger A C. Economic Growth and the Real Exchange Rate: Revisiting the Balassa-Samuelson Effect[C]. Conference organized by The Higher School of Economics, Moscow, 2003.

[691] Hatzinikolaou D, Polasek M. The Commodity-Currency View of the Australian Dollar: A Multivariate Cointegration Approach[J]. Journal of Applied Economics, 2005, 8(5): 81-99.

[692] He D, Luk P, Zhang W. The Internationalisation of the Renminbi as an Investing and a Funding Currency: Analytics and Prospects[J]. Pacific Economic Review, 2015, 21(3): 295-323.

[693] Hellerstein R. Who Bears the Cost of a Change in the Exchange Rate? Pass-through Accounting for the Case of Beer. Journal of International Economics, 2008, 76(1): 14-32.

[694] Helpman E. Imperfect Competition and International Trade: Evidence from Fourteen Industrial Countries[J]. Social Science Electronic Publishing, 1987, 1: 62-87.

[695] Henning C R. Choice and Coercion in East Asian Exchange Rate Regimes[J]. International Economic Review, 2012.

[696] Hilary G, Hui K W. Does Religion Matter in Corporate Decision Making in America? [J]. Journal of Financial Economics, 2009, 93(3): 455-473.

[697] Ho K Y, Shi Y, Zhang Z. Does News Matter in China's Foreign Exchange Market? Chinese RMB Volatility and Public Information Arrivals[J]. International Review of Economics & Finance, 2017, 52: 302-321.

[698] Ho K Y, Shi Y, Zhang Z. Does News Matter in China's Foreign Exchange Market? Chinese RMB Volatility and Public Information Arrivals [J]. International Review of Economics & Finance, 2017, S1059056017300357.

[699] Hong, Zou, A da ms, et al. Debt Capacity, Cost of Debt, and Corporate Insurance[J]. Journal of Financial and Quantitative Analysis, 2008, 43(2): 433.

[700] Honohan P, Klingebiel D. Controlling the Fiscal Costs of Banking Crises[Z]. The World Bank, 2000.

[701] Hossfeld O, MacDonald R. Carry Funding and Safe Haven Currencies: A threshold Regression Approach[J]. Journal of International Money and Finance, 2015, 59: 185-202.

[702] Hsieh D A. The Determination of the Real Exchange Rate: The Productivity Approach[J]. Journal of

International Economics, 1982, 12(3-4): 355-362.

[703] Huang B Y, Lin C M, Huang C M. The Influences of Ownership Structure: Evidence from China[J]. Journal of Developing Areas, 2011, 45(1): 209-227.

[704] Hurst H E. Long Term Storage Capacity of Reservoirs[J]. Transactions of the American Society of Civil Engineers, 1951, 116: 770-799.

[705] Ilzetzki E, Reinhart C M, Rogoff K S. Exchange Arrangements Entering the Twenty-First Century: Which Anchor will Hold? [J]. The Quarterly Journal of Economics, 2019, 134(2): 599-646.

[706] Imad A, Ming M. Linear and Nonlinear Attractors in Purchasing Power Parity[J]. Economia Internazionale, 2018, 71(2): 149-172.

[707] International Monetary Fund. Enhancing International Monetary Stability—A Role for the SDR? [R]. Washington D. C.: IMF, 2011.

[708] Ito T. A New Financial Order in Asia: Will a RMB Bloc Emerge? [J]. Journal of International Money and Finance, 2017, 74: 232-257.

[709] Ito T, Isard P, Symansky S. Economic Growth and Real Exchange Rate: An Overview of the Balassa-Samuelson Hypothesis in Asia[M]// Ito T, Krueger A O. Changes in Exchange Rates in Rapidly Developing Countries: Theory, Practice, and Policy Issues. Chicago: The University of Chicago Press, 1999: 109-130.

[710] Ito T, Koibuchi S, Sasaki Y, et al. Currency Invoicing and Foreign Exchange Risk Management: A Case Study of Japanese Firms[R]. Discussion Papers (by fiscal year), 2008, 4: 4-68

[711] Ito T, Koibuchi S, Sato K, et al. Why Has the Yen Failed to Become a Dominant Invoicing Currency in Asia? A Firm-level Analysis of Japanese Exporters' Invoicing Behavior[R]. National Bureau of Economic Research, 2010.

[712] Jain A, Ghosh S. Dynamics of global Oil Prices, Exchange Rate and Precious Metal Prices in India[J]. Resources Policy, 2013, 38(1): 88-93.

[713] Jeanneney S G, Hua P. How Does Real Exchange Rate Influence Labour Productivity in China? [J]. China Economic Review, 2011, 22(4): 628-645.

[714] Jeffrey J A, 谢丹夏. 基于综合计量技术的人民币汇率制度演化分析[J]. 国际金融研究, 2018, 2: 66-76.

[715] Jäggi, Schlegel M, Zanetti A. Macroeconomic Surprises, Market Environment and Safe-haven Currencies[J]. No. 15, Swiss National Bank, 2016.

[716] Jian C, Jiang C, Lin Y. What Determine Firms' Capital Structure in China? [J]. Managerial Finance, 2014, 40 (10): 1024-1039.

[717] Jongil C, Hyunjoo K, Jaehun K, et al. Changes in Colour and Antioxidant Activities of Hizikia Fusiformis Cooking Drips by Gamma Irradiation[J]. LWT-Food Science and Technology, 2010, 43(7): 1074-1078.

[718] Joy M. Gold and the US dollar: Hedge or haven? [J]. Finance Research Letters, 2011, 8(3): 120-131.

[719] Kalina M. Credit Constraints Heterogeneous Firms and International Trade[J]. Review of Economic Studies, 2012, 80: 711-744.

[720] Kaminsky G L, Reinhart C M. On Crises, Contagion and Confusion[J]. Journal of International Economics. 2000, 51(1): 145-168.

[721] Kang H. Behind the Scenes of Abandoning a Fixed Exchange Rate Regime[J]. Journal of Banking &

Finance, 2013, 37(8): 3145-3156.

[722] Kaplan S, Zingales L. Do Investment-Cash Flow Sensitivities Provide Useful Measures of Financing Constraints?[J]. Quarterly Journal of Economics, 1997, 112(1): 169-215.

[723] Katz M L, Shapiro C. Network Externalities, Competition, and Compatibility[J]. American Economic Review, 1985, 75(3): 424-440.

[724] Kearney C, Macdonald R. Rational Expectations, Bubbles and Monetary Models of the Exchange Rate: the Australian/US Dollar Rate during the Recent Float[J]. Australian Economic Papers, 1990, 29(54): 1-20.

[725] Keefe H G, Shadmani H. Foreign Exchange Market Intervention and Asymmetric Preferences[J]. Emerging Markets Review, 2018, 37: 148-163.

[726] Khandelwal A, Schott P K, Wei S. Trade Liberalization and Embedded Institutional Reform: Evidence from Chinese Exporters[J]. Social Science Electronic Publishing, 2013, 103(6): 2169-2195.

[727] Kimura F, Lee H. The Gravity Equation in International Trade in Services[J]. Review of World Economics, 2006, 142(1): 92-121.

[728] Kogut B, Singh H. The Effect of National Culture on the Choice of Entry Mode[J]. Int. Business Studies, 1988, 19: 411-432.

[729] Kohler M. Exchange Rates during Financial Crises1[J]. BIS Quarterly Review, 2010, 39.

[730] Kortum E S. Technology, Geography and Trade[J]. Econometrica, 2002, 70(5): 1741-1779.

[731] Krishna K. Advanced International Trade: Theory and Evidence[J]. Journal of International Economics, 2005, 66(2): 541-544.

[732] Krugman P. A Model of Balance-of-Payments Crises[J]. Journal of Money, Credit and Banking, 1979, 11(3):311-325.

[733] Krugman P. Scale Economies, Product Differentiation, and the Pattern of Trade[J]. American Economic Review, 1980, 70(5): 950-959.

[734] Krugman P R. The International Role of the Dollar: Theory and Prospect[J]. NBER Chapters, 1984, 73(2): 309-327.

[735] Krugman P. Are Currency Crises Self-Fullfilling?[J]. NBER Macroeconomics Annual, 1996, 11: 345-378.

[736] Kurov A, Stan R. Monetary Policy Uncertainty and the Market Reaction to Macroeconomic News[J]. Journal of Banking & Finance, 2017, 86: 127-142.

[737] Kuttner K N. Monetary Policy Surprises and Interest Rates: Evidence from the Fed Funds Futures Market[J]. Staff Reports, 2000, 47(3): 523-544.

[738] Laeven L, Valencia F. Systemic Banking Crises Database[J]. IMF Economic Review, 2013, 61(2): 225-270.

[739] Lapp J S, Pearce D K. The Impact of Economic News on Expected Changes in Monetary Policy[J]. Journal of Macroeconomics, 2012, 34(2): 362-379.

[740] Lee J. Will the Renminbi Emerge as an International Reserve Currency?[J]. The World Economy, 2014, 37(1): 42-62.

[741] Lee J, Yi B C. Industry level real effective exchange rates for Korea[J]. Economic Papers, 2005, 9(1): 143-185.

[742] Lee K S. Safe-Haven Currency: An Empirical Identification[J]. Review of International Economics,

2017, 25(4): 924-947.

[743] Lee K. Systematic Exchange Rate Variation: Where Does the Dollar Factor Come From? [J]. International Review of Economics & Finance, 2018, 56(7): 288-307.

[744] Lerner A P. The Economics of Control: Principles of Welfare Economics [J]. New York: Macmillan, 1944.

[745] LeSage J P, Pace R K. Introduction to Spatial Econometrics [M]. Chapman and Hall/CRC, 2009.

[746] LeSage J P, Pace R K. Spatial Econometric Modeling of Origin-Destination Flows [J]. Journal of Regional Science. 2008, 48(5): 941-967.

[747] Levine R. Law, Endowments and Property Rights [J]. Journal of Economic Perspectives, 2005, 190(3): 61-88.

[748] Levinsohn J, Petrin A. Estimating Production Functions Using Inputs to Control for Unobservables [J]. Review of Economic Studies, 2003, 70(2): 317-341.

[749] Levy-Yeyati E, Sturzenegger F. To Float or to Fix: Evidence on the Impact of Exchange Rate Regimes on Growth [J]. The American Economic Review, 2003, 93(4):1173-1193.

[750] Li L, Wan J, Zheng J, et al. Biomedical Event Extraction based on GRU Integrating Attention Mechanism [J]. BMC Bioinformatics, 2018, 19: 177-184.

[751] Lim E G. The Euro's Challenge to the Dollar: Different Views from Economists and Evidence from COFER(Currency Composition of Foreign Exchange Reserves) and Other Data [R]. International Monetary Fund, 2006.

[752] Lipschitz L, Sundararajian V. The Optimal Basket in a World of Generalized Floating [R]. IMF Staff Paper. 1980, 27: 80-100.

[753] Liu Q, Qiu L D. Intermediate Input Imports and Innovations: Evidence from Chinese Firms' Patent Filings [J]. Journal of International Economics, 2016, S0022199616301131.

[754] Lloyd E H, Hurst H E, Black R P, et al. Long-term Storage: An Experimental Study [J]. Journal of the Royal Statistical Society, 1966, 129(4): 591.

[755] Lo A W. Long-Term Memory in Stock Market Prices [J]. Econometrica, 1991, 59: 1279-1313.

[756] Lothian J R. Purchasing Power Parity and the Behavior of Prices and Nominal Exchange Rates across Exchange-rate Regimes [J]. Journal of International Money & Finance, 2016, 69: 5-21.

[757] Love R, Payne R. Macroeconomic News, Order Flows and Exchange Rates [J]. LSE Research Online Documents on Economics, 2003.

[758] Lu Y, Yu L. Trade Liberalization and Markup Dispersion: Evidence from China's WTO Accession? [J]. American Economic Journal: Applied Economics, 2015, 7(4): 221-253.

[759] Álvaro A N. Contagious Currency Crisis: A Spatial Probit Approach [M]. Banco de Portugal, Economics and Research Department, 2003.

[760] Lyons R K. Tests of Microstructural Hypotheses in the Foreign Exchange Market [J]. Journal of Financial Economics, 1993, 75(3): 321-351.

[761] MacDonald R, Ricci L A. The Real Exchange Rate and the Balassa-Samuelson Effect: The Role of the Distribution Sector. Pacific Economic Review, 2005, 10(1): 29-48.

[762] MacDonald R, Taylor M P. The Monetary Model of the Exchange Rate: Long-run Relationships, Short-run Dynamics and How to Beat a Random Walk [J]. Journal of International Money and Finance, 1994, 13: 276-290.

[763] Malatesta P H, Dewenter K L. State-Owned and Privately Owned Firms: An Empirical Analysis of Profitability, Leverage, and Labor Intensity[J]. The American Economic Review, 2001, 91(1): 320-334.

[764] Manasse P, Roubini N, Schimmelpfennig A. Predicting Sovereign Debt Crises[J]. Social Science Electronic Publishing, 2006, 3(221): 192-205.

[765] Manova K. Credit Constraints, Heterogeneous Firms, and International Trade[J]. The Review of Economic Studies, 2012, 80(2): 711-744.

[766] Marcel F. Oral Interventions Versus Actual Interventions inFx Markets-An Event-Study Approach[J]. Economic Journal, 2008b, 530: 1079-1106.

[767] Marshall P A. Religious Freedom in the World[M]. Lanham: Rowman & Littlefield Publishers, 2007.

[768] Marsh I W, O'Rourke C. Customer Order Flow and Exchange Rate Movements: Is There Really Information Content? [J]. SSRN Electronic Journal, 2005.

[769] Ma Z, Cheng L K. An Optimal Currency Basket to Minimize Output and Inflation Volatility: Theory and an Application to Hong Kong[J]. Pacific Economic Review, 2014, 19(1): 90-111.

[770] Maziad S, Kang J S. RMB Internationalization: Onshore/Offshore Links[R]. IMF Working Paper Publishing, 2012, 12(133).

[771] McCallum B, Nelson E. Monetary Policy for an Open Economy: An Alternative Framework with Optimizing Agents and Sticky Prices[J]. Oxford Review of Economic Policy, 2000, 16(4): 74-91.

[772] McCallum J. National Borders Matter: Canada-U. S. Regional Trade Patterns[J]. American Economic Review, 1995, 85(3): 615-623.

[773] McCauley R N. Renminbi Internationalisation and China's Financial Development[J]. Journal of Chinese Economic and Business Studies, 2013, 11(2): 101-115.

[774] McGuire S T, Omer T C, Sharp N Y. The Impact of Religion on Financial Reporting Irregularities[J]. The Accounting Review, 2012, 87(2): 645-673.

[775] McKinnon R I. The East Asian Dollar Standard[J]. China Economic Review, 2004, 15(3): 325-330.

[776] McKinnon R, Schnabl G. The East Asian Dollar Standard, Fear of Floating and Original Sin[J]. Review of Development Economics, 2004, 8(3): 331-360.

[777] Meese R A, Rogoff K. Empirical Exchange Rate Models of the Seventies: Do They Fit out-of Sample? [J]. Journal of International Economics, 1983a, 14: 3-24.

[778] Meese R A, Rogoff K. The Out of Sample Failure of Empirical Exchange Rate Models: Sampling Error or Mis-specification? [M]. Exchange Rates and International Macroeconomics, Chicago: University of Chicago Press, 1983b, 67-105.

[779] Meese R A, Rose A K. An Empirical Assessment of Non-linearities in Models of Exchange Rate Determination[J]. International Finance Discussion Papers, 1991, 58(58): 603-619.

[780] Meese R, Rogoff K. Was it real? The Exchange Rate—Interest Differential Relation: 1973-1984 [J]. Journal of Economic Dynamics & Control, 1986, 10(1): 297-298.

[781] Melitz M J. The Impact of Trade on Intra-industry Reallocations and Aggregate Industry Productivity[J]. Econometrica, 2003, 6: 1695-1725.

[782] Melvin M, Taylor M P. The Crisis in the Foreign Exchange Market[J]. Journal of International Money and Finance, 2009, 28(8): 1317-1330.

[783] Menkhoff L, Sarno L, Schmeling M, et al. Carry Trades and Global Foreign Exchange Volatility[J]. The Journal of Finance, 2012, 67(2): 681-718.

[784] Michaely M. Exports and Growth: An Empirical Investigation [J]. Journal of Development Economics, 1977, 4(1): 49-53.

[785] Micheal W. Interest and Prices: Foundations of a Theory of Monetary Policy[Z]. Princeton University Press Princeton, NJ and Oxford, 2003.

[786] Mishkin F. Headline Versus Core Inflation in the Conduct of Monetary Policy: A Speech at the Business Cycles, International Transmission and Macroeconomic Policies Conference, HEC Montreal, Montreal, Canada, October 20, 2007[Z]. Board of Governors of the Federal Reserve System (U. S.), 2007.

[787] Missio F, Araujo R A, Jayme F G. Endogenous Elasticities and the Impact of the Real Exchange Rate on Structural Economic Dynamics [J]. Structural Change and Economic Dynamics, 2017, 42(9): 67-75.

[788] Mohsen B O, Brooks T J. A Cointegration Approach to Estimating Bilateral Trade Elasticities Between US and Her Trading Partners[J]. International Economic Journal, 1999, 13(4): 119-128.

[789] Moosa I A, Al-Loughani N E. Unbiasedness and Time Varying Risk Premia in the crude Oil Futures Market[J]. Energy Economics, 1994, 16(2):99-105.

[790] Morana C. A Semiparametric Approach to Short term Oil Price Forecasting [J]. Energy Economics, 2001, 3: 325-338

[791] Moser C, Urban D, Mauro B. International Competitiveness, Job Creation and Job Destruction-An Establishment Level Study of German Job Flows[J]. Journal of International Economics, 2019, 80(2): 302-317.

[792] Mueller P, Tahbaz-Salehi A, Vedolin A. Exchange Rates and Monetary Policy Uncertainty[J]. SSRN Electronic Journal, 2016.

[793] Muhammad Z, Suleiman H, Kouhy R. Exploring Oil Price-exchange Rate Nexus for Nigeria[J]. OPEC Energy Review, 2012, 36(4):383-395.

[794] Mussa M. The Exchange Rate, the Balance of Payments, and Monetary and Fiscal Policy Under a Regime of Controlled Aoating[J]. Scandinavian Journal of Economics, 1976, 78: 229-248.

[795] Myers S C. Determinants of Corporate Borrowing[J]. Journal of Financial Economics, 1977, 5(2): 147-175.

[796] Myers S C, Majluf N S. Corporate Financing and Investment Decisions When Firms Have Information-That Investors Do Not Have[R]. NBER Working Papers, 1984.

[797] Myers S C. The Capital Structure Puzzle[J]. Social Science Electronic Publishing, 1984, 39(3): 575-592.

[798] Nachum L. Liability of Foreignness in Global Competition? Financial Service Affiliates in the City of London[J]. Strategic Management Journal, 2003, 24(12): 1187-1208.

[799] Nakajima J. Time-Varying Parameter VAR Model with Stochastic Volatility: An Overview of Methodology and Empirical Applications[J]. Monetary and Economic Studies, 2011, 29.

[800] Narayan P K, Sharma S S. Does Data Frequency Matter for the Impact of Forward Premium on Spot Exchange Rate? [J]. International Review of Financial Analysis, 2015, 39(5): 45-53.

[801] Nikkinen J, Sahlstron P, Vahamaa S. Implied Volatility Linkages among Major European Currencies[J]. Journal of International Financial Markets Institutions & Money, 2006, 16(2): 87-103.

[802] Noland M. Religion and Economic Performance[J]. World Development, 2005, 33(8): 1215-1232.

[803] Novo A. Contagious Currency Crises: A Spatial probit Approach[J]. General Information, 2003.

[804] Novy D. Is the Iceberg Melting less Quickly? International Trade Costs after World War II[R]. Working Paper. Coventry: University of Warwick, Department of Economics. Warwick Economic Research Papers, No. 764, 2006.

[805] Obstfeld M. Financial Flows, Financial Crises, and Global Imbalances[J]. Journal of International Money and Finance, 2012, 3: 469-480.

[806] Obstfeld M, Rogoff K. The Six Major Puzzles in International Macroeconomics: Is there a Common Cause? [R]. NBER macroeconomics annual, 2000, 15: 339-390.

[807] Ogawa E, Shimizu J. Progress Toward A Common Currency Basket System in East Asia[R]. RIETI Discussion Papers Series, 2007.

[808] Olley G S, Pakes A. The Dynamics of Productivity in the Telecommunications Equipment Industry[J]. NBER Working Paper, 1992.

[809] Omrane W B, Savaser T. The Sign Switch Effect of Macroeconomic News in Foreign Exchange Markets[J]. Journal of International Financial Markets, Institutions and Money, 2016, 45: 96-114.

[810] Pace S. Does Religion Affect the Materialism of Consumers? An Empirical Investigation of Buddhist Ethics and the Resistance of the Self[J]. Journal of Business Ethics, 2013, 112(1): 25-46.

[811] Parsley D C, Wei S J. Convergence to the Law of One Price without Trade Barriers or Currency Fluctuations[J]. The Quarterly Journal of Economics, 1996, 111(4): 1211-1236.

[812] Pescatori A, Sy A N R. Are Debt Crises Adequately Defined? [J]. IMF Staff Papers. 2007, 54(2): 306-337.

[813] Peter S. Modelling the Link between Commodity Prices and Exchange Rates[J]. The tale of daily data, 1992, 156-171.

[814] Preeg E H. Exchange Rate Manipulation to Gain an Unfair Competitive Advantage: The Case against Japan and China[J]. Dollar Overvaluation and the World Economy, 2003, 26: 267.

[815] Primiceri G E. Time Varying Structural Vector Autoregressions and Monetary Policy[J]. The Review of Economic Studies, 2005, 72(03): 821-852.

[816] Purnhauser L, Medgyesy P, M Czakó, et al. Stimulation of Shoot Regeneration in Triticum Aestivum and Nicotiana Plumbaginifolia Viv. Tissue Cultures using the Ethylene Inhibitor AgNO3[J]. Plant Cell Reports, 1987, 6(1): 1-4.

[817] Quah D, Vahey S P. Measuring Core Inflation[J]. The Economic Journal, 1995, 105(432):1130-1144.

[818] Quan J. Two-step Testing Procedure for Price Discovery Role of Futures Prices[J]. The Journal of Futures Markets, 1992, 12: 139-149.

[819] Rabah, Arezki, Prakash, et al. Understanding International Commodity Price Fluctuations-ScienceDirect[J]. Journal of International Money and Finance, 2014, 42(1): 1-8.

[820] Rajan R G, Zingales L. What Do We Know About Capital Structure? Some Evidence from International Data[J]. NBER Working Papers, 1994, 50(5): 1421-1460.

[821] Ramachandran M, Srinivasan N. Asymmetric Exchange Rate Intervention and International Reserve Accumulation in India[J]. Economics Letters, 2007, 94(2): 259-265.

[822] Ramazan S, Shawkat H, Ugur S. Dynamics of Oil Price, Precious Metal Prices, and Exchange rate[J]. Energy Economics, 2010, 32: 351-362.

[823] Ranaldo A, Söderlind P. Safe Haven Currencies[J]. Review of Finance, 2010, 14(3): 385-407.

[824] Razmi A, Rapetti M, Skott P. The Real Exchange Rate and Economic Development[J]. Structural Change & Economic Dynamics, 2012, 23(2): 151-169.

[825] Reboredo J C. Is Gold a Safe Haven or a Hedge for the US Dollar? Implications for Risk Management[J]. Journal of Banking & Finance, 2013, 37(8): 2665-2676.

[826] Reid M. Isolating Measure of Inflation Expectation for the South African Financial Market Using Forward Interest Rates[J]. South African Journal of Economics, 2009, 77(3): 15.

[827] Reinhart C M, Rogoff K S. From Financial Crash to Debt Crisis[J]. American Economic Review. 2011, 101(5): 1676-1706.

[828] Reinhart C M, Rogoff K. The Modern History of Exchange Rate Arrangements: A Reinterpretation[J]. NBER Working Paper, 2004.

[829] Reynard S. What Drives the Swiss Franc? [J]. Aussen-Wirtschaft, 2009, 64(3): 335-363.

[830] Robyn Swift. Exchange Rates and Commodity Prices: The Case of Australian Metal Exports[J]. Applied Economics, 2001, 33: 745-753.

[831] Rodrik D. The Real Exchange Rate and Economic Growth[J]. Brookings Papers on Economic Activity, 2008(2): 365-412.

[832] Rohlfs J. A Theory of Interdependent Demand for a Communication Service[J]. The Bell Journal of Economics and Management Science, 1974, 5(1): 16-37.

[833] Romer P M. New Goods, Old Theory, and The Welfare Costs of Trade Restrictions[J]. Journal of Development Economics, 1994, 43(1): 5-38.

[834] Rose A K. The Role of Exchange Rates in a Popular Model of International Trade: Does the 'Marshall-Lerner' Condition Hold? [J]. Journal of International Economics, 1991, 30(3-4): 301-316.

[835] Rose A K, Yellen J L. Is there a J-curve? [J]. Journal of Monetary economics, 1989, 24(1): 53-68.

[836] Rose A K, Van Wincoop E. National Money as a Barrier to International Trade: The Real Case for Currency Union[J]. American Economic Review, 2001, 91(2): 386-390.

[837] Ross M L. Understanding International Commodity Price Fluctuations[J], Journal of International Money and Finance, 2014, 42: 1-8.

[838] Roubini N. The Almighty Renminbi? [J]. New York Times, 2009.

[839] Rudiger D. Exchange Rate and Prices[J]. American Economic Review, 1987, 5: 93-105

[840] Sachs J D, Williamson J. External Debt and Macroeconomic Performance in Latin America and East Asia[J]. Brookings Papers on Economic Activity, 1985, 16 (2): 523-573.

[841] Sakata S, Takeda F. Effects of Oral Intervention on Fluctuations in Exchange Rates: Evidence from Japan 1995-2011[J]. Journal of Reviews on Global Economics, 2013, 2: 60-78.

[842] Sarno L, Valente G, Leon H. Nonlinearity in Deviations from Uncovered Interest Parity: An Explanation of the Forward Bias Puzzle[J]. Review of Finance, 2006, 10(3): 443-482.

[843] Satoshi N. Bitcoin: A Peer-to-Peer Electronic Cash System[J]. Computer Science, 2008.

[844] Schnabl G, Baur D. Purchasing Power Parity: Granger Causality Tests for the Yen-Dollar Exchange Rate[J]. Japan & the World Economy, 2002, 14(4): 425-444.

[845] Senior N. An Introductory Lecture on Political Economy. Speech Delivered to the University of Oxford. J. Mawman, London, 1827.

[846] Sensoy A, Sobaci C. Effects of Volatility Shocks on the Dynamic Linkages between Exchange rate, Interest Rate and the Stock Market: The Case of Turkey [J]. Economic Modelling, 2014, 43: 448-457.

[847] Shahbaz M, Tiwari A K, Tahir M I. Analyzing Time-Frequency Relationship between Oil Price and Exchange Rate in Pakistan through Wavelets[J]. Journal of Applied Statistics, 2015, 42(3-4): 690-704.

[848] Silva J, Tenreyro S. The Log of Gravity[J]. Review of Economics & Statistics, 2006, 88(4): 641-658.

[849] Simone F, Razzak W. Nominal Exchange Rates and Nominal Interest Rate Differentials[J]. IMF Working Papers, 1999, 99(141).

[850] Simpson M W, Ramchander S, Chaudhry M. The Impact of Macroeconomic Surprises on Spot and Forward Foreign Exchange Markets[J]. Journal of International Money & Finance, 2005, 24(5): 693-718.

[851] Stewart C, Myers. Determinants of Corporate Borrowing[J]. Journal of Financial Economics, 1977, 5(2): 147-175.

[852] Stulz R M, Williamson R. Culture, Openness, and Finance[J]. Journal of financial Economics, 2003, 70(3): 313-349.

[853] Subramanian A. Eclipse: Living in the Shadow of China's Economic Dominance[M]. Peterson Institute, 2011.

[854] Subramanian A, Kessler M. The Renminbi Bloc is Here: Asia Down, Rest of the World to Go? [J]. Journal of Globalization and Development, 2013, 4(1): 49-94.

[855] Subramanian A, Kessler M. The Renminbi Bloc is Here: Asia down, Rest of the World to Go? [R]. Washington, DC: Peterson Institute for International Economics, 2012.

[856] Subramanian A. Renminbi Rules: The Conditional Imminence of the Reserve Currency Transition[J]. Studies, 2008, 10: 11-14.

[857] Susan P. Composition, Variability of the SDR [J]. The Review of Economics and Statistics, 1984, 66(2): 308-314.

[858] Svensson L. Price-Level Targeting Versus Inflation Targeting: A Free Lunch? [J]. Journal of Money, Credit and Banking, 1999, 31(3): 277-295.

[859] Sy A N R. Rating the Rating Agencies: Anticipating Currency Crises or Debt Crises? [J]. Journal of Banking & Finance, 2004, 28(11): 2845-2867.

[860] Syed A B, Haug A, Sadorsky P. Oil prices, Exchange Rates and Emerging Stock Markets[J]. Energy Economics, 2012, 34: 227-240.

[861] Taylor J B. A Historical Analysis of Monetary Policy Rules[M]. Chicago: University of Chicago Press, 1999, 319-348.

[862] Temel P T. Portfolio Performance of the SDR and Reserve Currencies: Tests Using the ARCH Methodology[J]. Staff Papers, 1993, 40(3): 663-679.

[863] Teo W L. Should East Asia's Currencies Be Pegged to the Yen? The Role of Invoice Currency[J]. Journal of the Japanese and International Economies, 2009, 23(3): 283-308.

[864] Thomas A, King A. The Balassa-Samuelson Hypothesis in the Asia-Pacific Region Revisited[J]. Review of International Economics, 2008, 16(1), 127-141.

[865] Tinbergen J. Shaping the World Economy, AppendixⅥ, An Analysis of World Trade Flow[M]. New York: Twentieth Century Fund, 1962.

[866] Tsui T. A Multivariate Generalized Autoregressive Conditional Heteroscedasticity Model with Time-Var-

[867] Turnovsky S J. A Determination of the Optimal Currency Basket: A Macroeconomic Analysis [J]. Journal of International Economics, 1982, 12: 333-354.

[868] Unayama T. Product Variety and Real Exchange Rates: The Balassa-Samuelson Model Reconsidered[J]. Journal of Economics, 2003, 79(1): 41-60.

[869] Verdelhan A. The Share of Systematic Variation in Bilateral Exchange Rates[J]. The Journal of Finance, 2018, 73(1): 375-418.

[870] Viale A M, Bessler D A, Kolari J W. On the Structure of Financial Contagion: Econometric Tests and Mercosur Evidence[J]. Journal of Applied Economics, 2014, 17(2): 373-400.

[871] Walsh K. Trade in Services: Does Gravity Hold? [J]. Journal of World Trade, 2007, 42(2): 315-334.

[872] Watanabe T, Harada K. Effects of the Bank of Japan's Intervention on Yen/Dollar Exchange Rate Volatility[J]. Journal of the Japanese and International Economies, 2006. 20(1): 99-111.

[873] Wessels T R. The Determinants of Capital Structure Choice[J]. The Journal of Finance, 1988, 43(1): 1-19.

[874] Weymark D N. Measuring the Degree of Exchange Market Intervention in a Small Open Economy[J]. Journal of International Money and Finance, 1997, 16(1): 55-79.

[875] Williamson J. The Exchange Rate System[M]. Washington D C: Institute for International Economics, 1983.

[876] Williamson O E. The New Institutional Economics: Taking stock, Looking Ahead[J]. Journal of Economic Literature, 2000, 38(3): 595-613.

[877] Wong A, Fong T. Gauging the Safe Havenness of Currencies[R]. HKIMR Working Paper No. 13, 2013.

[878] Wong M A. Monetary Approach to the Sterling-US Dollar Exchange Rate[M]. Middlesex: Middlesex University Business School, 2004.

[879] Wood A. Global Trends in Real Exchange Rates 1960-1984[J]. World Development, 1991, 19(4): 317-332.

[880] Woodford M, Walsh C E. Interest and Prices: Foundations of a Theory of Monetary Policy[J]. Macroeconomic Dynamics, 2005, 9(3): 462-468.

[881] Worswick G D N. The Money Supply and the Exchange Rate[J]. Oxford Economic Papers, 1981, 33: 9-22.

[882] Xiao J Z, Yang H, Chow C W. The Determinants and Characteristics of Voluntary Internet-based Disclosures by Listed Chinese Companies[J]. Journal of Accounting & Public Policy, 2004, 23(3): 191-225.

[883] Xiong R., Eric P. N, Shen Y. Deep Learning Stock Volatility with Google Domestic Trends[R]. California: Stanford University, 2015.

[884] Xiong R, Nichols E P, Shen Y. Deep Learning Stock Volatility with Google Domestic Trends[R]. Papers, 2015.

[885] Xu J. The Optimal Currency Basket under Vertical Trade[J]. Journal of International Money and Finance, 2011, 30(7): 1323-1340.

[886] Yang P, Su Q, Xu Q. One RMB, One External Competitiveness? -Evidence from China's Provincial

Effective Exchange Rates[R]. RIETI-IWEP-CESSA Jonit Workshop Paper, 2016.

[887] Yoshino, Naoyuki, Sahoko K, et al. Exchange Rate Regime Switching in Malaysia and Singapore in Response to China's Move to a Basket Peg: A DSGE Analysis[J]. Journal of Asian Economics, 2016, 46: 17-37.

[888] Yuki M. Safe Haven Currency and Market Uncertainty: Yen, Renminbi, Dollar and Alternatives[R]. Dicussion Papers, No 17048, 2017.

[889] Zhang Z, Chau F, Zhang W. Exchange Rate Determination and Dynamics in China: A Market Microstructure Analysis[J]. International Review of Financial Analysis, 2013, 9(29:) 303-316.

[890] Zhang Z, Li H, Zhang C. Oral Intervention in China: Efficacy of Chinese Exchange Rate Communications[J]. International Review of Financial Analysis, 2017, 49(1): 24-34.

[891] Zivot E, Andrews D W K. Further Evidence on the Great Crash, the Oil-price Shock, and the Unit-root Hypothesis[J]. Journal of Business & Economic Statistics, 2002, 20(1): 25-44.

后 记

自从改革开放以来,我就一直关注着人民币汇率的情况,并对外汇市场产生了浓厚的兴趣。本科阶段,在对外经济贸易大学(当时的北京对外贸易学院)刘舒年教授的启蒙下,我学习了《国际金融》课程;硕士阶段,我在华东师范大学跟随导师陈彪如和张志超参加了多场国际金融研讨会;在日本一桥大学攻读博士学位期间,我师从深尾京司教授,同时参加了小川英治和伊藤隆敏教授的外汇市场课程研讨班。获得博士学位后,我受到麻省理工学院王江教授的邀请,作为福布莱特学者赴美继续潜心研究汇率经济学。其间,我从全球金融数据库中下载了各国近百年的汇率数据和相关的参考文献,这为我回国后撰写《汇率学》教材以及一系列论文提供了基础素材,也为本书奠定了写作框架。

在本书即将出版之际,首先,我由衷感谢我的博士生团队五年来给予我的写作支持。他们是张冲(第一、二、三、五、六、七章)、胡昊(第四章)、杨洁(第一、六、七章)、陆晓琴(第五章)、刘璐(第三章)、叶伟(第四、八章)、吴洋(第一、五、七章)、鞠卓(第二、五章)、向坚(第二、六章)、蔚立柱(第二、六章)、方琛琳(第八章)、楚国乐(第七章)、钱国根(第八章)、刘敏(第六章)以及我的女儿丁译林(第三章第三节)。其中,张冲博士还承担了本书部分结构策划和校对工作。没有他们的协助,本书难以顺利完稿。

其次,我要由衷感谢中国社会科学院余永定教授的指导,本书的很多话题都受余老的演讲和文章的启发。余老还在百忙之中为本书作序,我的感激之情无以言表。此外,与中国社会科学院的高海红、毛日昇、张明、肖立晟、徐奇渊、刘东民等专家学者在各种场合的交流也开拓了我的视野;中国人民大学涂永红教授,北京师范大学贺力平教授,清华大学鞠建东教授,首都经济贸易大学李婧教授,山东财经大学彭红枫教授,厦门大学朱孟楠和周颖刚教授,复旦大学刘红忠、杨长江和沈国兵教授,西南财经大学李雪莲教授向我提供了各种与汇率研究相关的交流平台。

再次,我要感谢很多机构的专家,他们在百忙之中不厌其烦地向我解释人民币汇率的实际问题。感谢中国银行总部首席研究员宗良,中国银行《国际金融研究》杂志社主编陈卫东、常务副主编钟红,中国银行国际金融研究所的各位专家,中国人民银行研究局《金融研究》主编王信和编辑部主任王鹏,长江证券首席经济学家伍戈,中银证券全球首席经济学家管涛,中国人民银行上海总部跨境人民币业务部主任施琍娅,以及中国外汇交易中心和全国银行间同业拆借中心研究部、交通银行总行国际部跨境处和离岸金融业务中心、上海浦东发展银行上海分行和上海自贸试验区分行、中央国债登记结算有限责任公司、跨境银行间支付清算有限责任公司、中国银行上海分行的领导和专家们,他们耐心细致地接受我们团队的调研和咨询,无论是线上还是线下,无论是工作日还是休息日,无论是白天还是深夜,都是有问必答,这让我感到特别温暖。

最后,我要感谢上海财经大学科研处的陈正良副处长和金融学院负责科研事务的副院长陈选娟教授,他们替我处理了校内和校外、院内和院外的行政事务,帮我解除了大量的后顾之忧,能让我安安心心从事研究。此外,我所在的金融学院国际金融系的金洪飞和冯玲教授在专业领域给予我的学术性提醒,也让我们团队的研究效率大幅度提高。

在本书完稿之际,人民币汇率机制已经朝着市场化和国际化的方向大幅度迈进。本书抛砖引玉,旨在给后续研究者减少不必要的重复研究。书中的观点、判断和结论只是我的一孔之见,如有问题,本人将承担全部的责任。

本书能够顺利出版,还要感谢北京大学出版社徐冰、张俊仪编辑的辛苦付出和努力,同时,感谢学校科研处给予"中央高校建设世界一流大学(学科)和特色发展引导专项资金""中央高校基本科研业务费"资助,感谢上海国际金融与经济研究院、上海国际金融中心研究院资助。谨以此书献给所有人民币汇率研究的同道者,献给所有关心、支持我一路前行的师者、同学和亲友!

丁剑平

2021 年 7 月 10 日于上海财经大学毓秀楼